全国专利代理师
资格考试实务辅导

张阿玲　主　编

杨开宁
霍成山　副主编

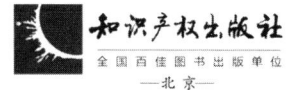
—北京—

图书在版编目（CIP）数据

全国专利代理师资格考试实务辅导/张阿玲主编；杨开宁，霍成山副主编.
—北京：知识产权出版社，2022.6
ISBN 978-7-5130-8127-6

Ⅰ.①全… Ⅱ.①张…②杨…③霍… Ⅲ.①专利—代理（法律）—中国—资格考试—自学参考资料 Ⅳ.①D923.42

中国版本图书馆CIP数据核字（2022）第059130号

内容提要

本书凝结了作者多年的专利审查经验、审查员培训经验、专利代理师培训经验、专利代理师考试出题及阅卷经验，精心编写了90多个案例，从"发明和实用新型专利授权条件""专利申请文件撰写与案例分析""专利代理实务模拟练习"三个方面，以简练易懂、深入浅出的语言，讲解理论知识，阐释法条精髓，详解实操要点，解决了专利代理实务中遇到的"不知如何下手的问题"。通过本书读者可以较好地掌握新颖性、创造性、实用性及单一性的概念，能够掌握专利申请文件撰写的方法和技巧，提升专利代理实务技能。

本书既可以作为专利代理师考试培训教材使用，也可作为专利代理从业人员、企业专利管理人员的参考资料使用，还可作为高校、科研院所的研究生参考教材使用。

责任编辑：崔 玲 彭喜英　　　　　　　　　　责任印制：刘译文

全国专利代理师资格考试实务辅导
QUANGUO ZHUANLI DAILISHI ZIGE KAOSHI SHIWU FUDAO

张阿玲　主编
杨开宁　霍成山　副主编

出版发行：	知识产权出版社 有限责任公司	网　　址：	http://www.ipph.cn;
电　　话：	010－82004826		http://www.laichushu.com
社　　址：	北京市海淀区气象路50号院	邮　　编：	100081
责编电话：	010－82000860转8539	责编邮箱：	laichushu@cnipr.com
发行电话：	010－82000860转8101	发行传真：	010－82000893
印　　刷：	天津嘉恒印务有限公司	经　　销：	新华书店、各大网上书店及相关专业书店
开　　本：	787mm×1092mm　1/16	印　　张：	26.5
版　　次：	2022年6月第1版	印　　次：	2022年6月第1次印刷
字　　数：	646千字	定　　价：	128.00元
ISBN 978-7-5130-8127-6			

出版权专有　侵权必究
如有印装质量问题，本社负责调换。

序　言

　　《专利代理实务辅导与模拟练习题》自 2011 年 6 月出版以来，受到了广大读者的好评，对从事专利代理实务工作的读者有一定的指导和帮助作用。近年来，我们不断收到读者来信，对完善本书内容提出了不少好的意见和建议。为此，特对该书进行修订。

　　此次修订，第一，在章节层面，除原书第三部"分专利代理实务模拟练习题"的练习题四和练习题五的顺序互换外，其余不变；相应的编写人员和审核人员的名字也和第一版完全一致。第二，新增了三个案例，分别是第二部分"专利申请文件撰写与案例分析"中的撰写案例六——食品料理机、撰写案例七——垃圾箱，以及第三部分"专利代理实务模拟练习"的模拟练习题六——撰写咨询意见和撰写实务试题。经过如此修改，不仅增加了练习案例的类型，还编写了题材新颖的专利代理实务模拟练习题六。相信经过这样的修订，本书能更好地为备考专利代理师资格和从事专利代理实务的读者提供学习上的参考。新增的三个案例由原书编写人员之一的张娴提供案例并编撰初稿，由机械领域专家杨开宁和我一起把关和校核。

　　此次修订，邀请了金云翔对第一部分"发明和实用新型专利授权条件"进行文字校对。尤为重要的是，针对《专利审查指南 2010》（2019 年修订）版所作的修订，本书特别邀请了机械领域的资深审查专家、专利审查员培训专家、专利代理实务培训专家杨开宁，从法律和技术上对全书进行了梳理、把关，并针对读者提出的意见和建议，再次对全书进行审核。在此，特别感谢杨开宁的辛勤劳动和付出。

　　最后，再次感谢读者来信提出的宝贵意见和建议。

张阿玲

前　言

自《中华人民共和国专利法》（以下简称《专利法》）颁布以来，我国专利事业得到了长足发展。全国专利年申请量已超过100万件，从事专利审查、专利代理、知识产权管理和知识产权研究的队伍日益壮大。近几年来，有关知识产权特别是专利方面的著作也层出不穷，为专利事业的发展作出了应有的贡献。

专利工作是一项实务性非常强的工作。对专利代理师[1]、企业专利从业人员等的培训不应只局限于对法律法规的基本概念的理解，更需要通过大量的实际案例培养其实务操作能力。多年来，参加专利代理师资格实务考试的考生在面对实务试题时，常常不知道该从何下手，大家普遍认为缺乏详细、实用的培训教材是重要原因之一。

作者根据多年的专利审查经验、审查员培训经验、专利代理师培训经验以及专利代理师考试出题及阅卷经验，挑选大量典型案例，精心编写了《全国专利代理师资格考试实务辅导》一书。

本书包括三部分内容。

本书第一部分为"发明和实用新型专利授权条件"，主要涉及新颖性、创造性、实用性和单一性的概念和判断方法。这部分内容的特点是在每一个概念后面都附有一些典型案例，这样更有助于读者从一开始就能较为准确地把握这些概念的精髓，而非仅仅局限于概念本身的字面含义。作为知识产权工作者或专利代理师，无论是在撰写专利申请文件的申请阶段，还是在发明专利进入实质审查程序后答复审查意见通知书的实质审查阶段，或是在授权之后的后续无效程序、后续的侵权诉讼程序中，都会遇到新颖性、创造性及实用性的判断，有时也会遇到单一性的判断。因此，相信读者通过阅读该部分内容能够较好地掌握新颖性、创造性、实用性及单一性的概念。

本书第二部分为"专利申请文件撰写与案例分析"，主要涉及专利文件撰写的基本要求及专利申请文件撰写案例分析。专利申请文件撰写的基本要求部分，以涉及的法条为主线，辅以具体的案例进行阐述，向读者明示了如何撰写符合《专利法》《中华人民共和国专利法实施细则》（以下简称《专利法实施细则》）及《专利审查指南2010》有关规定的专利申请文件，为读者撰写专利申请文件打下良好的理论基础。在专利申请文件撰写案例分析部分，通过对多个案例的分析，引导读者从理解发明内容开始，经过层层分析，最终形成专利申请文件。因此，相信读者通过阅读该部分的内容能够掌握专利申请文件撰写的方法与技巧。

本书第三部分为"专利代理实务模拟练习"，该部分提供了若干模拟试题，并辅以试题分析和参考答案。作者根据近年来专利代理师资格考试实务试题的出题思路，紧紧围绕考试大纲要求，精心设计多套模拟试题，题型涉及专利申请文件的撰写、审查意见

---

[1] 《专利审查指南2010》（2019年修订）中把专利代理人改为专利代理师。本书中除保留《专利法》《专利法实施细则》以及历年考试真题中使用的"专利代理人"一词外，正文中不再使用专利代理人称谓。

通知书的答复、无效请求与答复等。现行的专利代理师资格考试的专利代理实务科目中要求考生以论述和撰写进行作答,需要考生在较短时间内完成对试题内容的理解、分析、撰写,难度较大。相信读者通过专利代理实务模拟试题的练习,能够养成正确的答题思路,提高应对专利代理实务考试的能力。

本书在选择所有案例尤其是撰写及模拟试题案例时,尽可能选取一些技术内容易懂的日常生活案例,力求做到让所有读者在理解技术内容时花费尽可能少的时间。每一个案例都可以作为一个考试试题,并尽可能给出参考答案,这样有助于读者学习把握。

本书共编写了 90 多个案例,其中,帮助理解基本概念的说明性案例 80 多个;专利申请文件撰写分析案例 5 个;模拟练习中涉及审查意见通知书的答复试题 1 个;无效请求及答复试题 3 个;实务撰写及简答试题 1 个。此外,本书还根据内容编写了一些检验读者学习效果的练习案例。

《专利代理实务辅导与模拟训练题》第一部分,第二部分撰写案例一杯子、撰写案例三包装体由张阿玲编写;第三部分专利代理实务模拟练习题二由霍成山编写;第三部分专利代理实务模拟练习题一由马宏亮编写;第二部分撰写案例五带吸管的饮料容器及第三部分专利代理实务模拟练习题三由张娴编写;第三部分专利代理实务模拟练习题五由丁佳艺编写;第二部分撰写案例二轴密封由宫剑虹编写;第二部分撰写案例四枕头由李巍巍编写;第三部分专利代理实务模拟练习题四由刘毅编写。由张阿玲负责全书的组织及统编、统稿工作,并和霍成山一起对全书进行了审核。

因作者水平有限,书中对一些问题的观点、对案例的分析、处理方法难免失之偏颇,敬请见谅。

目 录

第一部分 发明和实用新型专利授权条件

第一章 新颖性 3
第一节 新颖性相关概念 3
第二节 新颖性的判断原则 7
第三节 新颖性的判断基准 9
第四节 判断发明新颖性时要考虑的其他因素 14
第五节 对涉及《专利法》第九条的同样的发明创造的处理 16
第六节 新颖性案例 19

第二章 创造性 30
第一节 创造性的概念 30
第二节 发明创造性的判断原则 31
第三节 创造性的判断方法 32
第四节 创造性案例 35
第五节 判断发明创造性时需考虑的其他因素 54
第六节 几种不同类型发明的创造性判断 55

第三章 实用性 61
第一节 实用性的概念 61
第二节 实用性的判断 61
第三节 实用性的案例 63

第四章 单一性 66
第一节 单一性的概念 66
第二节 单一性的判断 67
第三节 单一性的判断举例 69
第四节 分案申请 79

第二部分 专利申请文件撰写与案例分析

第一章 专利申请文件撰写的基本要求 85
第一节 专利申请文件的内容 85

第二节　撰写前的准备工作 ··· 86
　　第三节　权利要求书的撰写 ··· 90
第二章　专利申请文件撰写案例分析 ·· 104
　　撰写案例一　杯子 ·· 104
　　撰写案例二　轴密封 ··· 130
　　撰写案例三　包装体 ··· 153
　　撰写案例四　枕头 ·· 177
　　撰写案例五　带吸管的饮料容器 ·· 201
　　撰写案例六　食品料理机 ·· 224
　　撰写案例七　垃圾箱 ··· 254

第三部分　专利代理实务模拟练习

专利代理实务模拟练习题一 ··· 285
专利代理实务模拟练习题二 ··· 304
专利代理实务模拟练习题三 ··· 327
专利代理实务模拟练习题四 ··· 349
专利代理实务模拟练习题五 ··· 374
专利代理实务模拟练习题六 ··· 392

第一部分
发明和实用新型专利授权条件

第一章

新 颖 性

第一节 新颖性相关概念

《专利法》❶第二十二条第一款规定："授予专利权的发明和实用新型，应当具备新颖性、创造性和实用性。"

《专利法》第二十二条第二款规定："新颖性，是指该发明或者实用新型不属于现有技术；也没有任何单位或者个人就同样的发明或者实用新型在申请日以前向国务院专利行政部门提出过申请，并记载在申请日以后公布的专利申请文件或者公告的专利文件中。"

一、现有技术

《专利法》第二十二条第五款规定："本法所称现有技术，是指申请日以前在国内外为公众所知的技术。"

《专利审查指南 2010》❷第二部分第三章第 2.1 节规定，专利法意义上的现有技术"应当是在申请日以前公众能够得知的技术内容"。换句话说，现有技术应当在申请日以前处于能够为公众获得的状态，并包含有能够使公众从中得知实质性技术知识的内容。例如，公开出版的出版物记载的技术内容，不论是否有人真正阅读过，都已构成现有技术。应当注意，处于保密状态的技术内容不属于现有技术。所谓保密状态，不仅包括受保密规定或协议约束的情形，还包括社会观念或者商业习惯上被认为应当承担保密义务的情形，即默契保密的情形。

现有技术的时间界限是申请日，享有优先权的，则指优先权日。从广义来说，申请日以前公开的技术内容都属于现有技术，但申请日当天公开的技术内容不包括在现有技术范围内。现有技术公开方式有三种：①在国内外出版物上公开发表；②在国内外公开使用；③以其他方式为公众所知。

出版物上的公开包括：各种印刷的、打字的纸件；用电、光、磁、照相等方法制成的视听资料；或以其他形式存在的资料，例如互联网或其他在线数据库中的资料。

现有技术是相对于具体的发明或者实用新型申请而言的，申请日不同，则现有技术不同，广义上说，申请日以前公开的技术内容都属于现有技术，但申请日当天公开的技术内容不包括在现有技术范围内。

---

❶ 如无特别说明，本书《专利法》指 2020 年 10 月 17 日由中华人民共和国第十三届全国人民代表大会通过、自 2021 年 6 月 1 日起施行的版本。
❷ 2019 年修订，自 2020 年 2 月 1 日起施行。

二、抵触申请

1. 抵触申请的概念

根据《专利审查指南2010》第二部分第三章第2.2节的规定，抵触申请就是由任何单位或者个人就同样的发明或者实用新型在申请日以前向国家知识产权局专利局提出并且在申请日以后（含申请日）公布的专利申请文件或者公告的专利文件。

对于抵触申请，简单来说，其构成就是所谓的四要素：①时间：申请日以前申请，申请日（含申请日）以后公布或者公告；②申请人：任何单位或者个人；③专利局：国家知识产权局专利局；④技术方案：同样的发明或者实用新型。

抵触申请虽然不属于现有技术，但是为了避免对同样的发明或者实用新型专利申请重复授权，若一件申请存在抵触申请，也认为其不具备新颖性。

需要注意，若一件专利申请存在抵触申请，可以用该抵触申请的说明书、说明书附图、权利要求书的任何一个所公开的内容否定其申请的新颖性，但是，不能用该抵触申请的摘要来否定其专利申请的新颖性。

另外，抵触申请仅指在申请日以前提出的，不包含在申请日提出的同样的发明或者实用新型专利申请。

2. PCT申请构成抵触申请的条件

根据《专利审查指南2010》第二部分第三章第2.2节的规定，抵触申请还包括满足以下条件的进入了中国国家阶段的国际专利申请，即申请日以前由任何单位或者个人提出，并在申请日之后（含申请日）由国家知识产权局专利局作出公布或公告的且为同样的发明或者实用新型的国际专利申请。下面进一步说明国际专利申请（以下简称"PCT申请"）构成抵触申请的情况。

判断一件PCT申请B作为另一件中国申请A的抵触申请时，该PCT申请B满足抵触申请的条件应理解为：

① 该PCT申请B的申请日或优先权日在中国专利申请A之前，在中国专利申请A的申请日以后（含申请日）公布，不论是其国际公布日还是其进入了中国国家阶段在中国的公开日，都应落在中国专利申请A的申请日（含申请日）之后；

② 该PCT申请B的申请人可以是任何单位或者个人；

③ 该PCT申请B是向国家知识产权局专利局提出的专利申请，对于该PCT申请仅仅在国际申请阶段确定国家知识产权局为指定局是不够的，还必须进入中国国家阶段，由国家知识产权局对该PCT申请B作了中文公布或公告；

④ 该PCT申请B与中国专利申请A的技术方案相同。

需要注意，不能只考虑PCT申请B进入中国国家阶段后在中国的公开日，否则有可能因为没有核实国际公布日，而将能够构成现有技术的情况按抵触申请处理。这种情况是指，如果该PCT申请B的国际公布日在中国专利申请A的申请日之前，而进入了中国国家阶段在中国的公开日在中国专利申请A的申请日之后，该PCT申请B构成现有技术，不存在抵触申请问题。这一点在PCT申请B的中文公开文本扉页上有明确标注。

3. 抵触申请构成要素案例

【案例1】

实用新型专利申请号：2013200123456

申请日：2013年4月1日

授权公告日：2014 年 8 月 8 日

名称：编织式活动地板支架

申请人/专利权人：王某

授权公告时的权利要求书：

"1.一种由横梁、上托、下座、支撑杆组成的编织式活动地板支架，其特征是：1.上托（2）具有开有两个豁口的方形管元件；2.具有长度为 0.6m 以上的槽形横梁（1）；3.具有六角螺母（7）与碗形件（8）构成下座。"

针对上述实用新型专利，请求宣告其无效。其中请求宣告无效的理由：该专利不符合《专利法》第二十二条有关规定，不具备新颖性。

请求宣告无效的证据：2012200345678

申请日：2012 年 4 月 25 日

公告日：2013 年 11 月 8 日

申请人/专利权人：王某

名称：编织式活动地板支架

其中的说明书内容公开了权利要求 1 的全部技术特征（其详细说明省略）。

按照上述构成抵触申请的四要素进行判断，本案提供的证据可以构成抵触申请。

注意：2021 年 6 月 1 日、2009 年 10 月 1 日施行的《专利法》中关于抵触申请的申请人均为"任何单位或者个人"，包括申请人自己，因而其自身的在先申请也有可能构成其在后申请的抵触申请；而 2001 年 7 月 1 日施行的《专利法》第二十二条第二款新颖性中关于抵触申请的定义为"没有同样的发明或者实用新型由他人向国务院专利行政部门提出过申请并且记载在申请日以后公布的专利申请文件中"，抵触申请的申请人不包括申请人自己，必须是他人。

【案例 2】

实用新型专利申请号：20132015432.X

申请日：2013 年 6 月 17 日

授权公告日：2014 年 3 月 16 日

名称：谷物干燥机机体结构

申请人/专利权人：王某

针对上述实用新型专利权，请求宣告无效。其中的理由是：该专利不符合《专利法》第二十二条的有关规定，不具备新颖性。

证据：中国台湾地区第 82201018 号专利公报

申请日：2012 年 10 月 11 日

公开日：2014 年 8 月 9 日

申请人：××公司

专利权人：林某

该证据的权利要求公开了案例 2 的权利要求 1（其详细说明省略）。

按照上述构成抵触申请的四要素进行判断，案例 2 的证据不是向国家知识产权局专利局提出的申请，所以，不能构成抵触申请。

【案例 3】

实用新型专利申请号：2003239075.2

申请日：2003年6月15日

授权公告日：2004年3月16日

名称：游戏机用台灯

申请人/专利权人：深圳市HK厂针对上述实用新型专利权，请求宣告无效。其中无效理由：该专利不符合《专利法》第二十二条的有关规定，不具备新颖性。

证据：CN2003801093.5——PCT申请

国际申请日：2003年6月2日

进入中国国家阶段的公开日：2004年1月1日

国际公布日：2003年9月19日

申请人：US技术创新公司

该证据公开了权利要求1的全部技术特征（其详细说明省略）。

按照上述PCT申请构成抵触申请的四要素进行判断，案例3的证据可构成抵触申请。其具体分析如下：

证据CN2003801093.5是一件已经进入中国国家阶段并作了中文公布的PCT申请，其申请日为2003年6月2日，在本实用新型专利申请的申请日2003年6月15日之前，其国际公布日为2003年9月19日，进入中国国家阶段的公开日为2004年1月1日，均在本实用新型专利申请的申请日之后，由于案例3是2003年的专利申请，适用2009年10月1日之前修改的《专利法》，其关于抵触申请的定义为"没有同样的发明或者实用新型由他人向国务院专利行政部门提出过申请并且记载在申请日以后公布的专利申请文件中"，构成抵触申请证据的申请人不包括申请人自己，必须是"他人"，而本案例的申请人与请求人所提供证据的申请人也不是同一人，因此，构成本实用新型专利的抵触申请。

三、对比文件

根据《专利审查指南2010》第二部分第三章第2.3节的规定：对比文件，是指从现有技术中选出的用以与专利申请进行对比评价专利申请新颖性和创造性的现有技术文件，包括专利文件和非专利文件，以及仅为评价专利申请的新颖性而选出的抵触申请文件。当然，对比文件还包括用来要求对独立权利要求进行划界的现有技术文献。

在专利申请的审查过程中，审查员通常仅在权利要求与检索到的文献相比不具备新颖性或创造性的情况下，才引用所述文献作为对比文件评述权利要求的新颖性或创造性，如果权利要求与审查员所检索的文献相比具备新颖性和创造性，则审查员一般不在审查意见通知书中评价其新颖性和创造性。因此，在发明专利申请进入实质审查程序后申请人接到审查员的审查意见通知书，不是所有通知书都会引用对比文件来评述权利要求的新颖性、创造性。

四、新颖性

新颖性概念中体现了两个方面的含义，一是发明和实用新型不属于现有技术；二是没有任何单位或个人就同样的发明或者实用新型在申请日以前向国家知识产权局专利局提出过申请，并记载在申请日（含申请日）以后公布的专利申请文件或者公告的专利文件中。换句话说，申请人所要求保护的发明和实用新型相对现有技术来说必须是新的，而且不存在抵触申请。

五、其他

1. 申请日

《专利法》第二十八条规定:"国务院专利行政部门收到专利申请文件之日为申请日。如果申请文件是邮寄的,以寄出的邮戳日为申请日。"

2. 优先权日

《专利法实施细则》第十一条第一款规定:"除专利法第二十八条和第四十二条规定的情形外,专利法所称申请日,有优先权的,指优先权日。"❶

申请人自发明或者实用新型在国内外第一次提出申请之日起12个月内,又再次向国家知识产权局专利局提出相同主题的专利申请的,在符合法律规定的前提下可以依法享有优先权,其第一次申请的申请日为在后申请的优先权日。

例如,某申请优先权日为1998年11月2日,申请日为1999年11月2日,1999年11月2日满足自1998年11月2日起12个月内的条件,其优先权是符合专利法相关的日期条件规定的。

优先权日在专利文件公开扉页上,一般是用代码30表示的。图1给出的是一个实例。

[19] 中华人民共和国国家知识产权局　　　　　　　　　　　　　　[51] Int. CI⁷
　　　　　　　　　　　　　　　　　　　　　　　　　　　　　　　A61F 2/80

[12] 发明专利申请公开说明书

　　　　　　　　　　　　　　[21] 申请号　01816848.5

[43] 公开日　2004年1月14日　　　　　　　　　　　　　　　[11] 公开号　CN1468081A

[22] 申请日　2001.10.4　[21] 申请号　01816848.5	[74] 专利代理机构　中国专利代理(香港)有限公司
[30] 优先权 　　[32] 2000.10.4 [33] US [31] 60/237,381	代理人　周备麟　黄力行
[86] 国际申请　PCT/US01/Z115L 2001.10.4	
[87] 国际公布　W002/28324　2002.4.11	
[85] 进入国家阶段日期　2003.4.4	
[71] 申请人　奥苏尔公司	
地址　冰岛雷卡维克	
[72] 发明人　C·因吉马森	

图1　优先权实例图

第二节　新颖性的判断原则

对于一件发明或实用新型专利申请或专利的新颖性的判断实质在于通过将其权利要求

---

❶ 由于现行《专利法实施细则》于2010年2月1日实施,而现行《专利法》于2021年6月1日实施,为方便读者阅读,编辑将《专利法实施细则》中涉及的2019年《专利法》条文均与2021年《专利法》条文进行了一一核对,二者完全一致的,保留《专利法实施细则》原条文叙述,二者不一致的,在文中以脚注说明变化之处。——编辑注

与现有技术或抵触申请进行比较判断的过程，即

$$\text{发明创造（权利要求）} \leftrightarrow \text{现有技术或抵触申请。}$$

一、同样的发明或实用新型

在判断一件发明或实用新型专利申请或专利的新颖性时，是将其每一项权利要求的整个技术方案与现有技术或抵触申请进行比较。

根据《专利审查指南2010》第二部分第三章第3.1节的规定，同样的发明或者实用新型可理解为，被判断的发明或者实用新型专利申请与现有技术或者抵触申请的相关内容相比，如果其技术领域、所解决的技术问题、技术方案和预期效果实质上相同，则认为两者为同样的发明或者实用新型。

需要注意：在进行新颖性判断时，首先应当判断专利申请的技术方案与对比文件的技术方案是否实质上相同，如果专利申请与对比文件公开的内容相比，其权利要求所限定的技术方案与对比文件公开的技术方案实质上相同，所属技术领域的技术人员根据两者的技术方案可以确定两者能够适用于相同的技术领域，解决相同的技术问题，并具有相同的预期效果，则认为两者为同样的发明或者实用新型。

下面给出一个技术方案与现有技术或抵触申请进行比较的练习案例，判断其新颖性。

【练习案例1】

发明专利申请的权利要求为：

"1. 由主要成分为0.40%~0.48%碳、1.35%~1.61%锰、0.16%~0.30%硅、0%~0.20%铬以及余量的铁和其他不影响钢淬透性的材料组成的合金钢制成最小轴体直径为1.70英寸的驱动轴制造方法，锻造轴的两端使其一端形成键槽而另一端形成凸缘，机加工所述端部达到最终形状和尺寸，并将上述轴进行感应淬火，在锻造之后无须插入退火和正火过程。"

对比文件公开的内容：一种用于制造驱动轴的合金钢，由主要成分为0.40%~0.48%碳、1.35%~1.61%锰、0.16%~0.30%硅、0%~0.20%铬以及余量的铁和其他不影响钢淬透性的材料组成。

分析：虽然对比文件公开了上述权利要求1的用于制造驱动轴的合金钢的成分，但是，没有公开其驱动轴制造方法中的步骤"锻造轴的两端使其一端形成键槽而另一端形成凸缘，机加工所述端部达到最终形状和尺寸，并将上述轴进行感应淬火，在锻造之后无须插入退火和正火过程"，即使这些步骤对于所属技术领域技术人员来说是公知技术，也不能用对比文件1加上公知技术来评价权利要求1的新颖性。只有一项现有技术或抵触申请公开了权利要求1的整个技术方案，才能考虑用该对比文件评价其新颖性。

二、单独对比原则

单独对比原则也即非组合原则，是指判断一件发明或实用新型专利申请或专利的新颖性时，应当将发明或者实用新型专利申请的各项权利要求分别与每一项现有技术或抵触申请中相关的技术内容单独地进行比较的原则。

1. 技术方案的单独对比

在将发明或者实用新型专利申请与对比文件进行单独对比时，如果仅有一篇对比文件，但是该对比文件中有多个技术方案，这时，应当将发明或者实用新型专利申请的各项权利要求与对比文件中的每一项技术方案分别进行对比，即一对一地对比。

2. 使用多篇对比文件

当发明或者实用新型专利申请存在多个并列独立权利要求时，对每一个独立权利要求新颖性的判断，应当分别与多篇对比文件中的每一份对比文件进行单独对比。

需要注意： 在判断新颖性时，应当以对比文件公开的技术内容为准。如果是隐含公开，则不得随意将对比文件的内容扩大或缩小。但是，要提醒的是，隐含公开并不是公知常识。

发明或实用新型专利申请与对比文件对比时，除了抵触申请的说明书摘要外，对比文件公开的全部内容均可使用。但是，对比文件中附图公开内容应当合理使用。不包括从附图中推测或测量得到的技术内容。

总之，一项发明或者实用新型专利申请的权利要求所要保护的技术方案不具备新颖性时，不意味着该项权利要求的内容与现有技术所公开的技术内容相比不多不少、正好相同，而是指该权利要求已经覆盖现有技术（即权利要求所要求保护的范围大到涵盖了现有技术的程度）。

发明或者实用新型专利申请是否具备创造性，只有在该发明或者实用新型专利申请具备新颖性的条件下才予以考虑。

一项独立权利要求具备新颖性时，则其从属权利要求也具备新颖性。

【练习案例 2】

判断下面给出的权利要求 1 的新颖性。

"1. 一种液压控制装置，包括液压泵和多个液压缸，在该泵与多个液压缸之间设有检测泵出口压力的装置；控制泵出口压力的装置及控制泵出口流体方向的换向阀。"

对比文件的实施例 1：一种液压控制装置，包括液压泵和多个液压缸，在该泵与多个液压缸之间设有检测泵出口压力的装置及控制泵出口压力的装置。

对比文件的实施例 2：一种液压控制装置，包括液压泵和多个液压缸，在该泵与多个液压缸之间设有控制泵出口流体方向的换向阀。

分析： 虽然从整体内容上看，对比文件公开了上述权利要求 1 的全部技术特征，但是对比文件的实施例 1 没有公开权利要求 1 中的"控制泵出口流体方向的换向阀"，实施例 2 没有公开权利要求 1 中的"在该泵与多个液压缸之间设有检测泵出口压力的装置；控制泵出口压力的装置"，也就是说对比文件的实施例 1 和实施例 2 均没有单独公开权利要求 1 的技术方案，因而不能评价权利要求 1 的新颖性。

提示： 不能将对比文件的实施例 1 与实施例 2 组合评价权利要求 1 的新颖性。

第三节 新颖性的判断基准

在上文中已经明确，同样的发明或者实用新型是指技术领域、所要解决的技术问题和技术方案实质上相同，预期效果相同的发明或者实用新型。判断新颖性时，应当以此作为判断相同的发明或实用新型的基准。也就是判断新颖性时，应当以《专利法》第二十二条第二款为基准。

一、新颖性判断的一般步骤

1. 判断技术方案是否相同

在确定一件发明或者实用新型专利申请与对比文件技术方案是否相同时，通常采取下述①～④步的方法进行判断。

① 确认权利要求中的技术方案；
② 将权利要求中的一个完整技术方案分解成技术特征；
③ 识别对比文件中一个完整技术方案所有清楚和隐含的技术特征；
④ 将权利要求所述技术方案的全部技术特征与对比文件中的全部技术特征逐一对比，根据全部技术特征对比结果的总和确认技术方案是否相同。

2. 判断技术领域、技术问题及技术效果是否相同

如果一件发明或者实用新型专利申请的权利要求所限定的技术方案与对比文件公开的技术方案实质上相同，那么所属技术领域的技术人员接着要根据两者的技术方案确定是否能够适用于相同的技术领域、解决相同的技术问题，并具有相同的预期效果。

3. 判断权利要求与对比文件的内容是否相同

在上述判断新颖性步骤的基础上，综合分析确定权利要求与对比文件公开的内容是否为相同发明。如果与对比文件相比，其技术领域、所解决的技术问题、技术方案和预期效果实质上都相同，则认为两者为同样的发明或者实用新型，否则认为两者不属于同样的发明或者实用新型。

下面通过案例4进一步说明新颖性判断的一般步骤。

【案例4】

一件专利申请的权利要求为：

"1. 一种竹制切菜板，其特征在于为长条竹片通过胶粘合形成竹排，横向排列的竹排和纵向排列的竹排交错叠在一起，经胶粘压合形成多层竹板构成。"

对比文件公开了一种横拼中板竹地板，解决一般竖拼竹地板加工难度大，尤其是产生弯曲变形的难题，其制作方法是将原竹下料截成一定规格粗铣后，经防虫处理，再精铣，组片时按上下层竹片排列方向一致，中层竹片排列方向垂直于上下层竹片，再涂胶热压拼板成型。

将案例4权利要求1的技术方案与对比文件相比，两者的技术领域不同，发明目的不同，技术效果不同，虽然产品的结构相同，但是保护的主题不同，因此，不能用上述对比文件否定上述权利要求1的新颖性。

二、新颖性判断中几种常见的情形

1. 相同内容的发明或者实用新型

相同内容的发明或者实用新型包括三种情况：①技术内容完全相同；②仅仅是简单的文字变换；③直接地、毫无疑义地确定的技术内容。

如果要求保护的发明或者实用新型与对比文件所公开的技术内容完全相同，或者仅仅是简单的文字变换，则该发明或者实用新型不具备新颖性。这里，相同的内容可以理解为从现有技术或抵触申请中可以直接地、毫无疑义地确定的技术内容。

【案例5】

专利申请的权利要求：

"一种自行车，包括车座、车架、变速装置和车轮。"

对比文件公开：一种自行车，包括车座、车架、变速装置。

分析：通过技术内容并根据技术原理推导，作为一种自行车，必然要行驶，必然要有车轮。不管对比文件记载与否，不存在没有车轮的自行车，即所属技术领域的技术人员在

阅读该对比文件时,可直接地、毫无疑义地确定自行车必然有车轮,车轮这一技术特征是对比文件所隐含公开的内容。故车轮实际亦为对比文件所公开,对比文件破坏了专利申请权利要求的新颖性。

【案例6】

专利申请的权利要求:

"一种手机,包括扬声器、键盘、麦克风、控制器和天线。"

对比文件公开:一种手机,包括扬声器、键盘、麦克风、控制器。

分析:通过技术内容并根据技术原理推导,作为一种无线移动通信的装置,必然有一个接收信号和发出信号的装置,必然要有一个起天线作用的装置,没有的话手机就起不到无线通信的作用。不管对比文件记载与否,没有第二种结果的可能性。故天线实际亦为对比文件隐含公开,对比文件破坏了专利申请权利要求的新颖性。

【案例7】

本案例涉及一无效案例。

专利申请授权时的权利要求:

"1. 一种护鞋雨靴,其特征在于:该雨靴在靴底[1]的跟部设有开口[2],在靴帮[3]的侧面设有拉链[4]。"

无效证据为中国实用新型专利,其专利号为96201234.X,该对比文件公开:一种防雨鞋套,使用时可穿着鞋子和裤腿一起套入防雨鞋套中,在防雨鞋套的腰部3的侧边设有拉链2,在该防雨鞋套的足部的底只有前半底5,底的后半部分是空的,即防雨鞋套的跟部是空的,也就是说该跟部有开口。

分析:将本专利权利要求1请求保护的护鞋雨靴与对比文件1公开的防雨鞋套相比可知,对比文件1的腰部相当于本专利权利要求1的靴帮,对比文件1的防雨鞋套相当于本专利的护鞋雨靴,腰部与靴帮的区别以及防雨鞋套与护鞋雨靴的区别仅仅是简单的文字变换,即本专利权利要求1的技术方案与对比文件1公开的上述防雨鞋套的区别仅仅是简单的文字变换,其技术方案实质上是相同的,且两者属于相同的技术领域,并能产生相同的技术效果,因此权利要求1相对于对比文件1不具备《专利法》第二十二条第二款规定的新颖性。

2. 具体的下位概念与一般的上位概念

根据《专利审查指南2010》第二部分第三章第3.2.2节的规定,如果要求保护的发明或者实用新型与对比文件相比,其区别仅在于前者采用上位概念,而后者采用下位概念限定同类性质的技术特征,则下位概念的公开破坏采用上位概念限定的发明或者实用新型的新颖性。

【案例8】

专利申请的权利要求:

"一种杯子,包括由金属制成的杯体、把手及设置在把手上的隔热护套。"

对比文件公开:一种杯子,包括由不锈钢制成的杯体、把手及设置在把手上的尼龙护套。

由于"不锈钢"是"金属"的下位概念,"尼龙护套"是"隔热护套"的下位概念,两者技术领域相同、技术方案相同、所要解决的技术问题相同、预期效果相同,因此,对比文件破坏了专利申请的权利要求的新颖性。

【案例9】

专利申请的权利要求:

"一种带护套挂锁,金属锁体上套有护套。"

对比文件公开：一种带护套挂锁，黄铜锁体上套有黑色乙烯基树脂护套。

由于"黄铜"是"金属"的下位概念，"黑色乙烯基树脂护套"是"护套"的下位概念，两者技术领域相同、技术方案相同、所要解决的技术问题相同、预期效果相同，因此，对比文件破坏了专利申请的权利要求的新颖性。

3. 惯用手段的直接置换

如果要求保护的发明或者实用新型专利与对比文件的区别仅仅是所属技术领域的惯用手段的直接置换，则该发明或者实用新型不具备新颖性。惯用手段是指熟知和常用、可以互相置换，且产生技术效果预期相同的技术手段。

例如，现有技术公开过采用螺钉固定的装置，而发明或者实用新型专利申请仅将该装置的螺钉固定方式改换为螺栓固定方式，则该申请不具备新颖性。

4. 数值和数值范围

发明或者实用新型专利申请要求保护的技术方案中存在数值或者以连续变化的数值范围限定的技术特征，例如，温度、压力等，而其余技术特征与对比文件相同的，则其新颖性的判断应当依照以下各项规定。

① 对比文件公开的数值或数值范围落在限定的技术特征的数值范围内将破坏要求保护的技术方案的新颖性。

对于这一规定，可以理解为发明或实用新型的权利要求所要保护的技术方案中为连续数值范围，而对比文件公开的内容为落入该数值范围内的具体实例数值。例如，

本申请：温度 $0 \sim 100℃$。

对比文件：温度 $38℃$、$65 \sim 75℃$。

上述对比文件影响发明 $0 \sim 100℃$ 范围的技术方案的新颖性。

对于对比文件公开的数值范围落在权利要求的数值范围内，从而影响发明新颖性的申请文件的修改，可以通过放弃权利要求中部分数值范围或修改权利要求数值范围的方式进行，但所作的修改需要以说明书的充分公开为基础，不能超出原始申请文件的范围。具体怎样修改，要依据说明书公开的程度。如果原说明书中还公开了 $0 \sim 38℃$ 的某些点；或者还公开了 $75 \sim 100℃$ 的某些点；或者还公开了 $38 \sim 65℃$ 的某些点，那么可以将这些点与原权利要求中的 $0℃$ 及 $100℃$ 组合形成排除对比文件已公开的范围的新的数值范围，克服权利要求不具备新颖性的缺陷。例如，原说明书还公开了 $20℃$ 和 $80℃$ 两个点，那么本发明的权利要求可以修改为"温度 $0 \sim 20℃$、$80 \sim 100℃$"，以克服权利要求不符合新颖性的缺陷。总之，上述修改要符合《专利审查指南2010》第二部分第八章有关修改的规定。

【案例10】

发明专利申请的权利要求：

"1.由主要成分为 0.40%～0.48%碳、1.35%～1.61%锰、0.16%～0.30%硅、0.20%铬以及余量的铁和其他不影响钢淬透性的材料组成的用于制造驱动轴的合金钢。"

对比文件：一种用于制造驱动轴的合金钢，由主要成分为 0.45%碳、1.5%锰、0.18%硅、0.20%铬以及余量的铁和其他不影响钢淬透性的材料组成。

分析：对比文件公开了一种用于制造驱动轴的合金钢，其主要成分碳0.45%、锰1.5%、硅 0.18%分别落入发明权利要求所要求保护的用于制造驱动轴的合金钢的碳 0.40%～0.48%、锰 1.35%～1.61%、硅 0.16%～0.30%的范围中，并且铬的含量都是 0.20%，其余是铁，因此，按照上述数值和数值范围的规定之①，本发明权利要求1的技术方案已经被对

比文件公开的上述用于制造驱动轴的合金钢的技术方案所公开，且两者属于相同的技术领域，并能产生相同的技术效果，因此发明的权利要求1相对于对比文件不具备《专利法》第二十二条第二款规定的新颖性。

② 对比文件公开的数值范围与限定的技术特征的数值范围部分重叠或者有一个共同的端点将破坏要求保护的技术方案的新颖性。

对于这一规定，可理解为权利要求保护的技术方案中有连续数值范围，对比文件公开了更宽的连续数值范围，并且上述两数值范围有一个共同的端点或者部分重叠。例如：

发明：温度 38～80℃。

对比文件：48～90℃，有部分重叠。

或者对比文件：80～120℃，有共同端点。

上述对比文件影响本发明整个范围 38～80℃ 的技术方案的新颖性。

【案例 11】

发明专利申请的权利要求：

"一种氮化硅陶瓷的生产方法，其烧成时间为 1～10h。"

对比文件公开：氮化硅陶瓷的生产方法中的烧成时间为 4～15h。

分析： 对比文件公开了一种氮化硅陶瓷的生产方法，其烧成时间为 4～15h，与发明权利要求所要求保护的烧成时间 1～10h 的范围部分重叠。因此，按照上述介绍的数值和数值范围的规定之②，本发明权利要求的技术方案已经被对比文件中的氮化硅陶瓷的生产方法所公开，且两者属于相同的技术领域，并能产生相同的技术效果，因此发明的权利要求相对于对比文件不具备《专利法》第二十二条第二款规定的新颖性。

③ 对比文件公开的数值范围的两个端点将破坏限定的技术特征为离散数值并且具有该两端点中任一个的技术方案的新颖性，但不破坏上述限定的技术特征为该两端点之间任一数值的发明或者实用新型的新颖性。例如，

发明：温度 0℃、38℃、65℃、100℃。

对比文件：温度 0～100℃。

上述对比文件影响本发明 0℃、100℃ 的技术方案的新颖性，但不影响 38℃、65℃ 的技术方案的新颖性。如果修改权利要求，可以删除权利要求中 0℃ 和 100℃ 的技术方案，仅保留 38℃ 和 65℃ 的技术方案以克服权利要求不具备新颖性的缺陷。至于修改后的权利要求是否具备创造性，还需要考虑本发明 38℃ 和 65℃ 的技术方案能否取得预料不到的技术效果，即申请文件是否公开了选择 38℃ 和 65℃ 的理由，创造性的具体判断参见本书第一部分第二章第六节。

【案例 12】

发明专利申请的权利要求：

"一种二氧化钛光催化剂的制备方法，其干燥温度为 40℃、58℃、75℃、100℃。"

对比文件公开：干燥温度为 40～100℃ 的二氧化钛光催化剂的制备方法。

分析： 上述对比文件公开了一种二氧化钛光催化剂的制备方法，其干燥温度为 40～100℃，其中的两个端点 40℃、100℃ 与发明权利要求所要求保护的二氧化钛光催化剂制备方法中所取干燥温度 40℃、58℃、75℃、100℃ 的这四个离散数值的两个数值相同，因此，按照上述介绍的数值和数值范围的规定之③，本发明权利要求的技术方案已经被对比文件公开的二氧化钛光催化剂的制备方法所公开，且两者属于相同的技术领域，并能产生相同的技术效果，因此发明

的权利要求相对于对比文件不具备《专利法》第二十二条第二款规定的新颖性。

④ 对比文件公开的数值范围包括限定的技术特征的数值或者数值范围，但是与上述限定的技术特征的数值或者数值范围没有共同的端点，不破坏要求保护的技术方案的新颖性。例如：

发明专利申请权利要求：

"一种合金电触头材料，其材料的成分配比（质量分数）为：碳 0.15～2.00、碳化钨 0.01～1.00、镉 0.15～4.00、碳化铌 0.50～5.00、镍 0.50～3.00、氧化铝 0.50～5.00、氧化镧 0.01～2.00、硅 0.10～1.00、硼 0.10～1.00，铜余量。"

对比文件公开：一种合金电触头材料，该材料的成分配比（质量分数）为：碳 0.10～3.00、碳化钨 0.50～5.00、镉 0.10～5.00、碳化铌 0.10～10.00、镍 0.10～4.00、氧化铝 0.20～6.00、氧化镧 0.01～1.00、硅 0.10～1.00、硼 0.50～5.00、铜余量。

分析：对比文件公开了一种合金电触头材料，虽然其材料的成分中碳化钨和硼的配比范围与发明权利要求所要求保护的合金电触头材料的碳化钨和硼配比范围部分重叠、氧化镧的配比范围与发明权利要求中氧化镧的配比范围具有共同端点、硅的配比范围与发明权利要求中硅的配比范围相同，而且余量都是铜，但是对比文件的材料成分中碳、镉、碳化铌、镍、氧化铝的配比范围都包括权利要求中碳、镉、碳化铌、镍、氧化铝的配比范围，且没有共同端点。因而，其中碳、镉、碳化铌、镍、氧化铝的配比范围属于上述介绍的数值和数值范围的规定之④，按照该规定，对比文件没有公开其中碳、镉、碳化铌、镍、氧化铝的配比范围，发明的权利要求相对于对比文件具备《专利法》第二十二条第二款规定的新颖性。

【案例 13】

发明专利申请的权利要求：

"一种乙烯-丙烯共聚物，其聚合度为 100～200。"

对比文件公开：聚合度为 50～400 的乙烯-丙烯共聚物。

分析：对比文件公开了一种乙烯-丙烯共聚物，其聚合度为 50～400，该聚合度的数值范围包括权利要求中要求保护的乙烯-丙烯共聚物的聚合度 100～200，且没有共同端点。因此，按照上述介绍的数值和数值范围规定之④，发明的权利要求相对于对比文件具备《专利法》第二十二条第二款规定的新颖性。

第四节　判断发明新颖性时要考虑的其他因素

《专利审查指南 2010》第二部分第二章第 3.2.2 节规定："产品权利要求适用于产品发明或者实用新型，通常应当用产品的结构特征来描述。特殊情况下，当产品权利要求中的一个或多个技术特征无法用结构特征予以清楚地表征时，允许借助物理或化学参数表征；当无法用结构特征并且也不能用参数特征予以清楚地表征时，允许借助于方法特征表征。"

除了上述包含参数和制备方法特征的产品权利要求外，还常常会遇到包含性能和用途特征的产品权利要求。下面将分别介绍包含性能、参数、用途、制备方法特征的产品权利要求的新颖性判断。

一、包含性能、参数特征的产品权利要求

对于包含性能、参数特征的产品权利要求，在判断其新颖性时，应当考虑权利要求中的性能、参数特征是否隐含了要求保护的产品具有某种特定结构和/或组成。

如果该性能、参数隐含了要求保护的产品具有区别于对比文件产品的结构和/或组成，则该权利要求具备新颖性。例如，一件专利申请的权利要求与对比文件1都涉及一种具有相同直径的直齿轮，但对比文件1没有公开权利要求中直齿轮的模数为0.5mm，该直齿轮模数隐含了权利要求中的直齿轮具有特定的齿距和齿数，因此该权利要求相对于对比文件1具备新颖性。又如，一件专利申请的权利要求与对比文件1都涉及一种具有相同外形尺寸的螺旋弹簧，但对比文件1没有公开权利要求中螺旋弹簧的劲度系数为100N/m，该劲度系数隐含了权利要求中的螺旋弹簧是由特定弹簧钢制成的，因此该权利要求相对于对比文件1具备新颖性。

如果所属技术领域的技术人员根据性能、参数无法将要求保护的产品与对比文件产品区分开，则可推定要求保护的产品与对比文件产品相同，因此申请的权利要求不具备新颖性。除非能够根据申请文件或现有技术证明权利要求中包含性能、参数特征的产品与对比文件产品在结构和/或组成上不同。

例如，一件专利申请的权利要求为"一种聚偏氟乙烯微孔膜，该膜在60kPa下的气通量为$6.0m^3/(m^2·h·kPa)$，最大孔径小于$0.5\mu m$，断裂伸长率>50%"，对比文件1公开了一种聚偏氟乙烯微孔膜，未记载上述参数，但其制备方法的原料、步骤和工艺条件与本申请的说明书记载的制备方法相同。虽然对比文件1没有公开具体的参数，但由于采用了相同的制备方法，所以制备出的产品也必然相同，因此可以确定对比文件1的聚偏氟乙烯微孔膜也具有上述参数值，该权利要求相对于对比文件1不具备新颖性。

二、包含用途特征的产品权利要求

对于包含用途特征的产品权利要求，在判断其新颖性时，应当考虑权利要求中的用途特征是否隐含了要求保护的产品具有某种特定结构和/或组成。

如果用途由产品本身固有的特性决定，而且用途特征没有隐含产品在结构和/或组成上发生改变，则该用途特征限定的产品权利要求相对于对比文件的产品不具有新颖性。相反，如果该用途隐含了产品具有特定的结构和/或组成，即该用途表明产品结构和/或组成发生改变，则该用途作为产品的结构和/或组成的限定特征必须予以考虑。

例如，一件专利申请的权利要求为"一种用于储存强酸的容器，包括……"，该权利要求的用途特征"用于储存强酸"要求容器具有一定的耐酸性，对比文件1公开了一种具有该权利要求中除用途特征外的所有其他技术特征的普通铁制容器，显然对比文件1所公开的容器不满足"具有耐酸性"的要求，该权利要求相对于对比文件1具备新颖性。相反，如果上述权利要求请求保护的是一种用于存放谷物的容器，其中用途特征"用于存放谷物"对容器本身没有带来任何影响，对比文件1公开了除用途特征外的所有其他技术特征，则该权利要求相对于对比文件1不具备新颖性。

三、包含制备方法特征的产品权利要求

对于包含制备方法特征的产品权利要求，在判断其新颖性时，应当考虑该制备方法是否导致产品具有某种特定的结构和/或组成。

如果所属技术领域的技术人员可以断定该方法必然使产品具有不同于对比文件产品的特定结构和/或组成，则该权利要求具备新颖性。

例如，一件专利申请的权利要求为"一种双层塑料容器，包括内层和外层……将制好

的内层作为注塑模具的阳模的一部分,在该注塑模具中注射外层塑料材料,从而制成双层容器",对比文件1公开了该权利要求中除方法特征"将制好的内层作为注塑模具的阳模的一部分,在该注塑模具中注射外层塑料材料,从而制成双层容器"外的所有其他技术特征,但对比文件1的具体实施方式公开了容器的制造方法是分别制好内层和外层,然后通过黏结剂将二者黏结在一起。该权利要求中的方法特征导致内外层之间具有不同于对比文件1的特定的结合方式和结合强度,该权利要求相对于对比文件1具备新颖性。

如果申请的权利要求所限定的产品与对比文件产品相比,尽管所述方法不同,但产品的结构和组成相同,则该权利要求不具备新颖性。除非能够根据申请文件或现有技术证明该方法导致产品在结构和/或组成上与对比文件产品不同,或者该方法给产品带来了不同于对比文件产品的性能从而表明其结构和/或组成已发生改变。

例如,一件专利申请的权利要求为"一种宣传板,包括……制作时先将原板裁成若干个预定大小的预制板,再为预制板喷涂宣传内容从而制成宣传板",对比文件1公开了具有相同结构的宣传板,但其制作时先为原板喷涂若干个宣传内容,然后再根据宣传内容的位置将喷涂后的原板裁切成预定大小从而制成宣传板。虽然该权利要求请求保护的宣传板与对比文件1中的宣传板制作方法不同,而且该权利要求的制作方法也确实具有节省材料、节省操作占地等效果,但这两种方法最后形成的产品是完全相同的,该权利要求中的方法特征并没有导致产品具有某种特定的结构和/或组成,该权利要求相对于对比文件1不具备新颖性。

第五节 对涉及《专利法》第九条的同样的发明创造的处理

一、法律条款

《专利法》第九条规定:"同样的发明创造只能授予一项专利权。但是,同一申请人同日对同样的发明创造既申请实用新型专利又申请发明专利,先获得的实用新型专利权尚未终止,且申请人声明放弃该实用新型专利权的,可以授予发明专利权。两个以上的申请人分别就同样的发明创造申请专利的,专利权授予最先申请的人。"

上述条款规定了不能重复授予专利权的原则。禁止对同样的发明创造授予多项专利权,是为了防止权利之间存在冲突。因此,禁止重复授权,就是同样的发明创造不能有多项处于有效状态的专利权同时存在。

根据《专利法实施细则》第六十五条的规定,依照《专利法》第九条规定的不能取得专利权的情况,也是宣告专利权无效的理由。因此,掌握判断同样的发明创造的原则非常重要。

二、判断原则

对于发明或实用新型,《专利法》第九条或《专利法实施细则》第四十一条中所述的"同样的发明创造"是指两件或两件以上申请(或专利)中存在的保护范围相同的权利要求,也即限于不同申请(或专利)的权利要求之间的对比。

1. 只要存在一项保护相同的权利要求,就属于同样的发明创造

判断两件或两件以上申请(或专利)是否属于同样的发明创造时,需要注意,并不要求两件或两件以上申请(或专利)中的每一项的权利要求的保护范围全部相同,而是只要

一件专利申请或专利的一项权利要求与另一件专利申请或专利的某一项权利要求保护范围相同，就认为它们是同样的发明创造。

2. 说明书相同的，权利要求保护范围不同，不是同样的发明创造

两件专利申请的说明书相同，但权利要求保护范围不同，就不是同样的发明创造。例如，同一申请人申请了实用新型和发明两件专利，其说明书记载了一产品及该产品的制造方法，发明的权利要求涉及产品的制造方法，而实用新型涉及产品本身，则应当认为该实用新型与发明不是同样的发明创造。

3. 权利要求保护范围仅部分重叠的，不属于同样的发明创造

两件专利申请权利要求保护范围仅部分重叠，不属于同样的发明创造。例如，权利要求中存在以连续的数值范围限定的技术特征，其连续的数值范围与另一件发明或者实用新型专利申请或专利权利要求中的数值范围不完全相同，不属于同样的发明创造。

下面通过案例14～17进一步说明如何判断是否属于同样的发明创造。

三、案例

【案例14】

本案例涉及同一申请人同日提交的实用新型和发明专利申请。

发明专利申请的权利要求书：

"1. 一种棉花球运动的球，包括球表层和球芯，其特征在于球表层（2）由橡胶制成，球芯（1）用海绵填充；

2. 按照权利要求1所述的球，其特征在于球的外表圆周为60～62cm；

3. 按照权利要求1或2所述的球，其特征在于球的重量为500～550g；

4. 按照权利要求3所述的球，其特征在于球表面镶嵌成土家族传统的'西兰卡普'花色图案。"

实用新型专利申请的权利要求书：

"1. 一种用于棉花球运动的球，包括球表层和球芯，其特征在于球表层（2）由橡胶制成，球芯（1）用海绵填充；

2. 按照权利要求1所述的球，其特征在于球的外表圆周为60～62cm；

3. 按照权利要求1或2所述的球，其特征在于球的重量为500～550g。"

分析：上述发明和实用新型专利申请的权利要求书中，其中发明的权利要求1～3与实用新型的权利要求1～3均相同，满足上述判断原则中1之规定，因此，是同样的发明创造。

【案例15】

本案例涉及同一申请人同日提出的两项发明专利申请。

一件发明专利申请的权利要求书如下：

"1. 一种喇叭口形直身桶（或罐），包括桶体（5）、盖（2）以及提环（1），其特征在于：所述直身桶体（5）的口部呈喇叭口形，环圈（3）位于桶体的喇叭口内，盖（2）的周边柱面（8）上设置凸筋（7），当盖（2）被压入时，所述盖的凸筋（7）反扣在环圈（3）的下缘。"

另一件发明专利申请的权利要求书如下：

"1. 一种喇叭口形直身桶（或罐），包括桶体（5）、盖（2）以及提环（1），其特征在于：所述直身桶体（5）的口部呈喇叭口形，环圈（3）位于桶体的喇叭口内；

2. 根据权利要求1所述的喇叭口形直身桶（或罐），其特征在于，所述盖（2）的周边柱

面（8）上设置凸筋（7），当压入盖（2）时，所述盖的凸筋（7）反扣在环圈（3）的下缘。"

分析：比较上述两件发明专利申请的权利要求发现，第一件申请的权利要求1与第二件申请的权利要求2的保护范围相同，也即两件申请中有一项权利要求是相同的，满足上述判断原则中1之规定，因此，是同样的发明创造。

【案例16】

本案例涉及同一申请人同日提出的说明书内容相同的发明专利申请和实用新型专利申请。

发明专利申请的权利要求书如下：

"1. 全自动PVC生产线的产品制备方法，其特征在于，包括以下步骤：

步骤一：模具放置在自动点胶机（1）机台上，自动点胶机（1）的感应开关感应到模具，然后气缸夹紧，自动点胶机（1）点第一层底料，点完胶后反馈信号给到关节机器人（5）；

步骤二：关节机器人（5）夹取模具放置到双工位烤模台一号工位加热后冷却；

步骤三：模具冷却后反馈信号给到关节机器人（5），关节机器人（5）开始夹取模具到自动底料机（3）机台上；

步骤四：自动底料机（3）对模具进行底料点胶，点完胶后反馈信号给到关节机器人（5）；

步骤五：关节机器人（5）夹取模具放置二号工位进行加热后冷却；

步骤六：关节机器人（5）夹取冷却完的模具放置工作台（4）的成品区，然后关节机器人（5）继续循环以上步骤工作。"

实用新型专利申请的权利要求书如下：

"1. 全自动PVC生产线，包括自动点胶机（1）、双工位烤模台（2）、自动底料机（3）、工作台（4）和关节机器人（5），其特征在于，以关节机器人（5）为中心，所述自动点胶机（1）、双工位烤模台（2）、自动底料机（3）和工作台（4）分别设置在关节机器人（5）的四面；

2. 根据权利要求1所述的全自动PVC生产线，其特征在于，所述自动点胶机（1）上设有感应开关和气缸；

3. 根据权利要求1所述的全自动PVC生产线，其特征在于，所述关节机器人（5）为四轴机器人；

4. 根据权利要求1所述的全自动PVC生产线，其特征在于，所述双工位烤模台（2）上分别设有一号工位和二号工位。"

分析：比较上述发明专利申请和实用新型的权利要求发现，发明专利申请的权利要求主题是"全自动PVC生产线的产品制备方法"，而实用新型专利申请的权利要求主题是"全自动PVC生产线"，虽然这两件专利申请的发明书内容完全相同，但两件专利申请权利要求的保护范围并不相同，满足上述判断原则中2之规定，因此，不是同样的发明创造。

【案例17】

本案例涉及同一申请人同日提出的两项发明专利申请。

一件发明专利申请的权利要求书如下：

"一种推进设备，该推进设备包括船尾驱动单元，该船尾驱动单元包括至少一个推进器。"

另一件发明专利申请的权利要求书如下：

"一种推进设备，该推进设备包括船尾驱动单元，该船尾驱动单元包括2~3个推进器。"

分析：由于至少一个推进器包含了2~3个推进器的情况，所以，上述第二件专利申请的权利要求的保护范围落在第一件申请的权利要求的保护范围中，但是，两者的保护范围部分重叠，而整体不同，所以，按照判断同样的发明创造原则之3，这两项发明专利申请不是同样的发明创造。

四、对同样的发明创造的处理方式

在掌握了上述判断同样的发明创造的判断原则之后，则可以运用该判断原则处理实践中遇到的涉及同样的发明创造的问题。例如，在撰写专利申请文件时，如果申请人对自己所作出的发明创造既想申请发明专利，又想申请实用新型专利，就要撰写出权利要求保护范围不同的发明专利申请文件和实用新型专利申请文件，当然，这种判断原则也适用于无效程序中对相同发明创造的判断。

第六节 新颖性案例

【案例 18】

此案例经过无效程序。

申请号：94201234.X

申请日：1994 年 12 月 17 日

授权公告日：1996 年 1 月 10 日

实用新型名称：万能扳手

专利权人：赵某

该申请（以下简称"本实用新型专利"）的说明书中指出，现有技术中的扳手有活动扳手和管钳扳手两种，它们在松紧工件时，须用螺杆调节卡口宽度，使之与工件一致后再行松紧，特别是管钳扳手，在调好卡口宽度后，还需要有一定经验，才能顺利使用，而且活动扳手只能松紧六角螺栓、螺母，管钳扳手又只能松紧螺纹圆管。

申请人为了解决上述一般扳手所存在的问题，提出了一种万能扳手，其结构参见图1、图2、图3及图4。其中，图1是万能扳手实施例1的结构示意图；图2是沿着图1的A—A向的剖视图；图3是利用图1万能扳手松紧螺纹圆管的工作原理图；图4是万能扳手实施例2的结构示意图。

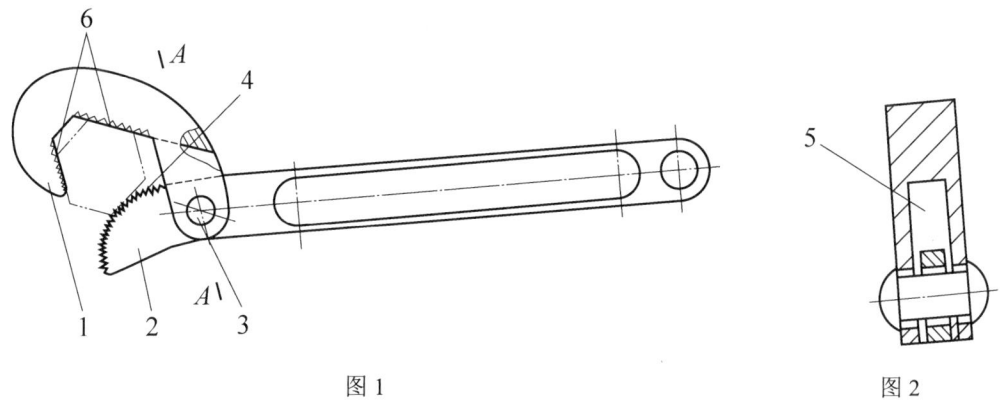

图 1　　　　　　　　　　图 2

万能扳手的实施例1如图1~图3所示，其由卡子1、手柄2和圆柱销3构成。卡子1和手柄2通过圆柱销3铰接为一体，卡子1的形状像钩子，内有3个120°角，以能与不同边长的正六边形二边相接合的空间；卡子1上与手柄2相结合的部位有一个能使手柄2绕圆柱销3旋转一定角度的槽5，手柄2上与工件相接合的部位设有齿4。卡子1与工件相结合部位可带齿6也可不带齿。

万能扳手的实施例2如图4所示，是为适应更大范围尺寸的工件而设计的，它是在手柄2的两端均通过圆柱销3铰接有卡子1，每一端的具体结构与实施例1所述相同。但尺寸不一，一端尺寸适应较小尺寸的工件，另一端适应较大尺寸的工件。

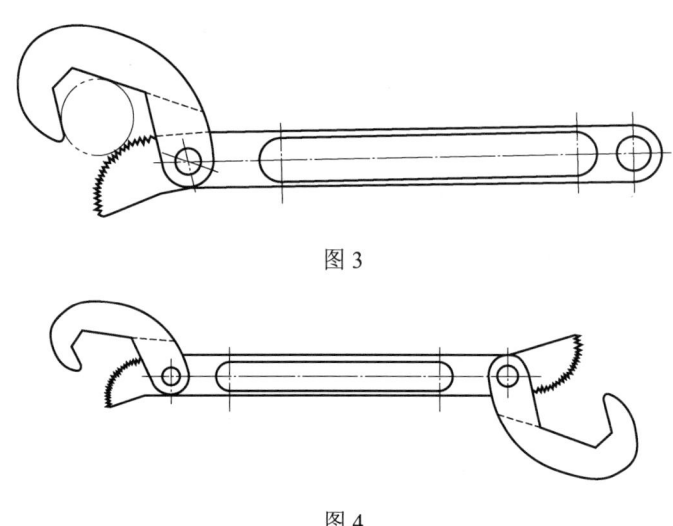

图3

图4

本实用新型专利申请还介绍了采用本实用新型的优点在于，在松紧工件时，只要将卡子1钩住工件，转动手柄2，就能使工件产生自锁、不打滑，外力越大，卡住工件的力也越大。由于有与正六角形相吻合的形状，因此可对六角螺栓、螺母进行松紧。由于手柄2带齿4，故也可对螺纹圆管进行松紧。

申请人认为，实用新型集活动扳手和管钳扳手为一体，能方便、灵活自如地松紧一定范围内的六角螺栓、六角螺母和带螺纹圆管。此外，本实用新型还具有结构简单、造型美观、制造成本低、使用寿命长的优点。

本案权利要求内容如下：

"1. 一种万能扳手，由卡子（1），手柄（2）和圆柱销（3）构成，其特征在于卡子（1）和手柄（2）通过圆柱销（3）铰接为一体；卡子（1）形状像钩子，内有能与不同边长的正六边形二边相接合的空间；卡子（1）上与手柄（2）相结合的部位有一个能使手柄（2）绕圆柱销（3）旋转一定角度的槽（5），手柄（2）上与工件相接合的部位设有齿（4）；

2. 根据权利要求1所述的万能扳手，其特征在于手柄（2）两端均通过圆柱销（3）铰接有卡子（1）；

3. 根据权利要求1或2所述的万能扳手，其特征在于卡子（1）与工件相结合部位带有齿（6）；

4. 根据权利要求1或2所述的万能扳手，其特征在于卡子（1）与工件相结合部位不带齿。"

针对本实用新型专利，无效请求人于1996年9月25日向专利复审委员会[1]提出宣告

---

[1] 2019年国家机构改革之后，专利复审委员会并入国家知识产权局专利局，此后提交的专利复审与无效宣告请求等文件，都是向国家知识产权局提交，文件抬头都写国家知识产权局，本书下文无特别说明的，2019年之前的案例，一律保留专利复审委员会的称谓。

第一章 新颖性

该专利权无效的请求,其理由是本专利不具备新颖性。

无效宣告请求提出证据:中国实用新型专利说明书,其授权公告号为CN2190567Y(以下简称"对比文件1")

申请日:1993年11月19日

公告日:1995年3月1日

名称:万能扳手

专利权人:李某

下面简单地介绍对比文件1说明书的内容。

扳手的具体结构参见下文图1~图3。其中,图1为该实用新型实施例的结构示意图。图2为图1之钳口部分的左右侧视图。图3为另一实施例结构示意图。

从图1可以看出,扳手由手柄1和与手柄1相连的端头2及钳钩3组成,该钳钩3的内侧形成一个一定尺寸的角度,由于钳钩3是活络的,因此可以自由地钳住各种尺寸的螺帽。

具体地,其手柄1的一头是一个呈弧形的锯齿式端头2,在端头2的颈部安有一个活络的钳钩3,其钳钩3的内侧有防滑齿,且按一定的角度形成四个面。图3是另一实施例示意图,该实施例在手柄1的两头均有端头2和钳钩3,在这种实施例中,两个钳钩一大一小,使用的尺寸有了一个更大的范围。

其优点是:这种扳手在尺寸上比死扳手和活络扳手有更大的使用范围,并且能有效地钳住多边形甚至圆形、椭圆形及其他各种形状的螺帽,使用时只要钳住螺帽,即可连续扳动,在加工制造上也要比活络扳手更为简单方便,从而大大提高工作效益、解决作业中紧固及松卸难题。

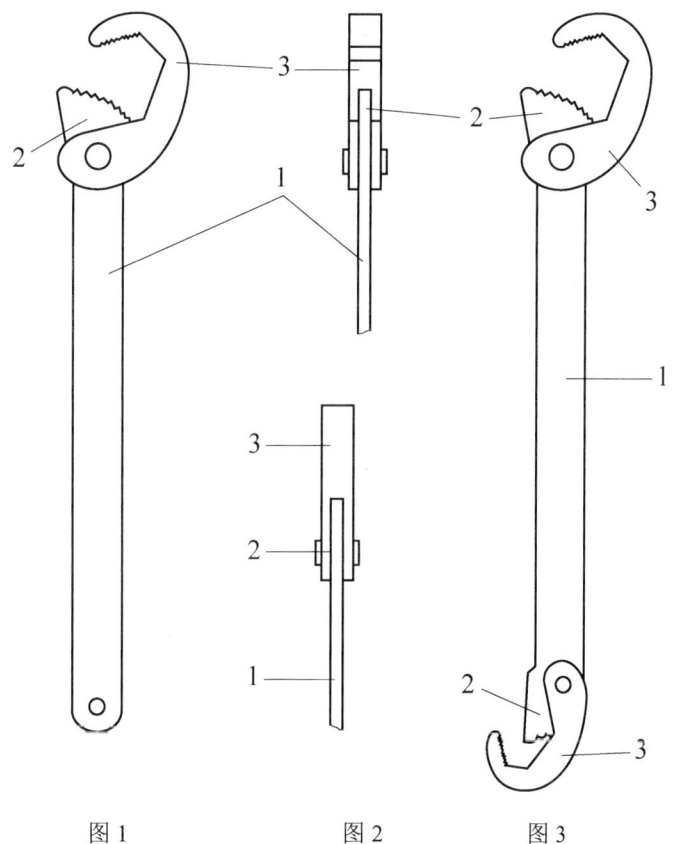

图1　　　　　　图2　　　　　　图3

首先，本实用新型专利的申请日为 1994 年 12 月 17 日，授权公告日为 1996 年 1 月 10 日，上述对比文件 1 是一件申请由他人在本实用新型专利的申请日之前（1993 年 11 月 19 日）向中国专利局提出、公开在本实用新型专利的申请日之后（1995 年 3 月 1 日）的实用新型专利，时间上也符合构成本实用新型专利的抵触申请的条件。

其次，判断本实用新型专利的权利要求 1 的技术方案与对比文件 1 所公开的内容是否相同：

对 94201234.X 实用新型专利即本实用新型专利的权利要求 1 所要求保护的万能扳手的技术方案进行归纳分析，得出以下五个要素，即技术特征：

① 由卡子 1、手柄 2 和圆柱销 3 构成；
② 卡子 1 和手柄 2 通过圆柱销 3 铰接为一体；
③ 卡子 1 形状像钩子，内有能与不同边长的正六边形二边相接合的空间；
④ 手柄 2 上与工件相接合的部位设有齿 4；
⑤ 卡子 1 上与手柄 2 相结合的部位有一个能使手柄 2 绕圆柱销 3 旋转一定角度的槽 5。

对上述对比文件 1 进行分析：

① 包括一个手柄 1，端头 2，钳钩 3（对比文件 1 的说明书文字部分）；
② 钳钩 3 以活络的方式安装在端头的颈部（对比文件 1 的说明书文字部分）；
③ 钳钩 3 的内侧形成一个一定尺寸的角度，可以自由地钳住各种尺寸的、多边形甚至圆形、椭圆形及其他各种形状的螺帽；
④ 端头 2 呈弧形的锯齿式，钳钩 3 内侧有防滑齿。

从对比文件 1 的图 1、图 3 可以看出，端头 2 也就是本实用新专利权利要求 1 中的手柄 2，钳钩 3 就是实用新型专利权利要求 1 中的卡子 1，而且，从对比文件 1 的图 1、图 3 可以看出，钳钩 3 的形状就是钩子的形状。

将本实用新型权利要求 1 与对比文件 1 进行比较得出：权利要求 1 的不同在于，"卡子 1 上与手柄 2 相结合的部位有一个能使手柄 2 绕圆柱销 3 旋转一定角度的槽 5"。但是其说明书中记载了"钳钩 3 是活络的，因此可以自由地钳住各种尺寸的螺帽"这样的客观事实。

上述技术特征虽然未被明确地记载在对比文件 1 的说明书及权利要求书中，但是从对比文件 1 的图 2 和图 3 中可以明确看出，其钳钩 3 的铰接处（活络处）一定设有供手柄的端头 2 进行转动的沟槽，否则该扳手的钳钩将无法转动，扳手也就无法使用，这一点对于所属技术领域的技术人员来说是很容易理解的。因此，上述技术特征实际上已经被隐含在对比文件 1 的说明书图 2、图 3 之中。

因此，对比文件 1 中的万能扳手与本实用新型专利权利要求 1 所述的万能扳手在结构上是完全相同的，从而构成了本实用新型专利的抵触申请，能够评价本实用新型专利的新颖性。

上述内容通过如表 1 所示的技术特征分析。

作为知识产权工作者或专利代理师，不仅要掌握判断一项权利要求是否具备新颖性的方法，也要掌握评价一项权利要求不具备新颖性或者具备新颖性的评述方法。例如，专利代理师在撰写无效宣告请求书时需要陈述权利要求不具备新颖性的理由；在答复实质审查意见通知书、提出复审请求、答复复审通知书以及答复无效请求书时需要陈述权利要求具备新颖性的理由。掌握评价一项权利要求不具备新颖性或者具备新颖性的评述方法对于专利代理师无论是在实质审查程序中还是在复审无效程序中都有一定的帮助。

表 1　技术特征分析

分析项目	实用新型	对比文件 1
申请号	94201234.X	CN2190567Y
申请日	1994.12.17	1993.11.19
申请人	赵 某	李 某
公开（授权日）	1996.1.10	1995.3.1
技术领域	扳手	扳手
权利要求1的技术特征	手柄（2）、卡子（1）、圆柱销（3）	手柄1、端头2、钳钩3
	卡子（1）和手柄（2）通过圆柱销（3）铰接为一体	钳钩3以活络的方式安装在端头的颈部
	卡子（1）形状像钩子，卡子内有能与不同边长的正六边形二边相接合的空间	钳钩3的内侧形成一个一定尺寸的角度，可以自由地钳住各种尺寸的、多边形甚至圆形、椭圆形及其他各种形状的螺帽
	手柄（2）上与工件相接合的部位设有齿（4）	端头2呈弧形的锯齿式，钳钩3内侧有防滑齿
	卡子（1）上与手柄（2）相结合的部位有一个能使手柄（2）绕圆柱销（3）旋转一定角度的槽（5）	从附图和说明书公开的连接方式唯一推定

下面以案例18为例，给出评价专利申请的权利要求是否具备新颖性的参考语段。

一、权利要求不具备新颖性时的评述

在评价一项权利要求不具备新颖性时，如果有多篇现有技术（或抵触申请）都影响该权利要求的新颖性，这时可以选择其中一篇进行评述，但是有些时候（如撰写无效请求书等）需要体现用多篇对比文件分别否定权利要求新颖性的过程，并分别进行评述。在这种情况下，不仅要说理清楚，而且也要体现将该项权利要求与多个现有技术（或抵触申请）逐个单独进行对比，或与一个有多个实施例（或多个实施方案）的现有技术（或抵触申请）的各个实施例逐个单独对比的原则。

1. 发明不具备新颖性的评述要点

发明或实用新型的权利要求不具备新颖性时，评述要点应当包括如下内容：

① 以权利要求为对象进行评价；

② 所使用的对比文件，包括现有技术或抵触申请相关内容的记载，特别是与构成发明技术方案的技术特征相对应的内容；对比文件公开内容的具体出处；

③ 将发明或实用新型的权利要求技术方案与多个现有技术（或抵触申请）逐个单独进行对比、或与一个有多个实施例（或多个实施方案）的现有技术（或抵触申请）的各个实施例逐个单独对比、分析的过程的内容，换句话说，将权利要求的技术方案的全部技术特征与现有技术（或抵触申请）的一个完整的技术方案或一个完整的实施例的全部技术特征对比、分析、确认技术方案是否相同的过程的内容；

④ 分析权利要求的技术方案与上述现有技术或抵触申请是否能够适用于相同的技术领域、解决相同的技术问题，具有相同的预期效果的过程的内容；

⑤ 结论：发明或实用新型不具有新颖性，不符合《专利法》第二十二条第二款的规定。

2. 评述独立权利要求不具备新颖性的推荐样式

下文以案例18的独立权利要求1不具备新颖性的评述为例，给出推荐的样式，供参考。

独立权利要求1不具备《专利法》第二十二条第二款规定的新颖性。

CN2190567Y（以下简称"对比文件1"）是一件由他人❶在94201234.X实用新型专利（以下简称"本实用新型专利"）申请的申请日之前向中国专利局提出的实用新型专利申请，并且公开在本实用新型专利申请的申请日之后，因此，在时间、申请人以及在先申请的受理局上符合构成本实用新型专利申请的抵触申请的条件。

对比文件1公开了一种万能扳手，并具体公开了下述技术特征：

① 该扳手包括一个手柄1，端头2，钳钩3（参见对比文件1的说明书第X页第A段第a行~第Y页第D段第f行，图1、图3）；其中手柄1和端头2即本实用新型专利的手柄2，钳钩3即本实用新型专利的卡子1，这一点从对比文件1的图1及图3可以毫无疑义地确定得出；

② 钳钩3以活络的方式安装在端头的颈部（参见对比文件1的说明书第U页第F段第c行~第W页第H段第i行，图1、图2），由于这种活络的方式连接，使其可钳住多边形甚至圆形、椭圆形及其他各种形状的螺帽，使用时只要钳住螺帽，即可连续扳动，从而证明钳钩3与手柄1之间是通过圆柱销（图中虽然没有标注，但是从图1、图2可明显地得出）铰接为一体；

③ 钳钩3的内侧形成一个一定尺寸的角度，可以自由地钳住各种尺寸的、多边形甚至圆形、椭圆形及其他各种形状的螺帽（参见对比文件1的说明书第X页第B段第b行~第Y页第E段第e行，图1~图3），即钳钩3内有能与不同边长的正六边形二边相接合的空间，而且，从对比文件1的图1、图3可以看出，钳钩3的形状就是钩子的形状；

④ 端头2呈弧形的锯齿式，钳钩3内侧有防滑齿（参见对比文件1的说明书第X页第X段第x行~第Y页第Y段第y行，图1、图3）。

将本实用新型权利要求1与对比文件1进行对比得出，权利要求1的不同在于："卡子（1）上与手柄（2）相结合的部位有一个能使手柄（2）绕圆柱销（3）旋转一定角度的槽（5）。"

上述技术特征虽然未被明确记载在对比文件1的说明书及权利要求书中，但是从对比文件1的图2和图3中可以明确看出，其钳钩3的铰接处（活络处）一定设有供手柄的端头2进行转动的沟槽，否则该扳手的钳钩将无法转动，扳手也就无法使用，这一点对于所属技术领域的技术人员来说是很容易理解的。因此，本实用新型权利要求1的技术特征⑤实际上已经被隐含在对比文件1的说明书附图之中，本实用新型专利权利要求1所述的万能扳手与对比文件1中的万能扳手在结构上是完全相同的。由此可见，对比文件1完全公开了权利要求1的技术方案，从而构成了本实用新型专利的抵触申请，并且对比文件1所公开的万能扳手与权利要求1所要求保护的万能扳手属于相同的技术领域，所解决的技术问题和效果相同，即实现在松紧工件时，使用方便、而且能松紧不同尺寸、不同形状的工件，例如六角螺栓、螺母、螺纹圆管等的技术效果，因此，权利要求1不具备《专利法》第二十二条第二款规定的新颖性。

---

❶ 根据自2009年10月1日起施行的《施行修改后的专利法的过渡办法》第二条规定，"修改前的专利法的规定适用于申请日在2009年10月1日前（不含该日，下同）的专利申请以及根据该专利申请授予的专利权"，之前的抵触申请的申请人必须是"他人"。

3. 评述从属权利要求不具备新颖性的推荐样式

在权利要求书的独立权利要求不具备新颖性的情况下,对其从属权利要求逐个进行分析。下文仍以案例18为例,给出从属权利要求不具备新颖性的评述仅供参考。

① 从属权利要求2不具备《专利法》第二十二条第二款规定的新颖性。

由对比文件1的图3可知,在手柄1的两端均设置有与手柄1活络连接的钳钩3。由对比文件1图2及说明书中公开的"钳钩3以活络的方式安装在端头的颈部"(参见对比文件1的说明书第X页第B段第i行~第Y页第D段第p行)可知,钳钩3与手柄是通过圆柱销铰接的。

因而,权利要求2的附加技术特征"手柄(2)两端均通过圆柱销(3)铰接有卡子(1)"在对比文件1中也已经公开,因此,在其引用的权利要求1相对于对比文件1不具备新颖性的情况下,从属权利要求2也不具备《专利法》第二十二条第二款规定的新颖性。

② 从属权利要求3不具有《专利法》第二十二条第二款规定的新颖性。

由对比文件1的图1、图3及说明书(参见对比文件1的说明书第X页第X段第x行~第Y页第Y段第y行)可知,端头2呈弧形的锯齿式,钳钩3内侧有防滑齿。

因而,从属权利要求3的附加技术特征"卡子(1)与工件相结合部位带有齿(6)"在对比文件1中也已经公开。因此,在其引用的权利要求1或2相对于对比文件1不具备新颖性的情况下,从属权利要求3也不具备《专利法》第二十二条第二款规定的新颖性。

二、权利要求具备新颖性时的评述

与评述权利要求不具备新颖性同样,在叙述一项权利要求具备新颖性时,不仅要说理清楚,而且也要体现将权利要求与多个现有技术(或抵触申请)逐个单独进行对比,或与一个有多个实施例(或多个实施方案)的现有技术(或抵触申请)的各个实施例逐个单独对比的原则。

1. 评述独立权利要求具备新颖性的推荐样式

这里仅仅给出一般评述的参考,不再举例。

本发明(实用新型)独立权利要求1(或独立权利要求2……)与……(公开号或授权公告号或申请号)的现有技术(或抵触申请)的对比文件X或……的现有技术(或抵触申请)的对比文件Y相比,不论是对比文件X还是对比文件Y,都没有公开权利要求1特征部分的内容,即"……"(具体理由)。

因此,权利要求1的技术方案相对于对比文件X或对比文件Y来说是新的(或者写成:权利要求1的技术方案分别相对于对比文件X和对比文件Y来说是新的,但是不能写成:权利要求1的技术方案相对于对比文件X和对比文件Y来说是新的,因为这样的撰写方式不能体现单独对比原则),具备新颖性,符合《专利法》第二十二条第二款的规定。

2. 评述从属权利要求具备新颖性的推荐样式

(1)所引用的在前独立权利要求或从属权利要求具备新颖性

当评述的从属权利要求所引用的在前独立权利要求或从属权利要求具备新颖性时,由于在前独立权利要求或从属权利要求具备新颖性,引用具备新颖性的独立权利要求或从属权利要求的在后从属权利要求必然具备新颖性,其评述如下:

权利要求X是引用在前的独立权利要求1(2权利要求……)[从属权利要求2(3权利要求……)]的从属权利要求,由于其引用的独立权利要求1(2权利要求……)[从属权利要求2权利要求(3……)]相对于对比文件1具备新颖性,因此,该权利要求所要求保护的技术方案具备《专利法》第二十二条第二款规定的新颖性。

（2）所引用的在前独立权利要求或从属权利要求不具备新颖性

当评述的从属权利要求所引用的在前独立权利要求或从属权利要求不具备新颖性时，要有分析地进行评述。以上述案例 17 的实用新型专利申请的从属权利要求 4 为例加以说明。

由于构成本实用新型专利的抵触申请的对比文件 1 没有公开权利要求 4 特征部分的内容，即不论是对比文件 1 的说明书还是其附图，都不能得出"卡子（1）与工件相结合部位不带齿"这一技术特征，因此，权利要求 4 的技术方案相对于对比文件 1 来说是新的，具备《专利法》第二十二条第二款规定的新颖性。

三、涉及上位、下位概念新颖性评价案例及练习

【案例 19】[1]

发明专利申请的权利要求：

"1. 一种用于制作油炸食品的设备，包括原料供应装置（101）、油炸装置（103）、产品排出装置（110），其特征在于：所述设备还包括抽真空装置（104）。"

发明的简单介绍：

图 1 是本发明设备第一实施例的示意图。

如图 1 所示，制作油炸食品的设备包括原料供应装置 101、进料阀 102、油炸装置 103、抽真空装置 104、油槽 105、传送带 106、传送带驱动装置 107、出料阀 108、离心装置 109、产品排出装置 110。其中，油炸装置 103 的一侧设有输入口，通过进料阀 102 与原料供应装置 101 的出料口密封固定连接；油炸装置 103 的另一侧设有输出口，通过出料阀 108 与离心装置 109 的输入口密封固定连接。油炸装置 103 内部设有具有一定宽度的传送带 106，由正对油炸装置 103 输入口下方的位置延伸到邻近油炸装置 103 输出口上方的位置，其中间部位沉降到用于容纳油脂的下凹油槽 105 中。抽真空装置 104 和传送带驱动装置 107 设置在油炸装置 103 外部。产品排出装置 110 设置在离心装置 109 的下方，其输入口与离心装置 109 输出口相连接。

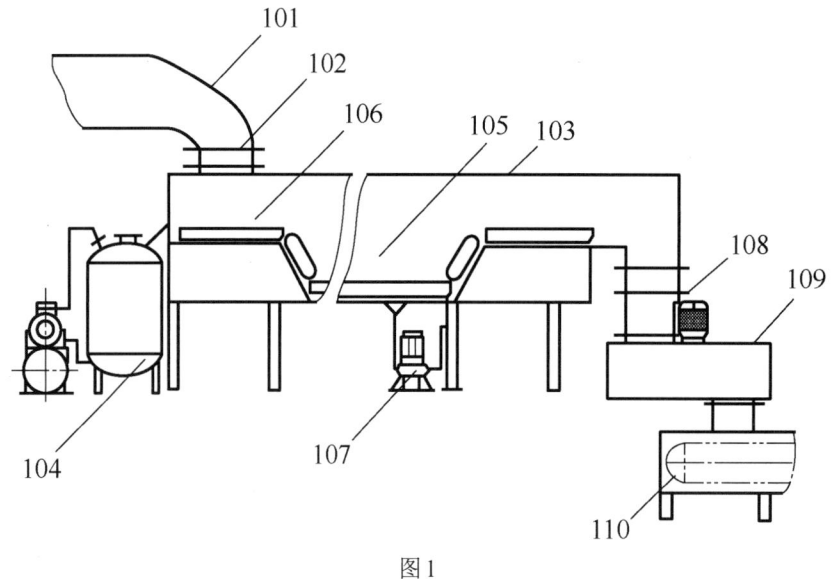

图 1

---

[1] 此案例根据 2008 年全国专利代理人资格考试试题（专利代理实务部分）改编而成。

作为现有技术的对比文件1公开的内容,其具体结构参见图2。图2是对比文件1的结构图。

对比文件1提供一种制作油炸薯片的设备。如图2所示,该设备包括进料装置、油炸装置、输送网带、离心脱油装置、出料室和抽真空装置等。油炸装置包括一个外壳,在该外壳上设有输入口和输出口。

油炸装置外壳输入口通过一进料阀与进料装置的出料口密封固定连接,油炸装置外壳输出口通过一出料阀与离心脱油装置的输入口密封固定连接。可采用任何常规的抽真空装置使油炸装置外壳内保持真空状态。

在油炸装置中设置输送网带,输送网带的输入端正对于外壳输入口,其输出端正对于外壳输出口(即离心脱油装置输入口)。离心脱油装置的输出口与出料室的输入口连接。最终通过出料室输出口将经过离心处理的油炸薯片排出。

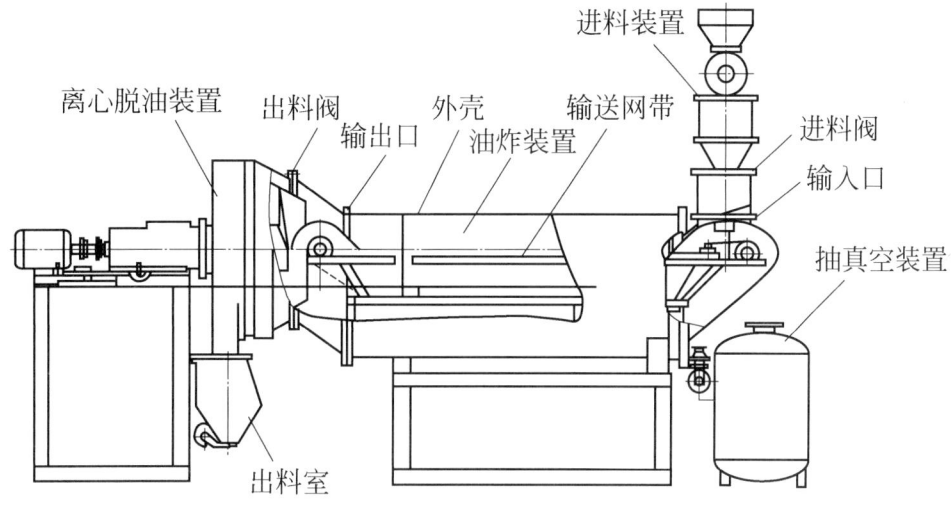

图2　对比文件的结构图

分析：对比文件1中公开了一种制作油炸薯片的设备,包括进料装置、油炸装置、出料室和抽真空装置等。从图2可知,进料装置相当于本权利要求1中所述原料供应装置101,出料室相当于产品排出装置110。"油炸薯片"是"油炸食品"的下位概念。因此,该对比文件1破坏了权利要求1的新颖性。具体评述如下：

权利要求1要求保护一种用于制作油炸食品的设备。对比文件1(参见对比文件1的说明书第X页第B段第i行~第Y页第D段第p行)中公开了一种制备油炸薯片的设备,包括进料装置、油炸装置、出料室和抽真空装置等。其中进料装置即本权利要求1中所述原料供应装置,出料室即产品排出装置。对比文件1涉及用于制作"油炸薯片"的设备,其中的"薯片"是"食品"的下位概念,下位概念破坏上位概念的新颖性,由此可知,对比文件1已经公开了权利要求1的全部技术特征,且对比文件1所公开的技术方案与权利要求1要求保护的技术方案属于同一技术领域,并能产生相同的技术效果(最好给出分析过程、理由),因此权利要求1所要求保护的技术方案不符合《专利法》第二十二条第二款关于新颖性的规定。

四、练习案例

分析下述几个发明专利申请权利要求的新颖性并进行评述。

【练习案例3】

申请文件：止血器械

发明人：约翰·娜林

申请人：约翰·娜林

申请日：2001年11月21日

优先权日：2000年12月16日

权利要求："一种适用于具有内壁的体腔或血管的止血器械，该器械包括一种止血织物和一可膨胀胀大使织物紧贴腔体或血管内壁的装置。"

对比文件1

发明人：约翰·娜林

申请人：BY公司

申请日：2000年9月19日

进入中国国家阶段作出中文公布日期：2002年10月23日

说明书公开：一种吸收性织物，该织物一种用途是作为止血器具中覆盖可膨胀橡胶装置的止血围带，其适于安放在体腔或通道（如鼻道）中以控制其内流血。

参考答案：权利要求不具备新颖性。

【练习案例4】

专利申请：含有茶叶盒的茶杯

申请日：1993年1月28日

说明书：解决现有技术的茶叶盒与茶杯分开、不便携带的问题。

具体结构参见图1，图1是"含有茶叶盒的茶杯"的结构示意图。

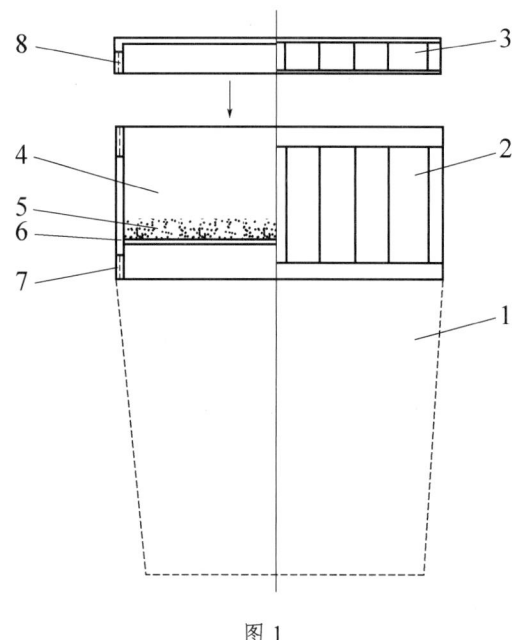

图1

权利要求书："1. 含有茶叶盒的茶杯是由茶杯体（1）、茶杯盖（2）和茶叶盒盖（3）构成，其特征是，在茶杯盖（2）上设有茶叶储藏室（4）。"

对比文件1

公布日：1987年7月22日

说明书：说明书第1页公开一种"杯盖式茶叶盒"，由茶杯（3）、杯盖式盒体（1）和盒盖（2）构成，杯盖式盒体上设有茶叶储藏室盒体（1）是做成杯盖形的，盒盖（2）与盒体（1）采用紧配合或螺纹密封连接。

该方案将茶叶盒与茶杯结合成一体，方便旅行者携带、使用。附图如图2。

参考答案：权利要求不具备新颖性。

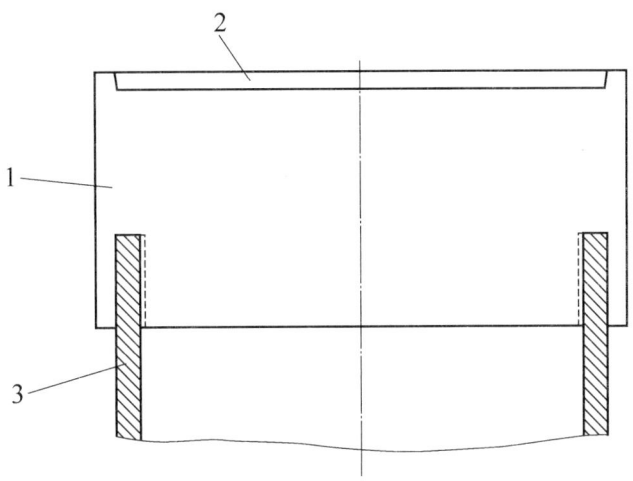

图2　对比文件1的杯盖式茶叶盒纵截面结构图

第二章 创 造 性

第一节 创造性的概念

《专利法》第二十二条第三款规定:"创造性,是指同申请日以前已有的技术相比,该发明有突出的实质性特点和显著的进步,该实用新型有实质性特点和进步。"

申请专利的发明或者实用新型仅仅具备新颖性是不够的,还应当具备创造性。虽然发明人的发明创造是以前从未有过的,即相对于现有技术来说是新的,但如果与现有技术相比其改变很小,是所属领域的技术人员很容易想到的,对于这样的一类专利申请都授予专利权的话,将导致授权的专利过多过滥,对公众应用已知技术带来了很多的制约,将侵害公众正当的权益,干扰社会发展的正常秩序,权利和义务出现不平衡。所以专利法规定,授予专利权的发明或者实用新型除了必须具备新颖性之外,还必须具备创造性。

一、现有技术

《专利法》第二十二条第三款所述的现有技术,是指《专利法》第二十二条第五款所定义的现有技术,与本书第一章第一节介绍的现有技术相同,是指申请日以前在国内外为公众所知的技术。

《专利法》第二十二条第二款所述的,在申请日以前由任何单位或个人向国务院专利行政部门提出过申请并且记载在申请日以后公布的专利申请文件或者公告的专利文件中的内容,不属于现有技术,因此,在评价发明创造性时不予考虑。

二、所属技术领域的技术人员

1. 所属技术领域的技术人员

《专利审查指南 2010》第二部分第四章第 2.4 节规定:"所属技术领域的技术人员,也可称为本领域的技术人员,是指一种假设的'人',假定他知晓申请日或者优先权日之前发明所属技术领域所有的普通技术知识,能够获知该领域中所有的现有技术,并且具有应用该日期之前常规实验手段的能力,但他不具有创造能力。如果所要解决的技术问题能够促使本领域的技术人员在其他技术领域寻找技术手段,他也应具有从该其他技术领域中获知该申请日或优先权日之前的相关现有技术、普通技术知识和常规实验手段的能力。"

2. 所属技术领域的技术人员应具备的能力

从上述所属技术领域的技术人员的定义可得出其应具备以下四种能力:

① 知晓申请日（优先权日）之前的普通技术知识；
② 能够获知该领域中所有的现有技术；
③ 具有常规实验的手段和能力，但他不具备创造能力；
④ 根据解决问题的需要，可以获知相关领域的现有技术、普通技术知识和常规实验手段的能力。

三、突出的实质性特点

《专利审查指南 2010》第二部分第四章第 2.2 节规定："发明有突出的实质性特点，是指对所属技术领域的技术人员来说，发明相对于现有技术是非显而易见的。如果发明是所属技术领域的技术人员在现有技术的基础上仅仅通过合乎逻辑的分析、推理或者有限的试验可以得到的，则该发明是显而易见的，也就不具备突出的实质性特点。"

其中"突出"一词仅仅是为了表明发明专利和实用新型专利对实质性特点要求程度上存在的不同。由于"突出"和"实质性特点"都是很抽象的概念，所以《专利审查指南 2010》的上述规定，对"突出的实质性特点"所作的解释，即发明有突出的实质性特点就是指对所属技术领域的技术人员来说，发明相对于现有技术是非显而易见的。如果通过判断发明是显而易见的，则认为不具有突出的实质性特点。因而，简单地说，突出的实质性特点对应于非显而易见性。

四、显著的进步

《专利审查指南 2010》第二部分第四章第 2.3 节规定："发明有显著的进步，是指发明与现有技术相比能够产生有益的技术效果。例如，发明克服了现有技术中存在的缺点和不足，或者为解决某一技术问题提供了一种不同构思的技术方案，或者代表某种新的技术发展趋势。"

但是，《专利法》第二十二条第三款规定的"有显著的进步"并不是说申请专利的发明在任何方面与现有技术相比都要有进步或者产生了有益的效果，申请专利的发明有可能在某一方面取得了进步。例如，某产品通过缩小产品的体积降低了生产成本，但是在取得降低生产成本的同时，有可能牺牲了产品其他方面的性能，因此，在判断一项发明是否具有显著的进步时，应该结合发明所要解决的技术问题，综合起来考虑。

对发明的进步性提出要求是我国专利法立法的一个特点。其他国家对创造性的要求大多体现在"非显而易见性"上，但并不是说我国的专利法对创造性的要求尺度就比其他国家的高。这是因为许多国家在判断发明专利申请的"非显而易见性"时既可以考虑技术方案本身是否存在足够大的区别，也可以考虑技术方案所获得的技术效果，即在判断发明专利申请的"非显而易见性"时连同所获得的技术进步一同考虑，只是没有像我国的专利法这样区分开来而已。因此，发明创造性的判断标准，各国基本上都是一致的。

其中"显著的"一词仅仅是为了表明发明专利和实用新型专利在进步性的要求程度上存在不同。因而，简单地说，显著的进步对应于有益的技术效果。

第二节　发明创造性的判断原则

一、随后原则

所谓随后原则是指，发明是否具备创造性，只有在其具备新颖性之后才予以考虑。

二、整体判断原则

在评价发明是否具备创造性时,不仅要考虑发明的技术方案本身,而且还要考虑发明所属技术领域、所解决的技术问题和所产生的技术效果,将发明作为一个整体看待。一项权利要求往往有多个技术特征,在评价其创造性时,不能仅凭这些技术特征在现有技术中已经公开变为已知技术就认为该权利要求不具备创造性,还要考虑这些技术特征在现有技术中所起的作用。

三、组合对比原则

组合对比原则与新颖性"单独对比"的判断原则不同,在进行创造性判断时,可将一件或者多件现有技术中的不同的技术内容组合在一起对要求保护的发明进行评价。如果一项独立权利要求具备创造性,则该独立权利要求的从属权利要求具备创造性。

第三节 创造性的判断方法

根据《专利审查指南2010》第二部分第四章第3.2节的规定:创造性的审查(即判断)基准就是《专利法》第二十二条第三款,创造性的审查就是要判断发明是否具有突出的实质性特点和显著的进步。

一、突出的实质性特点的判断——三步法

判断要求保护的发明相对于现有技术是否是显而易见的,通常可以按照三个步骤(简称"三步法",欧洲审查指南将其称为"问题解决法")进行。其一,确定最接近的现有技术;其二,确定发明的区别特征和发明实际解决的技术问题;其三,判断要求保护的发明对所属技术领域的技术人员来说是否显而易见。这里,仅仅介绍《专利审查指南2010》第二部分第四章第3.2.1.1节的一些规定,对于其含义进一步的理解和运用,将在创造性案例一节介绍。

1. 确定最接近的现有技术

(1)什么是最接近的现有技术

最接近的现有技术是指现有技术中与要求保护的发明最密切相关的一个技术方案,它是判断发明是否具有突出的实质性特点的基础。最接近的现有技术,例如,可以是与要求保护发明技术领域相同,所要解决的技术问题、技术效果或者用途最接近和/或公开了发明的技术特征最多的现有技术,或者虽然与要求保护的发明技术领域不同但能够实现发明的功能,并且公开发明的技术特征最多的现有技术。

(2)确定最接近的现有技术时的优先原则

在确定最接近的现有技术时,首先应当考虑技术领域相同或相近的现有技术,其次考虑上述其他因素。

(3)理解发明

在确定最接近的现有技术时,首先应当理解独立权利要求所要求保护的技术方案是什么,其保护范围有多大,分析权利要求的技术特征,分析每个技术特征在发明中所起的作用,适当的时候列出特征分析表。在理解发明的基础上,考虑上述综合因素,确定出最接

近的现有技术。

2. 确定发明的区别特征和发明实际解决的技术问题

在判断发明是否具备创造性时,应当客观分析并确定发明实际解决的技术问题。为此,首先应当分析要求保护的发明技术方案(即一项独立权利要求)与最接近的现有技术相比有哪些区别特征,然后根据该区别特征所能达到的技术效果确定发明实际解决的技术问题。从这个意义上说,发明实际解决的技术问题是指为获得更好的技术效果而需对最接近的现有技术进行改进的技术任务。

在创造性判断过程中,由于确定的最接近的现有技术可能不同于申请人在说明书中所描述的现有技术,因此,基于最接近的现有技术重新确定的该发明实际解决的技术问题,可能不同于说明书中所描述的技术问题,在这种情况下,应当根据所认定的最接近的现有技术重新确定发明实际解决的技术问题。

重新确定的技术问题可能要依据每项发明的具体情况而定。作为一个原则,发明的任何技术效果都可以作为重新确定技术问题的基础,只要本领域的技术人员从申请说明书中所记载的内容能够得知该技术效果即可。

3. 判断要求保护的发明对本领域的技术人员来说是否显而易见

判断要求保护发明对本领域的技术人员来说是否显而易见,要从最接近的现有技术和发明实际解决的技术问题出发,确定现有技术整体上是否存在某种技术启示(即现有技术中是否给出将上述步骤2所确定的区别特征应用到该最接近的现有技术中以解决其存在的技术问题的启示),这种启示会使本领域的技术人员在面对所述技术问题时,有动机改进最接近的现有技术并获得要求保护的发明。如果现有技术存在这种技术启示,则发明是显而易见的,不具有突出的实质性特点。

下述案例,通常认为现有技术中存在上述技术启示。

① 所述区别技术特征为公知常识,例如,本领域中解决该重新确定的技术问题的惯用手段,或教科书、工具书等披露的解决该重新确定的技术问题的技术手段。

【案例20】

本案经过实质审查程序被驳回,经复审程序维持原驳回决定。

发明的权利要求:

"1. 一种制造不锈钢曲轴的方法,包括以下步骤:掩盖曲轴的轴颈部分以外的其他部分,将曲轴的轴颈放置在加热条件下的含有氟或氟化物的气体中,在轴颈表面形成氟化物层,然后进一步放置在加热条件下的氮化气体中,在轴颈外表面形成一硬质氮化物层和最后除去掩盖部分。"

本申请的发明目的如说明书所述,是在不增加材料成本和重量的前提下,改善发动机旋转轴轴颈的使用寿命。解决的方案如权利要求1所述,掩盖曲轴的轴颈部分以外的其他部分,将曲轴的轴颈放置在加热条件下的含有氟或氟化物的气体中,在轴颈表面形成氟化层,然后进一步放置在加热条件下的氮化气体中,在轴颈外表面形成一硬质氮化层和最后除去掩盖部分。

在原始说明书中还记载有"曲轴的轴颈(钢制的,如不锈钢)"。

对比文件1:CN1048111A

对比文件1公开了一种适用于钢制品或工件的钢渗氮方法,该方法是将钢制品或工件置于加热条件下的含氟或氟化物的气体中,在钢制品或工件表面形成氟化层后,再将其在渗氮气氛中加热而在其表面形成渗氮层。

对比文件1还给出了对不锈钢作为工件材料对其成品进行渗氮处理的例子，在对比文件1说明书第7、8页记载了对不锈钢工件（如自攻螺钉、钢制成的轴、不锈钢螺杆等）进行渗氮处理的方案。

分析： 比较权利要求1和对比文件1所公开的内容，可以发现，本申请权利要求1的曲轴制造方法中大部分内容已在对比文件1公开的钢制品或工件的钢渗氮方法中公开了，其区别仅在于对轴颈进行热处理时，将曲轴的轴颈部分以外的其他部分掩盖，但是，对于工件不进行诸如渗氮这样的化学处理的表面，采用掩盖加以防护，对于所属技术领域的技术人员来说，是一种公知常识（例如，参见《机械设计手册》上册第一分册，标准规范第二版，第七章热处理与表面处理，第284页、第285页、第301页，1979年10月第2版，化学工业出版社），其中，在第284页记载了"当工件只需要局部渗氮，可将不需要渗氮的部位预先……或采用涂料法，或进行磷化处理"，采用涂料处理，也就是将其掩盖。另外，在上述《机械设计手册》上册第一分册的第301页中，还记载了为了提高轴的机械性能指标而采用渗氮等的方法。因此，该手册还给所属技术领域的技术人员提供了对曲轴进行渗氮处理以提高强度的、改善寿命的启示。

至于权利要求1中将曲轴材料限定为"不锈钢"，从原始说明书记载的"曲轴的轴颈（钢制的、如不锈钢……）"可看出，"不锈钢"与"钢制的"是等同的，而且在原始说明书中所记载的内容中，也未反映采用"不锈钢"曲轴对完成本申请发明目的能取得预料不到的效果。

此外，由于对比文件1给出所属技术领域的技术人员对不锈钢作为工件材料对其成品进行渗氮处理的构思，从对比文件1说明书第7页、第8页记载的对不锈钢工件（如自攻螺钉、钢制成的轴、不锈钢螺杆等）进行渗氮处理的方法中，所属技术领域的技术人员能够得出对不锈钢螺杆进行渗氮处理的方法，所属技术领域的技术人员都熟知螺杆在结构上进行渗氮处理的难度要大于曲轴。所以，所属技术领域的技术人员在掌握了对比文件1的知识后，结合上述《机械设计手册》上册第一分册公开的内容，能很容易地想到曲轴，应用到曲轴上是显而易见的。

综上所述，本领域的普通技术人员，在拥有了《机械设计手册》上册第一分册公开的专业知识后，即在该手册记载的常用技术手段的启发或者暗示下，采用对比文件1所公开的方法，不需要创造性劳动，可自然而然地得到权利要求1的全部技术特征。权利要求1不具备突出的实质性特点和显著的进步。

②所述区别特征为同一篇对比文件的其他部分或者另一篇对比文件中披露的技术手段，该技术手段在对比文件中所起的作用与在发明中所起的作用相同。

【案例21】

权利要求：

"一种氦气检漏装置，包括：检测真空箱是否有整体泄漏的整体泄漏检测装置；回收泄漏氦气的回收装置；和检测具体漏点的氦质谱检漏仪。"

对比文件的实施例1：

"一种氦气检漏系统，该系统包括：检测真空箱是否有整体泄漏的整体泄漏检测装置和回收泄漏氦气的回收装置。"

对比文件的实施例2：

"一种氦气漏点检测装置,其可以是检测具体漏点的氦质谱检漏仪。"

对比文件 1 的实施例 2 记载的氦质谱检漏仪与要求保护的发明中的氦质谱检漏仪的作用相同。所属技术领域的技术人员能容易地将对比文件 1 中的两个实施例的技术方案结合得到本发明的技术方案。

二、显著的进步的判断

在评价发明是否具有"显著的进步"时,主要是考虑发明是否具有有益的技术效果。以下情况通常被认为发明具有有益的技术效果,具有显著的进步。

① 发明与现有技术相比具有更好的技术效果。例如,降低了成本,提高了产量、节约能源、防治环境污染等。

② 发明采用技术构思不同的技术方案解决了与现有技术同样的技术问题。

③ 代表某种新技术发展趋势。例如,涡旋压缩机的发明,尽管涡旋压缩机最初出现有着不易加工的缺陷,但是,与其他类型的压缩机相比,在相同容量下其体积大幅度缩小,代表了一种小型压缩机的发展趋势。

④ 尽管发明在某些方面有负面效果,但在其他方面具有明显积极的技术效果。

第四节 创造性案例

一、创造性的判断方法

下面通过几个具体案例说明创造性的判断方法。

【案例 22】

为了解决发明中存在的技术问题,尝试利用相关的技术领域中的技术手段。

发明是在自动闪光灯上安装测光电路的入射控制元件,该入射控制元件的结构与照相机中使用的完全相同,而照相机和自动闪光灯总是一起使用的,属于密切相关的技术,因此所属技术领域的技术人员容易将照相机上设置的测光电路的入射控制元件应用到自动闪光灯的测光电路中。

【案例 23】

发明所要解决的技术问题是减轻高尔夫球棒的重量,发明的技术方案仅仅是在原有高尔夫球棒重量的基础上减轻 10%~25% 的重量。

对比文件明确指出"重量轻"是高尔夫球棒所要求的一个重要特性,而且给出了高尔夫球棒的重量与球的飞行距离的曲线关系,那么本领域的普通技术人员能够受到对比文件的启发,根据高尔夫球棒的重量与球飞行距离的曲线关系通过计算或者简单的试验得到发明的技术方案。

【案例 24】

申请号:200710123456.X

申请日:2007 年 10 月 23 日

公开日:2009 年 4 月 29 日

发明名称:多组分流体材料的塑胶膜包装袋

第一,介绍本发明专利申请的主要技术内容。

目前市场上对多组分流体材料的供应多为分包装供货，或者一只单仓容袋中间夹一隔料栏栅来进行双组分材料的定比分仓容装，多组分材料的严格配比、充分均混及即混即用的要求导致该类材料的应用操作复杂、浪费严重和伴有较大程度的环境污染。

本发明要解决的技术问题在于提供一种多组分流体材料的塑胶膜包装袋，该包装袋能够将多组分材料定比分仓联装，并能够在包装袋内实现多组分材料的严格均混合定位定量挤出。

发明人为了解决上述问题，发明了多组分流体材料的塑胶膜包装袋。其具体结构参见图1～图5。其中，图1为本发明产品的剖视图；图2为本发明产品的分装A、B组分材料示意图；图3为本发明产品的A、B组分材料共混示意图；图4为本发明产品的均混A、B组分材料示意图；图5为本发明产品的挤出料滴示意图。

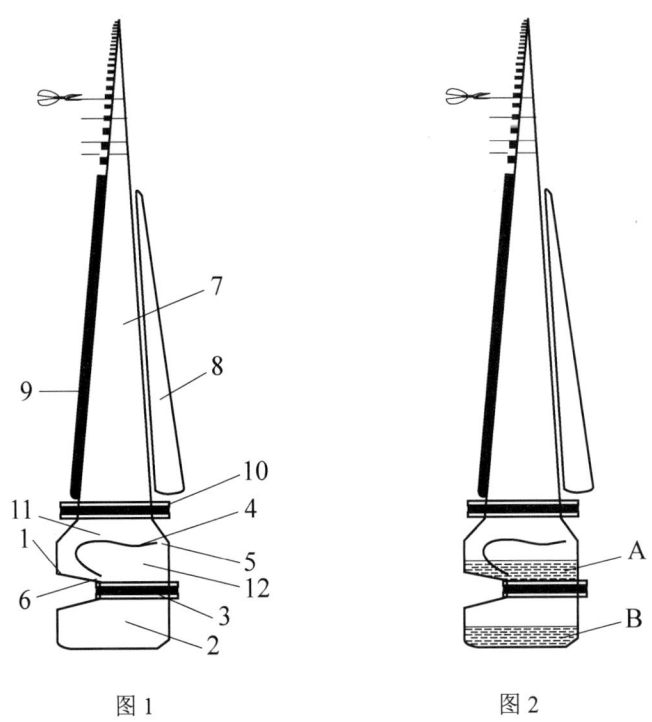

图1　　　　　　图2

本发明的多组分流体材料的塑胶膜包装袋如图1所示，包括份料仓体1、份料仓体2、隔料栏栅3，份料仓体1一侧连通挤出枪体7，由通道隔阀10控制，份料仓体1内设有仓体间隔4，将份料仓体1分隔成11、12两个环流仓体，仓体间隔4与相邻侧边留有一定间距，构成两个内环流通道5、6。

份料仓体2位于份料仓体1一侧，与份料仓体1单通道相联，由隔料栏栅3控制，其大小规格及数量与多组分材料的份数及配比量相配；挤出枪体7为尖锥形结构，一侧附有气囊枪挺8，另一侧附有示位色标9。

该塑胶膜包装袋用于盛装A、B双组分材料时，如图2所示，其中的A、B两组分材料按克重比分装于份料仓体1和份料仓体2中；当该包装袋内的材料投入使用时，如图3所示，首先打开隔料栏栅3将份料仓体2内的B组分材料挤入份料仓体1内，关闭隔料栏栅3；两拇指在环流仓体11和12位置上轮次推压，促进A、B两组分材料在环流仓体11、12和环流通道5、6间做定向环流均混运动，实现A、B两组分材料的充分均混；如图4所示，打开通道隔阀10，均混后的材料进入挤出枪体7，根据所需料滴的大小在尖锥形挤出枪体上剪开出料口；

严格配比、充分均混、定位定量挤出（图5）。材料的应用操作，就是这样简单流畅完成的。

采用本发明结构的多组分流体材料的塑胶膜包装袋，免去了多组分材料在使用过程中的天秤配比称取，盛装器皿加搅拌棒均混的复杂操作流程，同时也避免了操作过程中的材料浪费和盛装器皿及搅拌棒的清洗所带来的环境污染。

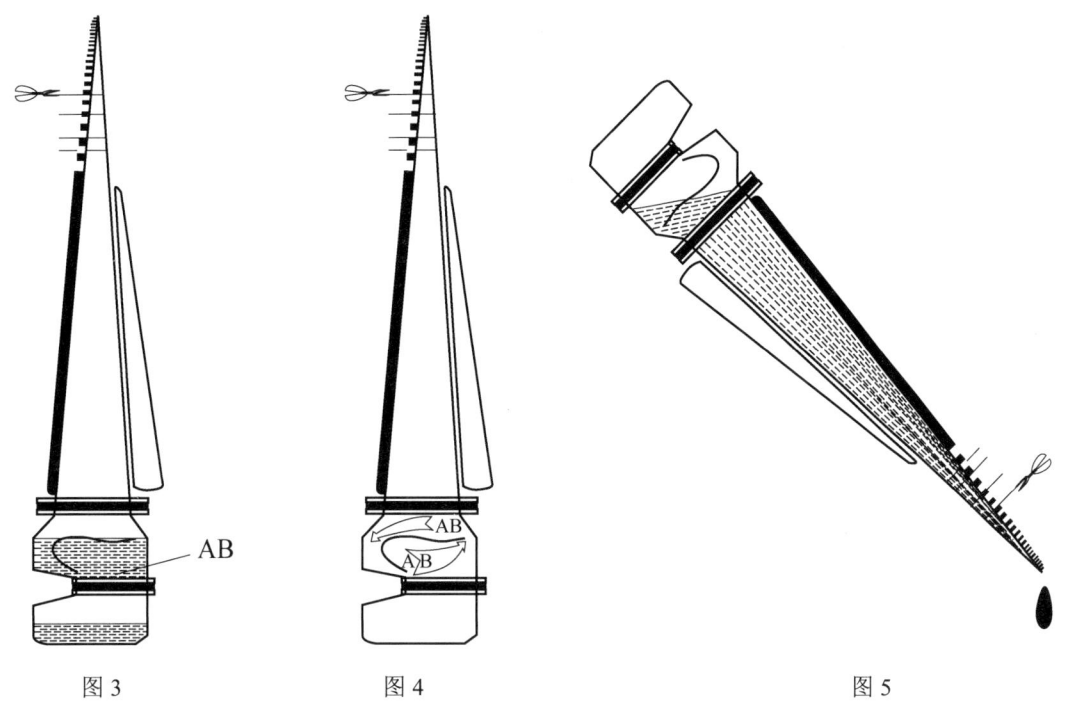

图3　　　　　　　图4　　　　　　　　　　　　图5

本案权利要求内容如下：

"1. 一种多组分流体材料的塑胶膜包装袋，它包括份料仓体（1）、份料仓体（2）、隔料栏栅（3），其特征在于：所述份料仓体（1）一侧连通挤出枪体（7），由通道隔阀（10）控制，份料仓体（1）内设有仓体间隔（4），仓体间隔（4）与相邻侧边留有一定间距，构成两个内环流通道（5）、（6）；份料仓体（2）位于份料仓体（1）一侧，与份料仓体（1）单通道相连，由隔料栏栅（3）控制。

2. 如权利要求1所述的多组分流体材料的塑胶膜包装袋，其特征在于：所述份料仓体（2）也可没有。

3. 如权利要求1所述的多组分流体材料的塑胶膜包装袋，其特征在于：所述挤出枪体（7）为尖锥形结构，一侧附有气囊枪挺（8），另一侧附有示位色标（9）。"

第二，介绍对比文件的主要技术内容。

上述发明专利申请进入实质审查程序后，审查员对其进行了检索，找到了以下四篇现有技术作为对比文件。

对比文件1是一件PCT申请的国际专利申请文献，其公开号为WO2006/094483A，公开日为2006年9月14日。

对比文件1公开了一种多组分流体材料的塑胶膜管状包装袋，下面参照其说明书图1A~图3C对其发明作简单介绍（参见其说明书第4~6页），其中，图1A是表示对比文件1的管状包装袋的横截面结构图；图1B示出了形成管状包装袋的原材料；图2A~图2C是表示包装袋的使用过程的示意图；图3A～图3C是表示具有不同截面形状的实施例的管状包装袋的示意图。

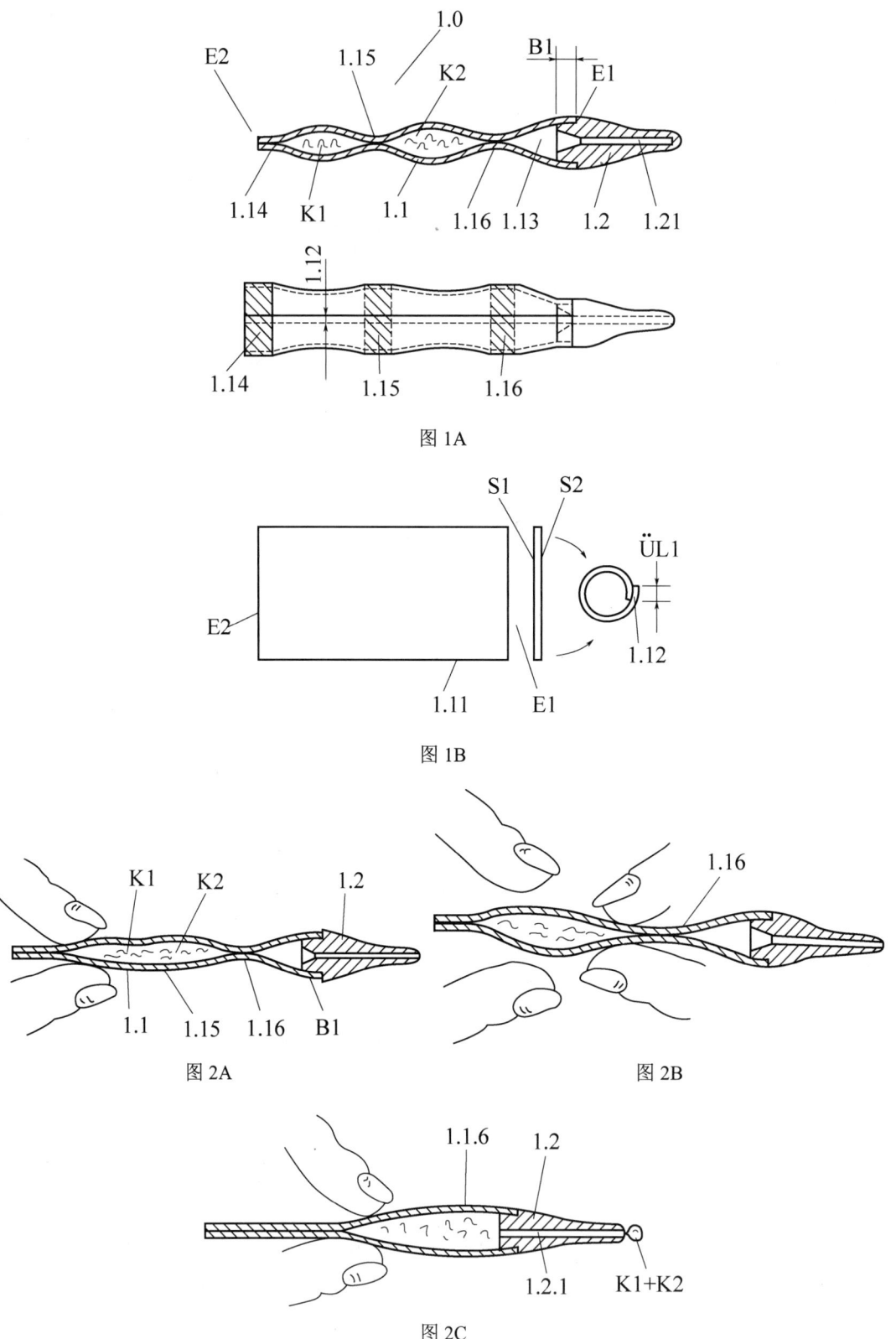

图1A

图1B

图2A

图2B

图2C

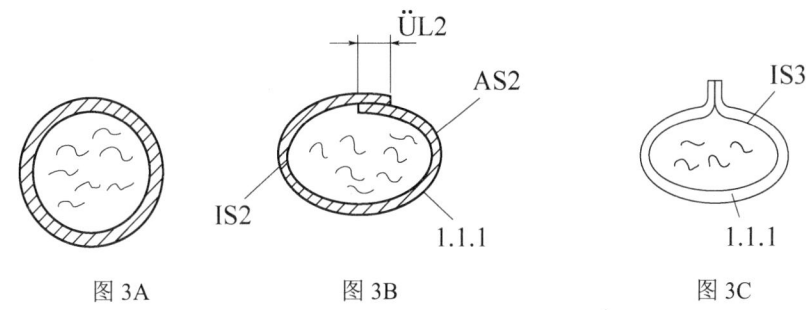

图 3A　　　　　图 3B　　　　　图 3C

如图 1A 所示，该多组分流体材料的塑胶膜管状包装袋，包括两个份料仓体，在该两个份料仓体中分别装有 K1、K2 两种组分的流体材料，在两个份料仓体之间设有接触部分 1.1.5 将其隔开，其中一个份料仓体（装有 K2 组分的流体材料）一侧连通挤出枪体 1.2，由接触部分 1.1.6 隔开，该接触部分 1.1.6 起控制流体量的阀门作用，另一个份料仓体（装有 K1 的）位于装有 K2 的份料仓体一侧并与之单通道相连，由接触部分 1.1.5 控制。单通道可以从图 1B 及图 3A～3C 中看出来，从管状包装袋未加工之前的状态，通过搭接（图 1B 中的搭接处 1.1.2 或图 3）或者对接（图 3A、图 3C）制成管状。

图 2A～图 2C 是表示，用手指挤压多组分流体材料 K1、K2 的管状包装袋使多组分流体材料 K1、K2 充分混合，并最后挤到枪体 1.1.3 中的过程的示意图。当用手指挤压该多组分流体材料的塑胶膜管状包装袋时，首先，如图 2A 所示，将 K1 组分的流体材料挤压到份料仓体 1.1 中，进一步如图 2B 所示那样挤压，通过起通道阀作用的接触部分 1.1.6 控制，如图 2C 所示，使混合的 K1、K2 两种组分的流体材料流到枪体 1.2 中，最后挤出 K1+K2 的混合材料。

对比文件 2 是一件美国的发明专利文献，其公开号为 US4952068A，公开日为 1990 年 8 月 28 日。

对比文件 2 公开了一种多组分流体材料的混合装置，下面根据其说明书图 1～图 3 对其发明作简单介绍（参见其说明书第 4～5 栏第 21 行及第 6 栏第 44～47 行），其中，图 1 是表示对比文件 2 的多组分流体材料的混合装置纵截面结构图；图 2 是表示图 1 结构的侧面图；图 3 表示多组分流体材料通过整流组件 60 做定向环流均混运动的示意图。

如图 1～图 3 所示，该多组分流体材料混合装置，包括份料储存部分 18、份料混合部分 20 及份料排出部分 24，份料储存部分 18 分为更多部分，例如，彼此由隔开壁 34 隔开成第一份料储存部分 26 和第二储存部分 30，第一份料储存部分 26 和第二份料储存部分 30 上分别设有可打开的密封 48、52，在无外力挤压时，密封 48、52 分别将第一份料储存部分 26 和第二份料储存部分 30 封住，在第一份料储存部分储存有 A 组分的流体材料，在第二份料储存部分储存有 B 组分的流体材料。在份料混合部分 20 中设有整流组件 60，其与相邻的侧边留有间距（参见图 1、图 3），构成多个内环流通道（参见说明书第 6 栏第 44～47 行、图 3）。

当用力，例如用手指挤压该多组分流体材料混合装置时，两个组分的流体材料 A、B 进入该混合部分 20 中之后被整流组件 60 分开并重新结合，按照图 3 中箭头所示方式流动。最后，将 A、B 两种组分的流体材料充分地混匀，从排出部分 24 挤出 A+B 组分的混合材料。

对比文件 3 是一件中国的实用新型专利文献，其申请号为 97232609.X，其公开号为 CN2284749Y，公开日为 1998 年 6 月 24 日。

对比文件 3 公开了一种多组分流体材料塑料包装袋，下面根据其说明书附图 1～图 4

介绍该实用新型(参见其说明书第 1~第 2 页),其中,图 1 是该实用新型的结构示意图;图 2 表示该实用新型夹条结构的示意图;图 3 表示该实用新型夹条结构截面图;图 4 是该实用新型夹条结构分解结构示意图。

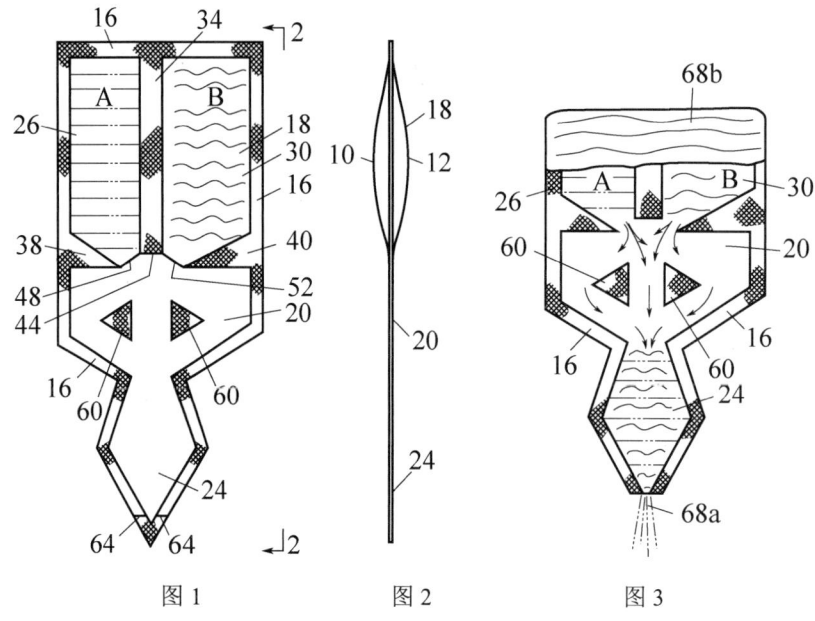

如图 1~图 4 所示,该实用新型的多组分流体材料塑料包装袋,是用一种复合薄膜热合成的塑料袋。其一端有一只与塑料袋热合成一体的硬质塑料嘴 4,该硬质塑料嘴 4 用塑料塞封闭。在塑料袋的外壁上有一根夹条 2,可将塑料包装袋内壁紧密贴在一起,把塑料袋隔离成两部分,该夹条 2 由弹力条 6 和 C 形开口槽的硬管 5 构成。

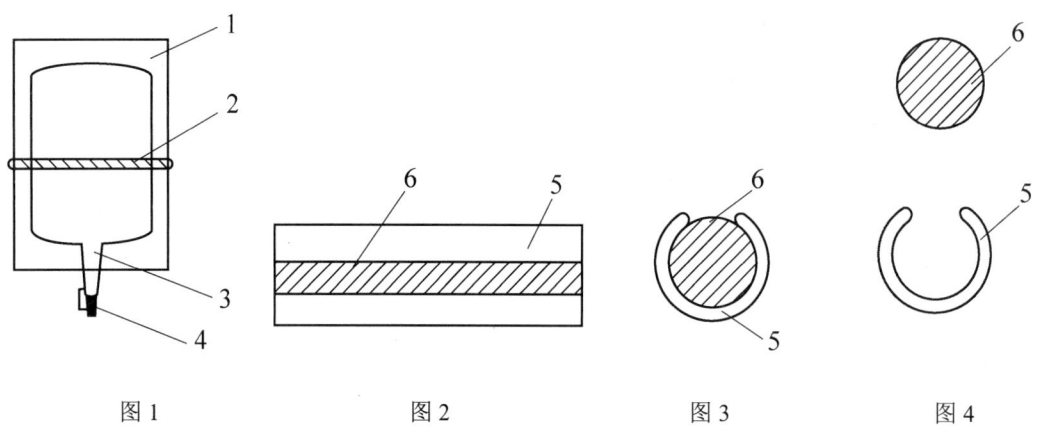

在产品包装时,先装入组分 A。接着,将夹条 2 中的弹力条 6 抽出,把塑料袋中部放在 C 形开口槽硬管 5 上再把弹力条 6 重新压入硬管 5 中,然后装入组分 B,最后将塑料袋热封。此时,A、B 两种组分的材料被分隔地装在一个塑料袋中。使用时,抽出夹条 2 中的弹力条 6,把塑料袋中的组分 A 与 B 充分混合,打开硬质塑料嘴 4,用手挤压塑料袋,即可挤出混合流体。

对比文件 4 是一件日本发明专利文献，其公开号为 JP2007-191187A，其公开日为 2007 年 8 月 2 日。

对比文件 4 公开了一种软包装，图 1 示出了该软包装的结构示意图。

如图 1 所示，该软包装 10 具有由复合薄膜形成的密封部 11、12，内部形成容纳部 13，可以容纳液体、粉体状或颗粒状等的物质。在该软包装两侧的至少一侧形成有独立的气室 14，其内部封入空气。由于设置有该独立的气室 14，所以，该软包装在纵长方向能保持站立的形状（参见说明书第 3 页第 9 段～第 5 页第 26 段）。

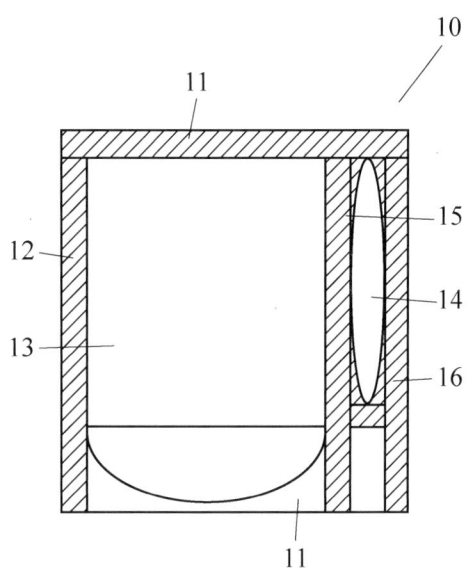

图 1　JP2007-191187A　软包装袋结构示意

第三，对本发明专利申请以及对比文件的技术方案进行分析。

对 200710123456.X 发明专利申请（下文简称"本申请"）的独立权利要求 1 所要求保护的多组分流体材料的塑胶膜包装袋的技术方案进行归纳分析，列出其以下九个技术特征：

① 份料仓体 1；
② 份料仓体 2；
③ 隔料栏栅 3；
④ 份料仓体 1 一侧连通挤出枪体 7，由通道隔阀 10 控制；
⑤ 份料仓体 2 位于份料仓体 1 一侧；
⑥ 份料仓体 2 与份料仓体 1 单通道相连，由隔料栏栅 3 控制；
⑦ 仓体间隔 4；
⑧ 仓体间隔 4 设置在份料仓体 1 内；
⑨ 仓体间隔 4 与相邻侧边留有一定间距，构成两个内环流通道 5、6。

上述对比文件 1 是一件发明专利文献，其公开日为 2006 年 9 月 14 日。在本申请的申请日 2007 年 10 月 23 日之前，构成本申请的现有技术，可以用来评价本申请的新颖性、创造性。

对上述对比文件 1 进行分析，得出如下技术特征：

① 装有 K2 组分的流体材料的份料仓体；

② 装有 K1 组分的流体材料的份料仓体；

③ 接触部分 1.1.5；

④ 装有 K2 组分的流体材料的份料仓体一侧连通挤出枪体 1.2，接触部分 1.1.6 起控制量的阀门作用；

⑤ 装有 K1 组分的流体材料的份料仓体位于装有 K2 组分的流体材料的份料仓体一侧；

⑥ 装有 K1 组分的流体材料的份料仓体与装有 K2 组分的流体材料的份料仓体单通道相联，由接触部分 1.1.5 控制。

比较本申请的权利要求 1 和对比文件 1 公开的上述内容，可以看出，对比文件 1 已经公开了权利要求 1 的技术特征①～⑥，换句话说，对比文件 1 公开的装有 K2 组分的流体材料的份料仓体即权利要求 1 的份料仓体 1；装有 K1 组分的流体材料的份料仓体即权利要求 1 的份料仓体 2；接触部分 1.1.5 将装有 K2 组分的流体材料的份料仓体与装有 K1 组分的流体材料的份料仓体隔开，即权利要求 1 的隔料栏栅 3；接触部分 1.1.6 起控制量的阀门作用，即权利要求 1 的通道隔阀 10。

权利要求 1 中未被对比文件 1 披露的技术特征是：技术特征⑦～⑨，没有公开"在份料仓体 1 内设有仓体间隔 4 及仓体间隔 4 与相邻侧边留有一定间距，构成两个内环流通道 5、6"的技术特征。这一分析通过表 1 "技术特征分析（一）"表征出来。

表 1 技术特征分析（一）

分析项目		本申请	对比文件 1
申请号		200710123456.X	WO2006/094483A
申请日		2007.10.23	YYYY.YY.YY
申请人		×××	×××
公开（授权日）		2009.4.29	2006.9.14
技术领域		多组分流体材料的塑胶膜包装袋	多组分流体材料的塑胶膜管状包装袋
技术特征	份料仓体（1）	装有 K2 组分的流体材料的份料仓体
	份料仓体（2）	装有 K1 组分的流体材料的份料仓体
	隔料栏栅（3）	接触部分 1.1.5
	份料仓体（1）一侧连通挤出枪体（7），由通道隔阀（10）控制	装有 K2 组分的流体材料的份料仓体一侧连通挤出枪体 1.2，接触部分 1.1.6 起控制流量的阀门作用
	份料仓体（2）位于份料仓体（1）一侧	装有 K1 组分的流体材料的份料仓体位于装有 K2 组分的流体材料的份料仓体一侧
	份料仓体（2）与份料仓体（1）单通道相连，由隔料栏栅（3）控制	装有 K1 组分的流体材料的份料仓体与装有 K2 组分的流体材料的份料仓体单通道相连，由接触部分 1.1.5 控制
	仓体间隔（4）	
	仓体间隔（4）设置在份料仓体（1）内	
	仓体间隔（4）与相邻侧边留有一定间距，构成两个内环流通道（5）、（6）	

上述对比文件 2 是一件发明专利文献，其公开日为 1990 年 8 月 28 日。在本申请的申请日 2007 年 10 月 23 日之前，构成本申请的现有技术，可以用来评价本申请的新颖性、创

造性。

对上述对比文件2进行分析得出如下技术特征：
① 第一份料储存部分26；
② 第二份料储存部分30；
③ 将第一份料储存部分26和第二份料储存部分30隔开的隔壁34；
④ 份料混合部分20；
⑤ 份料排出部分24；
⑥ 第一份料储存部分26位于第二份料储存部分30一侧；
⑦ 份料混合部分20内设有整流组件60；
⑧ 整流组件60与相邻侧边留有一定间距，构成多个内环流通道。

从上述对比文件2具备的技术特征可以看出，当用力例如用手指挤压该多组分流体材料混合装置时，两个组分的流体材料A、B进入该混合部分20中之后被整流组件60分开并重新结合，按照图3中箭头所示方式流动。因此，整流组件60相当于本申请的仓体间隔4。此外，虽然本申请中利用份料仓体1兼做份料混合部分，而对比文件2中设置了专门的份料混合部分20，但在实现混合功能时对比文件2中的份料混合部分20相当于本申请中的份料仓体1。因此，对比文件2中的整流组件60设置在份料混合部分20内相当于本申请的特征"仓体间隔4设置在份料仓体1内"。

比较本申请的权利要求1和对比文件2公开的上述内容，可以看出，对比文件2已经公开了权利要求1的技术特征①②⑤⑦⑧。更进一步，对比文件2公开的第一份料储存部分26及第二份料储存部分30相当于本申请权利要求1中的两个份料仓体的技术特征①②，但是，隔壁34没有控制第一份料储存部分26及第二份料储存部分30连通的功能，所以，不能等同于本申请权利要求1中的技术特征③。

此外，从上述关于对比文件2的介绍可以看出，整流组件60与相邻侧边留有一定间距，构成多个内环流通道，当用力例如用手指挤压该多组分流体材料混合装置时，两个组分的流体材料A、B进入混合部分20中之后被整流组件60分开并重新结合，按照图3中箭头所示方式流动。因此，相当于本申请权利要求1中的间隔4。

权利要求1中未被对比文件2披露的技术特征是：技术特征③④⑥，这一分析通过表2"技术特征分析（二）"表征出来。

上述对比文件3是一件发明专利文献，其公开日为1998年6月24日。在本申请的申请日2007年10月23日之前，构成本申请的现有技术，可以用来评价本申请的新颖性、创造性。

对比文件4是一件发明专利文献，其公开号为JP2007-191187A，其公开日为2007年8月2日。在本申请的申请日2007年10月23日之前，构成本申请的现有技术，同样可以用来评价本申请的新颖性、创造性。

由于对比文件3、4比较简单，详细分析省略。

综合上述分析，将本申请权利要求1中已经被对比文件公开的技术特征在相应对比文件的栏中用"√"表示，没有被对比文件公开的技术特征在相应对比文件的栏中用"×"表示，列出权利要求1与对比文件1、对比文件2、对比文件3、对比文件4的技术特征分析表，参见下面的技术特征分析表3。

表2 技术特征分析（二）

分析项目		本申请	对比文件2
申请号		200710123456.X	US4952068A
申请日		2007.10.23	YYYY.YY.YY
申请人		×××	×××
公开（授权日）		2009.4.29	1990.8.28
技术领域		多组分流体材料的塑胶膜包装袋	多组分流体材料的混合装置
技术特征	份料仓体（1）		第一份料储存部分26
	份料仓体（2）		第二份料储存部分30
	隔料栏栅（3）		
	份料仓体（1）一侧连通挤出枪体（7），由通道隔阀（10）控制		
	份料仓体（2）位于份料仓体（1）一侧		第一份料储存部分26位于第二份料储存部分30一侧
	份料仓体（2）与份料仓体（1）单通道相连，由隔料栏栅（3）控制		
	仓体间隔（4）		整流组件60
	仓体间隔（4）设置在份料仓体（1）内		整流组件60设置在份料混合部分20内
	仓体间隔（4）与相邻侧边留有一定间距，构成两个内环流通道（5）、（6）		整流组件60与相邻侧边留有一定间距，构成多个内环流通道

表3 技术特征分析（三）

分析项目		本申请	对比文件1	对比文件2	对比文件3	对比文件4
申请号		200710123456.X	WO2006/094483A	US4952068A	CN2284749Y	JP2007-191187A
申请日		2007.10.23				
申请人		×××	×××			
公开（授权日）		2009.4.29	2006.9.14	1990.8.28	1998.6.24	2007.8.2
技术领域		多组分流体材料的塑胶膜包装袋	多组分流体材料的塑胶膜管状包装袋	多组分流体材料的混合装置	多组分流体材料塑料包装袋	软包装
技术特征	份料仓体（1）		√	√	√	√
	份料仓体（2）		√	√	×	×
	隔料栏栅（3）		√	×	×	×
	份料仓体（1）一侧连通挤出枪体（7），由通道隔阀（10）控制		√	×	√	×
	份料仓体（2）位于份料仓体（1）一侧		√	√	×	×
	份料仓体（2）与份料仓体（1）单通道相连，由隔料栏栅（3）控制		√	×	√	×
	仓体间隔（4）		×	√	×	×
	仓体间隔（4）设置在份料仓体（1）内		×	×	×	×
	仓体间隔（4）与相邻侧边留有一定间距，构成两个内环流通道（5）、（6）		×	√	×	×

从表 3 可以看出，权利要求 1 与对比文件 1~4 分别单独对比时，任何一个对比文件都不能破坏权利要求 1 的新颖性。其详细理由不再评述。因此，在权利要求 1 具备新颖性的前提下，需要进一步考察其创造性。

下面，按照上述介绍的判断创造性三步法分析该案例。❶

第一步，确定最接近的现有技术。

按照判断创造性方法步骤 1，确定最接近的现有技术。从表 3 可清楚地看出，由于对比文件 1~4 与本申请的技术领域相同，但是，对比文件 1 比对比文件 2~4 公开了本发明更多的技术特征，因此选择对比文件 1 作为最接近的现有技术。

第二步，确定发明的区别特征和发明实际解决的技术问题。

按照判断创造性方法步骤 2，确定专利申请客观上要解决的技术问题的方法，对于本申请发明而言，就是从最接近的现有技术对比文件 1 出发，找出发明与对比文件 1 相比的区别技术特征，确定本发明相对最接近的现有技术对比文件 1 而言要解决什么样的技术问题。具体地，通过表 3 可以看出，本发明与最接近的现有技术对比文件 1 相比，该区别技术特征是：

⑦ 仓体间隔 4；

⑧ 仓体间隔 4 设置在份料仓体 1 内；

⑨ 仓体间隔 4 与相邻侧边留有一定间距，构成两个内环流通道 5、6。

下面对本申请发明采用这些区别技术特征获得的效果进行分析。

本申请发明采用区别技术特征⑦~⑨，能促进 A、B 两组分材料在环流通道 11、12 和环流通道 5、6 之间做定向环流均混运动，实现 A、B 两组分材料的充分均混。因此，可确定本申请发明相对最接近的现有技术对比文件 1 来说，客观上要解决的技术问题是，促进多种组分材料在仓体中混合时充分混匀。

第三步，判断要求保护的发明对本领域的技术人员来说是否显而易见。

在判断要求保护的发明对本领域的技术人员来说是否显而易见的步骤中，要从最接近的现有技术对比文件 1 和发明实际解决的技术问题"促进多种组分材料在仓体中充分混合"出发，判断要求保护的发明对所属技术领域的技术人员来说是否显而易见。在判断过程中，要确定的是现有技术整体上是否存在某种技术启示，即现有技术中的其他对比文件 2~4 是否给出将上述区别特征应用到最接近的现有技术对比文件 1 中以解决上述技术问题的启示。

对于本申请而言，对比文件 2 恰好公开了上述三个区别技术特征，即上述对比文件 2 公开的设置在份料混合部分 20 内的整流组件 60 与相邻侧边留有一定间距，构成多个内环流通道，当用力例如用手指挤压该多组分流体材料混合装置时，两个组分的流体材料 A、B 进入混合部分 20 中之后被整流组件 60 分开并重新结合，按照图 3 中箭头所示方式流动。因此，该整流组件 60 相当于本申请权利要求 1 中的间隔 4，并起到与间隔 4 同样的作用。因而，对比文件 2 给出了将上述区别特征应用到该最接近的现有技术对比文件 1 中以解决上述技术问题的启示。这种启示会使本领域的技术人员在面对上述技术问题时，有动机改进对比文件 1 并获得要求保护的发明。

---

❶ 本书有关该案例的所有权利要求的分析，仅仅是为读者提供一种分析思路和评述方法，至于所分析的权利要求是否具备创造性的结论仅供参考。

二、权利要求不具备创造性时的评述

作为知识产权工作者或专利代理师,不仅要掌握本书第一部分第一章介绍的评价一项权利要求是否有新颖性的评述方法,也要掌握评价一项权利要求不具备创造性或者具备创造性的评述方法。例如,专利代理师在撰写无效宣告请求书时需要陈述权利要求不具备创造性的理由;在答复实质审查意见通知书、提出复审请求、答复复审通知书以及答复无效请求书时需要陈述权利要求具备创造性的理由。掌握评价一项权利要求不具备创造性或者具备创造性的评述方法对于专利代理师无论是在实质审查程序中还是在复审无效程序中都有一定的帮助。

(一)发明不具备创造性的评述要点

发明不具备创造性的评述要点应当包括如下内容:

① 以权利要求为对象进行评价。

② 所使用的对比文件,包括最接近的现有技术以及其他现有技术相关内容的记载,特别是与构成发明技术方案的技术特征相对应的内容;有助于说明现有技术之间能够显而易见地结合的内容;对比文件公开内容的具体出处。

③ 发明的区别技术特征以及该区别技术特征在发明中所起的作用或者使发明达到的技术效果的分析,从而给出发明实际解决的技术问题(注意:由于发明实际解决的技术问题是根据区别特征在发明中所起的作用或者使发明达到的技术效果重新确定的,所以,在具体评述时,如果已写明区别技术特征在发明中所起的作用或者使发明达到的技术效果,则可以不直接写出重新确定的技术问题)。

④ 从现有技术出发,分析本领域技术人员能够显而易见地获得发明技术方案,包括现有技术之间结合的理由、逻辑推理的过程等内容。具体地,此过程包括将区别技术特征与其他现有技术进行比较,确定公开该区别技术特征的对比文件,确定该区别技术特征在该对比文件中的作用与该区别技术特征在发明中所起的作用或者使发明达到的技术效果是否实质相同,从而得出该对比文件给出了将该区别技术特征应用到最接近的现有技术中以解决其技术问题的启示的分析。

⑤ 结论:发明不具有突出的实质性特点和显著的进步,不符合《专利法》第二十二条第三款的规定。

在评述一项权利要求不具备创造性时,对于改进型发明,一般是按照上述介绍的三步法进行的。

(二)评述独立权利要求不具备创造性的推荐样式

以案例24为例,说明对于不具备创造性的权利要求进行评述的参考语段。

权利要求1不具备《专利法》第二十二条第三款规定的创造性。

WO2006/094483A(以下简称"对比文件1")是与本申请最接近的现有技术,其公开了一种多组分流体材料的塑胶膜包装袋,包括:装有K2组分的流体材料的份料仓体;装有K1组分的流体材料的份料仓体;接触部分1.1.5,其中,装有K2组分的流体材料的份料仓体一侧联通挤出枪体1.2,接触部分1.1.6起控制流量的阀门作用。装有K1组分的流体材料的份料仓体位于装有K2组分的流体材料的份料仓体一侧;装有K1组分的流体材料的份料仓体与装有K2组分的流体材料的份料仓体单通道相连,由接触部分1.1.5控制(参见对比文件1的说明书第4~6页、说明书图1A~图3C)。

比较本申请的权利要求 1 和对比文件 1 公开的上述内容，可以看出，对比文件 1 公开的装有 K2 组分的流体材料的份料仓体即权利要求 1 的份料仓体 1；装有 K1 组分的流体材料的份料仓体即权利要求 1 的份料仓体 2；接触部分 1.1.5 将装有 K2 组分的流体材料的份料仓体与装有 K1 组分的流体材料的份料仓体隔开，即权利要求 1 的隔料栏栅 3；接触部分 1.1.6 起控制流量的阀门作用，即权利要求 1 的通道隔阀 10。

该权利要求 1 与对比文件 1 的区别在于："在份料仓体 1 内设有仓体间隔 4 及仓体间隔 4 与相邻侧边留有一定间距，构成两个内环流通道 5、6。"因此，权利要求 1 所要保护的技术方案实际要解决的问题是，促进多种组分材料在仓体中混合时充分混匀。

对比文件 2 公开了一种多组分流体材料的塑料包装袋，其中也包括一个与份料排出部分 24（相当于权利要求 1 的枪体）连通的份料混合部分 20（相当于权利要求 1 的份料仓体），在该份料混合部分 20 中设有整流组件 60（相当于权利要求 1 中的间隔 4），其与相邻的侧边留有间距，构成多个内环流通道（参见说明书第 6 栏第 44～47 行、图 3），两个组分 A、B 进入该份料混合部分 20 中后被整流组件 60 分开并重新结合，沿着图 3 箭头所示方向流动，从而促进流体混合。也就是说，权利要求 1 与最接近的现有技术对比文件 1 相比的区别技术特征已经在对比文件 2 中公开，并且所起的作用与在对比文件 2 中所起的作用相同。因此，对比文件 2 给出了将上述区别特征应用到该最接近的现有技术对比文件 1 中以解决上述技术问题"促进多种组分材料在仓体中充分混合"的启示。这种启示会使本领域的技术人员在面对上述技术问题时，有动机改进对比文件 1 并获得要求保护的发明。因此，该权利要求 1 的所要求保护的一种多组分流体材料的塑胶膜包装袋对于现有技术是显而易见的，不具有突出的实质性特点和显著的进步，不符合《专利法》第二十二条第三款的规定，不具备创造性。

此外，本申请的权利要求 2（本文有关该权利要求 2 的分析仅仅提供一种分析思路和评述方法，至于结论仅供参考）形式上是引用独立权利要求 1 的从属权利要求，但是，其相对于权利要求 1 而言省略了一个仓体 2，从而自然也省略了隔料栏栅 3。因此，该权利要求实质上是一个独立权利要求，可以改写成如下形式：

"2. 一种多组分流体材料的塑胶膜包装袋，它包括份料仓体（1），其特征在于：所述份料仓体（1）一侧连通挤出枪体（7），由通道隔阀（10）控制，份料仓体（1）内设有仓体间隔（4），仓体间隔（4）与相邻侧边留有一定间距，构成两个内环流通道（5）、（6）。"

权利要求 2 与对比文件 1～4 的对比分析过程省略，这里直接给出其技术特征分析表，参见表 4。

虽然对比文件 1、2 与本申请的技术领域相同，不考虑权利要求 1 的份料仓体 1 的作用的话，似乎也在对比文件 1、2 中公开了该技术特征。但是，从该权利要求 2 所要保护的技术方案整体来看，与对比文件 1、2 分别单独对比，实质上是省略了一个份料仓体，换句话说，此时的份料仓体 1 不论是在功能还是结构上，已经不再是对比文件 1、2 公开的装两种组分的仓体了。而对比文件 3 恰恰也是省略了一个份料仓体的技术方案。因此，考虑了权利要求 2 所要保护的技术方案整体后，选择对比文件 3 作为最接近的现有技术。这样，在对比文件 2 与对比文件 3 公开权利要求 2 的技术特征同样多的情况下，考虑公开了其他信息多的对比文件 3 作为最接近的现有技术。由此得出权利要求 2 不具备创造性的下文评述方式，供参考。

表4 技术特征分析

		发明专利申请	对比文件1	对比文件2	对比文件3	对比文件4
申请号		200710123456.X	WO2006/094483A	US4952068A	97232609.X	JP2007-191187A
申请日		2007.10.23				
申请人		×××	×××			
公开（授权日）		2009.4.29	2006.9.14	1990.8.28	1998.6.24	2007.8.2
技术领域		多组分流体材料的塑胶膜包装袋	多组分流体材料的塑胶膜管状包装袋	多组分流体材料混合装置	多组分流体材料塑料包装袋	软包装
权利要求2的技术特征	份料仓体（1）		×	×	√	√
	挤出枪体（7）		√	√	×	×
	挤出枪体（7）与份料仓体（1）一侧连通，并由通道隔阀（10）控制		×	×	√	×
	仓体间隔（4）		×	√	×	×
	仓体间隔（4）设置在份料仓体（1）内		×	×	×	×
	仓体间隔（4）与相邻侧边留有一定间距，构成两个内环流通道（5）、（6）		×	√	×	×

权利要求2同样不具备《专利法》第二十二条第三款规定的创造性。

权利要求2形式上是引用独立权利要求1的从属权利要求，但是，其相对于权利要求1而言省略了一个仓体2，从而自然也省略了隔料栏栅3。因此，该权利要求实质上是一个独立权利要求，并且所属技术领域的技术人员可以理解，在这种技术方案中，两种流体材料起初分别储存在份料仓体1和挤出枪体7中。

对比文件3是和本申请权利要求1最接近的现有技术，其公开了一种多组分流体材料塑料包装袋，两个组分分别封装在隔开的两个腔室中，其中连着塑料嘴4的腔室相当于本申请权利要求1的挤出枪体7，另外一个腔室相当于本申请权利要求1的份料仓体1，两个腔室之间用可以打开的夹条2（相当于本申请权利要求1的通道隔阀）隔开（参见其说明书第X页第G行……）。

与对比文件3相比，权利要求2的区别技术特征在于：与枪体连通的份料仓体中设有仓体间隔，仓体间隔与相邻的侧边留有间距，构成两个内环流通道。其在技术方案中实际解决的技术问题是促进多组分材料在仓体中充分混合。

对比文件2公开了一种多组分流体材料的塑料包装袋，其中也包括一个与份料排出部分24（相当于权利要求1的枪体）联通的份料混合部分20（相当于权利要求1的份料仓体），在该份料混合部分20中设有整流组件60（相当于权利要求1中的间隔4），其与相邻的侧边留有间距，构成多个内环流通道（参见说明书第6栏第44～47行、图3），两个组分A、B进入该份料混合部分20中后被整流组件60分开并重新结合，沿着图3箭头所示方向流动，从而促进流体混合。也就是说，权利要求2与最接近的现有技术对比文件3相比的区别技术特征已经在对比文件2中公开，并且所起的作用与在对比文件2中所起的作用相同。对比文件2给出了将上述区别特征应用到该最接近的现有技术对比文件3中以解决上述技术问题"促进多种组分材料在仓体中充分混合"的启示。这种启示会使本领域的技术人员在面对上述技术问题时,有动机改进对比文件2并获得要求保护的发明。因此,该权利要求2所要求保护的一种多组分流体材料的塑胶膜包装袋相对于现有技术是显而易见的,不具有突出的实质性特点和显著的进步,不符合《专利法》第二十二条第三款的规定,不具备创造性。

(三)评述从属权利要求不具备创造性的推荐样式

在独立权利要求不具备创造性的情况下,要对其从属权利要求逐一进行分析、判断。为了简单,下文继续以案例24为例,给出评述从属权利要求不具备创造性的参考语段。

权利要求3是从属于权利要求1的从属权利要求,所要保护的技术方案也不具备《专利法》第二十二条第三款规定的创造性。

对比文件1中公开了尖锥形结构的枪体1.2,但枪体靠结构本身的硬度保持形状并且没有显示挤出量。相比而言,权利要求3的附加技术特征中的气囊枪挺8能够使仓体和枪体同样由柔性材料制成并依靠气囊枪挺8保持尖锥形状;另外,还具有示位色标9。

对比文件4公开了一种软包装,为了使它能够站立,在该软包装两侧的至少一侧形成有独立的气室14,其内部封入空气。由于设置有该独立的气室14,该气室14类似于一个气囊,所以,该软包装在纵长方向能保持站立的形状(参见说明书第3页第9段~第5页第26段)。该对比文件4与对比文件1均属于包装领域,本领域技术人员能够从对比文件4中获得用柔性材料制作枪体并借助于类似于一个气囊的气室14使枪体保持尖锥形状的技术启示。

另外,关于权利要求3中的技术特征"具有示位色标9",说明书中并没有公开示位色标9与液滴大小的精确定位,因此本领域技术人员根据"示位色标"只能粗略地知道随着剪切位置从尖端色标到后端色标的不同,液滴大小将逐渐变大,而这一点,即使没有色标存在,本领域技术人员通过目测尖锥形结构的枪体,也可以判断出来,因此"示位色标"实际上是本领域技术人员目测出口位置的惯用手段,所能达到的控制液滴的效果和现有技术没有实质的区别。因此用色标示位不能给发明带来突出的实质性特点和显著的进步。

因此,在其所引用的独立权利要求1不具备创造性的情况下,从属权利要求3也不符合《专利法》第二十二条第三款的规定,不具备创造性。

三、权利要求具备创造性时的评述

与评价权利要求没有创造性相同,在评价一项权利要求具备创造性时,首先要判断其新颖性,在其具备新颖性的前提下,考察其创造性,再对其评述。

在评述创造性时,不仅要说理清楚,还要体现将权利要求与多个现有技术整体进行比较之后所得出的结论。

(一)发明具备创造性的评述要点

发明具备创造性的评述要点应当包括如下内容。

① 以权利要求为对象进行评价。

② 所使用的对比文件,包括最接近的现有技术以及其他现有技术相关内容的记载,特别是与构成发明技术方案的技术特征相对应的内容。

③ 发明的区别技术特征以及该区别技术特征在发明中所起的作用或者使发明达到的技术效果的分析。

④ 从现有技术出发，分析本领域技术人员不能显而易见地获得发明技术方案，包括现有技术之间结合也不能获得发明技术方案的理由，逻辑推理的过程等内容，具体地，此过程包括将区别技术特征与其他现有技术进行比较，按照下述两种情况进行分析。

一种情况是，如果有一篇对比文件或多篇对比文件分别公开了发明相对最接近的现有技术的区别技术特征，确定该区别技术特征在该对比文件中的作用与该区别技术特征在发明中所起的作用或者使发明达到的技术效果是否实质相同，如果不同，从而得出该对比文件没有给出了将该区别技术特征应用到最接近的现有技术中以解决其技术问题的启示的结论。

另一种情况是，如果没有一篇对比文件公开了发明相对最接近的现有技术的区别技术特征，则阐明该区别技术特征在发明中所起的作用或者使发明达到的技术效果，从而得出现有技术没有给出解决发明技术问题的任何启示的结论。

⑤结论：发明具有突出的实质性特点和显著的进步，符合《专利法》第二十二条第三款的规定。

（二）评述独立权利要求具备创造性的推荐样式

这里以平焰烧嘴为例，给出按照上述判断创造性三步法作出的独立权利要求具备创造性的一般评述，供参考。

【案例25】

该案例涉及一种平焰烧嘴的发明专利申请。图1为平焰烧嘴示意图，其中，1是可燃气体喷嘴，2是吸入口，3是混合管，4是扩压管，6是旋流器，5是与例如压缩空气等的高压气源相通的中心管。采用这种平焰烧嘴，将煤气等可燃气体吸入后，将例如含有氧气的压缩空气等的高压气体通过中心管5送入，这样可使不同种类的可燃气体得到充分地燃烧。

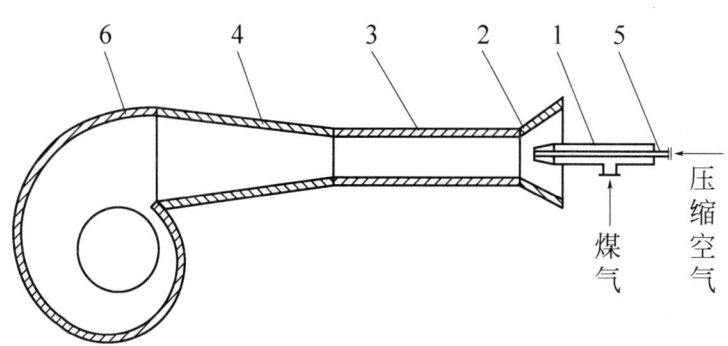

图1 平焰烧嘴示意

其独立权利要求如下：

"1. 一种平焰烧嘴，由可燃气体喷嘴（1）、吸入口（2）、混合管（3）、扩压管（4）和旋流器（6）组成，其特征在于：该可燃气体喷嘴有一根与高压气源相通的中心管（5）。"

对比文件1公开了一种喷射式平焰烧嘴，包括煤气喷嘴1、吸入口2、混合管3、扩压管4和旋流器5。

具体结构如下图 2：

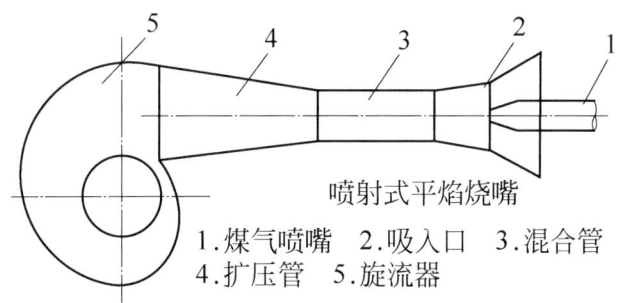

图 2　对比文件 1 的结构图

对比文件 2 公开了一种焊炬，其具体结构如图 3，乙炔类可燃气体喷嘴 8 的中心有一根与高压空气源相连的中心管 9。采用这种结构，可以调节喷嘴的火焰长度。

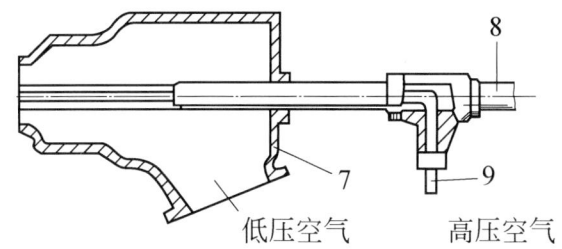

图 3　对比文件 2 的结构图

下面按照创造性判断的三步法分析权利要求 1 的创造性。由于对比文件 1 与本申请的技术领域相同，而且公开了本申请更多的技术特征，因此对比文件 1 是和本申请发明最接近的现有技术，上述权利要求 1 与对比文件 1 的区别技术特征是，"可燃气体喷嘴有一根与高压气源相通的中心管"。采用该区别技术特征所能获得的效果是，"可使不同种类的可燃气体得到充分地燃烧"。由此，可以认为本发明要解决"现有技术存在的不同种类的可燃气体不能充分地燃烧"的技术问题。考察本申请权利要求的创造性的关键点在于，该区别技术特征是否在其他现有技术中公开，如果公开，其作用是否相同。

首先，可以判断出上述权利要求 1 与对比文件 1 的区别技术特征"可燃气体喷嘴有一根与高压气源相通的中心管"，已经在对比文件 2 中公开。接着，判断上述区别技术特征在对比文件 2 中的作用与其在本发明中的作用是否相同。从对比文件 2 的介绍中可以看出作为一种焊炬，对比文件 2 中设置中心管的作用是为了能够调整喷嘴的火焰长度，与本申请中设置中心管所起的"可使不同种类的可燃气体得到充分地燃烧"的作用不同。因此不能认为对比文件 2 中存在解决发明实际解决的技术问题"现有技术存在的不同种类的可燃气体不能充分地燃烧"的启示。换句话说，本领域技术人员在面对上述技术问题"现有技术存在的不同种类的可燃气体不能充分地燃烧"时，没有动机改进最接近的现有技术并获得要保护的发明。因此，权利要求 1 要保护的技术方案相对现有技术是非显而易见的，具有突出的实质性特点和显著的进步，具备创造性。下面给出对上述权利要求的评述，供参考。

权利要求 1 相对于对比文件 1、2 具备《专利法》第二十二条第三款规定的创造性。

对比文件 1 是与本申请最接近的现有技术，其公开了一种平焰烧嘴，包括煤气喷嘴 1、吸入口 2、混合管 3、扩压管 4 和旋流器 5（参见说明书第×页第×段～第××页第××段、附图×）。

比较上述权利要求 1 和对比文件 1 发现，该权利要求 1 与对比文件 1 的区别在于："可燃气体喷嘴有一根与高压气源相通的中心管（5）。"可以认为本发明所要解决的技术问题是：在使用高热值气体燃料时，通过增加引射的空气量来达到气体的充分燃烧。

对比文件 2 公开了一种焊炬，其中，可燃气体喷嘴 8 的中心虽然也有一根与高压气源相通的中心管，但其与本发明中心管所起的作用不一样，该对比文件 2 中设置中心管的目的是调节火焰长度，因而在增加中心管中高压气流量的同时，减少低压气体的流量，空气和气体燃料的重量比保持不变（参见说明书第×页第×段～第××页第××段、附图×），不存在利用气体燃料喷嘴内部的中心管解决上述技术问题的启示。因而本发明相对于这两篇对比文件是非显而易见的，具有突出的实质性特点和显著的进步，具备创造性。

（三）评述从属权利要求具备创造性的推荐样式

（1）所引用的在前独立权利要求或从属权利要求具备创造性

当要评述的从属权利要求所引用的在前独立权利要求或从属权利要求具备创造性时，由于在前独立权利要求或从属权利要求具备创造性，引用具备创造性的独立权利要求或从属权利要求的在后从属权利要求必然具备创造性，所以，可以直接得出在后的从属权利要求具备创造性的结论。下文，仅仅给出一般性的评述，不再举例。

权利要求 X 是引用在前的独立权利要求 1（独立权力要求 2……）的从属权利要求，由于其引用的独立权利要求 1（独立权力要求 2……）或从属权利要求相对于对比文件 1、2……具备创造性，因此，对其进行限定的从属权利要求 X 也必然具备创造性，符合《专利法》第二十二条第三款的规定。

（2）所引用的在前独立权利要求或从属权利要求不具备创造性

当要评述的从属权利要求所引用的在前独立权利要求或从属权利要求不具备创造性时，要有分析地进行评述。这里不再举例说明，仅仅给出一般性评述，仅供参考。

由于对比文件 1、2 都没有公开权利要求 X 特征部分的内容……（采用该区别技术特征的技术方案能获得的效果），因此，权利要求 X 所要保护的技术方案相对于对比文件 1、2……的组合来说，具备《专利法》第二十二条第三款规定的创造性。

以上是对按照三步法判断一项权利要求是否具有创造性并作评述的情况作了简单介绍，当一项权利要求与最接近的现有技术的区别技术特征在其他几项现有技术中被披露，而且其作用相同时，用"三步法"来否定其创造性并参考上述推荐方式评述比较简单，或者其作用不同时，用"三步法"来肯定其创造性并评述的方式也比较容易掌握，但是，当一项权利要求与最接近的现有技术的区别技术特征在其他几项现有技术中都未被披露，或者简单地说，与现有技术整体比较即与几篇现有技术的组合比较，都有区别技术特征，而且该区别技术特征所起的作用在现有技术中均未公开，也不是公知常识，在这种情况下，可采用下述方式评述，当然，这种方式也体现了"三步法"。

【案例 26】[1]

该案例发明的独立权利要求为：

"1. 一种制作油炸食品的方法，该方法包括：

将所述食品原料进行油炸的步骤，所述油炸步骤在真空条件下进行；

对所述经过油炸的食品片进行离心处理的步骤；

将所述油炸食品排出的步骤，

其特征在于，所述离心处理步骤也是在真空条件下进行的。"

该案例说明书中介绍了离心处理步骤也是真空条件下进行的，其优点在于，能够解决现有技术中存在的油炸食品含油量高、容易破碎无法获得具有完整外形油炸食品的缺点。

对比文件 1 公开了一种油炸薯片的制作方法，包括：将准备好的马铃薯片送入油炸装置内，油炸装置内保持约 0.08～0.10MPa 的真空度，油炸温度为 105～130℃；

将经过油炸的马铃薯片送入离心脱油机中进行脱油；经脱油处理的薯片最后被排出。

归纳对比文件 1 公开的油炸薯片的制作方法为：

① 将薯片进行油炸的步骤，该油炸步骤在真空条件下进行；

② 对经过油炸的薯片进行离心处理的步骤；

③ 将油炸的薯片排出的步骤。

对比文件 2 公开了一种制备油炸马铃薯薄片的方法，包括以下步骤：

① 将马铃薯加工成薄片状；

② 将马铃薯薄片进行焙烤；

③ 将经焙烤的马铃薯薄片引入油炸器中进行油炸；

④ 使经油炸的马铃薯薄片与过热蒸汽接触，以达到去除部分油脂的目的；

⑤ 对与过热蒸汽接触过的马铃薯薄片进行脱水处理。

选择对比文件 1 作为最接近的现有技术，独立权利要求 1 与对比文件 1 相比，其区别技术特征是，"所述离心处理步骤也是在真空条件下进行的"。因此，可以认为该发明要解决现有技术的问题是：克服现有技术中存在的油炸食品含油量高、容易破碎无法获得具有完整外形油炸食品的缺点。

判断该权利要求是否具备创造性就是要看对比文件 2 中有无解决现有技术中存在的油炸食品含油量高、容易破碎无法获得具有完整外形油炸食品的技术问题的启示。

由于对比文件 2 中没有公开上述区别技术特征，不可能给出解决现有技术中存在的油炸食品含油量高、容易破碎无法获得具有完整外形油炸食品的技术问题的任何启示，所以，可以得出该权利要求 1 具备创造性的结论。当然，按照这个思路评述是没有问题的。

下面给出另一种评述方式，这种方式首先将权利要求 1 与每项现有技术相比，排除一项现有技术即一篇对比文件加上公知常识否定该权利要求创造性的情况；其次，将权利要求 1 与各项现有技术组合之后的情况相比，这一步骤体现了用三步法的判断过程；最后，得出该权利要求具有创造性的结论。

将本申请的权利要求 1 与对比文件 1 相比，后者没有公开在真空条件下进行离心处理这一技术特征，也没有给出任何相应的技术启示，无法解决现有技术中存在的油炸食品含油量高、容易破碎无法获得具有完整外形油炸食品的技术问题。因此，权利要求 1 相对于对比文件 1 具

---

[1] 此案例根据 2008 年全国专利代理人资格考试"专利代理实务"科目试题改编而成。

有突出的实质性特点和显著的进步，符合《专利法》第二十二条第三款关于创造性的规定。

而对比文件 2 的技术方案是通过使过热蒸汽与油炸食品接触的手段，来解决含油量高的问题，没有公开权利要求 1 中采用真空离心的技术手段，也不存在应用该技术手段解决上述"现有技术中存在的油炸食品含油量高、容易破碎无法获得具有完整外形油炸食品"的技术问题的任何技术启示，更不存在将该技术手段应用到最接近的对比文件 1 中以解决上述技术问题的任何技术启示，因此，权利要求 1 不是显而易见的，具有突出的实质性特点。

由此可见，本发明通过采用真空离心的技术手段，获得了进一步减少油炸食品含油量、防止油炸食品破碎、保持完整外形的技术效果，具有显著的技术进步。

综上所述，权利要求 1 具有突出的实质性特点和显著的进步，相对于对比文件 1、2 或者两者的组合均具备创造性，符合《专利法》第二十二条第三款的规定。

第五节　判断发明创造性时需考虑的其他因素

一、发明解决了人们一直渴望解决但始终未能获得成功的技术难题

《专利审查指南 2010》第二部分第四章第 5.1 节规定："如果发明解决了人们一直渴望解决但始终未能获得成功的技术难题，这种发明具有突出的实质性特点和显著的进步，具备创造性。"

例如，自有农场以来，人们一直期望解决在农场牲畜（如奶牛）身上无痛而且不损坏牲畜表皮地打上永久性标记的技术问题。某发明人基于冷冻能使牲畜表皮着色这一发现而发明的一项冷冻"烙印"的方法，成功地解决了这个技术问题，该发明具备创造性。

二、发明克服了技术偏见

技术偏见，是指在某段时间内、某个技术领域中，技术人员对某个技术问题普遍存在的、偏离客观事实的认识，它引导人们不去考虑其他方面的可能性，阻碍人们对该技术领域的研究和开发。如果发明克服了这种技术偏见，采用了人们由于技术偏见而舍弃的技术手段，从而解决了技术问题，则这种发明具有突出的实质性特点和显著的进步，具备创造性。

例如，对于电动机的换向器与电刷间界面，通常认为越光滑接触越好，电流损耗也越小。一项发明将换向器表面制出一定粗糙度的细纹，其结果电流损耗更小，优于光滑表面。该发明克服了人们通常认为的电动机换向器与电刷间界面越光滑接触越好，电流损耗也越小的技术偏见，具备创造性。

三、发明取得了预料不到的技术效果

发明取得了预料不到的技术效果，是指发明同现有技术相比，其技术效果产生"质"的变化，具有新的性能；或者产生"量"的变化，超出人们预期的想象。当发明产生了预料不到的技术效果时，一方面说明发明具有显著的进步，同时也反映出发明的技术方案是非显而易见的，具有突出的实质性特点，具备创造性。

例如，对于室温下氧化甲醛的催化剂，根据本领域的公知常识催化剂用量减少、甲醛浓度增大和/或反应空速增加的情况下，甲醛转化率会降低。一项发明采用 Pt/TiO_2 催化剂，可以在催化剂用量少（0.066g）、甲醛浓度高（50000ppm）、反应空速大（50000/小时）的

室温下，达到甲醛的转化率为 100%。该发明同现有技术相比产生了超出人们预期想象的量的变化，取得了预料不到的技术效果，该发明具备创造性。

四、发明在商业上获得成功

当发明的产品在商业上获得成功时，如果这种成功是由于发明的技术特征直接导致的，则一方面反映了发明具有有益效果，同时也说明了发明是非显而易见的，因而这类发明具有突出的实质性特点和显著的进步，具备创造性。

例如，虽然具有装饰画的壁灯和立式空调机都属于现有技术，但二者结合形成的带灯饰的立式空调机在实现空调机本身功能的同时还具有装饰、照明和广告宣传的功能，并在商业上取得了成功。该发明在商业上的成功是由于发明的技术特征导致的，该发明具备创造性。

如果商业上的成功是由于其他原因所致，例如仅仅靠广告等取得的成功，则不能作为判断创造性的依据。

单纯地说，发明在商业上获得成功是不能够成为其具备创造性理由的。

第六节　几种不同类型发明的创造性判断

几种不同类型的发明主要包括组合发明、选择发明、转用发明、用途发明及要素变更。

一、组合发明

（一）定义

组合发明是将某些技术方案进行组合，构成一项新的技术解决方案，以解决现有技术客观存在的技术问题。

（二）组合发明创造性的判断准则

组合发明创造性的判断，需要考虑组合后的各技术特征在功能上是否彼此相互支持、组合的难易程度、现有技术中是否存在组合的启示、组合后的技术效果等。

（1）显而易见的组合

仅仅将某些已知产品或方法组合或连接在一起，各自以其常规的方式工作，而且总的技术效果是各组合部分效果之总和，组合后的各技术特征之间在功能上无相互作用关系，仅仅是一种简单的叠加，这种组合发明不具备创造性。

【案例 27】

一台生产香肠的机器，该机器由一台已知的绞肉机和一台已知的灌肠机对接在一起构成，将绞肉和灌肠连续操作生产香肠；要想解决将绞肉和灌肠步骤结合起来连续操作生产香肠，本领域技术人员根据已知的绞肉机和已知的灌肠机，自然会将这两种已知设备连接在一起，各自以其常规的方式工作便可以实现本发明，且在作业上无任何非显而易见性的相互关系。

【案例 28】

发明的权利要求：

"一种闪存盘手表，包括机芯、字面、指针和表壳，表壳是由底盖、壳身、圈口和玻璃表面组成，其特征是：在表壳内设有闪存盘，闪存盘位于机芯下方，闪存盘的 USB 接口镶嵌在表壳的侧端。"

该发明解决闪存盘产品携带不便、功能单一、易丢失、损坏等技术问题。

对比文件 1 公开了一种指针式手表。

对比文件 2 公开了一种用于存储数据的移动式存储器闪存盘，并且指出可以将该闪存盘结合到可戴部件、器具，例如电子式手表中。

本专利申请权利要求 1 的技术方案中，指针式手表和用于存储数据的移动式存储器闪存盘均为现有技术，且各自仍然以原有的方式工作，两者在功能上没有相互补充或支持，总的技术效果是两组合部分效果之总和，且是可以预料而并非意想不到的。专利申请人认为本专利申请解决了闪存盘产品携带不便，功能单一，易丢失、损坏等技术问题。但这是手表和闪存盘组合必然带来的效果，对比文件 2 已经给出了手表与闪存盘相结合的技术启示。

（2）非显而易见的组合

【案例 29】

发明的权利要求：

"一种药物组合物，由止痛药 Y 和镇定药 Z 组成。"

该发明所要解决的技术问题是提高药物的止痛效果。

对比文件 1 公开了止痛药 Y。

对比文件 2 公开了镇定药 Z。

已知镇定药本身无止痛作用，而且对比文件中也未暗示或者教导镇定药与止痛药一起使用时能够增强止痛效果。但通过加入该镇定药，大大增强了止痛药的止痛作用，而这种效果是不能从两种活性物质的已知性质预料得到的。因此要想增强止痛作用，根据对比文件 2 公开的内容，本领域技术人员难以将其与对比文件 1 进行组合实现发明，尽管镇定药与止痛药本身是完全已知的但并不影响该组合发明的创造性。因此，本发明较这两篇对比文件而言具有非显而易见性。

二、选择发明

（一）定义

选择发明是从现有技术中公开的宽范围中，有目的地选出现有技术中未提到的窄范围或个体的发明。

（二）选择发明创造性的判断准则

判断选择发明的创造性时，考虑的主要因素是选择发明所带来的预料不到的技术效果。

如果选择发明的技术方案能够取得预料不到的技术效果，则具有突出的实质性特点和显著的进步，具备创造性。

如果发明仅仅是从一些具有相同可能性的技术解决方案中选出一种，或者发明是在可能的、有限的范围内选择具体的尺寸、温度范围或者其他参数，而这些选择可以由本领域的技术人员通过常规手段得到，或者发明是可以从现有技术中直接推导出来的选择，则不具备创造性。

判断选择发明的技术方案能否取得预料不到的技术效果，要站在所属技术领域的技术人员的立场上。在判断选择发明的技术方案能否取得预料不到的技术效果时，除了需要与现有技术的状况进行对比，还要判断发明所做的选择能否取得所述的效果，如果被选择的要素和效果之间不存在因果关系，则不应判定该选择发明的技术解决方案能够取得预料不到的技术效果。

(1) 有预料不到的技术效果

【案例 30】

发明：制备硫代氯甲酸方法的选择发明，采用了较少的催化剂用量比 [0.02%(mol)~0.2%(mol)]，提高产率 11.6%~35.7%。

对比文件：制备硫代氯甲酸的方法，催化剂的用量相对于原料，其用量比大于 0%(mol)、小于等于 100%(mol)，实施例为 2%(mol)~13%(mol)，并且指出催化剂用量从 2mol% 起，产率开始提高。

本发明的权利要求相当于在对比文件公开的大范围 0%(mol)~100%(mol) 内选择了较小的范围 0.02%(mol)~0.2%(mol)。根据对比文件 1 的教导，催化剂用量从 2mol% 起产率开始提高，而且一般专业人员为提高产率，也总是采用提高催化剂用量的办法。而本申请中采用 0.02%(mol)~0.2%(mol) 这样很少的催化剂用量，将产率提高了 11.6%~37.5%，取得了预料不到的技术效果，因此该选择发明具备创造性。

(2) 没有预料不到的技术效果

一项改进组合物 Y 的热稳定性的发明，其特征在于确定了组合物 Y 中某组分 X 的最低含量，实际上该含量可以从组分 X 的含量与组合物 Y 的热稳定性关系曲线中推导出来，则该发明不具备创造性。

三、转用发明

（一）定义

转用发明是将某一技术领域的现有技术转用到其他技术领域中的发明。

（二）判断转用发明创造性时考虑的因素

判断转用发明创造性时应该考虑的因素包括转用的技术领域的远近、是否存在相应的技术启示、转用的难易程度、是否需要克服技术上的困难以及转用所带来的技术效果等。

(1) 转用发明具备创造性

【案例 31】

发明的权利要求：

"1. 一种铸钢用冒口易割片，特别是石灰石砂制作的冒口易割片，其特征在于：a、用石灰石砂制作铸钢用冒口易割片……"

该发明解决现有技术制作铸件的冒口易割片时，用陶瓷易割片等需要气割、浇铸后清砂不方便的问题。

对比文件：河北工学院李魁盛主编的《铸造工艺及原理》第 537~538 页，其中仅仅公开了石灰石砂属公知的耐火造型材料，并没有公开将其用于制造冒口易割片。

本申请权利要求 1 中技术特征为，"用石灰石砂制作铸钢用冒口易割片"，这种石灰石砂在浇注后生成氧化钙便于清理。虽然本申请的石灰石砂用作铸钢件造型材料的技术方案是公知技术，但将其用作冒口易割片在现有技术中无任何记载或提示，而且在这一传统的铸造行业中，铸钢用冒口易割片难于清理是本技术领域一直存在而未能解决的问题，虽然铸钢件造型和铸钢用冒口易割片均属于铸造行业，但它们两者分属不同技术场合，发明用铸钢件造型场合内公知的石灰石砂转用到铸钢用冒口易割片场合，解决了该领域长期没有解决的难清理的问题，并且这种转用带来了预料不到的技术效果。因此该发明具备创造性。

（2）转用发明不具备创造性

现有技术：为了解决柜子对地板的压迫磨损的问题装有一个橡胶支撑垫。

发明：为了解决桌子对地板的压迫磨损的问题也采用这种橡胶支撑垫。

判断：是否产生了预料不到的技术效果？

在类似的或者相近的技术领域之间，一般解决对地板的压迫磨损的问题都是用对负重进行支撑的技术手段，因此，采用这种橡胶支撑垫并未产生预料不到的技术效果，该发明不具备创造性。

四、要素变更的发明

（一）定义

要素变更的发明，包括要素关系改变的发明、要素替代的发明和要素省略的发明。要素替代的发明是指已知产品或方法的某一要素由其他要素替代的发明。要素省略的发明是指省略已知产品或者方法中的某一项或多项要素的发明。

（二）要素变更的发明创造性的判断准则

在进行要素变更发明的创造性判断时通常需要考虑要素关系的改变、要素替代和省略是否存在技术启示、其技术效果是否可以预料等。

【案例 32】

一项涉及测量仪表的发明，其指针不动、刻度盘转动。

现有技术公开了一种刻度盘固定不动、而指针转动式的测量仪表。

该发明与现有技术之间的区别仅是要素关系的调换，即"动静转换"。这种转换并未产生预料不到的技术效果，所以这种发明不具备创造性。

【案例 33】

一项涉及泵的发明，与现有技术相比，该发明中的动力源是液压马达替代了现有技术中使用的电机，这种等效替代的发明不具备创造性。

【案例 34】

一项剪草机的发明，其改进在于刀片斜角与公知的不同，其斜角可以保证刀片的自动研磨，而现有技术中所用刀片的角度没有自动研磨的效果。该发明通过改变要素关系，产生了预料不到的技术效果，因此具备创造性。

【案例 35】

本案例涉及一种防烫纸碗，其独立权利要求如下：

"1. 一种防烫纸碗，包括碗体（2）、碗底（3），其特征在于所述碗体上端有外翻边（4），碗体外侧套插有一防烫层（5），该防烫层上端与碗体上端连接，防烫层上端直接插入碗体上端外翻边与碗体之间的缝隙，该防烫层的下端向内卷边（6）与碗体的下端相贴，在防烫层与碗体之间形成上小下大的缝隙（7），防烫层下端悬空。"

发明要解决现有技术普通的纸碗在用于例如泡方便面等情况下，容易烫伤手的问题。其具体结构参见图1。图1是防烫纸碗的结构示意图，图中右半部分为截面图，左半部分为从正面观察的结构视图。

下文叙述说明书公开的一个实施例的具体结构。

参见图1，图1是防烫伤纸碗的结构示意图。纸碗1由碗体2与碗底3构成，在碗体上端设有外翻边4。在碗体2的外侧套插有一层防烫层5，防烫层可以用纸质材料制作，该防烫层上端与碗体上端连接,该防烫层的下端向内卷边 6 与碗体的下端相贴,在防烫层与碗体之间形成上小下大的缝隙 7。防烫层与碗体的连接方式可以是:①防烫层上端直接插入碗体上端外翻边与碗体之间的缝隙,防烫层下端悬空。②防烫层上端与碗体上端粘接,防烫层下端悬空,或者以其他方式连接。

为了确保在防烫层与碗体之间形成上小下大的缝隙 7,在防烫层的下端设有向内卷边,其卷曲角度为 90°~360°,最佳是 100°~180°。这样在防烫层与碗体之间形成上小下大的缝隙,其缝隙上端为 0mm,下端为 1~10mm,最佳为 2~5mm。

对比文件 1 公开了一种隔热容器。其具体结构参见图 2 及图 3。图 2 是对比文件 1 的隔热容器的结构示意图,图中左半部分为截面图,右半部分为从正面观察的结构视图。图 3 是图 2 中左上部的局部放大图。

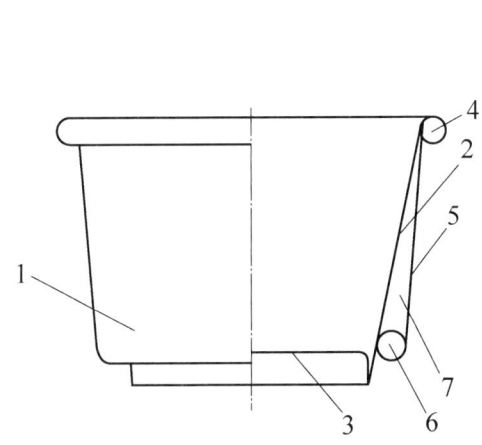

图 1 防纸碗的结构示意图

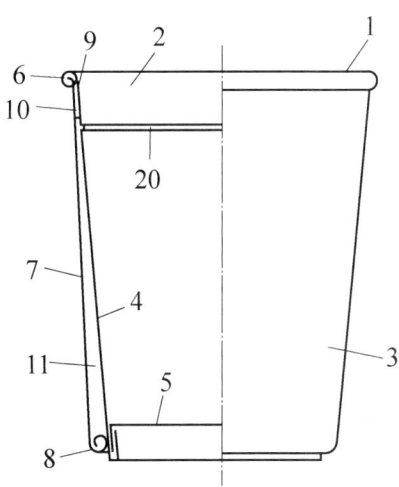

图 2 隔热容器(一)

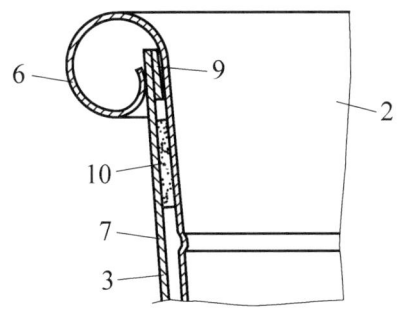

图 3 隔热容器(二)

对比文件 1 公开的隔热容器,包括纸制的杯体 4 与外层圆柱体 7 的结合,其中杯体 4 相当于权利要求 1 中的碗体 2;外层圆柱体 7 相当于权利要求 1 中的防烫层 5;从图 3 可以看出,该隔热容器具有底,相当于权利要求 1 中的碗底;对比文件 1 说明书中公开了如下内容:当杯体 4 被外层圆柱体 7 包围,同时插入外层圆柱体 7 时,外层圆柱体 7 的顶端接触或者插入杯体 4 的向外卷曲的部分 6,显然,这与权利要求 1 中防烫层 5 上端连接到碗体 2 上的结构相同,也就是说,对比文件 1 公开了防烫层上端插入外翻边与碗体之间的缝隙这一特征；另外，对比文件1的说明书中对隔热容器进行了如下描述：在杯体4的下部，外层圆柱体7的向内卷曲的部分8与杯体4的侧壁外周边表面黏结，即公开了权利要求1中防烫层的下端向内卷边与碗体的下端相贴这一特征；对比文件1还公开了隔热容器在杯体4的圆桶和外层圆柱体7的圆桶之间定义了一个间隙，并且该间隙产生了隔热效果，外层圆柱体7的圆桶的裙形比杯体4的圆桶稍大，即圆桶有锥形部分，也就是公开了权利要求1中在防烫层与碗体之间形成上小下大的缝隙这一结构特征。

根据上述描述可见，权利要求1与对比文件1的区别在于，对比文件1中公开的产生隔热间隙的两层的上端是通过黏结进行固定的，即采用了插入后再黏结的技术，而权利要求1中的防烫层是直接插入在碗体外侧的卷边中，没有涉及黏结。

参照《专利审查指南2010》第二部分第四章4.6.3节的规定，如果发明省去一项或多项要素后其功能也相应地消失，则该发明不具备创造性。因此，权利要求1的技术方案中没有采用黏结的方法进一步固定防烫层与碗体之间的连接，而是将防烫层的上端直接插入碗体的卷曲边与碗体之间的空隙，省略了黏结的步骤，同时牺牲了与之相应的更加牢固的功能，并且省略了黏结后并没有带来预料不到的技术效果。因此，权利要求1相对于对比文件1不具备创造性。

第三章

实 用 性

第一节 实用性的概念

实用性是申请专利的发明和实用新型授予其专利权的必要条件之一。实用性，是指发明或者实用新型申请的主题必须能够在产业上制造或者使用，并且能够产生积极效果。

一、能够制造或使用

申请人完成一项发明并想通过申请专利获得保护，必须是适于实际应用的发明。对于产品发明来说就要在产业中能够制造出来，并且能够解决技术问题；对于方法发明来说，就是要在产业中能够使用，并且能够解决技术问题。它们的共性就在于发明创造必须能够在产业中实施并且解决技术问题。

二、产业

所谓产业，包括工业、农业、林业、水产业、畜牧业、交通运输业以及文化体育、生活用品和医疗器械等行业。

在产业上能够制造或者使用的技术方案，是指符合自然规律、具有技术特征的任何可实施的技术方案。

三、积极效果

发明创造能够产生积极效果，是指发明或者实用新型专利申请在提出申请之日，其产生的经济、技术和社会的效果是所属技术领域的技术人员可以预料到的。这些效果应当是积极的和有益的。

第二节 实用性的判断

一、实用性的判断概念

发明或者实用新型专利申请是否具备实用性，应当在判断新颖性和创造性之前首先进行判断。

二、判断的原则

判断发明或者实用新型专利申请的实用性时,应当遵循下列原则。

① 以申请日提交的说明书(包括附图)和权利要求书所公开的整体技术内容为依据,而不仅仅局限于权利要求所记载的内容。

判断一项发明是否具备实用性时,要以申请日提交的说明书、说明书附图和权利要求书所公开的整体技术内容为依据,而不仅仅局限于权利要求所记载的内容,往往与权利要求所要保护的范围大小无关。

② 实用性与所申请的发明或者实用新型是怎样创造出来的或者是否已经实施无关。

发明创造是否具备实用性,并不是该发明在申请时已经制造或使用,只要所属技术领域的技术人员,根据说明书公开的技术内容,能够重复实施专利申请中为解决技术问题所采用的技术方案,也就是在理论上能够得出该发明在产业上能够制造或者使用并能够产生积极效果即可。

三、判断实用性的基准

《专利法》第二十二条第四款所说的"能够制造或者使用"是指发明或者实用新型的技术方案具有在产业中被制造或使用的可能性。满足实用性要求的技术方案不能违背自然规律并且应当具有再现性。因不能制造或者使用而不具备实用性是由技术方案本身固有的缺陷引起的,与说明书公开的程度无关。

(一)无再现性

具备实用性的发明或者实用新型专利申请主题,应当具有再现性;反之,无再现性的发明或者实用新型专利申请主题不具备实用性。

再现性,是指所属技术领域的技术人员,根据公开的技术内容,能够重复实施专利申请中为解决技术问题所采用的技术方案。这种重复实施不得依赖任何随机的因素,并且实施结果应该是相同的。

应当注意,申请发明或者实用新型专利的产品的成品率低与不具有再现性是有本质区别的。前者是能够重复实施,只是由于实施过程中未能确保某些技术条件(如环境洁净度、温度等)而导致成品率低;后者则是在确保发明或者实用新型专利申请所需全部技术条件下,所属技术领域的技术人员仍不可能重复实现该技术方案所要求达到的结果。

(二)违背自然规律

不符合自然规律,即违背自然规律的发明或者实用新型专利申请是不能实施的,因此,不具备实用性。例如,永动机就是违背能量守恒定律的,不能授予专利权。

(三)利用独一无二的自然条件的产品

具备实用性的发明或者实用新型专利申请不得是由自然条件限定的独一无二的产品。利用特定的自然条件建造的自始至终都是不可移动的唯一产品,不具备实用性。应当注意的是,不能因为上述利用独一无二的自然条件的产品不具备实用性,而认为其构件本身也不具备实用性。

(四)非治疗目的的外科手术的方法

非治疗目的的外科手术方法,由于是以有生命的人或者动物为实施对象,无法在产业上使用,因此不具备实用性。例如,为美容而实施的外科手术方法,或者采用外科手术从活牛身体上摘取牛黄的方法，以及为辅助诊断而采用的外科手术方法。例如，实施冠状造影之前采用的外科手术方法等。

（五）测量人体或动物体在极限情况下的生理参数的方法

测量人体或者动物体在极限情况下的生理参数的方法，涉及测量人体或动物体在极限情况下的生理参数，需要将被测对象置于极限环境中，这会对人或动物的生命构成威胁，不同的人或动物个体可以耐受的极限条件是不同的，需要有经验的测试人员根据被测对象的情况来确定其耐受的极限条件，因此这类方法无法在产业上使用，不具备实用性。

（六）无积极效果

具备实用性的发明或者实用新型专利申请的技术方案应当能够产生预期的积极效果。对于积极效果的把握，应当理解为只需能够产生有益的效果。对专利申请实用性的判断应该关注是否存在正面的有益效果，而不应特意寻找发明的不足之处，只要发明不会导致技术上的明显倒退或者整体变劣即可。

第三节　实用性的案例

【案例36】

该案例涉及一经过无效程序的实用新型专利，名称为新型呆扳手。

授权时的权利要求1内容为：

"1. 一种用于拧紧和松开六角螺母、螺栓（统称六方形）的新型呆扳手，包括头部和柄部，头部中间开口，其特征在于扳手口为由互不对称、依次相连的折面构成，其口段1、17呈喇叭状，大于六方形的对角线的距离，面1、6与面15，面2、4与面13和16，面9与面14，面3、5、8和10分别平行，并且两平行面间的垂直距离等于六方形两平行面间的距离；面2与面3、面4与面5、面6与面7、面8与面9、面10与面11、面12与面13、面14与面15间的夹角均为120°；面1与柄部中心线平行，面2和面17的延长线与柄部中心线间夹角为60°。"

下面介绍其说明书的内容。

（1）技术领域

本实用新型涉及一种松紧螺母（栓）的手工工具，特别是涉及一种新型呆扳手。

（2）背景技术

传统的呆扳手必须对准六方螺母的一组平行对边才能卡入扳手口，再进行拧紧或松开的操作，将螺母每扳转一角度后，必须退出扳手口，换一个角度卡入，再反复操作，故工作效率低。而且扳手口与螺母的受力线在六方形的棱角上，使棱角容易被扳塌损伤，以"圆角"打滑而失效。中国专利所公开的"新型呆扳手"（CN××××××××）虽有一些优点，但仍存在以下四方面的不足之处。一是由于扳手根部的弯矩最大承受点两端开有一螺孔，故容易产生应力集中现象，导致扳手的断裂；二是要想松紧螺母，进行有效的工作，除了需施加一个垂直于扳手的力外，还需施加一个柄向力，致使操作别扭；三是在扳手口底部开沟槽会给传统的制作工艺带来麻烦，使生产难度增大；四是加装螺钉和弹簧片必然增加其生产成本。

（3）实用新型内容

本实用新型的目的正是在于克服上述现有技术的不足之处而提供一种可从任意角度一

次快速卡入六方螺母,既可空回转,又可传递扭矩,连续空回转和旋动交替进行的新型呆扳手。

图 1 为本实用新型呆扳手的结构示意图。

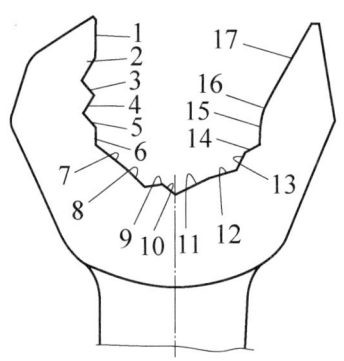

图 1 一种新型呆扳手

参见附图 1,本实用新型是一种新型的呆扳手,包括头部和柄部,头部中间开口,扳手口为互不对称、依次相连的折面构成,其口段 1、17 呈喇叭状,大于六方形对角线的距离,面 1、6 与面 15,面 2、4 与面 13 和面 16,面 9 与面 14,面 3、5、8 和 10 分别平行,并且两个平行面之间的垂直距离等于六方形两平行面间距离;面 2 与面 3,面 4 与面 5,面 6 与面 7,面 8 与面 9,面 10 与面 11,面 12 与面 13,面 14 与面 15 间的夹角均为 120°,面 2 与面 17 的延长线与柄部中心线间的夹角为 60°,面 1 与柄部中心线的夹角为 0°。

由于扳手口至少有三组工作面,并且其口部与底部间的距离大于等于六方形对角线间距离,加之扳手口口段呈喇叭状,这样便可使扳手口快速地卡在六方形的平行边上进行工作。当一组工作面完成工作后,便可空回转至下一组工作面,从而实现旋动与空回转交替连续进行,达到松开和拧紧螺母(栓)的目的。由于该扳手的工作面多,相邻工作面间距离短,故空回转角度小(10°～30°),工作效率高。

本实用新型与现有技术相比,具有结构合理,使用可靠,制造简单,寿命长,空回转角度可大可小,工作效率高等特点,不仅适用于一般场合下螺母(栓)的拧紧与松开,尤其适用于工作空间狭窄的场合。

下面介绍对该实用新型的分析、判断。

首先,分析该实用新型的技术方案的构成。由权利要求可以看出,本实用新型专利是对现有的呆扳手的改进方案,其改进体现在形成扳手口的各折面之间以及折面与柄部中心线之间的几何关系。说明书中有关发明目的,技术方案描叙等部分中所描述的技术方案的构成与权利要求是一致的。因此可以得出这样的结论,扳手口的各折面之间以及折面与柄部中心线之间的几何关系是构成本实用新型发明主题的必要技术特征。

其次,分析上述技术方案的可实施性。经过上述分析可知,扳手口的各折面之间以及折面与柄部中心线之间的几何关系是构成该实用新型发明主题的必要技术特征,但该实用新型技术方案给出的这些几何关系或无法同时满足,或无法理解。例如,面 1 与面 6 按照其与面 15 的几何关系应处于同一平面,但按照面 1 与柄部中心线,面 2、3、4、5 之间的相关几何关系,面 1 与面 6 却不可能共面。

图 2 左边是取上述图 1 中面 1 到面 6 的局部结构绘制的,按照本申请权利要求 1 及说

明书给出的几何关系,得出图中的面 1 与面 2 之间、面 2 与面 3 之间的夹角为 120°,这样,依据该实用新型技术方案中给出的几何关系,按照正确的几何关系重新绘制,只能得出图 2 右边的结构图,可以看出,面 1 与面 6 不共面。

同样,面 16 与面 17 之间也存在互相矛盾的几何关系,用几何作图的方法也无法同时满足上述互相矛盾的几何关系。又如,该实用新型的技术方案中出现"面 9 与面 14 平行且平行面之间的垂直距离等于六方形两平行面间距离"以及"面 3、5、8 和 10 平行且两个平行面之间的垂直距离等于六方形两平行面间距离"的表述,但是这样的表述令人无法理解其含义,因为这些折面均为扳口上处于六方形件同侧的折面。同时,说明书与权利要求书对技术方案的描述是一致的。鉴于技术方案的主要技术特征是由若干相互矛盾、无法同时满足的几何关系构成的,因而本实用新型专利的技术方案是无法实施的。

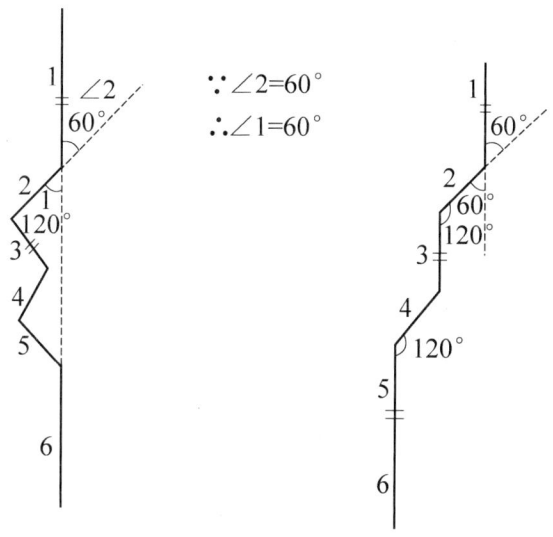

图 2　呆扳手的局部结构

结论:权利要求 1 所给出各角度及平行面之间的关系在几何上是无法同时满足的,其方案无法实施,因而不具备实用性。

第四章

单 一 性

近些年，专利代理师资格考试代理实务试题都会或多或少地涉及单一性的概念，所以，本部分以单一性的概念为主线介绍判断单一性的一些简单方法。

专利申请应当符合《专利法》及《专利法实施细则》有关单一性的规定。《专利法》第三十一条第一款及《专利法实施细则》第三十四条对发明或者实用新型专利申请的单一性作了规定。《专利法实施细则》第四十二条、第四十三条对不符合单一性的专利申请的分案及不符合单一性的专利申请的修改作了规定。

一件申请，如果包括如下权利要求：

1. 一种灯泡，其特征在于 A；
2. 一种液压泵，其特征在于 B；
3. 一种隔热容器，其特征在于 C；
4. 一种信封，其特征在于 D。

这些权利要求的技术方案之间没有任何关联，如果允许像这样将过多的发明创造集中在一件专利申请中提出，会给专利申请的分类、检索、审查和管理工作造成困难，也不便于公众对专利内容的把握；另外，如果一件专利申请中包含过多的发明创造就会导致收费的不公平和不合理，会出现有些申请人只支付一件专利的费用而获得几项不同发明创造的专利保护的不合理情况。因此，应当对一件专利申请中可以包含的发明创造的数量进行限制。一件专利申请应当限于一项发明创造，这就是所谓的专利申请的单一性原则。

第一节 单一性的概念

《专利法》第三十一条第一款规定："一件发明或者实用新型专利申请应当限于一项发明或者实用新型。属于一个总的发明构思的两项以上的发明或者实用新型，可以作为一件申请提出。"

一、总的发明构思

《专利法实施细则》第三十四条规定："依照专利法第三十一条第一款规定，可以作为一件专利申请提出的属于一个总的发明构思的两项以上的发明或者实用新型，应当在技术上相互关联，包含一个或者多个相同或者相应的特定技术特征，其中特定技术特征是指每一项发明或者实用新型作为整体，对现有技术作出贡献的技术特征。"也就是说，如果一件申请包括几项发明或者实用新型，则只有在所有这几项发明或者实用新型之间有一个总的发明构思使之相互关联的情况下才被允许；反之，就不符合单一性的要求。

上述条款定义了判断一件申请中要求保护两项以上的发明是否属于一个总的发明构思的方法。也就是说，属于一个总的发明构思的两项以上的发明在技术上必须相互关联，这种相互关联是以相同或者相应的特定技术特征表示在它们的权利要求中的。

二、特定技术特征

特定技术特征是专门为评定专利申请单一性而提出的一个概念，应当把它理解为体现发明对现有技术作出贡献的技术特征，也就是使发明相对于现有技术具备新颖性和创造性的技术特征，并且应当从每一项要求保护的发明的整体上考虑后加以确定。

任何一件发明或实用新型专利申请的独立权利要求所要保护的技术方案，都会有必要技术特征，对于改进型的发明创造，还会有区别技术特征，那么，在掌握了特定技术特征之后，特定技术特征、区别技术特征及必要技术特征三者之间有什么样的区别，又有什么样的关系呢？

区别技术特征是指，一项独立权利要求所要求保护的技术方案与其最接近的现有技术相比不同的技术特征。

必要技术特征是指，发明或者实用新型为解决其技术问题所不可缺少的技术特征，其总和足以构成发明或者实用新型的技术方案，使之区别于背景技术中所述的其他技术方案。

根据特定技术特征的定义可知，特定技术特征并不等同于必要技术特征或区别技术特征，因为后两者技术特征的存在不一定能够使发明相对于现有技术具备新颖性或创造性。特定技术特征要体现发明对现有技术作出的贡献，使发明具备新颖性和创造性。

特定技术特征一定是区别技术特征，但区别技术特征不一定是特定技术特征。如果相对于最接近的现有技术，一项发明中存在区别技术特征，该区别技术特征的引入实际解决了一定的技术问题，同时现有技术整体上也没有给出将上述区别技术特征应用到该最接近的现有技术中以解决其存在的技术问题（即发明实际解决的技术问题）的启示，那么该区别技术特征就是特定技术特征。

因此，当一项权利要求所要保护的技术方案存在特定技术特征时，必然是必要技术特征包含区别技术特征，区别技术特征包含特定技术特征或等同于特定技术特征。

第二节 单一性的判断

在判断一件专利申请的单一性时，一般是将第一项发明（一个独立权利要求所要保护的技术方案）的主题与相关的现有技术进行比较，确定发明的"特定技术特征"；然后判断第二项发明（另一个独立权利要求所要保护的技术方案）中是否存在一个或者多个与第一项发明相同或者相应的特定技术特征，从而确定这两项发明是否在技术上相关联。

一、单一性的判断方法

根据《专利法》第三十一条第一款、《专利法实施细则》第三十四条以及《专利审查指南2010》第二部分第六章中规定的内容，发明单一性判断的基本原则，就是针对多个并列独立权利要求中记载的技术方案，判断其实质性内容是否属于一个总的发明构思，即判断这些权利要求的技术方案中是否包含使它们在技术上相互关联的一个或者多个相同或者相应的特定技术特征。这一判断是根据权利要求的内容来进行的，必要时可以参照说明书和附图的内容。具体的判断方法可归纳如下。

步骤 1：判断多个并列独立权利要求记载的技术方案是否有一个或者多个相同或者相应的技术特征。如果这些独立权利要求之间没有一个相同或者相应的技术特征，或所包含的相同或相应的技术特征均属于本领域惯用的技术手段，则可以得出明显不具有单一性的结论。

步骤 2：判断相同或者相应的技术特征是否是特定技术特征，即将第一项发明（通常为权利要求 1）的主题与相关的现有技术进行比较，以确定发明整体上对现有技术作出贡献的"特定技术特征"，并以同样的方法确定第二项发明整体上对现有技术作出贡献的"特定技术特征"。

步骤 3：判断相同或者相应的特定技术特征在技术上是否相互关联，即判断第二项发明中的特定技术特征是否存在一个或者多个与第一项发明相同或者相应的特定技术特征，从而确定这两项发明是否在技术上相关联。

步骤 4：判断多个并列独立权利要求记载的技术方案是否属于一个总的发明构思，是否具有单一性。在该步骤中主要考虑两项或两项以上并列独立权利要求之间存在一个或多个相同或者相应的特定技术特征，即存在技术上的关联。可以得出这些并列独立权利要求所要保护的技术方案属于一个总的发明构思的结论，可以作为一件申请提出，符合《专利法》第三十一条第一款的规定。相反，如果各项并列独立权利要求所要保护的技术方案之间不存在技术上的关联，则可以作出它们不属于一个总的发明构思的结论，进而确定它们不具有单一性，不能作为一件申请提出，不符合《专利法》第三十一条第一款的规定。

二、判断单一性时要注意的问题

（一）单一性的判断与权利要求的撰写方式和排列顺序无关

单一性的判断与权利要求的撰写方式和排列顺序无关，权利要求的排列次序不应当影响发明单一性的判断，评定两项以上发明是否属于一个总的发明构思，无须考虑这些发明分别在各自的独立权利要求中要求保护，还是在同一项权利要求中作为并列选择的技术方案要求保护。对于上述两种情况，均应当按照相同的标准判断其单一性。也就是说，针对在同一个权利要求中要求保护的各个并列选择的技术方案，也需要进行单一性的判断，有可能一个权利要求也会出现不具有单一性的缺陷。

要特别注意：如果一项发明不具备新颖性、创造性，就不存在对现有技术作出贡献的技术特征，即没有特定技术特征，就不能将该项发明与其他发明比较判断其单一性。没有特定技术特征，等于没有判断单一性的基础（要排除明显不具有单一性的情况）。

（二）从属权利要求与其所引用的独立权利要求之间不存在缺乏单一性问题

在多个并列独立权利要求具备新颖性、创造性的情况下，一般不考虑从属权利要求之间的单一性，只需要考虑独立权利要求之间的单一性，从属权利要求与其所引用的独立权利要求之间不存在缺乏单一性的问题。只有在遇到形式上为从属权利要求而实质上是独立权利要求的情况时，才需要判断其是否符合单一性规定。

（三）独立权利要求不能被授予专利权时其从属权利要求之间可能缺乏单一性

如果一项独立权利要求由于缺乏新颖性、创造性等理由而不能被授予专利权，则需要考虑其从属权利要求之间是否符合单一性的规定。例如，一件申请包括一项独立权利要求和引用独立权利要求 1 的两项从属权利要求，其中独立权利要求 1 由于不具备创造性而不能被授予专利权，这时从属于独立权利要求 1 的从属权利要求 2 和从属权利要求 3 实际上应被视为独立权利要求来确定其是否具有单一性。这种情况往往出现在答复发明审查意见通知书及修改申请文件时。换句话说，在发明专利申请进入实质审查程序后，当申请人接到的审查意见通知书否定了独立权利要求的新颖性、创造性等，在这种情况下一种可行的修改方式是：在修改不超范围的基础上将多个从属权利要求的附加技术特征分别与独立权利要求的技术特征进行组合，将原多个从属权利要求的技术方案分别在多个并列独立权利要求中给予保护；即在修改不超范围的基础上将多个从属权利要求修改为多个并列独立权利要求。如果采用上述方式进行修改，需要注意修改后的各独立权利要求之间的单一性问题。

第三节　单一性的判断举例

一、判断特定技术特征的案例

【案例 37】

申请的权利要求为：

"1. 一种探照灯，其特征在于装有灯丝 A。"

现有技术中没有公开灯丝 A 的技术方案，相对于现有技术，灯丝 A 可以大大增加探照灯的亮度和使用寿命，权利要求 1 的探照灯有新颖性和创造性。

其特定技术特征是：灯丝 A。

【案例 38】

申请的权利要求为：

"1. 一种探照灯，其特征在于装有灯丝 A 和旋转装置 B。"

现有技术中没有公开灯丝 A 或旋转装置 B 的技术方案，相对于现有技术，灯丝 A 可以大大增加探照灯的亮度和使用寿命，旋转装置 B 可以明显增加探照灯的旋转速度和稳定性，权利要求 1 的探照灯有新颖性和创造性。

特定技术特征是：灯丝 A，旋转装置 B。

【案例 39】

申请的权利要求为：

"1. 一种树脂组合物，包括树脂 A、填料 B 及阻燃剂 C。"

在本技术领域中，树脂 A、填料 B、阻燃剂 C 分别都是已知的，但是 A、B、C 的组合意外地形成了一种性能良好的不易燃树脂组合物，该权利要求具备新颖性和创造性。

其特定技术特征是：A、B、C 三者的组合。

二、判断单一性的案例

（一）明显不具有单一性的案例

【案例 40】

申请的权利要求为：

"1. 一种液压泵，其特征在于 A；

2. 一种流体方向控制阀，其特征在于 B。"

由于权利要求 1 与权利要求 2 两者之间没有任何相同或者相应的技术特征，更不可能有相同或者相应的特定技术特征，因而明显不具有单一性。

【案例 41】

申请的权利要求为：

"1. 一种用于直流电动机的控制电路，所说的电路具有特征 A；

2. 一种用于直流电动机的控制电路，所说的电路具有特征 B；

3. 一种设备，包括一台具有特征 A 的控制电路的直流电机；

4. 一种设备，包括一台具有特征 B 的控制电路的直流电机。"

权利要求 1、权利要求 3 与权利要求 2、权利要求 4 之间没有任何相同或者相应的技术特征，因此不需要将权利要求 1、权利要求 3 与权利要求 2、权利要求 4 的主题与相关的现有技术进行比较，确定其整体上对现有技术作出贡献的"特定技术特征"，就可以确定权利要求 1、权利要求 3 与权利要求 2、权利要求 4 之间明显不具有单一性。

至于权利要求 1 与权力要求 3 以及权利要求 2 与权力要求 4 之间是否具有单一性则需要与相关的现有技术进行比较，确定其整体上对现有技术作出贡献的"特定技术特征"之后才能确定。

【案例 42】

申请的权利要求为：

"1. 一种自行车，包括两个车轮和马鞍型车座 A；

2. 一种自行车，包括两个车轮和变速装置 B。"

分析：权利要求 1 和 2 仅有的相同或相应的技术特征为"包括两个车轮"，而自行车设有两个车轮是所属技术领域公知的技术手段，不可能体现发明对现有技术作出贡献，技术特征 A 和 B 既不相同也不相应，因而权利要求 1 和 2 之间明显不具有单一性。

（二）六种常见组合方式的权利要求单一性判断举例

按照《专利审查指南 2010》第二部分第六章第 2.2.1 节的规定，属于一个总的发明构思的两项以上发明的权利要求，即满足《专利法》第三十一条第一款有关单一性规定的权利要求，可以按照常见的六种组合方式进行撰写，这六种组合方式分别是：

① 不能包括在一项权利要求内的两项以上产品或者方法的同类独立权利要求；

② 产品和专用于制造该产品的方法的独立权利要求；

③ 产品和该产品的用途的独立权利要求；

④ 产品、专用于制造该产品的方法和该产品的用途的独立权利要求；

⑤ 产品、专用于制造该产品的方法和为实施该方法而专门设计的设备的独立权利要求；

⑥ 方法和为实施该方法而专门设计的设备的独立权利要求。

这里所列举的仅仅是常见的六种可允许包括在一件申请中的两项以上同类或不同类独立权利要求的组合方式及适当的排列次序，但是，上述六种方式并非穷举，也就是说，在属于一个总的发明构思的前提下，除上述排列组合方式外，还允许有其他的方式。

注意：采用上述六种方式撰写并非两项以上独立权利要求之间具备单一性的充分条件，也即不能因为两项以上独立权利要求采用了上述六种方式之一进行撰写就得出这两项以上独立权利要求之间具备单一性的结论，而是要根据本章所介绍的单一性判断方法进行判断，换言之，不属于一个总的发明构思的两项以上权利要求，即使按照上述所列的六种方式中的某一种方式撰写，也不能允许在一件申请中请求保护。下面举例说明其单一性的判断。

(1) 同类独立权利要求的单一性

同类独立权利要求是指不能包括在一项权利要求内的两项以上产品或者两项以上方法的独立权利要求，即《专利审查指南2010》第二部分第六章第2.2.1节列举的常见的六种组合方式中的第一种组合方式，以下通过案例43～案例53对这种组合方式的单一性判断做进一步说明。

【案例43】

申请的权利要求为：

"1. 一种传送带X，特征为A；

2. 一种传送带Y，特征为B；

3. 一种传送带Z，特征为A和B。"

假设现有技术中没有公开具有特征A或B的传送带，从现有技术来看，具有特征A或B的传送带不是显而易见的，且A与B不相关。

分析：权利要求1和权利要求2没有记载相同或相应的技术特征，也就不可能存在相同或者相应的特定技术特征，因此，它们在技术上没有相互关联，不具有单一性。权利要求1中的特征A是体现发明对现有技术作出贡献的特定技术特征，权利要求3中包括了该特定技术特征A，两者之间存在相同的特定技术特征，具有单一性。类似地，权利要求2和权利要求3之间存在相同的特定技术特征B，具有单一性。

【案例44】

申请的权利要求为：

"1. 一种扶手椅，包括扶手板，其特征在于，在所述扶手板上有一个凹坑，凹坑内有一隔热垫。

2. 一种扶手椅，包括扶手板，其特征在于，在所述扶手板上有一个凹坑，凹坑四周有一圈凸起。"

假设现有技术中公开了具有扶手板的扶手椅，没有公开扶手板上有一个凹坑这一技术特征，设有扶手板，扶手板上有一个凹坑的扶手椅不是显而易见的。

分析：在上述情况下，权利要求1所要保护的扶手椅，通过在扶手板上设有一个凹坑，解决在扶手椅子上放置水杯，水杯容易滑落的问题，在凹坑内有一隔热垫，进一步解决热水杯烫坏椅子的问题。其对现有技术作出贡献的特定技术特征是"扶手板上有一个凹坑，凹坑内有一隔热垫"。

权利要求2所要保护的扶手椅，通过在扶手板上设有一个凹坑，解决在扶手椅子上放置水杯，水杯容易滑落的问题，在凹坑四周有一圈凸起，解决杯子翻倒的问题。其对现有技术作出贡献的特定技术特征是"扶手板上有一个凹坑，凹坑四周有一圈凸起"。

两个权利要求所要保护的技术方案，解决的技术问题不完全相同，虽然隔热垫和凸起两者结构不同，解决问题不同，两者既不相同也不相应，但采用的凹坑所获得的技术效果是相同的，即都可解决在扶手椅子上放置热水杯，烫坏椅子的问题。

因此，在权利要求1和权利要求2所要保护的扶手椅对现有技术作出贡献的特定技术特征中，有一个相同的特定技术特征"扶手板上有一个凹坑"，解决在扶手椅子上放置水杯，水杯容易滑落的问题，它们属于一个总的发明构思，具有单一性。

如果现有技术中公开了具有扶手板的扶手椅，并披露了在扶手板上设有凹坑的技术特征。

分析：在上述情况下，权利要求1和权利要求2对现有技术作出贡献的特定技术特征分别是"凹坑内有一隔热垫"和"凹坑四周有一圈凸起"，由于两个独立权利要求中的垫圈和凸起两者结构不同，解决问题不同，两者既不相同也不相应，即没有一个相同或相应的特定技术特征，那么权利要求1和权利要求2所要保护的扶手椅之间就没有单一性。

【案例45】❶

申请的权利要求为：

"1. 一种压盖填料轴密封装置，在由机器壳体（6）延伸出的转轴（9）上沿轴向设置有第二压盖（4）及围绕所述第二压盖（4）的外周部套装的填料箱（1），该第二压盖（4）固定到所述填料箱（1）的一端上，其特征在于，在所述填料箱（1）的第二压盖（4）的相反一端设有固定在壳体（6）上的第一压盖（3），所述填料箱（1）套装于第一压盖（3）轴向突出部（3b）上，在该填料箱（1）、第一压盖（3）及第二压盖（4）之间形成有充满填料（2）的密封空间（10），所述填料箱（1）套装第一压盖（3）轴向突出部（3b）的上述相反一端，设置可自动调节两者相对位置的第一填料夹紧机构（5）。

2. 一种压盖填料轴密封装置，在由机器壳体（6）延伸出的转轴（9）上沿轴向设置有第二压盖（4）及围绕上述第二压盖（4）的外周部套装的填料箱（1），其特征在于，在该填料箱（1）的第二压盖（4）的相反一端设有固定在壳体（6）上的第一压盖（3），所述填料箱（1）套装于第一压盖（3）轴向突出部（3b）上，在该填料箱（1）、第一压盖（3）及第二压盖（4）之间形成有充满填料（2）的密封空间（10），所述填料箱（1）套装于第二压盖（4）轴向突出部的一端处，设置可自动调节两者相对位置的第二填料夹紧机构（20），所述填料箱（1）套装第一压盖（3）轴向突出部（3b）的上述相反一端，设置可自动调节两者相对位置的第一填料夹紧机构（5）。"

现有技术没有公开"所述填料箱（1）套装第一压盖（3）轴向突出部（3b）的上述相反一端，设置可自动调节两者相对位置的第一填料夹紧机构（5）"的技术特征。

本申请说明书中公开了采用"填料箱（1）套装第一压盖（3）轴向突出部（3b）的上述相反一端，设置可自动调节两者相对位置的第一填料夹紧机构（5）"的压盖填料轴密封装置，可解决如何使填料箱与转轴的相对位置不因转轴的轴向振动或/和偏心而发生变化，从而避免因转轴与填料间接触压力分布不均导致异常磨损或填料过分松弛，保持稳定的密封效果的技术问题。

分析：由于权利要求1和权利要求2具有相同的特定技术特征："所述填料箱（1）套装于第一压盖（3）轴向突出部（3b）的上述相反一端，设置可自动调节两者相对位置的第一填料夹紧机构（5）"，都能解决如何使填料箱与转轴的相对位置不因转轴的轴向振动或/和偏心而发生变化，从而避免因转轴与填料间接触压力分布不均导致异常磨损或填料过分松弛，保持稳定的密封效果的问题。因此，两者所要求保护的一种压盖填料轴密封装置的技术方案，在技术上相互关联，属于一个总的发明构思，具有单一性。

【案例46】

申请的权利要求为：

"1. 一种制造产品A的方法，其特征在于用氧化法；

2. 一种制造产品A的方法，其特征在于用加氢法；

---

❶ 此案例根据2002年全国专利代理人资格考试"专利申请文件撰写"科目机械专业试题改编而成。

3. 一种制造产品 A 的方法,其特征在于用水解法。"

与现有技术相比,A 是新的产品并具备创造性。

分析:产品 A 是上述三项方法权利要求的相同的特定技术特征,因此,这三项方法权利要求之间有单一性

【案例 47】

申请的权利要求为:

"1. 一种发射器,其特征在于视频信号的时轴扩展器;

2. 一种接收器,其特征在于视频信号的时轴压缩器;

3. 一种传送视频信号的设备,包括权利要求 1 的发射器和权利要求 2 的接收器。"

现有技术中既没有公开也没有暗示在该技术领域中使用时轴扩展器和时轴压缩器,这种使用不是显而易见的。

分析:权利要求 1 的特定技术特征是视频信号时轴扩展器,权利要求 2 的特定技术特征是视频信号时轴压缩器,它们之间相互关联不能分开使用,两者是彼此相应的特定技术特征,权利要求 1 与权利要求 2 有单一性;权利要求 3 包含了权利要求 1 和权利要求 2 两者的特定技术特征,因此它与权利要求 1 或与权利要求 2 均有单一性。

即使不要求保护权利要求 3,仅有权利要求 1 和权利要求 2,也不会影响单一性判断的结果。

注意:权利要求 3 虽然引用了权利要求 1 和权利要求 2,但是其主题名称与权利要求 1 不同,因此权利要求 3 不是权利要求 1、权利要求 2 的从属权利要求,而是引用权利要求 1、权利要求 2 构成与权利要求 1、权利要求 2 为同类的并列独立权利要求。

【案例 48】

申请的权利要求为:

"1. 一种用于直流电动机的控制电路,所说的电路具有特征 A;

2. 一种用于直流电动机的控制电路,所说的电路具有特征 B;

3. 一种设备,包括一台具有特征 A 的控制电路的直流电机;

4. 一种设备,包括一台具有特征 B 的控制电路的直流电机。"

从现有技术来看,特征 A 和特征 B 分别是体现发明对现有技术作出贡献的技术特征,而且特征 A 和特征 B 完全不相关。

分析:特征 A 是权利要求 1 和权利要求 3 的特定技术特征,特征 B 是权利要求 2 和权利要求 4 的特定技术特征,但特征 A 与特征 B 不相关。因此,权利要求 1 与权利要求 3 之间或者权利要求 2 与权利要求 4 之间有相同的特定技术特征,因而有单一性;而权利要求 1 与权利要求 2 或权利要求 4 之间,或者权利要求 3 与权利要求 2 或权利要求 4 之间没有相同或相应的特定技术特征,因而没有单一性。

【案例 49】

申请的权利要求为:

"1. 一种树脂组合物,包括树脂 A、填料 B 及阻燃剂 C;

"2. 一种树脂组合物,包括树脂 A、填料 B 及抗静电剂 D。"

本领域中树脂 A、填料 B、阻燃剂 C 及抗静电剂 D 分别都是已知的,且 A、B 组合不体现发明对现有技术的贡献,而 A、B、C 的组合形成了一种性能良好的不易燃树脂组合物,A、B、D 的组合也形成了一种性能良好的防静电树脂组合物,它们分别具备新颖性和

创造性。

分析：尽管这上述两项权利要求都包括相同的特征A和特征B，但是，特征A、特征B及特征A、B组合都不体现发明对现有技术作的贡献，权利要求1的特定技术特征是A、B、C组合，权利要求2的特定技术特征是A、B、D组合，两者不相同也不相应，因此，权利要求1与权利要求2之间没有单一性。

【案例50】❶

申请的权利要求为：

"1. 一种用于油炸食品的设备，包括原料供应装置、进料阀、油炸装置、出料阀、离心装置、产品排出装置，油炸装置的一侧设有输入口，通过进料阀与所述原料供应装置的出料口密封固定连接，油炸装置的另一侧设有输出口，其特征在于：油炸装置输出口直接与离心装置输入口密封固定连接，出料阀设置在离心装置的输出口处。

2. 一种用于油炸食品的设备，包括原料供应装置、进料阀、油炸装置、出料阀、离心装置、产品排出装置，油炸装置的一侧设有输入口，通过进料阀与所述原料供应装置的出料口密封固定连接，油炸装置的另一侧设有输出口，其特征在于：所述离心装置的旋转轴线以相对于垂直方向倾斜一定角度的方式设置。"

从现有技术来看，特征"油炸装置输出口直接与离心装置输入口密封固定连接，出料阀设置在离心装置的输出口处"和"离心装置的旋转轴线以相对于垂直方向倾斜一定角度的方式设置"分别是体现发明对现有技术作出贡献的技术特征。权利要求1、权力要求2相对现有技术具备新颖性和创造性。

分析：采用特征"油炸装置输出口直接与离心装置输入口密封固定连接，出料阀设置在离心装置的输出口处"的用于油炸食品的设备，可以获得油炸和离心过程均在真空条件下进行，解决油炸食品含油量高、容易破碎无法获得具有完整外形的技术问题。而采用"离心装置的旋转轴线以相对于垂直方向倾斜一定角度的方式设置"这一技术特征的用于油炸食品的设备，是解决提高对马铃薯薄片进行离心脱油的效率，并确保马铃薯薄片从离心装置中全部排出的技术问题❷，两者完全不相同，也不相应。因此，权利要求2与权利要求1之间没有单一性。

【案例51】

申请的权利要求为：

"1. 一种轮胎噪声降低系统，包括，具有空腔的充气轮胎，其上安装轮胎从而使所述空腔形成一闭合胎腔的轮辋，以及设置在所述闭合胎腔中的消音器，其中通过将一种多孔材料的条带固定到所述轮胎或轮辋，从而形成所述消音器，所述消音器的体积占所述胎腔体积的0.4%到20%，所述消音器的截面形状在轮胎的圆周方向上基本恒定，所述充气轮胎包括一胎面部分，该胎面部分设有胎面槽纹，所述胎面槽纹限定了海域比为20%到35%的胎面花纹；

2. 一种充气轮胎，在其内表面上设置有沿着轮胎赤道圆延伸的环形光滑区域；

3. 一种充气轮胎，在其内表面上设置有沿着轮胎赤道圆延伸的环形光滑区域，且设有沿着所述环形光滑区域的每个边缘的圆周延伸凸起；

---

❶ 此权利要求根据2008年全国专利代理人资格考试"专利代理实务"科目试题改编而成。有关说明书的部分内容，参见本书前面案例19的介绍。

❷ 详细内容参见知识产权出版社出版的《2008年全国专利代理人资格考试试题解析》一书中"专利代理实务"试题。

4. 一种超环面形轮胎硫化胶囊，其沿着赤道圆设有环形光滑区域，还设有从所述光滑表面径向延伸的通气槽纹；

5. 一种超环面形轮胎硫化胶囊，其沿着赤道圆设有环形光滑区域，还设有沿着所述环形光滑表面的每个边缘延伸的圆周通气槽纹，以及从所述圆周通气槽纹径向延伸的通气槽纹。"

现有技术没有公开在胎面部分设有胎面槽纹以及在轮胎的内表面上设置有沿着轮胎赤道圆延伸的环形光滑区域的技术特征。与现有技术相比，权利要求1~5要求保护的技术方案具备新颖性、创造性。

分析：权利要求1的特定技术特征包括胎面部分设有胎面槽纹，所述胎面槽纹限定了海域比为20%到35%的胎面花纹，权利要求4的特定技术特征是在轮胎硫化胶囊的赤道圆设有环形光滑区域，还设有从所述光滑表面径向延伸的通气槽纹，权利要求5的特定技术特征是在轮胎硫化胶囊的赤道圆设有环形光滑区域，设有沿着所述环形光滑表面的每个边缘延伸的圆周通气槽纹，以及从所述圆周通气槽纹径向延伸的通气槽纹，三个权利要求都涉及为了降低噪声而设置不同结构的槽纹的技术特征，它们有一个相应的特定技术特征，因此，权利要求1、权利要求4、权利要求5之间具有单一性。但是，权利要求1与权利要求2、权利要求3之间没有相同或相应的特定技术特征，因此，权利要求1与权利要求2或权利要求3之间无单一性。

权利要求2、权利要求3、权利要求4、权利要求5的特定技术特征都涉及设置有沿着轮胎赤道圆延伸的环形光滑区域，因此，它们都包含一个相同的特定技术特征，在技术上相互关联，有单一性。

【案例52】

申请的权利要求为：

"1. 一种书写板，其特征在于：在两层平行的透明板之间分隔成许多密闭的网格，网格的直径为1~5 mm，网格中充满白色乳状液体，白色乳状液体中含有黑色磁铁粉；

2. 一种与权利要求1书写板配套使用的板擦，其特征在于：与书写板背面紧密贴合的擦面为永磁体；

3. 一种与权利要求1书写板配套使用的笔，其特征在于笔头由永磁体形成。"

假设现有技术没有公开上述书写板、板擦、笔，本发明可以看作开拓性发明，权利要求1~3具备新颖性、创造性。

本发明利用磁性物体相互吸引的原理，当磁笔在书写板上划过时，磁笔经过的区域，网格内的黑色磁铁粉被磁笔吸引而粘附到正面的透明塑料板上，从而在正面的白板上显示出黑色的字迹，书写完毕后用板擦在书写板背面擦拭，将所有磁铁粉都吸引到背面而使得正面恢复白色。

分析：可以认为板擦、书写笔的磁性和书写板中显色粉末的铁磁性体现了发明对现有技术作出的贡献，为相应的特定技术特征，因此，权利要求1~权利要求3具有单一性。

注意：权利要求2、权利要求3虽然引用了权利要求1，但是它们的主题名称与权利要求1不同，因此权利要求2、权利要求3不是权利要求1的从属权利要求，是独立权利要求，权利要求1、权利要求2、权利要求3构成同类并列独立权利要求。

【案例53】❶

申请的权利要求为：

"1. 一种用于挂在横杆上的挂钩，具有挂钩本体和突起物，所述挂钩本体具有两个夹

---

❶ 此权利要求根据2006年全国专利代理人资格考试"专利代理实务"科目试题改编而成。

持部以及连接所述夹持部上部的弯曲部，其中一个夹持部具有自由端，另一个夹持部具有与衣架本体相连接的连接端，在所述夹持部的相向内侧设有突起物，该挂钩挂在横杆上时，所述突起物与横杆的外圆周表面相接触，其特征在于，所述突起物具有在所述横杆轴向方向上比所述挂钩本体宽的宽度；

2. 一种衣架，由挂钩与衣架本体组装形成，其特征在于：该挂钩为权利要求1所述的用于挂在横杆上的挂钩。"

假设权利要求1具备新颖性和创造性。

分析："突起物具有在所述横杆轴向方向上比所述挂钩本体宽的宽度"是这两项权利要求相同的技术特征。由于它是体现发明对现有技术作出贡献的技术特征，即特定技术特征，因此，权利要求1和权利要求2存在相同的特定技术特征，权利要求1与权利要求2之间具有单一性。

注意：权利要求2虽然引用了权利要求1，但是其主题名称与权利要求1不同，因此权利要求2不是权利要求1的从属权利要求，是独立权利要求。两者构成产品及包含该产品的另一产品的同类并列独立权利要求。

（2）不同类独立权利要求的单一性

不同类独立权利要求是指即包含产品权利要求又包含方法权利要求的多项独立权利要求，常见的不同类独立权利要求为《审查指南》第二部分第六章第2.2.1节列举的六种组合方式中的第二种到第六种组合方式，当然不同类独立权利要求还包括除审查指南列举的上述五种组合方式之外的其他组合方式。下面通过案例对不同类独立权利要求单一性的判断做进一步说明。

【案例54】❶

申请的权利要求内容为：

"1. 一种化合物X；

2. 一种制备化合物X的方法；

3. 化合物X作为杀虫剂的应用。"

第一种情况：化合物X具备新颖性和创造性。

分析：化合物X是这三项权利要求相同的技术特征。由于它是体现发明对现有技术作出贡献的技术特征，即特定技术特征，因此，权利要求1~3存在相同的特定技术特征，权利要求1、权利要求2和权利要求3有单一性。

第二种情况：如果发现化合物X与现有技术相比不具备新颖性或创造性，则权利要求1不能被授予专利权。这种情况下，权利要求2和权利要求3之间的相同的技术特征仍为化合物X，但是，由于它没有体现发明对现有技术作出贡献，不是特定技术特征，同时，权利要求2和权利要求3之间也没有其他相同或者相应的技术特征，因此权利要求2和权利要求3之间不存在相同或者相应的特定技术特征，不属于一个总的发明构思，不具有单一性。

【案例55】❷

申请的权利要求为：

---

❶ 该案例属于《专利审查指南2010》第二部分第六章第2.2.1节列举的第四种组合方式，即产品、专用于制造该产品的方法和该产品的用途的独立权利要求。

❷ 该案例属于《专利审查指南2010》第二部分第六章第2.2.1节列举的第六种组合方式，即方法和为实施该方法而专门设计的设备的独立权利要求。

"1. 一种制作油炸马铃薯薄片的方法，该方法包括：

将所述马铃薯薄片油炸的步骤；

对所述马铃薯薄片进行离心处理的步骤；

特征在于，所述油炸步骤及所述离心处理步骤实在真空条件下进行的。

2. 一种用于油炸食品的设备，包括原料供应装置、进料阀、油炸装置、出料阀、离心装置、抽真空装置、产品排出装置，油炸装置的一侧设有输入口，通过进料阀与所述原料供应装置的出料口密封固定连接，油炸装置的另一侧设有输出口，其特征在于：油炸装置输出口直接与离心装置输入口密封固定连接，出料阀设置在离心装置的输出口处。"

假设权利要求1和权利要求2具备新颖性和创造性。

分析：独立权利要求2是实施独立权利要求1的方法的设备，在撰写这类权利要求时，实施方法的设备权利要求应当与方法权利要求的技术特征对应，权利要求1的特定技术特征是"所述油炸步骤及所述离心处理步骤是在真空条件下进行的"，权利要求2的特定技术特征是"油炸装置输出口直接与离心装置输入口密封固定连接，出料阀设置在离心装置的输出口处"，采用技术特征"油炸装置输出口直接与离心装置输入口密封固定连接，出料阀，可以获得油炸和离心过程均在真空条件下进行的效果，解决提高对马铃薯薄片进行离心脱油的效率，并确保马铃薯薄片从离心装置中全部排出的技术问题，因此这两个特定技术特征是相应的特定技术特征，因此，权利要求1和权利要求2存在相应的特定技术特征，权利要求1与权利要求2之间具有单一性。

【案例 56】❶

申请的权利要求为：

"1. 一种制作油炸马铃薯薄片的方法，该方法包括：

将所述马铃薯薄片油炸的步骤；

对所述马铃薯薄片进行离心处理的步骤；

将所述油炸马铃薯薄片排出的步骤，

其特征在于，所述油炸步骤及所述离心处理步骤是在真空条件下进行的。

2. 一种用于油炸食品的设备，包括原料供应装置、进料阀、油炸装置、出料阀、离心装置、产品排出装置，油炸装置的一侧设有输入口，通过进料阀与所述原料供应装置的出料口密封固定连接，油炸装置的另一侧设有输出口，其特征在于：所述离心装置的旋转轴线以相对于垂直方向倾斜一定角度的方式设置。"

假设权利要求1和权利要求2具备新颖性和创造性。

分析：独立权利要求2是实施独立权利要求1的方法的设备，在撰写这类权利要求时，实施方法的设备权利要求应当与方法权利要求的技术特征对应，权利要求1的特定技术特征是"所述油炸步骤及所述离心处理步骤是在真空条件下进行的"，权利要求2的特定技术特征是"所述离心装置的旋转轴线以相对于垂直方向倾斜一定角度的方式设置"。

用于油炸食品的设备，采用技术特征"所述离心装置的旋转轴线以相对于垂直方向倾斜一定角度的方式设置"，并不能保证油炸步骤及离心处理步骤均在真空条件下进行，只是为了提高对马铃薯薄片进行离心脱油的效率，并确保马铃薯薄片从离心装置中全部排出，

---

❶ 该案例属于《专利审查指南2010》第二部分第六章第2.2.1节列举的第六种组合方式，即方法和为实施该方法而专门设计的设备的独立权利要求。

两者完全不相同,也不相对应。因此,权利要求2与权利要求1之间没有单一性。

【案例57】❶

申请的权利要求为:

"1. 一种用于封装可产生或吸收气体的物质的包装体,包括透气性包装层,置于所述透气性包装层外部的不透气性包装层,该包装体整体不透气,其特征在于,该包装体还包括用于撕开不透气性包装层的撕开部件。

2. 一种包装体长带,由多个权利要求1所述的包装体通过各连接部连接而成,各包装体上的撕开部件形成一连续的撕开部件,所述连续的撕开部件具有一空余端头。

3. 一种供给用于封装可产生或吸收气体的物质的包装体的方法,包括下述工序:

(1) 将权利要求2所述包装体长带中的所述空余端头缠绕在牵拉装置上;

(2) 沿与所述不透气性包装层外表面成一定角度的方向牵拉所述连续撕开部件,使透气性包装层暴露出来;

(3) 沿所述连接部将包装体长带依次切断成各包装体;

(4) 将各包装体逐个供给到规定场所。

4. 一种供给用于封装可产生或吸收气体的物质的包装体的系统,包括:用于将权利要求2所述包装体长带中的连续撕开部件从包装体上剥离下来的旋转辊组;用于将所述包装体长带拉入其内并沿各连接部将包装体长带切断成多个包装体的牵拉剪切机;用于将切断后的各包装体依次投放到相应场所的滑槽,其中,所述旋转辊组设置在牵拉剪切机的斜上方。"

假设权利要求1具备新颖性和创造性。

独立权利要求1~权利要求4中均包含"撕开部件"这一体现发明对现有技术作出贡献的特定技术特征。由此看出,这四项独立权利要求在技术上具有相互关联性,它们属于一个总的发明构思。所以,这四项独立权利要求具有单一性。

注意: 虽然权利要求2引用了权利要求1、权利要求3、权利要求4分别引用了权利要求2,但是它们的主题名称与被引用权利要求不同,因此权利要求2不是权利要求1的从属权利要求、权利要求3、权利要求4不是权利要求2的从属权利要求,权利要求1是包装体的产品权利要求,权利要求2是由权利要求1的包装体通过连接构成的包装带的另一产品权利要求,权利要求2是与权利要求1并列的同类独立权利要求,权利要求3是供给权利要求2的产品的方法权利要求,权利要求4是实施权利要求3方法的设备权利要求。整体上看,四个独立权利要求构成不同类独立权利要求,虽然这种组合方式不包括在上述介绍的六种常见组合方式内,但由于它们都具有相同或者相应的特定技术特征,因此具有单一性。

【案例58】❷

申请的权利要求为:

"1. 一种饮料瓶,包括瓶盖与瓶身,其特征在于,瓶身上有软质部分,瓶盖上有拉柄;

2. 一种制造饮料瓶的方法,所述饮料瓶包括瓶盖与瓶身,其特征在于,该方法包括用塑料在瓶身上有形成软质部分的步骤及在瓶盖上形成拉柄的步骤;

3. 一种制造饮料瓶的方法,其特征在于用热塑成型工序;

---

❶ 该案为其他组合方式的不同类型的独立权利要求。
❷ 该案例为其他组合方式的不同类独立权利要求。

4. 一种制造饮料瓶的设备，其特征在于该设备有一个装置 X，该装置使软质部分在瓶身上成型；

5. 一种制造饮料瓶的设备，其特征在于有一个自动供料装置 F。

6. 一种使用权利要求 1 的饮料瓶盛装饮料的方法，其特征在于，其中包括……还包括按压瓶身上形成的软质部分将饮料吸入饮料瓶中的步骤及封装饮料瓶将形成有拉柄的瓶盖固紧的步骤。"

现有技术没有公开在瓶身上设有软质部分的饮料瓶，从现有技术来看，在瓶身上设有质部分的饮料瓶既不是已知的，也不是显而易见的。

分析： 权利要求 1、权利要求 2、权利要求 4 与权利要求 6 的特定技术特征都涉及在瓶身上设有软质部分，因此，它们都包含一个相同的特定技术特征，在技术上相互关联，有单一性。而权利要求 3 或权利要求 5 与权利要求 1、权利要求 2、权利要求 4 或权利要求 6 之间不存在相同或相应的特定技术特征，所以权利要求 3 或权利要求 5 与权利要求 1、权利要求 2、权利要求 4 或权利要求 6 之间无单一性。此外，权利要求 3 与权利要求 5 之间也无单一性。

具有单一性的四项独立权利要求 1、权利要求 2、权利要求 4、权利要求 6 分别为产品、专用于制造该产品的方法、为实施该方法而专门设计的设备和该产品的用途的独立权利要求（权利要求 6 本质上为饮料瓶的用途），虽然这种组合方式不包括在上述介绍的六种常见组合方式内，但由于它们都具有相同或者相应的特定技术特征，因此具有单一性。

第四节　分案申请

分案是指一件专利申请中包括两项以上的发明时，申请人将专利申请中一部分发明分出来另行申请；通过分案所提交的申请为分案申请。分案申请不同于普通申请，分案申请可以保留原申请日，原申请享有优先权的，分案申请可以保留原优先权日。

一、分案的几种情况

（一）原权利要求书不符合单一性

原权利要求书不符合单一性主要是指原权利要求书中包含不符合单一性规定的两项以上发明。

原始提交的权利要求书中包含不属于一个总的发明构思的两项以上发明的，在这种情况下，申请人应当将权利要求书限制在其中一项发明（一般情况是权利要求 1 所对应的发明）或者属于一个总的发明构思的两项以上的发明，对于其余的发明，申请人可以提交分案申请。

（二）因修改或增加独立权利要求导致权利要求书不具有单一性

因修改或增加独立权利要求导致权利要求书不具有单一性主要是指在修改的申请文件中所增加或替换的独立权利要求与原权利要求书中的发明之间不具有单一性。

在发明专利申请进入实质审查程序后，申请人在答复审查意见通知书时有可能修改权利要求，将原来仅在说明书中描述的发明作为独立权利要求增加到原权利要求书中，或者将原来仅在说明书中描述的发明作为独立权利要求替换原独立权利要求，而该发明与原权利要求书中的发明之间缺乏单一性。在此情况下，审查员一般应当要求申请人将后增加或替换的发明从权利要求书中删除。申请人可以对该删除的发明提交分案申请。

（三）独立权利要求之一不满足授权条件导致缺乏单一性

独立权利要求之一不满足授权条件往往出现在独立权利要求之一缺乏新颖性或创造性时，有可能导致其余的并列独立权利要求或者并列从属权利要求之间缺乏单一性。

某一独立权利要求（通常是权利要求1）缺乏新颖性或创造性，导致与其并列的其余独立权利要求之间，甚至其从属权利要求之间失去相同或者相应的特定技术特征，即缺乏单一性，因此需要修改，对于因修改而删除的主题，申请人可以提交分案申请。

例如，一件包括产品、制造方法及用途的申请，经审查员检索和审查发现，产品是已知的，其余的该产品制造方法独立权利要求与该产品用途独立权利要求之间显然不可能有相同或者相应的特定技术特征，因此它们需要修改。

上述情况的分案，可以是申请人主动要求分案，也可以是申请人按照审查员审查意见通知书要求而分案。应当指出，由于提出分案申请是申请人自愿的行为，所以，修改后对其余的发明是否提出分案申请，完全由申请人自己决定。

另外，针对一件专利申请，可以提出一件或者一件以上的分案申请，针对一件分案申请还可以以原申请为依据再提出一件或者一件以上的分案申请。

二、分案申请应当满足的要求

（一）分案申请的文本

分案申请应当在其说明书的起始部分，即发明所属技术领域之前，说明本申请是哪一件申请的分案申请，并写明原申请的申请日、申请号和发明创造名称。

在提交分案申请时，应当提交原申请文件的副本；要求优先权的，还应当提交原申请的优先权文件副本。

（二）分案申请的内容

分案申请应当符合《专利法实施细则》第四十三条第一款或者《专利法》第三十三条的规定，分案申请的内容不得超出原申请记载的范围。

（三）分案申请的说明书和权利要求书

对于包括两项以上发明的专利申请，申请人可以主动提出或者依据审查员的审查意见提出分案申请，以克服原申请不具备单一性的缺陷。经过分案的原申请与分案申请的权利要求书应当分别要求保护不同的发明；而它们的说明书可以允许有不同的情况。例如，分案前原申请有产品A、产品B两项发明；经过分案的原申请的权利要求书若要求保护产品A，其说明书可以仍然是产品A和产品B，也可以只保留产品A；分案申请的权利要求书若要求保护产品B，其说明书可以仍然是产品A和产品B，也可以只是产品B。

（四）分案申请递交的时间

根据《专利法实施细则》第四十二条第一款及第五十四条第一款的规定，申请人最迟应当在收到国务院专利行政部门对原申请作出的授予专利权通知书之日起两个月期限（即办理登记手续的期限）届满之前提出分案申请。

如果原申请已被驳回并生效，或者原申请已撤回，或者原申请被视为撤回且未被恢复权利的，一般不能再提出分案申请。

对于审查员已发出驳回决定的原申请，自申请人接到驳回决定之日起的三个月内，无论申请人是否提出复审请求，均可以提出分案申请；提出复审后以及对复审决定不服提起诉讼的期间申请人也可以提出分案申请。

对于已提出过分案申请，申请人需要再次提出分案申请的，再次提出的分案申请的递交时间仍应当根据原申请审核。再次分案的递交日不符合上述"分案申请递交的时间"规定的，不得分案。但是，因审查员发出分案通知书或审查意见通知书中指出分案申请存在单一性的缺陷，申请人按照审查员的审查意见再次提出分案申请的，再次提出分案申请的递交时间应当以该存在单一性缺陷的分案申请为基础审核。不符合规定的，不得以该分案申请为基础进行分案，审查员应当发出分案申请视为未提出通知书，并作结案处理。

（五）分案申请的类别

分案申请的类别应当与原申请的类别一致，例如，原申请是实用新型专利申请的，分案申请只能提出实用新型专利申请，而不能改变为发明专利申请。

（六）分案申请的申请人和发明人

分案申请的申请人应当与原申请的申请人相同。针对分案申请提出再次分案申请的申请人应当与该分案申请的申请人相同。不符合规定的，审查员应当发出分案申请视为未提出通知书。

分案申请的发明人应当与原申请的发明人相同或者是原申请的部分成员。针对分案申请提出的再次分案申请的发明人应当是该分案申请的发明人或者是其中的部分成员。对于不符合规定的，审查员应当发出补正通知书，通知申请人补正。期满未补正的，审查员应当发出视为撤回通知书。

第二部分
专利申请文件撰写与案例分析

第一章
专利申请文件撰写的基本要求

第一节 专利申请文件的内容

一项发明创造要想获得专利保护,就必须由申请人以书面形式或国务院专利行政部门规定的其他形式向国务院专利行政部门提出申请,根据《专利法》第二十六条第一款的规定,申请人应提交的专利申请文件包括请求书、说明书及其摘要和权利要求书等。要想撰写一份合格的专利申请文件,需要将有关的专业知识和相关的法律知识综合起来完成。

说明书和权利要求书是记载发明或实用新型及确定其保护范围的法律文件。

说明书及附图是对发明内容的详细介绍,主要用于清楚、完整地描述发明或实用新型,使所述技术领域的技术人员能够理解和实施该发明或实用新型。

权利要求书是在说明书公开内容的基础上,用构成发明技术方案的技术特征来定义专利权的保护范围。具体而言,一件发明或实用新型专利申请的权利要求书可以包括多项权利要求,一项权利要求是一个或多个技术方案,技术方案是对要解决的技术问题所采取的利用了自然规律的技术手段的集合,技术手段通常是由技术特征来体现的(参见《专利审查指南 2010》第二部分第一章引言)。技术特征可以是构成发明或者实用新型技术方案的组成要素,也可以是要素之间的相互关系。

说明书摘要是说明书记载内容的概述,它仅是一种技术情报,不具有法律效力,说明书摘要的内容不属于发明或者实用新型原始公开的内容,不能作为以后修改说明书或权利要求书的依据,也不能用来解释专利权的保护范围。

根据《专利法》第六十四条的规定,发明或者实用新型专利权的保护范围以其权利要求的内容为准,说明书及附图可以用于解释权利要求的内容。因此,在权利要求书、说明书及其摘要中,权利要求书处于主导地位,它不仅清楚、简明地限定要求专利保护的范围,而且是衡量专利权是否囊括已知技术,即是否具备新颖性和创造性的基础。判断一项专利是否具有新颖性和创造性是以权利要求所限定的技术方案为准,而不是以说明书记载的内容为准。另外,权利要求的内容与说明书的内容不能相互脱节,两者之间应当有一种密切的关联。根据《专利法》第二十六条第四款的规定,权利要求书应当以说明书为依据,清楚、简明地限定要求专利保护的范围。因此,说明书是权利要求书的基础和依据,在专利权被授予后,特别是在发明或实用新型被授权之后发生专利纠纷时,说明书可以用于解释权利要求,确定专利权的保护范围。

就撰写申请文件而言，最重要的是撰写好权利要求书和说明书，尤其是权利要求书。首先，在发明专利进入实质审查程序后，权利要求书和说明书撰写的好坏将影响到专利权的获得，例如，专利申请的技术内容在说明书中没有充分公开，独立权利要求缺少解决技术问题的必要技术特征或得不到说明书的支持等，都有可能导致专利申请被驳回。其次，在专利无效程序中，权利要求书和说明书撰写得不好，将有可能导致已获得的专利权被无效，例如，在授权的权利要求书中仅写出了一个保护范围较大的独立权利要求，而没有写出与说明书中最佳实施方式相对应的从属权利要求，一旦在无效程序中，独立权利要求被无效，那么即使说明书中的具体实施方式部分还具有可获得专利的具体技术方案，专利权人也不能通过补入说明书内容的方式修改权利要求书以避免已经获得的专利权被无效。这是因为根据《专利法实施细则》第六十九条的规定，在无效宣告请求的审查过程中，专利权人可以修改其权利要求书，但是不得扩大原专利的保护范围，而且不得修改专利说明书和附图。授权后的说明书只能用于解释权利要求的内容，不能补入权利要求书，这样就造成整个专利权被无效。鉴于此，本书该部分重点介绍权利要求书的撰写要求及撰写技巧，至于说明书及说明书摘要的撰写要求，参照《专利审查指南2010》第二部分第二章相关章节的介绍，能比较容易理解《专利法》及《专利法实施细则》有关说明书及说明书摘要撰写规定的含义并掌握其撰写技巧，本书不再一一赘述。

第二节　撰写前的准备工作

一、理解发明的技术内容，作必要的检索

在申请发明或实用新型专利、撰写申请文件之前，应进行适当的检索，了解现有技术，客观地提出发明要解决的现有技术存在的问题，从而撰写出合理的权利要求书。

【案例1】

本案涉及一件被请求宣告无效的实用新型专利。

实用新型授权时权利要求的内容：

"1. 习泳游泳圈，它含有一带气嘴的游泳圈本体（1），其特征是，于游泳圈本体（1）外表面设有一层布体（2）并在布体（2）上一体延伸一衣体（3）。"

本实用新型的具体结构图参见图1a、图1b，其中，图1a是习泳游泳圈的透视图，图1b是表示其使用状态示意图。该习泳游泳圈带有上衣和短裤的衣体（3），且该上衣和短裤与包在游泳圈本体（1）上的布体（2）连接为一体，习泳者穿上这种游泳圈学习游泳时不会脱离游泳圈。

无效请求人提供的证据为一份美国专利文献，以下简称"对比文件1"。

对比文件1公开了一种游泳圈，在游泳圈外表面设有一层布体并在布体上一体延伸一上衣。其结构详细参见图2。

比较上述权利要求1与对比文件1公开的上述内容发现，由于在权利要求1中将上衣和短裤概括成"一体延伸一衣体"，导致两者的技术方案相同，并且两者技术领域相同，所要解决的技术问题相同，预期效果相同，因此，对比文件1破坏该实用新型权利要求1的新颖性。

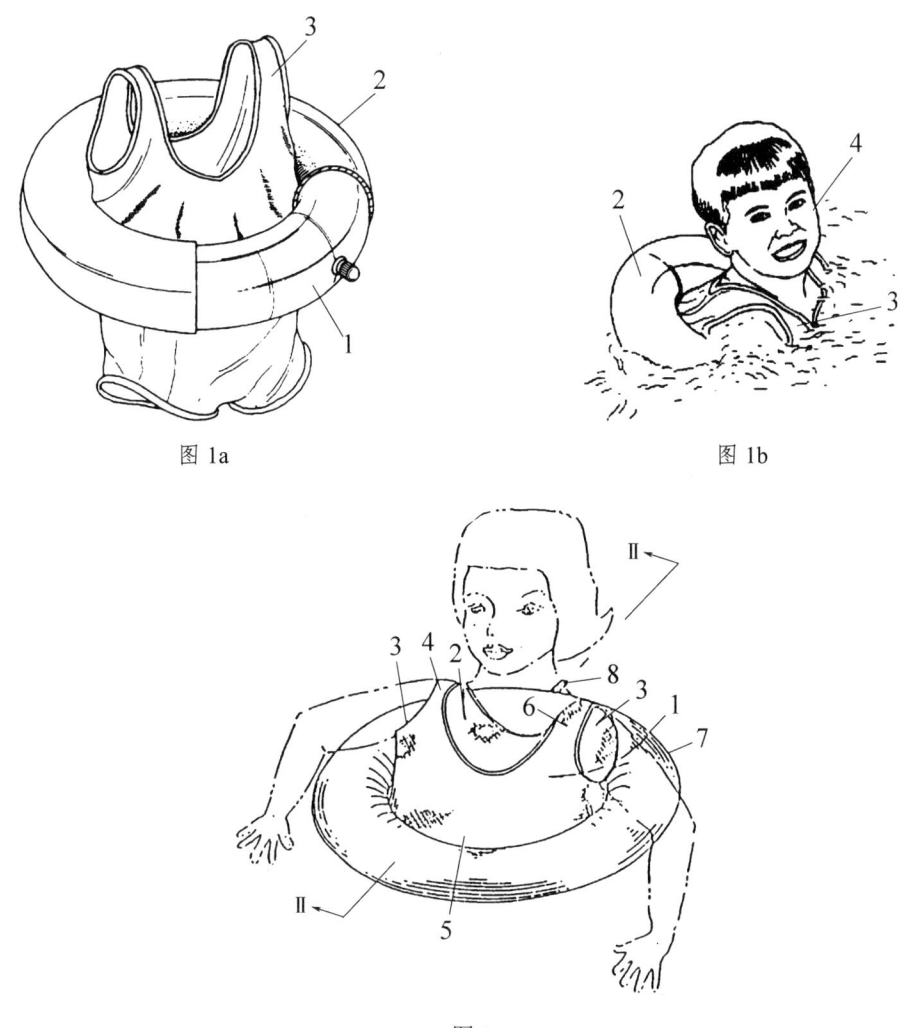

图 1a 图 1b

图 2

分析：本案是一件无效案件，根据《专利法实施细则》第六十九条的规定，不能将本案说明书附图中公开的"衣体由上衣与短裤组成"补入权利要求书中。因此，不能对权利要求进行修改，造成了本案被宣告全部无效。

由此可以看出，在撰写申请文件之前应当进行有效的检索，否则，就很难避免上述情况的发生。另外，单纯从撰写的角度来说，本申请权利要求书的撰写也是不成功的。如果在撰写申请文件时仔细斟酌，充分考虑授权后的后续程序，尽可能把申请人的发明点写在权利要求书中或将说明书及其附图中的内容"衣体包括上衣和短裤，上衣和短裤与包在游泳圈本体（1）上的布体（2）连接为一体"等撰写成一项从属权利要求，或许可能避免本案专利被全部无效。因此，撰写申请文件前的检索对详细了解现有技术、正确地撰写权利要求书至关重要。

二、对原始申请文件进行适当概括和扩展

撰写申请文件是一项需要付出创造性劳动的工作，在撰写申请文件时不仅需要考虑如

何使发明创造获得专利权,还要考虑如何使发明创造获得一个较为稳固的专利权,也就是使所获得的专利权具有恰当的保护范围,保护范围既不能过大,过大会使专利处于一种不稳定的状态;也不能过小,过小会使申请人的利益会到损失。例如,发明人提供的原始材料只是一个具体的实施方式,申请人或专利代理师在撰写申请文件时,需要对这些实施方式进行提炼、浓缩。也就是,需要将这些具体的实施方式概括成能够解决客观技术问题的由技术特征构成的技术方案。另外,还应当对申请人所提供的具体实施方式进行必要的扩展,尽可能涵盖更多的可能实现发明的具体实施方式。在撰写权利要求书时,将从这些具体实施方式中概括、总结出的采用更为上位的概念进行描述的解决客观技术问题所需的必要技术特征撰写成独立权利要求,而将各个具体实施方式,即解决客观技术问题所需要的最佳例子撰写为相应的从属权利要求。同时,在使用一个上位概念概括撰写权利要求时,还应注意要在说明书中公开一定数量的实施方式来支持权利要求,避免出现权利要求书得不到说明书支持的问题。

【案例 2】

本案涉及一种不可重复封闭的包装袋。

发明人在技术交底书中介绍:

不可重复封闭的包装用在包装有毒物品等场合,例如,用于包装可能有损健康的物品的包装袋。这类包装必须以适当的措施确保儿童不能从该包装袋中移除被包装的物品。为此,现有技术研发了多种儿童防护包装。对这种儿童防护包装的设计要求是既要起到保护儿童的作用,还要使经授权的包装开启容易,即成人能自己在几分钟内开启包装。

为此,发明人提出了一种不可重复封闭的包装袋,其具体结构如图 1 所示,图 1 是不可重复封闭的包装袋纵向结构示意图。该不可重复封闭的包装袋 10 由上层塑料膜和下层塑料膜迭置形成,上层塑料膜和下层塑料膜构成该包装袋 10 的包装袋体,在包装袋体上设有一个分隔密封带 23,分隔密封带 23 将包装袋容腔分隔为第一容腔 11 和第二容腔 12,第一容腔 11 用来放置物品 5,覆盖第二容腔 12 的上层塑料膜和(或)下层塑料膜上具有撕开部 3。打开不可重新封闭包装袋时,先沿撕开部 3 打开第二容腔 12,此时第二容腔 12 部分的塑料膜形成了进一步打开第一容腔 11 的把手,接着握紧两个把手通过打开分隔密封带 23 打开第一容腔。

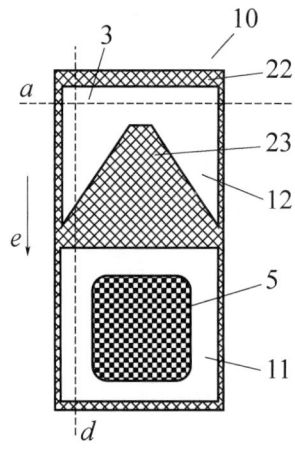

图 1

为了减小打开第一容腔 11 所需要的力，发明人将分隔密封带 23 设置为梯形，且梯形的高所处的方向平行于撕开方向 e。

发明人先自行撰写了权利要求书，其中的独立权利要求的内容为：

"1. 一种不可重复封闭的包装袋，由上层塑料膜和下层塑料膜迭置形成，上层塑料膜和下层塑料膜构成该包装袋的包装袋体，其特征在于，在包装袋体上设有一个分隔密封带（23），所述分隔密封带将包装袋容腔分隔为第一容腔（11）和第二容腔（12），第一容腔（11）用来放置物品（5），覆盖第二容腔（12）的上层塑料膜和（或）下层塑料膜上具有撕开部（3）；分隔密封带（23）为梯形，且所述梯形的高平行于撕开方向（e）。"

通过对发明人提供的技术交底书的分析可知，本申请对现有技术的改进点主要体现在不可重复封闭的包装袋上设置"分隔密封带"。如果独立权利要求 1 将该分隔密封带仅仅限定在梯形结构上，在获得专利权后的后续程序中，如专利权的保护有可能会受到影响例如，有人制造出其他形状的分隔密封带结构，有可能排除在该权利要求 1 的保护范围之外。

此外，"分隔密封带"不一定必须是梯形的，只要能达到省力效果的其他形状也是可行的。因此，申请人在提出专利申请之前，应当对其实施例进行扩展，以便写出保护范围较宽的独立权利要求。

经过分析之后，对上述实施例进行了扩展，将"分隔密封带"扩展为三角形（图2）、圆形的一部分（如半圆）（图3）、或者其他具有凸面的形状（图4）。

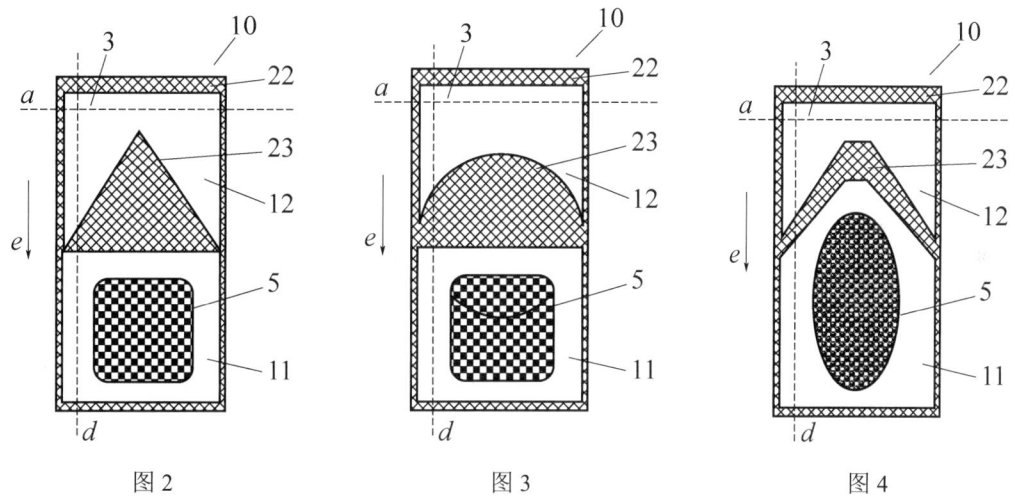

图2   图3   图4

经过扩展共有四个实施例，可以对这四个实施例进行概括。它们共同的特点是：自上而下（即沿着撕开方向 e）分隔密封带 23 的宽度逐渐增加，而且这一点也是能够实现省力这一功能的关键。因此可以将这四个实施例分隔密封带 23 的特征概括为：分隔密封带 23 的宽度沿撕开方向 e 增加，并完成独立权利要求1，其内容如下：

"1. 一种不可重复封闭的包装袋，由上层塑料膜和下层塑料膜迭置形成，所述上层塑料膜和下层塑料膜构成该包装袋的包装袋体，其特征在于，在所述包装袋体上设有一个分隔密封带（23），所述分隔密封带（23）将所述包装袋容腔分隔为第一容腔（11）和第二容腔（12），所述第一容腔（11）用来放置物品（5），覆盖所述第二容腔（12）的上层塑料膜和/或下层塑料膜上设有撕开部（3），所述分隔密封带（23）的宽度沿撕开方向（e）增加。"

第三节　权利要求书的撰写

一、权利要求撰写的类型

根据《专利审查指南 2010》第二部分第一章第 2 节及第二部分第二章第 3 节的规定，一项权利要求是一个或多个技术方案，技术方案是对要解决的技术问题所采取的利用了自然规律的技术手段的集合，技术手段通常是由技术特征来体现的。技术特征可以是构成发明或者实用新型技术方案的组成要素，也可以是要素之间的相互关系。

一份权利要求书应当至少包括一项独立权利要求，还可以包括从属权利要求。

权利要求按照性质划分有两种基本类型，即物的权利要求和活动的权利要求，或者简单地称为产品权利要求和方法权利要求。第一种基本类型的权利要求包括人类技术生产的物（产品、设备）；第二种基本类型的权利要求包括有时间过程要素的活动（方法、用途）。属于物的权利要求有物品、物质、材料、工具、装置、设备、仪器、部件、元件、线路、合金、涂料、水泥、玻璃、组化物、化合物等；属于活动的权利要求有制造方法、使用方法、通信方法、处理方法、安装方法以及将产品用于特定用途的方法等。

权利要求按照形式划分也有两种基本类型，即独立权利要求和从属权利要求。

独立权利要求是记载解决技术问题的必要技术特征的、从整体上反映发明或者实用新型的一个完整的技术方案。在一件专利申请的权利要求书中，独立权利要求所限定的一项发明或者实用新型的保护范围最宽。

从属权利要求包含另一项同类型权利要求中的所有技术特征，且对该另一项权利要求的技术方案作了进一步的限定。由于从属权利要求用附加的技术特征对所引用的权利要求作进一步的限定，所以其保护范围落在其所引用的权利要求的保护范围之内。从属权利要求中的附加技术特征，可以是对所引用的权利要求的技术特征作进一步限定的技术特征，也可以是增加的技术特征。

在一件专利申请的权利要求书中，应当至少有一项独立权利要求。当其具有两项或者两项以上独立权利要求时，写在最前面的独立权利要求被称为第一独立权利要求，其他独立权利要求称为并列独立权利要求。在某些情况下，形式上的从属权利要求（即其包含从属权利要求的引用部分），实质上不一定是从属权利要求。例如，独立权利要求 1 为："一种包装体……"在后的另一项权利要求为："一种由权利要求 1 所述的包装体组成的长带，其特征在于，所述长带通过将所述包装体以连接部相连而构成。"在这种情况下，后一权利要求也是独立权利要求。这是因为，上述两项权利要求的主题不相同，分别为"包装体"和"长带"，不能将后一权利要求看作独立权利要求 1 的从属权利要求，实际上，后一权利要求是引用独立权利要求 1 的并列独立权利要求。

《专利法》第二条第二款规定，发明"是指对产品、方法或其改进所提出的新的技术方案"。所以，发明保护的客体既可以是产品，也可以是方法。发明专利申请撰写的权利要求既可以是产品权利要求，也可以是方法权利要求。《专利法》第二条第三款规定，实用新型"是指对产品的形状、构造或者其结合所提出的适于实用的新的技术方案"。所以，实用新型保护的客体只能是产品，而且是有形状、构造的产品，不能是方法。实用新型专利申请撰写的权利要求只能是产品权利要求，不能是方法权利要求。

二、权利要求撰写涉及的法律条款

（一）发明专利进入实质审查中被驳回所涉及的法律条款

《专利法实施细则》第五十三条规定了发明专利申请经实质审查应当予以驳回的情形：①申请属于《专利法》第五条、第二十五条规定的情形，或者依照《专利法》第九条规定不能取得专利权的；②申请不符合《专利法》第二条第二款，第二十条第一款（对应2021年《专利法》第十九条第一款）、第二十二条，第二十六条第三款、第四款、第五款，第三十一条第一款或者该细则第二十条第二款规定的；③申请的修改不符合《专利法》第三十三条规定，或者分案的申请不符合本细则第四十三条第一款的规定的。

上述经实质审查应当予以驳回的情形中，涉及专利申请文件撰写的条款有：《专利法》第二十二条，第二十六条第三款、第四款，第三十一条第一款以及《专利法实施细则》第二十条第二款。

（二）发明专利被无效的法律条款

根据《专利法实施细则》第六十五条的规定：依照《专利法》第四十五条的规定，请求宣告专利权无效或者部分无效的，应当向专利复审委员会（依照2021年《专利法》，"专利复审委员会"应为"国务院专利行政部门"）提交专利权无效宣告请求书和必要的证据一式两份。无效宣告请求书应当结合提交的所有证据，具体说明无效宣告请求的理由，并指明每项理由所依据的证据。

前款所称无效宣告请求的理由，是指被授予专利的发明创造不符合《专利法》第二条、第二十条第一款、第二十二条、第二十三条、第二十六条第三款、第四款、第二十七条第二款、第三十三条或者本细则第二十条第二款、第四十三条第一款的规定，或者属于《专利法》第五条、第二十五条的规定，或者依照《专利法》第九条规定不能取得专利权。

上述无效宣告请求的理由中，涉及专利申请文件撰写的条款有：《专利法》第二十二条、第二十六条第三款、第四款以及《专利法实施细则》第二十条第二款。

由此看出，不论是发明专利在实质审查程序中可以被驳回的情形，还是授权后可以被无效的情形，都涉及《专利法》第二十二条、第二十六条第三款、第四款及《专利法实施细则》第二十条第二款。关于《专利法》第二十二条在本书已经介绍，下文重点介绍撰写权利要求书应当满足的《专利法》第二十六条第四款及《专利法实施细则》第二十条第二款的规定。

至于实用新型，除了保护客体的差异外，在撰写上基本的要求与发明大致相同。

三、权利要求的撰写应当满足清楚、简要的要求

《专利法》第二十六条第四款规定："权利要求书应当以说明书为依据，清楚、简要地限定要求专利保护的范围。"

（一）权利要求的撰写应当满足清楚的要求

权利要求书清楚的含义包括三个方面：其一是每项权利要求的类型要清楚；其二是每项权利要求的保护范围要清楚，其三是构成权利要求书的所有权利要求作为一个整体要清楚，即权利要求之间的引用关系要清楚。

1. 权利要求类型要清楚

在撰写权利要求时，权利要求的类型应当清楚，即其保护的客体应当清楚，其主题名

称应当能够清楚地表明该权利要求的类型是产品权利要求还是方法权利要求，要明确所要保护的客体是产品还是方法，不能用模棱两可的、模糊不清的主题名称表述，不允许采用如"一种……技术""一种对装置B的改善/改进……""一种配方……""一种设计……""一种开关和/转换器"；也不允许主题名称中包含多个产品，例如，"一种流体装置，特别是一种用流体驱动的径向柱塞马达……""一种吹风机，特别是小型、手持式离心式吹风机……""一种流体、例如水的泵送装置，特别是用于灌溉的离心式水泵……"；或者在一项权利要求的主题名称中既包含产品发明又包含方法发明，也会导致其保护的客体不清楚，例如，"一种……产品及其制造方法""一种油炸食品油炸过程中的添加剂、其制法及应用"，等等。

权利要求的主题名称还应当与权利要求的技术内容相一致。产品发明应写成产品权利要求，采用产品的形状、结构、组成等结构型技术特征来描述。方法发明应写成方法权利要求，采用方法特征，例如，工艺过程、操作条件、步骤或者流程等技术特征来描述。

【案例3】

本案例涉及一发明专利申请，其申请的权利要求内容为：

"1. 一种用于矿井井下发生火灾需要反风时的反风方法及装置，其特征在于：

① 采用对旋轴流式风机作为主风机，风机的机身支在两个支承轴承上，可绕支承轴任意旋转；

② 反风时采用将风机进口连接对调的方法，即将风机在反风驱动装置带动下旋转180度，而风机运转方向不变；

③ 风机与风道口的连接采用可伸缩式柔性快速接头。"

分析：首先，本权利要求既要求保护矿井井下发生火灾需要反风时的反风方法，又要求保护其反风装置，主题名称中既包括方法又包含产品，因此，权利要求的类型不清楚。其次，即使修改删除了其中的一个主题名称，相应的权利要求也是不清楚的，这是因为特征①③是结构特征，特征②是方法特征，《专利审查指南2010》第二部分第二章第3.2.2节规定，"权利要求的主题名称还应当与权利要求的技术内容相适应"，而本权利要求的技术内容部分既包括方法特征②，又包括产品的结构特征①③，因而仅仅修改主题名称无法满足主题名称与技术内容相适应的要求。

【案例4】

本案例涉及一发明专利申请，其申请的权利要求内容为：

"1. 一种由力阻尼机构（4）和阻尼力实施器（6）组成的转撤机力测试仪，其特征在于，首先将阻尼力实施器（6）置于转撤机动作杆（10）和尖轨（7）的连接部分或置于转撤机动作杆（10）处，接着由阻尼机构（4）和阻尼力实施器（6）对转撤机在带动道岔转换过程中施加阻尼力。"

分析：权利要求1要求保护一种转撤机力测试仪，是产品权利要求，但是，从权利要求的内容中却反映其技术特征全部是方法技术特征，仅仅是用方法来表征产品，与要求保护的产品不一致，导致其权利要求的主题名称与权利要求的技术内容不一致。

【案例5】

本案例涉及一发明专利申请，其申请时的权利要求内容为：

"1. 一种X线机高压发生器微机控制调试方法，其特征在于该调试方法由硬件部分及控制软件两部分组成，其中硬件部分由控制电路、逆变电路、高压变压器部分和球管四部分组成,其连接是控制电路输出通过 D/A 转换器输出,经逆变电路处理后与高压变压器输入端连接,高压变压器输出直接与球管变压输入端和灯丝电流输入端连接,同时高压变压器输出通过 A/D 转换器反馈到控制电路输入端;软件部分:在硬件部分采用带锂电池的存储芯片 RAM,在存储芯片中预先存储好训管数据,训管数据包含有球管电压、球管电流、球管灯丝电流、球管每次曝光时间、球管数据和极限参数,以及球管实际工作电压返回值和球管电流值返回值。"

分析:权利要求 1 要求保护一种 X 线机高压发生器微机控制调试方法,是方法权利要求,但是,其技术特征全部是电路、组成等产品结构型的技术特征,仅仅是用产品结构特征表述方法权利要求,与要求保护的方法不一致,导致其权利要求的主题名称与权利要求的技术内容不一致。

2. 权利要求的保护范围应当要清楚

权利要求的保护范围应当清楚的含义是,在一般情况下要用正确的术语描述其技术方案,并且明确技术特征即构成发明或者实用新型技术方案的组成要素以及要素之间的相互关系。

(1) 权利要求中记载的各个技术特征以及各个技术特征之间的关系应当清楚

在权利要求撰写过程中,表述权利要求技术特征以及各个技术特征之间的关系时,文字要清楚,对于一些特殊类型的产品,可能会使用"基本""大致""等"一类词语,例如:"一种写字台,其面板基本上是平的""一种桌子,有基本上垂直于桌面的三条腿""一种组合物,其由 A、B、C、D 等四种物质组成"。前者中的"基本"是考虑了对于写字台、桌子这类产品,制造上有机械误差;后者中虽然有"等"字,但其中明确记载了"四种",因此根据权利要求的整体表述可以明确"由 A、B、C、D 四种物质"的表述与"由 A、B、C、D 等四种物质"的含义相同,该权利要求是清楚的。但是,在一般情况下,应尽量不使用"大约""近似""等""或类似物"等类似的用语,除非其含义是明确的。但是,绝对不得使用"例如""最好是""尤其是""必要时"这类在同一权利要求中限定出不同保护范围的用语。

【案例 6】

本案权利要求内容如下:

"1. 一种自行车,其特征在于,在车轮支架及减震鞍座之间设有另外的减震装置。

2. 根据权利要求 1 所述的自行车,其特征在于,所述另外的减震装置为螺旋弹簧,但最好是蝶簧。"

分析:在权利要求 2 中,减震装置为不确定的两种选择:螺旋弹簧及蝶簧。因此其保护范围不清楚。

【案例 7】

本案权利要求内容如下:

"1. 一种风扇,包括电动机和由该电动机驱动的流体旋转装置,例如叶轮……"

分析:在权利要求 1 中,流体旋转装置是不确定的,有多种选择:叶轮是其中的一个例子,叶轮是流体旋转装置的下位概念,因此其保护范围不清楚。

在一项权利要求中,当前面出现某一概括方式撰写的上位概念、后面又出现该上位概念所包含的下位概念时,申请人应当在该权利要求中保留其中之一,或将两者分别在两项权利要求中予以限定。否则会导致该项权利要求保护范围不清楚。

【案例8】

本案权利要求内容如下：

"1. 一种杯子，包括由金属或不锈钢制成的杯体……"

分析：在本案例中，权利要求1的杯体的材料选择了金属，金属包括不锈钢、金、银、铜等，不锈钢不能与金属作为并列选择的要素。因此其保护范围不清楚。

【案例9】

本案权利要求内容如下：

"1. 一种用于容器的处理机，它具有提升装置，其中，提升装置由可克服弹簧力垂直运动的提升杆组成，该提升杆具有夹持装置，其特征在于，还包括灌装阀、活塞-气缸装置以及通道。"

分析：上述权利要求1要求保护的用于容器的处理机这样的产品，仅仅罗列了其组成的元件，没有明确各元件，例如：灌装阀与夹持装置；灌装阀与活塞-气缸装置；灌装阀、活塞-气缸装置及通道三者等的相互关系。因此其保护范围不清楚。

如果一项权利要求所要保护的是产品，在表述权利要求技术特征及各个技术特征之间的关系时，不能仅仅罗列该产品所采用的元件、部件的名称，而缺少对它们之间必要的关联和配合方式的描述。否则会导致该项权利要求保护范围不清楚。

【案例10】

本案权利要求内容如下：

"1. 一种用于瓶子封盖的开瓶器，所述盖具有一个上表面和一个下表面，所述开瓶器包括一个罩（30）和一个传动杆（32），所述罩（30）配备有一个第一卡钩（38），所述传动杆具有一个握紧段（52）和一个工作段（54），其特征在于，还具有另外两个卡钩，所述另外两个卡钩在与所述第一卡钩完全相反的位置的两侧上沿圆周方向偏离一小于90°的角，该偏离角通常在40°～80°，优选在40°～50°。"

分析：上述权利要求1没有描述罩（30）和传动杆（32）、罩（30）和第一卡钩（38）、传动杆（32）和第一卡钩（38）等之间的位置关系或连接关系；偏离角也是不确定的，有两个选择的范围40°～80°和40°～50°。因此其保护范围不清楚。

（2）权利要求一般采用正面描述

所谓正面描述，即一般不采用否定方式来撰写，亦即不采用"一种……产品，不包括A、B、C"的方式来撰写。例如，权利要求写成"一种电风扇摆头机构……其特征在于：不包括齿轮和摩擦轮"或写成"一种具有复式搭口的活塞环机构，包括：……其特征在于：其截面部分不呈矩形……"前者，没有清楚地描述电风扇摆头机构的构成；后者，没有清楚地表述活塞环机构截面部分的形状，因此，这样撰写的权利要求保护范围是不清楚的。

但也不是所有否定性词汇都不能用，像一些固定搭配的专用名词不受此限制，如电学领域的非门，化学领域的不饱和烃，它们都具有确切的含义。在不用否定词就不能清楚地表达时，还是可以使用的。

3. 构成权利要求书的所有权利要求作为一个整体也应当清楚

构成权利要求书的所有权利要求作为一个整体也应当清楚，换句话说，一件发明或实用新型专利申请的权利要求书包括多项权利要求时，权利要求之间的引用关系应当清楚。

（1）权利要求之间的引用关系应当符合逻辑

【案例11】

本案权利要求内容如下：

"1. 一种茶杯，其包括杯体，其特征在于：还包括杯盖。

2. 根据权利要求1所述的茶杯，其特征在于：还包括设置在杯体上的把手。

3. 根据权利要求1或2所述的茶杯，其特征在于：把手上还设有塑料套。"

分析：上述权利要求3是对在前的权利要求1或2中的把手作进一步限定，但是权利要求1中并未出现把手，因此，权利要求1没有权利要求3可引用的基础，由于权利要求3引用的逻辑混乱，因此，其保护范围不清楚。

【案例12】

本案权利要求内容如下：

"1. 一种制造环保耐磨防火防水地板的方法，包括以下步骤：

……

5）将浸渍了三聚氢胺树脂黏合剂的透明平衡纸贴在底板底面，形成透明平衡纸防水层；

……

3. 根据权利要求1或2所述的一种制造环保耐磨防火防水地板的方法，其中步骤5）中热压机压力600～1800吨，温度120～280℃。"

分析：上述权利要求3是对在前的权利要求1中的步骤5）作进一步限定，但是权利要求1中的步骤5）并未出现热压机，因此，权利要求1没有权利要求3可引用的基础，由于权利要求3引用的逻辑混乱，因此，其保护范围不清楚。

【案例13】

本案权利要求内容如下：

"1. 用于机动车的空调压缩机形式的轴向活塞机，其具有至少一个活塞，所述活塞……其特征在于……

2. 用于制造根据权利要求1的前序部分的轴向活塞机的活塞的方法……"

分析：上述权利要求2采用回引方式撰写，即引用权利要求1的独立权利要求，其中主题名称中有"根据权利要求1的前序部分的轴向活塞机"这样的引语，但是"权利要求1的前序部分"并不是固定不变的，在实质审查或者后续程序中都有可能因为修改权利要求书而改变权利要求1的前序部分，而且"权利要求1的前序部分"也不能构成完整的技术方案，无法得出这样不完整的技术方案的活塞的具体结构，所以，这样的引用使得权利要求书整体上不清楚。

可采用如下正确撰写方式：

"1. 用于机动车的空调压缩机形式的轴向活塞机，其具有至少一个活塞，所述活塞……其特征在于……

2. 一种用于权利要求1所述活塞机的活塞……其特征在于……

3. 一种用于制造根据权利要求2所述活塞的方法……"

（2）在后的多项从属权利要求不能引用在前的多项从属权利要求

在权利要求书中，多项从属权利要求是指引用两项（包括两项）以上权利要求的从属权利要求，按照《专利审查指南2010》第二部分第二章第3.3.2节的规定，"一项引用两项以上权利要求的多项从属权利要求不得作为另一多项从属权利要求的引用基础"。否则，会导致权利要求的保护范围不清楚。

【案例14】

本案权利要求内容如下：

"1. 一种茶杯，包括杯体，其特征在于：还包括杯盖；

2. 根据权利要求1所述的茶杯，其特征在于：还包括设置在杯体上的把手；

3. 根据权利要求2所述的茶杯，其特征在于：把手上还设有塑料套；

4. 根据权利要求2所述的茶杯，其特征在于：把手上还设有尼龙套；

5. 根据权利要求1~4任一所述的茶杯，其特征在于：还包括设置在杯体中的过滤网；

6. 根据权利要求1~5任一所述的茶杯，其特征在于：所述的杯体是中空的。"

分析：上述权利要求6是对在前的权利要求1~5任意一项作进一步限定的从属权利要求，但是权利要求5是对在前的权利要求1~4任意一项作进一步限定的从属权利要求，是多项从属权利要求，因此，权利要求5不能作为权利要求6的引用基础。对于这种情况有两种修改方式，一是从权利要求6中删除权利要求5，将其改写为："6. 根据权利要求1~4任一所述的茶杯，其特征在于：所述的杯体是中空的。"二是从权利要求6中删除权利要求5后，再增加另一权利要求7："7. 根据权利要求5所述的茶杯，其特征在于：所述的杯体是中空的。"

（3）多项从属权利要求只能以择一的方式引用在前的权利要求

多项从属权利要求只能以择一的方式引用在前的权利要求，所谓"择一"的方式，就是不能用"和"的关系引用在前的权利要求，而是用"或"或其他与"或"同样含义的择一方式。例如，"根据权利要求1或权利要求2所述的茶杯……""根据权利要求1~5之一所述的茶杯……""根据权利要求1~8、权利要求10、权利要求11任一所述的茶杯……"等。

（二）权利要求的撰写应当满足简要的要求

权利要求书简要的含义包括两个方面：一是指每一项权利要求应当简要；二是指构成权利要求书的所有权利要求作为一个整体应当简要。

1. 每一项权利要求应当简要

在撰写权利要求时，除记载技术特征外，在权利要求中不应写入发明原理、目的、用途、效果等内容。

【案例15】

本案权利要求内容如下：

"1. 一种家用保险箱，包括箱体、螺栓和钢条，箱体通过螺栓、钢条固定在建筑物墙体上，该保险箱由于采用了固定钢条，增加了其安全性。"

分析：上述权利要求1中的"增加了其安全性"是效果的表述，导致该权利要求不简要。

2. 构成权利要求书的所有权利要求作为一个整体应当简要

构成权利要求书的所有权利要求作为一个整体应当简要是指权利要求的数量要合理，一件专利申请中不得出现两项或两项以上保护范围实质相同的同类权利要求。如果两项独立权利要求之间有相同内容重复，应当将其中一个改写为从属权利要求。

【案例16】

本案权利要求内容如下：

"1. 一种茶杯，其包括杯体，其特征在于：还包括杯盖；

2. 根据权利要求1所述的茶杯，其特征在于：还包括设置在杯体上的把手；

3. 根据权利要求2所述的茶杯，其特征在于：把手上还设有塑料套；

4. 一种茶杯，其包括杯体，其特征在于：还包括杯盖及设置在杯体上的把手，该把手上设有塑料套。"

分析：权利要求 4 与权利要求 3 的保护范围相同，不应当再撰写，应删除。

【案例 17】

本案权利要求内容如下：

"1. 一种包装瓶，包括瓶体，其为下端密封、上端开口的中空柱状，瓶体通过若干个隔板分割成多个互不连通的腔体；瓶盖……其特征在于，还包括：连接件……及导管……

2. 根据权利要求 1 所述的包装瓶，其特征在于：至少有一个隔板是可拆除的隔板；

3. 根据权利要求 1 或 2 所述的包装瓶，其特征在于：在所述导管内设有过滤件；

4. 一种包装瓶，包括瓶体，其为下端密封、上端开口的中空柱状，瓶体通过若干个隔板分割成多个互不连通的腔体；瓶盖……其特征在于，还包括：连接件……及导管……

在所述腔体内设有过滤物质，所述若干个隔板中的至少一个隔板上具有可拆除区域。"

分析：权利要求 4 与权利要求 1 部分内容"一种包装瓶，包括瓶体，其为下端密封、上端开口的中空柱状，瓶体通过若干个隔板分割成多个互不连通的腔体；瓶盖……其特征在于，还包括：连接件……及导管……"是重复的，因此，权利要求 1~4 作为一个整体是不简要的，应将权利要求 4 改写为从属于权利要求 1 的从属权利要求。

四、权利要求的撰写应当满足以说明书为依据的要求

《专利法》第二十六条第四款规定："权利要求书应当以说明书为依据，清楚、简要地限定要求专利保护的范围。"

权利要求书应当以说明书为依据也就是说，每一项权利要求所要求保护的技术方案应当是所属技术领域的技术人员能够从说明书中公开的内容直接得到或者概括得出的技术方案，并且不得超出说明书公开的范围。

（一）概括的权利要求能够得到说明书支持的条件

在撰写权利要求书时，一般情况下，通过对说明书记载的一个或者多个实施方式或实施例概括形成保护范围较大的独立权利要求及保护范围较独立权利要求小的适当数量的从属权利要求。从属权利要求有时也需要用概括的方式撰写。权利要求的概括不能离开说明书，这种概括与说明书的关系就是应当不超出说明书公开的范围。所谓说明书"公开的范围"的含义是说明书"记载的范围"加上"能够概括出的范围"。"记载的范围"包括说明书文字记载的范围加上附图记载的范围。"能够概括出的范围"就是通过对说明书具体实施方式进行概括得出的范围。换句话说，如果所属技术领域的技术人员可以合理预测说明书给出的实施方式的所有等同替代方式或明显变型方式都具备相同的性能或用途，则应当允许申请人将权利要求的保护范围概括至覆盖其所有的等同替代或明显变型的方式。

值得注意的是，当权利要求所要保护的技术方案的部分或全部内容在原始申请的权利要求书中已经记载而在说明书中没有记载时，允许申请人将其补入说明书。但是权利要求的技术方案在说明书中存在一致性的表述，并不意味着权利要求必然得到说明书的支持。只有当所属技术领域的技术人员能够从说明书充分公开的内容中得到或概括得出该项权利要求所要求保护的技术方案时，记载该技术方案的权利要求才被认为得到了说明书的支持。

所谓概括，有两种常见的概括方式，一种是用上位概念概括下位概念，另一种是并列选择概括。用上位概念概括下位概念就是利用下位概念的共性得出上位概念，这些下位概念一般是说明书中的具体实施方式，它们对申请所要解决的技术问题发挥着同样的作用，

是可互相替代的。因此，这种概括与技术领域有关，在机械领域，例如，将螺栓、螺钉、铆钉等可以概括为紧固装置，将齿轮、皮带轮、链轮等传动机构可以概括为传动装置，将两个部件之间允许滑动、转动等可以概括为活动连接等。将金、银、铜、铁等概括为金属。将键盘、鼠标、触摸屏等可概括为输入装置。

所谓并列选择概括就是将多种可以互相替代的下位概念用或的方式表述。例如：键盘或鼠标或触摸屏，螺钉或铆钉等。

（二）权利要求得到说明书的支持的判断

在判断权利要求能否得到说明书的支持时，如果该权利要求出现以下两种情况之一，则判断为该权利要求得不到说明书的支持：其一是判断出权利要求中包括了推测的、效果难于预先确定和评价的内容；其二是权利要求概括的上位概念包含了不能解决发明提出的技术问题的情况。

某专利申请，在说明书中给出了玉米、小麦种子的处理方法，在权利要求中要求保护"植物种子"处理方法。该技术领域的技术人员公知的是，植物种子除了玉米、小麦这样的粮食种子外，还有花卉，果菜种子等，因此，在说明书中仅仅公开玉米、小麦种子的处理方法，对于所属技术领域的技术人员无法合理地预测到说明书中所公开的方法能否适用于处理花卉、果菜等种子，并达到与该发明的玉米、小麦种子处理同样的效果，因此，这样撰写的权利要求得不到说明书的支持。

有一件有关废渣处理方法的专利申请，其权利要求1所记载的方法中某一步骤的处理温度是 300~400℃。说明书所公开的两个实施例中相应的该步骤的处理温度分别是 350℃和400℃，技术方案部分所记载的相应的该步骤的处理温度是 350~400℃。所属技术领域的技术人员公知的是，在处理温度低于350℃时不能达到处理废渣的目的，也就是说350℃是能够对废渣进行处理的最低温度。因此，这样的权利要求是得不到说明书支持的。

【案例18】

本案权利要求内容如下：

"1. 一种提高容器强度和耐磨性的方法，其特征在于，对成型的容器进行分级淬火……"

分析：一般来说，容器包括各种各样能盛放东西的器具，例如，有瓶子、桶、盒子、碗、杯子等。不同类型的容器其制成的材料也不同，例如，有机玻璃及金属等各种材料制成的瓶子、塑料及金属等制成的桶、塑料及纸等制成的各类盒子等。本申请的说明书中仅公开了通过分级淬火工艺提高金属容器强度和耐磨性的方法，没有给出提高其他容器例如上述列举的玻璃瓶等的强度和耐磨性的方法，所属技术领域的技术人员也无法将该方法适合于其他材料制成的容器中，因此，该权利要求包含了申请人推测的、效果又难以确定的内容，是得不到说明书支持的。

【案例19】

本案权利要求内容如下：

"1. 一种柔性电纺丝喷嘴，制作该喷嘴的材料为金属。"

在说明书充分公开的技术方案中，制作该喷嘴所用的材料是铜，并且记载了用铜制作电纺丝喷嘴是利用其软金属特性。

分析：由于"金属"是上位概念，其还包括硬金属，但是，用硬金属制成的电纺丝喷嘴不能解决发明所要解决的技术问题，因此该权利要求得不到说明书的支持。

【案例 20】

本案权利要求内容如下:

"1. 一种形成覆盖层来固沙绿化的喷浆,其特征在于它主要是由下列组分制成的浆料(质量分数):

水:55%~68%;

农作物秸秆或含一定纤维成分的工业废渣:25%~35%;

黏性黄土或红土:2%~10%;

植物保水剂:0.1%~2%;

黏结剂:0.001%~0.1%;

棉毛纤维:0.001%;

复合肥料:0.01%~1%;

微量元素肥料:0.0001%~0.001%;

改性石膏:0.2%~6%;

牛羊粪:0.1%~10%;

木制锯末:1%~10%;

磷酸:0.001%;及

籽种:0.003%~1%。"

分析:根据《专利审查指南 2010》第二部分第十章第 4.2.2 节的规定,组合物权利要求中组分和含量的限制是,一个组合物中各组分含量百分数之和应当等于 100%,几个组分的含量范围应当符合以下条件:

某一组分的上限值＋其他组分的下限值≤100

某一组分的下限值＋其他组分的上限值≥100。

对于上述权利要求 1,某一组分选择水:55%~68%,通过计算水的上限值＋其他组分的下限值为:68＋25＋…=96.4121<100,而水的下限值＋其他组分的上限值为:55＋35＋…=130.103>100,因此符合《专利审查指南 2010》的上述规定。

其说明书给出的六个实施例用表 1 给出。

权利要求书通常是由说明书公开的实施例概括而成的技术方案,从上表可以看出,权利要求所要求保护的形成覆盖层来固沙绿化的喷浆的六个实施例组合物组分的重量百分数之和(表中的共计栏)都超过了 100。

从本申请上述六个实施例来看,其组合物组分重量百分数之和均>100,也是说,说明书没有实施例支持权利要求概括的技术方案,因此,权利要求 1 得不到说明书的支持。

(三)纯功能权利要求得不到说明书的支持

通常,在撰写产品权利要求时,有时会遇到某一技术特征需要用功能来限定的情况,但是,按照《专利审查指南 2010》第二部分第二章第 3.2.1 节的规定,只有当用结构特征来限定不如用功能或效果特征来限定更为恰当,而且该功能或者效果能通过说明书中规定的实验或者操作或者所属技术领域的惯用手段直接和肯定地验证的情况下,使用功能或者效果特征来限定发明才可能是允许的。所以采用功能性限定的方式来撰写产品权利要求时,一定要谨慎处理。这里要强调的是:纯功能性的权利要求得不到说明书的支持,因而是不允许的。

例如,申请人发明了一种不锈钢制成的双层结构的保温杯,将权利要求写成:一种杯子，其特征在于能够保温。这是一个纯功能的权利要求，得不到说明书的支持。

表 1 实施例

组 分	组合物组分（质量分数）/%					
	实施例 1	实施例 2	实施例 3	实施例 4	实施例 5	实施例 6
水	68	68	55	55	55	58
农作物秸秆或含一定纤维成分的工业废渣	25	25	30	25	28	26
黏性黄土或红土	4	4	8	6	5	2
植物保水剂	0.2	0.2	0.5	0.6	0.4	1
黏结剂	0.04	0.02	0.01	0.04	0.06	0.05
棉毛纤维	0.001	0.001	0.001	0.001	0.001	0.001
复合肥料	0.05	0.02	0.03	0.04	0.02	0.02
微量元素肥料	0.000 1	0.000 1	0.000 1	0.000 1	0.000 1	0.000 1
改性石膏	3	3	5	6	2	4
牛羊粪	5	5	5	4	2	3
木制锯末	5	5	5	4	8	6
磷 酸	0.000 1	0.000 1	0.000 1	0.001	0.001	0.001
籽 种	0.2	0.2	0.2	0.3	0.5	0.6
共 计	110.491 2	110.441 2	108.741 2	100.982 1	100.982 1	100.672 1

【案例 21】

本案权利要求内容如下：

"1．一种改善机动车尾气的方法，其特征在于，降低机动车排放尾气中的有害气体，减少污染。"

分析：该权利要求没有写出改善机动车尾气方法的步骤，仅仅给出发明的方法所能实现的功能，因此，是一项纯功能的权利要求，得不到说明书的支持。

五、独立权利要求的撰写应当从整体上反映发明或实用新型的技术方案，记载解决技术问题的必要技术特征

《专利法实施细则》第二十条第二款规定："独立权利要求应当从整体上反映发明或实用新型的技术方案，记载解决技术问题的必要技术特征。"

必要技术特征是指，发明或实用新型为解决其技术问题所不可缺少的技术特征，其总和足以构成发明或实用新型的技术方案，使之区别于背景技术中所述的其他方案。

换句话说，在撰写独立权利要求时，如果缺少了必要技术特征，该权利要求所限定的技术方案就会不完整，无法解决发明所要解决的技术问题。但是，如果判断不准确，将非

必要技术特征写入独立权利要求中，则造成保护范围过窄。如把具体实施方式或实施例都写入独立权利要求中，有时会导致权利要求得不到应有的保护。

下面，讨论独立权利要求缺乏必要技术特征的几种情况。

（一）产品权利要求只列出部件名称，而未给出它们的具体结构、相对位置关系或相互作用关系

在撰写产品独立权利要求时，不仅要清楚地表述该产品的构成要素，还要清楚地给出各要素与要素之间的相互关系，如果缺少了要素之间的相互关系，会导致该权利要求缺少解决其技术问题的必要技术特征。

【案例 22】

本案权利要求内容如下：

"1. 一种用直流电压产生高压脉冲的电路，包括变压器、分压器、晶体管放大器、开关晶体管、电阻器和电容器。"

说明书给出发明要解决的技术问题是：提供一种电路，通过该电路，高压脉冲的能量当电源电压在宽范围内变化时，可保持恒定。说明书中还记载了各部分之间的连接关系。

分析：权利要求单单给出变压器、分压器、晶体管放大器、开关晶体管、电阻器和电容器组成的直流电压产生高压脉冲的电路，没有各部分之间的连接关系，就无法解决"高压脉冲的能量当电源电压在宽范围内变化时，可保持恒定"这样的技术问题，因此，该权利要求 1 缺少解决其技术问题的各部分之间的连接关系这样的必要技术特征。

【案例 23】

本案权利要求内容如下：

"1. 一种包装容器，用以容置至少一个显示器面板，且该至少一个显示器面板具有一显示区域，该包装容器包括：

一个盒体；

一个下固定件，设置在该盒体内的底部；

一个上固定件，设置在该盒体内的顶部，所述至少一个显示器面板可容置于该上固定件与下固定件之间；以及

至少一个缓冲件。"

在说明书中提到，在现有技术的包装结构中，显示器面板或玻璃只有容置于包装盒插置部的部分得到局部支撑，缓冲减震效果差，发明要解决包装结构中没有任何机制防止显示面板或玻璃基板的变形、对显示面板正面不能提供有效的缓冲和防震作用的技术问题。

在说明书附图（图 1）中公开了解决上述技术问题的包装容器，其用以容置多个显示器面板 50，每一显示器面板 50 具有一显示区域 501。该包装容器包括：一个盒体 10；一个下固定件 20，设置在该盒体 10 内的底部；一个上固定件 30，设置在该盒体 10 内的顶部，各个显示器面板 50 可容置于上固定件 30 与下固定件 20 之间。为了防止显示器面板 50 变形，在上下固定件 30、20 之间，在显示器面板 50 的显示区域 501 设置有至少一个缓冲件 40。通过这样设置缓冲件 40，可有效消除显示器面板 50 的变形。而且在显示器面板 50 受到外力时还能起到对其缓冲保护的作用。

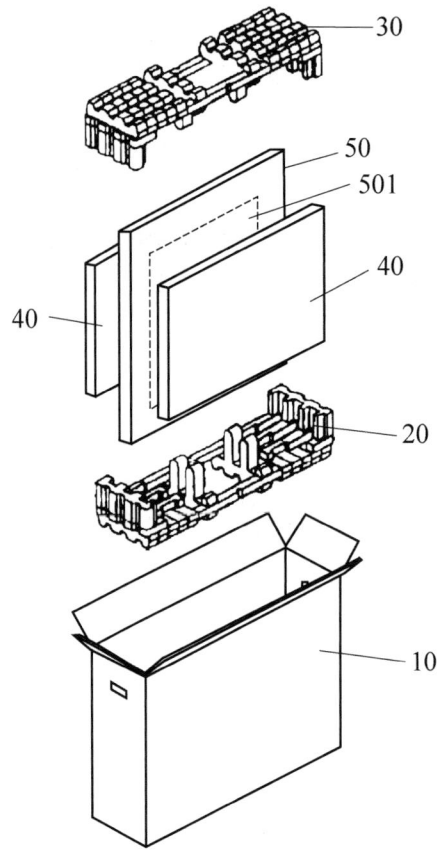

图1　发明的包装容器的分解透视图

分析： 如果不将缓冲件 40 设置在显示器面板 50 的显示区域 501，就不能对显示器面板 50 提供缓冲和防震作用，不能有效地防止其变形，因此，缓冲件 40 与盒体 10 和显示区域 501 的位置关系"设置在盒体与显示面板的显示区域之间"是发明解决上述技术问题的必要技术特征。因此，独立权利要求 1 因为仅给出了盒体的组成部分"至少一个缓冲件"，而缺少该"至少一个缓冲件"与盒体及显示面板的显示区域之间的相互关系，导致权利要求不符合《专利法实施细则》第二十条第二款规定。

（二）用结构或组成特征不能清楚限定的产品权利要求，缺少除结构或组成特征以外的必要特征

【案例 24】

本案权利要求内容如下：

"1. 一种玻璃温度计用感温液，其特征在于，由以下重量百分数的原料制成：

镓 45～60 份；

铟 20～32 份；

锡 9～15 份；

锌 9～15 份。"

本申请要解决的技术问题是提供一种玻璃温度计用感温液。

说明书中公开了只有将这些原料混合，并"在真空条件下对镓、铟、锡和锌加热

至250~350℃，使其熔化，然后让其自然冷却"，才能制成玻璃温度计用感温液。

分析：权利要求1要求保护的玻璃温度计用感温液，虽然是产品权利要求，但是，根据原始说明书记载的内容得知，只有将这些原料混合，并在某种特定条件下才能制成玻璃温度计用感温液，因此，这种特定条件即："在真空条件下对镓、铟、锡和锌加热至250~350℃，使其熔化，然后让其自然冷却"是构成玻璃温度计用感温液的必要的技术特征，应当写入独立权利要求1中。

这里，需要说明的是，当一项涉及结构的产品权利要求仅仅罗列组成该产品的零部件而没有描述这些零部件的位置关系或连接关系时，不仅会导致该权利要求不清楚（参见案例9），不符合《专利法》第二十六条第四款的规定，同样，也会因缺少零部件的位置关系或连接关系而不能构成解决技术问题的一个完整的技术方案，而导致该权利要求缺少必要技术特征，不符合《专利法实施细则》第二十条第二款的规定。

# 第二章

专利申请文件撰写案例分析

撰写案例一　杯子

练习说明

客户向你所在专利代理机构提交了一份说明书及其附图,其中给出了两份文献:中国实用新型85201234.5号专利(以下简称"对比文件1",参见图5)及中国发明专利99105678.9号(以下加成"对比文件2",参见图3、图4),客户以该两份文献作为现有技术,作出一项发明(参见图1、图2及其说明书的有关说明),委托你所在的专利代理机构为之提交专利申请。要求你为客户撰写专利申请文件。

第一题:请根据客户作出的发明,参考客户提供的现有技术,为客户撰写一份发明专利申请的权利要求书。所撰写的发明专利申请的权利要求书应当符合《专利法》《专利法实施细则》及《专利审查指南2010》的相关规定,又具有尽可能宽的保护范围以最大限度地维护申请人的利益。

第二题:请根据《专利法》《专利法实施细则》《专利审查指南2010》的有关规定,对下述问题作出回答,回答的内容应当与你撰写的权利要求书相适应。

1. 在客户提供的现有技术(对比文件1和对比文件2)中,确定哪一项是与你撰写的独立权利要求所要求保护的发明最接近的现有技术?请简述理由。

2. 简述你撰写的独立权利要求的技术方案与对比文件1和对比文件2所记载的现有技术相比具有新颖性、创造性的理由。

3. 按照《专利法实施细则》第十七条的规定,在画线部分填写你认为合适的内容,完成说明书的撰写(直接在答题纸上完成)。

4. 撰写说明书摘要。

特别提示:作为考试,仅要求依据客户提供的发明内容进行撰写,不要补充你可能具有的有关该发明主题的任何专门知识。

(注:下文说明书作为答题纸的一部分,为了方便阅卷,请保持整洁)

客户提交的说明书及其附图

说　明　书[1]

杯　子

本发明涉及一种日用生活品，特别是一种杯子。

现有的杯子，大多内部为直接敞口形式，如图 5 所示，该杯子由杯体 21 和与该杯体 21 制成一体的杯底 20 构成。这种杯子记载在中国实用新型 85201234.5 号专利（以下简称"对比文件 1"）中，利用该杯子饮茶时，会将茶叶与茶水同时饮入口内，不方便。

1999 年 9 月 9 日公开的第 99105678.9 号中国发明专利（以下简称"对比文件 2"），揭示了一种方便杯子，详见图 3 及图 4。图 3 是该方便杯子的俯视图，图 4 是图 3 的 A－A 截面的剖视图。在杯体 11 上，斜置一块带有通孔 14 的半圆形茶渣挡板 12。

利用这种方便杯子喝茶时，将杯体 11 向一方倾倒，茶渣挡板 12 挡住茶渣，且茶渣始终在杯体 11 内的水中浸泡着。

但是，在使用中，人们发现，上述方便杯子实际上_____

_____

_____

_____。

（客观地指出发明要解决的现有技术的问题）

为了解决上述问题，本发明（省略）。

本发明由于采用了上述（省略）。

图 1 是本发明杯子的结构示意图。

图 2 是过滤片通孔的分布图。

图 3 是对比文件 2 所公开的方便杯子俯视图。

图 4 是图 3 的 A－A 剖视图。

图 5 是对比文件 1 的杯子的示意图。

下面参照附图对本发明的一个实施方式作详细说明。

本发明的杯子，包括杯体 1，杯体 1 的杯腔中部设有过滤片 2，过滤片 2 与杯底之间形成有可容置茶叶或中药凉茶等类似饮用品的空腔 3，也就是说，通过过滤片 2 将杯腔分为用于盛放茶叶或中药凉茶等类似饮用品的空腔 3 及位于该空腔 3 上方的饮水用腔 9。在过滤片 2 上密布地设有若干通孔 4。

---

[1] 说明书作为答题纸的一部分，为了方便阅卷，请保持整洁。

本发明由于采用了上述结构，在杯体1的杯腔中部设有带若干通孔4的过滤片2，通过过滤片2将杯腔分为用于盛放茶叶或中药凉茶等类似饮用品的空腔3及位于该空腔3上方的饮水用腔9，所以，与上述对比文件1相比，可过滤茶叶，人们饮水时，不会连同茶叶一起饮用；与对比文件2相比，当将开水冲入时，茶叶受过滤片2的隔离不能浮于水面，在饮水时，不需要辨别可挡住茶叶的位置，可用杯子整个圆周的任何部位饮水，因此，方便了饮水。

另外，与对比文件2相比，不需要在杯体1上一体地形成斜置的过滤片，而是单独制造出过滤片2，易于成形。而且，将过滤片2可拆卸地装到杯体1上，用后可清洗，方便了使用。

为了保证过滤片2良好地定位于杯体1的腔内，最好是，在上述杯体1中段杯壁上设有若干条环状凸棱5，过滤片2的边缘嵌合在由相邻两凸棱5形成的凹槽中。上述凸棱5也同时起到加强杯体强度的作用。

本发明的杯子，除了作为一般的杯子使用外，还可以制成一次性杯子。另外，随着近年来冰凉茶水的盛行，尤其是在南方，人们常有喝凉茶的习惯，为了满足这种要求，在上述杯体1外缘设有向外翻折的杯边6，杯边6截面呈倒U形。在杯体1上设有杯盖7，杯盖7外缘设有与杯体1的杯边6相互扣合的盖边。

作为一般的杯子使用时，为了使杯子更牢固，便于与制好的冰凉茶水一起运输、出售，也可以在杯子的整体外部套装塑料包装膜8。

按照上述方式，将该过滤片2设置在杯腔的中上部，除了可防止茶叶浮于水面外，还具有两个作用，其一是，当将本发明的杯子作为一次性杯子使用时，可提高外壁强度，其二是，可起到防止液体荡出的作用，也具有携带方便、卫生的优点。

说 明 书 附 图

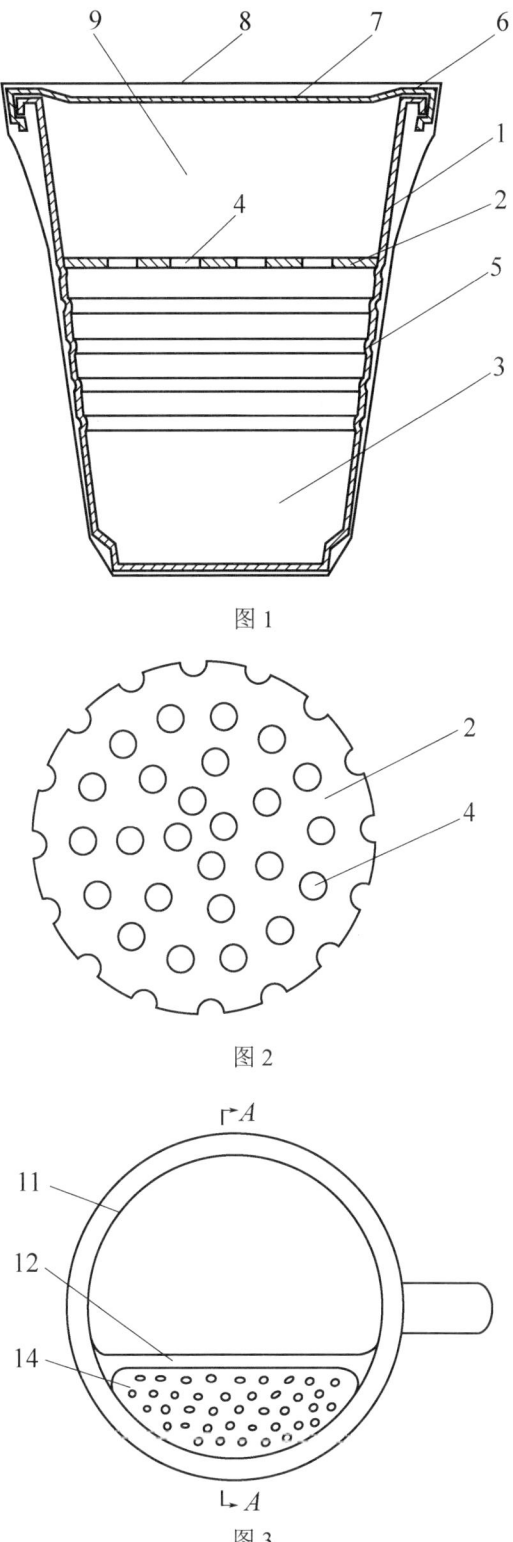

图 1

图 2

图 3

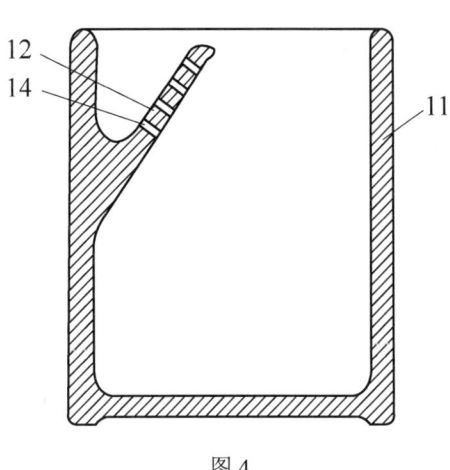

图 4

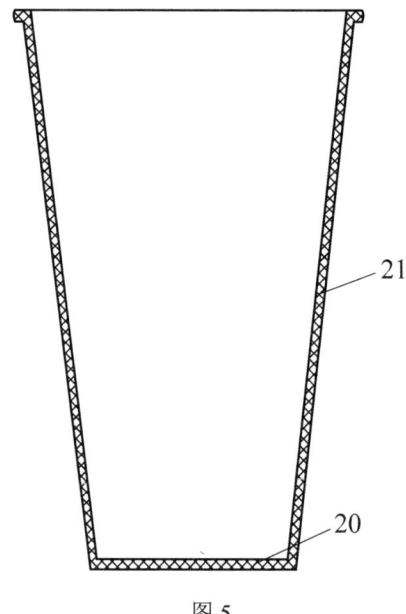

图 5

答案要点及解析

第一题：撰写试题

一、权利要求书撰写的思路

撰写权利要求书的总体要求可归纳如下：

① 权利要求书应当包括独立权利要求和从属权利要求（《专利法实施细则》第二十条第一款）。

② 独立权利要求应当满足下列要求：

a. 在合理的前提下具有较宽的保护范围，能够最大限度地体现申请人的利益；

b. 清楚、简明地限定其保护范围（《专利法》第二十六条第四款）；

c. 记载解决技术问题的全部必要技术特征（《专利法实施细则》第二十条第二款）；

d. 相对于客户提供的对比文件1与对比文件2具备新颖性和创造性（《专利法》第二十二条第二款、第三款）；

e. 符合《专利法》及《专利法实施细则》关于独立权利要求的其他规定。

③ 从属权利要求应当满足下列要求：

a. 从属权利要求的数量适当、合理；

b. 与被引用的权利要求之间有清楚的逻辑关系（《专利法》第二十六条第四款、《专利法实施细则》第二十二条）；

c. 当授权后面临不得不缩小权利要求保护范围的情况时，能提供充分的修改余地；

d. 符合《专利法》及《专利法实施细则》关于从属权利要求的其他规定。

一般来说，撰写权利要求书是按照下面五个步骤进行的：

步骤一是正确理解发明，找出发明的主要技术特征，分析各技术特征之间的关系，确定发明要保护的客体；

步骤二是掌握现有技术，确定与本发明最接近的现有技术；

步骤三是客观分析对比，根据最接近的现有技术，确定发明要解决的技术问题；

步骤四是列出发明为解决该技术问题所必须包括的全部必要技术特征，将发明与最接近的现有技术比较，将它们共同的必要技术特征写入独立权利要求的前序部分，将发明区别于最接近现有技术的必要技术特征写入特征部分，从而完成独立权利要求的撰写；

步骤五是对其他附加技术特征进行分析，利用那些对申请创造性起作用的附加技术特征作进一步的限定，并写成相应的从属权利要求。

下面按照上述五个步骤对杯子的发明专利申请进行分析，完成试题第一题权利要求的撰写。

（一）正确理解发明，找出发明的主要技术特征，分析各技术特征之间的关系，确定发明要保护的客体

一般来说，在撰写权利要求书之前，应当用足够的时间阅读发明，了解申请人进行一项发明创造的背景技术，掌握申请人相对该背景技术想要解决的技术问题，充分理解发明相对现有技术的改进及其作用和获得的效果，找出发明的所有技术特征，分析各技术特征之间的关系，并确定发明所要保护的技术主题和类型。

在了解背景技术时，要注意，申请人在提交技术交底书或申请人自己撰写的申请文件时，所给出的背景技术或现有技术往往不是申请最接近的现有技术，所以，在实践中还要进行充分的检索，查找是否有影响本申请发明构思，即可能破坏申请将要撰写的权利要求的新颖性、创造性的文献等。而在作模拟试题时，由于要求仅依据客户提供的说明书内容进行撰写，不需要考生补充可能具有的有关该发明主题的任何专门知识。换句话说，不需要考生根据申请人提交的技术交底书或申请人自己撰写的申请文件扩展实施例以便获得更大的保护范围。所以，在作模拟试题时仅需要根据上述对比文件1、对比文件2进行分析。而在实践中，根据申请人提交的技术交底书或申请人自己撰写的申请文件扩展实施例，以便撰写出保护范围更大或更合适的权利要求是一个申请人/专利代理师应该具备的良好撰写素质。

1. 确定本申请相对现有技术所作出的主要改进

图1至图2反映的本发明与现有技术的对比文件1（参见图5）相比，其改进在于：

在杯体1的杯腔中部设有带通孔4的过滤片2。

采用上述结构，与上述对比文件1相比，可过滤茶叶，人们饮水时，不会连同茶叶一起饮用，因此，饮水方便。

图1至图2反映的本发明与现有技术的对比文件2（参见图3、图4）相比，其改进在于：

过滤片2可拆卸地装到杯体1上；

过滤片2与杯底之间形成有可容置茶叶或中药凉茶等类似饮用品的空腔3，即通过过滤片2将杯腔分为用于盛放茶叶或中药凉茶等类似饮用品的空腔3及位于该空腔3上方的饮水用腔9。

由于过滤片2是可拆卸地装到杯体1上的，因此，与对比文件2相比，不需要在杯体1上一体地形成斜置的过滤片，而是单独制造出过滤片2，不仅易于成形，而且，用后可清洗，方便使用。

另外，与对比文件2相比，将开水冲入时，茶叶受过滤片2的隔离不能浮于水面，方便了饮水。在饮水时，不需要辨别可挡住茶叶的位置，可用杯子整个圆周的任何部位饮水，因此，也方便了饮水。

2. 确定本申请案需要保护的客体

在撰写申请文件时，最重要的是撰写权利要求，而权利要求的撰写不仅要考虑独立权利要求保护范围的大小，而且，要确定想要保护的技术主题和类型。不同的保护主题和类型，可以体现发明不同的保护方面，技术主题的选择直接关系到授权后专利权保护范围的大小。

从以上分析可以得出，本申请涉及杯子，应当将杯子给予保护。至于单独的过滤片，由于离开了这种饮水的杯子，单独的过滤片没有太多的用途，所以，不需要对过滤片单列技术主题进行保护。除此之外，因为没有给出制造产品的方法等需要保护的技术主题。因此，选择"杯子"作为保护客体。

3. 列出杯子的所有技术特征

在确定了发明所要保护的技术主题为杯子之后，需要进一步列出有关杯子的所有技术特征，并确定这些技术特征在发明中的作用。在列出有关杯子的技术特征时，有两种方法，其一是列出所有构成有关杯子的要素，再分析并列出构成其要素之间的关系；其二是一边列出构成有关杯子的要素，一边分析构成其要素之间的关系，并列出这种关系。无论采用上述那种方法，所列构成有关杯子的要素及其要素之间的关系总体构成这一发明所有的技术特征。这里所谓构成这一发明的技术特征的要素之间的关系，对于涉及结构等方面的产品权利要求来说，是指产品零部件之间的位置关系、连接关系，对于涉及物质组成的产品权利要求来说，是指物质的组成及配比关系等，对于方法权利要求来说，是指实施该方法步骤的先后顺序等。一般情况下，在列出产品权利要求的技术构成要素及其要素之间的关系时，为了便于权利要求书的撰写，对于有附图的例子，可以带上零部件序号，这样更清楚。

对于本申请的杯子，共列出以下十个技术特征：
① 形成杯腔的杯体（1）；
② 杯腔中设有带通孔4的过滤片（2）；
③ 过滤片（2）可拆卸地装在杯体（1）上（体现上述两者之间的位置、装配关系）；
④ 过滤片（2）将杯腔分为用于盛放茶叶或中药凉茶等类似饮用品的空腔（3）及位于该空腔（3）上方的饮水用腔（9）；
⑤ 杯体（1）中段杯壁上设有若干条环状凸棱（5）；
⑥ 过滤片（2）的边缘嵌合在由相邻两凸棱（5）形成的凹槽中；
⑦ 杯体（1）外缘设有向外翻折的杯边（6），其截面呈倒U形；
⑧ 杯体（1）上设有杯盖（7）；
⑨ 杯盖（7）外缘设有与杯体（1）的杯边（6）相互扣合的盖边；
⑩ 在杯子的整体外部套装塑料包装膜（8）。

（二）根据检索和调研到的现有技术，确定与本发明最接近的现有技术

《专利审查指南2010》第二部分第四章第3.2.1.1节中给出了确定最接近现有技术的原则，首先，选出那些与要求保护的发明技术领域相同或相近的现有技术（在撰写申请文件时，一般只考虑技术领域相同的现有技术，不考虑技术领域相近的现有技术）；其次，从技术领域相同或相近的现有技术中选出所要解决的技术问题、技术效果或者用途最接近和/或公开了发明的技术特征最多的那一项现有技术作为最接近的现有技术。

对本试题图3～图5所示的两项现有技术（对比文件1、对比文件2）都是杯子，与本发明的技术领域相同。

将图3～图5所示的两现有技术分别与本发明相比，可知图3、图4公开的对比文件2相对图5公开的对比文件1来说，公开发明更多的技术特征，即披露了杯体及设置在杯体中的设有带通孔的过滤片。为了便于分析，下面列出了技术特征分析表。表中用"√"表示公开，用"×"表示未公开。

需要说明的是，上述表格中技术特征部分的第四项，本申请发明的技术特征是"过滤片将杯腔分为用于盛放茶叶或中药凉茶等类似饮用品的空腔及位于该空腔上方的饮水用腔"，而从对比文件2的图4可以得出对比文件2中相应的技术特征是："过滤片将杯腔分为用于盛放茶的空腔及部分位于该空腔上方的饮水用腔"，对比文件2的相应的技术特征包含在本申请发明的技术特征中，即发明的"过滤片将杯腔分为用于盛放茶叶或中药凉茶等类似饮用品的空腔及位于该空腔上方的饮水用腔"包含了"过滤片将杯腔分为用于盛放茶叶或中药凉茶等类似饮用品的空腔及整体上位于该空腔上方的饮水用腔"及"过滤片将杯腔分为用于盛放茶叶或中药凉茶等类似饮用品的空腔及部分地位于该空腔上方的饮水用腔"的两种情况，按照《专利审查指南2010》第二部分第三章第 3.2.2 节规定的"如果要求保护的发明或者实用新型与对比文件相比，其区别仅在于前者采用一般（上位）概念，而后者采用具体（下位）概念限定同类性质的技术特征，则具体（下位）概念的公开使采用一般（上位）概念限定的发明或者实用新型丧失新颖性"，我们可以认为对比文件 2 的"过滤片将杯腔分为用于盛放茶的空腔及部分位于该空腔上方的饮水用腔"是本申请发明"过滤片将杯腔分为用于盛放茶叶或中药凉茶等类似饮用品的空腔及位于该空腔上方的饮水用腔"的下位概念，也就是公开了本申请发明的这一技术特征。

技术特征分析表

技术领域	发明	对比文件1	对比文件2
	杯子	杯子	杯子
技术特征	形成杯腔的杯体	√（形成杯腔的杯体）	√（形成杯腔的杯体）
	杯腔中设有带通孔的过滤片	×	√（设有带通孔的过滤片）
	过滤片可拆卸地装在杯体上	×	×（过滤片与杯体一体设置）
	过滤片将杯腔分为用于盛放茶叶或中药凉茶等类似饮用品的空腔及位于该空腔上方的饮水用腔	×	√（过滤片将杯腔分为用于盛放茶的空腔及部分位于该空腔上方的饮水用腔）
	杯体中段杯壁上设有若干条环状凸棱	×	×
	过滤片的边缘嵌合在由相邻两凸棱形成的凹槽中	×	×
	杯体外缘设有向外翻折的杯边，其截面呈倒 U 形	×	×
	杯体上设有杯盖	×	×
	杯盖外缘设有与杯体的杯边相互扣合的盖边	×	×
	在杯子的整体外部套装塑料包装膜	×	×

从上述"技术特征分析表"可清楚地看出，在对比文件 2 与对比文件 1 技术领域相同的情况下，由于对比文件 2 所要解决的技术问题和作用与本申请发明更接近，公开的技术特征也较多，因此选择对比文件 2 作为本申请发明最接近的现有技术。

（三）根据所选定的最接近的现有技术确定本发明专利申请所要解决的技术问题

本申请发明所要解决的技术问题是本申请发明在最接近的现有技术的基础上，所要解决的技术问题。所以，最接近的现有技术选择的不同，确定发明所要解决的技术问题也会不同，撰写出的独立权利要求的保护范围则不同。

在确定发明实际要解决的"技术问题"时，首先应当将发明的所有技术特征与最接近的现有技术相比，找出"区别技术特征"，判断发明采用这些区别特征能获得的技术效果，然后根据该区别技术特征所能达到的技术效果确定发明实际解决的技术问题。从这个意义上说，发明实际解决的技术问题，是指为获得更好的技术效果需要对最接近的现有技术进行改进而提出的技术任务。

对于本申请发明而言，从最接近的现有技术对比文件 2 出发，找出本申请发明与对比文件2相比的区别技术特征，确定本发明相对该最接近的现有技术对比文件2而言要解决什么样的技术问题。具体地，通过上述技术特征分析表，可以看出，本发明与最接近的现有技术对比文件2相比，其区别技术特征是③④⑤⑥⑦⑧⑨⑩：

③ 过滤片（2）可拆卸地装在杯体（1）上；

⑤ 杯体（1）中段杯壁上设有若干条环状凸棱（5）；

⑥ 过滤片（2）的边缘嵌合在由相邻两凸棱（5）形成的凹槽中；

⑦ 杯体（1）外缘设有向外翻折的杯边（6），其截面呈倒U形；

⑧ 杯体（1）上设有杯盖（7）；

⑨ 杯盖（7）外缘设有与杯体（1）的杯边（6）相互扣合的盖边；

⑩ 在杯子的整体外部套装塑料包装膜（8）。

下面对本申请发明采用这些区别技术特征获得的效果进行分析。

本申请发明采用区别技术特征③、即将过滤片（2）可拆卸地装在杯体（1）上的结构，不需要在杯体（1）上一体地形成斜置的过滤片，而是单独制造出过滤片（2），因此，能获得易于成形、用后便于清洗的效果。

本申请发明采用区别技术特征⑤、⑥，即在杯体（1）中段杯壁上设置若干条环状凸棱、过滤片（2）的边缘嵌合在由相邻两凸棱（5）形成的凹槽中的结构，是为了使过滤片（2）的边缘更好地嵌合在由相邻两凸棱（5）形成的凹槽中，保证过滤片（2）良好地定位于杯体（1）的腔内，以便喝水时过滤片不会从杯子中掉出来。可以看出，这是过滤片（2）与杯体（1）可拆卸地设置的结构的最佳实施例。

本申请发明采用区别技术特征⑦～⑩，即杯体外缘设有向外翻折的截面呈倒U形的杯边（6）、杯体上设有杯盖（7）、杯盖（7）外缘设有与杯体的杯边（6）相互扣合的盖边、在杯子的整体外部套装塑料包装膜（8）的结构，是为了便于与制好的冰凉茶水一起运输、出售，从而进一步扩大本申请发明中杯子的用途，将带有过滤片的杯子制成一次性杯子。上述技术特征是在已经为杯子设置可拆卸的过滤片的基础上，为进一步提高杯子的使用范围而采用的技术特征，因此，也是最佳实施例。

在实际撰写权利要求时，由于所列举的区别技术特征是发明相对最接近的现有技术所有的区别技术特征，效果也是采用了所有区别技术特征后获得的效果。因此，在确定发明实际要解决的技术问题时，要从可获得的根本效果入手，排除最佳效果，才能准确地确定发明实际要解决的技术问题。

就本申请发明而言，前面分别分析了区别技术特征③、⑤～⑥、⑦～⑩所能取得的技术效果，其中区别技术特征⑤～⑥、⑦～⑩为最佳实施例所获得的效果。排除最佳实施例所获得的效果之外，就可以得出本申请发明采用区别技术特征③可获得的基本技术效果是：易于成形，用后便于清洗。

在撰写独立权利要求时，为了撰写出保护范围比较大的独立权利要求，一般来说，只需要能解决一个最接近的现有技术对比文件2所存在的基本技术问题，即解决不容易加工、使用后不方便清洗的技术问题，而不需要解决为获得最佳实施例的效果所提出的技术问题，换句话说，不能要求撰写出的独立权利要求所要保护的技术方案解决现有技术存在的所有问题，只要能解决一个技术问题即可。否则，撰写出的独立权利要求的保护范围将会过窄，有损于申请人的利益。

考虑了以上各个因素之后，提出本申请发明要解决的技术问题是：克服现有技术的杯子过滤片不容易加工、使用后不方便清洗的问题。

（四）确定本发明专利申请所要解决的技术问题及解决该技术问题的全部必要技术特征，完成独立权利要求的撰写

1. 确定本发明为解决技术问题的全部必要技术特征

在根据最接近的对比文件2和所确定的本发明要解决的技术问题确定其全部必要技术特征时，首先要考虑特征"③过滤片（2）可拆卸地装在杯体（1）上"；与之发生联系的技术特征是"①形成杯腔的杯体（1）及②杯腔中设有带通孔（4）的过滤片（2）"。

对于与本发明改进部分"③过滤片（2）可拆卸地装在杯体（1）上"无密切关系的杯子的其他结构部件，例如，"④过滤片（2）将杯腔分为用于盛放茶叶或中药凉茶等类似饮用品的空腔（3）及位于该空腔（3）上方的饮水用腔（9）"等，均可不必在独立权利要求前序部分写明，否则将会导致独立权利要求的保护范围过窄。

因此，本申请发明为解决上述技术问题的全部的必要技术特征是：

"包括形成杯腔的杯体（1），杯腔中设有带通孔（4）的过滤片（2），过滤片（2）可拆卸地装在杯体（1）上。"

2. 按照《专利法实施细则》第二十一条规定的格式划分独立权利要求与最接近的现有技术对比文件2的前序部分与特征部分的界限，完成独立权利要求的撰写

上述必要技术特征分别对应技术特征①～③，其中技术特征①～②已经被最接近的现有技术对比文件2公开，而技术特征③是本申请发明与最接近的现有技术对比文件2的区别技术特征（参见技术特征分析表）。因此，上述必要技术特征，"包括杯体（1）的杯子，杯体（1）的杯腔中设有带通孔（4）的过滤片（2）"为与最接近的现有技术对比文件2共有的技术特征，应当写入到独立权利要求1前序部分；"过滤片（2）可拆卸地装在杯体（1）上"则是本申请发明的区别于最接近的现有技术对比文件2的技术特征，应当写在特征部分。

依照上述思路撰写的独立权利要求1为：

"1. 一种杯子，包括形成杯腔的杯体（1），杯腔中设有带通孔（4）的过滤片（2），其特征是，过滤片（2）可拆卸地装在杯体（1）上。"

在完成独立权利要求的撰写之后，不是立即撰写从属权利要求，而是，先要判断所撰写的独立权利要求的新颖性、创造性。这一点很重要，不论题目是否有要求都应当进行这一步骤。如果有多个并列独立权利要求时，还要判断其间的单一性。

3. 判断所撰写的独立权利要求的新颖性、创造性

由于现有技术对比文件1及检索到的对比文件2，均没有公开该"过滤片（2）可拆卸地装在杯体（1）上"。下面对权利要求与两篇对比文件相比较具体分析如下。

对比文件1虽然披露了"一种杯子，包括形成杯腔的杯体"，但本申请发明的杯子的权利要求与对比文件1存在区别："杯腔中设有带通孔（4）的过滤片（2），过滤片（2）可拆卸地装在杯体（1）上。"而对比文件1根本没有披露这些内容。因此，该杯子的权利要求在结构上完全不同于对比文件1公开的杯子，具备《专利法》规定的新颖性，符合《专利法》第二十二条第二款的规定。

将上述杯子的权利要求与对比文件2公开的杯子相比，虽然对比文件2公开的杯子，"包括形成杯腔的杯体（1），杯腔中设有带通孔（4）的过滤片（2）"，但是，本申请发明的权利要求区别于对比文件2方案："过滤片（2）可拆卸地装在杯体（1）上。"而对比文件2的技术方案中没有这一特征，因此，本申请发明杯子的权利要求在结构上完全不同于对

比文件2公开的杯子，具备《专利法》规定的新颖性，符合《专利法》第二十二条第二款的规定。

至于创造性，本申请发明的独立权利要求相对最接近的现有技术对比文件2来说，其区别技术特征是，"过滤片可拆卸地装在杯体上"，该区别技术特征没有被上述对比文件1的现有技术披露，也不是公知常识，采用具有这样结构的杯子，不仅易于制造，也便于清洗，上述任何一个现有技术没有任何对此的教导或启示，因此不存在将上述区别技术特征应用到对比文件1的现有技术中以解决上述技术问题的启示，而本申请发明的技术方案恰恰实现了易于制造、便于清洗的效果，这并非本领域技术人员容易想到。因而本申请发明的独立权利要求相对现有技术具有突出的实质性特点和显著的进步，具备创造性。

（五）完成从属权利要求的撰写

1. 撰写从属权利要求

在独立权利要求采用比较上位的方式来撰写、保护范围比较大的情况下，一定要撰写出合适数量的从属权利要求，因为，在确权的后续程序中，从属权利要求起着对独立权利要求的保护范围予以充实，"捍卫"保护范围的作用，尤其是在发明实质审查程序或无效程序中，在不得不缩小独立权利要求的保护范围的前提下，从属权利要求限定部分的技术特征可以提升到独立权利要求中，缩小其保护范围，为独立权利要求提供了修改的余地，因此，要将对申请创造性起作用的技术特征作为对发明的进一步限定的附加技术特征，写成相应的从属权利要求。

关于本申请发明，上述列举的10个技术特征中，其中，"①形成杯腔的杯体（1）；②杯腔中设有带通孔（4）的过滤片（2）；③过滤片（2）可拆卸地装在杯体（1）上"已经撰写在独立权利要求中，所以，可将其余的④～⑩的技术特征用从属权利要求来撰写。在撰写从属权利要求时，可以对独立权利要求的前序部分的技术特征进行限定，也可以对特征部分的技术特征进行限定，还可以对独立权利要求的整个技术方案进行限定。但是，应当注意，从属权利要求的技术方案应当完整，不要将应当写在一项从属权利要求中的技术方案分拆成几项从属权利要求。考虑这些因素之后，撰写出如下从属权利要求：

"2. 根据权利要求1记载的杯子，其特征是，通过所述过滤片（2）将杯腔分为用于盛放茶叶或中药凉茶的空腔（3）及位于该空腔（3）上方的饮水用腔（9）。

3. 根据权利要求1或2记载的杯子，其特征是，在所述杯体（1）中段杯壁上设有若干条环状凸棱（5），所述过滤片（2）的边缘嵌合在由相邻两凸棱（5）形成的凹槽中。

4. 根据权利要求1或2记载的杯子，其特征是，在所述杯体（1）外缘设有向外翻折的杯边（6），其截面呈倒U形。

5. 根据权利要求3记载的杯子，其特征是，在所述杯体（1）外缘设有向外翻折的杯边（6），其截面呈倒U形。

6. 根据权利要求4记载的杯子，其特征是，在所述杯体（1）上设有杯盖（7），杯盖（7）外缘设有与杯体（1）的杯边（6）相互扣合的盖边。

7. 根据权利要求5记载的杯子，其特征是，在所述杯体（1）上设有杯盖（7），杯盖（7）外缘设有与杯体（1）的杯边（6）相互扣合的盖边。

8. 根据权利要求6或7记载的杯子，其特征是，在杯子的整体外部套装塑料包装膜（8）。"

2. 在撰写从属权利要求时，应该符合《专利法》第二十六条的规定，清楚、简要地限定要求保护的范围，并应当按照《专利法实施细则》第二十二条规定的方式来撰写

每项从属权利要求的保护范围应当清楚主要含义是指：其一，其保护范围应该落在其所引用的权利要求的保护范围之内。其二，构成权利要求书的所有权利要求作为一个整体也应当清楚，即权利要求之间的引用关系应当清楚。对于后者，主要有以下四方面的含义。

① 从属权利要求只能引用在前的权利要求。

② 引用两项以上权利要求的多项从属权利要求只能以择一方式引用在前的权利要求，并不得作为被另一项多项从属权利要求引用的基础，即在后的多项从属权利要求不得引用在前的多项从属权利要求。

③ 直接或间接从属于某一项独立权利要求的所有从属权利要求都应当写在该独立权利要求之后，另一项独立权利要求之前。

④ 引用关系符合逻辑，即对在前的权利要求作进一步限定时，被限定的技术特征要在前面的权利要求中有所包含；表示两个并列技术方案的从属权利要求不得互相引用。

关于上述从属权利要求的撰写原则，体现在本申请发明的例子中，由于本申请发明比较简单，在这里不再作详细分析。

此外，应试者一般作撰写考题时，都应该写出权利要求书的正式文件，本申请发明的权利要求书参见下文"二、推荐的发明专利申请的权利要求书"。

二、推荐的发明专利申请的权利要求书

权 利 要 求 书

1. 一种杯子,包括形成杯腔的杯体(1),杯腔中设有带通孔(4)的过滤片(2),其特征是,过滤片(2)可拆卸地装在杯体(1)上。

2. 根据权利要求1记载的杯子,其特征是,通过所述过滤片(2)将杯腔分为用于盛放茶叶或中药凉茶的空腔(3)及位于该空腔(3)上方的饮水用腔(9)。

3. 根据权利要求1或2记载的杯子,其特征是,在所述杯体(1)中段杯壁上设有若干条环状凸棱(5),所述过滤片(2)的边缘嵌合在由相邻两凸棱(5)形成的凹槽中。

4. 根据权利要求1或2记载的杯子,其特征是,在所述杯体(1)外缘设有向外翻折的杯边(6),其截面呈倒U形。

5. 根据权利要求3记载的杯子,其特征是,在所述杯体(1)外缘设有向外翻折的杯边(6),其截面呈倒U形。

6. 根据权利要求4记载的杯子,其特征是,在所述杯体(1)上设有杯盖(7),杯盖(7)外缘设有与杯体(1)的杯边(6)相互扣合的盖边。

7. 根据权利要求5记载的杯子,其特征是,在所述杯体(1)上设有杯盖(7),杯盖(7)外缘设有与杯体(1)的杯边(6)相互扣合的盖边。

8. 根据权利要求6或7记载的杯子,其特征是,在杯子的整体外部套装塑料包装膜(8)。

第二题：简答题

1. 在客户提供的现有技术（对比文件1和对比文件2）中，确定哪一项是与你撰写的独立权利要求所要求保护的发明最接近的现有技术？请简述理由。

首先，确定对比文件2是和所撰写的独立权利要求所要求保护的发明最接近的现有技术，其理由如下：

对比文件1公开了一种杯子，该杯子由杯体21和与该杯体21制成一体的杯底20构成。用这种杯子饮茶时，会将茶叶与茶水同时饮入口内，不方便。

对比文件2公开了一种杯子，该杯子包括杯体11，在杯体11上，斜置一块带有通孔14的半圆形茶渣挡板12。利用这种方便杯子喝茶时，将杯体11向一方倾倒，茶渣挡板12挡住茶渣，且茶渣始终在杯体11内的水中浸泡着。

将本申请的权利要求1所要求保护的技术方案与对比文件1、对比文件2相比较，可以看出，对比文件1、对比文件2和本申请属于相同的技术领域。

《专利审查指南2010》第二部分第四章第3.2.1.1给出了确定最接近现有技术的原则，首先选出那些与要求保护的发明技术领域相同或相近的现有技术；其次从技术领域相同或相近的现有技术中选出所要解决的技术问题、技术效果或者用途最接近和/或公开了发明的技术特征最多的那一项现有技术作为最接近的现有技术。

对比文件2公开了本发明更多的技术特征："杯腔中设有带通孔（4）的过滤片（2）"，而且公开了"当将开水冲入时，茶叶受过滤片2的隔离不能浮于水面"这样的技术效果。

综上所述，在对比文件2与对比文件1技术领域相同的情况下，由于对比文件2比对比文件1公开了本发明更多的技术信息，因此选择对比文件2作为本申请发明的最接近的现有技术。

2. 简述你撰写的独立权利要求的技术方案与对比文件1和对比文件2所记载的现有技术相比具备新颖性、创造性的理由。

首先，由于现有技术对比文件1及对比文件2，均没有公开"过滤片（2）可拆卸地装在杯体（1）上"。因此，撰写的独立权利要求1的技术方案不论是与对比文件1还是与对比文件2所记载的现有技术单独对比，均具备新颖性。

对比文件1虽然披露了"一种杯子，包括杯体"，但权利要求1与其存在区别："杯体（1）的杯腔中设有带通孔（4）的过滤片（2），过滤片（2）可拆卸地装在杯体（1）上。"而对比文件1根本没有披露这些内容。因此，权利要求1所要求保护的技术方案完全不同于对比文件1中公开的杯子，具备《专利法》规定的新颖性，符合《专利法》第二十二条第二款的规定。

对比文件2也不能破坏本权利要求的新颖性，将权利要求1与对比文件2公开的杯子相比。虽然对比文件2公开的杯子，包括杯体11，在杯体11上，斜置一块带有通孔14的半圆形茶渣挡板12，即在杯体11的杯腔中设有带通孔14的过滤片12，但是，本权利要求1区别于该对比文件2的技术特征是："过滤片（2）可拆卸地装在杯体（1）上。"而对比文件2的技术方案中没有这一特征，因此，本权利要求1所要求保护的技术方案完全不同于对比文件2中公开的杯子，具备《专利法》规定的新颖性，符合《专利法》第二十二条第二款的规定。

至于创造性，本申请发明独立权利要求1相对最接近的现有技术对比文件2来说，其区别技术特征是，过滤片可拆卸地装在杯体上，该区别技术特征没有在上述对比文件1的现有技术中公开,也不是所属技术领域的公知常识,采用具有这样结构的杯子,不仅易于制造,也便于清洗,即上述任何一个现有技术均没有对此的教导或启示,因此不存在将上述区别技术特征应用到对比文件1的现有技术中以解决上述技术问题的启示,而本申请发明的技术方案恰恰实现了易于制造、便于清洗的效果,这并非所属技术领域的技术人员容易想到的。因而本申请独立权利要求1相对于对比文件2和对比文件1以及本领域的公知常识具有突出的实质性特点和显著的进步,具备《专利法》第二十二条第三款规定的创造性。

3. 按照《专利法实施细则》第十七条的规定,在画线部分填写你认为合适的内容,完成说明书的撰写(直接在答题纸上完成)。

本题答案要求实际上是完成说明书的撰写。

在答题之前,首先,介绍说明书撰写的基本要求。

说明书的撰写(填空)应当按照《专利法实施细则》第十七条、第十八条的规定来完成。

按照《专利法实施细则》第十七条的规定,说明书应当包括:技术领域、背景技术、发明内容、附图说明以及具体实施方式五个部分。

在说明书每一部分前面要写明标题,即技术领域、背景技术、发明内容、附图说明、具体实施方式。

关于技术领域部分,要写明要求保护的技术方案所属的技术领域。例如,"本发明涉及一种日用生活品,特别是一种杯子"。

关于背景技术部分,要写明对发明或者实用新型的理解、检索、审查有用的背景技术;有可能的,并引证反映这些背景技术的文件。一般来说,至少要简明扼要地反映最接近的现有技术公开的内容及所存在的问题。

关于发明内容部分,要写明发明相对所检索到的对比文件所要解决的技术问题。并以分段的形式写出与独立权利要求技术方案对应的部分,在每一技术方案的后面以分段的形式对照现有技术写明发明的有益效果。当然,该有益效果也可以放在这些技术方案之后。另外,在发明内容部分最好对现有技术作出重要贡献的从属权利要求的技术方案及其有益效果也加以叙述。

关于附图说明部分,本申请有附图,所以要有附图说明书部分,主要对各幅附图的图名作简略说明。关于附图,如果申请比较复杂,最好能用剖视图、透视图等清楚反映内外结构的附图。

关于具体实施方式部分,要对照附图,对本发明的杯子作详细说明。

最后,按照上述要求,完成本题,其具体答案参见下文说明书,填空部分用黑体字体显示。

此外,为了给读者一个完整的可供参考的说明书,下文的说明书中还补充了原答题纸上标有"(省略)"字样的部分,形成一个完整的说明书撰写样页,补充的内容包括"发明内容"部分的第2~8段。

说　明　书

杯子

技术领域

本发明涉及一种日用生活品，特别是一种杯子。

背景技术

现有的杯子，大多内部为直接敞口形式，如图 5 所示，该杯子由杯体 21 和与该杯体 21 制成一体的杯底 20 构成。这种杯子记载在中国实用新型 85201234.5 号专利（以下简称"对比文件 1"）中，利用该杯子饮茶时，会将茶叶与茶水同时饮入口内，不方便。

1999 年 9 月 9 日公开的第 99105678.9 号中国发明专利（以下简称"对比文件 2"），揭示了一种方便杯子，详见图 3 及图 4。图 3 是该方便杯子的俯视图，图 4 是图 3 的 $A-A$ 截面的剖视图。在杯体 11 上，斜置一块带有通孔 14 的半圆形茶渣挡板 12。

利用这种方便杯子喝茶时，将杯体 11 向一方倾倒，茶渣挡板 12 挡住茶渣，且茶渣始终在杯体 11 内的水中浸泡着。

发明内容

但是，在使用中，人们发现，上述方便杯子实际上使用并不方便，饮水时需要辨别杯子的使用方位，在一侧可以挡住茶叶，而在相反一侧却不能挡住茶叶。而且，使用久了也不能对茶渣挡板进行彻底的清洗，尤其是，由于茶渣挡板与杯体是一体的，所以不容易加工成型。

为了解决上述问题，本发明提供一种杯子，其包括形成杯腔的杯体，杯腔中设有带通孔的过滤片，该过滤片可拆卸地装在杯体上。

上述杯子，通过上述过滤片将杯腔分为用于盛放茶叶或中药凉茶的空腔及位于该空腔上方的饮水用腔。

上述杯子，在上述杯体中段杯壁上设有若干条环状凸棱，上述过滤片的边缘嵌合在由相邻两凸棱形成的凹槽中。

上述杯子，在上述杯体外缘设有向外翻折的杯边，其截面呈倒 U 形。此外，在上述杯体上设有杯盖，杯盖外缘设有与杯体的杯边相互扣合的盖边。在杯子的整体外部套装塑料包装膜。

本发明由于采用了上述结构，可过滤茶叶，人们饮水时，不会连同茶叶一起饮用。

此外，也不需要辨别可挡住茶叶的位置，可用杯子整个圆周的任何部位饮水，因此，方便了饮水。

进一步，由于采用了单独制造出的可拆卸地装于杯体中的过滤片，所以易于成形。而且，用后可清洗，方便了使用。

附图的简要说明

图 1 是本发明杯子的结构示意图（本书）略图。

图 2 是过滤片通孔的分布图（本书）略图。

图 3 是对比文件 2 所公开的方便杯子俯视图（本书）略图。

图 4 是图 3 的 $A-A$ 剖视图（本书）略图。

图 5 是对比文件 1 的杯子的示意图（本书）略图。

具体实施方式

下面参照附图对本发明的一个实施方式作详细说明。

本发明的杯子，包括形成杯腔的杯体 1，杯体 1 的杯腔中部设有过滤片 2，过滤片 2 与杯底之间形成有可容置茶叶或中药凉茶等类似饮用品的空腔 3，也就是说，通过过滤片 2 将杯腔分为用于盛放茶叶或中药凉茶等类似饮用品的空腔 3 及位于该空腔 3 上方的饮水用腔 9。在过滤片 2 上密布地设有若干通孔 4。

本发明由于采用了上述结构，在杯体 1 的杯腔中部设有带若干通孔 14 的过滤片 2，通过过滤片 2 将杯腔分为用于盛放茶叶或中药凉茶等类似饮用品的空腔 3 及位于该空腔 3 上方的饮水用腔 9，所以，与上述对比文件 1 相比，可过滤茶叶，人们饮水时，不会连同茶叶一起饮用；与对比文件 2 相比，当将开水冲入时，茶叶受过滤片 2 的隔离不能浮于水面，在饮水时，不需要辨别可挡住茶叶的位置，可用杯子整个圆周的任何部位饮水，因此，方便了饮水。

另外，与对比文件 2 相比，不需要在杯体 1 上一体地形成斜置的过滤片，而是单独制造出过滤片 2，易于成形。而且，将过滤片 2 可拆卸地装到杯体 1 上，用后可清洗，方便了使用。

为了保证过滤片 2 良好地定位于杯体 1 的腔内，最好是，在上述杯体 1 中段杯壁上设有若干条环状凸棱 5，过滤片 2 的边缘嵌合在由相邻两凸棱 5 形成的凹槽中。上述凸棱 5 也同时起到加强杯体强度的作用。

本发明的杯子，除了作为一般的杯子使用外，还可以制成一次性杯子。另外，随着近年来冰凉茶水的盛行，尤其是在南方，人们常有喝凉茶的习惯，为了满足这种要求，在上述杯体 1 外缘设有向外翻折的杯边 6，杯边 6 截面呈倒 U 形。在杯体 1 上设有杯盖 7，杯盖 7 外缘设有与杯体 1 的杯边 6 相互扣合的盖边。

作为一般的杯子使用时，为了使杯子更牢固，便于与制好的冰凉茶水一起运输、出售，也可以在杯子的整体外部套装塑料包装膜 8。

按照上述方式，将该过滤片 2 设置在杯腔的中上部，除了可防止茶叶浮于水面外，还具有两个作用，其一是，当将本发明的杯子作为一次性杯子使用时，可提高外壁强度，其二是，可起到防止液体荡出的作用。也具有携带方便、卫生的优点。

4．撰写说明书摘要。

说明书摘要应当按照《专利法实施细则》第二十三条的规定撰写，写明发明的名称和所属技术领域，并清楚地反映所要解决的技术问题、解决该问题的技术方案的要点以及主要用途。在考虑不得超过 300 个字的前提下，至少写明有关包装体的技术方案及采用该技术方案所获得的技术效果。并选用说明书附图中一幅附图作为摘要附图。

下面给出推荐说明书摘要及其附图。

说 明 书 摘 要

一种杯子，其包括杯体，杯体的杯腔中设有带通孔的过滤片，该过滤片可拆卸地装在杯体上。在杯体中段杯壁上设有若干条环状凸棱，过滤片的边缘嵌合在由相邻两凸棱形成的凹槽中。在杯体外缘设有向外翻折的杯边，其截面呈倒U形。此外，在上述杯体上设有杯盖，杯盖外缘设有与杯体的杯边相互扣合的盖边。在杯子的整体外部套装塑料包装膜。本发明由于采用了上述结构，可过滤茶叶，方便饮用，易于成形，用后便于清洗。采用包装膜还可以制成一次性使用的可外卖的杯子。

说 明 书 摘 要 附 图

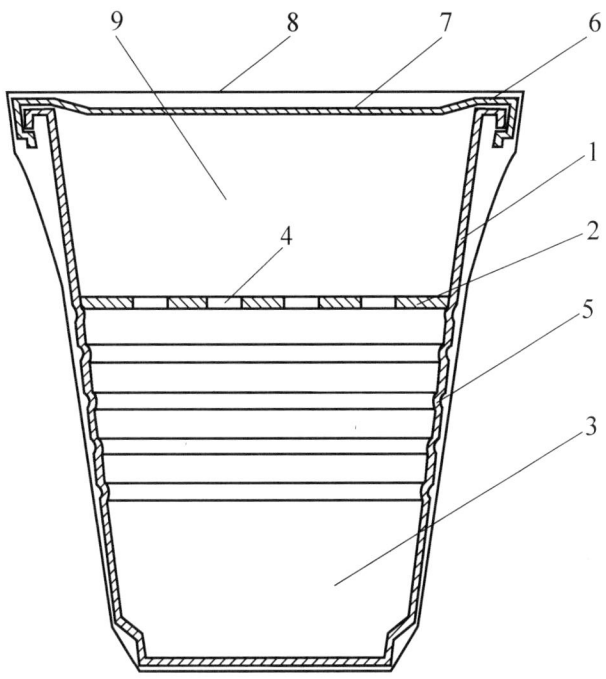

附　练习题1

撰写练习

假设客户收到你撰写的上述案例的权利要求书之后，又对本申请作了改进，补充了实施例（参见图6~图9及其有关说明），请根据作出的上述发明（参见图1、图2及其说明书的有关说明）及扩展例，参考客户提供的现有技术（对比文件1及对比文件2），为客户重新撰写一份发明专利申请的权利要求书。所撰写的发明专利申请的权利要求书应当符合《专利法》《专利法实施细则》及《专利审查指南2010》的相关规定，又具有尽可能宽的保护范围以最大限度地维护申请人的利益。

扩展例子的详细说明

图6是表示本发明杯子另一个例子结构的纵向剖视图。

图7是表示用于图6所示杯子中的过滤片通孔的分布图。

图8是本发明杯子再一个例子结构的纵向剖视图。

图9是表示用于图8所示杯子中的过滤片通孔的分布图。

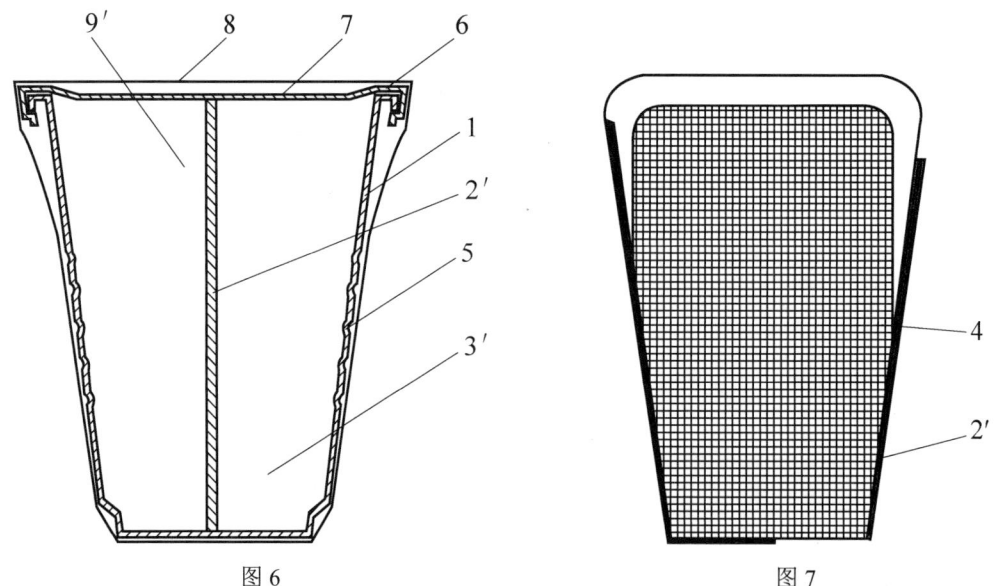

图6　　　　　　　　　图7

本发明杯子另一个例子的结构如图6、图7所示，包括杯体1，杯体1的杯腔中设有过滤片2′，与图1、图2所示杯子的例子的不同点在于，过滤片2′沿着杯子纵向将杯腔分为位于一侧的用于盛放茶叶或中药凉茶等类似饮用品的空腔3′及位于该空腔3另一侧的饮水用腔9′。在过滤片2′上密布地设有若干通孔4。

除了图6、图7所示的锥形杯体的杯子外，本发明对杯体的形状并没有限定，例如，还可以采用图8、图9所示的杯体结构。其中，2″表示适用于该杯子的过滤片，其余结构与上述各个例子相同，其叙述省略。

本发明由于采用了上述结构，在杯体1的杯腔中部设有带若干通孔4的过滤片2，通过过滤片2将杯腔除了分为用于盛放茶叶或中药凉茶等类似饮用品的空腔3及位于该空腔

3上方的饮水用腔9之外，还可以通过带若干通孔4的过滤片2′、2″将杯腔分为用于盛放茶叶或中药凉茶等类似饮用品的位于杯体一侧的空腔3′、3″及位于该空腔3′、3″另一侧的饮水用腔9′、9″，所以，与上述对比文件1相比，可过滤茶叶，人们饮水时，不会连同茶叶一起饮用；与对比文件2相比，不需要在杯体1上一体地形成斜置的过滤片，而是单独制造出过滤片2、2′、2″，易于成形。而且，将过滤片2、2′、2″可拆卸地装到杯体1上，用后可清洗，方便使用。

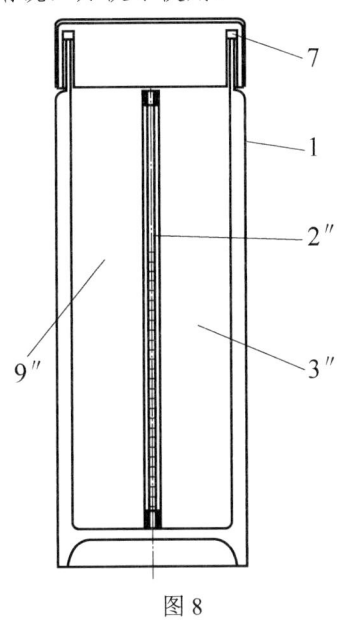

图8

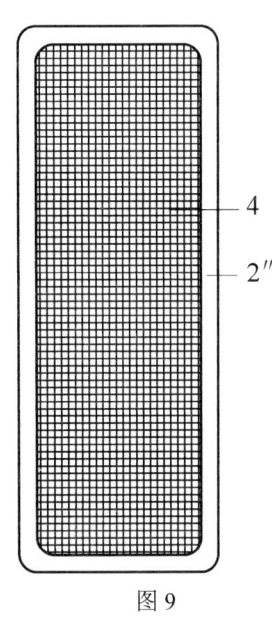

图9

参考答案（仅仅给出独立权利要求，其中第一种撰写方式是根据习题要求撰写出的保护范围尽可能宽的独立权利要求；实践中，也可以采用第二种撰写方式撰写）

第一种撰写方式（此种方法撰写的独立权利要求的保护范围较宽）

"1. 一种杯子，包括形成杯腔的杯体（1），杯腔中设有带通孔（4）的过滤片（2、2′、2″），其特征是，所述过滤片（2、2′、2″）可拆卸地装在杯体（1）上。

2. 根据权利要求1所述杯子，其特征是，所述过滤片（2、2′、2″）将杯腔分为用于盛放茶叶或中药凉茶的空腔（3、3′、3″）及饮水用腔（9、9′、9″）。

3. 根据权利要求2所述杯子，其特征是，所述用于盛放茶叶或中药凉茶的空腔（3）位于饮水用腔（9）的下方。

4. 根据权利要求2所述的杯子，其特征是，所述用于盛放茶叶或中药凉茶的空腔（3′、3″）位于饮水用腔（9′、9″）的另一侧。……"

第二种撰写方式（此种方法撰写的独立权利要求的保护范围较窄）

"1. 一种杯子，包括形成杯腔的杯体（1），杯腔中设有带通孔（4）的过滤片（2），其特征是，所述过滤片（2）可拆卸地装在杯体（1）上，将杯腔分为用于盛放茶叶或中药凉茶的空腔（3）及饮水用腔（9），所述用于盛放茶叶或中药凉茶的空腔（3）位于饮水用腔（9）的下方。

2. 一种杯子，包括形成杯腔的杯体（1），杯腔中设有带通孔（4）的过滤片（2′、2″），其特征是，所述过滤片（2′、2″）可拆卸地装在杯体（1）上，将杯腔分为用于盛放茶叶或中药凉茶的空腔（3′、3″）及饮水用腔（9′、9″），所述用于盛放茶叶或中药凉茶的空腔（3′、3″）位于饮水用腔（9′、9″）的另一侧。"

附 练习题 2

判断正误练习

下文给出针对没有扩展例子的杯子的发明专利申请权利要求撰写的一些例子，请判断这些权利要求有什么缺陷，并修改。

1. 一种杯子，包括杯体（1），其特征是，还包括置于杯体（1）上部的滤片（2）。

1. 一种杯子，包括杯体（1）及带通孔（4）的过滤片（2），其特征是，所述过滤片（2）设在杯体（1）的杯腔中部，过滤片（2）将杯腔分为空腔（3）及饮水用腔（9）。

1. 一种杯子，包括杯体（1），其特征是，在杯体（1）的杯腔内设有平行于杯底的过滤片（2）。

1. 一种杯子，包括杯体（1），其特征是，在杯体（1）的杯腔内设有至少一个平行于杯底的过滤片（2），过滤片（2）上有至少一个通孔（4）。

1. 一种杯子，包括杯体（1），过滤片（2），过滤片（2）上有通孔（4），其特征是，过滤片（2）位于杯体（1）的杯腔中部，过滤片（2）与杯底之间形成饮用品腔（3），饮用品腔（3）上方是饮水空腔（9）。

1. 一种杯子，由杯体（1）及带通孔（4）的过滤片（2）组成，其特征是，所述过滤片（2）安装在杯体（1）的杯腔内，过滤片（2）将杯腔分为盛放固体的空腔（3）及饮水用腔（9）。

1. 一种杯子，包括杯体（1），有通孔过滤片（2），其特征是，至少一片过滤片（2）装在杯体（1）的杯腔中部，其截面形状与杯体的截面形状相适配。

1. 一种可阻挡固体渣的杯子，其特征是，杯体（1）的杯腔中固定有可拆卸的过滤片（2），过滤片（2）将杯腔分为盛放固体渣的空腔（3）和饮水空腔（9）。

1. 一种杯子，是由杯体（1）及设在杯体（1）的杯腔中的带通孔（4）的过滤片（2）组成，其特征是，所述过滤片（2）将杯腔分为用于盛放茶叶或中药凉茶的空腔（3）及饮水用腔（9），过滤片（2）与杯体（1）的内壁相吻合。

1. 一种杯子，是由杯体（1）和与杯体（1）形成一体的杯底组成，其特征是，所述杯子杯腔中部设有一块与杯腔中面积形状相同的过滤片（2），过滤片（2）将杯腔分隔为用于盛放物腔（3）及饮水用腔（9），在过滤片（2）设有通孔（4）。

1. 一种杯子，是由杯体（1）和与杯体（1）形成一体的杯底组成，其特征是，所述杯子杯腔中部设置的过滤片（2）的直径与杯体（1）中上部的截面大小相适配，过滤片（2）将杯腔分隔为用于盛放物腔（3）及饮水用腔（9），在过滤片（2）设有通孔（4）。

1. 一种杯子，包含杯体（1）、与杯体（1）制成一体的杯底和设置在杯腔中的过滤片（2），其特征是，所述过滤片（2）为其上密布有若通孔（4）的圆片，所述过滤片（2）可拆卸地设置于杯腔。

附 练习题 3

无效练习

客户王某向某专利代理机构提交了一份有关名称为"杯子"的实用新型专利授权公告文本，其说明书见"客户提交的说明书及其附图"，授权时的权利要求如下：

1. 一种杯子，包括形成杯腔的杯体（1），杯腔中设有带通孔（4）的过滤片（2），其特征是，所述过滤片（2）可拆卸地装在杯体（1）上。

2. 根据权利要求 1 所述的杯子，其特征是，所述过滤片（2）为其上密布有若通孔（4）的圆片。

3. 根据权利要求 1 所述的杯子，其特征是，独立存在的过滤片（2）通过嵌合在杯体中部腔内杯壁上的相邻两个凸棱（5）之间，将杯腔分为空腔（3）及饮水用腔（9）两部分。

4. 根据权利要求 1 所述的杯子，其特征是，在所述杯体（1）外缘设有向外翻折的杯边（6），其截面呈倒 U 形。

5. 根据权利要求 1~3 记载的杯子，其特征是，在所述杯体（1）上设有杯盖（7），杯盖（7）外缘设有至少一个与杯体（1）的杯边（6）相互扣合的盖边。

6. 一种可阻挡固体渣的杯子，其特征是，杯体（1）的杯腔中固定有可拆卸的过滤片（2），过滤片（2）将杯腔分为盛放固体渣的空腔（3）和饮水空腔（9）。

7. 一种杯子，其特征是，由杯体（1）、杯盖 7、滤片 2、塑料包装膜 8 组成。

同时，客户王某向该专利代理机构提交了一份在上述名称为"杯子"的实用新型专利申请日之前已经公开的实用新型专利文献，其授权公告号为 CN 201234567U，以下简称"对比文件1"。

客户王某委托该专利代理机构帮助其将该"杯子"的实用新型专利向专利复审委员会提出无效宣告请求，请求宣告该专利全部无效。要求针对授权的名称为"杯子"实用新型专利撰写一份正式提交给专利复审委员会的无效宣告请求书。

完成此练习题时，只要求撰写无效宣告请求书的正文部分（可参考第三部分专利代理实务模拟试题五），不要求涉及有关无效宣告请求书表格的内容。

对比文件 1 的相关说明

（19）中华人民共和国国家知识产权局

（12）实用新型专利

（10）授权公告号 CN201234567U
（45）授权公告日 YYYY.MM.DD

（21）申请号 zzzzzzzzzzzz.7
（22）申请日 YYYY.MM.DD
（73）专利权人 刘某
（其余著录项目略）

说 明 书

图 1 是表示本实用新型杯子结构的纵向剖视图。

图 2 是表示用于图 1 所示杯子中的过滤片通孔的分布图。

本实用新型的杯子的结构如图 1、图 2 所示,包括杯体 1,杯体 1 的杯腔中设有过滤片 2′。过滤片 2′沿着杯子纵向将杯腔分为位于一侧的用于盛放茶叶或中药凉茶等类似饮用品的空腔 3′及位于该空腔 3′另一侧的饮水用腔 9′。在过滤片 2′上密布地设有若干通孔 4。

过滤片 2′可拆卸地设置在杯体 1 的杯腔中。

本实用新型由于采用了上述结构,在杯体 1 的杯腔中设有带若干通孔 4 的过滤片 2′,通过该过滤片 2′将杯腔除了分为用于盛放茶叶或中药凉茶等类似饮用品的空腔 3′及于该空腔 3′另一侧的饮水用腔 9′,可过滤茶叶,饮水时,不会连同茶叶一起饮用。过滤片 2′可单独制造出,易于成形。用后可清洗,方便使用。

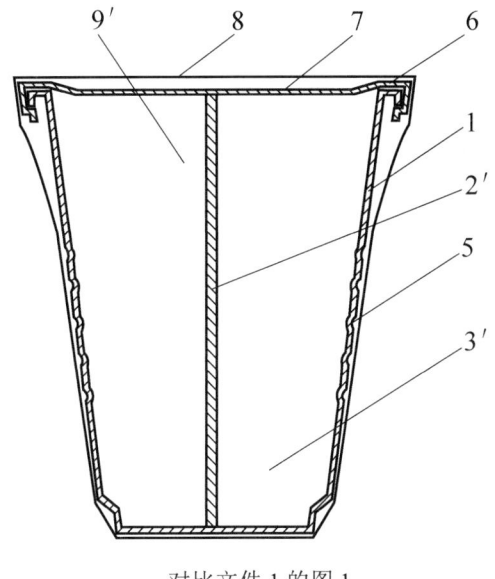

对比文件 1 的图 1

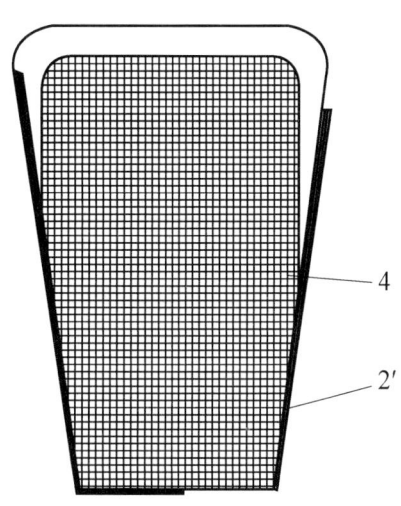

对比文件 1 的图 2

撰写案例二 轴密封[1]

一、申请案例情况介绍

申请人欲申请一件有关轴密封的发明专利申请。申请人提供了技术交底书，申请人要求专利代理师为其撰写申请文件。

申请人提供的现有技术

申请人提供了作为现有技术的一种轴密封装置（以下简称"对比文件1"），该对比文件1涉及使用压盖填料的轴密封装置。下文结合图1、图2对其详细说明。其中，图1是现有技术对比文件1的轴密封装置纵剖视图。图2是表示图1轴密封装置填料所承受的轴密封力的分布示意图。

如图1所示，该轴密封装置在机器壳体6的内部区域（即封液区域）7，装有具有一定压力的流体（气体或液体）。转轴9可旋转地贯穿该机器壳体6，并且从内部区域7延伸到外部区域（即大气压区域）8。在流体压力的作用下，机器壳体6内的流体可能会从封液区域7向大气压区域8泄漏。为保证机器正常运转，需要对转轴9与相邻部件之间进行密封。

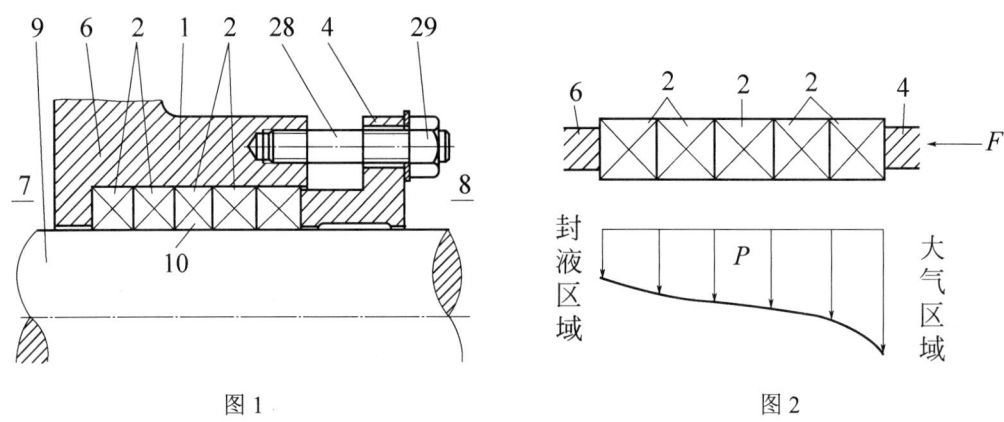

图1　　　　　　　　　　图2

在图1所示的使用压盖填料的轴密封装置中，机器壳体6与转轴9之间形成圆筒形密封空间10。在该密封空间10内，沿转轴9的轴向并列地配置了多个填料2。用配置在密封空间10的大气压区域8一侧的压盖4夹压这些填料2，使其产生沿转轴9径向的位移，实现对机器壳体6的内部区域（即封液区域）7和外部区域（即大气压区域）8之间的轴密封。

机器壳体6兼用作填料箱，即机器壳体6与填料箱1为一体结构。大气压区域8侧的压盖4支承在螺纹轴28上并可沿轴线方向移动，螺纹轴28固定在填料箱1上。旋拧螺母29，便可通过压盖4将填料2向封液区域7的方向推压。螺母29的拧紧程度对填料2所承受的压力起调节作用。

由于填料箱1与机器壳体6为整体结构，在转轴9产生轴向振动或偏心的情况下，填料箱1与转轴9的相对位置可能在轴向和/或径向上发生变化，转轴9将会产生径向跳动，从而造成转轴9与填料2间的接触压力在圆周方向上分布不均匀。在接触压力增大处，填

---

[1] 本案例根据2002年全国专利代理人资格考试"专利申请文件撰写"科目机械专业试题改编而成。

料 2 与转轴 9 接触紧密，容易产生异常磨损；在接触压力减小处，填料 2 甚至会处于过分松弛状态。

除此之外，拧紧螺母 29 时，只能从大气压区域 8 侧，通过压盖 4 向封液区域 7 的移动来推压填料 2，该推压力 F（见图 2）直接作用在最靠近大气压区域 8 侧的填料 2 上，依次向靠近封液区域 7 的填料 2 传递，作用在填料 2 上的夹紧压力（轴线方向的压缩力）越接近封液区域 7 越小。填料 2 对转轴 9（及填料箱 1）的接触压力即轴密封力 P 如图 2 所示，最靠近封液区域 7 侧的填料 2 处的轴密封力 P 最小。这样，流体会从轴密封力 P 最小处向轴密封力 P 最大处泄漏。以上情况都会导致轴密封不良，总体轴密封效果下降，甚至导致密封功能的丧失。

申请人为克服现有轴密封装置的上述缺点，发明了两种使用压盖填料的轴密封装置。

申请人发明的第一种使用压盖填料的轴密封装置

参照图 3 与图 4，介绍第一种密封装置。其中，图 3 是该轴密封装置的局部纵向剖视图，其中仅示出转轴 9 的上部结构，省略了与之对称的下部。图 4 是表示该轴密封装置的填料所承受的轴密封力的分布示意图。

为叙述方便，下文中所称的"左""右"与附图本身的左、右方向一致。该使用压盖填料的轴密封装置简称为"轴密封装置 S1"，封液区域 7 侧（此侧为左）的压盖简称为"第一压盖"；大气压区域 8 侧（此侧为右）的压盖简称为"第二压盖"。

如图 3 所示，填料箱 1 呈圆筒形，套装于转轴 9 以及其上的部件上，转轴 9 贯穿机器壳体 6，由封液区域 7 延伸到大气区域 8，在填料箱 1 的左右端部分别形成第一凸缘 1a 和第二凸缘 1b。为了在填料箱 1 的内周面与转轴 9 的外周面之间形成必要且充分的环形密封空间 10，以便填入填料 2，应当根据转轴 9 的外径适宜地设定填料箱 1 的内径。填料 2 填充在密封空间 10 内，沿着转轴 9 的轴线方向左、右并列配置，填料 2 的左右两侧分别被封液区域 7 侧的第一压盖 3 和大气区域 8 侧的第二压盖 4 夹压。第一压盖 3 位于填料箱 1 的左侧，即靠近封液区域 7 的一侧，该第一压盖 3 具有向密封空间 10 突出的轴向突出部 3b，该轴向突出部 3b 形成为一圆筒形构件。通过螺栓等固定件 11 将第一压盖 3 左端部一体形成的环状凸缘 3a 安装在机器壳体 6 上，使第一压盖 3 固定在机器壳体 6 上。另外，在第一压盖 3 的轴向突出部 3b 与填料箱 1 的相向周面之间以及在凸缘 3a 与机器壳体 6 的接触端面之间，分别装入 O 形环 12、13。第二压盖 4 位于填料箱 1 的右侧，即靠近大气压区域 8 的一侧，它是向密封空间 10 突出的圆筒形构件。通过螺栓等固定件 14 将第二压盖 4 右端部的一体形成的环状凸缘 4a 安装在填料箱 1 的第二凸缘 1b 上。

第一填料夹紧机构 5 这样构成：将向右延伸的螺纹轴 15 以螺纹连接方式固定在第一压盖 3 的凸缘 3a 上，在填料箱 1 的第一凸缘 1a 上设有孔径大于螺纹轴 15 的直径的通孔 16，在凸缘 1a、3a 的圆周方向上按规定间隔设有多对螺纹轴 15 和供该螺纹轴穿过的通孔 16，将螺母 17 拧在穿过通孔 16 的螺纹轴部分上，在第一凸缘 1a 与螺母 17 之间的螺纹轴部分上装有螺旋压缩弹簧 18，这样填料箱 1 和第一压盖 3 就连接了起来，由于螺纹轴 15 与通孔 16 的直径之差以及弹簧 18 的配置，填料箱 1 可以在旋转轴 9 的轴向和径向两个方向上相对于第一压盖 3 移动。利用第一填料夹紧机构 5，可以调节填料箱 1 相对于第一压盖 3 的位置，将螺母 17 拧紧（使螺母向左移动）时，填料箱 1 与第二压盖 4 一起在弹簧 18 的作用下向左移动，相对而言，第一压盖 3 的轴向突出部 3b 向密封空间 10 内伸进，将填料 2 向第二压盖 4 的方向推压，从而调节填料 2 承受的夹紧压力。当转轴 9 发生轴向振动和/

或偏心时，填料箱 1 可以随着转轴 9 一起轴向移动，其轴向移动的范围取决于弹簧 18 的伸缩范围；而且还可以随着转轴 9 一起径向移动，其径向移动的范围取决于螺纹轴 15 与通孔 16 的直径之差。但是，弹簧 18 的伸缩范围以及通孔 16 与螺纹轴 15 的直径之差应当根据预计的转轴 9 的轴向振动和/或偏心的程度适当设定，以保证填料箱 1 与转轴 9 之间的相对位置不因转轴 9 的轴向振动和/或偏心而改变。

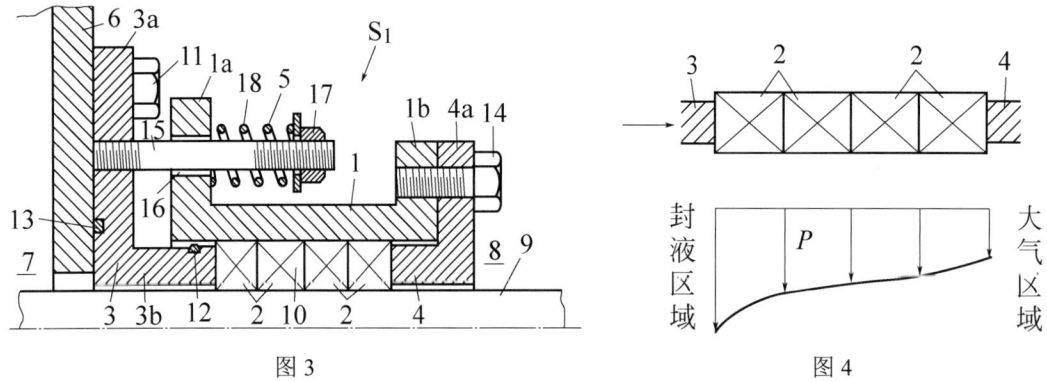

图 3　　　　　　　　　图 4

在具有上述结构的轴密封装置 S1 中，填料箱 1 可沿轴向和径向移动的方式间接地支承在机器壳体 6 上，因此当转轴 9 产生轴振动和/或偏心时，填料箱 1 随之移动，但它与转轴 9 之间的相对位置不发生变化而保持一定。也就是说，填料箱 1 和转轴 9 之间的密封空间 10 内的填料 2 对转轴 9 及填料箱 1 的接触压力不发生变化，实现了良好且稳定的轴密封。

另外，当拧紧螺母 17 时，第一压盖 3 相对于填料箱 1 向右移动，从封液区域 7 侧将填料 2 向大气区域 8 侧的第二压盖 4 推压。因此，与现有装置相反，填料 2 承受的夹紧压力即轴密封力 P 在最靠近封液区域 7 侧的填料 2 处最大（如图 4 所示），能够实现良好而可靠的轴密封。

申请人发明的第二种使用压盖填料的轴密封装置

参照图 5 与图 6，介绍第二种密封装置。其中，图 5 是该轴密封装置的局部纵向剖视图，其中仅示出转轴 9 的上部结构，省略了与之对称的下部。图 6 是图 5 轴密封装置的填料承受的轴密封力分布示意图。

如图 5 所示，该使用压盖填料的轴密封装置简称为"轴密封装置 S2"，除了在填料箱 1 与第二压盖 4 之间设置第二填料夹紧机构 20 以外，其他与轴密封装置 S1 的结构相同，为了简便，下文仅叙述与轴密封装置 S1 不同部分。

第二填料夹紧机构 20 的结构和原理类似于第一填料夹紧机构 5，具体为：将向右延伸的螺纹轴 21 固定（螺纹结合）在填料箱 1 的第二凸缘 1b 上，在第二压盖 4 的凸缘 4a 上设有通孔 22，该通孔的直径大于螺纹轴 21 直径一预定量，将螺母 23 拧在穿过通孔 22 的螺纹轴 21 上，在凸缘 4a 与螺母 23 之间的螺纹轴部分装有螺旋压缩簧 24。这样，就将填料箱 1 和第二压盖 4 可相对移动地连接起来。利用第二填料夹紧机构 20，当拧紧螺母 23 向左移动时，两凸缘 1b、4a 相互接近，第二压盖 4 在密封空间 10 内向左移动，从大气区域 8 侧将填料 2 向左推压。另外，在第二压盖 4 与填料箱 1 的相向周面之间装入 O 形环 25。

在轴密封装置 S2 中，通过拧紧螺母 17、23，分别从左右两侧夹紧填料 2，如图 6 所示，填料 2 承受的夹紧压力以及轴密封力 P，在最靠近封液区域侧 7 的填料 2（最左侧的填料）和最靠近大气区域侧 8 的填料 2（最右侧的填料）两处最大，总的轴密封力 P 大于仅仅从左侧或右侧推压填料 2 的轴密封装置的轴密封力。

与第一种轴密封装置 S1 相类似，即使转轴 9 产生轴振动和/或偏心，通过第一和第二填料夹紧机构 5、20，可调节填料箱 1 相对于第一压盖 3 或第二压盖 4 的相对位置。也就是说，填料箱 1 和第二压盖 4 随着转轴 9 移动，因此轴振动和/或偏心产生的荷载不会作用于填料 2 上，能够实现良好的轴密封。

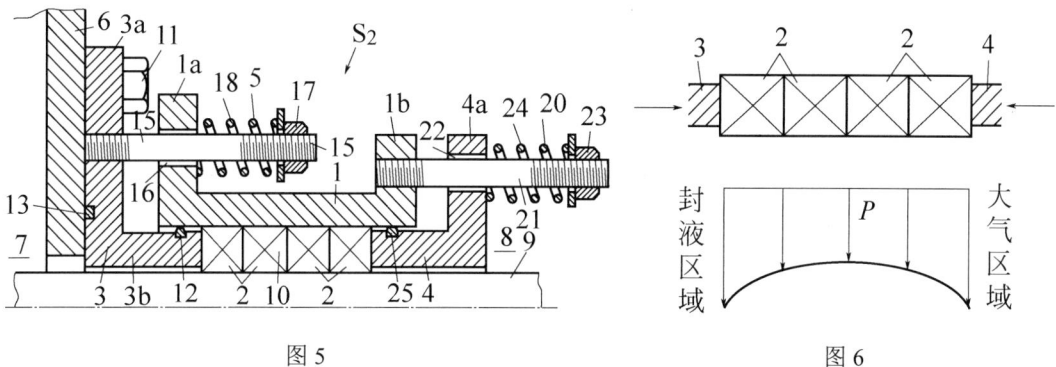

图 5   图 6

需要说明的是，图 3、图 5 所示的第一和第二填料夹紧机构 5、20 中采用的是螺旋压缩弹簧 18、24，但并不仅限于此，可以用可压缩的其他弹性部件如橡胶弹性套筒部件等代替。

另外，上述的轴密封装置 S1、S2 和各构成部件，除了填料 2 及 O 形环 12、13、25 以外，其他构成部件均由根据轴密封条件选定金属材料构成。

检索到的现有技术

开发出上述产品后，在为发明专利申请撰写权利要求书、说明书之前，应当最好建议申请人对现有技术再进行一次检索。本案在为申请人进行补充检索时，又找到了一篇相关的对比文件（以下简称"对比文件 2"）。该对比文件 2 公开了一种使用压盖填料的轴密封装置。其具体结构参照图 7、图 8。其中，图 7 是补充检索到的对比文件 2 的轴密封装置的纵向剖视图。图 8 是表示图 7 轴密封装置填料所承受的轴密封力的分布示意图。

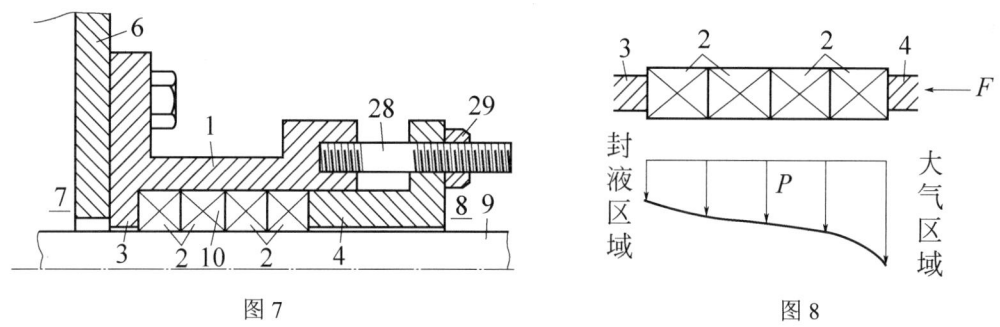

图 7   图 8

如图 7 所示的使用压盖填料的轴密封装置与申请人提供的现有技术对比文件 1 在结构上的不同点在于：围绕旋转轴 9 设置有圆筒形填料箱 1，该填料箱 1 与机器壳体 6 为分体结构，而与压盖 3 为整体结构，通过螺栓等安装在机器壳体 6 上。在该填料箱 1 与转轴 9 之间形成圆筒形密封空间 10。

在该圆筒形密封空间 10 内，在转轴 9 的轴向上，左右并列地安装有多个填料 2。通过用配置在密封空间 10 内的大气区域 8 侧的压盖 4 夹压这些填料 2，在机器壳体 6 的内部区域即封液区域 7 和外部区域即大气区域 8 之间实现轴密封。

但是，图 7 所示的轴密封装置，由于填料箱 1 与压盖 3 为整体结构，通过螺栓等安装在机器壳体 6 上，即填料箱 1 固定机器壳体 6 上，与壳体 6 构成整体结构，所以，在轴 9 产生轴向振动或偏心的情况下，与图 1 所示的现有技术类似地，填料箱 1 与转轴 9 的相对位置可能在轴向和/或径向上发生变化，转轴 9 将会产生径向跳动，从而造成转轴 9 与填料 2 间的接触压力在圆周方向上分布不均匀。在接触压力增大处，填料 2 与转轴 9 接触紧密，同样容易产生异常磨损；在接触压力减小处，填料 2 甚至会处于过分松弛状态。除此之外，拧紧螺母 29 时，也只能从大气压区域 8 侧，通过压盖 4 向封液区域 7 的移动来推压填料 2，该推压力 F（见图 8），直接作用在最靠近大气压区域 8 侧的填料 2 上，依次向靠近封液区域 7 的填料 2 传递，作用在填料 2 上的夹紧压力（轴线方向的压缩力）越接近封液区域 7 越小。结果，与图 1 所示现有技术一样地，都会导致轴密封不良，总体轴密封效果下降，甚至导致密封功能的丧失。

在理解和分析现有技术和发明内容的基础上，着手为本发明专利申请撰写权利要求书、说明书及其摘要。其中，撰写的独立权利要求应当相对于图 1、图 2、图 7 及图 8 两项现有技术具备新颖性和创造性。

二、权利要求书和说明书的撰写思路

对于前面所介绍的轴密封装置专利申请案来说，可以按照下述主要思路来撰写权利要求书和说明书。

（一）确定本申请案相对现有技术所作出的主要改进及需要保护的客体

1. 确定本申请案相对现有技术所作出的主要改进

图 3 至图 6 反映的本发明与图 1 所示的现有技术相比，其改进在于：

① 填料箱 1 与机器壳体 6 为分体结构，两者之间设置有第一压盖 3，即填料箱 1 与第一压盖 3 也为分体结构，填料 2 的左右两侧分别被封液区域 7 侧的第一压盖 3 和大气区域 8 侧的第二压盖 4 夹压。

② 通过螺栓等固定件 11，将第一压盖 3 固定在机器壳体 6 上。

③ 设置有第一填料夹紧机构 5，该第一填料夹紧机构 5 将填料箱 1 以可以自动调节填料箱 1 相对于第一压盖 3 的位置的方式，将填料箱 1 相对移动地连接到第一压盖 3 上。

④ 也可以再设置一个第二填料夹紧机构 20，该第二填料夹紧机构 20 将填料箱 1 以可以自动调节填料箱 1 相对于第二压盖 4 的位置的方式，将填料箱 1 相对移动地连接到第二压盖 4 上。

图 3 至图 6 反映的本发明与图 7 所示的检索到的现有技术相比，其改进在于：

① 填料箱 1 与第一压盖 3 为分体结构，填料 2 的左右两侧分别被封液区域 7 侧的第一压盖 3 和大气区域 8 侧的第二压盖 4 夹压。

② 通过螺栓等固定件 11，将第一压盖 3 固定在机器壳体 6 上。

③ 设置有第一填料夹紧机构 5，该第一填料夹紧机构 5 将填料箱 1 以可以自动调节填料箱 1 相对于第一压盖 3 的位置的方式，将填料箱 1 相对移动地连接到第一压盖 3 上。

④ 也可以再设置一个第二填料夹紧机构 20，该第二填料夹紧机构 20 将填料箱 1 以可以自动调节填料箱 1 相对于第二压盖 4 的位置的方式，将填料箱 1 相对移动地连接到第二压盖 4 上。

由于不论是设置了一个填料夹紧机构的技术方案，还是设置了两个填料夹紧机构的技术方案，都能将填料箱1以可以自动调节其相对于第一压盖3的位置的方式连接到第一压盖3上，因此，可调节填料2承受的夹紧压力。当转轴9发生轴向振动和/或偏心时，填料箱1可以随着转轴9一起轴向移动；而且还可以随着转轴9一起径向移动，从而，保证了填料箱1与转轴9之间的相对位置不因转轴9的轴向振动和/或偏心而改变。

2. 确定需要保护的客体

本申请技术交底书没有揭示其他信息，所以确定本申请保护的客体是：压盖填料轴密封装置。

（二）从两项相关的现有技术中确定最接近的现有技术

《专利审查指南2010》第二部分第四章第3.2.1.1节中规定了确定最接近现有技术的原则，首先选出与要求保护的发明技术领域相同或相近的现有技术；其次从技术领域相同或相近的现有技术中选出所要解决的技术问题、技术效果或者用途最接近和/或公开了发明的技术特征最多的那一项现有技术作为最接近的现有技术。

图1与图2、图7与图8所示的两项现有技术都是使用压盖填料的轴密封装置，与申请本发明的技术领域相同。

图1与图2、图7与图8所示的两项现有技术分别与本发明相比，可知图7与图8公开的对比文件2相对图1与图2公开的对比文件1来说，公开了发明更多的技术特征，即披露了填料箱1与机器壳体6为分体结构，两者之间设置有第一压盖3。即对比文件2比对比文件1公开了本申请发明更多的信息，因此选择对比文件2作为最接近的对比文件。

（三）根据所选定的最接近的现有技术确定本发明专利申请所要解决的技术问题

本申请发明相对根据图7与图8公开的最接近的现有技术对比文件2解决两个问题：

一是解决如何使填料箱与转轴的相对位置不因转轴的轴向振动或/和偏心而发生变化，从而避免因转轴与填料间接触压力分布不均导致异常磨损或填料过分松弛，保持稳定的密封效果。

二是如何克服现有技术（对比文件2）中越靠近封液区轴密封力越小，因而发生流体泄漏的缺点，使轴密封力的分布更有利于获得良好的轴密封效果。

（四）完成独立权利要求的撰写

根据上述分析确定出的最接近的现有技术对比文件2和本发明要解决的技术问题确定其全部必要技术特征，按照《专利法实施细则》第二十一条规定的格式划分独立权利要求与最接近的现有技术的对比文件2的前序部分和特征部分的界限，完成独立权利要求的撰写。

（1）确定各个实施例（第一种及第二种密封装置）为解决上述技术问题的全部的必要技术特征

通过对本申请发明的上述两个实施例进行分析，压盖填料轴密封装置的第一个实施例要解决上述技术问题的全部的必要技术特征是：

在由机器壳体6延伸出的转轴9上沿轴向设置有第二压盖4及围绕上述第二压盖4的外周部套装的填料箱1，该第二压盖4固定到上述填料箱1的一端上，在该填料箱1的第二压盖4的相反一端设有固定在壳体6上的第一压盖3，上述填料箱1套装于第一压盖3轴向突出部3b上，在该填料箱1、第一压盖3及第二压盖4之间形成有充满填料2的密封空间10，上述填料箱1套装第一压盖3轴向突出部3b的上述相反一端，设置可自动调节两者相对位置的第一填料夹紧机构5。

其中，"在由机器壳体6延伸出的转轴9上沿轴向设置有第二压盖4及围绕上述第二压盖 4 的外周部套装的填料箱 1，该第二压盖 4 固定到上述填料箱 1 的一端上"是与最接近的现有技术对比文件 2 共有的技术特征，应该写在独立权利要求的前序部分，而"在该填料箱 1 的第二压盖 4 的相反一端设有固定在壳体 6 上的第一压盖 3，上述填料箱 1 套装于第一压盖 3 轴向突出部 3b 上，在该填料箱 1、第一压盖 3 及第二压盖 4 之间形成有充满填料 2 的密封空间 10，上述填料箱 1 套装第一压盖 3 轴向突出部 3b 的上述相反一端，设置可自动调节两者相对位置的第一填料夹紧机构 5"是与最接近的现有技术对比文件 2 区别的技术特征，应该写在独立权利要求的特征部分。

这样，可以撰写出第一独立权利要求为：

"1.一种压盖填料轴密封装置，在由机器壳体（6）延伸出的转轴（9）上沿轴向设置有第二压盖（4）及围绕所述第二压盖（4）的外周部套装的填料箱（1），该第二压盖（4）固定到所述填料箱（1）的一端上，其特征在于，在所述填料箱（1）的第二压盖（4）的相反一端设有固定在壳体（6）上的第一压盖（3），所述填料箱（1）套装于第一压盖（3）轴向突出部（3b）上，在该填料箱（1）、第一压盖（3）及第二压盖（4）之间形成有充满填料（2）的密封空间（10），所述填料箱（1）套装第一压盖（3）轴向突出部（3b）的上述相反一端，设置可自动调节两者相对位置的第一填料夹紧机构（5）。"

压盖填料轴密封装置的第二个实施例要解决上述技术问题的全部的必要技术特征是：

在由机器壳体 6 延伸出的转轴 9 上沿轴向设置有第二压盖 4 及围绕上述第二压盖 4 的外周部套装的填料箱 1，在该填料箱 1 的第二压盖 4 的相反一端设有固定在壳体 6 上的第一压盖 3，上述填料箱 1 套装于第一压盖 3 轴向突出部 3b 上，在该填料箱 1、第一压盖 3 及第二压盖 4 之间形成有充满填料 2 的密封空间 10，上述填料箱 1 套装于第二压盖 4 轴向突出部的一端处，设置可自动调节两者相对位置的第二填料夹紧机构 20，上述填料箱 1 套装第一压盖 3 轴向突出部 3b 的上述相反一端，设置可自动调节两者相对位置的第一填料夹紧机构 5。

其中，"在由机器壳体 6 延伸出的转轴 9 上沿轴向设置有第二压盖 4 及围绕上述第二压盖 4 的外周部套装的填料箱 1"是与最接近的现有技术对比文件 2 共有的技术特征，应该写在独立权利要求的前序部分，而"在该填料箱 1 的第二压盖 4 的相反一端设有固定在壳体 6 上的第一压盖 3，上述填料箱 1 套装于第一压盖 3 轴向突出部 3b 上，在该填料箱 1、第一压盖 3 及第二压盖 4 之间形成有充满填料 2 的密封空间 10，上述填料箱 1 套装于第二压盖 4 轴向突出部的一端处，设置可自动调节两者相对位置的第二填料夹紧机构 20，上述填料箱 1 套装第一压盖 3 轴向突出部 3b 的上述相反一端，设置可自动调节两者相对位置的第一填料夹紧机构 5"是与最接近的现有技术对比文件 2 区别的技术特征，应该写在独立权利要求的特征部分。

这样，可以撰写出第二并列独立权利要求为：

"2.一种压盖填料轴密封装置，在由机器壳体（6）延伸出的转轴（9）上沿轴向设置有第二压盖（4）及围绕上述第二压盖（4）的外周部套装的填料箱（1），其特征在于，在该填料箱（1）的第二压盖（4）的相反一端设有固定在壳体（6）上的第一压盖（3），所述填料箱（1）套装于第一压盖（3）轴向突出部（3b）上，在该填料箱（1）、第一压盖（3）及第二压盖（4）之间形成有充满填料（2）的密封空间（10），所述填料箱（1）套装于第二压盖（4）轴向突出部的一端处，设置可自动调节两者相对位置的第二填料夹紧机构（20），所述填料箱（1）套装第一压盖（3）轴向突出部（3b）的上述相反一端，设置可自动调节两者相对位置的第一填料夹紧机构（5）。"

（2）对两个实施例所列举的为解决上述技术问题的全部的必要技术特征进行分析，概括出保护范围比较大的独立权利要求

在撰写独立权利要求时，如果能做到不局限于发明的具体实施例，撰写出一个保护范围较宽的独立权利要求，对申请人在确权的后续程序中将带来好的前景，使申请获得更多的保护，就应尽可能采取概括性描述来表达技术特征。为此，对上述两个实施例对应的权利要求进行分析，发现，上述前两个实施例有一个共同点，都是"上述填料箱1套装第一压盖3轴向突出部3b的上述相反一端，设置可自动调节两者相对位置的第一填料夹紧机构5"，即不论是"第二压盖4固定到填料箱1的一端上"还是"填料箱1套装于第二压盖4轴向突出部的一端处，设置可自动调节两者相对位置的第二填料夹紧机构20"，都可使填料箱随着旋转轴产生移动，使填料箱与转轴的相对位置不因转轴的轴向振动或/和偏心而发生变化。因此，不对填料箱1与第二压盖4之间的结构进行限定的技术方案，能解决本申请发明所要解决的技术问题。换句话说，填料箱1相对第二压盖4的连接关系不是本申请发明解决其技术问题的必要技术特征，即不必写在独立权利要求中。

将前两个实施例概括如下：

在由机器壳体6延伸出的转轴9上沿轴向设置有第二压盖4及围绕上述第二压盖4的外周部套装的填料箱1，在该填料箱1的第二压盖4的相反一端设有固定在壳体6上的第一压盖3，上述填料箱1套装于第一压盖3轴向突出部3b上，在该填料箱1、第一压盖3及第二压盖4之间形成有充满填料2的密封空间10，上述填料箱1套装第一压盖3轴向突出部3b的上述相反一端，设置可自动调节两者相对位置的第一填料夹紧机构5。

其中，"在由机器壳体6延伸出的转轴9上沿轴向设置有第二压盖4及围绕上述第二压盖4的外周部套装的填料箱1"是与最接近的现有技术对比文件2共有的技术特征，应该写在独立权利要求的前序部分，而"在该填料箱1的第二压盖4的相反一端设有固定在壳体6上的第一压盖3，上述填料箱1套装于第一压盖3轴向突出部3b上，在该填料箱1、第一压盖3及第二压盖4之间形成有充满填料2的密封空间10，上述填料箱1套装第一压盖3轴向突出部3b的上述相反一端，设置可自动调节两者相对位置的第一填料夹紧机构5"是与最接近的现有技术对比文件2区别的技术特征，应该写在独立权利要求的特征部分。

这样，将技术交底书中关于压盖填料轴密封装置的第一和第二实施例概括为一个独立权利要求如下：

"1.一种压盖填料轴密封装置，在由机器壳体（6）延伸出的转轴（9）上沿轴向设置有第二压盖（4）及围绕所述第二压盖（4）的外周部套装的填料箱（1），其特征在于，在该填料箱（1）的第二压盖（4）的相反一端设有固定在壳体（6）上的第一压盖（3），所述填料箱（1）套装于第一压盖（3）轴向突出部（3b）上，在所述填料箱（1）、第一压盖（3）及第二压盖（4）之间形成有充满填料（2）的密封空间（10），所述填料箱（1）套装第一压盖（3）轴向突出部（3b）的上述相反一端，设置可自动调节两者相对位置的第一填料夹紧机构（5）。"

（3）判断所撰写的独立权利要求的新颖性、创造性及单一性

1）判断撰写的压盖填料轴密封装置的权利要求的新颖性、创造性。

① 判断新颖性。

撰写一个更上位的独立权利要求时：

由于现有技术对比文件 1 及检索到的对比文件 2，均没有公开 "在该填料箱（1）的第二压盖（4）的相反一端设有固定在壳体（6）上的第一压盖（3），所述填料箱（1）套装于第一压盖（3）轴向突出部（3b）上，在所述填料箱（1）、第一压盖（3）及第二压盖（4）之间形成有充满填料（2）的密封空间（10），所述填料箱（1）套装第一压盖（3）轴向突出部（3b）的上述相反一端，设置可自动调节两者相对位置的第一填料夹紧机构（5）"的技术特征，因此，上述一个更上位的独立权利要求所要求保护的技术方案，分别相对对比文件 1 或对比文件 2 单独对比时，具备《专利法》第二十二条第二款规定的新颖性。

撰写两个并列独立权利要求时：

由于现有技术对比文件 1 及检索到的对比文件 2，均没有公开上述两个并列独立权利要求 1 或 2 的 "在该填料箱（1）的第二压盖（4）的相反一端设有固定在壳体（6）上的第一压盖（3），所述填料箱（1）套装于第一压盖（3）轴向突出部（3b）上，在该填料箱（1）、第一压盖（3）及第二压盖（4）之间形成有充满填料（2）的密封空间（10），所述填料箱（1）套装第一压盖（3）轴向突出部（3b）的上述相反一端，设置可自动调节两者相对位置的第一填料夹紧机构（5）"的技术特征，因此上述压盖填料轴密封装置第一、第二个实施例对应的两个并列独立权利要 1 或 2 求所要求保护的技术方案，分别相对对比文件 1 或对比文件 2 单独对比时，具备《专利法》第二十二条第二款规定的新颖性。

② 判断创造性。

撰写一个更上位的独立权利要求时：

该权利要求相对最接近的对比文件 2 的区别技术特征是："在该填料箱（1）的第二压盖（4）的相反一端设有固定在壳体（6）上的第一压盖（3），所述填料箱（1）套装于第一压盖（3）轴向突出部（3b）上，在所述填料箱（1）、第一压盖（3）及第二压盖（4）之间形成有充满填料（2）的密封空间（10），所述填料箱（1）套装第一压盖（3）轴向突出部（3b）的上述相反一端，设置可自动调节两者相对位置的第一填料夹紧机构（5）。"而该区别技术特征在申请人提供的现有技术对比文件 1 中并未披露，也不属于所属技术领域的技术人员的公知常识，因而，对比文件 1 或所属技术领域的公知常识没有给出将上述区别技术特征应用到最接近的现有技术对比文件 2 中以解决上述技术问题的启示，采用该权利要求的结构，即使在旋转轴 9 产生振动或偏心等的情况下，填料箱 1 也能随着旋转轴 9 产生移动，使两者的相对位置不发生变化而保持一致，并实现良好且稳定的轴密封。因此，权利要求 1 限定的技术方案，相对于对比文件 1、2 的两项现有技术以及所属技术领域的公知常识，不是显而易见的，具有突出的实质性特点和显著的进步，具备《专利法》第二十二条第三款规定的创造性。

撰写两个并列独立权利要求时：

与上述撰写一个更上位的独立权利要求同样的理由，即，简言之，不论根据对比文件 1 还是对比文件 2，都不能得出将填料箱 1 相对于第一压盖 3 可相对移动地连接起来的任何启示。采用两个并列独立权利要求的任何一个的结构，即使在旋转轴 9 产生振动或偏心等的情况下，填料箱 1 也能随着旋转轴 9 产生移动，使两者的相对位置不发生变化而保持一致，并实现良好且稳定的轴密封。因此，上述两个并列独立权利要求 1 或 2 的任何一个所限定的技术方案，与对比文件 1 或对比文件 2 以及两者的组合相比，不是显而易见的，具有突出的实质性特点和显著的进步，具备《专利法》第二十二条第三款规定的创造性。

2）判断撰写的两个并列项独立权利要求之间的单一性。

由于上述两项独立权利要求 1 或 2 相对现有技术作出贡献的技术特征均是"所述填料箱（1）套装第一压盖（3）轴向突出部（3b）的上述相反一端，设置可自动调节两者相对位置的第一填料夹紧机构（5）"，因此，这两项权利要求在技术上相互关联，属于一个总的发明构思，符合《专利法》第三十一条第一款有关单一性的规定，可以合案申请。

（五）完成从属权利要求的撰写

（1）撰写一个独立权利要求时

前述将独立权利要求写成概括了两个实施例的大的保护范围的技术方案，在撰写关于压盖填料轴密封装置的从属权利要求时，实践中可以首先对区别于最接近的现有技术对比文件 2 的特征部分的特征"可自动调节两者相对位置的第一填料夹紧机构 5"、即对上位概念"自动调节"的技术特征作进一步的限定，其次写出相应的两个实施例（填料箱 1 与第二压盖 4 之间的关系）。当然，不限于这一种方法，也可以先写出相应的两个实施例，然后对区别于最接近的现有技术对比文件 2 的特征部分的特征"可自动调节两者相对位置的第一填料夹紧机构 5"的这一最上位的技术特征作进一步的限定。

这里主要介绍先写出对区别于最接近的现有技术对比文件 2 的特征部分特征的最上位的技术特征作进一步的限定的方法。

对"可自动调节两者相对位置的第一填料夹紧机构 5"作进一步限定的技术特征是：

第一填料夹紧机构 5 在转轴 9 的轴向和径向方向，将填料箱 1 相对应地与第一压盖 3 可相对移动地连接起来。

再具体地限定：

第一填料夹紧机构 5，将朝转轴 9 轴向延伸的螺纹轴 15 固定在第一压盖 3 上；

在填料箱 1 的凸缘 1a 上设有直径大于螺纹轴 15 直径一预定量的通孔 16；

将螺母 17 拧在穿过通孔 16 的螺纹轴部分上；

在凸缘 1a 与螺母 17 之间的螺纹轴部分装有螺旋压缩弹簧 18；

以上是第一实施例必须要撰写的从属权利要求的内容。

对于两个实施例的具体结构，还可作如下限定：

特别是，对于第一、第二轴密封装置，可分别作如下限定：

第二压盖 4 与填料箱 1 固定在一起（涉及第一实施例）；在第二压盖 4 与填料箱 1 之间，设置可自动调节（或者可调节或者是可沿轴向和径向方向调节）两者相对位置的第二填料夹紧机构 20（涉及第二实施例）。

接着，再对"第二填料夹紧机构 20"作进一步的限定：

第二填料夹紧机构 20 将朝旋转轴 9 的轴向延伸的螺纹轴 21 固定在填料箱 1 上，在第二压盖 4 的凸缘 4a 上设有直径大于螺纹轴 21 直径一预定量的通孔 22，将螺母 23 拧在穿过通孔 22 的螺纹轴部分上，在凸缘 4a 与螺母 23 之间的螺纹轴部分装有螺旋压缩弹簧 24。

考虑限定上述"可自动调节相对位置的填料夹紧机构"及相应的两个实施例所得出从属权利要求的不同排列与组合，关于本申请发明的压盖填料轴密封装置共撰写出 7 项从属权利要求，参见后述的权利要求书。

（2）撰写了两个独立权利要求时

其一，对两个独立权利要求共同的区别于最接近的现有技术对比文件 2 的特征部分的特征"可自动调节两者相对位置的第一填料夹紧机构5",即最上位的技术特征作进一步的限定。其二,对每个具体的实施例再做限定。或者对每个独立权利要求分别作进一步限定。这里介绍的是后一种方法。

首先,根据第一实施例对权利要求1的第一填料夹紧机构5限定为:在转轴9的轴向和径向方向,将填料箱1和第一压盖3可相对移动地连接起来。

其次,根据第二实施例对权利要求2的填料夹紧机构(5、20)之一限定为:在转轴9的轴向和径向方向,将填料箱1相对应地与第一压盖3及第二压盖4之一,可相对移动地连接起来。

最后,对第一填料夹紧机构5及第二填料夹紧机构20分别作具体限定(参见后述的权利要求5、权利要求6)。

(3)在撰写从属权利要求时,应该符合《专利法》第二十六条第四款的规定,并应当按照《专利法实施细则》第二十一条规定的方式撰写

每项从属权利要求的保护范围应当清楚主要含义是指:其一,其保护范围应该落在其所引用的权利要求的保护范围之内,例如,不能将独立权利要求撰写为"设置可沿轴向和径向方向调节两者相对位置的第二填料夹紧机构",而将从属权利要求用上位概念概括为"设置可自动调节两者相对位置的第二填料夹紧机构"。其二,构成权利要求书的所有权利要求作为一个整体也应当清楚,即权利要求之间的引用关系应当清楚。对于后者,主要有以下四方面的含义:

① 从属权利要求只能引用在前的权利要求。

② 引用两项以上权利要求的多项从属权利要求只能以择一方式引用在前的权利要求,并不得作为被另一项多项从属权利要求引用的基础,即在后的多项从属权利要求不得引用在前的多项从属权利要求。

③ 直接或间接从属于某一项独立权利要求的所有从属权利要求都应当写在该独立权利要求之后,另一项独立权利要求之前。

④ 引用关系中符合逻辑,即对在前的权利要求作进一步限定时,被限定的技术特征要在前面的权利要求中有所包含;表示两个并列技术方案的从属权利要求不得互相引用。

例如,在撰写为一个独立权利要求时,表示第一实施例的从属权利要求6与表示第二实施例的从属权利要求7是两个并列技术方案,不得互相引用。权利要求8是个引用了权利要求1~5任一项的多项从属权利要求,只能用择一的方式即"根据权利要求1~5任一项"的方式来撰写,不能用"根据权利要求1~5"的方式撰写,而且,不能引用在前的多项从属权利要求6或7,要想用权利要求8的技术特征对权利要求6或7作进一步的限定,只能再撰写两个限定部分的技术特征与权利要求6一样但引用关系不一样的从属权利要求。还有,权利要求7是对"第二填料夹紧机构20"作进一步限定的从属权利要求,该"第二填料夹紧机构20"在权利要求1、2中均未出现,所以,不能引用权利要求1或2进行限定。有关撰写为两个并列独立权利要求时的从属权利要求的引用关系的分析与撰写为一个独立权利要求时的情况类似,因此省略对其说明。

总之,在撰写从属权利要求时,要对本申请发明的除了独立权利要求外的其余所有技术特征进行分析,将那些对申请的创造性起作用的技术特征作为对本申请发明进一步限定的附加技术特征,写成相应的从属权利要求。

（六）在撰写的权利要求书的基础上完成说明书的撰写

说明书的撰写应当按照《专利法实施细则》第十七条、第十八条的规定撰写。

为了在发明名称中反映保护的主题、类型，将发明名称改写为：轴密封装置。

按照《专利法实施细则》第十七条的规定，在背景技术中，要写明对发明或者实用新型的理解、检索、审查有用的背景技术；有可能的，并引证反映这些背景技术的文件。一般来说，至少要简明扼要地反映最接近的现有技术公开的内容及所存在的问题。本申请权利要求涉及一个轴密封装置的主题，除了涉及申请人提供的现有技术外，还涉及检索到的对比文件2，因此，在该部分增加对比文件2公开的内容及所存在的问题的简要说明。

发明内容部分写明本申请发明相对检索到的对比文件2所要解决的技术问题。写明解决技术问题的对应于独立权利要求的技术方案，如果撰写两个并列独立权利要求，则以分段的形式写出两个并列独立权利要求的技术方案，在每一技术方案的后面以分段的形式对照现有技术写明发明的有益效果。当然，该有益效果也可以放在这些技术方案之后撰写。在此部分最好对重要的从属权利要求的技术方案及其有益效果加以叙述。

本申请有附图，所以要有附图说明书部分，主要对各幅附图的图名作简略说明。关于附图，如果申请比较复杂，最好能用剖视图、透视图等清楚反映内外结构的附图。

在具体实施方式部分，对照附图，对本发明轴密封装置的各个实施例逐一作详细说明。

在说明书每一部分前面写明标题。

一般地，在说明书附图部分，将现有技术的附图放在发明附图之后的情况更多一些，因为这样更清楚。因此，在下文推荐的说明书样页中，现有技术的附图与本申请发明的附图摆放顺序与上述介绍本申请发明过程时的顺序不完全一致。

（七）撰写说明书摘要

说明书摘要应当按照《专利法实施细则》第二十三条的规定撰写，写明发明的名称和所属技术领域，并清楚地反映所要解决的技术问题、解决该问题的技术方案的要点以及主要用途。在考虑不得超过300个字的前提下，至少写明有关包装体的技术方案及采用该技术方案所获得的技术效果。并选用说明书附图中的图3作为摘要附图。

三、推荐的专利申请文件

根据以上介绍的本发明压盖填料轴密封装置的资料和现有技术的情况及最接近的现有技术（及检索到的对比文件2），以撰写一个更上位的独立权利要求为例给出推荐发明专利申请的撰写文本并给出撰写两个并列独立权利要求的权利要求书。

权 利 要 求 书

1. 一种压盖填料轴密封装置，在由机器壳体（6）延伸出的转轴（9）上沿轴向设置有第二压盖（4）及围绕所述第二压盖（4）的外周部套装的填料箱（1），其特征在于，在该填料箱（1）的第二压盖（4）的相反一端设有固定在壳体（6）上的第一压盖（3），所述填料箱（1）套装于第一压盖（3）轴向突出部（3b）上，在所述填料箱（1）、第一压盖（3）及第二压盖（4）之间形成有充满填料（2）的密封空间（10），所述填料箱（1）套装第一压盖（3）轴向突出部（3b）的所述相反一端，设置可自动调节两者相对位置的第一填料夹紧机构（5）。

2. 根据权利要求1所述的压盖填料轴密封装置，其特征是，所述第一填料夹紧机构（5），在所述转轴（9）的轴向和径向方向，将所述填料箱（1）相对应地与所述第一压盖（3）可相对移动地连接起来。

3. 根据权利要求1所述的压盖填料轴密封装置，其特征是，在所述第二压盖（4）与所述填料箱（1）之间，设置可调节两者相对位置的第二填料夹紧机构（20）。

4. 根据权利要求3所述的压盖填料轴密封装置，其特征是，所述填料夹紧机构（5、20）之一，在所述转轴（9）的轴向和径向方向，将所述填料箱（1）相对应地与所述第一压盖（3）及第二压盖（4）之一，可相对移动地连接起来。

5. 根据权利要求2所述的压盖填料轴密封装置，其特征是，所述第一填料夹紧机构（5）将朝所述转轴（9）轴向延伸的螺纹轴（15）固定在所述第一压盖（3）上，在所述填料箱（1）的凸缘（1a）上设有直径大于螺纹轴（15）直径一预定量的通孔（16），将螺母（17）拧在穿过通孔（16）的螺纹轴部分上，在凸缘（1a）与螺母（17）之间的螺纹轴部分装有螺旋压缩弹簧（18）。

6. 根据权利要求1或2或5所述的压盖填料轴密封装置，其特征是，所述第二压盖（4）与所述填料箱（1）固定在一起。

7. 根据权利要求3或4所述的压盖填料轴密封装置，其特征是，所述第二填料夹紧机构（20）将朝所述旋转轴（9）的轴向延伸的螺纹轴（21）固定在所述填料箱（1）上，在所述第二压盖（4）的凸缘（4a）上设有直径大于螺纹轴（21）直径一预定量的通孔（22），将螺母（23）拧在穿过通孔（22）的螺纹轴部分上，在凸缘（4a）与螺母（23）之间的螺纹轴部分装有螺旋压缩弹簧（24）。

8. 根据权利要求1~5任一所述的压盖填料轴密封装置，其特征是，在所述第一压盖（3）轴向突出部（3b）与所述填料箱（1）的相向周面之间、所述第一压盖（3）的凸缘（3a）与所述机器壳体（6）的接触端面之间分别装入O形环。

9. 根据权利要求7所述的压盖填料轴密封装置，其特征是，在所述第二压盖（4）与所述填料箱（1）的相向周面之间装入O形环（25）。

说　明　书

轴密封装置

技术领域

本发明涉及一种轴密封装置，特别是一种带压盖填料的轴密封装置。

背景技术

现有技术的使用压盖填料的轴密封装置。其具体结构如图5所示，该轴密封装置在机器壳体6的内部区域（即封液区域）7，装有具有一定压力的流体（气体或液体）。转轴9可旋转地贯穿该机器壳体6，并且从内部区域7延伸到外部区域（即大气压区域）8。在流体压力的作用下，机器壳体6内的流体可能会从封液区域7向大气压区域8泄漏。为保证机器正常运转，需要对转轴9与相邻部件之间进行密封。

在图5所示的使用压盖填料的轴密封装置中，机器壳体6与转轴9之间形成圆筒形密封空间10。在该密封空间10内，沿转轴9的轴向并列地配置了多个填料2。用配置在密封空间10的大气压区域8一侧的压盖4夹压这些填料2，使其产生沿转轴9径向的位移，实现对机器壳体6的内部区域（即封液区域7）和外部区域（即大气压区域8）之间的轴密封。

机器壳体6兼用作填料箱，即机器壳体6与填料箱1为一体结构。大气压区域8侧的压盖4支承在螺纹轴28上并可沿轴线方向移动，螺纹轴28固定在填料箱1上。旋拧螺母29，便可通过压盖4将填料2向封液区域7的方向推压。螺母29的拧紧程度对填料2所承受的压力起调节作用。

由于填料箱1与机器壳体6为整体结构，在转轴9产生轴向振动或偏心的情况下，填料箱1与转轴9的相对位置可能在轴向和/或径向上发生变化，转轴9将会产生径向跳动，从而造成转轴9与填料2间的接触压力在圆周方向上分布不均匀。在接触压力增大处，填料2与转轴9接触紧密，容易产生异常磨损；在接触压力减小处，填料2甚至会处于过分松弛状态。除此之外，拧紧螺母29时，只能从大气压区域8侧，通过压盖4向封液区域7的移动来推压填料2，该推压力 F（见图6）直接作用在最靠近大气压区域8侧的填料2上，依次向靠近封液区域7的填料2传递，作用在填料2上的夹紧压力（轴线方向的压缩力）越接近封液区域7越小。填料2对转轴9（及填料箱1）的接触压力即轴密封力 P，如图6所示，最靠近封液区域7侧的填料2处的轴密封力 P 最小。这样，流体会从轴密封力 P 最小处向轴密封力 P 最大处泄漏。以上情况都会导致轴密封不良，总体轴密封效果下降，甚至导致密封功能的丧失。

为了解决上述问题，人们提出了另一种经过改进的使用压盖填料的轴密封装置，其具体结构如图7所示，与图5所示现有技术在结构上的不同点在于：围绕旋转轴9设置有圆筒形填料箱1，该填料箱1与机器壳体6为分体结构，而与压盖3为整体结构，通过螺栓等安装在机器壳体6上。在该填料箱1与转轴9之间形成圆筒形密封空间10。

然而，图7所示的轴密封装置，由于填料箱1与压盖3为整体结构，通过螺栓等安装在机器壳体6上，即填料箱1固定机器壳体6上并与壳体6构成整体结构，所以，在轴9产生轴向振动或偏心的情况下，与图1所示的现有技术类似地，填料箱1与转轴9的相对位置可能在轴向和/或径向上发生变化，转轴9将会产生径向跳动，从而造成转轴9与填料2间的接触压力在圆周方向上分布不均匀。在接触压力增大处，填料2与转轴9接触紧密，同样容易产生异常磨损；在接触压力减小处，填料2甚至会处于过分松弛状态。除此之外，拧紧螺母29时，也是只能从大气压区域8侧，通过压盖4向封液区域7的移动来推压填料2，该推压力F（见图8），直接作用在最靠近大气压区域8侧的填料2上，依次向靠近封液区域7的填料2传递，作用在填料2上的夹紧压力（轴线方向的压缩力）越接近封液区域7越小。结果，与图5所示现有技术一样地，都会导致轴密封不良，总体轴密封效果下降，甚至导致密封功能的丧失。

发明内容

鉴于上述现有技术存在的问题，提出了本发明。

因此，本发明要解决的技术问题是，如何使填料箱与转轴的相对位置不因转轴的轴向振动或/和偏心而发生变化，从而避免因转轴与填料间接触压力分布不均导致异常磨损或填料过分松弛，保持稳定的密封效果。

另外，本发明进一步要解决的技术问题是，如何克服现有技术中越靠近封液区轴密封力越小，因而会发生流体泄漏的缺点，使轴密封力的分布更有利于获得良好的轴密封效果。

根据本发明，提供一种压盖填料轴密封装置，在由机器壳体延伸出的转轴上沿轴向设置有第二压盖及围绕上述第二压盖的外周部套装的填料箱，在该填料箱的第二压盖的相反一端设有固定在壳体上的第一压盖，上述填料箱套装于第一压盖轴向突出部上，在上述填料箱、第一压盖及第二压盖之间形成有充满填料的密封空间，上述填料箱套装第一压盖轴向突出部的上述相反一端，设置可自动调节两者相对位置的第一填料夹紧机构。

在上述压盖填料轴密封装置中，上述第一填料夹紧机构，在上述转轴的轴向和径向方向，将上述填料箱相对应地与上述第一压盖可相对移动地连接起来。

此外，可以在上述第二压盖与上述填料箱之间，设置可调节两者相对位置的第二填料夹紧机构。

合适的是，上述填料夹紧机构之一，在上述转轴的轴向和径向方向，将上述填料箱相对应地与上述第一压盖及第二压盖之一，可相对移动地连接起来。

在上述的压盖填料轴密封装置中，上述第一填料夹紧机构将朝上述转轴轴向延伸的螺纹轴固定在上述第一压盖上，在上述填料箱的凸缘上设有直径大于螺纹轴直径一预定量的通孔，将螺母拧在穿过通孔的螺纹轴部分上，在凸缘与螺母之间的螺纹轴部分装有螺旋压缩弹簧。

在一个例子中，上述第二压盖与上述填料箱固定在一起。

在另一例子中，上述第二填料夹紧机构将朝上述旋转轴的轴向延伸的螺纹轴固定在上述填料箱上，在上述第二压盖的凸缘上设有直径大于螺纹轴直径一预定量的通孔，将螺母拧在穿过通孔的螺纹轴部分上，在凸缘与螺母之间的螺纹轴部分装有螺旋压缩弹簧。

在上述的压盖填料轴密封装置中，最好在上述第一压盖轴向突出部与上述填料箱的相向周面之间、上述第一压盖的凸缘与上述机器壳体的接触端面之间分别装入O形环。

在上述压盖填料轴密封装置中，最好在上述第二压盖与上述填料箱的相向周面之间装入O形环。

根据本发明，由于在填料箱与第一压盖之间，设置有可调节两者相对位置的第一填料夹紧机构，在转轴的轴向和/或径向方向，将填料箱相对于第一压盖可相对移动地连接起来。因此，即使在旋转轴产生振动或偏心等的情况下，填料箱也能随着旋转轴产生移动，使两者的相对位置不发生变化而保持一致，因此，填充在填料箱与旋转轴之间的填料的密封功能不变。

再者，由于将封液区域侧的第一压盖固定在机器壳体上，并且通过第一填料夹紧机构将填料箱与第一压盖连接起来，通过第一压盖可向填料施加夹紧力，由于采用了这样的结构，填料的夹紧压力或轴密封力 P 在最靠近封液区域侧的处最大，都能改善填料的受力状况，实现良好且稳定的轴密封。

进一步，除了设置上述的第一填料夹紧机构之外，还可以在第二压盖与填料箱之间设置有第二填料夹紧机构，第二填料夹紧机构也在转轴的轴向和径向方向，将填料箱和第二压盖可相对移动地连接起来。因此，在旋转轴产生振动和/或偏心等的情况下，能获得与上述密封装置相同的效果。此外，通过分别拧紧第一、第二填料夹紧机构的螺母，可分别从左右两侧夹紧填料，填料承受的夹紧压力或轴密封力，在最靠近封液区域侧的部位和最靠近大气区域侧两处最大，总的轴密封力大于从左或右一侧推压填料的轴密封装置的力。因此，进一步改善了填料的受力状况，使其更好地实现良好且稳定的轴密封。

附图的简要说明

图1是本发明第一实施方式的使用压盖填料轴密封装置的局部纵向剖视图，其中仅示出转轴9的上部结构，省略了与之对称的下部。

图2是表示图1所示该轴密封装置的填料所承受的轴密封力的分布示意图。

图3是本发明第二实施方式的使用压盖填料轴密封装置的局部纵向剖视图，其中仅示出转轴9的上部结构，省略了与之对称的下部。

图4是表示图3所示轴密封装置的填料所承受的轴密封力的分布示意图。

图5是表示一种现有技术的轴密封装置的局部纵向剖视图。

图6是表示图5所示轴密封装置的填料承受的轴密封力分布示意图。

图7是表示另一种现有技术的轴密封装置的局部纵向剖视图。

图8是表示图7所示轴密封装置的填料承受的轴密封力分布示意图。

具体实施方式

下面结合附图，详细介绍本发明的各实施方式。

第一实施方式：

下文，参照图1及图2说明本发明的第一实施方式。图1是本发明第一实施方式的使用压盖填料轴密封装置的局部纵向剖视图，其中仅示出转轴9的上部结构，省略了与之对称的下部。图2是表示图1所示该轴密封装置的填料所承受的轴密封力的分布示意图。

为叙述方便，下文中所称的"左""右"与附图本身的左、右方向一致。该使用压盖填料的轴密封装置简称为"轴密封装置S1"，封液区域7侧（此侧为左）的压盖简称为"第一压盖"；大气压区域8侧（此侧为右）的压盖简称为"第二压盖"。

如图1所示，填料箱1呈圆筒形，套装于转轴9以及其上的部件上，转轴9贯穿机器壳体6，由封液区域7延伸到大气区域8，在填料箱1的左右端部分别形成第一凸缘1a和第二凸缘1b。为了在填料箱1的内周面与转轴9的外周面之间形成必要且充分的环形密封空间10，以便填入填料2，应当根据转轴9的外径适宜地设定填料箱1的内径。

填料2填充在密封空间10内，沿着转轴9的轴线方向左右并列配置，填料2的左右两侧分别被封液区域7侧的第一压盖3和大气区域8侧的第二压盖4夹压。

第一压盖3位于填料箱1的左侧，即靠近封液区域7的一侧，该第一压盖3具有向密封空间10突出的轴向突出部3b，该轴向突出部3b形成为一圆筒形构件。通过螺栓等固定件11，将第一压盖3左端部的一体形成的环状凸缘3a安装在机器壳体6上，使第一压盖3固定在机器壳体6上。另外，在第一压盖3的轴向突出部3b与填料箱1的相向周面之间以及在凸缘3a与机器壳体6的接触端面之间，分别装入O形环12、13。

第二压盖4位于填料箱1的右侧，即靠近大气压区域8的一侧，它是向密封空间10突出的圆筒形构件。通过螺栓等固定件14，将第二压盖4右端部的一体形成的环状凸缘4a安装在填料箱1的第二凸缘1b上。

第一填料夹紧机构5这样构成：将向右延伸的螺纹轴15以螺纹连接方式固定在第一压盖3的凸缘3a上，在填料箱1的第一凸缘1a上设有孔径大于螺纹轴15的直径的通孔16，在凸缘1a、3a的圆周方向上按规定间隔设有多对螺纹轴15和供该螺纹轴穿过的通孔16，将螺母17拧在穿过通孔16的螺纹轴部分上，在第一凸缘1a与螺母17之间的螺纹轴部分上装有螺旋压缩弹簧18，这样填料箱1和第一压盖3就连接了起来，由于螺纹轴15与通孔16的直径之差以及弹簧18的配置，填料箱1可以在旋转轴9的轴向和径向两个方向上相对于第一压盖3移动。利用填料夹紧机构5，可以调节填料箱1相对于第一压盖3的位置，将螺母17拧紧（使螺母向左移动）时，填料箱1与第二压盖4一起在弹簧18的作用下向左移动，相对而言，第一压盖3的轴向突出部3b向密封空间10内伸进，将填料2向第二压盖4的方向推压，从而调节填料2承受的夹紧压力。当转轴9发生轴向振动和/或偏心时，填料箱1可以随着转轴9一起轴向移动，其轴向移动的范围取决于弹簧18的伸缩范围；而且还可以随着转轴9一起径向移动，其径向移动的范围取决于螺纹轴15与通孔16的直径之差。但是，弹簧18的伸缩范围以及通孔16与螺纹轴15的直径之差应当根据预计的转轴9的轴向振动和/或偏心的程度适当设定，以保证填料箱1与转轴9之间的相对位置不因转轴9的轴向振动和/或偏心而改变。

在具有上述结构的轴密封装置S1中，填料箱1以可沿轴向和径向移动的方式间接地支承在机器壳体6上，因此当转轴9产生轴振动和/或偏心时，填料箱1随之移动，但它与转轴9之间的相对位置不发生变化而保持一定。也就是说，填料箱1和转轴9之间的密封空间10内的填料2对转轴9及填料箱1的接触压力不发生变化，实现了良好且稳定的轴密封。

另外，当拧紧螺母17时，第一压盖3相对于填料箱1向右移动，从封液区域7侧将填料2向大气区域8侧的第二压盖4推压。因此，与现有装置相反，填料2承受的夹紧压力即轴密封力P在最靠近封液区域7侧的填料2处最大（如图2所示），能够实现良好而可靠的轴密封。

第二实施方式：

下文，参照图3及图4说明本发明的第二实施方式。图3是本发明第二实施方式的使用压盖填料轴密封装置的局部纵向剖视图，其中仅示出转轴9的上部结构，省略了与之对称的下部。图4是表示图3所示该轴密封装置的填料所承受的轴密封力的分布示意图。

该使用压盖填料的轴密封装置简称为"轴密封装置S2"，除了在填料箱1与第二压盖4之间设置第二填料夹紧机构20以外，其他与轴密封装置S1的结构相同。因此，下文仅叙述与第一实施方式不同的部分。

第二填料夹紧机构20的结构和原理类似于第一填料夹紧机构5，具体为：将向右延伸的螺纹轴21固定（螺纹结合）在填料箱1的第二凸缘1b上，在第二压盖4的凸缘4a上设有通孔22，该通孔的直径大于螺纹轴21直径一预定量，将螺母23拧在穿过通孔22的螺纹轴21上，在凸缘4a与螺母23之间的螺纹轴部分装有螺旋压缩簧24。这样，就将填料箱1和第二压盖4可相对移动地连接起来。利用第二填料夹紧机构20，当拧紧螺母23向左移动时，两凸缘1b、4a相互接近，第二压盖4在密封空间10内向左移动，从大气区域8侧将填料2向左推压。另外，在第二压盖4与填料箱1的相向周面之间装入O形环25。

在轴密封装置 S2 中，通过拧紧螺母 17、23，分别从左右两侧夹紧填料 2，如图 4 所示，填料 2 承受的夹紧压力以及轴密封力 P，在最靠近封液区域侧 7 的填料 2（最左侧的填料）和最靠近大气区域侧 8 的填料 2（最右侧的填料）两处最大，总的轴密封力 P 大于仅仅从左侧或右侧推压填料 2 的轴密封装置的轴密封力。

与第一轴密封装置 S1 相类似，即使转轴 9 产生轴振动和/或偏心，通过第一和第二填料夹紧机构 5、20，可调节填料箱 1 相对于第一压盖 3 或第二压盖 4 的相对位置。也就是说，填料箱 1 和第二压盖 4 随动于转轴 9 的移动，因此轴振动和/或偏心产生的荷载不会作用于填料 2 上，能够实现良好的轴密封。

需要说明的是，图 1、图 3 所示的第一和第二填料夹紧机构 5、20 中采用的是螺旋压缩弹簧 18、24，但并不仅限于此，可以用可压缩的其他弹性部件如橡胶弹性套筒部件等代替。

另外，上述的轴密封装置 S1、S2 和各构成部件，除了填料 2 及 O 形环 12、13、25 以外，其他均由根据轴密封条件选定金属材料构成。

上面结合附图对本发明的实施方式作了详细说明，但是本发明并不限于上述实施方式，在本领域普通技术人员所具备的知识范围内，还可以在不脱离本发明宗旨的前提下作出各种变化。

说　明　书　附　图

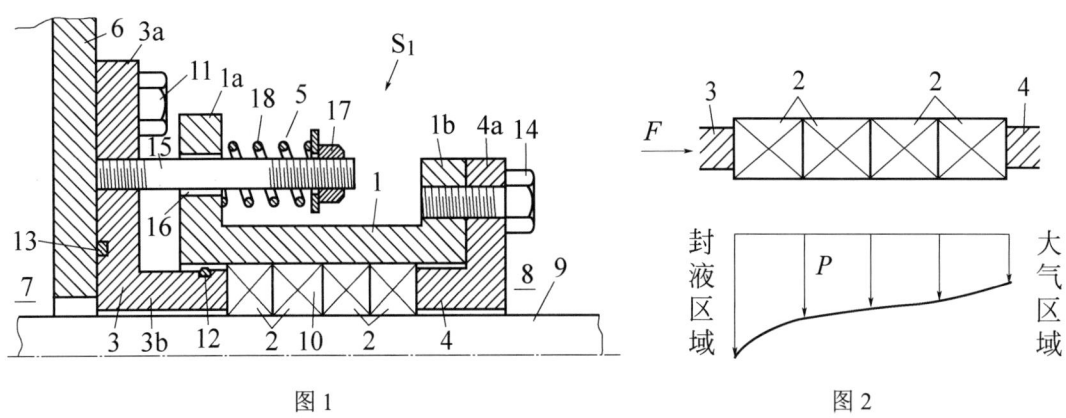

图 1　　　　图 2

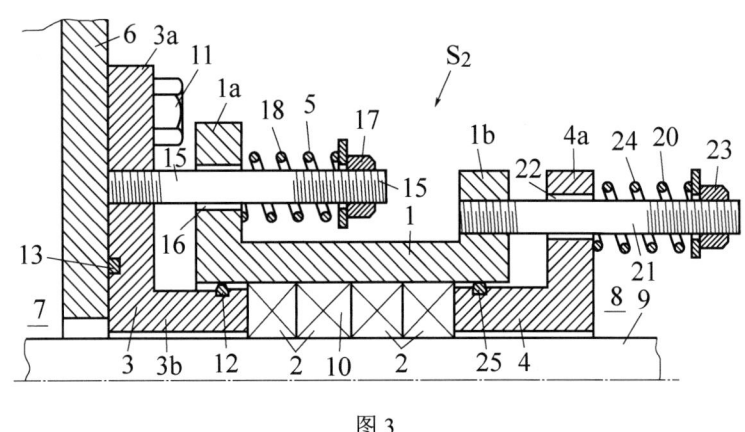

图 3

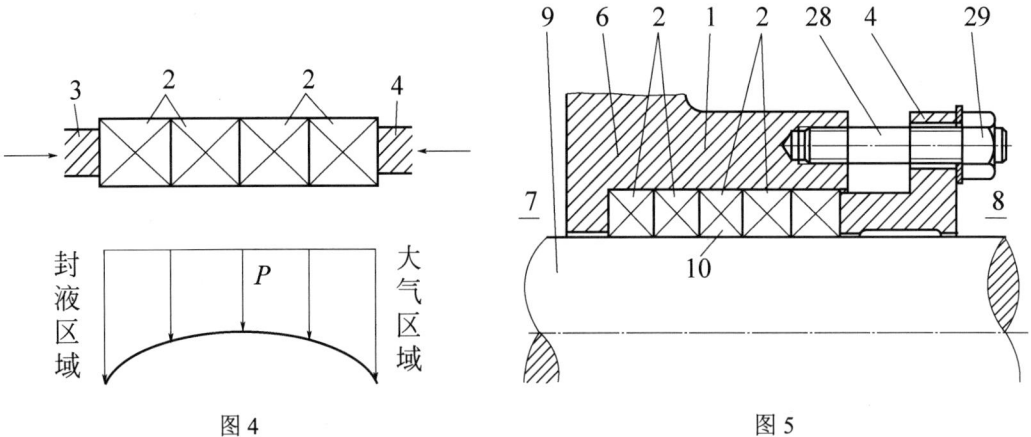

图 4　　　　图 5

说 明 书 附 图

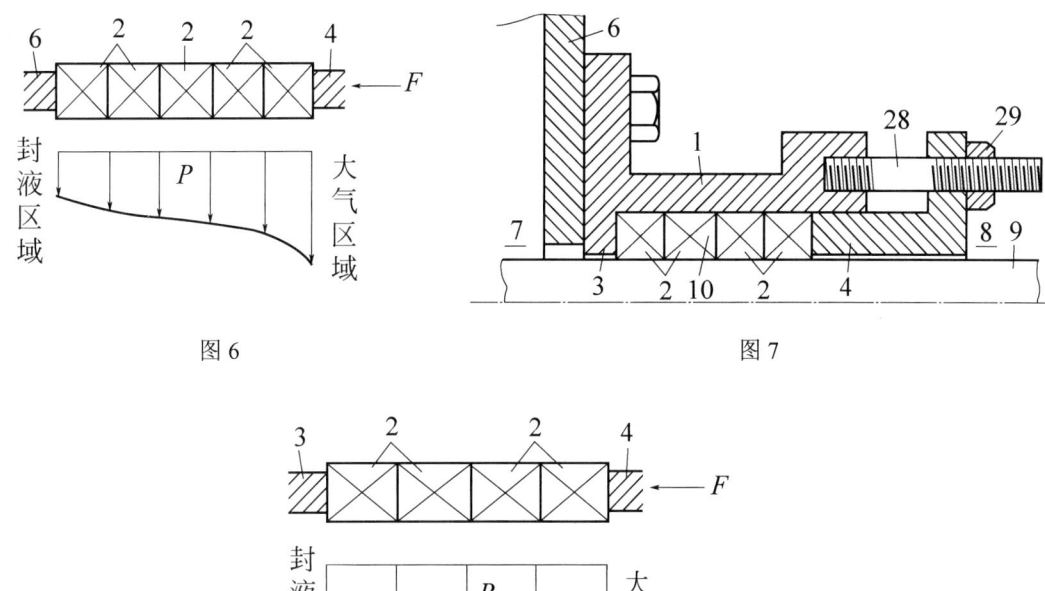

图 6

图 7

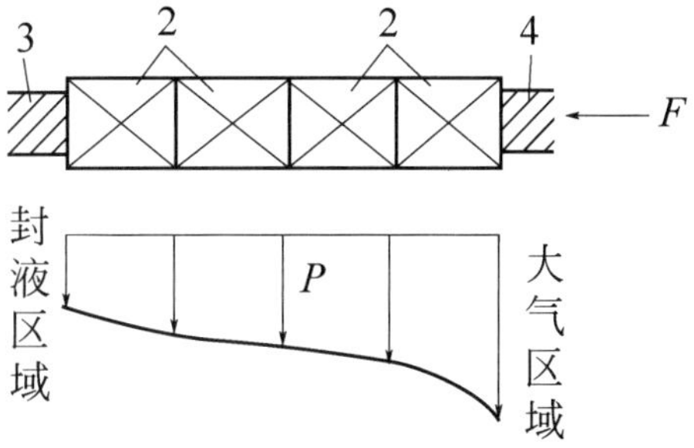

图 8

说　明　书　摘　要

　　一种压盖填料轴密封装置，在由机器壳体延伸出的转轴上沿轴向设置有第二压盖及围绕上述第二压盖的外周部套装的填料箱，在该填料箱的第二压盖的相反一端设有固定在壳体上的第一压盖，上述填料箱套装于第一压盖轴向突出部上，在上述填料箱、第一压盖及第二压盖之间形成有充满填料的密封空间，上述填料箱套装第一压盖轴向突出部的上述相反一端，设置可自动调节两者相对位置的第一填料夹紧机构。因此，在转轴的轴向和径向方向，将填料箱相对于第一压盖可相对移动地连接起来。即使在旋转轴产生振动或偏心等的情况下，填料箱也能随着旋转轴产生移动，使两者的相对位置不发生变化而保持一致，从而可使填充在填料箱与旋转轴之间的填料的密封功能不变。

摘 要 附 图

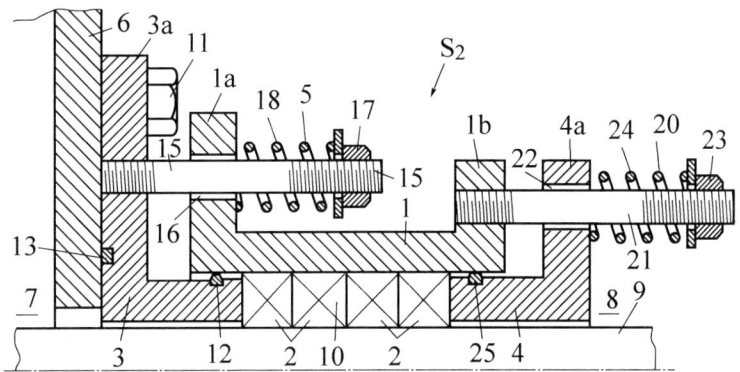

撰写两项并列独立权利要求时，在撰写其说明书时，最好在发明内容部分以分段形式分别叙述与两个并列独立权利要求对应的技术方案，其余部分与撰写一项独立权利要求的内容基本相同。在撰写其摘要时，最好把两个并列的技术方案也概括进去。至于说明书附图两种情况没有区别。因此，这里仅仅给出供参考的撰写两项并列独立权利要求时的权利要求书。

权　利　要　求　书（两项并列独立权利要求）

1. 一种压盖填料轴密封装置，在由机器壳体（6）延伸出的转轴（9）上沿轴向设置有第二压盖（4）及围绕所述第二压盖（4）的外周部套装的填料箱（1），该第二压盖（4）固定到所述填料箱（1）的一端上，其特征在于，在所述填料箱（1）的第二压盖（4）的相反一端设有固定在壳体（6）上的第一压盖（3），所述填料箱（1）套装于第一压盖（3）轴向突出部（3b）上，在该填料箱（1）、第一压盖（3）及第二压盖（4）之间形成有充满填料（2）的密封空间（10），所述填料箱（1）套装第一压盖（3）轴向突出部（3b）的上述相反一端，设置可自动调节两者相对位置的第一填料夹紧机构（5）。

2. 一种压盖填料轴密封装置，在由机器壳体（6）延伸出的转轴（9）上沿轴向设置有第二压盖（4）及围绕上述第二压盖（4）的外周部套装的填料箱（1），其特征在于，在该填料箱（1）的第二压盖（4）的相反一端设有固定在壳体（6）上的第一压盖（3），所述填料箱（1）套装于第一压盖（3）轴向突出部（3b）上，在该填料箱（1）、第一压盖（3）及第二压盖（4）之间形成有充满填料（2）的密封空间（10），所述填料箱（1）套装于第二压盖（4）轴向突出部的一端处，设置可自动调节两者相对位置的第二填料夹紧机构（20），所述填料箱（1）套装第一压盖（3）轴向突出部（3b）的上述相反一端，设置可自动调节两者相对位置的第一填料夹紧机构（5）。

3. 根据权利要求1所述的压盖填料轴密封装置，其特征是，所述第一填料夹紧机构（5），在所述转轴（9）的轴向和径向方向，将所述填料箱（1）和所述第一压盖（3）可相对移动地连接起来。

4. 根据权利要求2所述的压盖填料轴密封装置，其特征是，所述填料夹紧机构（5、20）之一，在所述转轴（9）的轴向和径向方向，将所述填料箱（1）相对应地与所述第一压盖（3）及第二压盖（4）之一，可相对移动地连接起来。

5. 根据权利要求3或4所述的压盖填料轴密封装置，其特征是，所述第一填料夹紧机构（5）将朝所述转轴（9）轴向延伸的螺纹轴（15）固定在所述第一压盖（3）上，在所述填料箱（1）的凸缘（1a）上设有直径大于螺纹轴（15）直径一预定量的通孔（16），将螺母（17）拧在穿过通孔（16）的螺纹轴部分上，在凸缘（1a）与螺母（17）之间的螺纹轴部分装有螺旋压缩弹簧（18）。

6. 根据权利要求2或4所述的压盖填料轴密封装置，其特征是，所述第二填料夹紧机构（20）将朝所述旋转轴（9）的轴向延伸的螺纹轴（21）固定在所述填料箱（1）上，在所述第二压盖（4）的凸缘（4a）上设有直径大于螺纹轴（21）直径一预定量的通孔（22），将螺母（23）拧在穿过通孔（22）的螺纹轴部分上，在凸缘（4a）与螺母（23）之间的螺纹轴部分装有螺旋压缩弹簧（24）。

7. 根据权利要求5（1或3或4）所述的压盖填料轴密封装置，其特征是，在所述第一压盖（3）轴向突出部（3b）与所述填料箱（1）的相向周面之间、所述第一压盖（3）的凸缘（3a）与所述机器壳体（6）的接触端面之间分别装入O形环（12、13）。

8. 根据权利要求6（2或4）所述的压盖填料轴密封装置，其特征是，在所述第二压盖（4）与所述填料箱（1）的相向周面之间装入O形环（25）。

撰写案例三 包装体[1]

一、申请案例情况介绍

申请人欲申请一件有关用于封装可吸收或产生气体的物质的包装体的发明专利申请。申请人提供了技术交底书,申请人要求为其撰写申请文件。其中,申请人所提供的发明内容如下。

一般来说,利用透气性材料制成包装体来封装活性炭、樟脑等可吸收或产生气体的物质,这项技术已经为人们所熟知。例如,用透气性包装材料来包装铁粉、亚硫酸氢盐等用于吸收氧气的脱氧剂;硅胶、生石灰(CaO)等吸湿剂或者使乙醇吸附在充填剂上的乙醇产生剂等吸收或产生气体物质的技术已经是公知的,这种由透气性包装材料制成的包装体,均具有这样的特点:当将其原封不动地放在大气中时,其内部包装的物质会与大气中的氧气、水分产生反应,或者向大气散逸而逐渐丧失其效力。即存在着易使其内封装物质的效力在非使用状态下逐渐减退的缺点。此外,由于这种用透气性包装材料制成的包装体会导致其内包装的物质进行气体吸收或产生气体的反应,因此对其进行保存、运输或供给等方面均带来了显著困难。为避免由这种透气性包装体所包装的物质失去效力或效力减退,必须将这种包装体保存在完全气密的密封容器中,而且包装体的各种转移工作必须迅速完成。

为了克服上述缺陷,本发明提供一种包装体、一种包装体长带和一种包装体自动供给装置。

包装体

本发明提供一种能够有效防止其内封装物质效力减退且使用方便的包装体。该包装体用于封装可产生或吸收气体的物质。具体参照附图进行描述。

第一实施例

图1a和图1b示出了本发明包装体的第一实施例。其中,图1a是本发明包装体第一实施例的剖视图;图1b是本发明包装体第一实施例的透视图。

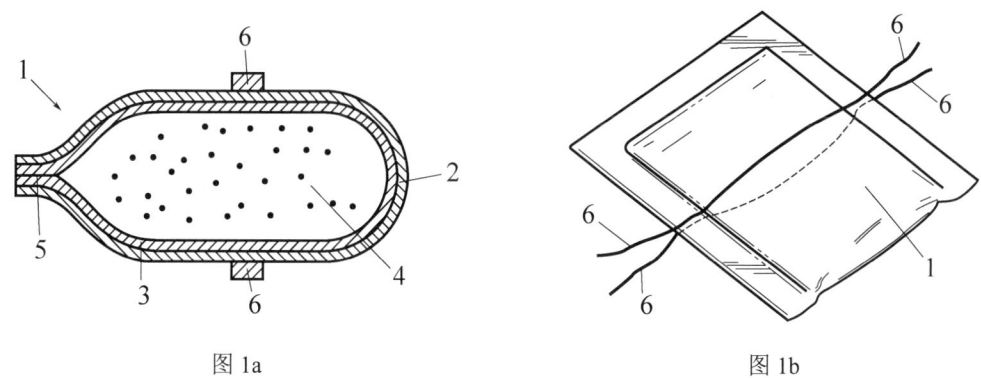

图1a   图1b

如图1a和1b所示,包装体1包括由不透气性材料构成的不透气性外包装层2和由透气性材料构成的透气性内包装层3。内包装层3和外包装层2粘接在一起,可吸收或产生

---

[1] 本案例根据2007年全国专利代理人资格考试"专利代理实务"科目试题改编而成。

气体的物质4封装在透气性内包装层3内，通过密封口5将包装体1封住。一个或多个带状部件6粘接在不透气性外包装层2的外表面上，带状部件6与不透气性外包装层2之间的粘接力大于不透气性外包装层2与透气性内包装层3之间的粘接力。

当沿着与不透气性外包装层2外表面成一定角度的方向牵拉带状部件6时，通过施加在其上的拉力使外包装层2和内包装层3脱离粘接在一起的状态，并使外包装层2撕开从而使内包装层3的至少一部分暴露于外。此时，透气性内包装层3内封装的物质4便能发挥效力，通过吸收或释放气体而产生脱氧、干燥、除臭或者防蛀、杀菌的效果。

作为该实施例的一种变形，也可以将带状部件6设置在不透气性外包装层2和透气性内包装层3之间，此时，带状部件6的两端需要从外包装层2的边缘处穿出。

第二实施例

图2示出了本发明包装体的第二实施例。如图2所示，不透气性外包装层2和透气性内包装层3仅在其周缘部分相粘接，而在其中间彼此分离形成空腔7。带状部件6设于空腔7内并粘接在不透气性外包装层2的内表面上，其两端在外包装层2的边缘处穿出。

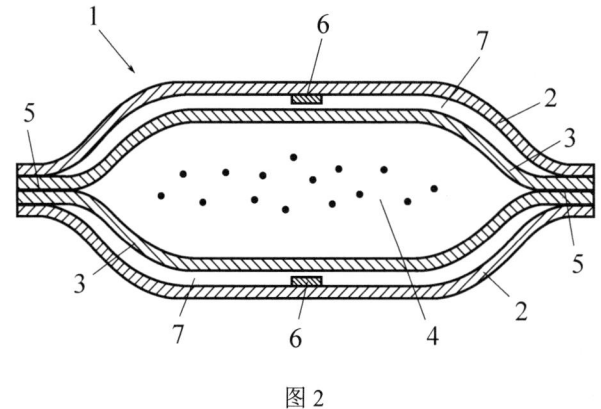

图2

作为该实施例的一种变形，也可以将带状部件6粘接在不透气性外包装层2的外表面上。

第三实施例

图3示出了本发明包装体的第三实施例。该实施例不同于上述两个实施例，其包装体并非整体上由透气性内包装层和不透气性外包装层构成，而是大部分由单层的不透气材料构成，仅在局部设置有透气性内包装层和不透气性外包装层。当不透气性外包装层被撕开后，将会在包装体上形成透气性窗口。

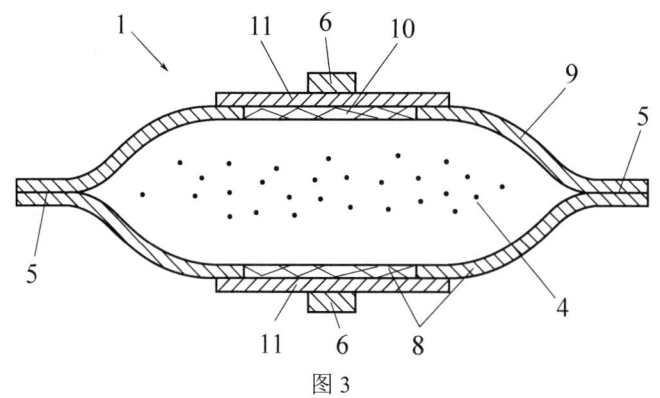

图3

如图3所示,封装物质4的包装层8包括由不透气性材料构成的不透气性部分9和由透气性材料构成的透气性部分10,在透气性部分10上粘有不透气性薄膜11,带状部件6粘接在不透气性薄膜11的外表面上,带状部件6与不透气性薄膜11之间的粘接力大于不透气性薄膜11与透气性部分10之间的粘接力。透气性部分10与不透气性部分9可以整体形成也可以分体形成。

两者整体形成时,只需在不透气性材料上局部穿孔即可;两者分体形成时,可以通过将无纺布等透气性材料对接或搭接在不透气性部分9上而实现。

在一个优选的例子中,本发明包装体的透气性包装层可以采用纸、无纺布、有孔的塑料或铝箔薄膜等材料制成。如果透气性包装层以纸或无纺布为材料,则优选经过疏水性和/或疏油性处理的纸或无纺布。本发明包装体的不透气性包装层可以采用铝箔或铜箔等金属薄膜,或者各种塑料薄膜制成。本发明包装体的带状部件可以采用塑料或金属等材料制成。

本发明包装体不仅具有能够有效防止其内封装物质在非使用状态下效力减退的优点,而且使用方便,只需沿与不透气性包装层外表面成一定角度的方向牵拉上述带状部件便可使透气性包装层暴露在外部环境中,从而使包装体内封装的物质发挥效力。本发明包装体还特别适用于向生产流水线等应用场所实行连续供给。

包装体长带

图4是本发明包装体长带的透视图。为实现连续供给,就需要将本发明包装体加工成如图4所示的条状包装体长带12。该包装体长带12由各小袋包装体1连接而成,小袋包装体1可以为前面各实施例中所述的包装体之一,在各相邻小袋包装体1之间形成连接部13。

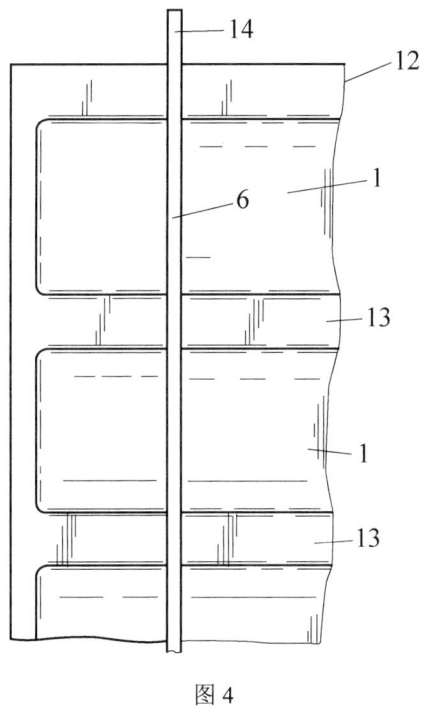

图4

包装体长带12上所有小袋包装体1的带状部件6彼此相连,形成一条连续的带状部件6。该连续的带状部件6延伸至包装体长带12至少一端之外,形成具有一定长度的空余端头14。该连续的带状部件6应当具有在连续牵拉过程中不会被拉断的抗拉强度。

本发明包装体的具体供给过程包括：将连续带状部件 6 的空余端头 14 缠绕在牵拉装置上；沿与不透气性包装层外表面成一定角度的方向牵拉连续带状部件 6 从而使透气性包装层暴露出来；沿连接部 13 将包装体长带 12 依次切断成各个小袋包装体 1；将各小袋包装体 1 逐个向规定场所供给。下文将对此详细说明。

包装体自动供给装置

图 5 是一种包装体自动供给装置的示意图。通过该图，可进一步理解本发明的包装体的供给方法及将连接成长带 12 的包装体向规定场所供给的供给装置。

如图 5 所示，该自动供给装置包括旋转辊组 15、牵拉剪切机 16 和滑槽 17。作为牵拉装置的旋转辊组 15 设置在牵拉剪切机 16 的斜上方，其包括两个从动旋转辊 18、19 和一个与驱动装置直接相连的主动旋转辊 20。

在用图 5 所示的自动供给装置，将像图 4 那样连接成长带 12 的各对应的小袋包装体 1 逐个向生产线上规定的场所供给的情况下，在自动供给装置开始工作之前，首先，将连续带状部件 6 的空余端头 14 绕过用作牵拉装置的两个从动旋转辊 18、19 缠绕在用作牵拉装置的旋转辊 20 上，带状部件 6 应当具有连续被剥离而不会被拉断的抗拉强度。接着，通过自动供给装置在剥离连续带状部件 6 的同时，将导致与连续带状部件 6 相粘接部分的不透气性外包装层被撕裂剥离，被撕裂剥离下来的不透气性外包装层的部分将与带状部件 6 一起被卷绕在旋转辊 20 上。从而使相应的小袋包装体 1 的透气性包装层暴露在外部环境中。

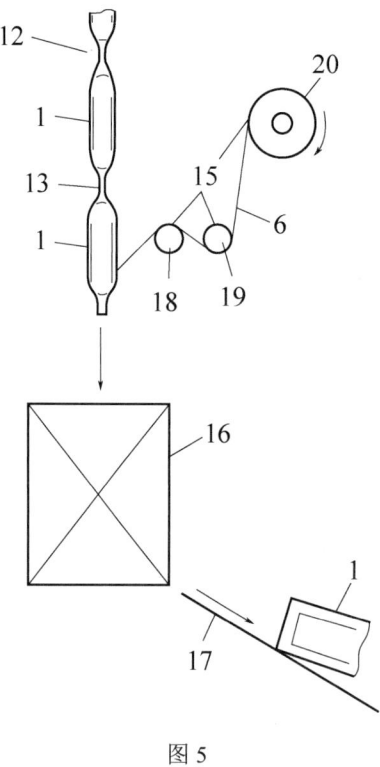

图 5

接着，利用牵拉剪切机 16，将包装体长带 12 拉入其内并沿各连接部 13 将包装体长带 12 切断成多个小袋包装体 1（如食品干燥袋）。被牵拉剪切机 16 切下来的各小袋包装体 1 将通过滑槽 17 被依次投放到相应场所（如食品袋、药瓶等内）。

另外，剥离连续带状部件 6 所需张力，一方面来自于自动供给装置对包装体长带 12 施加的向下拉力，另一方面来自于旋转辊 18 转动所产生的力矩。在利用自动供给装置对包装体长带 12 施加的向下拉力来剥离连续带状部件 6 的情况下，旋转辊 18 的转动力矩就不必很大，达到可将已剥离的连续带状部件 6 卷绕到旋转辊 18 上所需力矩即可。

其中，只要是能把包装体长带 12 拉到装置内，并可将包装体长带 12 上的连接部 13 切断的机器都可用作自动供给装置。

上面结合附图对本发明的实施例作了详细说明，但是本发明并不限于上述实施例，在本领域普通技术人员所具备的知识范围内，还可以在不脱离本发明宗旨的前提下作出各种变化。例如，本发明中的带状部件也可以采用绳状等其他可以实现其功能的任何形状。

现有技术介绍

开发出上述产品后，在为发明专利申请撰写权利要求书、说明书之前，应当进行一次检索。在检索过程中，找到了一些相关的对比文件。其中，在专利申请号为 01165432.1、公开号为 CN 1345678A 的发明专利申请（以下简称"对比文件 1"）中，揭示了一种防蛀干燥药袋。图 6 是该防蛀干燥药袋的结构示意图。

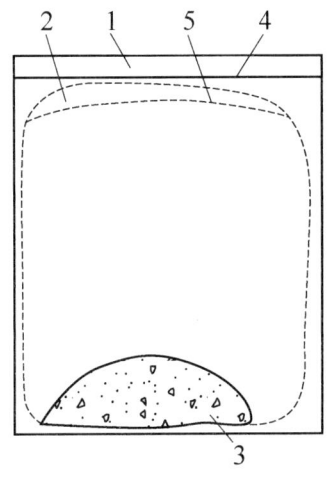

图 6

如图 6 所示，该发明所述防蛀干燥药袋由内外包装袋构成，其中在外包装塑料袋 1 内装有一个透气性好的无纺布内包装袋 2，在无纺布内包装袋 2 中盛装有颗粒状或粉状防蛀干燥药物 3，外包装塑料袋 1 的袋口有热封线 4，无纺布内包装袋 2 的袋口有热封线 5。

使用时，将外包装塑料袋 1 撕开，将盛有药物的无纺布内包装袋 2 取出，之后将盛有药物 3 的无纺布内包装袋 2 放置于衣柜或箱子内，便可对衣物或书籍起到良好的防虫蛀、防潮、防霉变作用，且不会污染衣物或书籍。该发明具有如下优点：其外包装塑料袋 1 密封后可防止袋内药物挥发失效，延长药物保存期；其无纺布内包装袋 2 具有良好的透气性，可充分发挥药效，且不会污染存放物品。

检索到的另外一种技术是，申请号为 97176543.1、公开号为 CN 1234567A 的发明专利申请（以下简称"对比文件 2"），公开了一种用于包装挥发性物质的复合包装体。图 7 是该发明所述复合包装体的透视图。图 8 是图 7 中 A—A 截面的剖视图。

如图 7 和图 8 所示，本发明所述复合包装体包括其上制有多个凸罩 1 的不透气性塑料硬片 3 上。各个凸罩 1 之间的不透气性塑料硬片 2 和硬片 3 上形成分割线 6。

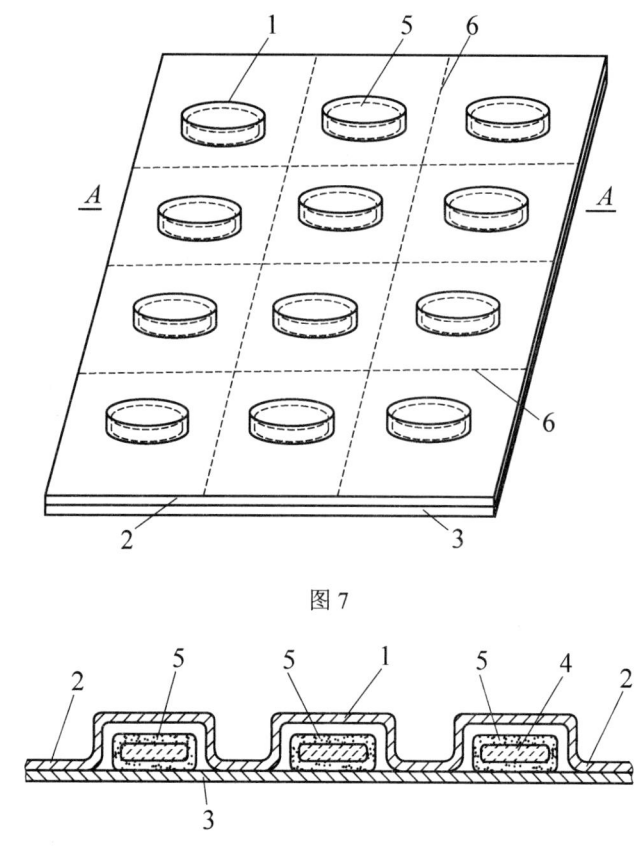

图 7

图 8

在使用时，沿分割线 6 取下至少带有一个凸罩 1 的不透气性塑料硬片，再将平面型不透气性塑料硬片 3 从不透气性塑料硬片 2 上撕下，之后便可将带有至少一个透气性内袋 5 的不透气性塑料硬片 2 放在应用场所。由此可见，本发明所述复合包装体具有使用方便的优点，而且在使用之前，可以确保包装体内封装的挥发性物质不会降低功效。

还检索到的一种技术是申请号为 97165432.1、公开号为 CN 1223567A 的发明专利申请（以下简称"对比文件 3"），公开了一种干燥剂包装体及其供给方法。该干燥剂包装体的具体结构参见图 9。

图 9 是由透气性材料构成的小袋包装体的剖视图。图 10 是装有多个图 9 所示小袋包装体的不透气性外包装袋的透视图。

如图 9 所示，用透气性材料制成的小袋包装体 1 内封装有干燥剂 2。将多个如图 9 所示的小袋包装体装入如图 10 所示的不透气性外包装袋 3 中。在将不透气性外包装袋 3 运送到需要供给干燥剂小袋包装体的场所之后，再将封装有干燥剂 2 的小袋包装体 1 从不透气性外包装袋 3 中取出，分别填充到例如食品袋等相应容器中。

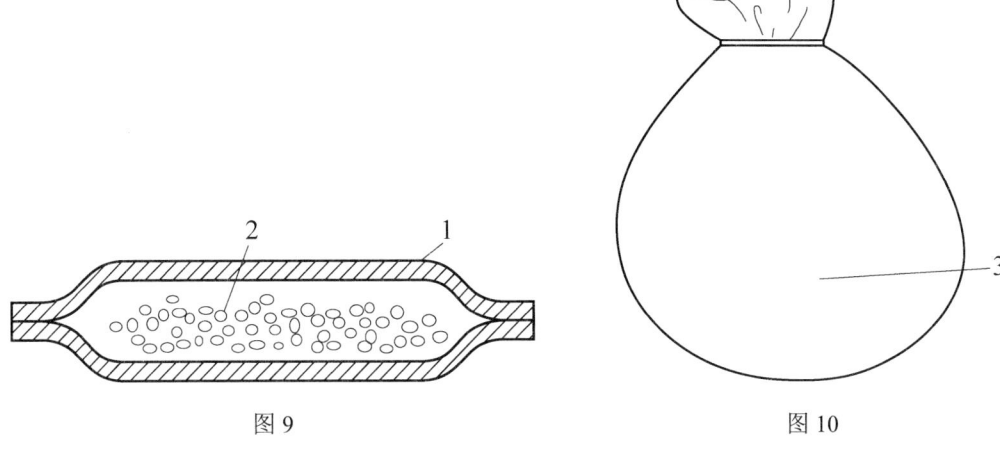

图9　　　　　　　　　　图10

在上述工作的基础上，着手为本发明专利申请撰写权利要求书、说明书及其摘要。其中，撰写的独立权利要求应当相对于以上现有技术具备新颖性和创造性。

二、权利要求书和说明书的撰写思路

对于前面所介绍的包装体专利申请案来说，可以按照下述主要思路来撰写权利要求书和说明书。

（一）确定本申请案相对现有技术所作出的主要改进及需要保护的客体

1. 确定本申请案相对现有技术所作出的主要改进

图1～图3反映的本发明与现有技术相比，其改进在于：在封装可吸收或产生气体的物质的由透气性材料构成的透气性内包装层的外部，通过粘接设置由不透气性材料构成的不透气性外包装层，整体构成不透气的结构。

由于在封装可吸收或产生气体的物质的由透气性材料构成的透气性内包装层的外部，通过粘接设置由不透气性材料构成的不透气性外包装层，构成整体不透气的包装体，所以，在封装可吸收或产生气体的物质的生产过程中，被封装在其内部的诸如活性炭、樟脑等可吸收或产生气体的物质，不会与大气中的氧气、水分产生反应，或者向大气散逸而逐渐丧失其效力。

图1～图3反映的本发明与现有技术及检索到的三篇现有技术相比，其改进在于：

① 在不透气性外包装层的外表面上或内表面上，通过粘接设置有一个或多个带状或绳状部件，带状或绳状部件与不透气性外包装层之间的粘接力大于不透气性外包装层与透气性内包装层之间的粘接力。

因此，本发明的包装体，不论是相对现有技术还是相对检索到的三篇现有技术，由于在不透气性外包装层的外表面或内表面，通过粘接设置有一个或多个带状或绳状部件，带状或绳状部件与不透气性外包装层之间的粘接力大于不透气性外包装层与透气性内包装层之间的粘接力。所以，当沿着与不透气性外包装层外表面成一定角度的方向牵拉带状或绳状部件时，通过施加在其上的拉力使外包装层和内包装层脱离粘接在一起的状态，并将外包装层撕开从而使内包装层的至少一部分暴露于外部。从而达到方便使用的效果。

② 本发明在上述改进的包装体的基础上，还提出了包装体长带，该包装体长带是通过

将任一实施例中的包装体连接成条状构成的,各个包装体上的带状或绳状部件形成一条连续的、用于将此连接成条状的包装体长带中各小袋包装体上的不透气外包装层逐个顺次撕开以使其内包装层的透气材料部分暴露在外的带状或绳状部件,该连续的带状或绳状部件至少有一端未与上述不透气外包装层相粘接而形成空余端头。

③ 为了实现包装体长带的供给,本发明还提出了包装体长带的供给方法,其步骤为:将包装体长带上的连续带状部件的空余端头缠绕在牵拉装置上;沿与不透气性包装层外表面成一定角度的方向牵拉连续带状部件从而使透气性包装层暴露出来;沿连接部将包装体长带依次切断成各个小袋包装体;将各小袋包装体逐个向规定场所供给。

④ 本发明还作出了实现包装体长带供给方法的自动供给装置,该装置包括旋转辊组、牵拉剪切机和滑槽。旋转辊组设置在牵拉剪切机的斜上方,其包括两个从动旋转辊和一个与驱动装置直接相连的主动旋转辊。

这样,利用本发明的供给方法及自动供给装置,在将小袋包装体逐个向生产线上规定的场所供给的情况下,首先,将连续带状或绳状部件的空余端头绕过两个从动旋转辊缠绕在旋转辊上。接着,通过自动供给装置在剥离连续带状或绳状部件的同时,将导致与连续带状或绳状部件相粘接部分的不透气性外包装层被撕裂剥离,被撕裂剥离下来的不透气性外包装层的部分将与带状或绳状部件一起被卷绕在旋转辊上。从而使相应的小袋包装体的透气性包装层暴露在外部环境中。接着,利用牵拉剪切机,将包装体长带拉入其内并沿各连接部将包装体长带切断成多个小袋包装体。将切下来的各小袋包装体将通过滑槽被依次投放到相应场所。因此,可实现一边撕裂不透气的包装层,一边将各小袋包装体向规定场所供给的作业,消除了保存、运输或供给等方面均带来的困难。同时,把封装的吸收或产生气体的物质效力的散失抑制到最小的程度。

2. 确定本申请案需要保护的客体

在撰写申请文件时,最重要的是撰写权利要求,而权利要求的撰写不仅要考虑独立权利要求保护范围的大小,而且,要选好想要保护的技术主题和类型,不同的保护主题和类型,可以体现发明不同的保护方面,技术主题的选择直接关系到授权后专利权保护范围的大小。

从以上分析可以得出,本申请需要从以下几个方面给予保护:

① 包装体(涉及图1~图3的三个实施例);
② 包装体长带;
③ 包装体供给方法;
④ 包装体供给装置。

3. 确定本申请案保护的客体的单一性

在确定了本发明所要保护的主题之后,需要进一步分析这些主题之间是否能作为一个案子进行合案申请。对此,将在下文叙述。

(二) 从三篇相关的现有技术中确定最接近的现有技术

《专利审查指南2010》第二部分第四章第3.2.1.1节中给出了确定最接近现有技术的原则,首先选出那些与要求保护的发明技术领域相同或相近的现有技术;其次从技术领域相同或相近的现有技术中选出所要解决的技术问题、技术效果或者用途最接近和/或公开了发明的技术特征最多的那一项现有技术作为最接近的现有技术。

图6~图10所示的三项现有技术都是用于封装可吸收气体(例如对比文件1、对比文

件 3 的干燥剂）或产生气体（例如对比文件 2 的挥发物质）的物质的包装体，与本发明的技术领域相同。

图 6～图 10 所示的三项现有技术分别与本发明相比可知，图 6 公开的对比文件 1 及图 7 与图 8 公开的对比文件 2 都公开了透气性内包装层及不透气性外包装层，且内包装层整个置于外包装层内部；而图 9 与图 10 公开的对比文件 3 虽然也具有透气性内包装层和不透气性外包装层，但对比文件 3 是将多个内包装体装入一个外包装体中，这与本发明专利是不同的。由此可见，图 6 公开的对比文件 1 及图 7 与图 8 公开的对比文件 2 相对图 9 与图 10 公开的对比文件 3 来说，公开了发明更多的技术特征，即披露了透气性内包装层及不透气性外包装层，内包装层整个置于外包装层内部（体现了 2007 年专利代理实务部分的撰写考题在选择最接近对比文件上降低了难度）。

就"包装体"而言，对比文件 1 和对比文件 2 所公开的本发明的技术特征的数目相同，而且两者要解决的技术问题也与本发明相同，都是为了解决透气性内包装层所包装的物质挥发失效、药物无法长期保存、药效降低的问题。从这方面分析，根据《专利审查指南 2010》第二部分第四章第 3.2.1.1 节给出的"最接近的现有技术"的定义可以看出，两个对比文件公开的有关包装体的信息是同样的，所以，两者无论哪个作为最接近的现有技术，对将要撰写出来的独立权利要求的保护范围都不影响。但是，本发明还要求从除了包装体之外的其他方面给予保护，进一步分析可知，对比文件 1 的包装体内外包装层是在封口处封装（即通过热封）。对比文件 2 的包装体内外包装层是在透气性内包装层周围粘接不透气性外包装层，类似于本发明的第二实施例的小袋包装体。另外，对比文件 2 还公开了由多个小袋包装体构成的复合包装体，涉及本发明图 4 给出的包装体长带的信息。即对比文件 2 比对比文件 1 公开了本发明更多的信息，因此选择对比文件 2 作为最接近的对比文件。

（三）根据所选定的最接近的现有技术确定本发明专利申请所要解决的技术问题

根据现有技术，该发明相对现有技术解决三个问题：其一种是解决有效防止封装在包装体内的可产生或吸收气体的物质的效力减退、不方便保存、运输的问题；其二是通过带状或绳状部件可撕开不透气性外包装层，以解决使用方便的问题；其三是解决小袋包装体向生产线上规定的场所供给困难、实现连续供给的问题。

检索到的图 7 与图 8 所公开的对比文件 2 的复合包装体，包括制有多个凸罩 1 的不透硬片 3 上。由此可见，对比文件 2 公开的复合包装体具有确保包装体内封装的挥发性物质不会降低功效的优点。解决了上述第一个问题，也就是说，本申请声称要解决的第一个技术问题，由于对比文件 2 的公开，而不再是客观上要解决的技术问题。上述第三个问题是要通过本发明的包装体长带及其供给方法与供给装置来解决的。对于小袋包装体而言，通过设置在不透气性外包装层上的带状或绳状部件可撕开不透气性外包装层，达到使用及供给方便的目的。因此，将本发明要解决的技术问题确定为：其一是解决包装体使用及供给困难、不方便的问题；其二是解决小袋包装体向生产线上规定的场所供给困难、实现连续供给的问题。

（四）完成独立权利要求的撰写

根据最接近的现有技术对比文件 2 和所确定的本发明要解决的技术问题确定其全部必要技术特征，按照《专利法实施细则》第二十一条规定的格式划分独立权利要求与最接近的现有技术的对比文件 2 的前序部分与特征部分的界限，完成独立权利要求的撰写。

1. 根据各个实施例分别确定解决上述技术问题的全部的必要技术特征

首先撰写有关"包装体"的独立权利要求。本案例第二部分第3点分析得出本发明专利要解决的两个技术问题，其中第一个技术问题，即"包装体使用及供给困难、不方便的问题"是本发明的"包装体"所要解决的技术问题。

技术交底书中给出了"包装体"的三个实施例。一般情况下，撰写的独立权利要求所要保护的技术方案是由几个实施例概括而成的保护范围最大的技术方案，但是，在发明有多个实施例的情况下，很难一次将所有实施例概括成一个保护范围最大的技术方案，需要首先将各个具体实施例解决技术问题的全部的必要技术特征列出来，然后进行概括。

下文通过对本发明的逐个实施例进行分析，最后概括出保护范围较大的独立权利要求。

第一个实施例要解决上述技术问题的必要技术特征是：

一种用于封装可产生或吸收气体的物质的包装体，其包括不透气性外包装层和透气性内包装层，透气性内包装层和不透气性外包装层粘接在一起，通过密封口封住；

在不透气性外包装层的外表面通过粘接设置有一个或多个带状或绳状部件，带状或绳状部件与不透气性外包装层之间的粘接力大于不透气性外包装层与透气性内包装层之间的粘接力；

或者，在不透气性外包装层的内表面通过粘接设置有一个或多个带状或绳状部件，带状或绳状部件与不透气性外包装层之间的粘接力大于不透气性外包装层与透气性内包装层之间的粘接力，带状或绳状部件的两端需要从外包装层的边缘处穿出。

第二个实施例要解决上述技术问题的必要技术特征是：

一种用于封装可产生或吸收气体的物质的包装体，其包括不透气性外包装层和透气性内包装层，透气性内包装层和不透气性外包装层在周缘部分粘接在一起，通过密封口封住，而在其中间彼此分离形成空腔；

在不透气外包装层的外表面通过粘接设置有一个或多个带状或绳状部件，带状或绳状部件与不透气性外包装层之间的粘接力大于不透气性外包装层与透气性内包装层之间的粘接力；

或者，在不透气性外包装层的内表面通过粘接设置有一个或多个带状或绳状部件，带状或绳状部件与不透气性外包装层之间的粘接力大于不透气性外包装层与透气性内包装层之间的粘接力，带状或绳状部件的两端从外包装层的边缘处穿出。

第三个实施例要解决上述技术问题的必要技术特征是：

一种用于封装可产生或吸收气体的物质的包装体，其包括：由透气性部分和不透气性部分构成的封装上述物质的包装层，通过密封口封住；置于该包装层的透气性部分整个外部的不透气性包装层；

在不透气性外包装层的外表面通过粘接设置有一个或多个带状或绳状部件，带状或绳状部件与不透气性部分的包装层之间的粘接力大于不透气性部分的包装层与透气性部分的包装层之间的粘接力。

2. 对各个实施例所列举的为解决上述技术问题的必要技术特征进行分析、概括出保护范围比较大的独立权利要求

在撰写独立权利要求时，如果能做到不要局限于发明的具体实施例，撰写出一个保护范围较宽的独立权利要求，对申请人在确权的后续程序中将会带来好处，使申请获得更好的保护。因此，应尽可能采取概括性描述来表达技术特征。为此，对上述三个实施例对应的权利要求进行分析，发现，上述前两个实施例有一个共同点，都是将不透气性外包装层置于整个透气性内包装层外面的，而第三实施例是在局部透气性内包装层上整个外表面设置不透气

性外包装层，因而，对前两个实施例概括为：一种用于封装可产生或吸收气体的物质的包装体，其包括透气性内包装层；置于该透气性内包装层整个外部的不透气性外包装层。

在撰写独立权利要求时，还分析出三个实施例及其变形例与最接近的现有技术对比文件2的区别技术特征都是：在不透气性外包装层的外表面上或内表面上，通过粘接设置有一个或多个带状或绳状部件，带状或绳状部件与不透气性外包装层之间的粘接力大于不透气性外包装层与透气性内包装层之间的粘接力，而当一个或多个带状或绳状部件设置在不透气性外包装层的内表面上时，带状或绳状部件的两端需要从外包装层的边缘处穿出，这些确保了当沿着与不透气性外包装层外表面成一定角度的方向牵拉带状或绳状部件时，可使不透气性外包装层撕开，使透气性内包装层的至少一部分暴露于外。因此，对带状或绳状部件的结构进行概括，得出"当沿着与不透气性外包装层外表面成一定角度的方向牵拉带状部件时，可使不透气性外包装层撕开，使透气性内包装层的至少一部分暴露于外"的带状或绳状部件。再次阅读上述发明介绍，将其概括为"用于撕开不透气性外包装层的撕开部件"。

这样，将交底书中关于包装体的第一和第二实施例概括为一个独立权利要求，同时针对包装体的第三实施例撰写出另一个并列独立权利要求，两个并列独立权利要求如下：

一种用于封装可产生或吸收气体的物质的包装体，包括透气性内包装层；置于上述透气性内包装层整个外部的不透气性外包装层，其特征在于，还包括用于撕开不透气性外包装层的撕开部件。

一种用于封装可产生或吸收气体的物质的包装体，包括：由透气性部分和不透气性部分构成的封装上述物质的包装层；置于上述包装层的透气性部分整个外部的不透气性包装层（也可写成不透气性薄膜），其特征在于，还包括用于撕开不透气性包装层（也可写成不透气性薄膜）的撕开部件。

由于上述两项独立权利要求的前序部分共同点在于，不透气性包装层置于透气性包装层的外部，整体构成不透气的结构，所以，对于这样两个独立权利要求的前序部分再次进行概括，得出一个保护范围比较大的本申请的独立权利要求1：

"1. 一种用于封装可产生或吸收气体的物质的包装体，包括透气性包装层，置于上述透气性包装层外部的不透气性包装层，该包装体整体不透气，其特征在于，该包装体还包括用于撕开不透气性包装层的撕开部件。"

3. 撰写其他独立权利要求

接着撰写有关"包装体长带""包装体供给方法"和"包装体供给装置"的独立权利要求。本发明的"包装体长带""包装体供给方法"和"包装体供给装置"所要解决的技术问题是本案例第二部分第3点分析得出的第二个技术问题，即"小袋包装体向生产线上规定的场所供给困难、实现连续供给的问题"。

① 包装体长带：包装体长带是通过将上述包装体通过连接部连接而成的，连接之后，带状或绳状部件变成一连续的带状或绳状部件，而且其具有一空余端头，并且以引用上述独立权利要求的方式撰写为：

"X（撰写时完成包装体的独立权利要求及从属权利要求之后按照顺序排列的阿拉伯数字。）一种包装体长带，由多个权利要求1～N（可引用在前的包装体的独立权利要求及N个从属权利要求）所述的包装体通过各连接部连接而成，各包装体上的撕开部件形成一连续的撕开部件，上述连续的撕开部件具有一空余端头。"

② 包装体供给方法：供给方法是将包装体长带在生产线上进行供给的，所以，要引用

包装体长带的权利要求：

一种供给用于封装可产生或吸收气体的物质的包装体的方法，包括下述工序：

将权利要求 X 的所述包装体长带中的所述空余端头缠绕在牵拉装置上；

沿与上述不透气性包装层外表面成一定角度的方向牵拉上述连续撕开部件，使透气性包装层暴露出来；

沿上述连接部将包装体长带依次切断成各包装体；

将各包装体逐个供给到规定场所。

③ 包装体供给装置：包装体供给装置是将包装体长带在生产线上进行供给的装置，所以，也要引用包装体长带的权利要求：

一种供给用于封装可产生或吸收气体的物质的包装体的系统，包括：用于将权利要求 X 所述包装体长带中的连续撕开部件从包装体上剥离下来的旋转辊组；用于将上述包装体长带拉入其内并沿各连接部将包装体长带切断成多个包装体的牵拉剪切机；用于将切断后的各包装体依次投放到相应场所的滑槽，其中，上述旋转辊组设置在牵拉剪切机的斜上方。

4. 判断所撰写的独立权利要求的新颖性、创造性及单一性

① 判断包装体的权利要求的新颖性、创造性。

由于现有技术及三篇检索到的对比文件，均没有公开该包装体还包括用于撕开不透气性包装层的撕开部件。以下就该权利要求与三篇检索到的对比文件相比较的过程作具体分析如下：

对比文件 1 虽然记载了包括有外包装塑料袋和透气内包装袋的防蛀干燥药袋，但上述包装体的权利要求与其存在区别，还包括有用于撕开不透气性包装层的撕开部件。而对比文件 1 根本没有披露这些内容。因此，该包装体的权利要求在结构上完全不同于对比文件 1 中公开的防蛀药袋，具备新颖性，符合《专利法》第二十二条第二款的规定。

对比文件 2 也不能破坏该权利要求的新颖性。

将包装体的权利要求与对比文件 2 公开的复合包装体相比。虽然对比文件 2 记载的复，其内封装挥发性物质，但是，本包装体的权利要求区别于该方案还包括用于撕开不透气性包装层的撕开部件。而对比文件 2 的技术方案中没有这些特征，因此，该包装体的权利要求在结构上完全不同于对比文件 2 中公开的防蛀药袋，具备新颖性，符合《专利法》第二十二条第二款的规定。

对比文件 3 也不能破坏该包装体权利要求的新颖性。

将包装体的权利要求与对比文件 3 公开的复合包装体相比。虽然对比文件 3 记载的干燥剂包装体，用透气性材料制成的小袋包装体内封装有干燥剂，将多个小袋包装体装入不透气性外包装袋中，在将不透气性外包装袋运送到需要供给干燥剂小袋包装体的场所之后，再将封装有干燥剂的小袋包装体从不透气性外包装袋中取出，分别填充到例如食品袋等相应容器中去。也就是说，不透气性外包装袋的封口（图中变细的颈部）处是热封的还是用带子或绳子系上的，文字记载中并没有，附图也不能毫无疑义地确定。假设图 10 采用的是用带子或绳子系上的结构，由上述文字记载可分析出：在制造中，不是直接在透气性的小袋包装体上设置不透气性外包装层，而是将透气性的小袋包装体一个一个地装入不透气性外包装袋中的，在将不透气性外包装袋运送到需要供给干燥剂小袋包装体的场所时，又是将封装有干燥剂的小袋包装体从不透气性外包装袋中一个一个地取出，在这种装入或取出过程中，势必会使干燥剂这样的挥发性物质的效力减退，因此，即使理解成在不透气性外包装袋的封口上系上带子或绳子，也不会等同于上述包装体权利要求中的"用于撕开不透

气性包装层的撕开部件"。因此，本包装体的权利要求区别于该方案的是还包括用于撕开不透气性包装层的撕开部件。因而，该包装体的权利要求在结构上完全不同于对比文件3中公开的干燥剂包装体，具备新颖性，符合《专利法》第二十二条第二款的规定。

综上所述，所撰写的包装体的独立权利要求分别相对任一个现有技术，都具备新颖性。

至于创造性，该包装体的独立权利要求相对最接近的现有技术对比文件2来说，其区别技术特征是，该包装体还包括用于撕开不透气性包装层的撕开部件，该区别技术特征没有被上述任何其他现有技术披露，也不是公知常识，上述任何一个现有技术也没有公开当沿着与不透气性外包装层外表面成一定角度的方向牵拉撕开部件时，通过施加在其上的拉力使外包装层和内包装层脱离粘接在一起的状态，并将外包装层撕开从而使内包装层的至少一部分暴露于外部，不仅有效防止挥发性物质的效力减退，还解决了使用方便的问题，也即上述任何一个现有技术没有任何对此的教导或启示，因此不存在将上述区别技术特征应用到其他现有技术中以解决上述技术问题的启示，而本包装体的技术方案恰恰实现了使用方便的效果，只需牵拉带状部件便可使包装体内封装的物质发挥效力，这并非本领域技术人员容易想到。因而该包装体的独立权利要求相对现有技术具有突出的实质性特点和显著的进步，具备创造性，符合《专利法》第二十二条第三款的规定。

② 包装体长带、包装体供给方法及装置的新颖性、创造性。

至于包装体长带、包装体供给方法及装置的权利要求，是引用了在前的包装体权利要求所得的技术方案，一般情况下，由于在前的包装体权利要求1具备新颖性和创造性，因此，其也具备新颖性和创造性。下文，给出另一种评述方法：

分析包装体长带，与之相关的只有对比文件2，虽然对比文件2记载的复合包装体包硬片粘接构成的。各个凸罩之间的不透气性塑料硬片上形成有分割线（类似于本包装体长带中的连接部）。但是，本包装体长带的权利要求区别于该方案的是，各包装体上的撕开部件形成一连续的撕开部件，该连续的撕开部件具有一空余端头。而对比文件2的技术方案中没有这些特征，因此，该包装体长带的权利要求在结构上完全不同于对比文件2中公开的复合包装体，具备新颖性，符合《专利法》第二十二条第二款的规定。

至于包装体供给方法，只有对比文件3公开了干燥剂包装体的供给方法，但是，其供给步骤是，在将不透气性外包装袋运送到需要供给干燥剂小袋包装体的场所之后，再将封装有干燥剂的小袋包装体从不透气性外包装袋中取出，分别填充到例如食品袋等相应容器中去。而对比文件3并没有记载"将上述包装体长带中的空余端头缠绕在牵拉装置上；沿与上述不透气性包装层外表面成一定角度的方向牵拉上述连续撕开部件，使透气性包装层暴露出来；沿连接部将包装体长带依次切断成各包装体；将各包装体逐个供给到规定场所"这样的供给步骤，即本发明的包装体的供给方法，不论是供给步骤的多少还是先后顺序都不同于对比文件3公开了干燥剂包装体的供给方法，因而，该包装体供给方法的权利要求完全不同于对比文件3中公开的干燥剂包装体，具备新颖性，符合《专利法》第二十二条第二款的规定。

至于包装体供给装置，由于现有技术及三个对比文件均没有公开，因此，相对任何一个现有技术单独对比，均具备新颖性。

至于包装体长带、包装体供给方法及装置所要求保护的技术方案的创造性，不论是包装体长带的结构还是采用包装体供给方法及装置，都可实现一边撕裂不透气的包装层，一边将各小袋包装体向规定场所供给的作业，消除了保存、运输或供给等方面带来的困难，又能把封装的吸收或产生气体的物质效力的散失抑制到最小的程度，同时还解决了使用方便的问题。而上述任何一个现有技术都没有这方面的教导或启示。因此，包装体长带、包装体供给方法及装置所要求保护的技术方案相对现有技术具备创造性。

③ 判断撰写的包装体、包装体长带、包装体供给方法及供给装置这四项独立权利要求之间的单一性。

由于上述四项独立权利要求相对现有技术作出贡献的技术特征均是"用于撕开不透气性包装层的撕开部件"，即具有相同的特定技术特征"用于撕开不透气性包装层的撕开部件"，因此，这四项权利要求在技术上相互关联，属于一个总的发明构思，符合《专利法》第三十一条第一款有关单一性的规定，可以合案申请。

（五）完成从属权利要求的撰写

在独立权利要求采用比较上位的方式来撰写，保护范围比较大的情况下，一定要撰写出合适数量的从属权利要求，因为，在确权的后续程序中，从属权利要求起着对独立权利要求的保护范围予以充实，"捍卫"保护范围的作用，尤其是在发明实质审查程序或无效程序中，在不得不缩小独立权利要求的保护范围的前提下，从属权利要求的技术特征或技术方案可以提升。缩小保护范围，为独立权利要求提供了修改余地，因此，要将对申请创造性起作用的技术特征作为对发明的进一步限定的附加技术特征，写成相应的从属权利要求。

1. 关于包装体的从属权利要求

关于包装体，由于将独立权利要求写成概括了多个实施例的大的保护范围的技术方案，所以，首先对区别于最接近的现有技术对比文件2的特征部分的特征作进一步的限定，其次写出相应的几个具体的实施例。当然，实践中不限于这一种方法，也可以先写出相应的几个具体的实施例，然后对区别于最接近的现有技术对比文件2的特征部分的特征作进一步的限定。

这里主要介绍先写出对区别于最接近的现有技术对比文件2的特征部分的特征作进一步的限定的方法。

撕开部件主要的技术特征是：

① 撕开部件由带状或绳状部件构成；
② 撕开部件设置在上述不透气性包装层的内表面或外表面；
③ 撕开部件设置在上述不透气性包装层的内表面，其两端在不透气性包装层的边缘处穿出。

对于三个实施例的具体结构，还可作如下限定：

① 透气性包装层与不透气性包装层粘接在一起；
② 撕开部件与上述不透气性包装层之间的粘接力大于不透气性包装层与上述透气性包装层之间的粘接力；
③ 撕开部件设置在上述不透气性包装层的内表面或外表面；
④ 撕开部件设置在上述不透气性包装层的内表面，其两端在不透气性包装层的边缘处穿出。

特别是，对于第二、第三实施例，可提取如下技术特征：

不透气性包装层和透气性包装层仅在其周缘部分相粘接，而在其中间彼此分离形成空腔（第二实施例）；透气性包装层包括由透气性材料构成的透气性部分和由不透气性材料构成的不透气性部分（第三实施例）；不透气性包装层粘接在上述透气性包装层的透气性部分上（第三实施例）；透气性部分和上述不透气性部分整体或分体形成（第三实施例）；透气性部分通过在不透气性材料上局部穿孔形成（第三实施例）。

根据撕开部件及相应的三个实施例所得出从属权利要求的不同排列与组合，本申请的包装体可撰写出 11 项从属权利要求，详细参见后述的权利要求书。

2. 关于包装体长带、包装体的供给方法及包装体的供给装置的从属权利要求

由于包装体长带的构成要素及其关系，都是解决上述技术问题的必要技术特征，已经反映在包装体长带的独立权利要求中，所以不用再考虑撰写从属权利要求。

构成包装体供给方法的步骤是申请人提供的发明内容中"包装体长带"部分提到的"包装体的具体供给过程"的 4 个技术特征也就是供给的 4 个步骤，它们缺一不可，且顺序也是不能随意改变，因此，都是解决上述技术问题的必要技术特征，也不用再考虑撰写从属权利要求。

至于包装体的供给装置，其中旋转辊组具有两个从动旋转辊和一个与驱动装置直接相连的主动旋转辊。因此可撰写一个从属权利要求。

3. 在撰写从属权利要求时，应该符合《专利法》第二十六条第四款的规定，清楚、简要地限定要求保护的范围，并应当按照《专利法实施细则》第二十二条规定的方式来撰写

每项从属权利要求的保护范围应当清楚的主要含义是指：其一，其保护范围应该落在其所引用的权利要求的保护范围之内，例如，不能在独立权利要求中写出下位概念的"带状或绳状部件"，而在从属权利要求中用上位概念的"撕开部件"来限定该"带状或绳状部件"。其二，构成权利要求书的所有权利要求作为一个整体也应当清楚，即权利要求之间的引用关系应当清楚。对于后者，主要有以下四方面的含义：

① 从属权利要求只能引用在前的权利要求。

② 引用两项以上权利要求的多项从属权利要求只能以择一方式引用在前的权利要求，并不得作为被另一项多项从属权利要求引用的基础，即在后的多项从属权利要求不得引用在前的多项从属权利要求。

③ 直接或间接从属于某一项独立权利要求的所有从属权利要求都应当写在该独立权利要求之后，另一项独立权利要求之前。

④ 引用关系符合逻辑，即对在前的权利要求作进一步限定时，被限定的技术特征要在前面的权利要求中有所包含；表示两个并列技术方案的从属权利要求不得互相引用。

例如，表示第二实施例的从属权利要求 8 与表示第三实施例的从属权利要求 9 是两个并列技术方案，不得互相引用。权利要求 6 是引用了权利要求 1~4 任一项的多项从属权利要求，只能用择一的方式即"根据权利要求 1~4 任一项"的方式来撰写，不能用"根据权利要求 1~4"的方式撰写，而且，不能引用在前的多项从属权利要求 5，要想用权利要求 6 的技术特征对权利要求 5 作进一步的限定，只能再撰写一个限定部分的技术特征与权利要求 6 一样但引用关系不一样的从属权利要求 7。还有，权利要求 11 是对"透气性部分"和"不透气性部分"作进一步限定的从属权利要求，该"透气性部分"和"不透气性部分"在权利要求 9 之前的任一项权利要求中均未出现，所以，不能引用权利要求 1~8 任一项权利要求进行限定，另外，权利要求 10 中不包含"不透气性部分"，所以，只能引用权利要求 9，这样，引用关系才符合逻辑。再者，直接或间接从属于有关包装体的独立权利要求 1 的所有从属权利要求应当写在该独立权利要求 1 之后、有关包装体长带的独立权利要求 13 之前。

（六）在撰写的权利要求书的基础上完成说明书的撰写

说明书的撰写应当按照《专利法实施细则》第十七条、第十八条的规定撰写。

为了在发明名称中反映保护的主题、类型，将发明名称改写为：包装体、包装体长带及其供给方法和装置。

按照《专利法实施细则》第十七条的要求，说明书应当包括：技术领域、背景技术、发明内容、附图说明以及具体实施方式五个部分。

在说明书每一部分前面要写明标题，即技术领域、背景技术、发明内容、附图说明、具体实施方式。

在技术领域部分，要写明要求保护的技术方案所属的技术领域。

在背景技术部分，要写明对发明或者实用新型的理解、检索、审查有用的背景技术；有可能的情况下，并引证反映这些背景技术的文件。一般来说，至少要简明扼要地反映最接近的现有技术公开的内容及所存在的问题。本申请权利要求涉及多个主题，不同程度地涉及三篇对比文件，因此，在该部分增加对三篇对比文件公开的内容及所存在的问题的简要说明。

在发明内容部分，要写明发明相对所检索到的对比文件所要解决的技术问题。并以分段的形式写出四个并列独立权利要求的技术方案,在每一技术方案的后面以分段的形式对照现有技术写明发明的有益效果。当然，该有益效果也可以放在这些技术方案之后。另外，在发明内容部分最好对现有技术作出重要贡献的从属权利要求的技术方案及其有益效果加以叙述。

在附图说明部分，主要对各幅附图的图名作简略说明。关于附图，如果申请比较复杂，最好能用剖视图、透视图等清楚反映内外结构的附图。

在具体实施方式部分，对照附图，对本发明包装体的各个实施例、包装体长带、包装体供给方法及装置逐一作详细说明。

（七）撰写说明书摘要

说明书摘要应当按照《专利法实施细则》第二十三条的规定撰写，写明发明的名称和所属技术领域，并清楚地反映所要解决的技术问题，解决该问题的技术方案的要点以及主要用途。在考虑不得超过 300 个字的前提下，至少写明有关包装体的技术方案及采用该技术方案所获得的技术效果。并选用说明书附图中的图 1 作为摘要附图。

三、推荐的专利申请文件

根据以上介绍的本发明包装体的资料和现有技术的情况及最接近的现有技术（及检索到的对比文件），给出推荐发明专利申请的撰写文本。

权 利 要 求 书

1. 一种用于封装可产生或吸收气体的物质的包装体，包括透气性包装层，置于所述透气性包装层外部的不透气性包装层，该包装体整体不透气，其特征在于，该包装体还包括用于撕开不透气性包装层的撕开部件。

2. 根据权利要求 1 所述的包装体，其特征在于：所述撕开部件由带状或绳状部件构成。

3. 根据权利要求 1 所述的包装体，其特征在于：所述透气性包装层与不透气性包装层粘接在一起。

4. 根据权利要求 1 所述的包装体，其特征在于：所述撕开部件设置在所述不透气性包装层的内表面或外表面。

5. 根据权利要求 1 至 4 中任一项所述的包装体，其特征在于：所述撕开部件与所述不透气性包装层之间的粘接力大于不透气性包装层与所述透气性包装层之间的粘接力。

6. 根据权利要求 1 至 4 中任一项所述的包装体，其特征在于：所述撕开部件设置在所述不透气性包装层的内表面，其两端在所述不透气性包装层的边缘处穿出。

7. 根据权利要求 5 所述的包装体，其特征在于：所述撕开部件设置在所述不透气性包装层的内表面，其两端在所述不透气性包装层的边缘处穿出。

8. 根据权利要求 1 至 4 中任一项所述的包装体，其特征在于：不透气性包装层和透气性包装层仅在其周缘部分相粘接，而在其中间彼此分离形成空腔。

9. 根据权利要求 1 至 4 中任一项所述的包装体，其特征在于：所述透气性包装层包括由透气性材料构成的透气性部分和由不透气性材料构成不透气性部分。

10. 根据权利要求 9 所述的包装体，其特征在于：所述不透气性包装层粘接在所述透气性包装层的透气性部分上。

11. 根据权利要求 9 所述的包装体，其特征在于：所述透气性部分和所述不透气性部分整体或分体形成。

12. 根据权利要求 11 所述的包装体，其特征在于：所述透气性部分通过在不透气性材料上局部穿孔形成。

13. 一种包装体长带，由多个权利要求 1 至 4 中任一项所述的包装体通过各连接部连接而成，各包装体上的撕开部件形成一连续的撕开部件，所述连续的撕开部件具有一空余端头。

14. 一种供给用于封装可产生或吸收气体的物质的包装体的方法，包括下述工序：
（1）将权利要求 13 所述包装体长带中的所述空余端头缠绕在牵拉装置上；
（2）沿与所述不透气性包装层外表面成一定角度的方向牵拉所述连续的撕开部件，使透气性包装层暴露出来；
（3）沿所述连接部将包装体长带依次切断成各包装体；
（4）将各包装体逐个供给到规定场所。

15. 一种供给用于封装可产生或吸收气体的物质的包装体的系统，包括：用于将权利要求 13 所述包装体长带中的连续撕开部件从包装体上剥离下来的旋转辊组；用于将所述包装体长带拉入其内并沿各连接部将包装体长带切断成多个包装体的牵拉剪切机；用于将切断后的各包装体依次投放到相应场所的滑槽，其中，所述旋转辊组设置在牵拉剪切机的斜上方。

16. 根据权利要求 15 所述的系统，其特征在于：所述旋转辊组具有两个从动旋转辊和一个与驱动装置直接相连的主动旋转辊。

说　明　书

包装体、包装体长带及其供给方法和装置

技术领域

本发明涉及一种包装体、包装体长带及其供给方法和装置，特别是一种用于封装可吸收或产生气体的物质的包装体、包装体长带及其供给方法和装置。

背景技术

一般来说，利用透气性材料制成包装体来封装活性炭、樟脑等可吸收或产生气体的物质，这项技术已经为人们所熟知。例如，用透气性包装材料来包装铁粉、亚硫酸氢盐等用于吸收氧气的脱氧剂；硅胶、生石灰（CaO）等吸湿剂，或者使乙醇吸附在充填剂上的乙醇产生剂等吸收或产生气体物质的技术已经是公知的，这种由透气性包装材料制成的包装体，均具有这样的特点：当将其原封不动地放在大气中时，其内部包装的物质会与大气中的氧气、水分产生反应，或者向大气散逸而逐渐丧失其效力，即存在易使其内封装物质的效力在非使用状态下逐渐减退的缺点。此外，由于这种用透气性包装材料制成的包装体会导致其内包装的物质进行气体吸收或产生气体的反应，因此对其进行保存、运输或供给等方面均带来了显著困难。为避免由这种透气性包装体所包装的物质失去效力或效力减退，必须将这种包装体保存在完全气密的密封容器中，而且包装体的各种转移工作必须迅速完成。为此，人们提出一些试图解决上述问题的技术。

例如，公开号为 CN 1223567A 的中国发明专利申请，公开了一种干燥剂包装体及其供给方法。用透气性材料制成小袋包装体，在该小袋包装体内封装有干燥剂。将多个小袋包装体装入不透气性外包装袋中。在将不透气性外包装袋运送到需要供给干燥剂小袋包装体的场所之后，再将封装有干燥剂的小袋包装体从不透气性外包装袋中取出，分别填充到例如食品袋等相应容器中去。

根据该技术，在制造中，只能将透气性的小袋包装体一个一个地装入不透气性外包装袋中，在将不透气性外包装袋运送到需要供给干燥剂小袋包装体的场所时，又将封装有干燥剂的小袋包装体从不透气性外包装袋中一个一个地取出，在这种装入或取出过程中，包装体内干燥剂最初和最后的气体吸收能力有相当大的差异，最后包装体的气体吸收能力受到显著的损失，势必会使干燥剂这样的挥发性物质的效力大幅度地减退，因此不便于制造或供给等。

此外，公开号 CN 1345678A 的发明专利申请，揭示了一种防蛀干燥药袋，其由内外包装袋构成。其中在外包装塑料袋内装有一个透气性好的无纺布内包装袋，无纺布内包装袋中盛装颗粒状或粉状防蛀干燥药物，外包装塑料袋口用热封线密封。使用时将外包装塑料袋撕开，将盛有药物的无纺布内包装袋放置于箱子或衣柜内，即可发挥防蛀、防潮、防霉变的作用，且不会污染衣物和书籍。

进一步，公开号为 CN 1234567A 的发明专利申请，公开的也是包装挥发性物质的包装体，包括其上制有多个凸罩的不透气性塑料硬片和平面型不透气性塑料硬片，以及多个由透气性纸片制成的封装有挥发性物质的透气性内袋。在每个凸罩内放置一个透气性内袋，在不透气性塑料硬片的平面部分以及各个透气性内袋上涂敷黏结剂，使不透气性塑料硬片和透气性内袋粘接在平面型不透气性塑料硬片上。该专利与 CN 1345678A 的发明专利申请一样，可以克服上述 CN 1223567A 的发明专利申请的缺点，并能获得防止内装药物挥发失

效,延长药物保存期的优点。但是,后两个专利申请公开的技术,在需要将包装体供给到规定场所的情况下,都需将外部包装层撕开,再将内部透气性的内包装袋取出进行供给,由此无法在生产线上进行连续供给,使用、供给都非常困难。

为克服现有包装体的上述缺点,本发明的目的是提供一种既能够有效防止其内封装物质效力减退又使用方便的用于封装可产生或吸收气体的物质的包装体。

发明内容

根据本发明,提供一种用于封装可产生或吸收气体的物质的包装体,包括透气性包装层,置于上述透气性包装层外部的不透气性包装层,该包装体整体不透气,该包装体还包括用于撕开不透气性包装层的撕开部件。

在一个例子中,上述撕开部件由带状或绳状部件构成。上述撕开部件设置在上述不透气性包装层的内表面或外表面。

上述透气性包装层与不透气性包装层粘接在一起。上述撕开部件与上述不透气性包装层之间的粘接力大于不透气性包装层与上述透气性包装层之间的粘接力。

在一个最佳例子中,上述撕开部件设置在上述不透气性包装层的内表面,其两端在上述不透气性包装层的边缘处穿出。

在一个例子中,上述不透气性包装层和透气性包装层仅在其周缘部分相粘接,而在其中间彼此分离形成空腔。

在一个例子中,上述透气性包装层包括由透气性材料构成的透气性部分和由不透气性材料构成不透气性部分。不透气性包装层粘接在上述透气性包装层的透气性部分上。最好是,上述透气性部分和上述不透气性部分整体或分体形成。或者上述透气性部分通过在不透气性材料上局部穿孔形成。

本发明另一方面,提供一种包装体长带,由多个上述任一包装体通过各连接部连接而成,各包装体上的撕开部件形成一连续的撕开部件,上述连续的撕开部件具有一空余端头。

本发明再一方面,提供一种供给用于封装可产生或吸收气体的物质的包装体的方法,包括下述工序:

(1) 将上述包装体长带中的上述空余端头缠绕在牵拉装置上;

(2) 沿与上述不透气性包装层外表面成一定角度的方向牵拉上述连续撕开部件,使透气性包装层暴露出来;

(3) 沿上述连接部将包装体长带依次切断成各包装体;

(4) 将各包装体逐个供给到规定场所。

根据本发明,还提供一种供给用于封装可产生或吸收气体的物质的包装体的系统,包括:用于将上述包装体长带中的连续撕开部件从包装体上剥离下来的旋转辊组;用于将上述包装体长带拉入其内并沿各连接部将包装体长带切断成多个包装体的牵拉剪切机;用于将切断后的各包装体依次投放到相应场所的滑槽,其中,上述旋转辊组设置在牵拉剪切机的斜上方。上述旋转辊组具有两个从动旋转辊和一个与驱动装置直接相连的主动旋转辊。

根据本发明,由于包装体还包括用于撕开不透气性包装层的撕开部件,当沿着与不透气性外包装层外表面成一定角度的方向牵拉撕开部件时,通过施加在其上的拉力使外包装层和内包装层脱离粘接在一起的状态,并将外包装层撕开从而使内包装层的至少一部分暴露于外部,不仅有效防止挥发性物质的效力减退,还解决了使用方便的问题

另外,采用本发明的包装体长带、包装体供给方法及装置,不论是包装体长带的结构

还是采用包装体供给方法及装置，都可实现一边撕裂不透气的包装层，一边将各小袋包装体向规定场所供给的作业，消除了保存、运输或供给等方面带来的困难，又能把封装的吸收或产生气体的物质效力的散失抑制到最小的程度，同时还解决了使用方便的问题。

附图的简要说明

图1a是本发明包装体第一实施例的剖视图；

图1b是本发明包装体第一实施例的透视图；

图2是本发明包装体第二实施例的剖视图；

图3是本发明包装体第三实施例的剖视图；

图4是本发明包装体长带的透视图；

图5是包装体自动供给装置的示意图。

具体实施方式

下面结合附图，详细介绍本发明的各实施例。

图1a和图1b示出了本发明包装体的第一实施例。如图1a和1b所示，包装体1包括由不透气性材料构成的不透气性外包装层2和由透气性材料构成的透气性内包装层3。内包装层3和外包装层2粘接在一起，可吸收或产生气体的物质4封装在透气性内包装层3内，通过密封口5将包装体1封住。一个或多个带状部件6粘接在不透气性外包装层2的外表面上，带状部件6与不透气性外包装层2之间的粘接力大于不透气性外包装层2与透气性内包装层3之间的粘接力。当沿着与不透气性外包装层2外表面成一定角度的方向牵拉带状部件6时，通过施加在其上的拉力使外包装层2和内包装层3脱离粘接在一起的状态，并使外包装层2撕开从而使内包装层3的至少一部分暴露于外。此时，透气性内包装层3内封装的物质4便能发挥效力，通过吸收或释放气体而产生脱氧、干燥、除臭或者防蛀、杀菌的效果。作为该实施例的一种变形，也可以将带状部件6设置在不透气性外包装层2和透气性内包装层3之间，此时，带状部件6的两端需要从外包装层2的边缘处穿出。

图2示出了本发明包装体的第二实施例。如图2所示，不透气性外包装层2和透气性内包装层3仅在其周缘部分相粘接，而在其中间彼此分离形成空腔7。带状部件6设于空腔7内并粘接在不透气性外包装层2的内表面上，其两端在外包装层2的边缘处穿出。作为该实施例的一种变形，也可以将带状部件6粘接在不透气性外包装层2的外表面上。

图3示出了本发明包装体的第三实施例。该实施例不同于上述两个实施例，其包装体并非整体上由透气性内包装层和不透气性外包装层构成，而是大部分由单层的不透气材料构成，仅在局部设置有透气性内包装层和不透气性外包装层。当不透气性外包装层被撕开后，将会在包装体上形成透气性窗口。如图3所示，封装物质4的包装层8包括由不透气性材料构成的不透气性部分9和由透气性材料构成的透气性部分10，在透气性部分10上粘有不透气性薄膜11，带状部件6粘接在不透气性薄膜11的外表面上，带状部件6与不透气性薄膜11之间的粘接力大于不透气性薄膜11与透气性部分10之间的粘接力。透气性部分10与不透气性部分9可以整体形成也可以分体形成。两者整体形成时，只需在不透气性材料上局部穿孔即可；两者分体形成时，可以通过将无纺布等透气性材料对接或搭接在不透气性部分9上而实现。

本发明包装体的透气性包装层可以采用纸、无纺布、有孔的塑料或铝箔薄膜等材料制成。如果透气性包装层以纸或无纺布为材料，则优选经过疏水性和/或疏油性处理的纸或无纺布。本发明包装体的不透气性包装层可以采用铝箔或铜箔等金属薄膜、或者各种塑料薄膜制成。本发明包装体的带状部件可以采用塑料或金属等材料制成。

本发明包装体不仅具有能够有效防止其内封装物质在非使用状态下效力减退的优点,而且使用方便,只需沿与不透气性包装层外表面成一定角度的方向牵拉上述带状部件便可使透气性包装层暴露在外部环境中,从而使包装体内封装的物质发挥效力。本发明包装体还特别适用于向生产流水线等应用场所实行连续供给。

为实现连续供给,就需要将本发明包装体加工成如图4所示的包装体长带12。该包装体长带12由各小袋包装体1连接而成,小袋包装体1可以为前面各实施例中所述的包装体之一,在各相邻小袋包装体1之间形成连接部13。包装体长带12上所有小袋包装体1的带状部件6彼此相连,形成一条连续的带状部件6。该连续的带状部件6延伸至包装体长带12至少一端之外,形成具有一定长度的空余端头14。该连续的带状部件6应当具有在连续牵拉过程中不会被拉断的抗拉强度。

本发明包装体的具体供给过程包括:将连续带状部件6的空余端头14缠绕在用于牵拉装置上的工序;沿与不透气性包装层外表面成一定角度的方向牵拉连续带状部件6从而使透气性包装层暴露出来的工序;沿连接部13将包装体长带12依次切断成各个小袋包装体1的工序;将各小袋包装体1逐个向规定场所供给的工序。

图5是一种包装体自动供给装置的示意图。如图5所示,该自动供给装置包括旋转辊组15、牵拉剪切机16和滑槽17。旋转辊组15设置在牵拉剪切机16的斜上方,其包括两个从动旋转辊18、19和一个与驱动装置直接相连的主动旋转辊20。旋转辊组15用于将连续的带状部件6从包装体上剥离下来,从而使透气性包装层暴露在外部环境中。被剥离下来的连续带状部件6被卷绕在主动旋转辊20上。牵拉剪切机16用于将包装体长带12拉入其内并沿各连接部13将包装体长带12切断成多个小袋包装体1。各小袋包装体1将通过滑槽17被依次投放到相应场所。在自动供给装置开始工作之前,需要将连续带状部件6的空余端头14预先缠绕在旋转辊组15上。

上面结合附图对本发明的实施例作了详细说明,但是本发明并不限于上述实施例,在本领域普通技术人员所具备的知识范围内,还可以在不脱离本发明宗旨的前提下作出各种变化。例如,本发明中的带状部件也可以采用绳状等其他可以实现其功能的任何形状。

说 明 书 附 图

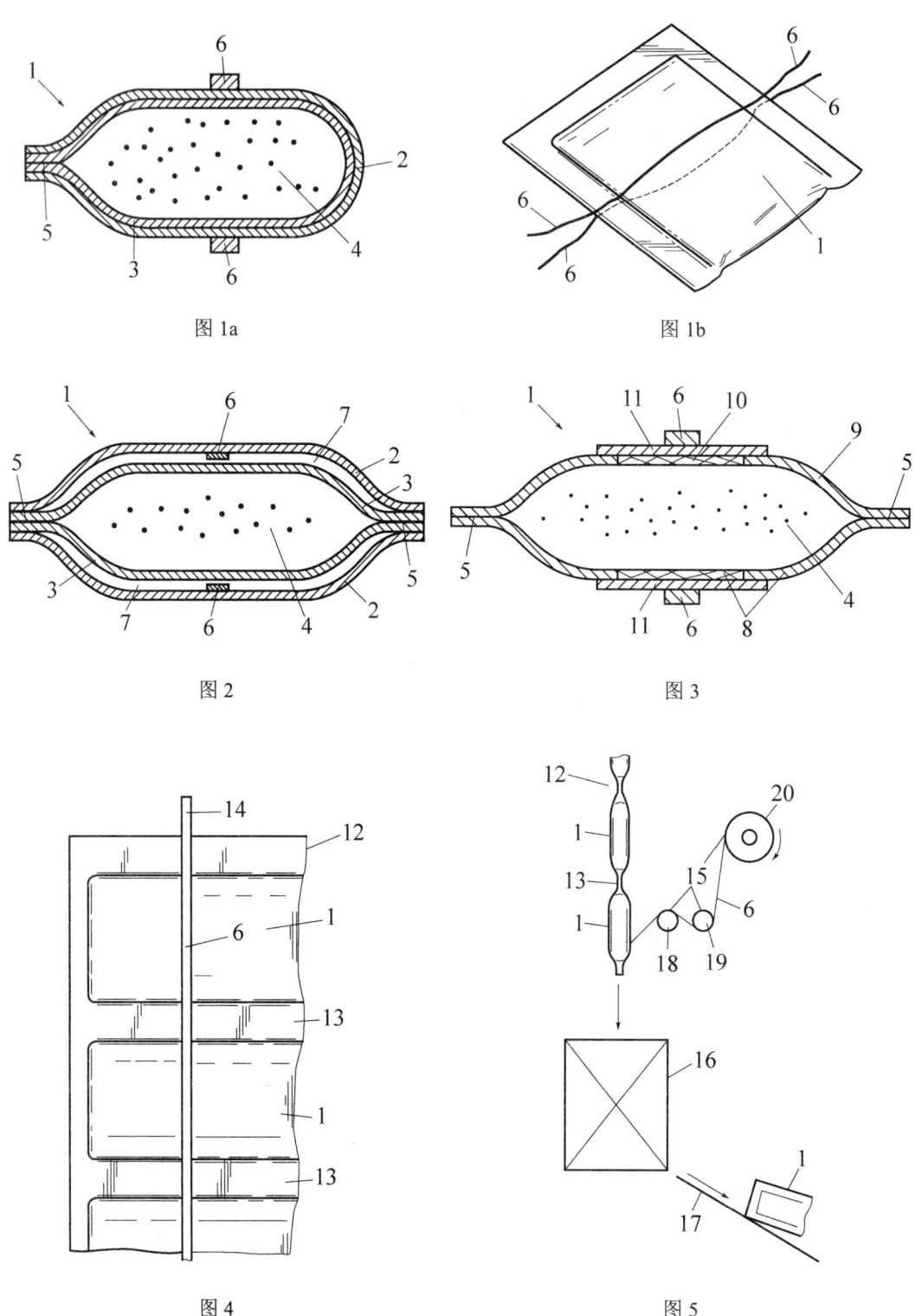

图 1a

图 1b

图 2

图 3

图 4

图 5

说　明　书　摘　要

　　一种用于封装可产生或吸收气体的物质的包装体，包括透气性包装层及置于透气性包装层外部的不透气性包装层，构成整体不透气的结构，该包装体还包括用于撕开不透气性包装层的撕开部件。将上述包装体通过各连接部连接构成包装体长带，这时，各包装体上的撕开部件形成一连续的撕开部件，该连续的撕开部件具有一空余端头。在供给中，将该空余端头缠绕在牵拉装置上；沿与不透气性包装层外表面成一定角度的方向牵拉连续撕开部件，使透气性包装层暴露出来；沿连接部将包装体长带依次切断成各包装体并进行供给。因此，本发明不仅消除了保存、运输或供给等方面的困难，又能把封装的吸收或产生气体的物质效力的散失抑制到最小，同时还解决了使用方便的问题。

摘 要 附 图

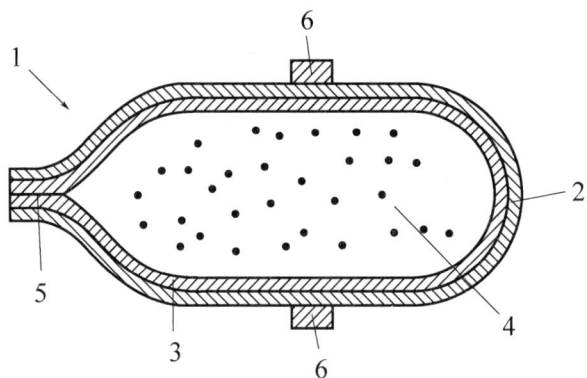

撰写案例四　枕头[1]

一、申请案例情况介绍

申请人欲申请一件有关枕头的发明专利申请。申请人提供的技术交底书内容包括发明的枕头和两篇现有技术文献，并要求以此现有技术为基础，撰写申请文件。其中，申请人所提供的现有技术的内容如下。

市场上有荞麦皮枕、织物枕及药枕等多种枕头，形状一般是长方体或圆柱体。由于该形状与人体颈椎在自然放松状态下的生理曲线不一致，导致人们在仰卧或侧卧时都不能很好地放松颈椎，容易引发或加重颈椎病。

为此，现有技术中提出了对比文件1和对比文件2所提供的枕头。下文简要介绍这两项现有技术。

对比文件1公开了一种用于预防、治疗颈椎病的高度可调的颈椎乐枕头。其具体结构参见图1和图2。

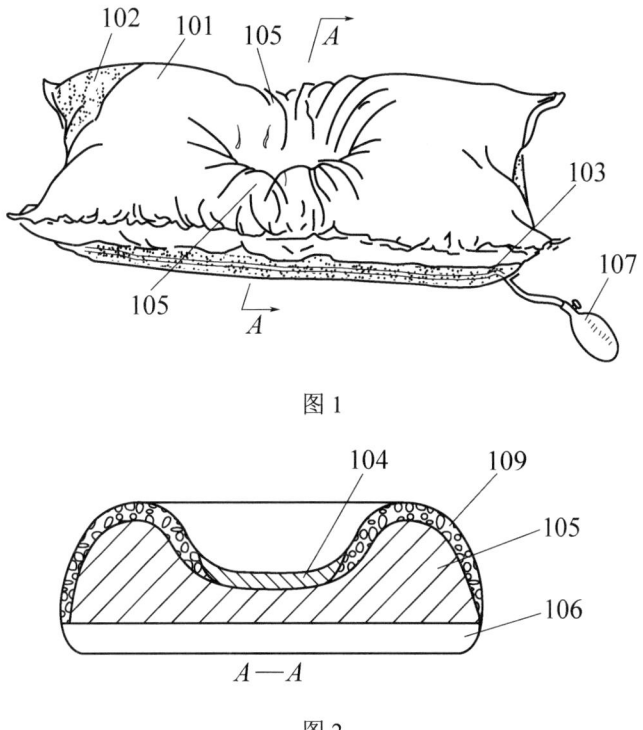

图1

图2

图1为对比文件1的"颈椎乐枕头"的整体构造示意图；图2为图1的 A—A 横断面剖视图。

该颈椎乐枕头包括：由丝、棉等织物制成的枕套101，由海绵、荞麦皮等制成的枕芯102；枕头的中间部位有头形凹陷槽；枕芯102下设有气囊106，可通过操作与气囊相连接

---

[1] 本案例根据2009全国专利代理人资格考试 "专利代理实务" 科目试题改编而成。

的气泵107充、放气来随时调整枕头的高低；还可以有衬垫104，通过增减衬垫104可改变凹陷槽的深浅；颈垫105，在其上面可通过缝纫或粘钩等方式结合装有药物的药垫109，药物由例如麝香、人参等能预防和治疗颈椎病的药物构成。该颈椎乐枕头可制成长方体、圆柱体或长椭圆体等不同形态，整体尺寸一般是长350～650mm，宽250～550mm，高60～160mm。

该枕头在实际应用中，可以与其他多种枕用附设装置，例如负离子发生器、收音机等结合使用，互相配合产生更好的效果。由于本颈椎乐枕头采用了气囊，若又采用振动器，则可能导致气囊漏气，而且即使气囊不漏气也会抵消振动器的振动作用，故本颈椎乐枕头不宜与振动器结合使用。

对比文件2公开了一种理疗器械，特别是颈椎病治疗枕。该颈椎病治疗枕包括枕套和枕芯，其中枕芯的具体结构参见图3和图4。

图3是对比文件2的颈椎病治疗枕的透视图。图4是图3中的A—A剖面的振动产生部件的剖视图。

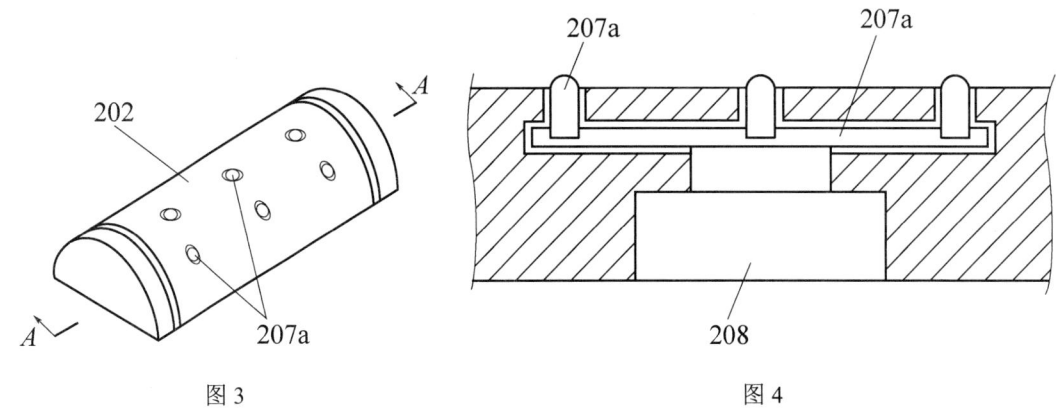

图3   图4

颈椎病治疗枕的枕芯202内部安装有振动电机208、振动器，二者共同构成振动产生部件。振动器上设有突出部件207a，并从枕芯表面上形成的孔中突出一定高度。可以将本发明的振动产生部件和突起部件均布在枕芯上或者单设在头枕部位或颈枕部位，而且突出部件207a也可以选择不从枕芯表面突出来。启动电源后，振动电机208带动振动器振动，突出部件207a进一步产生局部按压作用，可以促进与之接触的人体头颈部的血液循环，解决了颈椎保健问题。

该安装有振动器的枕芯202可以位于任何形状的枕头主体内。此外，该颈椎病治疗枕的振动器还可以用于防止使用者打鼾。具体的实施方案是在枕芯202内部或外部设置一个音频检测器，用来检测环境中的声音信号，并根据检测到的信号激活枕芯内的振动电机208，从而利用突起部件207a振动刺激使用者，使其中止打鼾。

虽然已知技术披露了能够产生振动从而防止使用者打鼾的枕头，但是存在两方面的不足：一是音频检测器在检测到环境噪音而非鼾声时也会使振动器产生振动；二是振动器产生的振动会使使用者惊醒。两者都会干扰使用者的正常睡眠。

为了解决上述技术问题，申请人提供了使人感觉舒适和预防、治疗颈椎病的枕头，以及可防止使用者打鼾的枕头。

申请人所提供的枕头的具体内容如下。

其第一实施例主要是解决对比文件1存在的气囊抵消振动器的振动作用的技术问题。

如图5、图6所示,图5为第一实施例的整体透视图;图6为图5中沿A—A的剖面图。该枕头由枕套1、枕芯2组成,枕头的中间部位设有凹陷槽3,凹陷槽下方是头枕4,凹陷槽沿枕头宽度方向的两侧为颈枕5,头枕4与颈枕5的形状配合可使睡眠者的颈椎处于自然放松状态。此外,该枕头还可包括气囊6和/或振动按摩器7。中空气囊6位于枕芯2的底部,可通过充、放气调节矫治器高度。按摩器7位于颈枕5内,振动可起活血化瘀作用。枕头还可包括缝缀在头枕4和/或颈枕5上的药垫9,其中充填有预防和治疗颈椎病的药物,该药物可以为重量配比为3:2的茶叶和荞麦皮的混合物,该药物也可以由麝香、人参构成。气囊6与气泵相连,通过操作气泵充、放气来随时调整枕头的高低。

此外,为了避免因采用振动器而可能导致气囊漏气或即使气囊不漏气也会抵消振动器的振动作用,可在振动按摩器7和气囊6之间设置隔层8。隔层8由硬质聚合物例如橡胶材料制成,从而在同时使用气囊和振动按摩器时保证其发挥各自的作用。

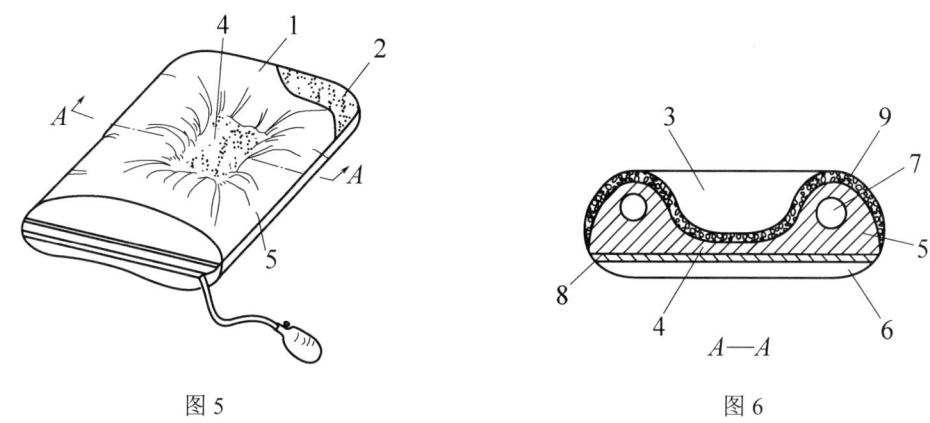

图5　　　　　　　　　　　　　图6

其第二实施例如图7、图8所示。该实施例是在上述第一实施例的基础上,解决对比文件2的音频检测器在检测到环境噪声而非鼾声时也会使振动器产生振动;振动器产生的振动会使使用者惊醒,产生干扰使用者的正常睡眠的问题。

该实施例就是在枕头内设置止鼾装置和音频检测器的基础上,其内增设比较器,将使用者打鼾时常见的声音频率段预先设定为标准值,当音频检测器检测到声音信号时,首先通过比较器与预设的标准值进行比较。经判断,属于预设频率段的声音,表明是使用者在打鼾,则启动止鼾装置。

第一种止鼾装置如图7所示,在枕芯下设与气泵相连的多个气囊26。当音频检测器检测到的声音信号经比较器被确认为鼾声时,向气囊控制器输出信号,由气囊控制器控制气泵向其中某一气囊26进行充气。通过设定充气、放气的时间和速度,使得多个气囊26依次充气、放气,在整体上缓慢、轻柔地晃动枕头,改变使用者的睡姿,从而起到止鼾作用。

第二种止鼾装置如图8所示。在枕头30a下依次设有支撑板30b,与支撑板30b连接的摇动板30c,以及与摇动板30c嵌合的底板30d,底板30d内设置有与比较器相连的驱动器。当音频检测器30e检测到的声音信号经比较器被确认为鼾声时,向驱动器输出信号,使摇动板30c沿枕头30a的长度方向来回运动,从而使枕头30a缓慢、轻柔地产生晃动,改变使用者的睡姿,从而起到止鼾作用。

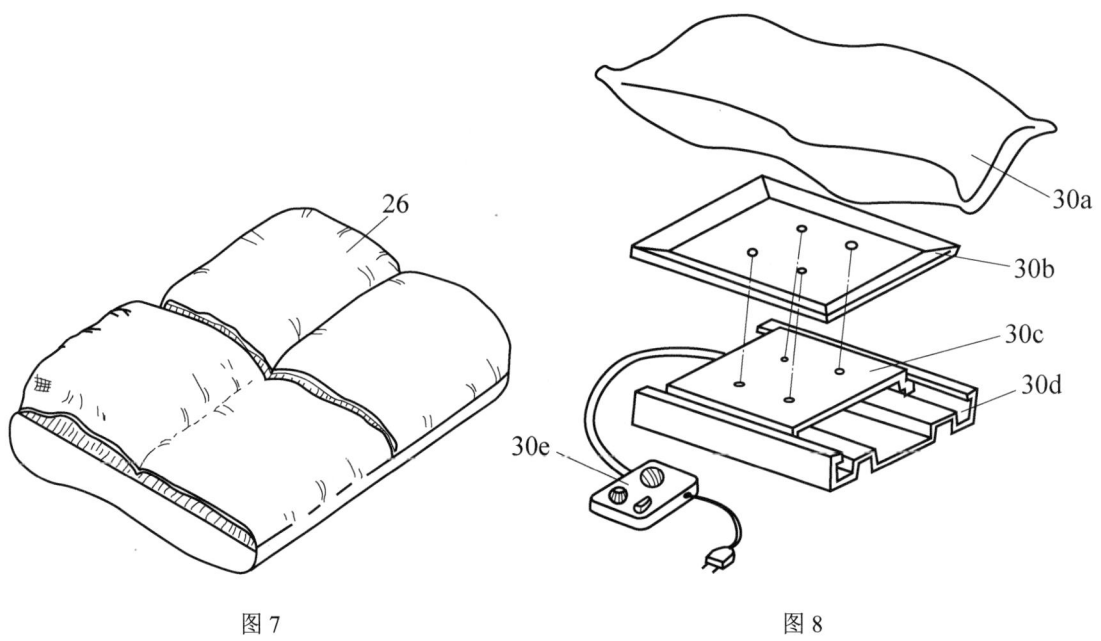

图7　　　　　　　　　　　　图8

申请人在技术交底书中还提供了自己撰写的两个独立权利要求1，其具体内容如下：

"1. 一种由枕套（1）、枕芯（2）构成的头颈矫治枕头，其特征在于：中间部位设有近似于头形的凹陷槽（3），凹陷槽下方为头枕（4）、凹陷槽沿头颈矫治枕头宽度方向的两侧为颈枕（5），其整体尺寸为长50～80cm、宽20～60cm、高6～18cm，制成长方体、圆柱体或长椭圆体三种形状。

2. 一种由枕套（1）、枕芯（2）构成的药枕，其特征在于包括头枕（4）和颈枕（5），头枕（4）和/或颈枕（5）上面缝缀药垫（9），其中装有预防和治疗颈椎病的药物。"

在撰写申请文件之前，需要对申请人提交的上述两个独立权利要求进行分析，要确保所撰写的独立权利要求1、2能以较宽的保护范围保护申请人的利益，并能满足相对上述现有技术的对比文件1、2具备新颖性和创造性。

首先，将权利要求1和对比文件1、2分别相比较，发现，对比文件1已经公开了上述权利要求1的全部技术特征，详细对比参见技术特征分析表1。

从特征分析表1可以看出，对比文件1公开的"颈椎乐枕头"的整体尺寸长350～650mm，即35～65cm，落入权利要求1的颈枕5的长50～80cm的范围内；宽250～550mm落入权利要求1的颈枕5的宽20～60cm的范围内；而权利要求1的颈枕5的高6～18cm与对比文件1公开的颈椎乐枕头的高60～160mm有部分重叠，因此，对比文件1公开了权利要求1的全部技术特征，影响这样撰写的权利要求1的新颖性，所以不能采用该权利要求1，需要重新撰写权利要求1。

其次，将权利要求2和对比文件1、对比文件2分别进行比较，发现，对比文件1也已经公开了上述权利要求2的全部技术特征，详细对比参见特征分析表2。

表1 技术特征分析（一）

分析项目		权利要求1	对比文件1	对比文件2
技术领域		头颈矫治枕头	颈椎乐枕头	颈椎病治疗枕
技术特征		枕套1	枕套101	枕套
		枕芯2	枕芯102	枕芯202
		中间部位设有近似于头形的凹陷槽3	中间部位设有头形凹陷槽	×
		凹陷槽下方为头枕4	凹陷槽下方为头枕	头枕
		凹陷槽沿头颈矫治枕头宽度方向的两侧为颈枕5	凹陷槽的两侧为颈垫105	颈枕
		整体长50～80cm	整体长350～650mm	×
		整体宽20～60cm	整体宽250～550mm	×
		整体高6～18cm	整体高60～160mm	×
		整体形状为长方体、圆柱体或长椭圆体	长方体、圆柱体或长椭圆体	×

表2 特征分析（二）

分析项目		权利要求2	对比文件1	对比文件2
技术领域		药枕	颈椎乐枕头	颈椎病治疗枕
技术特征		枕套1	枕套101	枕套
		枕芯2	枕芯102	枕芯202
		头枕4	头枕	头枕
		颈枕5	颈垫105	颈枕
		头枕4和/或颈枕5上面缝缀药垫9	颈垫105上面可通过缝纫或者粘钩等方式结合装有药物的药垫109	×

从特征分析表2可以看出，对比文件1也公开了权利要求2的全部技术特征，影响这样撰写的权利要求2的新颖性，所以该权利要求2同样需要重新撰写。

在上述工作的基础上，着手为本发明专利申请撰写权利要求书、说明书及其摘要。其中，撰写的独立权利要求应当相对上述现有技术具备新颖性和创造性。

二、权利要求书、说明书及其摘要的撰写思路

对于前面所介绍的枕头的发明专利申请来说，可以按照下述主要思路来撰写权利要求书和说明书。

（一）权利要求书的撰写

1. 确定本申请相对现有技术所作出的主要改进及需要保护的客体

（1）确定本申请相对现有技术所作出的主要改进

图 5 至图 8 反映的本申请发明与对比文件 1 及对比文件 2 的两篇现有技术相比，其改进在于：

① 本申请发明在由枕套 1、枕芯 2 组成的枕头中，设置有气囊 6 和/或振动按摩器 7，在气囊 6 和振动按摩器 7 之间设置有隔层 8，可以克服对比文件 1 出现气囊与振动器的振动作用相抵消，设置有气囊和/或振动按摩器起不到按摩作用的问题。

② 在上述枕头的基础上，在头枕 4 和/或颈枕 5 上缝缀有药垫 9，其中充填有预防和治疗颈椎病的药物，药物重量配比为 3:2 的茶叶和荞麦皮的混合物一种，达到治疗颈椎病的效果。

③ 在止鼾枕头中设置有止鼾装置，止鼾装置中设置一个比较器，将使用者打鼾时常见的声音频率段预先设定为标准值，当音频检测器检测到声音信号时，首先通过比较器与预设的标准值进行比较，经判断，属于预设频率段的声音，表明是使用者在打鼾，则启动止鼾装置，从而起到止鼾作用。

④ 第一种止鼾装置：在枕芯下设与气泵相连的多个气囊 26，气囊 26 与气泵相连，向气囊控制器输出信号，由气囊控制器控制气泵向其中某一气囊 26 进行充气。通过设定充气、放气的时间和速度，使得多个气囊 26 依次充气、放气，在整体上缓慢、轻柔地晃动枕头，改变使用者的睡姿，从而起到止鼾作用。

⑤ 第二种止鼾装置：在枕头 30a 下依次设有支撑板 30b，在支撑板 30b 上连接有摇动板 30c。将音频检测器 30e 检测到的声音信号与预设的标准值进行比较，经判断，属于预设频率段的声音并被确认为鼾声时，向驱动器输出信号，使摇动板 30c 沿枕头 30a 的长度方向来回运动，从而使枕头 30a 缓慢、轻柔地产生晃动，而不会像对比文件 2 公开的颈椎病治疗枕那样，不能辨别使用者发出的鼾声与其他声音，只要有声音就发出振动，干扰使用者睡眠，利用突起部件 209a 振动刺激使用者，产生生硬的振动动作，将使用者惊醒。因此，能改变使用者的睡姿，从而起到止鼾作用。

（2）确定本申请需要保护的客体

在撰写专利申请文件时，最重要的是撰写权利要求，而权利要求的撰写不仅要考虑独立权利要求保护范围的大小，还要选好想要保护的技术主题和类型，不同的保护主题可以体现发明不同的保护方面，技术主题的选择直接关系到授权后专利权保护范围的大小。

从以上分析可以得出，本申请发明需要从头颈矫治枕头和止鼾枕头给予保护。

2. 从两项相关的现有技术中确定最接近的现有技术

《专利审查指南 2010》第二部分第四章第 3.2.1.1 节中规定了确定最接近现有技术的原则，首先选出那些与要求保护的发明技术领域相同或相近的现有技术；其次从技术领域相同或相近的现有技术中选出所要解决的技术问题、技术效果或者用途最接近和/或公开了发明的技术特征最多的那一项现有技术作为最接近的现有技术。

下面就本申请发明而言，通过将本申请发明与对比文件 1、对比文件 2 两篇现有技术公开的技术特征进行对比、分析，确定出最接近的现有技术。

（1）确定头颈矫治枕头的最接近的现有技术

列出头颈矫治枕头与对比文件 1、对比文件 2 的全部技术特征，详见特征分析表 3。

表 3 特征分析（三）

分析项目		发明申请	对比文件 1	对比文件 2
技术领域		头颈矫治枕头	颈椎乐枕头	颈椎病治疗枕
技术特征		枕套 1	枕套 101	枕套
		枕芯 2	枕芯 102	枕芯 202
		枕芯 2 的下方设有气囊 6	枕芯 102 下设有气囊 106	×
		枕芯 2 中设有振动按摩器 7	×	枕芯 202 内部安装有振动器 207a
		气囊 6 和振动按摩器 7 之间设置有隔层 8	×	×
		中间部位设有近似于头形的凹陷槽 3	中间部位设有头形凹陷槽	×
		凹陷槽 3 下方为头枕 4	凹陷槽下方为头枕	头枕
		凹陷槽 3 沿头颈矫治枕头宽度方向的两侧为颈枕 5	凹陷槽的两侧为颈垫 105	颈枕
		振动按摩器 7 位于颈枕 5 内	×	振动器 207a 可以设置在颈枕部位
		缝缀在头枕 4 和/或颈枕 5 上的药垫 9	颈垫 105 上面可通过缝纫或者粘钩等方式结合装有药物的药垫 109	×
		药垫 9 中充填有预防和治疗颈椎病的药物，药物为重量配比为 3∶2 的茶叶和荞麦皮的混合物	药物由例如麝香、人参等能预防和治疗颈椎病的药物构成	×
		整体长 50～80cm	整体长 350～650mm	×
		整体宽 20～60cm	整体宽 250～550mm	×
		整体高 6～18cm	整体高 60～160mm	×
		整体形状为长方体、圆柱体或长椭圆体	长方体、圆柱体或长椭圆体	×

由于对比文件 1、对比文件 2 和本申请发明属于相同的技术领域，并且，从特征分析表 3 可以看出，对比文件 1 公开了本申请发明更多的技术特征，即对比文件 1 公开了本申请发明更多的技术信息，因此选择对比文件 1 作为最接近的现有技术。

（2）确定止鼾枕头的最接近的现有技术

列出止鼾枕头与对比文件 1、2 的全部技术特征，详见特征分析表 4。

虽然对比文件 1、对比文件 2 和本申请发明属于相同的枕头的技术领域，但是，对比文件 2 提出了解决止鼾的技术问题，提供的是一种防止打鼾的颈椎病治疗枕，更接近本申请的发明技术领域，在选择最接近的现有技术时，应首先考虑技术领域，并且，从特征分析表 4 可以看出，对比文件 2 解决止鼾技术问题方面公开了本申请发明更多的技术特征，因此，综合对比文件 1、对比文件 2 涉及的技术领域、解决的技术问题和公开的技术特征，可以得出对比文件 2 公开了本申请发明更多的技术信息，因此选择对比文件 2 作为最接近的现有技术。

3. 根据所选定的最接近的现有技术确定本发明专利申请所要解决的技术问题

对于头颈矫治枕头的技术方案来说，与最接近的现有技术对比文件 1 相比，两者的主要区别技术特征即在气囊 6 和振动按摩器 7 之间设置隔层 8，可以防止振动器振动引起气囊漏气的事情发生，从而获得"既能利用气囊实现振动按摩，又能防止气囊漏气和振动被气囊抵消"的技术效果。因此，本申请发明的头颈矫治枕头的技术方案要解决现有技术存在的设置气囊抵消振动器的振动作用的技术问题，实现气囊和振动器共同作用，加强预防和治疗的效果。

表4 特征分析（四）

分析项目		发明申请	对比文件1	对比文件2
技术领域		止鼾枕头	颈椎乐枕头	防止打鼾的颈椎病治疗枕
技术特征		音频检测器	×	音频检测器
		止鼾装置	×	止鼾装置
		比较器	×	×
		比较器中将使用者打鼾时常见声音频率段预先设定为标准值，比较器将音频检测器检测到的声音信号与预设的标准值进行比较，如果经判断该信号属于预设频率段的声音，则比较器向止鼾装置输出信号，启动止鼾装置	×	音频检测器，用来检测环境中的声音信号，并根据检测到的信号激活枕芯内的振动电机208，利用突起部件207a振动刺激使用者，使其中止打鼾
		枕套1和枕芯2	枕套1和枕芯2	枕套和枕芯202
		止鼾装置包括设置在枕芯2下的多个气囊26，该气囊26与气泵相连，气囊控制器控制气泵向其中某一气囊26充、放气，且各气囊26的充气、放气的时间和速度可调节，使所述枕头产生晃动	×	×
		止鼾装置包括在枕头下依次设置的支撑板30b、与支撑板30b连接的摇动板30c以及与该摇动板30c嵌合的底板30d，在该底板30d内设有与比较器相连的驱动器	×	×

对于止鼾枕头的技术方案来说，与现有技术的对比文件2相比，其主要的区别技术特征是，通过设置比较器，将使用者打鼾时常见声音频率段预先设定为标准值，比较器将音频检测器检测到的声音信号与预设的标准值进行比较，如果经判断该信号属于预设频率段的声音，则比较器向止鼾装置输出信号，启动止鼾装置。因此，可防止音频检测器在检测到环境噪音而非鼾声时使振动器产生振动，将使用者吵醒、干扰使用者的正常睡眠的事情发生。因此，止鼾枕头的技术方案要解决现有技术的问题是：不能辨别使用者发出的鼾声与环境噪音等其他声音，干扰使用者睡眠。

4. 完成独立权利要求的撰写

对于本申请发明的头颈矫治枕头和止鼾枕头，根据分别确定的最接近现有技术对比文件1和对比文件2以及所确定的本申请发明要解决的技术问题，确定其全部必要技术特征，按照《专利法实施细则》第二十一条规定的格式，分别划分两个独立权利要求各自与最接近的现有技术的对比文件1或对比文件2的前序部分与特征部分的界限，完成独立权利要求的撰写。

（1）确定头颈矫治枕头的技术方案为解决上述技术问题的全部的必要技术特征

对于本申请的头颈矫治枕头来说，要想解决有气囊的结构既能提供振动按摩作用，又能防止气囊漏气和振动被气囊抵消的技术问题，主要是在气囊6和振动按摩器7之间设置有隔层8，而与这两个部件发生关系的有构成头颈矫治枕头的枕套和枕芯。因此，通过对本申请发明进行的上述分析，可知，头颈矫治枕头的技术方案要解决上述技术问题的全部的必要技术特征是：

枕套；

枕芯；

在枕芯 2 的下方设有气囊 6；

在枕芯 2 中设有振动按摩器 7；

在气囊 6 和所述振动按摩器 7 之间设置有隔层 8。

（2）确定止鼾枕头的技术方案为解决上述技术问题的全部的必要技术特征

对于本申请的止鼾枕头来说，要想解决不能辨别使用者发出的鼾声与环境噪音等其他声音，干扰使用者睡眠的技术问题，主要是设置比较器，将音频检测器检测到的声音信号与预设的标准值进行比较。因此，通过对本申请发明进行的上述分析，可知，止鼾枕头的技术方案要解决上述技术问题的全部必要技术特征是：

音频检测器；

止鼾装置；

比较器，该比较器中将使用者打鼾时常见声音频率段预先设定为标准值，比较器将音频检测器检测到的声音信号与预设的标准值进行比较，如果经判断该信号属于预设频率段的声音，则比较器向止鼾装置输出信号，启动止鼾装置。

（3）完成独立权利要求的撰写

在实践中，当撰写独立权利要求时，在满足权利要求得到说明书支持的前提下，如果能做到不局限于发明的具体实施例，撰写出一个保护范围较宽的独立权利要求，对申请人在确权的后续程序中将会带来好处，使申请获得更好的保护。因此，应尽可能采取概括性描述来表达技术特征。并且，对于一个完整的产品技术方案来说，也不需要撰写该产品的所有构成要素（零部件或其他组成及之间的关系），仅仅写出解决技术问题的改进之处及与该改进发生关系（即因为作出该改进而附带地要进行改进的零部件等）的那些构成要素即可。

至此，可以完成头颈矫治枕头的独立权利要求如下：

"1. 一种头颈矫治枕头，包括：枕套（1）和枕芯（2），在所述枕芯（2）的下方设有气囊（6），其特征在于：在所述枕芯（2）中设有振动按摩器（7），在所述气囊（6）和所述振动按摩器（7）之间设置有隔层（8）。"

可以撰写出的止鼾枕头的独立权利要求（为了便于分析，区别于头颈矫治枕头的独立权利要求，将止鼾枕头的独立权利要求用序号 1′ 表示）如下：

"1′. 一种止鼾枕头，包括音频检测器和止鼾装置，其特征在于，该枕头还包括比较器，该比较器将使用者打鼾时常见声音频率段预先设定为标准值，比较器将音频检测器检测到的声音信号与预设的标准值进行比较，如果经判断该信号属于预设频率段的声音，则比较器向止鼾装置输出信号，启动止鼾装置。"

（4）判断所撰写的独立权利要求的新颖性、创造性及单一性

① 判断撰写的头颈矫治枕头的独立权利要求 1 的新颖性、创造性。

以下就该权利要求 1 与两篇对比文件相比较的过程作具体分析如下：

第一，对比文件 1 不能破坏该权利要求 1 的新颖性。

对比文件 1 虽然记载的颈椎乐枕头包括了枕套、枕芯，并在枕芯的下方设有气囊，但上述独立权利要求 1 与其存在区别：本申请发明还包括在所述枕芯中设有振动按摩器，在所述气囊和所述振动按摩器之间设置隔层。因此，该头颈矫治枕头的独立权利要求 1 所要保护的技术方案完全不同于对比文件 1 中公开的颈椎乐枕头，具备《专利法》所规定的新

颖性，符合《专利法》第二十二条第二款的规定。

第二，对比文件 2 也不能破坏该权利要求 1 的新颖性。

将独立权利要求 1 与对比文件 2 公开的颈椎病治疗枕相比。虽然对比文件 2 记载的颈椎病治疗枕包括枕套和枕芯，并在枕芯中设有振动器，但是，本独立权利要求 1 与对比文件 2 公开的颈椎病治疗枕的区别在于：本申请发明还包括在枕芯的下方设有气囊，在所述气囊和所述振动按摩器之间设置有隔层。因此，本独立权利要求 1 所要保护的技术方案完全不同于对比文件 2 中公开的颈椎病治疗枕，具备专利法所规定的新颖性，符合《专利法》第二十二条第二款的规定。

综上所述，所撰写的头颈矫治枕头的独立权利要求 1 分别相对于现有技术对比文件 1、对比文件 2 存在区别，该权利要求 1 所要保护的技术方案与对比文件 1、对比文件 2 单独对比，具备《专利法》第二十二条第二款规定的新颖性。

第三，对比文件 1 和对比文件 2 也不能破坏该权利要求 1 的创造性。

该头颈矫治枕头的独立权利要求 1 相对最接近的现有技术对比文件 1 来说，其区别技术特征是，在枕芯中设有振动按摩器，以及在气囊和振动按摩器之间设置有隔层。因此，权利要求 1 相对于最接近的现有技术对比文件 1 实际解决的问题是如何为有气囊的头颈矫治枕头提供振动按摩作用，且防止气囊漏气和振动被气囊抵消的技术问题。虽然对比文件 2 公开了颈椎病治疗枕中可以含有振动器，起到颈椎保健作用，但是由于对比文件 1 明确指出"由于本颈椎乐枕头采用了气囊，若又采用振动器，则可能导致气囊漏气，而且即使气囊不漏气也会抵消振动器的振动作用，故本颈椎乐枕头不宜与振动器结合使用"，因此对所属技术领域的技术人员来说，不能将对比文件 2 中公开的振动器简单地应用到对比文件 1 中解决上述技术问题，更得不出通过在气囊和振动器之间设置隔层来解决上述"如何为有气囊的头颈矫治枕头提供振动按摩作用"的技术问题的技术启示。而且，独立权利要求 1 所要保护的技术方案是在枕芯中设有振动按摩器以及在气囊和振动按摩器之间设置有隔层，通过此结构，既能产生振动按摩，又可以调节枕头高低，还避免了振动作用被气囊抵消，具有有益效果。因此本独立权利要求 1 所要保护的技术方案相对现有技术具有突出的实质性特点和显著的进步，具备创造性，符合《专利法》第二十二条第三款的规定。

② 判断撰写的止鼾枕头的独立权利要求 1′ 的新颖性、创造性。

以下就本权利要求与两篇对比文件相比较的过程作具体分析如下：

第一，对比文件 1 不能破坏该权利要求 1′ 的新颖性。

对比文件 1 记载了一种颈椎乐枕头，该颈椎乐枕头仅仅包括枕套、枕芯，并在枕芯的下方设有气囊等，上述止鼾枕头的独立权利要求 1′ 与其存在很大的区别。本申请发明还包括音频检测器、止鼾装置和比较器，该比较器中将使用者打鼾时常见声音频率段预先设定为标准值，比较器将音频检测器检测到的声音信号与预设的标准值进行比较，如果经判断该信号属于预设频率段的声音，则比较器向止鼾装置输出信号，启动止鼾装置。而对比文件 1 的颈椎乐枕头不涉及音频检测器、止鼾装置和比较器等。因此，该独立权利要求 1′ 所要保护的技术方案完全不同于对比文件 1 中公开的颈椎乐枕头，具备专利法所规定的新颖性，符合《专利法》第二十二条第二款的规定。

第二，对比文件 2 也不能破坏该独立权利要求 1′ 的新颖性。

将独立权利要求 1′ 与对比文件 2 公开的颈椎病治疗枕相比，虽然对比文件 2 记载的颈椎病治疗枕包括音频检测器和用于止鼾的振动器，但是，权利要求 1′ 区别于对比文件 2

的技术特征是：其包括比较器，该比较器中将使用者打鼾时常见声音频率段预先设定为标准值，比较器将音频检测器检测到的声音信号与预设的标准值进行比较，如果经判断该信号属于预设频率段的声音，则比较器向止鼾装置输出信号，启动止鼾装置。因此，该独立权利要求1′所要保护的技术方案完全不同于对比文件2中公开的颈椎病治疗枕，具备新颖性，符合《专利法》第二十二条第二款的规定。

综上所述，所撰写的止鼾枕头的独立权利要求1′分别相对两现有技术中的任一个现有技术存在区别，该独立权利要求1′所要保护的技术方案相对于对比文件1、对比文件2单独对比时，具备新颖性，符合《专利法》第二十二条第二款的规定。

第三，对比文件1和对比文件2也不能破坏该权利要求1′的创造性。

该止鼾枕头的独立权利要求1′相对最接近的现有技术对比文件2来说，其区别技术特征是，比较器中将使用者打鼾时常见声音频率段预先设定为标准值，比较器将音频检测器检测到的声音信号与预设的标准值进行比较，如果经判断该信号属于预设频率段的声音，则比较器向止鼾装置输出信号，启动止鼾装置。因此权利要求1′相对于最接近的现有技术对比文件2所实际解决的问题是如何辨别使用者发出的鼾声与环境噪音等其他声音。该区别技术特征没有被上述两个现有技术披露，也不是公知常识，也即上述两个现有技术没有任何对此的教导或启示，因此不存在将上述区别技术特征应用到最接近的现有技术对比文件2中以解决上述"如何辨别使用者发出的鼾声与环境噪音等其他声音"的技术问题的启示。而且本止鼾枕头通过设置比较器，将音频检测器检测到的声音信号与预设的标准值进行比较，如果经判断该信号属于预设频率段的声音再启动止鼾装置，可防止音频检测器在检测到环境噪音时使振动器产生振动，将使用者吵醒，干扰使用者的正常睡眠的事情发生，具有有益效果。因此该止鼾枕头的独立权利要求1′相对现有技术具有突出的实质性特点和显著的进步，具备创造性，符合《专利法》第二十二条第三款的规定。

③ 判断撰写的两项独立权利要求1、1′之间的单一性。

由于上述两项独立权利要求之间不存在相同或相应的技术特征，故不存在相同或相应的特定技术特征，因此它们在技术上没有相互关联，不属于一个总的发明构思，不具有单一性。申请人在申请时可选择其中一项技术方案作为所要求保护的技术方案进行撰写，另外一项技术方案可另行提出一件专利申请。

5. 完成从属权利要求的撰写

在独立权利要求采用比较上位的方式来撰写、保护范围比较大的情况下，一定要撰写出合适数量的从属权利要求，因为，在确权的后续程序中，从属权利要求起着对独立权利要求的保护范围予以充实，"捍卫"保护范围的作用，即起着对独立权利要求防御作用，尤其是在发明实质审查程序或无效程序中，在不得不缩小独立权利要求的保护范围的前提下，从属权利要求可以提升、缩小保护范围，为独立权利要求的修改提供余地，因此，要将对申请新颖性/创造性起作用的技术特征作为对发明的进一步限定的附加技术特征，写成相应的从属权利要求。

（1）关于头颈矫治枕头的从属权利要求

"2. 根据权利要求1所述的头颈矫治枕头，其特征在于，所述头颈矫治枕头的中间部位设有近似于头形的凹陷槽（3），所述凹陷槽（3）的下方为头枕（4），所述凹陷槽（3）沿头颈矫治枕头宽度方向的两侧为颈枕（5）。

3. 根据权利要求2所述的头颈矫治枕头，其特征在于，所述振动按摩器（7）位于所述颈枕（5）内。

4. 根据权利要求2所述的头颈矫治枕头，其特征在于，所述头颈矫治枕头还包括缝缀在所述头枕（4）和/或颈枕（5）上的药垫（9）。

5. 根据权利要求4所述的头颈矫治枕头，其特征在于，所述药垫（9）中充填有预防和治疗颈椎病的药物，药物为重量配比为3:2的茶叶和荞麦皮的混合物。

6. 根据权利要求4所述的头颈矫治枕头，其特征在于，所述药垫（9）中充填有预防和治疗颈椎病的药物，该药物由麝香、人参构成。

7. 根据权利要求1所述的头颈矫治枕头，其特征在于，所述气囊（6）与气泵相连，通过操作气泵充、放气来随时调整枕头的高低。

8. 根据权利要求1所述的头颈矫治枕头，其特征在于，隔层（8）由硬质聚合物制成。

9. 根据权利要求8所述的头颈矫治枕头，其特征在于，所述硬质聚合物为橡胶材料。

10. 根据权利要求1~9任一所述的头颈矫治枕头，其特征在于，所述头颈矫治枕头制成长方体、圆柱体或长椭圆体。

11. 根据权利要求1~9任一所述的头颈矫治枕头，其特征在于，所述头颈矫治枕头的整体尺寸为长50~80cm、宽20~60cm、高6~18cm。

12. 根据权利要求1~9任一所述的头颈矫治枕头，其特征在于，还包括音频检测器、止鼾装置和比较器，该比较器将使用者打鼾时常见声音频率段预先设定为标准值，比较器将音频检测器检测到的声音信号与预设的标准值进行比较，如果经判断该信号属于预设频率段的声音，则比较器向止鼾装置输出信号，启动止鼾装置。

13. 根据权利要求12所述的头颈矫治枕头，其特征在于，所述止鼾装置为使枕头晃动的结构。

14. 根据权利要求13所述的头颈矫治枕头，其特征在于，所述止鼾装置包括设置在所述枕芯（2）下的多个气囊（26），该气囊（26）与气泵相连，气囊控制器控制气泵向其中某一气囊（26）充、放气，且各气囊（26）的充气、放气的时间和速度可调节，通过多个气囊（26）依次充气、放气，使所述枕头产生晃动。

15. 根据权利要求13所述的头颈矫治枕头，其特征在于，所述止鼾装置包括在枕头下依次设置的支撑板（30b）、与支撑板（30b）连接的摇动板（30c）以及与该摇动板（30c）嵌合的底板（30d），在该底板（30d）内设有与比较器相连的驱动器。

16. 根据权利要求15所述的头颈矫治枕头，其特征在于，当音频检测器检测到的声音信号经比较器被确认为鼾声时，向驱动器输出信号，使摇动板（30c）沿枕头的长度方向来回运动，从而使枕头缓慢、轻柔地产生晃动。"

（2）关于止鼾枕头的从属权利要求

"2. 根据权利要求1所述的止鼾枕头，其特征在于，所述止鼾装置为使枕头晃动的结构。

3. 根据权利要求2所述的止鼾枕头，其特征在于，所述止鼾装置包括设置在所述枕芯（2）下的多个气囊（26），该气囊（26）与气泵相连，气囊控制器控制气泵向其中某一气囊（26）充、放气，且各气囊（26）的充气、放气的时间和速度可调节，通过多个气囊（26）依次充气、放气，使所述枕头产生晃动。

4. 根据权利要求2所述的止鼾枕头，其特征在于，所述止鼾装置包括在枕头下依次设置的支撑板（30b）、与支撑板（30b）连接的摇动板（30c）以及与该摇动板（30c）嵌合的底板（30d），在该底板（30d）内设有与比较器相连的驱动器。

5. 根据权利要求4所述的止鼾枕头，当音频检测器检测到的声音信号经比较器被确认为鼾声时，向驱动器输出信号，使摇动板（30c）沿枕头的长度方向来回运动，从而使枕头缓慢、轻柔地产生晃动。

6. 根据权利要求1～5任一所述的止鼾枕头，其特征在于，所述止鼾枕头的整体尺寸为长50～80cm、宽20～60cm、高6～18cm。

7. 根据权利要求1～5任一所述的止鼾枕头，其特征在于，所述止鼾枕头整体制成长方体、圆柱体或长椭圆体。

8. 根据权利要求2所述的止鼾枕头，其特征在于，所述止鼾枕头的中间部位设有近似于头形的凹陷槽（3），所述凹陷槽（3）的下方为头枕（4），所述凹陷槽（3）沿枕头宽度方向的两侧为颈枕（5）。

9. 根据权利要求8所述的止鼾枕头，其特征在于，还包括缝缀在所述头枕（4）和/或颈枕（5）上的药垫（9）。

10. 根据权利要求9所述的止鼾枕头，其特征在于，所述药垫（9）中充填有预防和治疗颈椎病的药物，药物为重量配比为3∶2的茶叶和荞麦皮的混合物。

11. 根据权利要求9所述的止鼾枕头，其特征在于，所述药垫（9）中充填有预防和治疗颈椎病的药物，该药物由麝香、人参构成。"

在撰写从属权利要求时，应该符合《专利法》第二十六条的规定，清楚、简要地限定要求保护的范围，并应当按照《专利法实施细则》第二十二条规定的方式来撰写。

每项从属权利要求的保护范围应当清楚的主要含义是指：其一，其保护范围应该落在其所引用的权利要求的保护范围之内，例如，不能在独立权利要求中写出下位概念"使枕头晃动的结构"，而在从属权利要求中用上位概念的"止鼾装置"来限定该"使枕头晃动的结构"。其二，构成权利要求书的所有权利要求作为一个整体也应当清楚，即权利要求之间的引用关系应当清楚。对于后者，主要有以下四方面的含义：

① 从属权利要求只能引用在前的权利要求。

② 引用两项以上权利要求的多项从属权利要求只能以择一方式引用在前的权利要求，并不得作为被另一项多项从属权利要求引用的基础，即在后的多项从属权利要求不得引用在前的多项从属权利要求。

③ 直接或间接从属于某一项独立权利要求的所有从属权利要求都应当写在该独立权利要求之后，另一项独立权利要求之前。

④ 引用关系要符合逻辑，即对在前的权利要求作进一步限定时，被限定的技术特征要在前面的权利要求中有所包含；表示两个并列技术方案的从属权利要求不得互相引用。

例如，表示止鼾枕头的从属权利要求3与从属权利要求4是两个并列技术方案，不得互相引用；再例如，表示头颈矫治枕头的权利要求10限定了"长方体、圆柱体或长椭圆体"三种并列的技术方案，由这三种并列技术方案形成的三个从属权利要求之间不得相互引用，也就是说一个限定为"长方体形状"的从属权利要求，不能作为另一个限定为"圆柱体形状"的从属权利要求的引用基础。表示头颈矫治枕头的权利要求11是引用权利要求1～9任一项的多项从属权利要求，只能用择一的方式即"根据权利要求1～9任一所述的头颈矫治枕头"的方式来撰写，不能用"根据权利要求1～9所述的头颈矫治枕头"方式撰写，而且，不能引用在前的多项从属权利要求10。还有，表示头颈矫治枕头的权利要求9是对"硬质聚合物"作进一步限定的从属权利要求,该"硬质聚合物"在权利要求8之前的任一项权利要求中均未出现,不能引用权利要求1~7任一项权利要求进行限定,所以,权利要求9只能引用权利要求8,这样,引用关系才符合逻辑。

(二)说明书的撰写

在撰写的权利要求书的基础上完成说明书的撰写。

说明书的撰写应当按照《专利法实施细则》第十七条、第十八条的规定撰写。

根据《专利法实施细则》第十七条的要求,发明或者实用新型专利申请的说明书应当写明发明或者实用新型的名称,说明书应当包括:技术领域、背景技术、发明内容、附图说明以及具体实施方式五个部分。即在说明书每一部分前面要写明标题,即技术领域、背景技术、发明内容、附图说明、具体实施方式。下文以止鼾枕头为例对说明书的撰写进行分析。

1. 发明名称

发明名称中应该反映保护的主题、类型,故建议发明名称写为:止鼾枕头。

2. 技术领域

发明或者实用新型的技术领域应当是要求保护的发明或者实用新型技术方案所属或者直接应用的具体技术领域,而不是上位的或者相邻的技术领域,也不是发明或者实用新型本身。建议可写成:"本发明涉及一种止鼾枕头。"

3. 背景技术

按照《专利法实施细则》第十七条的要求,在背景技术中,要写明对发明或者实用新型的理解、检索、审查有用的背景技术;有可能的,并引证反映这些背景技术的文件。一般来说,至少要简明扼要地反映最接近的现有技术公开的内容及所存在的问题。本申请权利要求涉及一个止鼾枕头的主题,涉及检索到的对比文件2,因此,在该部分增加该对比文件2公开的内容及所存在的问题的简要说明。

4. 发明内容

这部分包括三方面的内容,写明发明相对所检索到的对比文件2所要解决的技术问题,并以分段的形式写明解决技术问题的对应于独立权利要求的技术方案,以及该方案的有益效果。最好对重要的从属权利要求的技术方案及其有益效果加以叙述。

5. 附图

本申请有附图,所以要有附图说明部分,主要对各幅附图的图名作简略说明。关于附图,如果申请比较复杂,最好能用剖视图、透视图等清楚反映内外结构的附图。

6. 具体实施方式

在具体实施方式部分,对照附图,对本发明的枕头的各个实施例逐一作详细说明。

需要强调的是,虽然说明书实施例要列举止鼾枕头中止鼾装置的结构,但是,为了使说明书清楚,最好对枕头本身的结构,结合第一实施例进行叙述。在对枕头本身的结构进行描述时,为了便于理解技术方案,应给出枕头的整体示意图,并在图中标出实施例中止鼾装置的位置。对照附图描述实施例时,使用的附图标记或符号应当与附图中所示的一致,并避免不同技术名称后出现相同标记的情况。

此外,在撰写具体实施方式时,对于在审批阶段修改权利要求时可能出现的权利要求的技术方案,也应当在具体实施方式部分给出明确说明。

在说明书每一部分前面写明标题。

(三)说明书摘要的撰写

说明书摘要应当按照《专利法实施细则》第二十三条的规定撰写,写明发明的名称和所属技术领域,并清楚地反映所要解决的技术问题解决该问题的技术方案的要点以及主要用途。在考虑不得超过 300 字的前提下,至少写明有关要求保护的技术方案及采用该技术方案所获得的技术效果。并选用说明书附图中的其中一幅作为摘要附图。

具体到止鼾枕头的实施例,说明书摘要部分首先写明本发明专利申请的名称,然后重点对独立权利要求的技术方案的要点作出说明,在此基础上进一步说明其解决的技术问题和有益效果。此外,还应当选择合适的附图作为说明书摘要附图,本发明选取图 4 作为摘要附图。

三、推荐的申请文件

按照上述分析,完成权利要求和说明书文本的撰写。其中,将权利要求书中的附图标记修改为与推荐的说明书中的附图标记一致。

下面给出最后完成止鼾枕头的申请文件,以供参考。需要注意,为了对本发明申请技术方案中的各个技术特征做更加清楚的说明,在推荐的申请文件中对技术交底书中的某些附图标记做了修改,因此推荐的申请文件中的某些附图标记与申请人提供的技术交底书中的附图标记不一致,但在整个推荐的申请文件中各部分的附图标记是完全一致的。

权 利 要 求 书

1. 一种止鼾枕头，包括音频检测器和止鼾装置（6），其特征在于，该枕头（1）还包括比较器，该比较器中将使用者打鼾时常见声音频率段预先设定为标准值，比较器将音频检测器检测到的声音信号与预设的标准值进行比较，如果经判断该信号属于预设频率段的声音，则比较器向止鼾装置输出信号，启动止鼾装置（6）。

2. 根据权利要求1所述的止鼾枕头，其特征在于，所述止鼾装置（6）为使枕头晃动的结构。

3. 根据权利要求2所述的止鼾枕头，其特征在于，所述止鼾装置（6）包括设置在所述枕芯（8）下的多个气囊（26），该气囊（26）与气泵相连，气囊控制器控制气泵向其中某一气囊（26）充、放气，且各气囊（26）的充气、放气的时间和速度可调节，通过多个气囊（26）依次充气、放气，使所述枕头产生晃动。

4. 根据权利要求2所述的止鼾枕头，其特征在于，所述止鼾装置（6）包括在枕头（1）下依次设置的支撑板（2）、与支撑板（2）连接的摇动板（3）以及与该摇动板（3）嵌合的底板（4），在该底板（4）内设有与比较器相连的驱动器。

5. 根据权利要求4所述的止鼾枕头，当音频检测器检测到的声音信号经比较器被确认为鼾声时，向驱动器输出信号，使摇动板（3）沿枕头的长度方向来回运动，从而使枕头（1）缓慢、轻柔地产生晃动。

6. 根据权利要求1~5任一所述的止鼾枕头，其特征在于，所述止鼾枕头的整体尺寸为长50~80cm、宽20~60cm、高6~18cm。

7. 根据权利要求1~5任一所述的止鼾枕头，其特征在于，所述止鼾枕头整体制成长方体、圆柱体或长椭圆体。

8. 根据权利要求2所述的止鼾枕头，其特征在于，所述止鼾枕头的中间部位设有近似于头形的凹陷槽（9），所述凹陷槽（9）的下方为头枕（10），所述凹陷槽（9）沿枕头宽度方向的两侧为颈枕（11）。

9. 根据权利要求8所述的止鼾枕头，其特征在于，还包括缝缀在所述头枕（10）和/或颈枕（11）上的药垫（12）。

10. 根据权利要求9所述的止鼾枕头，其特征在于，所述药垫（12）中充填有预防和治疗颈椎病的药物，药物为重量配比为3∶2的茶叶和荞麦皮的混合物。

11. 根据权利要求9所述的止鼾枕头，其特征在于，所述药垫（12）中充填有预防和治疗颈椎病的药物，该药物由麝香、人参构成。

说明书

止鼾枕头

技术领域

本发明涉及一种止鼾枕头,包括音频检测器和用来使枕头晃动的止鼾装置。

背景技术

已知技术披露了能够产生振动从而防止使用者打鼾的枕头。中国发明专利公开说明书CN××××××××A公开了一种颈椎病治疗枕,该治疗枕包括枕套和枕芯,枕芯内部安装有振动电机和振动器,二者共同构成振动产生部件。振动器上设有突起部件,并从枕芯表面上形成的孔中突出一定高度。还可在枕芯内部或外部设置一个音频检测器,用来检测环境中的声音信号,并根据检测到的信号激活枕芯内的振动电机,从而利用突起部件振动刺激使用者,使其中止打鼾。但是存在两方面的不足:一是音频检测器在检测到环境噪音而非鼾声时也会使振动器产生振动;二是振动器产生的过硬的振动会使使用者惊醒。两者都会干扰使用者的正常睡眠。

发明内容

本发明就是为克服上述现有技术所存在的缺陷而提出的,因此,本发明所要解决的技术问题是提供一种能正确分辨环境噪音和鼾声,以及不会使使用者因为过硬的振动而惊醒的止鼾枕头。

本发明的止鼾枕头,包括音频检测器和用来使枕头晃动的止鼾装置,该枕头还包括比较器,该比较器中将使用者打鼾时常见声音频率段预先设定为标准值,比较器将音频检测器检测到的声音信号与预设的标准值进行比较,如果经判断该信号属于预设频率段的声音,则比较器向止鼾装置输出信号,启动止鼾装置。

设置了比较器的止鼾枕头能够正确辨别鼾声与环境噪声,防止由于周围环境的噪声启动振动器将使用者吵醒、干扰使用者的正常睡眠。

止鼾装置为使枕头晃动的结构。

止鼾装置包括设置在枕芯下的多个气囊,该气囊与气泵相连,气囊控制器控制气泵向其中某一气囊充、放气,且各气囊的充气、放气的时间和速度可调节,通过多个气囊依次充气、放气,使所述枕头产生晃动。

止鼾装置包括在枕头下依次设置的支撑板、与支撑板连接的摇动板以及与该摇动板嵌合的底板,在该底板内设有与比较器相连的驱动器。

当音频检测器检测到的声音信号经比较器被确认为鼾声时,向驱动器输出信号,使摇动板沿枕头的长度方向来回运动,从而使枕头缓慢、轻柔地产生晃动。

通过多个气囊依次充气、放气,或通过摇动板来回运动,从而使枕头缓慢、轻柔地产生晃动,改变使用者的睡姿,从而起到止鼾作用,又不会因为过硬的振动将使用者惊醒。

止鼾枕头的整体尺寸为优选长 50~80cm、宽 20~60cm、高 6~18cm。最好将止鼾枕头整体制成长方体、圆柱体或长椭圆体的三种形状之一。

上述尺寸和形状是依据人体工程学设置的,是最适合于人体头、颈的尺寸、形状。

止鼾枕头的中间部位设有近似于头形的凹陷槽,凹陷槽的下方为头枕,凹陷槽沿头颈矫治枕头宽度方向的两侧为颈枕。头枕和颈枕形状配合可使睡眠者的颈椎处于自然放松状态,以达到治疗颈椎病的目的。

止鼾枕头包括缝缀在头枕和/或颈枕上的药垫。药垫中充填有预防和治疗颈椎病的药物,该药物可以为重量配比为 3:2 的茶叶和荞麦皮的混合物,该药物也可以由麝香、人参构成。药垫中的药物能预防和治疗颈椎病。因此,进一步提高了治疗颈椎病的效果。

附图的简要说明

下面结合附图进一步说明本发明最佳实施例的具体结构。

图 1 是本发明枕头的整体透视图。

图 2 是沿图 1 中 A—A 的剖面图。

图 3 是第一种止鼾装置的示意图。

图 4 是第二种止鼾装置的示意图。

具体实施方式

如图 1、图 2 所示,图 1 为一本发明枕头的整体透视图;图 2 是沿图 1 中 A—A 的剖面图。该枕头由枕套 7、枕芯 8 组成,枕头的中间部位设有凹陷槽 9,凹陷槽 9 下方是头枕 10,凹陷槽 9 沿枕头宽度方向的两侧为颈枕 11,头枕 10 与颈枕 11 的形状配合可使睡眠者的颈椎处于自然放松状态。此外,该枕头还可包括气囊 26。中空气囊 26 位于枕芯 8 的底部,可通过充、放气调节矫治器高度。枕头还可包括缝缀在头枕 10 和/或颈枕 11 上的药垫 12,其中充填有预防和治疗颈椎病的药物,该药物可以为重量配比为 3:2 的茶叶和荞麦皮的混合物,该药物也可以由麝香、人参构成。气囊 26 与气泵相连,通过操作气泵充、放气来随时调整枕头的高低。

止鼾枕头的整体尺寸最好为长 50~80cm、宽 20~60cm、高 6~18cm。最好是,止鼾枕头整体制成长方体、圆柱体或长椭圆体的三种形状之一。

上述所选择的尺寸与形状,是最适合于人体头、颈的尺寸、形状,对于治疗颈椎病有一定的效果。当然,本发明并不限于此,对于止鼾枕头的尺寸和形状可以依据人体工程学设置,只要对治疗颈椎病等有益处的任何尺寸、形状,都是可行的。

由于止鼾枕头的中间部位设有近似于头形的凹陷槽 9,上述凹陷槽 9 的下方为头枕 10,上述凹陷槽 9 沿枕头宽度方向的两侧为颈枕 11。采用此结构,可实现治疗颈椎病的目的。

由于止鼾枕头还包括缝缀在上述头枕和/或颈枕上的药垫 12,该药垫 12 中充填有预防和治疗颈椎病的药物。该药物由麝香、人参构成。或者,该药物采用其重量配比为 3:2 的茶叶和荞麦皮的混合物。因此,进一步提高了治疗颈椎病的效果。

为了解决现有技术的音频检测器在检测到环境噪音而非鼾声时也会使振动器产生振动;振动器产生的振动会使使用者惊醒,干扰使用者的正常睡眠的问题,本发明提出了如图 3、图 4 所示的两种止鼾装置,具体地说,就是在枕头内设置止鼾装置 6 和音频检测器,其内增设比较器,将使用者打鼾时常见的声音频率段预先设定为标准值,当音频检测器检测到声音信号时,首先通过比较器与预设的标准值进行比较。经判断,属于预设频率段的声音,表明是使用者在打鼾,则启动止鼾装置。

其次,为了克服上述第二方面的不足,对于止鼾装置 6,提出了两种比振动器更为柔和形式。

参照附图,下文对本发明的两种止鼾装置的具体结构进行详细地说明。

第一种止鼾装置如图 3 所示,止鼾装置包括设置在枕芯下的多个气囊 26,该气囊 26

与气泵相连,气囊控制器控制气泵向其中某一气囊 26 充、放气,且各气囊 26 的充气、放气的时间和速度可调节,通过多个气囊 26 依次充气、放气,使所述枕头产生晃动。

具体地,当音频检测器检测到的声音信号经比较器被确认为鼾声时,向气囊控制器输出信号,由气囊控制器控制气泵向其中某一气囊 26 进行充气。通过设定充气、放气的时间和速度,使得多个气囊依次充气、放气,在整体上缓慢、轻柔地晃动枕头,改变使用者的睡姿,从而起到止鼾作用。

第二种止鼾装置如图 4 所示。在枕头 1 下依次设有支撑板 2,与支撑板 2 连接的摇动板 3,以及与摇动板 3 嵌合的底板 4,底板 4 内设置有与比较器相连的驱动器。当音频检测器检测到的声音信号经比较器被确认为鼾声时,向驱动器输出信号,使摇动板 3 沿枕头 1 的长度方向来回运动,从而使枕头 1 缓慢、轻柔地产生晃动,改变使用者的睡姿,从而起到止鼾作用。

通过以上设置的止鼾枕头可防止音频检测器在检测到环境噪音而非鼾声时使振动器产生振动,将使用者吵醒、干扰使用者的正常睡眠的事情发生。

采用本发明,能仅仅在使用者打鼾时轻柔地刺激使用者,防止使用者打鼾,而且,可提高睡眠中易打鼾的使用者的睡眠质量。

说 明 书 附 图

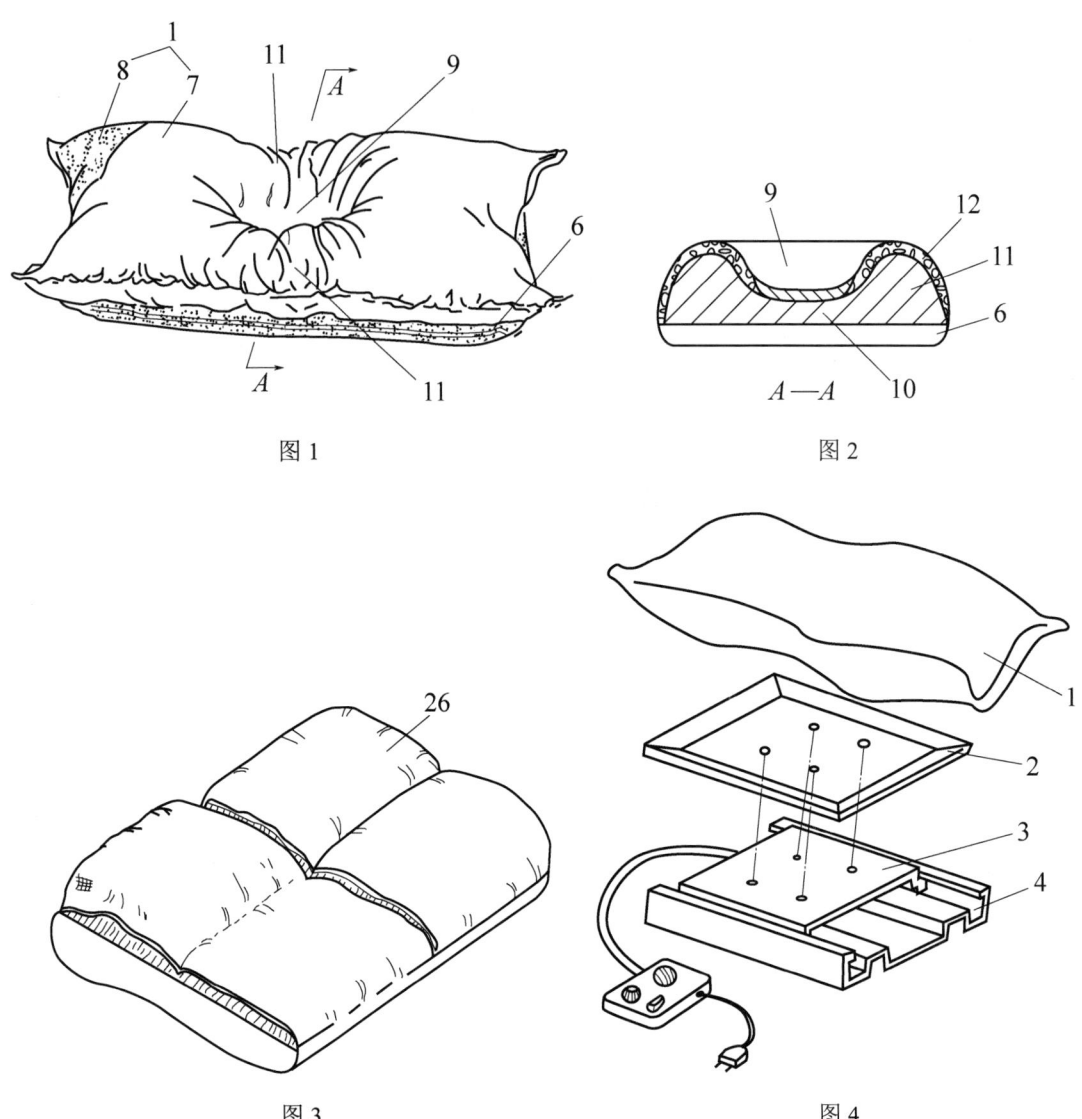

图 1

图 2

图 3

图 4

说　明　书　摘　要

　　一种止鼾枕头,包括音频检测器和用来使枕头晃动的止鼾装置,该枕头还包括比较器,该比较器中将使用者打鼾时常见声音频率段预先设定为标准值,比较器将音频检测器检测到的声音信号与预设的标准值进行比较,如果经判断该信号属于预设频率段的声音,则比较器向止鼾装置输出信号,启动止鼾装置。该枕头能正确分辨环境噪声和鼾声,以及不会使使用者因为振动而惊醒,有效改善使用者的睡眠。

摘 要 附 图

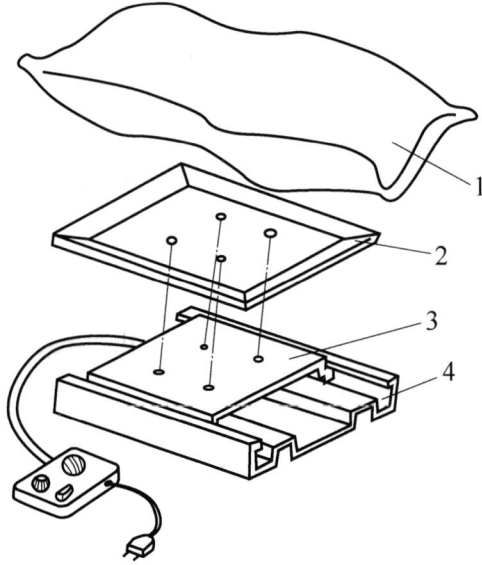

权 利 要 求 书[1]

1. 一种颈矫治枕头，包括：枕套（1）和枕芯（2），在所述枕芯（2）的下方设有气囊（6），其特征在于：在所述枕芯（2）中设有振动按摩器（7），在所述气囊（6）和所述振动按摩器（7）之间设置有隔层（8）。

2. 根据权利要求1所述的头颈矫治枕头，其特征在于，所述头颈矫治枕头的中间部位设有近似于头形的凹陷槽（3），所述凹陷槽（3）的下方为头枕（4），所述凹陷槽（3）沿头颈矫治枕头宽度方向的两侧为颈枕（5）。

3. 根据权利要求2所述的头颈矫治枕头，其特征在于，所述振动按摩器（7）位于所述颈枕（5）内。

4. 根据权利要求2所述的头颈矫治枕头，其特征在于，所述头颈矫治枕头还包括缝缀在所述头枕（4）和/或颈枕（5）上的药垫（9）。

5. 根据权利要求4所述的头颈矫治枕头，其特征在于，所述药垫（9）中充填有预防和治疗颈椎病的药物，药物为重量配比为3∶2的茶叶和荞麦皮的混合物。

6. 根据权利要求4所述的头颈矫治枕头，其特征在于，所述药垫（9）中充填有预防和治疗颈椎病的药物，该药物由麝香、人参构成。

7. 根据权利要求1所述的头颈矫治枕头，其特征在于，所述气囊（6）与气泵相连，通过操作气泵充、放气来随时调整枕头的高低。

8. 根据权利要求1所述的头颈矫治枕头，其特征在于，隔层（8）由硬质聚合物制成。

9. 根据权利要求8所述的头颈矫治枕头，其特征在于，所述硬质聚合物为橡胶材料。

10. 根据权利要求1~9任一所述的头颈矫治枕头，其特征在于，所述头颈矫治枕头制成长方体、圆柱体或长椭圆体。

11. 根据权利要求1~9任一所述的头颈矫治枕头，其特征在于，所述头颈矫治枕头的整体尺寸为长50~80cm、宽20~60cm、高6~18cm。

12. 根据权利要求1~9任一所述的头颈矫治枕头，其特征在于，还包括音频检测器、止鼾装置和比较器，该比较器将使用者打鼾时常见声音频率段预先设定为标准值，比较器将音频检测器检测到的声音信号与预设的标准值进行比较，如果经判断该信号属于预设频率段的声音，则比较器向止鼾装置输出信号，启动止鼾装置。

13. 根据权利要求12所述的头颈矫治枕头，其特征在于，所述止鼾装置为使枕头晃动的结构。

14. 根据权利要求13所述的头颈矫治枕头，其特征在于，所述止鼾装置包括设置在所述枕芯（2）下的多个气囊（26），该气囊（26）与气泵相连，气囊控制器控制气泵向其中某一气囊（26）充气、放气，且各气囊（26）的充气、放气的时间和速度可调节，通过多个气囊（26）依次充气、放气，使所述枕头产生晃动。

15. 根据权利要求13所述的头颈矫治枕头，其特征在于，所述止鼾装置包括在枕头下依次设置的支撑板（30b）、与支撑板（30b）连接的摇动板（30c）以及与该摇动板（30c）

---

[1] 关于头颈矫治枕头的申请文件，这里仅仅给出其权利要求书。读者可根据需要自行完成其说明书等其他申请文件的撰写。由于没有对有关头颈矫治枕头申请的说明书进行编写，所以下文给出的参考权利要求所引用的附图标记均采用了技术交底书附图提供的标记。

嵌合的底板（30d），在该底板（30d）内设有与比较器相连的驱动器。

16. 根据权利要求 15 所述的头颈矫治枕头，其特征在于，当音频检测器检测到的声音信号经比较器被确认为鼾声时，向驱动器输出信号，使摇动板（30c）沿枕头的长度方向来回运动，从而使枕头缓慢、轻柔地产生晃动。

撰写案例五 带吸管的饮料容器

一、申请案例情况介绍

申请人欲申请一件有关带吸管的水壶的发明专利申请。申请人提供了技术交底书和两篇现有技术文献，并要求以此现有技术为基础，撰写申请文件。其中，申请人提供的现有技术如下：

水壶是儿童、学生上学或外出储水必备的工具之一，为了方便饮用，一般水壶中还配有吸管。CN2876543Y（以下简称"对比文件 1"）公开了一种带吸管的水壶，具体结构参见图 1，图 1 是对比文件 1 水壶的透视图，该水壶包括壶体 1、吸管、壶盖 3 和提扣带 5，其中吸管从壶盖 3 中伸出并且包括硬质吸管 2 和软质吸管 6，软质吸管 6 与壶底接触，这样可以饮用到壶体底部的水。

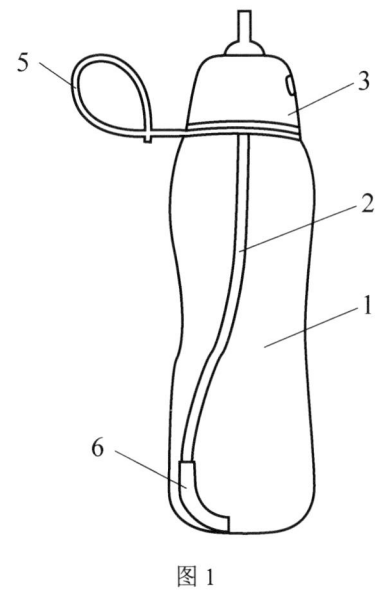

图 1

CN201231234Y（以下简称"对比文件 2"）公开了一种具有图案的水壶，具体结构参见图 2、图 3，图 2 是对比文件 2 水壶的透视图，图 3 是图 2 的截面图。该水壶包括壶身 1、壶盖 2、外盖 4 和吸管 21，壶身 1 与壶盖 2 螺纹连接，吸管 21 装在壶盖 2 上并且包括伸入壶身 1 内的部分和伸出壶盖 2 的部分。外盖 4 拧在壶盖 2 上，从而遮住吸管伸出壶盖 2 的部分。壶身外印有图案层 3，壶身 1 的外侧设有外圈 6，背带 11 连接到外圈 6 外侧的搭扣上。图案层 3 上印有卡通人物、动植物文字等各种彩图。

对比文件 1 公开的水壶，小孩使用时可直接对着吸管 2 饮用，但是，用后吸管 2 的上端部暴露在外，不容易保持卫生。对比文件 2 公开的水壶，虽然通过外盖 4 解决对比文件 1 所存在的上述问题，但是，小孩饮用时，首先要拧开盖在壶盖 2 上外盖 4，尤其是儿童需要用力操作，所以使用不方便。而且，用户还需要盖上外盖 4，对于两三岁的儿童来说，要拧紧带螺纹的外盖是有困难的，所以婴幼儿不易操作。

下面对申请人提供的技术交底书中带吸管的水壶的发明内容作简要介绍。

在上述对比文件 1、对比文件 2 公开的现有技术的常用水壶的基础上，申请人发明了以下两种打开顶盖时吸管可以弹出的水壶，这种水壶操作简单、使用方便、趣味性强、儿童乐于接受。

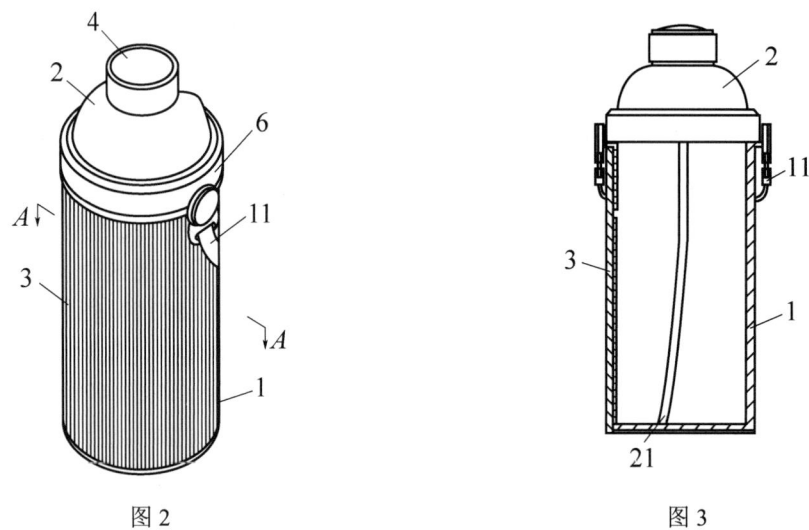

图 2　　　　　　　　　　　图 3

第一种带吸管的水壶

第一种带吸管的水壶参见图4～图7。其中。图4为第一种带吸管的水壶的各部件分解示意图，图5a为其上部局部作了纵向剖视的结构示意图，图5b是以放大的形式局部纵向剖视地表示图5a中底盖上凹字型槽的结构示意图，图6为其壶盖的侧视图，图7是在图5a所示状态下去掉顶盖及吸管等，仅表示底盖结构的俯视图。

如图4～图7所示，水壶包括壶体206、壶盖200和吸管205，壶盖200包括底盖201及顶盖202。吸管205包括伸入到壶体206内的部分223和伸出底盖的部分222，且由这两部分连接形成。在本例中，至少吸管205伸出底盖的部分222是由弹性材料制成的，具有可弯曲的弹性，例如可采用弹性软管等。

如图5a、5b所示，在底盖201上设置有吸管205可穿过的通孔204。在底盖201的表面上设有一个凹槽207，凹槽207从图5a所示状态的侧面观察，形成为大致的"凹"字形，可以用于容纳吸管205伸出底盖的部分222。

底盖201连接在壶体206上，底盖201的顶端有一个用于安装顶盖202的窗口215，顶盖202可采用任何公知的可相对底盖201打开底盖201上所开设的窗口215的方式活动连接在底盖201上，例如可采用铰接的方式相对于底盖201可转动地连接在底盖201上，且顶盖202的盖面与窗口215的口形面相吻合。

在本例中推荐一种优选的顶盖202与底盖201的连接方式。如图4、图5a、图5b、图7所示，在顶盖202的内表面与底盖201连接的一端（下文简称"连接端"）的两旁各置有一个向外突出的顶盖凸耳231（参见图4），在底盖201上与顶盖凸耳231相对应的位置设置有凹口217（参见图7）。通过将两个顶盖凸耳231分别与底盖201上的两个凹口217嵌合，从而将顶盖202铰接地连接在底盖201上。

在顶盖202的内表面上与连接端相反的一端上设有两个向内延伸的卡片214，在底盖201上与卡片214相对应的位置突出地设有卡合孔或卡合槽216（参见图5b、图7）。虽然在图5b中显示卡合孔或卡合槽216呈水平布置，但是可以根据卡合的需要设置成倾斜的结构。而且卡合孔或卡合槽216的形状可以是任意的，如圆形、椭圆形、长槽形等。关闭顶盖时这两个卡片 214 各与底盖 201 上的两个卡合孔或卡合槽 216 相互卡合。卡片 214 和卡合孔或卡合槽 216 的数量并不限于两个，可以只设置一个，也可以根据需要设置任意多个。

如图 4 所示，为了便于小孩啜饮，在吸管 205 的上端连接有中空的吸嘴 233，吸嘴 233 与顶盖 202 的连接要保证顶盖 202 相对于底盖 201 运动时可以带动该吸嘴 233 运动，使吸管弹性地弯曲或伸出。

吸嘴 233 与顶盖 202 的连接方式如图 4 所示，吸嘴 233 形状是吸头下面有两个竖片 220，两个竖片 220 的底端各有一个向外突出的吸嘴突起 213。在顶盖凸耳 231 的两内侧各设有一片长片 230，长片 230 的底端各有一个圆孔 232。将吸嘴 233 的两个吸嘴突起 213 分别嵌置在两个圆孔 232 内，从而将吸嘴 233 悬挂在顶盖 202 上。

使用时，用手拉开顶盖 202，解除顶盖 202 上的卡片 214 与底盖 201 上的卡合孔或卡合槽 216 的卡合。另外，由于顶盖 202 连接在底盖 201 上，顶盖 202 不会脱落，只能相对于底盖 201 转动。由于吸嘴 233 是悬挂在顶盖 202 上的，所以能随着顶盖 202 打开或关闭的动作与顶盖 202 一起运动。在本例中，由于吸管 205 伸出底盖 201 的部分 222 是弹性管，所以，打开顶盖 202 时，吸嘴 233 随着顶盖 202 向上运动，吸管 205 伸出底盖的部分 222 靠自身弹性自然弹出并从弯曲状伸直，使吸嘴 233 从底盖 201 的窗口 215 露出，通过吸嘴 233 啜饮。

结束啜饮时，将顶盖 202 往下压，顶盖 202 带动吸嘴 233 沿着与打开相反的方向运动，强制将吸嘴 233 按进凹槽 207 中，迫使吸管 205 伸出底盖的部分 222 在凹槽 207 中弯曲。同时使顶盖 202 上的卡片 214 卡合在底盖 201 上的卡合孔或卡合槽 216 中，并封闭底盖 201 上的窗口 215。将吸管 205 伸出底盖的部分 222 和吸嘴 233 收纳在顶盖 202 和底盖 201 之间。

此外，为具有良好的密封性能，在壶体 206 与底盖 201 之间置有一块橡胶圈 225；为了方便提拿，在壶体的上方有一个外圈 260，外圈两旁各有一个连接手提带的搭扣 261（参见图 4）。

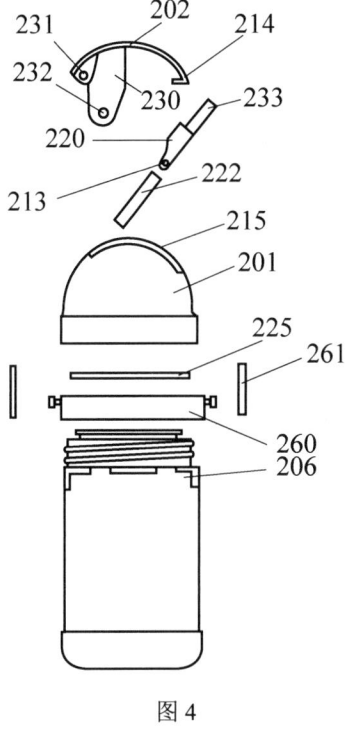

图 4

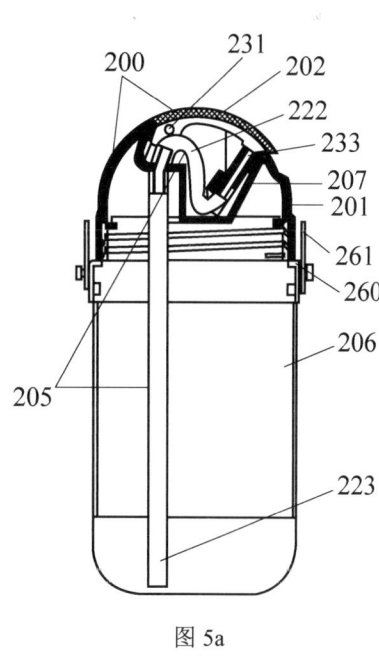

图 5a

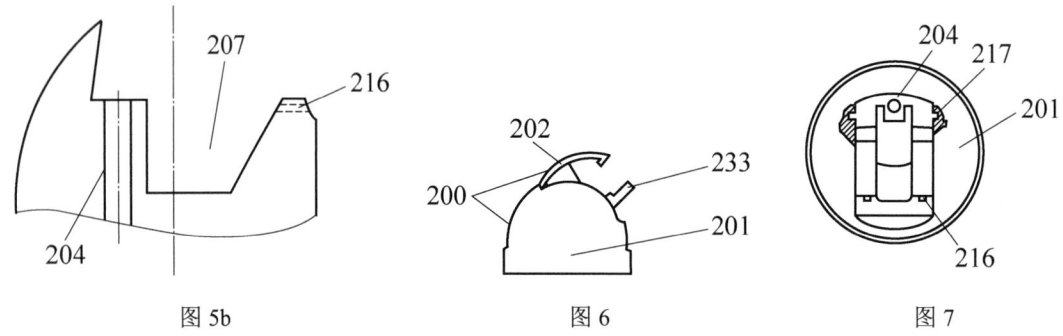

图 5b　　　　　　　　图 6　　　　　　　　图 7

第二种带吸管的水壶

第二种带吸管的水壶参见图8～图11。其中图8、图9分别为开盖和关盖状态的结构示意图，图10、图11分别为关盖和开盖状态壶盖的外形示意图。

如图8、图9所示，水壶包括壶体306、吸管305和壶盖300。壶盖包括底盖301和顶盖302。吸管305包括伸入到壶体306内的部分和伸出底盖的部分，这两部分为一体结构。吸管305整体由具有弹性的材料制成，保证其具有可弯曲、伸直的特性。

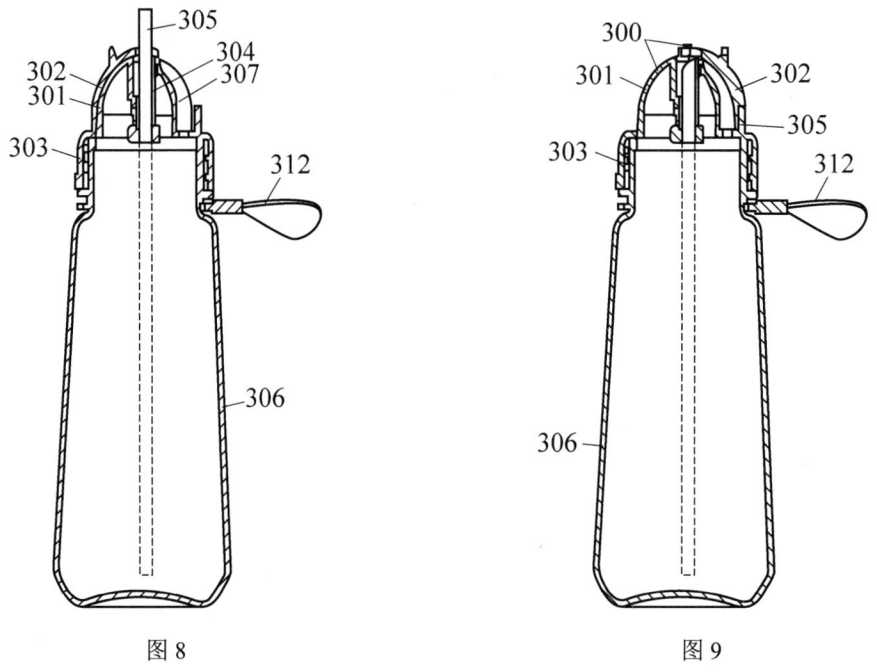

图 8　　　　　　　　图 9

底盖301通过螺纹连接口303连接到壶体306上，顶盖302可以采用本领域已知的任何方式活动连接到底盖301上，优选采用如图10、图11所示的顶盖302以其两侧销柱308到铰接底盖301上的结构。

如图8所示，在底盖301上设置有吸管305可穿过的通孔304。在底盖301的表面，有一个凹槽307，可以用于容纳吸管305伸出底盖的部分。

底盖301和顶盖302为球面形，顶盖302可相对于底盖301分别翻转至底盖301的一个半边或另一个半边，当顶盖302翻转至底盖301的一个半边时，将吸管伸出底盖的部分从凹槽307中弹出。当顶盖302翻转至底盖301的另一半边时将吸管伸出底盖的部分弹性弯曲地容纳在凹槽307中。在本例中，由于底盖301为球面形，所以容纳吸管305的凹槽307沿着球面表面开设。

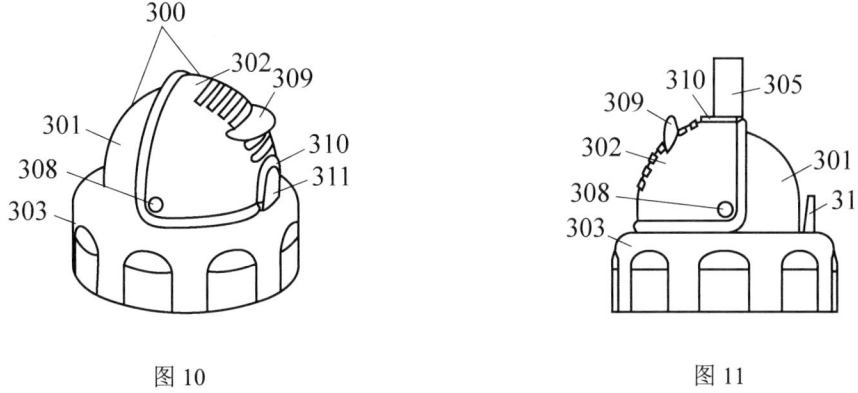

图 10　　　　　　　　　　　图 11

为了便于对顶盖302进行翻转操作，可以在顶盖302上设置伸出的、可手持的凸缘309，为了使整体结构更为规整，可以在顶盖302的边缘上，对应于吸管305伸出的位置处，设置槽口310，对应位置的底盖301的底边上，设置可封堵该槽口310的封门311。

如图8、图11所示，当顶盖302翻转至底盖301的一个半边，顶盖302上的槽口310正巧对准底盖301上的通孔304，吸管305脱离顶盖302的压制，并因弹性在槽口310中伸直，此时，顶盖302呈开启状态，可通过吸管305吸取水壶中的液体。

如图9、图10所示，当顶盖302翻转至底盖301的另一个半边，吸管305被顶盖302压入底盖301表面上开设的凹槽307中，此时，顶盖302呈如图9、图10所示的关闭状态，底盖301上的封门311正巧对顶盖302上的槽口310形成封堵。

为了便于提携，可以在壶体306的颈部设置手提带312。

采用本发明的两种水壶，小孩使用时，通过打开或关闭顶盖这样简单的操作，就可使吸管伸出底盖的部分弹出或弯曲，达到饮用方便和保持吸管卫生的效果。这种操作方法对小孩尤其是婴儿容易学习、掌握。

虽然对上述两种水壶参照附图做了详细描述，但是本发明并不限于此，所属技术领域的技术人员可以在此基础上对其进行改进。例如，可以将上述水壶的壶盖改进成如兔子、小熊等小动物或者如喜羊羊等动画形象的形状，还可以直接将小动物的耳朵或其他部位（如喜羊羊的羊角）作为打开顶盖的把手，以增加趣味性。

二、权利要求书和说明书的撰写思路

（一）权利要求书的撰写

1. 确定需要保护的客体及其所涉及的技术特征

（1）确定本申请需要保护的客体

虽然交底书中没有提供除水壶以外的其他信息，但通过分析可以知道普通的饮料容器也可以具备技术交底材料中的技术特征，而且水壶本身也是一种饮料容器，可以通过扩展将保护客体上升为"带吸管的水壶"的上位概念"带吸管的饮料容器"。因而为了尽可能扩大保护范围，在推荐的说明书中将两个实施例中的"水壶"直接描述为"饮料容器"，从而确定本申请请求保护的客体是：带吸管的饮料容器。❶❷下面的分析中也将水壶相应的技术特征替换为饮料容器的技术特征。

（2）分析本申请所涉及的技术特征

在充分理解技术交底书提出的两种水壶的基础上，对这两种水壶的具体特征进行分析，并将分析的结果显示在表1中，表1是技术交底书中公开的技术特征分析表。从表1中可以看出有些特征是两实施例共有的，有些技术特征是某一实施例所特有的。其中有些技术特征（技术特征5、技术特征7～10）虽然仅在一个实施例中有介绍，但经过分析这些技术特征，其实是两个实施例都可以具有的，可以扩展为两个实施例的共有技术特征，这样的技术特征在表1中也列为了"共有技术特征"，并在推荐的说明书中进行了补充说明，使得撰写的权利要求中相应的技术特征能够得到说明书的支持。例如，技术特征7"容器本体外侧设置外圈，手提带连接到外圈外侧的搭扣上"，虽然该技术特征仅在实施例1中出现，但本领域技术人员可以理解，实施例2的容器本体外也可以设置外圈，从而将手提带连接在外圈外侧的搭扣上，即实施例2也可以具备该技术特征。因而可以将技术特征7列为"共有技术特征"，并且要在推荐的申请文件说明书中相应的部分补充该技术特征也可以用于实施例2的说明，具体补充说明的方式可参见推荐的申请文件中的说明书部分。

另外，表1中将共有技术特征分为两部分，其中"共有技术特征1"表示与实现本发明技术效果密切相关的共有技术特征，"共有技术特征2"表示其他与实现本发明技术效果相关度较弱的共有技术特征。

2. 确定最接近的现有技术

根据《专利审查指南2010》第二部分第四章第3.2.1.1节的规定，最接近的现有技术，是指现有技术中与要求保护的发明最密切相关的一个技术方案，例如可以是，与要求保护的发明技术领域相同，所要解决的技术问题、技术效果或者用途最接近和/或公开了发明的技术特征最多的现有技术，或者虽然与要求保护的发明技术领域不同，但能够实现发明的功能，并且公开发明的技术特征最多的现有技术。在确定最接近的现有技术时，首先考虑技术领域相同或相近的现有技术。

通过对本案例上述分析可知，本申请需要保护的客体为"带吸管的饮料容器"，而图1所示的对比文件1和图2～图3所示的对比文件2这两项现有技术都涉及水壶这样的一种饮料容器，与本申请的技术领域相同。

对比文件1公开了本申请的技术特征1、技术特征6，对比文件2公开了本申请的技术特征1～2、技术特征6～7（具体技术特征参见表1，需要特别说明的是，对比文件2中的外盖4拧在壶盖2上，属于一种可拆卸的连接，不同于本申请技术特征3中的"活动连接"）。对比文件1、对比文件2这两项现有技术与本申请相比，对比文件2比对比文件1公开了发明更多的技术特征，即对比文件2比对比文件1多公开了技术特征2、技术特征7，而且其中的本申请技术特征2是与实现本发明的技术效果密切相关的特征。

---

❶ 本案例的撰写分析中将多次提到对交底技术材料中具体例子的扩展，包括此处对保护客体的扩展，以及后面分析将要提到的"将某些技术特征扩展为各实施例都可以具备的共有技术特征""技术特征4的扩展"以及"技术特征1a、2a概括后技术特征的扩展"；这些扩展是在实际撰写申请文件中需要考虑的，在考试中除非试题说明部分有明确的规定，否则不用考虑对交底技术材料的扩展。

❷ 需要注意的是，扩展后的内容要体现在推荐的申请文件说明书中，以免出现权利要求得不到说明书支持的缺陷。

表 1 技术特征分析表

分析项目	序号	技术特征
共有技术特征1	1	饮料容器包括容器本体、盖子和吸管
	2	盖子包括顶盖和底盖，底盖连接在容器本体上；吸管包括伸入到容器本体内的部分和伸出底盖的部分
	3	顶盖活动连接在底盖上
	4	底盖上设有吸管可穿过的通孔，底盖表面有一个凹槽，用于容置吸管伸出底盖的部分
实施例1	1a	吸管的上端连接有中空的吸嘴，吸嘴连接到顶盖上，顶盖相对于底盖运动时可带动该吸嘴运动，使吸管弹性地弯曲或伸出
	1b	吸嘴悬挂在顶盖上
	1c	吸嘴与顶盖的具体连接方式
	1d	底盖的顶端有一个用于安装顶盖的窗口，且顶盖的盖面与窗口的口形面相吻合
	1e	顶盖与底盖的具体连接方式
	1f	顶盖与底盖的具体卡合方式
实施例2	2a	底盖和顶盖为球面形，顶盖可相对于底盖分别翻转至底盖的一个半边或另一个半边，当顶盖翻转至底盖的一个半边时，将吸管伸出底盖的部分从凹槽中弹出，当顶盖翻转至底盖的另一半边时，将吸管伸出底盖的部分弹性弯曲地容纳在凹槽中
	2b	在顶盖的边缘上，对应吸管伸出的位置，设置槽口；在底盖的底边上，设置可封堵槽口的封门
共有技术特征2	5	顶盖上设置伸出的、可手持的凸缘
	6	饮料容器上设有手提带
	7	容器本体外侧设置外圈，手提带连接到外圈外侧的搭扣上
	8	容器本体和底盖之间设置有橡胶圈
	9	吸管由伸入到容器本体内的部分和伸出底盖的部分相连接形成
	10	吸管的两部分为一体结构

综上所述，由于对比文件 2 比对比文件 1 公开了本申请更多的技术信息，因此选择对比文件 2 作为最接近的现有技术。

3. 确定本申请所要解决的技术问题

通过上述的分析可知，对比文件 2 是最接近的现有技术，对比文件 2 公开了本申请的技术特征 1~2、技术特征 6~7，表 1 中的其余技术特征（技术特征 3~5、技术特征 1a~1f、技术特征 2a、技术特征 2b、技术特征 8~10）构成了本申请与对比文件 2 的区别。在这些区别技术特征中，技术特征 3、技术特征 4、技术特征 1a、技术特征 2a（即顶盖活动连接在底盖上；底盖上设有吸管可穿过的通孔，底盖表面有一个凹槽，用于容置吸管伸出底盖的部分；吸管的上端连接有中空的吸嘴，吸嘴连接到顶盖上，顶盖相对于底盖运动时可带动该吸嘴运动，使吸管弹性地弯曲或伸出；底盖和顶盖为球面形，顶盖可相对于底盖分别翻转至底盖的一个半边或另一个半边，当顶盖翻转至底盖的一个半边时，将吸管伸出底盖的部分从凹槽中弹出，当顶盖翻转至底盖的另一半边时，将吸管伸出底盖的部分弹性弯曲地容纳在凹槽中）是实现本发明的关键，也是在确定所要解决的技术问题时主要考虑的因素。

通过对区别技术特征 3、技术特征 4、技术特征 1a、技术特征 2a 进行分析可知，这些技术特征可以使得饮料容器中吸管伸出底盖的部分在打开顶盖时自动弹出来，而在关闭顶盖时又弯曲容纳在凹槽中,因此简化了饮料容器的操作,而且增强了饮料容器的趣味性,使得儿童更乐于使用这样的饮料容器。

因此,本申请实际解决的技术问题是:如何简化饮料容器在使用过程中的操作。

4. 完成独立权利要求的撰写

(1) 确定两实施例为解决上述技术问题的全部必要技术特征

通过对本申请的两种饮料容器结构逐一进行分析,确定各自解决"如何简化饮料容器在使用过程中的操作"这一技术问题的必要技术特征,并将确定的必要技术特征显示在表 2 中。

经过分析可知,实施例 1 的必要技术特征为技术特征 1～4、技术特征 1a,实施例 2 的必要技术特征为技术特征 1～4、技术特征 2a。在表 2 中,为了简化并且为了下文分析中叙述方便,将对应于表 1 中的技术特征 1～3 用 A 表示,将对应于表 1 中的技术特征 4 用 B 表示,将对应于表 1 中的技术特征 1a、2a 用 C 表示。

表 2 必要技术特征分析表

实施例	必要技术特征		
	A	B	C
1	技术特征 1～3	技术特征 4	技术特征 1a,即吸管的上端连接有中空的吸嘴,吸嘴连接到顶盖上,顶盖相对于底盖运动时可带动该吸嘴运动,使吸管弹性地弯曲或伸出
2	技术特征 1～3	技术特征 4	技术特征 2a,即底盖和顶盖为球面形,顶盖可相对于底盖分别翻转至底盖的一个半边或另一个半边,当顶盖翻转至底盖的一个半边时,将吸管伸出底盖的部分从凹槽中弹出,当顶盖翻转至底盖的另一个半边时,将吸管伸出底盖的部分弹性弯曲地容纳在凹槽中

(2) 分析必要技术特征,形成保护范围较大的独立权利要求

权利要求书中独立权利要求保护范围最大,体现了对发明最大程度的保护。在技术交底书给出多个具体实施例的情况下,为了能够得到保护范围较宽的独立权利要求,不能仅仅局限于各个具体实施例,要对各实施例进行分析,确定这些实施例中共性的技术特征,将这些共性的技术特征用上位概念等形式概括(可以是上位概念或并列选择概括,还可以根据情况用功能性限定进行概括,但需要注意的是,《专利审查指南 2010》第二部分第二章第 3.2.1 节中明确规定"纯功能性的权利要求得不到说明书的支持,因而也是不允许的"),最终形成一个保护范围较宽的独立权利要求,使申请获得更好的保护。下面对表 2 所示的两个实施例的必要技术特征进行分析。

必要技术特征 A 是两个实施例所共有的技术特征,可以直接写入独立权利要求中。

必要技术特征 B 为"底盖上设有吸管可穿过的通孔,底盖表面有一个凹槽,用于容置吸管伸出底盖的部分",即其限定了"在底盖表面有一个用于容纳吸管伸出底盖部分的凹槽"。但经过分析发现,还可以对该技术特征进行扩展,此处的"凹槽"仅仅是在关闭顶盖时为吸管伸出底盖的部分提供一个容置空间,该容置空间不必一定是凹槽的形式,也不必一定开在底盖上。因此,可以将该技术特征扩展为"在顶盖和底盖之间形成可容纳吸管伸出底盖部分的容置空间",并在推荐的申请文件说明书中补充相关的描述,以使得权利要求能够得到说明书的支持。

需要注意的是,根据对比文件 2"外盖 4 拧在壶盖 2 上,从而遮住吸管伸出壶盖 2 的部分"及图 2、图 3 可知,对比文件 2 已公开了该扩展后的技术特征,这与前面"确定最

接近的现有技术"和"确定要解决的技术问题"两部分的分析稍微有些变化，在撰写独立权利要求时应当将该技术特征放在前序部分。

必要技术特征 B 的分析过程可以表示为：

技术特征4
↓ 扩展
在顶盖和底盖之间形成可容纳
吸管伸出底盖部分的容置空间

两实施例的必要技术特征 C 差别比较大。首先，通过分析发现两个实施例都是通过顶盖的运动带动吸管伸出底盖的部分运动，使得吸管伸出底盖的部分容纳在容置空间中或从该容置空间中弹出，因此可以将这两个实施例的技术特征 1a、2a 概括为"顶盖相对于底盖运动时，顶盖使得吸管伸出底盖的部分可弹性弯曲地容纳在所述容置空间中，或从该容置空间中弹出"❶。其次，还可以对概括后的技术特征进行扩展，吸管伸出底盖的部分的运动不必一定是由顶盖带动的，还可以通过其他方式实现，例如可以简单地通过手按的方式将其弯曲收纳在容置空间中，因此还可以对概括后的技术特征进行扩展，扩展为"吸管伸出底盖的部分可弹性弯曲地容纳在所述容置空间中"。上述概括与扩展同样需要在推荐申请文件说明书中补充描述。必要技术特征 C 的分析过程可以表示为：

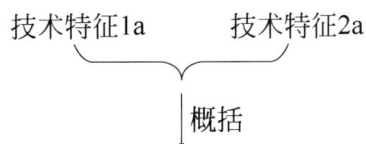

技术特征1a 技术特征2a
↓ 概括
顶盖相对于底盖运动时，顶盖使得吸管伸出底盖的部分可弹性
弯曲地容纳在所述容置空间中，或从该容置空间中弹出
↓ 扩展
吸管伸出底盖的部分可弹性弯
曲地容纳在所述容置空间中

（3）完成独立权利要求的撰写

确定好独立权利要求的必要技术特征后，再根据《专利法实施细则》第二十一条的规定，依据最接近的现有技术对比文件 2 划分独立权利要求前序部分和特征部分的界限。为了使权利要求保护范围清楚，还可以根据需要调整各技术特征的前后顺序，这样完成独立权利要求的撰写：

1. 一种带吸管的饮料容器，包括容器本体（206；306）、盖子（200；300）和吸管（205；305）；所述盖子包括顶盖（202；302）和底盖（201；301），所述底盖（201；301）连接在所述容器本体（206；306）上；所述吸管（205；305）包括伸入到所述容器本体（206；306）内的部分和伸出所述底盖（201；301）的部分；在所述顶盖（202；302）和所述底盖（201；

---

❶ 与对技术交底书中具体例子的"扩展"不同，"概括"是专利代理实务考试需要考虑的内容，但所作的概括要考虑《专利法》第二十六条第四款有关权利要求能够得到说明书支持的规定。另外与"扩展"相同，概括后的内容也需要体现在推荐的申请文件说明书中以支持所撰写的权利要求。

301)之间形成可容纳吸管伸出底盖部分的容置空间,其特征在于,所述顶盖(202;302)活动连接在所述底盖(201;301)上,吸管伸出底盖的部分可弹性弯曲地容纳在所述容置空间中。

(4)判断所撰写的独立权利要求的新颖性、创造性

① 独立权利要求1具备新颖性。

本发明独立权利要求1与CN2876543Y的对比文件1或CN201231234Y的对比文件2相比,不论是对比文件1还是对比文件2,都没有公开权利要求1的技术特征"顶盖活动连接在底盖上,吸管伸出底盖的部分可弹性弯曲地容纳在所述容置空间中"。因此,权利要求1的技术方案相对于对比文件1来说是新的,具备新颖性。同理,相对于对比文件2也是新的,具备《专利法》第二十二条第二款的新颖性。

② 独立权利要求1具备创造性。

对比文件2是最接近的现有技术,其公开了一种具有图案的水壶(即本申请中饮料容器的下位概念),包括壶身1(即本申请的容器本体)、盖子和吸管21;盖子包括壶盖2(即本申请的底盖)和外盖4(即本申请的顶盖),壶盖2连接在壶身1上;吸管21包括伸入到壶身1的部分和伸出壶盖2的部分;壶盖2和外盖4之间形成可容纳吸管伸出壶盖2部分的容置空间。

比较权利要求1和对比文件2发现,本权利要求1与对比文件2的区别在于"顶盖活动连接在底盖上,吸管伸出底盖的部分可弹性弯曲地容纳在所述容置空间中"。可以认为本发明所要解决的技术问题是简化饮料容器的操作。

上述区别技术特征不属于本领域的公知常识,而且对比文件1及其他现有技术也没有公开上述区别技术特征,采用上述区别技术特征可以达到简化饮料容器操作的效果。因而,也不存在将上述区别技术特征应用到对比文件2中解决该技术问题的启示。因此,权利要求1请求保护的技术方案对于所属领域技术人员而言是非显而易见的,具有突出的实质性特定和显著的进步,具备创造性,符合《专利法》第二十二条第三款的新颖性。

5. 完成从属权利要求的撰写

为了形成一定的保护梯度,还需要撰写适当数量的从属权利要求。从属权利要求撰写的时候,应该符合《专利法》第二十六条第四款的规定,权利要求书应当以说明书为依据,清楚、简要地限定要求保护的范围,并按照《专利法实施细则》第二十二条规定的方式来撰写。

本申请公开了两个具体的实施例,其中有些技术特征是两个实施例共有的(此处的共有特征包括通过前面的分析对两个实施例进行概括形成的特征),有些技术特征是某一具体实施例所特有的,有些共有技术特征是与实现本发明的技术效果密切相关的(以下简称"共有技术特征a"),有些共有技术特征是与实现本发明的技术效果相关度较低的(以下简称"共有技术特征b")。为了使从属权利要求所形成的每一层保护梯度尽可能大,在撰写从属权利要求时,首先将共有技术特征a作为序号靠前的权利要求(即推荐的申请文件中权利要求2、3),然后再就两个具体实施例分别撰写从属权利要求(即推荐的申请文件中权利要求4~11),最后将共有技术特征b作为排序靠后的从属权利要求(即推荐的申请文件中权利要求12~18)。具体从属权利要求对应的技术特征和引用关系参见从属权利要求表,表3是为了清楚地表示从属权利要求的撰写方式及撰写依据而列。

表 3 从属权利要求表

从属权利要求	引用的权利要求	对应的技术特征	说明
2	1	4	共有技术特征 a
3	1	1a、2a 概括	
4	1～3 中任一项	1a	实施例 1
5	4	1b	
6	5	1c	
7	4	1d	
8	4	1e	
9	4	1f	
10	1～3 中任一项	2a	实施例 2
11	10	2b	
12	4	5	共有技术特征 b
13	10	5	
14	1～3 中任一项	6	
15	14	7	
16	1～3 中任一项	8	
17	1～3 中任一项	9	
18	1～3 中任一项	10	

具体撰写的从属权利要求参见推荐的申请文件部分。

需要注意的是，上述从属权利要求 2～18 只是示例性地说明从属权利要求的撰写方式，并没有包含各实施方式的全部技术特征，例如没有包括"底盖上开设有通孔"这样的技术特征，也并没有对各技术特征都进行必要的概括和/或扩展，例如没有对各实施例中涉及连接关系的技术特征进行概括和/或扩展。

《专利审查指南 2010》第二部分第八章第 5.2.1.3 节中规定"主动增加新的从属权利要求，该从属权利要求限定的技术方案在原权利要求书中未出现过"属于不予接受的修改方式，因此为了能够形成安全可靠的保护梯度，在实际撰写从属权利要求时，应当根据需要确定是否将这些技术特征都写成相应实施方式的从属权利要求，以及是否要对某一技术特征进行概括和/或扩展。

（二）说明书的撰写

在上述撰写的权利要求书的基础上完成说明书的撰写。

说明书的撰写应当按照《专利法实施细则》第十七条、第十八条的规定撰写，应当对发明作出清楚、完整的说明。

在技术交底书的基础上，通过前面的分析，在撰写说明书时，还要对相应于已撰写出的权利要求的相关部分做以下改进。

2. 将发明的主题确定为"带吸管的饮料容器"，并在说明书中修改技术交底书中相应的名称，例如将"水壶"修改为"饮料容器"，将"壶体"修改为"容器本体"，将"壶盖"修改为"盖子"等。

② 补充说明技术特征 5、技术特征 7～10 是两个实施例可以共有的技术特征。

③ 补充技术特征 4 扩展后的内容（即有关"容置空间"的内容）。

④ 补充对技术特征 1a、技术特征 2a 概括后的内容（即有关"顶盖使吸管弹出、弯曲"的内容）。

⑤ 补充对上述技术特征概括后进行扩展的内容（即有关"吸管伸出底盖的部分可弹性弯曲地容纳在容置空间"的内容）。

以下就说明书的各小部分分别做简要的说明，具体的撰写参见"推荐的申请文件"部分。

1. 发明名称

发明名称中应该反映本申请发明保护的主题、类型。经过前面的分析可知，本发明涉及一种带吸管的饮料容器，因此名称建议直接为"带吸管的饮料容器"。

2. 技术领域

发明或者实用新型的技术领域应当是要求保护的发明或者实用新型技术方案所属或者直接应用的具体技术领域，而不是上位的或者相邻的技术领域，也不是发明或者实用新型本身。建议可写成："本发明涉及一种饮料容器，尤其涉及一种带吸管的饮料容器"。

3. 背景技术

按照《专利法实施细则》第十七条的要求，在背景技术中，要写明对发明或者实用新型的理解、检索、审查有用的背景技术；有可能的，并通过引证反映这些背景技术的文件。一般来说，至少要简明扼要地反映最接近的现有技术公开的内容及所存在的问题。CN2876543Y 和 CN201231234Y 为本申请的现有技术，在背景技术部分对这两篇现有技术进行简要说明，并客观指出它们技术方案中存在的问题。

4. 发明内容

发明内容中应当包括三部分的内容，即发明要解决的技术问题、采用的技术方案和取得的有益技术效果。本案例推荐的说明书中发明内容部分首先写明发明所要解决的技术问题，接着分别写清楚独立权利要求所请求保护的技术方案和相应的有益效果。

需要注意的是：①《专利审查指南 2010》第二部分第二章第 2.2.4 节对"技术方案"部分作出明确规定，"在技术方案这一部分，至少应反映包含全部必要技术特征的独立权利要求的技术方案，还可以给出包含其他附加技术特征的进一步改进的技术方案"，因此虽然本次推荐的说明书，对发明内容"技术方案"部分仅包含独立权利要求的技术方案，但这仅仅是一种示例，并非唯一的撰写方式。②在后续的审批程序中，发明内容部分还需要根据修改后的权利要求做适应性修改。

5. 附图及附图说明

本申请有附图，所以要有附图说明部分，主要对各幅附图的图名作简略说明。关于附图，如果申请比较复杂，最好能用剖视图、透视图等清楚反映内外结构的附图。

6. 具体实施例

在具体实施方式部分，对照附图对各个实施例逐一进行详细说明。具体实施例部分所描述的内容一定要将发明充分公开，并且应当能够支持每一项权利要求限定的技术方案。此外，在撰写具体实施方式时，对于在审批阶段修改权利要求时可能出现的权利要求的技术方案，也应当在具体实施方式部分给出明确说明。

对照附图描述实施例时，使用的附图标记或符号应当与附图中所示的一致，并避免出现不同技术名称后出现相同标记的情况。

在说明书每一部分前面写明标题。

（三）撰写说明书摘要、选定摘要附图

说明书摘要应当按照《专利法实施细则》第二十三条的规定撰写，写明发明的名称和所属技术领域，并清楚地反映所要解决的技术问题，解决该问题的技术方案的要点以及主要用途。在考虑不得超过 300 字的前提下，至少写明有关要求保护的技术方案及采用该技术方案所获得的技术效果，并选用说明书附图中的其中一幅作为摘要附图。

具体到本申请，说明书摘要部分首先写明本发明专利申请的名称，然后重点对独立权利要求的技术方案的要点作出说明，在此基础上进一步说明其解决的技术问题和有益效果。此外，还应当选择合适的附图作为说明书摘要附图，本发明推荐选取说明书附图中的图 5（即技术交底书中的图 8）作为摘要附图。

三、推荐的申请文件

按照上述分析，完成权利要求书、说明书及摘要的撰写。下面给出最后完成的申请文件，以供参考。

权 利 要 求 书

1. 一种带吸管的饮料容器，包括容器本体（206；306）、盖子（200；300）和吸管（205；305）；所述盖子包括顶盖（202；302）和底盖（201；301），所述底盖（201；301）连接在所述容器本体（206；306）上；所述吸管（205；305）包括伸入到所述容器本体（206；306）内的部分和伸出所述底盖（201；301）的部分；在所述顶盖（202；302）和所述底盖（201；301）之间形成可容纳吸管伸出底盖部分的容置空间；其特征在于，所述顶盖（202；302）活动连接在所述底盖（201；301）上，吸管伸出底盖的部分可弹性弯曲地容纳在所述容置空间中。

2. 根据权利要求1所述的饮料容器，其特征在于，在所述底盖（201，301）的表面上设有凹槽（207；307），该凹槽（207；307）形成用于容纳弹性弯曲的吸管伸出底盖的部分的容置空间。

3. 根据权利要求1所述的饮料容器，其特征在于，所述顶盖（202；302）相对于所述底盖（201；301）运动时，所述顶盖（202；302）使得所述吸管伸出底盖（201；301）的部分可弹性弯曲地容纳在所述容置空间中，或从该容置空间中弹出。

4. 根据权利要求1~3中任一项所述的饮料容器，其特征在于，所述吸管（205）的上端连接有中空的吸嘴（233），所述吸嘴（233）连接到所述顶盖（202）上，所述顶盖（202）相对于所述底盖（201）运动时可以带动该吸嘴（233）运动。

5. 根据权利要求4所述的饮料容器，其特征在于，所述吸嘴（233）悬挂在所述顶盖（202）上。

6. 根据权利要求5所述的饮料容器，其特征在于，所述吸嘴（233）形状是吸头下面有两个竖片（220），所述两个竖片（220）的底端各有一个向外突出的吸嘴突起（213）；在所述顶盖（202）的内表面与所述底盖（201）连接的一端的两旁各置有一个向外突出的顶盖凸耳（231），在所述顶盖凸耳（231）的两内侧各设有一片长片（230），所述长片（230）的底端各有一个圆孔（232）；所述吸嘴（233）的两个吸嘴突起（213）分别嵌置在两个圆孔（232）内。

7. 根据权利要求4所述的饮料容器，其特征在于，所述底盖（201）的顶端设有用于安装所述顶盖（202）的窗口（215），且所述顶盖（202）的盖面与所述窗口（215）的口形面相吻合。

8. 根据权利要求4所述的饮料容器，其特征在于，在所述顶盖（202）的内表面与所述底盖（201）连接的一端的两旁各置有一个向外突出的顶盖凸耳（231），在所述底盖（201）上与所述顶盖凸耳（231）相对应的位置设置有凹口（217），所述顶盖凸耳（231）分别嵌于所述凹口（217）内。

9. 根据权利要求4所述的饮料容器，其特征在于，在所述顶盖（202）内表面可以打开的一端设置有两个向内伸的卡片（214），在所述底盖（201）上与所述卡片（214）相对应的位置突出地设有两个卡合孔或卡合槽（216）；所述两个向内伸的卡片（214）可分别与所述两个卡合孔或卡合槽（216）相互卡合。

10. 根据权利要求1~3中任一项所述的饮料容器，其特征在于，所述顶盖（302）为球面形，所述顶盖（302）可相对于所述底盖（301）翻转至所述底盖（301）一个半边或另一个半边，当所述顶盖（302）翻转至所述底盖（301）的一个半边时，将所述吸管伸出所述底盖（201）的部分从该容置空间中弹出，当所述顶盖（302）翻转至所述底盖（301）的另一半边时将所述吸管伸出所述底盖（201）的部分弹性弯曲地容纳在所述容置空间中。

11. 根据权利要求 10 所述的饮料容器，其特征在于，在所述顶盖（302）的边缘上，对应所述吸管（305）伸出的位置，设置槽口（310）；在所述底盖（301）的底边上，设置可封堵该槽口（310）的封门（311）。

12. 根据权利要求 4 所述的饮料容器，其特征在于，所述顶盖（202）上设置有伸出的、可手持的凸缘。

13. 根据权利要求 10 所述的饮料容器，其特征在于，所述顶盖（302）上设置有伸出的、可手持的凸缘（309）。

14. 根据权利要求 1~3 中任一项所述的饮料容器，其特征在于，所述饮料容器上设有手提带。

15. 根据权利要求 14 所述的饮料容器，其特征在于，所述容器本体的外侧设置外圈，所述手提带连接到外圈外侧的搭扣上。

16. 根据权利要求 1~3 中任一项所述的饮料容器，其特征在于，所述容器本体和底盖之间设置有橡胶圈。

17. 根据权利要求 1~3 中任一项所述的饮料容器，其特征在于，所述吸管由伸入到容器本体内的部分和伸出底盖的部分相连接形成。

18. 根据权利要求 1~3 中任一项所述的饮料容器，其特征在于，所述吸管伸入到容器本体内的部分和伸出底盖的部分为一体结构。

说 明 书

带吸管的饮料容器

(一)技术领域

本发明涉及一种饮料容器,尤其涉及一种带吸管的饮料容器。

(二)背景技术

饮料容器作为日常用品,是儿童、学生上学或外出饮水、储水必备的工具之一,为了方便饮用,一般饮料容器中还配有吸管。而水壶就是最常用的一种饮料容器。

CN2876543Y 公开了一种带吸管的水壶,包括壶体、吸管、和提扣带,其中吸管包括硬质吸管和软质吸管,软质吸管与壶底接触,能把壶里的水吸干净。

CN201231234Y 公开了一种具有图案的水壶,包括壶身、壶盖、外盖和吸管,壶身与壶盖螺纹连接,吸管装在盖子上并且包括伸入到壶身内的部分和伸出壶盖的部分。外盖拧在壶盖上,从而遮住吸管伸出壶盖的部分。壶身外印有图案层,壶身的外侧设有外圈,背带连接到外圈外侧的搭扣上。图案层上印有卡通人物、动物、植物文字等趣味性强的各种彩图,增水壶的吸引力。

CN2876543Y 公开的水壶,吸管露在外面,容易沾染灰尘。CN201231234Y 公开的水壶增设了盖住吸管的外盖,可以在不喝水时隔绝灰尘,但这种饮料容器的吸管在使用时需要拧开盖在壶盖上的外盖,尤其是儿童需要用力,所以使用不方便,啜饮完后,用户还需要盖上外盖,对于两三岁的儿童来说,要拧紧带螺纹的外盖是有困难的,所以婴幼儿不易操作,而且这两种水壶都不易吸引儿童。

(三)发明内容

为了解决上述技术问题,本发明提供了一种操作简单、使用方便、趣味性强、儿童乐于接受的带有吸管的饮料容器。本发明的带有吸管的饮料容器,包括容器本体、盖子和吸管;盖子包括顶盖和底盖,底盖连接在容器本体上;吸管包括伸入到容器本体内的部分和伸出底盖的部分;在顶盖和底盖之间形成可容纳吸管伸出底盖部分的容置空间;顶盖活动连接在底盖上,吸管伸出底盖的部分可弹性弯曲地容纳在容置空间中。

本发明的饮料容器在打开顶盖的同时吸管弹出,这样的饮料容器操作方便,而且更具备趣味性,更容易被儿童喜爱。

(四)附图说明

图 1 为本发明实施例 1 的各部件分解示意图;

图 2a 为对图 1 的上部局部做了剖视的结构示意图;

图 2b 为以放大的形式局部纵向剖视地表示图 2a 中底盖上凹字形槽的结构示意图;

图 3 为本发明实施例 1 的盖子侧视图;

图 4 为图 2a 状态下去掉顶盖及吸管等、仅表示底盖结构的俯视图;

图 5 为本发明实施例 2 开盖状态的结构示意图;

图 6 为本发明实施例 2 关盖状态的结构示意图;

图 7 为本发明实施例 2 关盖状态盖子外形示意图;

图 8 为本发明实施例 2 开盖状态盖子外形示意图。

（五）具体实施例

本发明具有两个实施例，以下结合附图，对本各实施例做详细的介绍。

2. 实施例1

第一种带吸管的饮料容器参见图1~图4。

如图1~图4所示，饮料容器包括容器本体206、盖子200和吸管205，盖子200包括底盖201及顶盖202。吸管205包括伸入到容器本体内的部分223和伸出底盖的部分222，且由这两部分连接形成。在本例中，至少吸管205伸出底盖的部分222是由弹性材料制成的，具有可弯曲的弹性，如可采用弹性软管等。但本领域技术人员可以理解，吸管205的两部分也可以是一体结构。

如图2a、2b所示，在底盖201上设置有吸管205可穿过的通孔204。在顶盖202和底盖201之间形成一个容置空间，优选地，该容置空间由底盖201表面的凹槽207形成，底盖201的表面有一个凹槽207，凹槽207从图2a所示状态的侧面观察，形成为大致的"凹"字型，可以用于容纳吸管205伸出底盖的部分222。

底盖201连接在容器本体206上，底盖201的顶端有一个用于安装顶盖202的窗口215，顶盖202可采用任何公知的可相对底盖201打开底盖201上所开设的窗口215的方式活动连接在底盖201上，例如可采用铰接的方式相对于底盖201可转动地连接在底盖201上，且顶盖202的盖面与窗口215的口形面相吻合。

在本例中推荐一种优选的顶盖202与底盖201的连接方式。如图1、图2、图4所示，在顶盖202的内表面与底盖201连接的一端（下文简称"连接端"）的两旁各置有一个向外突出的顶盖凸耳231（参见图1），在底盖201上与顶盖凸耳231相对应的位置设置有凹口217（参见图4）。通过将两个顶盖凸耳231分别与底盖201上的两个凹口217嵌合，从而将顶盖202铰接地连接在底盖201上。

在顶盖202的内表面上与连接端相反的一端上设有两个向内延伸的卡片214，在底盖201上与卡片214相对应的位置突出地设有卡合孔或卡合槽216（参见图2b、图4）。虽然在图2b中显示卡合孔或卡合槽216呈水平布置，但是可以根据卡合的需要设置成倾斜的结构，而且卡合孔或卡合槽216的形状可以是任意的，例如圆形、椭圆形、长槽形等。关闭顶盖时这两个卡片214各与底盖201上的两个卡合孔或卡合槽216相互卡合。卡片214和卡合孔或卡合槽216的数量并不限于两个，可以只设置一个，也可以根据需要设置任意多个。

吸管205伸出底盖的部分222可弹性弯曲地容纳在容置空间中，或从该容置空间中弹出。可以采用本领域技术人员所知的任何方式实现上述动作，例如手动实现，但优选顶盖202相对于底盖201运动时，顶盖202使得吸管伸出底盖的部分222可弹性弯曲地容纳在所述容置空间中，或从该容置空间中弹出。图1给出了一种具体的实现方式。如图1所示，为了便于小孩啜饮，在吸管205的上端连接有中空的吸嘴233，吸嘴233与顶盖202的连接要保证顶盖202相对于所述底盖201运动时可以带动该吸嘴233运动，使所述吸管弹性地弯曲或伸出。

吸嘴233与顶盖202的连接方式如图1所示，吸嘴233形状是吸头下面有两个竖片220，两个竖片220的底端各有一个向外突出的吸嘴突起213（类似于销轴）。在顶盖凸耳231的两内侧各设有一片长片230，长片230的底端各有一个圆孔232。将吸嘴233的两个吸嘴突起213分别嵌置在两个圆孔232内，从而将吸嘴233悬挂在顶盖202上。

使用时，用手拉开顶盖202，解除顶盖202上的卡片214与底盖201上的卡合孔或卡合槽216的卡合。另外，由于顶盖202连接在底盖201上，顶盖202不会脱落，只能相对于底盖 201 转动。由于吸嘴 233 是悬挂在顶盖 202 上的,所以能随着顶盖 202 打开或关闭的动作与顶盖 202 一起运动。在本例中,由于吸管 205 伸出底盖 201 的部分 222 是弹性管,所以,打开顶盖 202 时,吸嘴 233 随着顶盖 202 向上运动,吸管 205 伸出底盖的部分 222 靠自身弹性自然弹出并从弯曲状伸直,使吸嘴 233 从底盖 201 的窗口 215 露出,通过吸嘴 233 啜饮。

结束啜饮时,将顶盖 202 往下压,顶盖 202 带动吸嘴 233 沿着与打开相反的方向运动,强制将吸嘴 233 按进凹槽 207 中,迫使吸管 205 伸出底盖的部分 222 在凹槽 207 中弯曲。同时使顶盖 202 上的卡片 214 卡合在底盖 201 上的卡合孔或卡合槽 216 中,并封闭底盖 201 上的窗口 215。将吸管 205 伸出底盖的部分 222 和吸嘴 233 收纳在顶盖 202 和底盖 201 之间。

此外,为具有良好的密封性能,在容器本体 206 与底盖 201 之间置有一块橡胶圈 225;为了方便提拿,在容器本体的上方有一个外圈 260,外圈两旁各有一个连接手提带的搭扣 261(参见图 1)。

虽然附图中没有显示,但本领域技术人员可以理解,在顶盖 202 上还可以设置一个凸缘,用作打开或关闭顶盖 202 时的把手。

2. 实施例 2

第二种带吸管的饮料容器参见图 5~图 8。

如图 5、图 6 所示,饮料容器包括容器本体 306、吸管 305 和盖子 300。盖子包括底盖 301 和顶盖 302。吸管 305 包括伸入到容器本体内的部分和伸出底盖的部分,这两部分为一体结构,吸管 305 整体由具有弹性的材料制成,保证其具有可弯曲、伸直的特性。但本领域技术人员可以理解,吸管 305 的两部分也可以不是一体结构,而是如实施例 1 那样相互连接在一起以形成吸管 305。

底盖 301 通过螺纹连接口 303 连接到容器本体 306 上,顶盖 302 可以采用本领域已知的任何方式活动连接到底盖 301 上,优选采用例如如图 7、图 8 所示的顶盖 302 以其两侧销柱 308 铰接底盖 301 上的结构。

如图 5 所示,在底盖 301 上设置有吸管 305 可穿过的通孔 304。在顶盖 302 和底盖 301 之间形成一个容置空间,优选采用,该容置空间由在底盖 301 表面的凹槽 307 形成,用于容纳吸管 305 伸出底盖的部分。

吸管 305 伸出底盖的部分可弹性弯曲地容纳在容置空间中,或从该容置空间中弹出。可以采用本领域技术人员所知的任何方式实现上述动作,例如手动实现,但优选顶盖 302 相对于底盖 301 运动时,顶盖 302 使得吸管伸出底盖的部分可弹性弯曲地容纳在所述容置空间中,或从该容置空间中弹出。图 5~图 8 给出了一种具体实现方式,其中底盖 301 和顶盖 302 为球面形,顶盖 302 可相对于底盖 301 分别翻转至底盖 301 的一个半边或另一个半边,当顶盖 302 翻转至底盖 301 的一个半边时,将吸管伸出底盖的部分从凹槽 307 中弹出。当顶盖 302 翻转至底盖 301 的另一半边时,将吸管伸出底盖的部分弹性弯曲地容纳在凹槽 307 中。在本例中,由于底盖 301 为球面形,所以容纳吸管 305 的凹槽 307 沿着球面表面开设。

为了便于对顶盖 302 进行翻转操作,可以在顶盖 302 上设置伸出的、可手持的凸缘 309。为了使整体结构更为规整,可以在顶盖 302 的边缘上,对应于吸管 305 伸出的位置处,设置槽口 310,对应位置的底盖 301 的底边上,设置可封堵该槽口 310 的封门 311。

如图 5、图 8 所示,当顶盖 302 翻转至底盖 301 的一个半边,顶盖 302 上的槽口 310 正巧对准底盖 301 上的通孔 304,吸管 305 脱离顶盖 302 的压制,并因弹性在槽口 310 中伸直，此时，顶盖 302 呈开启状态，可通过吸管 305 吸取饮料容器中的液体。

如图 6、图 7 所示，当顶盖 302 翻转至底盖 301 的另一个半边，吸管 305 被顶盖 302 压入底盖 301 表面上开设的凹槽 307 中，此时，顶盖 302 呈如图 6、图 7 所示的关闭状态，底盖 301 上的封门 311 正巧对顶盖 302 上的槽口 310 形成封堵。

为了便于提携，可以在容器本体 306 的颈部设置手提带 312。虽然附图中没有示出，但本领域技术人员可以理解，在容器本体 306 的外侧可以设置外圈，以将手提带连接到外圈外侧的搭扣上，而且也可以在容器本体 306 和底盖 301 之间设置橡胶圈。

采用本发明的两种饮料容器，小孩使用时，通过打开或关闭顶盖这样简单的操作，就可使吸管伸出底盖的部分弹出或弯曲，达到方便饮用和保持吸管卫生的效果。这种操作方法对小孩尤其是婴儿容易学习、掌握。

虽然对上述两种饮料容器参照附图做了详细描述，但是本发明并不限于此，所属技术领域的技术人员可以在此基础上对其进行改进。例如，可以将上述饮料容器的盖子改进成如兔子、小熊等小动物或者如喜羊羊等动画形象的形状，还可以直接将小动物的耳朵或其他部位（如喜羊羊的羊角）作为打开顶盖的把手，以增加趣味性。

说 明 书 附 图

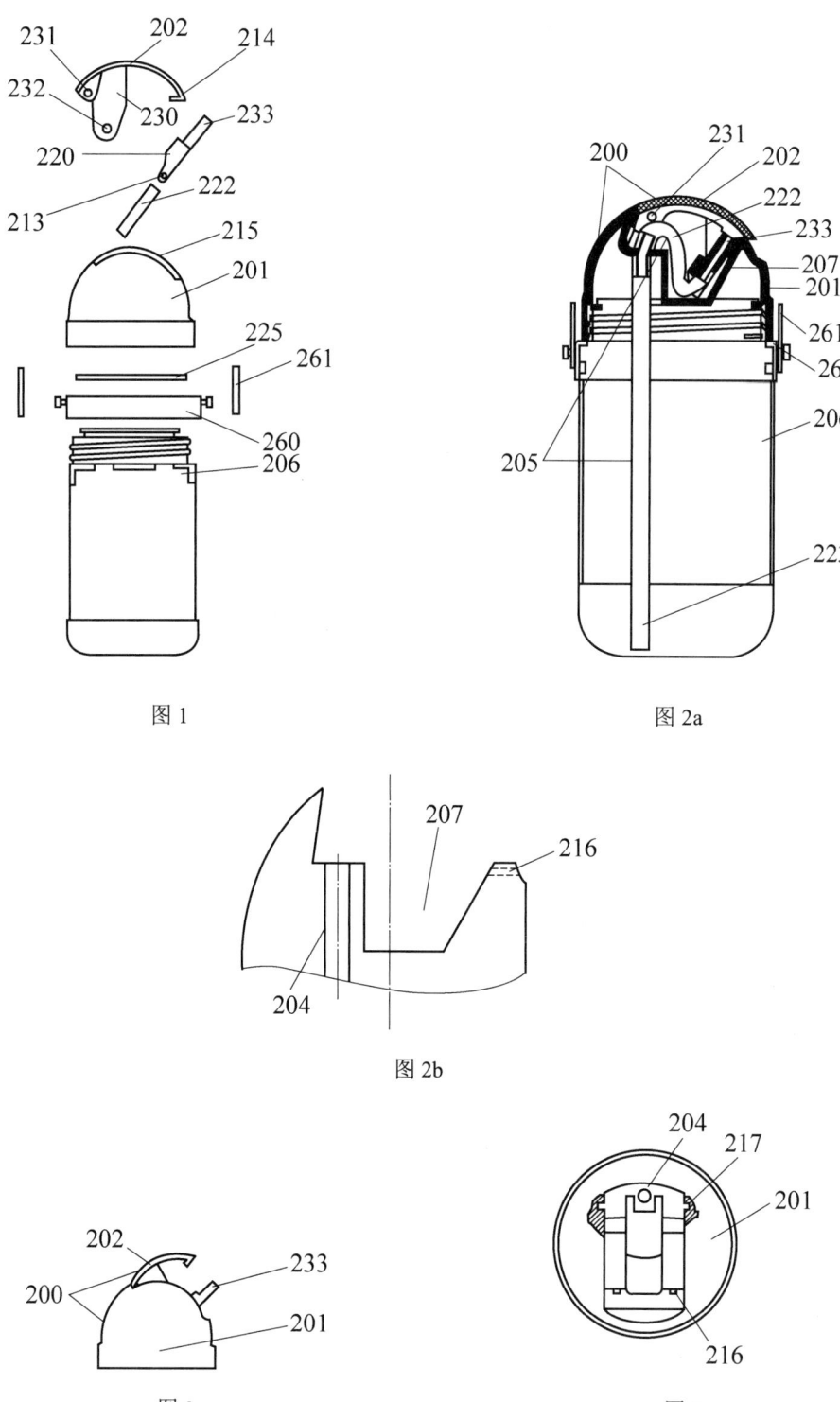

图 1

图 2a

图 2b

图 3

图 4

说 明 书 附 图

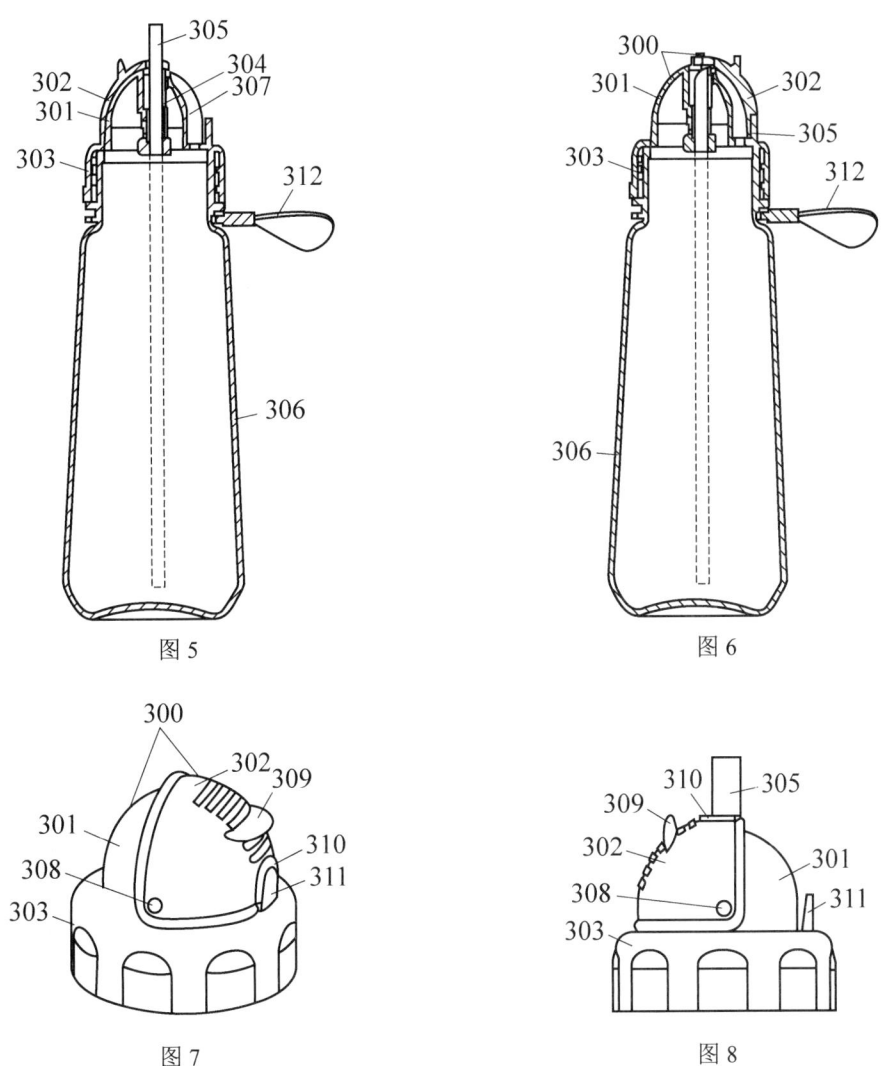

图 5

图 6

图 7

图 8

说 明 书 摘 要

  一种带吸管的饮料容器，包括容器本体（206；306）、盖子（200；300）和吸管（205；305）；盖子包括顶盖（202；302）和底盖（201；301），底盖（201；301）连接在容器本体（206；306）上；吸管（205；305）包括伸入到容器本体（206；306）内的部分和伸出底盖（201；301）的部分；在顶盖（202；302）和底盖（201；301）之间形成可容纳吸管伸出底盖部分的容置空间；顶盖（202；302）活动连接在底盖（201；301）上，吸管伸出底盖的部分可弹性弯曲地容纳在容置空间中。本发明的饮料容器在打开顶盖的同时吸管弹出，这样的饮料容器不仅操作方便，而且更具备趣味性，更容易被儿童喜爱。

摘 要 附 图

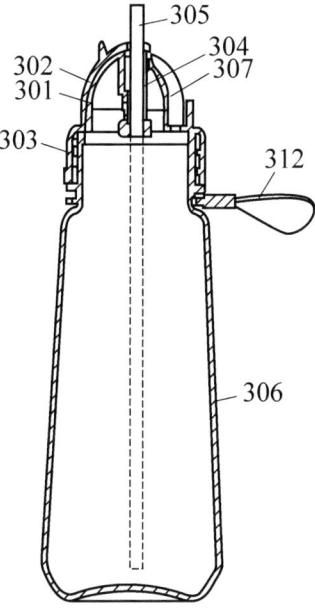

撰写案例六 食品料理机[1]

一、申请案例情况介绍

申请人欲申请一件有关食品料理机的发明专利申请。申请人提供了技术交底书和一篇现有技术文献,并要求在补充了解其他现有技术的基础上,结合给出的现有技术撰写申请文件,希望尽可能多方面对发明进行保护。

申请人提供的现有技术

申请人提供的现有技术(以下简称"对比文件1")涉及一种能在高于沸点时对豆浆持续加热的豆浆机,该豆浆机在制浆过程中不需要为避免煮沸时溢锅而间断性反复加热,其具体结构如图1所示。

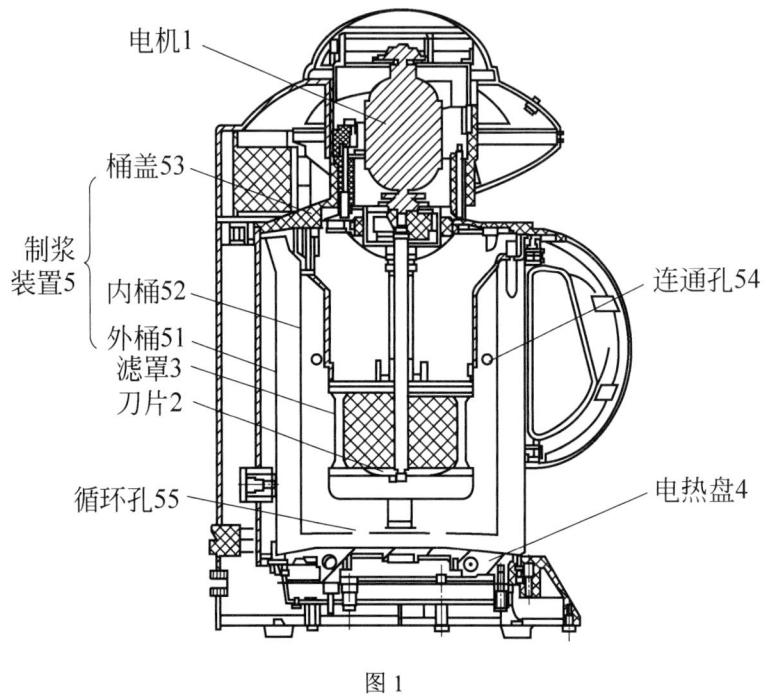

图1

图1是对比文件1豆浆机的结构示意图,该豆浆机包括电机1、刀片2、滤罩3、电热盘4、制浆装置5及电路控制器件。该制浆装置5由外桶51、内桶52和桶盖53组成,内桶52上端卡装在桶盖53内面上,桶盖53扣装在外桶51上端,内桶52的侧壁上设置有连通孔54,内桶52的底部设置有循环孔55,外桶51置于电热盘4上。刀片2伸入内桶52,滤罩3上端卡装在桶盖53内面上。使用时,将豆子装入滤罩3内,水放入到制浆装置5中,电热盘4加热,电机1启动刀片2打豆制浆,经滤罩3过滤,豆渣残留在滤罩3内,而豆浆液流入制浆装置5的内桶52和外桶51内。豆浆液被加热煮沸时,内桶52上部形成高于大气压10~20千帕的微压,内桶52内豆浆液面升高到内桶52侧壁上的

---

[1] 本案例根据2010年全国专利代理人资格考试"专利代理实务"科目试题改编而成。

连通孔 54 处，从连通孔 54 流入外桶 51，再经内桶 52 底部设置的循环孔 55 回流到内桶 52 中。豆浆液在制浆装置内循环流动，持续加热 4~10 分钟，加热温度保持在 100~105℃，豆浆煮沸制熟。

申请人发明的食品料理机

本申请发明涉及一种电机上置式食品料理机 10，其具体结构参见图 2、图 3。其中，图 2 是食品料理机的透视图，图 3 是设有外凸引流帽的引流罩的示意图。

从图 2 可以看出，该食品料理机 10 包括机头 101、刀轴 104、U 型管状的电热器 106 及杯体 107。其中机头 101 内设置有电机 102 和电路控制器件 103；刀轴 104 从机头 101 的下盖伸出，其前端固定安装有刀片 105；U 型管状的电热器 106 从机头 101 下盖伸出。此外，食品料理机 10 还包括一个上下开口的中空筒状引流罩 108，其上部卡合固定在机头 101 的下盖上，下部不接触杯体 107 内侧底部。引流罩 108 上设置有多个供水和制浆物料通过的引流孔 109，引流孔 109 的形状可以为圆形、椭圆形或者矩形，位置交错分布。

该食品料理机可以处理大豆、花生、核桃、玉米等五谷杂粮原材料，用以自制豆浆、花生浆、核桃浆、玉米浆，甚至混合五谷浆等。使用时将水和制浆物料放入杯体 107 内，将引流罩 108 卡合固定到机头 101 的下盖上；机头 101 扣装在杯体 107 上，刀片 105 在引流罩 108 内伸入水中。接通电源，电热器 106 加热，电机 102 工作。将制浆物料通过刀片 105 旋转地打碎，在引流罩 108 内形成不规则的涡流和负压，并将制浆物料和水从杯体 107 的底部吸入、提升到引流罩 108 内充分混合，在离心力的作用下不断地甩出，从引流孔 109 射出后回流到杯体 107 内。回流到杯体 107 内的制浆物料和水被再次从底部吸入、提升到引流罩 108 内，从而在杯体 107 和引流罩 108 之间反复循环（见图 3），并不断地被刀片 105 打碎，浆液中颗粒的细度逐渐提高，最终完成制浆过程。

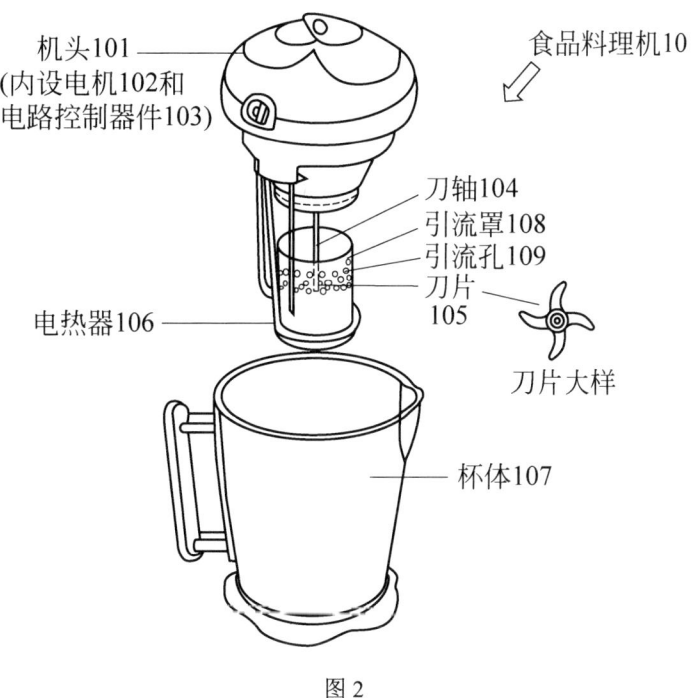

图 2

由于食品料理机 10 中采用引流罩 108 代替传统的滤罩,克服了滤罩死角难以清洗的缺陷。此外,由于制浆物料是在杯体 107 和引流罩 108 内随水在大范围内循环粉碎制浆,不是在滤罩内被粉碎制浆,因而粉碎制浆效果更好,营养更好地溶解在浆液中。

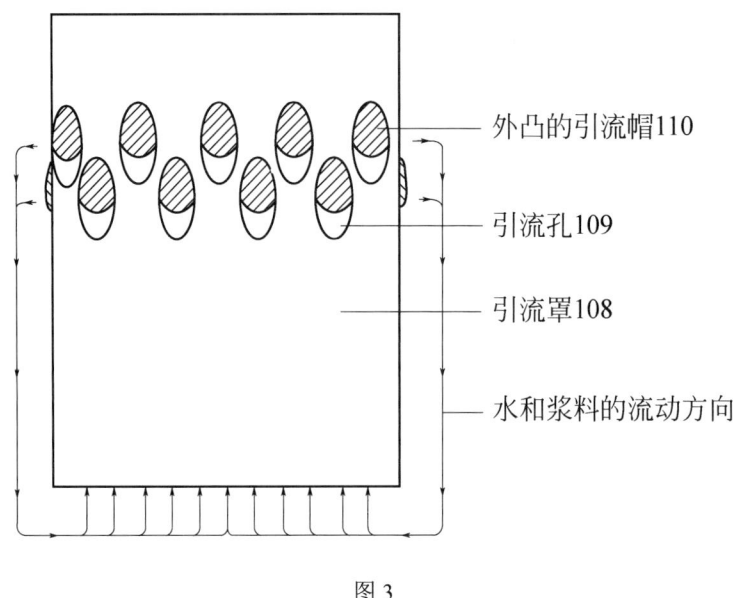

图 3

作为引流孔 109 的变形,还可以在引流孔 109 的上方增设外凸的引流帽 110(参见图 3),当制浆物料经刀片 105 打碎后,继续高速旋转,沿引流孔 109 射出,由于受到外凸引流帽 110 的阻挡,降低出浆高度并有效回流,缩短了打浆循环时间。

客户通过实验发现,引流罩 108 的下边沿距杯体 107 内侧底部的距离为 15~25 毫米时,制浆物料的粉碎和循环效果较佳。最上端引流孔 109 的上边沿距引流罩 108 的上边沿的距离为引流罩 108 总高度的 1/5 时,制浆物料的粉碎和循环效果较好。

客户还提供了一种不同于传统豆浆机中刀片单向旋转打浆的控制方式,具体参见图 4、图 5,其中图 4 是电路控制器件示意图,图 5 是电路控制器件循环正反转控制步骤图。

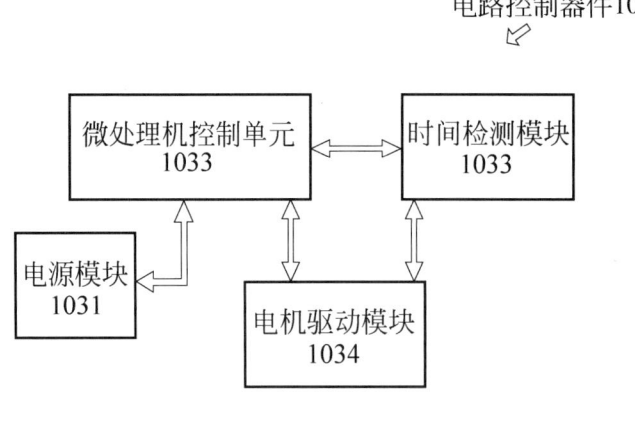

图 4

如图 4 所示，本申请发明豆浆机中刀片单向旋转打浆的控制方式由电路控制器件 103 来实现，该电路控制器件 103 包括：电源模块 1031，用于提供微处理机控制单元 1033 和电机 102 的工作电压；时间检测模块 1032，用于检测电机驱动时间；微处理机控制单元 1033，用于控制电机驱动模块 1034 的工作状态；电机驱动模块 1034，用于驱动电机 102 的正反转。

电路控制器件 103 工作时，微处理机控制单元 1033 向电机驱动模块 1034 发出正转信号，电机 102 正向运转粉碎制浆物料；时间检测模块 1032 对电机 102 的正转时间进行检测，当正转时间为 A 秒时，向微处理机控制单元 1033 发出时间已到信号；微处理机控制单元 1033 向电机驱动模块 1034 发出停止信号；时间检测模块 1032 对电机 102 的停止时间进行检测，当停止时间为 B 秒时，向微处理机控制单元 1033 发出时间已到信号；微处理机控制单元 1033 向电机驱动模块 1034 发出反向运转信号，电机 102 反转，进一步粉碎制浆物料；时间检测模块 1032 对电机 102 的反转时间进行检测，当反转时间为 C 秒时，向微处理机控制单元 1033 发出时间已到信号；微处理机控制单元 1033 向电机驱动模块 1034 发出停止信号；时间检测模块 1032 对电机 102 的停止时间进行检测，当停止时间为 D 秒时，微处理机控制单元 1033 再次向电机驱动模块 1034 发出正转信号；重复上述过程，循环粉碎 N 次后，完成制浆程序（具体步骤参见图 5）。其中，正反转时间、停止时间以及循环的次数根据浆料不同可做不同设置，优选参数为 $5 \leqslant A \leqslant 10$，$2 \leqslant B \leqslant 5$，$5 \leqslant C \leqslant 10$，$2 \leqslant D \leqslant 5$，$5 \leqslant N \leqslant 10$。

以上过程中，在刀片 105 改变旋转方向的瞬间，部分浆料由于惯性作用，来不及改变运动方向，从而与改变方向的刀片 105 反向运动，使得浆料被撞击、摩擦得更充分。

检索到的现有技术

经过进一步的检索，发现另一篇现有技术（以下简称"对比文件 2"）。对比文件 2 涉及一种含有导流筒的推进式搅拌机，其具体结构如图 6 所示。

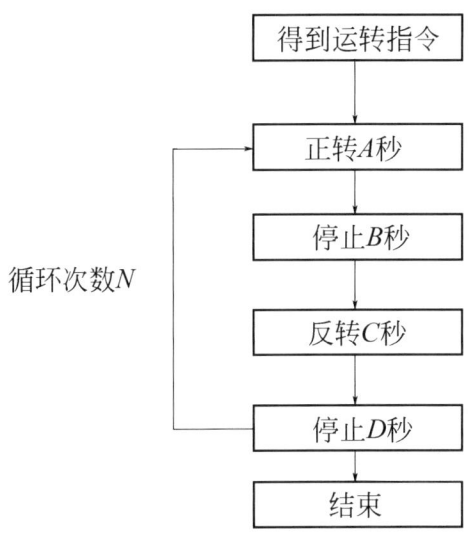

图 5

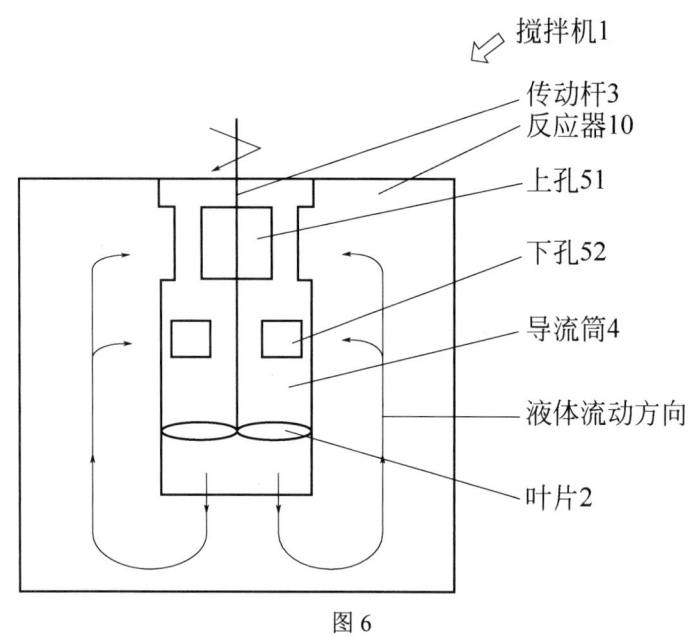

图6

图 6 是对比文件 2 的搅拌机结构示意图,该搅拌机 1 包括叶片 2、传动杆 3 和导流筒 4,导流筒 4 侧壁的上、下部分别均匀开有上孔 51、下孔 52,导流筒 4 下端是开口的,上端与传动杆 3 活动连接,叶片 2 位于导流筒 4 下孔 52 的下方。

将搅拌装置安装于反应器 10 中,导流筒 4 的上端与反应器 10 的传动杆 3 活动连接,当反应器 10 中充满液体时,启动搅拌机 1,导流筒 4 内的液体在叶片 2 的作用下向下运动,液体流出导流筒 4 后在反应器 10 的作用下向上运动,当到达下孔 52 时,一部分液体通过下孔 52 进入导流筒 4,其余的液体通过上孔 51 进入导流筒 4,然后向下运动,如此反复循环,达到搅拌、混合的目的。

用于搅拌含固体颗粒悬浮液时,在一部分液体通过下孔 52 进入导流筒 4 后,上面液体的流速明显变慢,反应器 10 内液体流速不同,从而使其中的固体颗粒按颗粒大小分为两层。

该搅拌机具有结构简单、搅拌效率高、搅拌效果好、节约能源,以及当用于固体颗粒悬浮液体时,可实现分层效果的优点。

二、权利要求书和说明书的撰写思路

对于前面所介绍的食品料理机申请案来说,可以按照下述主要思路来撰写权利要求书和说明书。

(一)权利要求书的撰写

1. 确定本申请案相对现有技术所作出的主要改进及需要保护的客体

(1)确定本申请案相对现有技术所作出的主要改进

图 2 和图 3 所示的本申请发明的食品料理机与对比文件 1 的豆浆机,二者结构相比,其主要改进在于利用引流罩代替传统网罩。采用引流罩代替传统网罩可以解决网罩死角难以清洗的缺陷,也使得粉碎制浆效果更好。虽然本申请发明食品料理机加热器的形状也与对比文件 1 不同,但将加热器设计为 U 形管状属于本领域的惯用手段,例如常见的"热得快"就采用 U 形管状加热器,该特征并非本申请发明对现有技术作出的贡献。图 2 和图 3

所示的本申请发明食品料理机的结构与对比文件 2 的推进式搅拌机结构相比，区别在于：①技术领域不同，本申请发明的食品料理机用于日常固体食品的破碎，而对比文件 2 的推进式搅拌机用于固体颗粒悬浮液的搅拌、混合，并且没有刀轴、刀片、电热器等；②对比文件 2 中的导流筒与本申请发明中引流罩的作用及工作原理均不相同。

在交底材料中，申请人描述的本申请发明食品料理机的工作过程，即具体的制浆方法，与对比文件 1 相比，其改进在于制浆过程中流体在其中的流动过程，即在引流罩 108 内形成不规则的涡流和负压；将制浆物料和水从杯 107 体底部吸入、提升到引流罩 108 内充分混合，在离心力的作用下不断地甩出，从引流孔 109 射出后回流到杯体 107 内；回流到杯体 107 内的制浆物料和水再次被从底部吸入、提升到引流罩 108 内，从而在杯体 107 和引流罩 108 之间循环。经过该过程可以使得制浆物料在杯体 107 和引流罩 108 内随水在大范围内循环粉碎制浆，因此浆液中颗粒的细度逐渐提高，营养更好地溶解在浆液中。而对比文件 2 中没有涉及食品料理机的工作过程。

此外，在交底材料中，申请人还对传统豆浆机中刀片单向旋转打浆的控制方法（即电路控制方法）和电路控制器件进行了改进，而两篇现有技术中均没有公开控制方法和电路控制器件的相关技术特征。

由此可见，申请人在交底材料中对食品料理机的改进主要涉及食品料理机的结构、工作过程（即具体的制浆方法）、电路控制方法和电路控制器件四个方面。

（2）确定本申请案需要保护的客体

在撰写申请文件时，最重要的是撰写权利要求，而权利要求的撰写不仅要考虑独立权利要求保护范围的大小，而且要选好想要保护的技术主题和类型，不同的保护主题和类型，可以体现发明不同的保护方面，技术主题的选择直接关系到授权后专利权保护范围的大小。

从以上分析可以得出，本申请需要从以下几个方面给予保护：

① 食品料理机；
② 制浆方法；
③ 电路控制方法；
④ 电路控制器件。

（3）确定本申请保护的客体的单一性

在确定了本申请发明所要保护的主题之后，需要进一步分析这些主题之间是否能作为一个案子进行合案申请。但是，这需要对所撰写的多个独立权利要求进行对比分析，才能得出正确的结论。

2. 从两项相关的现有技术中确定最接近的现有技术

根据《专利审查指南 2010》第二部分第四章第 3.2.1.1 节的规定，最接近的现有技术，是指现有技术中与要求保护的发明最密切相关的一个技术方案。例如可以是，与要求保护的发明技术领域相同，所要解决的技术问题、技术效果或者用途最接近和/或公开了发明的技术特征最多的现有技术，或者虽然与要求保护的发明技术领域不同，但能够实现发明的功能，并且公开发明的技术特征最多的现有技术。在确定最接近的现有技术时首先考虑技术领域相同或相近的现有技术。

（1）确定食品料理机的最接近的现有技术

列出食品料理机与对比文件 1 和对比文件 2 的全部技术特征，详见表 1。

表1 技术特征分析

分析项目		食品料理机	对比文件1	对比文件2
技术领域		食品料理机	豆浆机	推进式搅拌机
技术特征		机头101	机头	机头
		机头101内设置有电机102和电路控制器件103	机头内设置有电机1和电路控制器件	×
		从机头下盖伸出的刀轴104	从机头下盖伸出的刀轴	传动杆3
		刀片105固定安装在刀轴104的前端	刀片2固定安装在刀轴的前端	叶片2固定安装在传动杆3的前端
		电热器106	电热盘4	×
		电热器106为U形管形式,其从机头下盖伸出	×	×
		杯体107	外桶51和内桶52	反应器10
		上下开口的中空筒状引流罩108	滤罩3	下端开口的导流筒4
		引流罩108上设置有引流孔109	×	导流筒4上开设有上孔51、下孔52
		引流罩108的上部卡合固定在机头的下盖上	×	×
		引流罩108的下部不接触杯体的内侧底部	×	导流筒4下部不接触杯体的内侧底部
		刀片105伸入到引流罩108内	×	叶片2伸入到导流筒4内
		引流孔可以为圆形、椭圆形或者矩形,位置交错分布	×	×
		引流孔109的上方增设有引流帽110	×	×
		引流罩108的下边沿距杯体107内侧底部的距离为15~25毫米	×	×
		最上端引流孔的上边沿距引流罩108的上边沿的距离为引流罩108总高度的1/5	×	×
		电路控制器件的具体结构	×	×

就技术领域而言:对比文件1与本申请发明的技术领域相同,都涉及一种食品料理机,具体而言都涉及一种豆浆机;而对比文件2涉及一种推进式搅拌机,与本申请发明的技术领域完全不同。

就所要解决的技术问题、技术效果或者用途而言:对比文件1要解决的是加热温度有限且不能持续加热的问题,采用对比文件1的豆浆机能够将加热温度保持在100~105℃,而本申请发明通过采用引流罩代替过滤罩,克服了滤罩死角难以清洗和制浆物料粉碎效果差的问题,对比文件1和本申请发明要解决的技术问题、技术效果或用途不同;虽然对比文件2的搅拌机与本申请发明的食品料理机都具有引流罩(导流筒),但对比文件2是利用导流筒达到搅拌、混合的目的,与本申请发明要解决的技术问题、技术效果或用途不相同。

就公开发明技术特征的数量而言:从技术特征分析表1中可以看出,对比文件1公开的本申请发明技术特征的数量比对比文件2公开的本申请发明技术特征的数量多。

综合上述分析可知,对比文件1与本申请发明的技术领域相同,且公开了本申请发明的更多的技术特征,当选择食品料理机为保护主题时应选择对比文件1作为最接近的现有技术。

(2)确定制浆方法的最接近的现有技术

列出制浆方法与对比文件1和对比文件2的全部技术特征,详见表2。

表 2　技术特征分析

分析项目		制浆方法	对比文件 1	对比文件 2
技术领域		制浆方法	制豆浆方法	推进式搅拌机搅拌方法
技术特征		通过电热器 106 加热	通过电热盘 4 加热	×
		电机 102 工作，带动刀片 105 将制浆物料旋转地打碎	电机 1 工作，带动刀片 2 将制浆物料旋转打碎	×
		通过在引流罩内形成不规则的涡流和负压，将制浆物料和水从杯体 107 底部吸入、提升到引流罩内充分混合，在离心力的作用下不断地甩出，并从引流孔 109 射出后回流到杯体 107 内	×	×
		将回流到杯体 107 内的制浆物料和水再次从底部吸入、提升到引流罩 108 内，使其在杯体 107 和引流罩 108 之间循环，并不断地通过刀片 105 打碎，完成制浆	×	×

就技术领域而言，对比文件 1 与本申请发明的技术领域相同，都涉及一种制浆方法，具体而言都涉及一种制豆浆的方法；而对比文件 2 涉及一种推进式搅拌机搅拌方法，与本申请发明的技术领域完全不同。

就所要解决的技术问题、技术效果或者用途而言：对比文件 1 要解决的是加热温度有限且不能持续加热的问题，采用对比文件 1 的制豆浆方法能够将加热温度保持在 100～105℃，而本申请发明通过将制浆物料在杯体和引流罩之间反复循环，可以解决制浆物料粉碎效果差的问题，对比文件 1 和本申请发明要解决的技术问题、技术效果或用途不尽相同；对比文件 2 涉及一种推进式搅拌机的搅拌方法，所要解决的技术问题、技术效果或者用途与本申请发明完全不同。

就公开本申请发明技术特征的数量而言：从技术特征分析表 2 中可以看出，对比文件 1 公开的本申请发明技术特征的数量比对比文件 2 公开的本申请发明技术特征的数量多。

综合上述分析可知，对比文件 1 与本申请发明的技术领域相同且公开发明的技术特征较多，当选择制浆方法为保护主题时，应选择对比文件 1 作为最接近的现有技术。

（3）确定食品料理机的电路控制方法和电路控制器件的最接近的现有技术

就技术领域而言，对比文件 1、对比文件 2 均没有对食品料理机的电路控制方法以及电路控制器件进行具体说明，也就是说对比文件 1、对比文件 2 与本申请发明的领域都有差别，但对比文件 1 与本申请发明都涉及一种食品料理机，具体而言涉及一种豆浆机，因而虽然对比文件 1 并没有涉及食品料理机电路控制方法和电路控制器件，但本申请发明的电路控制方法和电路控制器件可以用于对比文件 1 的豆浆机，因此，对比文件 1 与对比文件 2 相比，对比文件 1 的技术领域与本申请发明的技术领域更接近。

就所要解决的技术问题、技术效果或者用途而言，对比文件 1、对比文件 2 均没有提到本申请发明的食品料理机的电路控制方法和电路控制器件所要解决的技术问题、技术效果或者用途。

就公开发明技术特征的数量而言，对比文件 1、对比文件 2 均没有公开本申请发明的食品料理机的电路控制方法和电路控制器件的技术特征。

综合上述分析可知，对比文件 1 与本申请发明的技术领域相近，当选择电路控制方法或电路控制器件为保护主题时应选择对比文件1作为最接近的现有技术。

3. 根据所选定的最接近的现有技术确定本发明专利申请所要解决的技术问题

通过前述分析可知，保护主题为食品料理机、制浆方法、食品料理机的电路控制方法或电路控制器件时，最接近的现有技术都选择对比文件1。

当保护主题为食品料理机时，与最接近的现有技术对比文件1相比，其区别技术特征是：用引流罩代替滤罩，这样可以克服滤罩死角难以清洗的缺陷，同时，也提高了粉碎效果。因此，此时所要解决的技术问题是：食品料理机滤罩难以清洗（在这里要强调的是，虽然采用本申请发明的引流罩代替对比文件1的滤罩，给发明带来了食品料理机易于清洗，浆液颗粒细度提高、粉碎效果好的技术效果，但是，我们要树立一个概念，就是撰写一个能解决技术问题的完整技术方案的独立权利要求时，仅仅需要解决现有技术存在的主要的一个技术问题即可）。

当保护主题为制浆方法时，与最接近的现有技术对比文件1相比，概括来说，其区别技术特征在于：能使制浆物料在杯体和引流罩之间反复循环，从而提高粉碎效果和浆液颗粒细度。因此，此时所要解决的技术问题为浆液颗粒较大、粉碎效果差。

当保护主题为食品料理机的电路控制方法或电路控制器件时，与最接近的现有技术对比文件1相比，概括来说，其主要的区别技术特征在于：使刀片改变旋转方向的瞬间，让浆料反向运动，撞击浆料，从而获得将浆料摩擦得更充分的技术效果。因此，此时所要解决的技术问题为浆液颗粒较大、粉碎效果差。

4. 完成独立权利要求的撰写

对于本申请发明的食品料理机、制浆方法、食品料理机的电路控制方法及电路控制器件，根据分别确定的最接近的现有技术对比文件1和所确定的本申请发明要解决的技术问题，确定各自的全部必要技术特征，按照《专利法实施细则》第二十一条规定的格式分别划分独立权利要求各自与最接近的现有技术的对比文件1的前序部分和特征部分的界限，完成独立权利要求的撰写。

（1）根据技术交底书确定解决技术问题的全部的必要技术特征

第一，对于本申请的食品料理机来说，根据上述分析可知，所要解决的技术问题是：食品料理机难以清洗。解决该技术问题的关键是采用引流罩代替传统的滤罩。而与引流罩发生关系的有，包括电机和电路控制器件的机头、刀轴、刀片、电热器及杯体。

由此可见，当请求保护的主题为食品料理机时，解决其技术问题的全部必要技术特征是：

① 机头101，其内设置有电机102和电路控制器件103；

② 刀轴104，设置成从机头101的下盖伸出的形式，其前端固定安装有刀片105；

③ 电热器106；

④ 杯体107；

⑤ 一个上下开口中空筒状的引流罩108，其上部卡合固定在机头101的下盖上，下部设置成不与杯体107内侧底部接触；

⑥ 引流罩108上设置有多个供水和制浆物料通过的引流孔109；

⑦ 刀片105伸入到引流罩108内。

第二，对于本申请的制浆方法来说，根据上述分析可知，所要解决的技术问题是：浆液颗粒较大、粉碎效果差。解决该技术问题的关键是要在杯体和引流罩之间形成反复循环。要形成反复循环，就需要通过电机带动刀片旋转，从而在引流罩内形成涡流和负压，将物料吸入—混合—甩出—再次吸入—混合—甩出……如此循环。而与该循环关联进行的还有加热和粉碎过程，加热过程是通过电热器实现的，粉碎是通过刀片实现的。

由此可见，当请求保护的主题为制浆方法时，解决其技术问题的全部必要技术特征是：

① 接通电源，电热器 106 对水和浆料加热，电机 102 工作，带动刀片 105 在引流罩 108 内旋转；

② 将制浆物料通过旋转的刀片 105 打碎，在引流罩 108 内形成不规则的涡流和负压，将制浆物料和水从杯体 107 的底部吸入、提升到引流罩 108 内充分混合，在离心力的作用下不断地甩出，并从引流孔 109 射出后回流到杯体 107 内；

③ 将回流到杯体 107 内的制浆物料和水再次从底部吸入、提升到引流罩 108 内，在杯体 107 和引流罩 108 之间形成反复循环，并不断地通过刀片 105 打碎，完成制浆过程。

第三，对于本申请的食品料理机的电路控制方法来说，根据上述分析可知，电路控制方法主要是控制本申请发明食品料理机设置在机头 101 内的电机 102 的正反转，此时所要解决的技术问题是：现有技术的豆浆机中刀片单向旋转打浆导致浆液颗粒较大、粉碎效果差。解决该技术问题的关键是使刀片改变旋转方向的瞬间，使浆料朝反向运动，使得浆料被撞击、摩擦得更充分。首先，要实现刀片旋转方向的定时改变，就需要基本的供电过程、时间检测过程、微处理机控制电机旋转方向改变的过程（本申请发明中只给出了一种电机旋转方向改变的循环过程）。其次，循环过程中各步骤的具体时间也需要限定，这是因为，如果不限定各步骤的具体时间，就有可能出现某段时间为 0 的情况，导致该过程不能持续进行，此时就有可能解决不了浆液颗粒较大、粉碎效果差的技术问题，例如，当各步骤的具体时间为"正转 M 秒（$M>0$）后，停止 0 秒，反转 0 秒，停止 0 秒，循环 1 次"时，仅能起到定时关闭的作用，起不到将浆液颗粒打碎的作用，因此，就无法解决浆液颗粒较大、粉碎效果差的技术问题。

由此可见，当请求保护的主题为食品料理机的电路控制方法时，解决其技术问题的全部必要技术特征是：

① 通过电源模块 1031 向微处理机控制单元 1033 和电机 102 提供工作电压的步骤；

② 通过时间检测模块 1032 检测电机 102 驱动时间的时间检测步骤；

③ 通过微处理机控制单元 1033 控制电机驱动模块 1034 工作状态的微处理机控制步骤；

④ 通过电机驱动模块 1034 驱动电机 102 正反转的电机正反转驱动步骤；

⑤ 微处理机控制单元 1033 向电机驱动模块 1034 发出正转信号使电机 102 正转；时间检测模块 1032 对电机 102 的正转时间进行检测，当正转时间为 5～10 秒时，向微处理机控制单元 1033 发出时间已到信号；微处理机控制单元 1033 向电机驱动模块 1034 发出停止信号；时间检测模块 1032 对电机 102 的停止时间进行检测，当停止时间为 2～5 秒时，向微处理机控制单元 1033 发出时间已到信号；微处理机控制单元 1033 向电机驱动模块 1034 发出反转信号使电机 102 反转；时间检测模块 1032 对电机 102 的反转时间进行检测，当反转时间为 5～10 秒时，向微处理机控制单元 1033 发出时间已到信号；微处理机控制单元 1033 向电机驱动模块 1034 发出停止信号；时间检测模块 1032 对电机 102 的停止时间进行检测，当停止时间为 2～5 秒时，微处理机控制单元 1033 再次向电机驱动模块 1034 发出正转信号。重复循环上述过程 5～10 次。

第四，对于本申请的食品料理机电路控制器件来说，根据上述分析可知，电路控制器件主要是控制本申请发明的食品料理机设置在机头 101 内的电机 102 的正反转，所要解决的技术问题是：现有技术的豆浆机中刀片单向旋转打浆导致浆液颗粒较大、粉碎效果差。

解决该技术问题的关键是使刀片改变旋转方向的瞬间，使浆料朝反向运动，使得浆料被撞击、摩擦得更充分。为此，需要实现刀片旋转方向的定时改变，因此，就需要设置用来实现刀片旋转方向定时改变的电源模块、时间检测模块、微处理机控制单元和电机驱动模块。解决上述技术问题，不仅要设置这些模块，还要使各模块或单元之间正确地配合。换句话说，需要限定电路控制器件各模块单元的运行方式、运行时间等（本申请发明中只给出了一种运行方式）。这是因为，如果不限定具体的运行方式，食品料理机不一定能解决浆液颗粒较大、粉碎效果差的技术问题。例如，当运行方式为"电机驱动模块持续驱动电机正转或反转，时间检测模块检测到正转或反转时间达到 X 秒（$X>0$）后，微处理机控制单元向电机驱动模块发出停止信号，完成制浆程序"时，仅能起到定时关闭的作用，起不到将浆液颗粒打碎的作用，因此，无法解决浆液颗粒较大、粉碎效果差的技术问题。

由此可见，当请求保护的主题为食品料理机的电路控制器件时，解决其技术问题的全部必要技术特征是：

① 食品料理机的电路控制器件设置在该食品料理机的机头内；

② 电路控制器件包括电源模块 1031、时间检测模块 1032、微处理机控制单元 1033 以及电机驱动模块 1034；

③ 电源模块 1031，用于向微处理机控制单元 1033 和电机 102 提供工作电压；

④ 时间检测模块 1032，用于检测电机 102 的驱动时间；

⑤ 微处理机控制单元 1033，用于控制电机驱动模块 1034 的工作状态；

⑥ 电机驱动模块 1034，用于驱动电机 102 的正反转；

⑦ 电源模块 1031、时间检测模块 1032、微处理机控制单元 1033 及电机驱动模块 1034 设置如下：

当电路控制部件工作时，微处理机控制单元 1033 向电机驱动模块 1034 发出正转信号；时间检测模块 1032 对电机 102 的正转时间进行检测，当正转时间为 5~10 秒时，向微处理机控制单元 1033 发出时间已到信号；微处理机控制单元 1033 向电机驱动模块 1034 发出停止信号；时间检测模块 1032 对电机 102 的停止时间进行检测，当停止时间为 2~5 秒时，向微处理机控制单元 1033 发出时间已到信号；微处理机控制单元 1033 向电机驱动模块 1034 发出反向运转信号；时间检测模块 1032 对电机 102 的反转时间进行检测，当反转时间为 5~10 秒时，向微处理机控制单元 1033 发出时间已到信号；微处理机控制单元 1033 向电机驱动模块 1034 发出停止信号；时间检测模块 1032 对电机 102 的停止时间进行检测，当停止时间为 2~5 秒时，微处理机控制单元 1033 再次向电机驱动模块 1034 发出正转信号。重复上述过程，循环粉碎 5~10 次。

（2）完成独立权利要求的撰写

首先，撰写有关食品料理机的独立权利要求。从本案例技术特征分析表1和二的4.(1)部分分析可知，关于食品料理机的必要技术特征①～④已经被最接近的现有技术对比文件1公开，应当写在该独立权利要求的前序部分中，必要技术特征⑤～⑦属于本申请发明与最接近的现有技术对比文件1的区别技术特征，应当写在该独立权利要求的特征部分。据此，完成有关食品料理机的独立权利要求的撰写。

"1. 一种食品料理机（10），包括机头（101）、刀轴（104）、刀片（105）、电热器（106）以及杯体（107）。其中：

所述机头（101）内设置有电机（102）和电路控制器件（103）；

所述刀轴（104）设置成从所述机头（101）的下盖伸出的形式，其前端固定安装有所述刀片（105）。

其特征在于：

所述食品料理机（10）还包括一个引流罩（108），该引流罩（108）为上下开口的中空筒状，其上部卡合固定在所述机头（101）的下盖上，下部设置成不与所述杯体（107）内侧底部接触，所述引流罩（108）上设置有多个引流孔（109），所述刀片（105）伸入到引流罩（108）内。"

其次，撰写有关制浆方法的独立权利要求。从本案例技术特征分析表2和二的4.（1）部分分析可知，关于制浆方法的必要技术特征①已经被最接近的现有技术对比文件1公开，应当写在该独立权利要求的前序部分，必要技术特征②~③属于本申请发明与最接近的现有技术对比文件1的区别技术特征，应当写在该独立权利要求的特征部分。

据此，完成有关制浆方法的独立权利要求的撰写。

"m. 一种制浆方法，包含以下步骤：

（1）通过电热器（106）对水和浆料加热，电机（102）带动刀片（105）在引流罩（108）内旋转的步骤；

其特征在于，还包含以下步骤：

（2）将制浆物料通过所述旋转的刀片（105）打碎，在所述引流罩（108）内形成不规则的涡流和负压，将制浆物料和水从食品料理机杯体（107）的底部吸入、提升到所述引流罩（108）内充分混合，在离心力的作用下甩出，并从所述引流罩（108）上的多个所述引流孔（109）射出后回流到所述食品料理机杯体（107）内；

（3）将回流到所述食品料理机杯体（107）内的制浆物料和水再次从底部吸入、提升到所述引流罩（108）内，在所述食品料理机杯体（107）和所述引流罩（108）之间形成反复循环，并通过所述刀片（105）不断地打碎，完成制浆过程。"

然后撰写有关食品料理机的电路控制方法的独立权利要求。由于对比文件1、2都没有公开关于食品料理机电路控制方法的内容，因此，上文二的4.（1）部分列出的关于食品料理机的电路控制方法的必要技术特征①~⑤均属于本申请发明与最接近的现有技术对比文件1的区别技术特征，应当写在该独立权利要求的特征部分。此外，列出的上述第⑤点的必要技术特征，由于叙述过程有重复，不够简明，所以需要按照《专利法》第二十六条第四款的规定进行简化，在满足《专利法》第二十六条第四款的权利要求书应当以说明书为依据的前提下，对该权利要求进行概括，使其以说明书为依据，清楚、简要地限定要求专利保护的范围。

据此，完成有关食品料理机的电路控制方法的独立权利要求的撰写。

"n. 一种食品料理机的电路控制方法，其特征在于，包括：

通过电源模块（1031）向微处理和控制单元（1033）和电机（102）提供工作电压的步骤；

通过时间检测模块（1032）检测所述电机（102）驱动时间的时间检测步骤；

通过微处理机控制单元（1033）控制电机驱动模块（1034）工作状态的微处理机控制步骤；

通过电机驱动模块（1034）驱动所述电机（102）正反转的电机正反转驱动步骤。其中，所述微处理机控制单元（1033）向所述电机驱动模块（1034）发出正转信号；当所述时间检测模块（1032）测得所述电机（102）的正转时间为5~10秒时，所述微处理机控制单元（1033）向所述电机驱动模块（1034）发出停止信号；当所述时间检测模块（1032）测得所述电机（102）

的停止时间为 2~5 秒时,所述微处理机控制单元(1033)向所述电机驱动模块(1034)发出反转信号;当所述时间检测模块(1032)测得所述电机(102)的反转时间为 5~10 秒时,所述微处理机控制单元(1033)向所述电机驱动模块(1034)发出停止信号;当所述时间检测模块(1032)测得所述电机(102)的停止时间为 2~5 秒时,所述微处理机控制单元(1033)再次向所述电机驱动模块(1034)发出正转信号。重复循环上述过程 5~10 次。"

最后,撰写有关食品料理机的电路控制器件的独立权利要求。由于对比文件 1、对比文件 2 都没有公开关于食品料理机的电路控制器件的内容,因此,上文二的 4.(1)部分列出的关于食品料理机的电路控制器件的必要技术特征①~⑦均属于本申请发明与最接近的现有技术对比文件1的区别技术特征,应当写在特征部分。

此外,列出的上述第⑦点的必要技术特征,由于叙述过程有重复,不够简明,所以需要按照《专利法》第二十六条第四款的规定进行简化,在满足《专利法》第二十六条第四款的权利要求书应当在以说明书为依据的前提下,对权利要求进行概括,使其以说明书为依据,清楚、简要地限定要求专利保护的范围。

据此,完成有关食品料理机的电路控制方法的独立权利要求的撰写。

"x.一种食品料理机的电路控制器件,设置在该食品料理机的机头内,其特征在于,所述电路控制器件包括:

电源模块(1031)、时间检测模块(1032)、微处理机控制单元(1033)以及电机驱动模块(1034)。

所述电源模块(1031)用于向微处理机控制单元(1033)和所述电机(102)提供工作电压;

所述时间检测模块(1032)用于检测所述电机(102)的驱动时间;

所述微处理机控制单元(1033)用于控制所述电机驱动模块(1034)的工作状态;

所述电机驱动模块(1034)用于驱动所述电机(102)的正反转。

所述电源模块(1031)、时间检测模块(1032)、微处理机控制单元(1033)及电机驱动模块(1034)设置如下:

当所述电路控制部件工作时,所述微处理机控制单元(1033)向所述电机驱动模块(1034)发出正转信号;当所述时间检测模块(1032)测得所述电机(102)的正转时间为 5~10 秒时,所述微处理机控制单元(1033)向所述电机驱动模块(1034)发出停止信号;当所述时间检测模块(1032)测得所述电机(102)的停止时间为 2~5 秒时,所述微处理机控制单元(1033)向所述电机驱动模块(1034)发出反转信号;当所述时间检测模块(1032)测得所述电机(102)的反转时间为 5~10 秒时,所述微处理机控制单元(1033)向所述电机驱动模块(1034)发出停止信号;当所述时间检测模块(1032)测得所述电机(102)的停止时间为 2~5 秒时,所述微处理机控制单元(1033)再次向所述电机驱动模块(1034)发出正转信号。重复循环上述过程 5~10 次。"

(3)判断所撰写的独立权利要求的新颖性、创造性及单一性

① 判断撰写的食品料理机的独立权利要求 1 的新颖性、创造性。

以下就该权利要求 1 与两篇对比文件相比较的过程作具体分析如下:

对比文件 1 不能破坏该权利要求 1 的新颖性。

将独立权利要求 1 与对比文件 1 相比:虽然二者的技术领域相同,但独立权利要求 1 区别于对比文件 1 的技术特征是:所述食品料理机(10)还包括一个引流罩(108),该引流罩(108)为上下开口的中空筒状,其上部卡合固定在所述机头(101)的下盖上,下部

设置成不与所述杯体（107）内侧底部接触，所述引流罩（108）上设置有多个引流孔（109），所述刀片（105）伸入到引流罩（108）内。因此，二者的技术方案不同。而且，独立权利要求1的技术方案能够解决食品料理机滤网难以清洗且浆液颗粒较大、粉碎效果差的技术问题，采用该技术方案，可获得方便清理、粉碎效果好的技术效果，这与对比文件1所解决的技术问题及产生的技术效果不同。因此，该食品料理机的独立权利要求1与对比文件1的技术方案、所解决的技术问题及产生的技术效果均不同，相对于对比文件1具备《专利法》所规定的新颖性，符合《专利法》第二十二条第二款的规定。

对比文件2也不能破坏该权利要求1的新颖性。

将独立权利要求1与对比文件2相比，首先二者的技术领域不同，独立权利要求1所要保护的食品料理机属于日常食品加工领域，而对比文件2的搅拌机属于工业推进式搅拌机械领域；其次，技术方案不同，独立权利要求1区别于对比文件2的技术特征是：机头101内设置有电机102和电路控制器件103，电热器106，上述食品料理机10还包括一个上下开口的中空筒状引流罩108，其上部卡合固定在上述机头101的下盖上。因此，二者的技术方案也不同；其次，两者所要解决的技术问题不同，独立权利要求1的食品料理机与对比文件2的搅拌机，前者解决食品料理机不易清洗的技术问题，后者解决的是搅拌效果的技术问题；最后，液体在引流罩108中流动的方式不同，前者是液体从杯体107的底部向上流动，从杯体107上部的引流孔109射出，向下流动，再从底部吸入到杯体107内，反复循环；后者是液体从导流筒向下流动，从导流筒底部的孔流出，向上流动、再从顶部回流到导流筒内。由此可见，独立权利要求1与对比文件2的技术领域、技术方案、所解决的技术问题和产生的技术效果均不同，相对于对比文件2具备新颖性，符合《专利法》第二十二条第二款的规定。

综上所述，所撰写的食品料理机的独立权利要求1分别相对对比文件1、对比文件2现有技术存在区别，该权利要求1所要保护的技术方案与对比文件1、对比文件2单独对比，具有《专利法》第二十二条第二款规定的新颖性。

对比文件1、2也不能破坏该权利要求1的创造性。

该食品料理机的独立权利要求1与最接近的现有技术对比文件1的区别技术特征是：所述食品料理机（10）还包括一个引流罩（108），该引流罩（108）为上下开口的中空筒状，其上部卡合固定在所述机头（101）的下盖上，下部设置成不与所述杯体（107）内侧底部接触，所述引流罩（108）上设置有多个引流孔（109），所述刀片（105）伸入到引流罩（108）内。

采用上述结构，使得其中的制浆过程也不尽相同：其中对比文件1的豆浆机由外桶51、内桶52、滤罩3和刀片2共同配合完成制浆；而权利要求1的食品料理机10由杯体107、引流罩108和刀片105共同配合完成制浆，整体结构上减少了豆浆机的部件。

基于上述区别，技术特征可以确定独立权利要求1相对最接近的现有技术对比文件1实际要解决的技术问题是：食品料理机的滤罩死角难以清洗且浆液颗粒较大、粉碎效果差。

权利要求1的食品料理机10相比于对比文件1的豆浆机，能够使得制浆物料在被旋转的刀片105打碎的同时，在引流罩108内形成不规则的涡流和负压，在杯体107和引流罩108内随水在大范围内循环粉碎制浆，从而实现粉碎制浆效果更好、制浆物料的营养析出更充分的技术效果。因此，对比文件1中既没有公开该区别技术特征也没有给出任何技术启示，无法解决上述技术问题。

虽然对比文件2公开了导流筒，其结构类似上述独立权利要求1的区别技术特征中的引流罩，但是，对比文件2所涉及的技术领域、解决的技术问题以及液体流动的方式均与本申请完全不同，所公开的推进式搅拌机并未给出获得与引流罩相关的上述区别技术特征的技术启示。也就是说，不能得出将对比文件2应用到对比文件1中以解决食品料理机的滤罩死角难以清洗且浆液颗粒较大、粉碎效果差的技术问题的技术启示，而且上述区别技术特征也不属于所属技术领域的惯用手段。

因此，权利要求1相对于对比文件1、2或者其结合，具有突出的实质性特点和显著的进步，具备了《专利法》第二十二条第三款规定的创造性。

② 判断撰写的制浆方法独立权利要求m的新颖性、创造性。

以下就该权利要求m与两篇对比文件相比较的过程作具体分析如下：

对比文件1不能破坏该权利要求m的新颖性。

将独立权利要求m与对比文件1相比：虽然二者的技术领域相同，但是二者的制浆过程不同。权利要求1的食品料理机10由杯体107、引流罩108和刀片105共同配合完成制浆；对比文件1的豆浆机由外桶51、内桶52、滤罩3和刀片2共同配合完成制浆；前者通过电热器106对水和浆料加热，电机102带动刀片105在引流罩108内旋转，液体从杯体107的底部向上流动，从杯体107上部的引流罩108的多个引流孔109射出后，向下流动，再从底部吸入到杯体107内，反复循环；后者是通过电热盘4对放入到制浆装置5中水和装入滤罩3内的豆子加热，电机1起动刀片2打豆制浆，经滤罩3过滤，豆渣残留在滤罩3内，而豆浆液流入制浆装置5的内桶52和外桶51内，当豆浆液被加热煮沸时，内桶52内豆浆液面升高到内桶52侧壁上的连通孔54处，从连通孔54流入外桶51，再经内桶52底部设置的循环孔55回流到内桶52中，豆浆液在制浆装置内循环流动、被持续加热，完成制浆。也就是二者方法的步骤及构成均不相同，所以，二者的技术方案不同；

独立权利要求m的技术方案能够解决食品料理机难以清洗且浆液颗粒较大、粉碎效果差的技术问题，采用该技术方案，可获得便于清理、粉碎效果好的技术效果，也即与对比文件1所解决的技术问题及产生的技术效果不同；

因此，该制浆方法的独立权利要求m与对比文件1的技术方案、所解决的技术问题及产生的技术效果均不同，相对于对比文件1具备《专利法》所规定的新颖性，符合《专利法》第二十二条第二款的规定。

对比文件2不能破坏该权利要求m的新颖性。

将独立权利要求m与对比文件2相比：

首先，二者的技术领域不同，独立权利要求m所要保护的制浆方法属于日常食品加工领域，而对比文件2的搅拌机属于工业推进式搅拌机械领域；

其次，对比文件2并没有公开有关制浆方法的任何技术特征，液体在引流罩108中流动的方式也不尽相同，前者是液体从杯体107的底部向上流动，从杯体107上部的引流孔109射出后，向下流动，再从底部吸入到杯体107内，反复循环；后者是液体从导流筒4向下流动，从导流筒4底部的孔流出，向上流动、再从顶部回流到导流筒4内，因此，二者的技术方案也不同；

最后，独立权利要求m的制浆方法与对比文件2搅拌机的搅拌过程相比，前者解决食品料理机不易清洗的技术问题，后者解决的是搅拌效果的技术问题，两者所要解决的技术问题不同。

由此可见，独立权利要求m与对比文件2的技术领域、技术方案、所解决的技术问题和产生的技术效果均不同，相对于对比文件2具备新颖性，符合《专利法》第二十二条第二款的规定。

综上所述，所撰写的制浆方法的独立权利要求 m 分别相对对比文件 1、对比文件 2 现有技术存在区别，该权利要求 m 所要保护的技术方案与对比文件 1、对比文件 2 单独对比，具有《专利法》第二十二条第二款规定的新颖性。

对比文件 1、对比文件 2 也不能破坏该权利要求 m 的创造性。

该食品料理机制浆方法的独立权利要求 m 相比于对比文件 1，能够使得制浆物料在被旋转的刀片 105 打碎的同时，在引流罩 108 内形成不规则的涡流和负压，在杯体 107 和引流罩 108 内随水在大范围内循环粉碎制浆，从而实现粉碎制浆效果更好、浆物料的营养析出更充分的技术效果。因此，对比文件 1 中既没有公开该技术特征也没有给出任何技术启示，无法解决上述技术问题。

虽然对比文件 2 公开了搅拌机的搅拌过程，在这一过程中采用了导流筒与其他部件配合实现搅拌液体循环，导流筒的结构类似上述独立权利要求 m 的区别技术特征中的引流罩，但是，对比文件 2 所涉及的技术领域、解决的技术问题以及液体流动的方式均与本申请完全不同，所公开的搅拌机的搅拌过程也即搅拌方法，并未给出采用上述独立权利要求 m 区别技术特征（详细参见上文有关独立权利要求 m 新颖性的分析部分）的制浆方法的技术方案以获得粉碎制浆效果更好、制浆物料的营养析出更充分的技术效果的任何技术启示，而且上述区别也不属于所属技术领域的惯用手段。

因此，权利要求 m 相对于对比文件 1、对比文件 2 或者其结合，具有突出的实质性特点和显著的进步，具备《专利法》第二十二条第三款规定的创造性。

③ 判断撰写的食品料理机电路控制方法独立权利要求 n 的新颖性、创造性。

以下就该权利要求 n 与两篇对比文件相比较的过程作具体分析如下：

第一，无论是对比文件 1 还是对比文件 2，均不能破坏该权利要求 n 的新颖性。

独立权利要求 n 与对比文件 1 或对比文件 2 相比，无论对比文件 1 还是对比文件 2 都没有公开独立权利要求 n 的任何技术特征。因此，独立权利要求 n 所要保护的技术方案相对于对比文件 1 或对比文件 2 单独对比都是新的，具备新颖性，符合《专利法》第二十二条第二款的规定。

第二，对比文件 1、对比文件 2 也不能破坏该权利要求 n 的创造性。

独立权利要求 n 所要保护的技术方案，主要是用于控制本申请发明食品料理机设置在机头 101 内的电机 102 的正反转的电路控制方法，其所有技术特征都是与最接近的现有技术对比文件 1 的区别技术特征，基于上述区别技术特征可以确定，独立权利要求 n 实际要解决的技术问题是：现有技术的豆浆机中刀片单向旋转打浆导致浆液颗粒较大、粉碎效果差。而对比文件 1 或对比文件 2 都没有公开上述技术特征，也没有给出任何解决上述技术问题的技术启示，而且上述技术特征也不属于本领域的公知常识。同时，采用独立权利要求 n 所要保护的技术方案，可获得的技术效果是，使刀片改变旋转方向的瞬间，使浆料朝反向运动，使得浆料被撞击、摩擦得更充分。

由此可见，独立权利要求 n 所要保护的技术方案相对于对比文件 1、对比文件 2 或者其结合，具有突出的实质性特点和显著的进步，具备《专利法》第二十二条第三款规定的创造性。

④ 判断撰写的食品料理机电路控制器件独立权利要求 x 的新颖性、创造性。

无论是对比文件 1 还是对比文件 2，均不能破坏该权利要求 x 的新颖性。

独立权利要求 x 与对比文件 1 或对比文件 2 相比，无论对比文件 1 还是对比文件 2 都没有公开独立权利要求 x 的任何技术特征。因此，独立权利要求 x 所要保护的技术方案相对于对比文件 1 或对比文件 2 单独对比都是新的，具备新颖性，符合《专利法》第二十二条第二款的规定。

对比文件 1、对比文件 2 也不能破坏该权利要求 x 的创造性。

独立权利要求 x 所要保护的技术方案，主要是用于控制本申请发明食品料理机设置在机头 101 内的电机 102 的正反转，其所有技术特征都是与最接近的现有技术对比文件 1 的区别技术特征，基于上述区别技术特征可以确定，独立权利要求 x 实际解决的技术问题是：现有技术的豆浆机中刀片单向旋转打浆导致浆液颗粒较大、粉碎效果差。而对比文件 1 或对比文件 2 都没有公开上述技术特征，也没有给出任何解决上述技术问题的技术启示，而且上述技术特征也不属于本领域的公知常识。同时，采用独立权利要求 x 所要保护的食品料理机的电路控制器件，可获得的技术效果是，通过该电路控制器件对电机 102 的正反转控制，在刀片 105 改变旋转方向的瞬间，部分浆料由于惯性作用，来不及改变运动方向，从而与改变方向的刀片 105 反向运动，使得浆料被撞击、摩擦得更充分。

由此可见，独立权利要求 x 所要保护的技术方案相对于对比文件 1、2 或者其结合，具有突出的实质性特点和显著的进步，具备《专利法》第二十二条第三款规定的创造性。

⑤ 判断撰写的四项独立权利要求之间的单一性。

第一，独立权利要求 1 与独立权利要求 m 之间的单一性。

由上文可知，独立权利要求 1 与独立权利要求 m 都是要解决食品料理机的滤罩死角难以清洗且浆液颗粒较大、粉碎效果差的技术问题。

独立权利要求 1 解决上述技术问题相对现有技术作出贡献的技术特征是：食品料理机 10 还包括一个引流罩 108，引流罩 108 的下部设置成不与杯体 107 内侧底部接触，在引流罩 108 上设置有多个引流孔 109。

独立权利要求 m 解决上述技术问题相对现有技术作出贡献的技术特征是：电机 102 带动刀片 105 在引流罩 108 内旋转，液体从杯体 107 的底部向上流动，从杯体 107 上部的引流罩 108 的多个引流孔 109 射出后，向下流动，再从底部吸入到杯体 107 内，反复循环。

采用这两个独立权利要求 1 与独立权利要求 m 都能够使得制浆物料在被旋转的刀片 105 打碎的同时，在引流罩 108 内形成不规则的涡流和负压，在杯体 107 和引流罩 108 内随水在大范围内循环粉碎制浆，从而实现粉碎制浆效果更好，制浆物料的营养析出更充分的技术效果。

因此，上述独立权利要求 1 解决上述技术问题相对现有技术作出贡献的技术特征与独立权利要求 m 解决上述技术问题相对现有技术作出贡献的技术特征是相应的特定技术特征。独立权利要求 1 与独立权利要求 m 在技术上相互关联，属于一个总的发明构思，具有单一性，符合《专利法》第三十一条第一款的规定。

第二，独立权利要求 n 与独立权利要求 x 之间的单一性。

独立权利要求 n 与独立权利要求 x 之间的相同的技术特征为控制电机正反转的过程，即"电路控制部件工作时，微处理机控制单元 1033 向电机驱动模块 1034 发出正转信号；当时间检测模块 1032 测得电机 102 的正转时间为 5～10 秒时，微处理机控制单元 1033 向电机驱动模块 1034 发出停止信号；当时间检测模块 1032 测得电机 102 的停止时间为 2～5 秒时，微处理机控制单元 1033 向电机驱动模块 1034 发出反转信号；当时间检测模块 1032 测得电机 102 的反转时间为 5～10 秒时，微处理机控制单元 1033 向电机驱动模块 1034 发出停止信号；当时间检测模块 1032 测得电机 102 的停止时间为 2～5 秒时，微处理机控制单元 1033 再次向电机驱动模块 1034 发出正转信号。重复循环上述过程 5～10 次"。而对比文件1、2均没有给出利用上述技术特征的技术方案能解决其技术问题的启示,因而,上述特征属于特定技术特征。因此,独立权利要求n与独立权利要求x在技术上相互关联,属于一个总的发明构思,具有单一性,符合《专利法》第三十一条第一款的规定。

第三,独立权利要求1、m与独立权利要求n、x之间的单一性。

独立权利要求1、m与独立权利要求n、x之间不存在相同或相应的技术特征,故不存在相同或相应的特定技术特征,因此它们在技术上无相互关联,不属于一个总的发明构思,不具有单一性,不符合《专利法》第三十一条第一款的规定。

由此可见,独立权利要求1、m与独立权利要求n、x不能作为一份申请提出,但是,独立权利要求1、m可以作为一份专利申请提出,独立权利要求n、x可以作为另一份专利申请提出。本案例下文推荐的申请文件部分仅给出了关于独立权利要求1、m的完整申请文件,关于独立权利要求n、x仅给出权利要求书部分。

5. 撰写从属权利要求

在独立权利要求采用比较上位的方式来撰写、保护范围比较大的情况下,一定要撰写出合适数量的从属权利要求,因为,在确权的后续程序中,从属权利要求起着对独立权利要求的保护范围予以充实,"捍卫"保护范围的作用,尤其是在发明实质审查程序或无效程序中,在不得不缩小独立权利要求的保护范围的前提下,从属权利要求的技术特征或技术方案可以提升,缩小保护范围,为独立权利要求提供修改余地。因此,要将对申请创造性起作用的技术特征作为对发明的进一步限定的附加技术特征,写成相应的从属权利要求。

此外,特别需要注意,在发明实质审查程序中,如果要修改从属权利要求,需要按照《专利审查指南2010》第二部分第八章第5.2.1.3节中的规定进行、也就是说,如果"主动增加新的从属权利要求,该从属权利要求限定的技术方案在原权利要求书中未出现过"的话,这种修改是属于不予接受的修改方式。因此,在撰写从属权利要求时应当全面考虑,形成合理的保护梯度。从属权利要求的撰写,还应该符合《专利法》第二十六条第四款的规定,应当以说明书为依据,清楚、简要地限定要求保护的范围,并按照《专利法实施细则》第二十二条规定的方式来撰写。

(1)撰写有关食品料理机的从属权利要求

关于本申请发明的"食品料理机",从上文的技术特征分析表1可知,除了写入独立权利要求1的必要技术特征外,还包括有关引流孔的形状/分布以及位置、引流帽、引流罩位置、电路控制器件结构以及电热器的形状及位置的技术特征。这些技术特征虽然不属于必要技术特征,但都是有助于解决食品料理机的技术问题并能获得更好技术效果的技术手段,所以要作为从属权利要求的技术特征来撰写,以对独立权利要求作进一步的限定,从而对独立权利要求的保护范围予以充实、防御。据此,撰写有关"食品料理机"的从属权利要求如下:

2. 如权利要求1所述的食品料理机(10),其特征在于:所述引流孔(109)位置交错分布,形状为圆形、椭圆形或者矩形。

3. 如权利要求2所述的食品料理机(10),其特征在于:所述引流孔(109)的上方进一步增设有外凸的引流帽(110)。

4. 如权利要求1~3之一所述的食品料理机(10),其特征在于:所述引流罩(108)的下边沿距杯体(107)内侧底部的距离为15~25毫米。

5. 如权利要求1~3之一所述的食品料理机(10),其特征在于:所述引流孔(109)

的上边沿距引流罩（108）的上边沿的距离为引流罩（108）总高度的1/5。

6. 如权利要求1~3之一所述的食品料理机（10），其特征在于：电路控制器件（103）包括电源模块（1031），用于向微处理机控制单元（1033）和电机（102）提供工作电压；时间检测模块（1032），用于检测电机驱动时间；微处理机控制单元（1033）微处理机控制单元（1033），用于控制所述电机驱动模块（1034）的工作状态；电机驱动模块（1034），用于驱动电机（102）的正反转。

7. 如权利要求1~3之一所述的食品料理机（10），其特征在于：所述电热器（106）为U型管状，并设置成从所述机头（101）下盖伸出。

（2）撰写有关制浆方法的从属权利要求

关于本申请发明的制浆方法，从上文的技术特征分析表2可知，除了写入独立权利要求m的必要技术特征外，还包括有关制浆原料的技术特征。该技术特征应当写入从属权利要求中，以对所撰写的制浆方法的独立权利要求的技术方案作进一步的限定。据此，撰写有关"制浆方法"的从属权利要求如下：

"m+1. 如权利要求m所述的制浆方法，其制浆物料为大豆、花生、核桃和/或玉米。"

（3）撰写有关食品料理机的电路控制方法和电路控制器件的从属权利要求

关于食品料理机的电路控制方法和电路控制器件的全部技术特征均属于必要技术特征，已经全部写入独立权利要求中，因此不再撰写有关食品料理机的电路控制方法和电路控制器件的从属权利要求。

（二）说明书的撰写

在上述撰写的权利要求书的基础上完成说明书的撰写。说明书的撰写应当按照《专利法实施细则》第十七条、第十八条的规定撰写，应当对发明作出清楚、完整的说明。

按照《专利法实施细则》第十七条的要求，说明书应当包括技术领域、背景技术、发明内容、附图说明以及具体实施方式五个部分。在说明书每一部分前面要写明标题，即技术领域、背景技术、发明内容、附图说明、具体实施方式。

通过上述分析可知，本案例将以两件申请的方式提出。依据《专利法实施细则》第十七条的要求，结合这两件申请分析其说明书各个部分的撰写。

两件申请说明书的发明名称、技术领域应当根据各自请求保护的技术主题确定；两件申请发明内容部分可以完全相同，也可以根据各自请求保护的技术主题有所侧重或取舍。例如，在发明内容部分分别写入各自的相应权利要求所要解决的技术问题、技术方案和技术效果；两件申请的背景技术、附图说明和具体实施方式部分可以完全相同。

以下，针对两件申请的说明书各小部分，分别做简要说明。其中，关于食品料理机和制浆方法的申请简称"第一件专利申请"，关于食品料理机的电路控制方法和电路控制器件的申请简称"第二件专利申请"。

1. 发明名称

发明名称中应该反映本申请发明保护的主题、类型。因此，第一件专利申请的发明名称建议为食品料理机和制浆方法；第二件专利申请的发明名称建议为食品料理机的电路控制方法和电路控制器件。

2. 技术领域

发明或者实用新型的技术领域应当是要求保护的发明或者实用新型技术方案所属或者直接应用的具体技术领域，而不是上位的或者相邻的技术领域，也不是发明或者实用新型本身。因此，第一件专利申请的技术领域建议写成："本发明涉及食品加工领域，尤其涉及食品料理机和利用该食品料理机的制浆方法"；第二件专利申请的技术领域建议写成："本发明涉及食品加工控制领域，尤其涉及食品料理机的电路控制方法和电路控制器件"。

3. 背景技术

按照《专利法实施细则》第十七条的要求，在背景技术中，要写明对发明或者实用新型的理解、检索、审查有用的背景技术；有可能的话，并通过引证反映这些背景技术的文件。一般来说，至少要简明扼要地反映最接近的现有技术公开的内容及所存在的问题。对比文件 1 为本申请的现有技术（对比文件 2 的技术领域与本案例相差较远，不宜写入背景技术部分），在两件专利申请的背景技术部分简要说明对比文件 1，并客观指出其技术方案中存在的问题。

4. 发明内容

发明内容中应当包括三部分的内容，即发明要解决的技术问题、采用的技术方案和取得的有益技术效果。由于本案例两件专利申请请求保护的技术方案不同，因此每件专利申请的发明内容部分首先应当写明各自所要解决的技术问题，接着分别写清楚解决技术问题对应的独立权利要求的技术方案（至少包括独立权利要求请求保护的技术方案），最后写明该技术方案的有益效果。

5. 附图及附图说明

本申请有附图，所以要有附图说明部分，主要对各幅附图的图名作简略说明。本案例两件专利申请的附图如果采用相同的撰写方式，则附图说明也相同。

6. 具体实施方式

在具体实施方式部分，对照附图对各个实施例逐一进行详细说明。具体实施例部分所描述的内容一定要将发明充分公开，并且应当能够支持每一项权利要求限定的技术方案。此外，在撰写具体实施方式时，对于在实质审查程序中修改权利要求时可能出现的权利要求的技术方案，都应当在具体实施方式部分给出明确说明。在对照附图描述实施例时，使用的附图标记或符号应当与附图中所标注的标记或符号一致，并且避免不同技术名称用相同的附图标记来标注或者相同的技术名称用不同的附图标记来标注等。

本案例两件专利申请的具体实施方式可以采用完全相同方式来撰写。

（三）撰写说明书摘要、选定摘要附图

说明书摘要应当按照《专利法实施细则》第二十三条的规定撰写，写明发明的名称和所属技术领域，并清楚地反映所要解决的技术问题、解决该问题技术方案的要点以及主要用途。在考虑不得超过 300 个字的前提下，至少写明有关要求保护的技术方案及采用该技术方案所获得的技术效果，并选用说明书附图中的其中一幅作为摘要附图。

具体到本申请，两份专利申请的说明书摘要部分首先写明相应发明专利申请的名称，然后重点对相应独立权利要求的技术方案的要点作出说明，在此基础上进一步说明其解决的技术问题和有益效果。

此外，还应当选择说明书附图中合适的一幅附图作为说明书摘要附图。本案例的第一件专利申请推荐采用说明书附图中的图 1（即技术交底书中的图 2）作为摘要附图；第二件专利申请推荐采用说明书附图中的图 3（即技术交底书中的图 4）作为摘要附图。

三、推荐的申请文件

按照上述分析完成权利要求书、说明书及摘要的撰写。为了避免不必要的重复,下面给出了本案例第一件专利申请的完整申请文件和第二件专利申请的权利要求书,以供参考。

推荐的申请文件省略了第二件专利申请的说明书、说明书附图、说明书摘要和摘要附图部分,省略的部分本案例第二部分之"(二)说明书的撰写"中已经给出详细的分析,因此不再赘述。

权　利　要　求　书　　　　　　　　　　　　　（第一申请）

1. 一种食品料理机（10），包括机头（101）、刀轴（104）、刀片（105）、电热器（106）以及杯体（107），其中：

所述机头（101）内设置有电机（102）和电路控制器件（103）；

所述刀轴（104）设置成从所述机头（101）的下盖伸出的形式，其前端固定安装有所述刀片（105）。

其特征在于：

所述食品料理机（10）还包括一个引流罩（108），所述引流罩（108）为上下开口的中空筒状，其上部卡合固定在机头（101）的下盖上，下部设置成不与所述杯体（107）内侧底部接触，所述引流罩（108）上设置有多个引流孔（109）；所述刀轴（104）前端固定安装的刀片（105）伸入到引流罩（108）内。

2. 如权利要求1所述的食品料理机（10），其特征在于：所述引流孔（109）位置交错分布，形状为圆形、椭圆形或者矩形。

3. 如权利要求2所述的食品料理机（10），其特征在于：所述引流孔（109）的上方进一步增设有外凸的引流帽（110）。

4. 如权利要求1~3之一所述的食品料理机（10），其特征在于：所述引流罩（108）的下边沿距杯体（107）内侧底部的距离为15~25毫米。

5. 如权利要求1~3之一所述的食品料理机（10），其特征在于：所述引流孔（109）的上边沿距引流罩（108）的上边沿的距离为引流罩（108）总高度的1/5。

6. 如权利要求1~3之一所述的食品料理机（10），其特征在于：所述电路控制器件（103）包括电源模块（1031），用于向微处理机控制单元（1033）和电机（102）提供工作电压；时间检测模块（1032），用于检测电机驱动时间；微处理机控制单元（1033）以及电机驱动模块（1034），所述微处理机控制单元（1033）用于控制电机驱动模块（1034）的工作状态；所述电机驱动模块（1034），用于驱动电机（102）的正反转。

7. 如权利要求1~3之一所述的食品料理机（10），其特征在于：所述电热器（106）为U型管状，并设置成从所述机头（101）下盖伸出。

8. 一种制浆方法，包含以下步骤：

（1）通过电热器（106）对水和浆料加热，电机（102）带动刀片（105）在引流罩（108）内旋转；

（2）将制浆物料通过所述旋转的刀片（105）打碎，在所述引流罩（108）内形成不规则的涡流和负压，将制浆物料和水从食品料理机杯体（107）的底部吸入、提升到引流罩所述（108）内充分混合，在离心力的作用下甩出，并从所述引流罩（108）上的多个所述引流孔（109）射出后回流到所述食品料理机杯体（107）内；

（3）将回流到所述食品料理机杯体（107）内的制浆物料和水再次从底部吸入、提升到所述引流罩（108）内，在所述食品料理机杯体（107）和所述引流罩（108）之间形成反复循环，并通过所述刀片（105）不断地打碎，完成制浆过程。

9. 如权利要求8所述的制浆方法，其特征在于：其制浆物料为大豆、花生、核桃和/或玉米。

说 明 书

食品料理机和制浆方法

技术领域

本发明涉及食品加工领域，特别是涉及一种食品料理机和利用该食品料理机的制浆方法。

背景技术

食品料理机是常见的生活用品，而豆浆机是一种常见的食品料理机。

中国实用新型专利CN××××××Y公开了一种豆浆机，下面，结合说明书附图中的图5对该豆浆机进行详细说明。图5是该实用新型豆浆机的结构示意图，该豆浆机包括电机1、刀片2、滤罩3、电热盘4、制浆装置5和电路控制器件。该制浆装置5由外桶51、内桶52和桶盖53组成，内桶52上端卡装在桶盖53内面上，桶盖53扣装在外桶51上端，内桶52的侧壁上设置有连通孔54、内桶52的底部设置有循环孔55，外桶51置于电热盘4上。刀片2伸入内桶52，滤罩3上端卡装在桶盖53内面上。使用时，将豆子装入滤罩3内，水放入到制浆装置5中，电热盘4加热，电机1启动刀片2打豆制浆，经滤罩3过滤，豆渣残留在滤罩3内，而豆浆液流入制浆装置5的内桶52和外桶51内。豆浆液被加热煮沸时，内桶52上部形成高于大气压10~20千帕的微压，内桶52内豆浆液面升高到内桶52侧壁上的连通孔54处，从连通孔54流入外桶51，再经内桶52底部设置的循环孔55回流到内桶52中。豆浆液在制浆装置内循环流动，持续加热4~10分钟，加热温度保持在100~105℃，豆浆煮沸制熟。但是，CN××××××Y公开的豆浆机存在两方面的不足：一是豆浆机使用后，由于豆渣残留在滤罩3内，所以，滤罩3死角难以清洗；二是所制浆液颗粒较大，粉碎效果差。

发明内容

本发明就是为了解决上述现有技术所存在的缺陷而提出的，因此，本申请发明所要解决的技术问题是提供一种便于清洗的食品料理机，而且不会使制浆液颗粒大，粉碎效果差。

本发明的食品料理机包括机头、刀轴、刀片、电热器以及杯体，其中机头内设置有电机和电路控制器件，刀轴设置成从机头的下盖伸出的形式，电热器为U型管状，并设置成从机头下盖伸出；该食品料理机还包括一个引流罩，引流罩为上下开口的中空筒状，其上部卡合固定在机头的下盖上，下部设置成不与杯体内侧底部接触，引流罩上设置有多个引流孔；刀轴前端固定安装的刀片伸入到引流罩内。本申请发明还提供一种制浆方法，包含以下步骤：（1）通过电热器对水和浆料加热，电机带动刀片在引流罩内旋转；（2）将制浆物料通过旋转的刀片打碎，在引流罩内形成不规则的涡流和负压，将制浆物料和水从食品料理机杯体的底部被吸入、提升到引流罩内充分混合，在离心力的作用下甩出，并从引流罩上的多个引流孔射出后回流到食品料理机杯体内；（3）将回流到食品料理机杯内的制浆物料和水再次从底部吸入、提升到引流罩内，从而在食品料理机杯体和引流罩之间反复循环，并通过刀片不断地打碎，完成制浆过程。本发明的食品料理机采用引流罩代替传统的滤罩，克服了滤罩死角难以清洗的缺陷。此外，由于本发明的食品料理机在制浆过程中，能将制浆物料在杯体和引流罩内随水大范围内循环粉碎制浆，因而粉碎制浆效果好。

附图说明

图1是带有引流罩的食品料理机的透视图；
图2是设有外凸引流帽的引流罩的示意图；

图 3 是电路控制器件示意图;
图 4 是电路控制器件循环正反转控制步骤图;
图 5 是实用新型专利 CN××××××Y 豆浆机的结构示意图。

具体实施方式

下文,参照附图对本发明进行详细说明。图 1 是带有引流罩 108 的食品料理机 10 的透视图;图 2 是设有外凸引流帽 110 的引流罩 108 的示意图。如图 1、图 2 所示,该食品料理机 10 为电机上置式结构,包括机头 101、刀轴 104、U 型管状的电热器 106 以及杯体 107。其中,机头 101 内设置有电机 102 和电路控制器件 103;刀轴 104 从机头 101 的下盖伸出,其前端固定安装刀片 105;U 形管状的电热器 106 从机头 101 下盖伸出。

此外,食品料理机 10 还包括一个上下开口中空筒状的引流罩 108,其上部卡合固定在机头 101 的下盖上,下部不接触杯体 107 内侧底部。引流罩 108 上设置有多个供水和制浆物料通过的引流孔 109,引流孔 109 的形状可以为圆形、椭圆形或者矩形,位置交错分布。

该食品料理机可以处理大豆、花生、核桃、玉米等五谷杂粮原材料,用以自制豆浆、花生浆、核桃浆、玉米浆,甚至混合五谷浆等。

使用时将水和制浆物料放入杯体 107 内,将引流罩 108 卡合固定到机头 101 的下盖上;机头 101 扣装在杯体 107 上,刀片 105 在引流罩 108 内伸入水中。接通电源,电热器 106 加热,电机 102 工作。制浆物料被旋转的刀片 105 打碎,在引流罩 108 内形成不规则的涡流和负压,并按照图 2 中箭头所表示的水和浆料的流动方向流动,该制浆物料和水进一步被从杯体 107 的底部吸入、提升到引流罩 108 内充分混合,在离心力的作用下被不断地甩出,从引流孔 109 射出后回流到杯体 107 内。回流到杯体 107 内的制浆物料和水再次被从底部吸入、提升到引流罩 108 内,从而在杯体 107 和引流罩 108 之间反复循环,并不断被刀片 105 打碎,浆液中颗粒的细度逐渐提高,最终完成制浆过程。

本发明的食品料理机 10,由于采用引流罩 108 代替传统的滤罩,克服了滤罩死角难以清洗的缺陷。此外,由于制浆物料是在杯体 107 和引流罩 108 内随水在大范围内循环粉碎制浆,不是在过滤网罩内被粉碎制浆,因而粉碎制浆效果更好,营养更好地溶解在浆液中。

如图 2 所示,作为引流孔 109 的变形,还可以在引流孔 109 的上方增设外凸的引流帽 110,当制浆物料经刀片 105 打碎后,继续高速旋转,沿引流孔 109 射出,由于受到外凸引流帽 110 的阻挡,降低出浆高度并有效回流,缩短了打浆循环时间。

通过实验发现,引流罩 108 的下边沿距杯体 107 内侧底部距离为 15～25 毫米时,制浆物料的粉碎和循环效果较佳。最上端的引流孔 109 的上边沿距引流罩 108 上边沿的距离为引流罩 108 的总高度的 1/5 时,制浆物料的粉碎和循环效果较好。

本发明的豆浆机 10,其刀片单向旋转打浆的控制方式也不同于传统的控制方式。

如图 3 和图 4 所示,图 3 是本发明的食品料理机的电路控制器件示意图;图 4 是其电路控制器件循环正反转控制的步骤图。本发明的电路控制器件 103 包括电源模块 1031、时间检测模块 1032、微处理机控制单元 1033 以及电机驱动模块 1034。其中,电源模块 1031 用于提供微处理机控制单元 1033 和电机 102 的工作电压;时间检测模块 1032 用于检测电机驱动时间;微处理机控制单元 1033 用于控制电机驱动模块 1034 的工作状态;电机驱动模块 1034 用于驱动电机 102 的正反转。

电路控制器件 103 工作时,微处理机控制单元 1033 向电机驱动模块 1034 发出正转信号,电机 102 正向运转粉碎制浆物料;时间检测模块 1032 对电机 102 的正转时间进行检测,

当正转时间为 A 秒时，向微处理机控制单元 1033 发出时间已到信号；微处理机控制单元 1033 向电机驱动模块 1034 发出停止信号；时间检测模块 1032 对电机 102 的停止时间进行检测，当停止时间为 B 秒时，向微处理机控制单元 1033 发出时间已到信号；微处理机控制单元 1033 向电机驱动模块 1034 发出反向运转信号，电机 102 反转进一步粉碎制浆物料；时间检测模块 1032 对电机 102 的反转时间进行检测，当反转时间为 C 秒时，向微处理机控制单元 1033 发出时间已到信号；微处理机控制单元 1033 向电机驱动模块 1034 发出停止信号；时间检测模块 1032 对电机 102 的停止时间进行检测，当停止时间为 D 秒时，微处理机控制单元 1033 再次向电机驱动模块 1034 发出正转信号。重复上述过程，循环粉碎 N 次后，完成制浆程序。其中，正反转时间、停止时间以及循环的次数根据浆料不同可做不同设置，优选参数为 $5 \leqslant A \leqslant 10$，$2 \leqslant B \leqslant 5$，$5 \leqslant C \leqslant 10$，$2 \leqslant D \leqslant 5$，$5 \leqslant N \leqslant 10$。

以上过程中，在刀片 105 改变旋转方向的瞬间，部分浆料由于惯性作用，来不及改变运动方向，从而与改变方向的刀片 105 反向运动，使得浆料被撞击、摩擦得更充分，使得制浆物料更细腻，口感更滑溜。

说 明 书 附 图

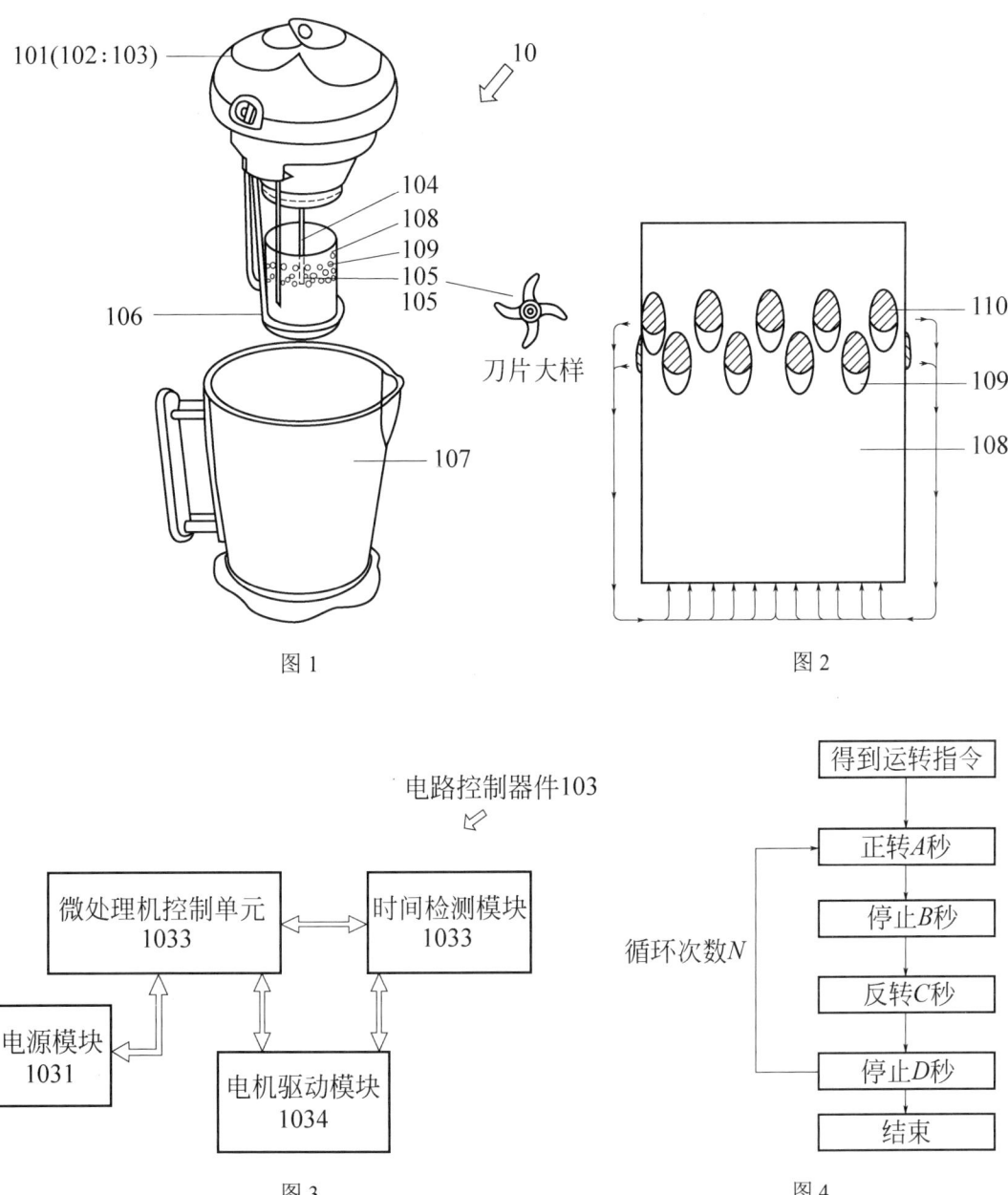

说 明 书 附 图

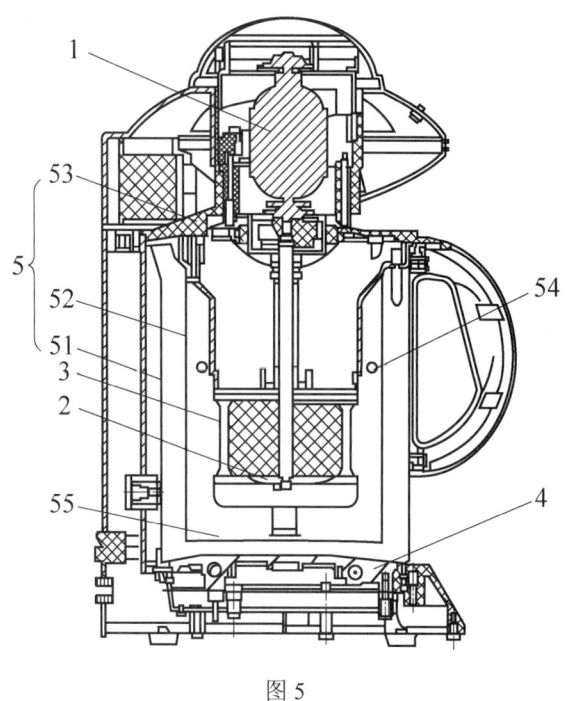

图 5

说　明　书　摘　要

　　一种食品料理机及其制浆方法。所述食品料理机（10）包括机头（101）、刀轴（104）、刀片（105）、电热器（106）以及杯体（107），还包括一个引流罩（108），引流罩（108）为上下开口的中空筒状，引流罩（108）上设置有多个引流孔（109）；刀轴（104）前端固定安装的刀片（105）伸入到引流罩（108）内。制浆过程中，电热器（106）加热水和浆料，机头（101）内的电机（102）带动刀片（105）在引流罩（108）内旋转；制浆物料在杯体（107）和引流罩（108）内随水在大范围内循环，并不断被刀片（105）打碎，完成制浆过程。本发明的食品料理机易于清洗，而且采用本发明的食品料理机和制浆方法粉碎效果好，制浆物料的营养能更好地溶解在浆液中。

摘 要 附 图

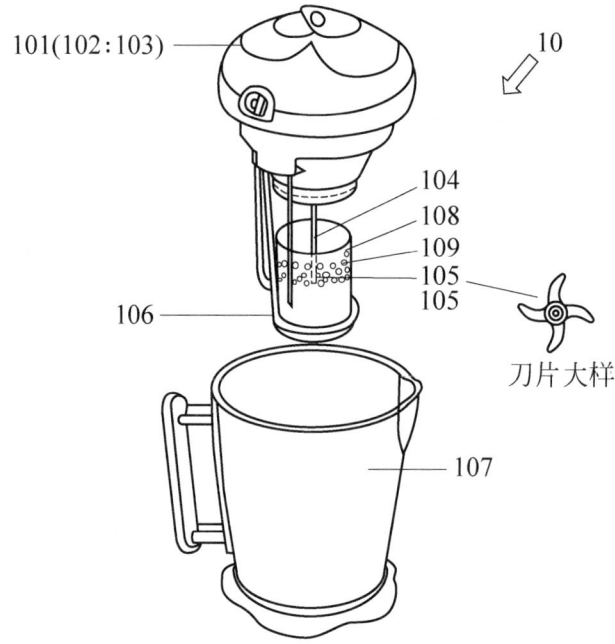

权　利　要　求　书　　　　　　　　　　　　（第二件申请）

1. 一种食品料理机的电路控制方法，其特征在于，包括：

（1）通过电源模块（1031）向微处理机控制单元（1033）和电机（102）提供工作电压的步骤；

（2）通过时间检测模块（1032）检测所述电机（102）驱动时间的时间检测步骤；

（3）通过微处理机控制单元（1033）控制电机驱动模块（1034）工作状态的微处理机控制步骤；

（4）通过电机驱动模块（1034）驱动所述电机（102）正反转的电机正反转驱动步骤；

其中，时间检测模块（1032）、微处理机控制单元（1033）和电机驱动模块（1034）共同控制电机（102）正反转，该步骤具体过程为：所述微处理机控制单元（1033）向所述电机驱动模块（1034）发出正转信号；当所述时间检测模块（1032）对测得所述电机（102）的正转时间行检测，当正转时间为5～10秒时，所述微处理机控制单元（1033）向所述电机驱动模块（1034）发出停止信号；当所述时间检测模块（1032）测得所述电机（102）的停止时间为2～5秒时，所述微处理机控制单元（1033）向所述电机驱动模块（1034）发出反转信号；当所述时间检测模块（1032）测得所述电机（102）的反转时间为5～10秒时，所述微处理机控制单元（1033）向所述电机驱动模块（1034）发出停止信号；当所述时间检测模块（1032）测得所述电机（102）的停止时间为2～5秒时，所述微处理机控制单元（1033）再次向所述电机驱动模块（1034）发出正转信号。重复循环上述过程5～10次。

2. 一种食品料理机的电路控制器件，设置在该食品料理机的机头内的，其特征在于，所述电路控制器件包括：

电源模块（1031）、时间检测模块（1032）、微处理机控制单元（1033）以及电机驱动模块（1034）。

所述电源模块（1031）用于向微处理机控制单元（1033）和所述电机（102）提供工作电压；

所述时间检测模块（1032）用于检测所述电机（102）的驱动时间；

所述微处理机控制单元（1033）用于控制所述电机驱动模块（1034）的工作状态；

所述电机驱动模块（1034）用于驱动所述电机（102）的正反转；

所述电源模块（1031）、时间检测模块（1032）、微处理机控制单元（1033）及电机驱动模块（1034）设置如下：

当所述电路控制部件工作时，所述微处理机控制单元（1033）向所述电机驱动模块（1034）发出正转信号；当所述时间检测模块（1032）测得所述电机（102）的正转时间为5至10秒时，所述微处理机控制单元（1033）向所述电机驱动模块（1034）发出停止信号；当所述时间检测模块（1032）测得所述电机（102）的停止时间为2～5秒时，所述微处理机控制单元（1033）向所述电机驱动模块（1034）发出反转信号；当所述时间检测模块（1032）测得所述电机（102）的反转时间为5～10秒时，所述微处理机控制单元（1033）向所述电机驱动模块（1034）发出停止信号；当所述时间检测模块（1032）测得所述电机（102）的停止时间为2～5秒时，所述微处理机控制单元（1033）再次向所述电机驱动模块（1034）发出正转信号。重复循环上述过程5～10次。

撰写案例七 垃圾箱[1]

一、申请案例情况介绍

申请人欲申请一件有关垃圾箱的发明专利申请。申请人提供了技术交底书和三篇现有技术文献,结合给出的三篇现有技术撰写申请文件,希望从尽可能多的方面对发明进行保护。

申请人提供的现有技术1

申请人提供的现有技术1(以下简称"对比文件1")涉及一种防臭垃圾桶/箱,能通过对垃圾进行固液分离以获得防臭的效果,其具体结构参见图1。

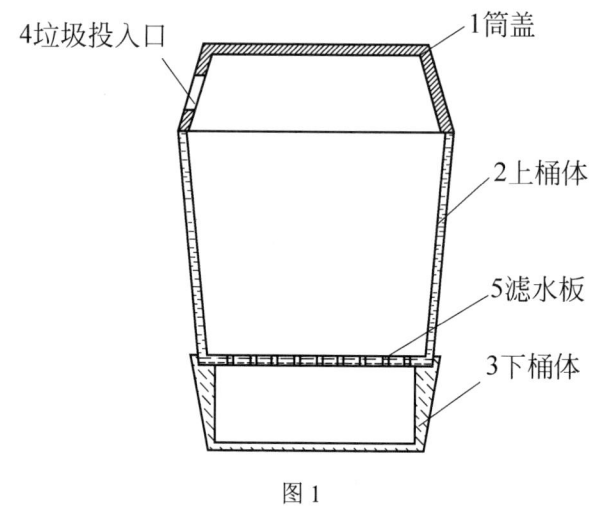

图1

图1是防臭垃圾桶/箱的正面剖视图。如图1所示,该防臭垃圾桶包括桶盖1、上桶体2和下桶体3,桶盖1上设有垃圾投入口4。下桶体3的上边缘设置成L形台阶状,上桶体2放置在下桶体3该L形台阶上。上桶体2与其底部一体成型,且上桶体2的底部设置成具有多个滤水孔的滤水板5形式。在使用时,垃圾中的污水经上桶体2底部的滤水板5流至下桶体3中,实现固态物和液态物分离。存在下桶体3中的污水,在需要时集中倾倒。

申请人提供的现有技术2

申请人提供的现有技术2(以下简称"对比文件2")涉及一种易于取放垃圾袋的垃圾桶,通过在桶底设置通气孔方便垃圾袋的取放,其具体结构参见图2。

图2是家用垃圾桶的结构示意图。如图2所示,本实用新型的垃圾桶由桶罩1、桶壁2和桶底3组成。桶底3上设有多个通气孔4;桶壁2和桶底3一次性注塑而成。桶口上设有可分离的桶罩1,用于固定垃圾袋。

使用时,先取下桶罩1,将垃圾袋套在垃圾桶上,使得垃圾袋的边缘露出桶壁2的上边缘,然后安装桶罩1,使得桶罩1压住垃圾袋的边缘。通气孔4的设计方便排出垃圾袋与桶壁2、桶底3之间的空气,使垃圾袋在桶内服帖地充分展开;取垃圾袋的时候,空气

---

[1] 本案例根据2013年全国专利代理人资格考试"专利代理实务"科目试题改编而成。

经通气孔 4 从底部进入，避免塑料垃圾袋与桶壁 2、桶底 3 之间产生负压，从而可以轻松地取出垃圾袋，不会摩擦弄破垃圾袋。

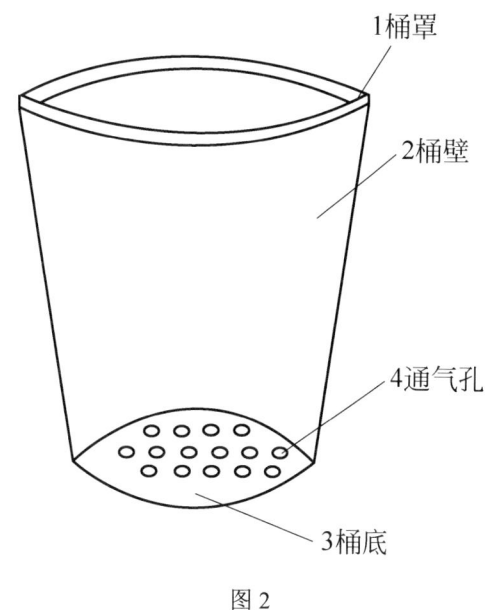

图 2

申请人提供的现有技术 3

申请人提供的现有技术 3（以下简称"对比文件 3"）涉及一种自卸式垃圾箱，适合与垃圾车配合使用，其具体结构参见图 3、图 4。

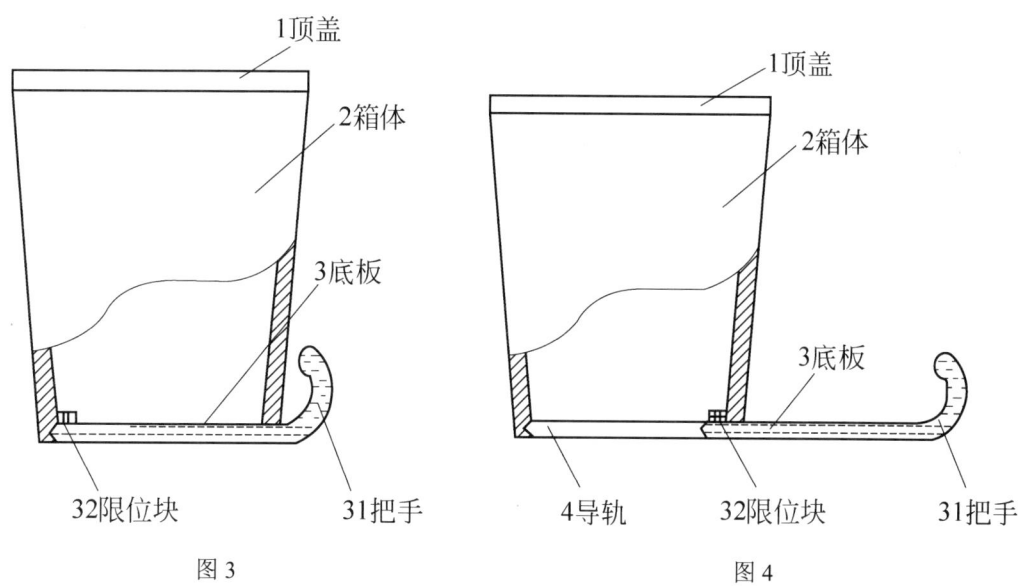

图 3 是自卸式垃圾箱装垃圾状态的正视图；图 4 是自卸式垃圾箱卸垃圾状态的正视图。如图 3、图 4 所示，该垃圾箱包括可开启的顶盖 1、箱体 2 和底板 3，垃圾箱的箱体 2 下部和底板 3 均为方形，底板 3 水平插接在箱体 2 的底部，底板 3 的一侧设有把手 31，与把手 31 相对的一侧设有限位块 32。箱体 2 的底部设有供底板 3 滑动的导轨 4。卸垃圾时，拉住

底板 3 的把手 31，底板 3 向一侧水平滑动，垃圾就从箱体 2 底部自动卸出。所述自卸式垃圾箱不需要把箱体 2 翻转过来倾倒垃圾，既省力又避免灰尘飞扬。

申请人发明的垃圾箱

申请人致力于大型公用垃圾箱的研发与制造，产品广泛应用于小区、街道、垃圾站等场所。经调研发现，市场上常见的一种垃圾桶/箱，在桶体内设有滤水结构，能够分离垃圾中的固态物和液态物，便于垃圾清理和移动（参见对比文件1）。但是垃圾内部仍然残存湿气，尤其是对于大型垃圾桶/箱，其内部由于通风不畅容易导致垃圾缺氧而腐化发臭，不利于公共环境卫生。另外，有厂家设计了一种家用垃圾桶，其桶底设有孔，方便空气进出（参见对比文件2）。

为此，申请人作了如下发明：

如图 5 和图 6 所示，一种大型公用垃圾箱，主要包括箱盖 1、上箱体 2 和下箱体 3。箱盖 1 上设有垃圾投入口 4。上箱体 2 和下箱体 3 均为顶部开口结构，箱盖 1 盖合在上箱体 2 的顶部开口处，上箱体 2 可分离地安装在下箱体 3 上，上箱体 2 的底部为水平设置的滤水板 5。在下箱体 3 的侧壁上部开设有通风孔 6。通风孔 6 最好为两组，并且分别设置在下箱体 3 相对的侧壁上。

在使用时，当垃圾倒入垃圾箱后，其中的固态物留在滤水板 5 上，而液态物则经滤水板 5 进入下箱体 3，从而上箱体 2 内部构成固体垃圾存放区，下箱体 3 内部构成液体垃圾存放区。空气从通风孔 6 进入下箱体 3，会同垃圾箱内的湿气向上流动，依次经上箱体 2 的滤水板 5 和固体垃圾存放区，最终从垃圾投入口 4 向外排出。在设置了相对的两组通风孔 6 的情况下，空气还可以从一侧的通风孔 6 进入，从另一侧的通风孔 6 排出。通过设置在下箱体 3 的侧壁上部的通风孔 6 以及在箱盖 1 上的垃圾投入口 4，垃圾箱内产生由下而上的对流和内外循环，从而起到防止垃圾腐化，减少臭味，提高环境清洁度的作用。

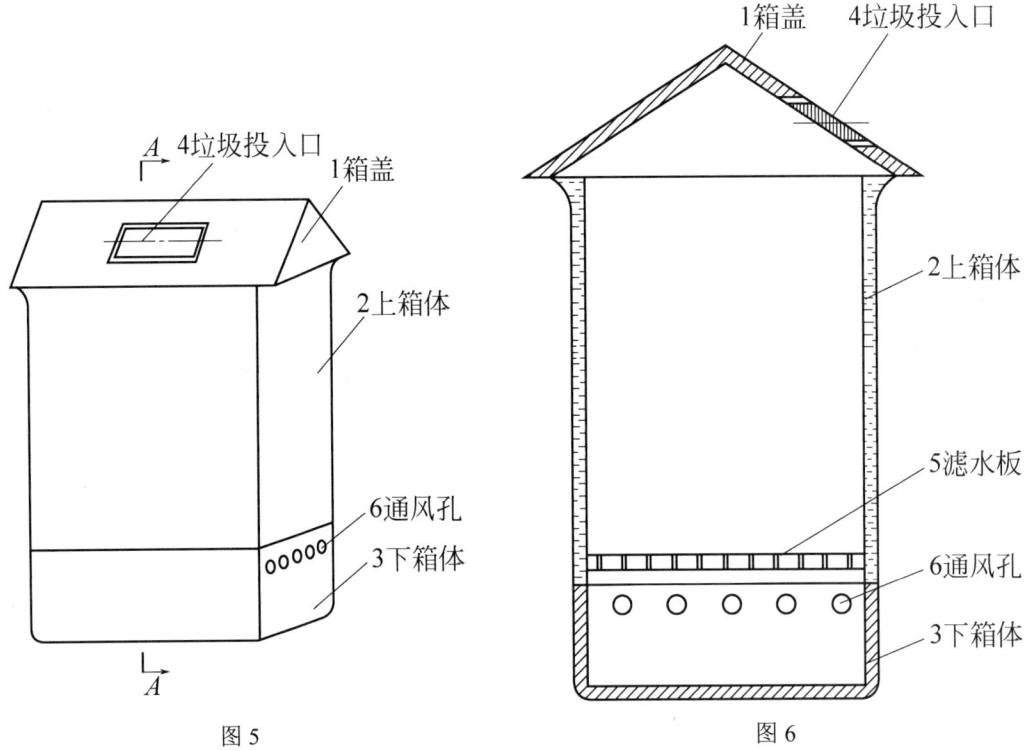

图 5　　　　图 6

当上箱体 2 内堆积的垃圾较多时，空气流动受到阻碍，不利于湿气及时排出。为解决该问题，进一步提高通风效果，如图 7 和图 8 所示，在上箱体 2 的侧壁内侧设置多个竖直布置的空心槽状隔条 7，其与上箱体 2 的侧壁之间限定形成多个空气通道。空心槽状隔条 7 上端与上箱体 2 的上边缘基本齐平，以避免空气通道的入口被垃圾堵塞；下端延伸至接近滤水板 5。

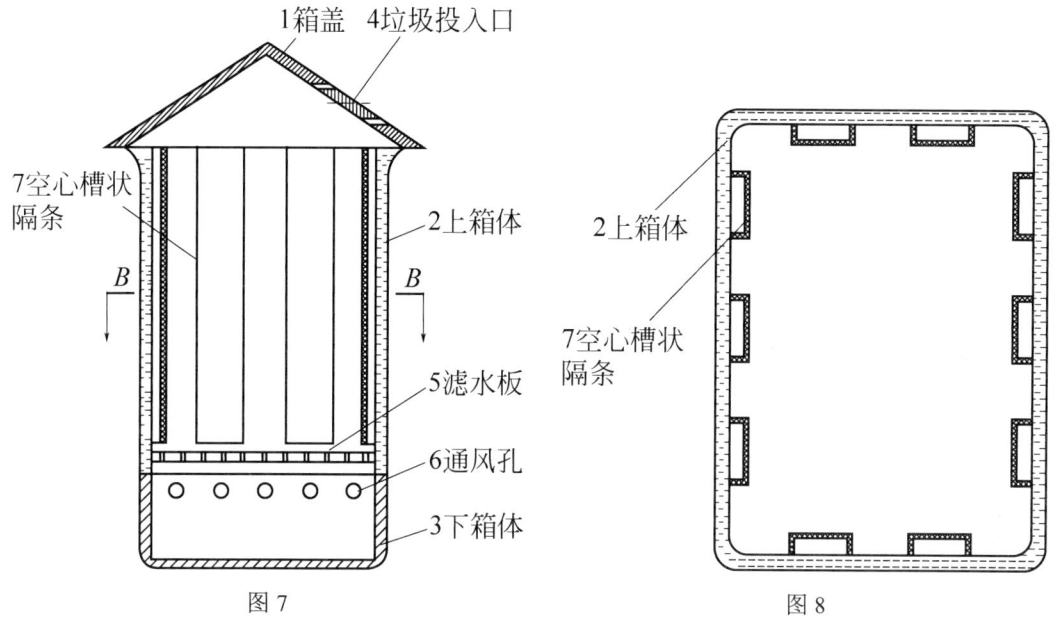

图 7　　　　　　　图 8

在使用时，空气从通风孔 6 进入下箱体 3，会同垃圾箱内的湿气向上流动，由于受到上箱体 2 内固体垃圾的阻碍，部分气体从空心槽状隔条 7 与滤水板 5 之间的缝隙进入到空心槽状隔条 7 中，并沿着空心槽状隔条 7 与上箱体 2 的侧壁之间形成的空气通道向上流动，最终从垃圾投入口 4 向外排出。

此外，也可以在上箱体 2 的侧壁上设置其他通风结构（如通风孔）或者将两种通风结构组合在一起使用。

申请人此前设计了一种自卸式垃圾箱，将垃圾箱的底板设成活动的，该活动底板可沿着箱体底部的导轨水平拉出以便从底部卸出垃圾，从而解决了从垃圾箱顶部开口向外倾倒垃圾容易造成扬尘的缺陷（参见对比文件 3）。但是这种垃圾箱的导轨容易积尘从而卡住底板。

针对该问题，滤水板 5 被进一步设置成可活动的。如图 9 所示，滤水板 5 一端通过铰接件 8 与上箱体 2 的侧壁底边连接，相对的另一端通过锁扣件 9 固定在水平闭合位置。如图 10 所示，当打开锁扣件 9 时，滤水板 5 在重力作用下以铰接件 8 为轴相对于上箱体 2 向下转动从而卸出垃圾。锁扣件 9 包括设置在上箱体 2 侧壁上的活动插舌 91 和对应设置在滤水板 5 上的插口 92，所述活动插舌 91 与插口 92 可以互相咬合或脱离。锁扣件 9 还可以采用其他形式，各种现有的锁扣件均可以使用。

当垃圾箱内垃圾装满需要清理时，吊起上箱体 2，使得上箱体 2 与下箱体 3 分离；当上箱体 2 被移至合适位置后，打开锁扣件 9，滤水板 5 在重力作用下以铰接件 8 为轴向下转动，打开上箱体 2 的底部，内部的固体垃圾掉落到垃圾车或者传送带上运走。对于液体垃圾，可在下箱体 3 上设置排水阀，以便于污水排出。

与导轨结构的垃圾箱相比，这种垃圾箱的底部不容易损坏，使用寿命更长。需要说明的是，垃圾箱的箱体不限于本技术交底材料所设计的具体形式，其他垃圾箱也可以采用上述底部结构。

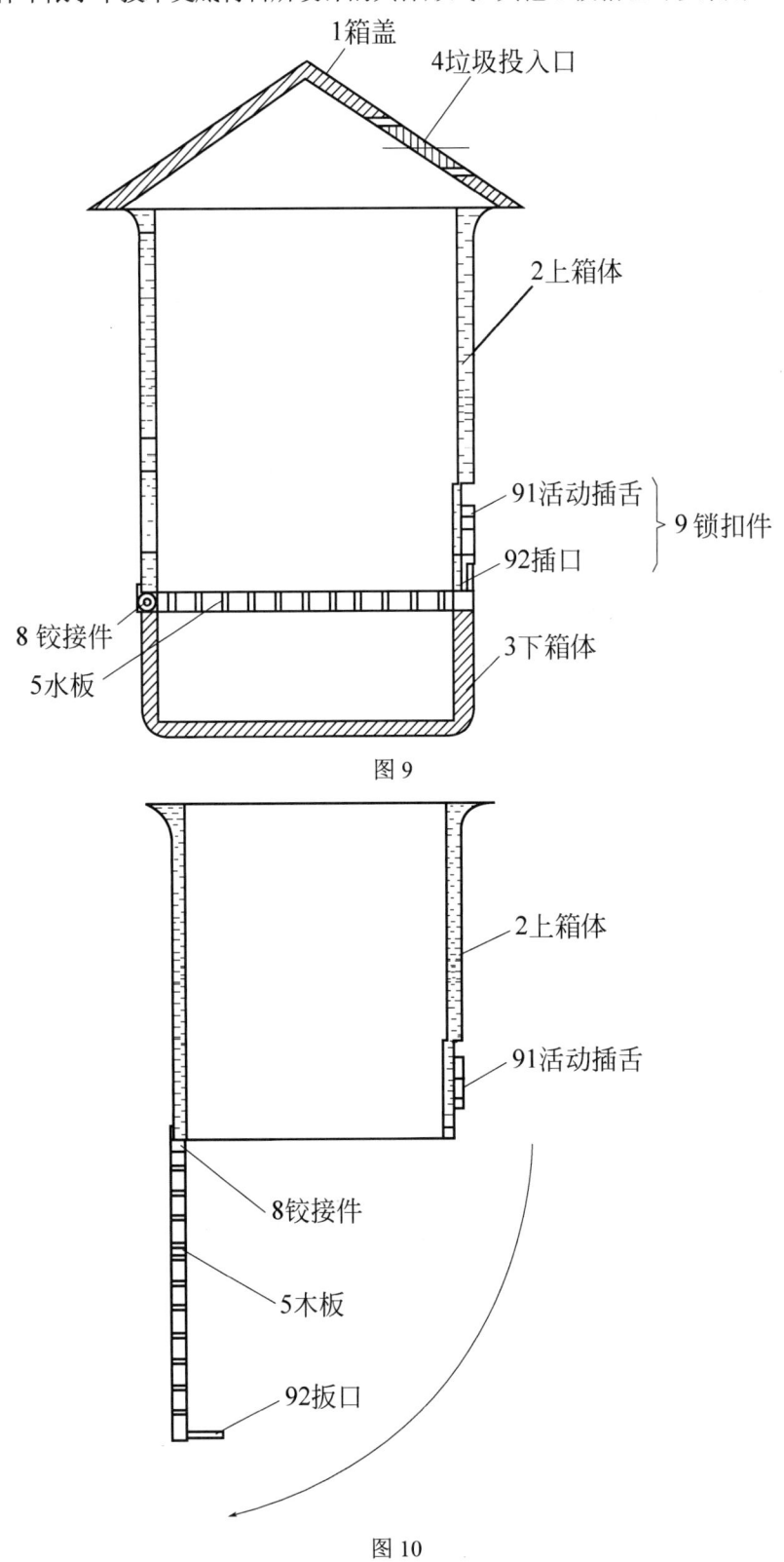

图 9

图 10

二、权利要求书和说明书的撰写思路

对于前面所介绍的垃圾箱申请案来说,可以按照下述主要思路来撰写权利要求书和说明书。

(一)权利要求书的撰写

1. 确定本申请案相对现有技术所作出的主要改进及需要保护的客体

(1)确定本申请案相对现有技术所作出的主要改进

图 5~图 10 反映的本申请发明的垃圾箱与对比文件 1 的防臭垃圾桶/箱、对比文件 2 的易于取放垃圾袋的垃圾桶及对比文件 3 的自卸式垃圾桶相比,其主要改进在于:

① 在下箱体 3 的侧壁上部设置通风孔。这样,空气从通风孔 6 进入下箱体 3,会同垃圾箱内的湿气向上流动,依次经上箱体 2 的滤水板 5 和固体垃圾存放区,最终从箱盖 1 上的垃圾投入口 4 向外排出,从而解决了现有技术中存在的垃圾腐化的问题,减少了臭味,提高了环境清洁度。

② 在上述基础上,在下箱体 3 的侧壁上部开设有两组通风孔 6。在设置了相对的两组通风孔 6 的情况下,空气还可以从一侧的通风孔 6 进入,从另一侧的通风孔 6 排出。垃圾箱内产生由下而上的对流和内外循环,从而加大了空气的循环力度,更进一步减少了臭味。

③ 在上述基础上,在上箱体工的侧壁上设置有空心槽状隔条 7,其与上箱体 2 的侧壁之间限定形成多个空气通道。在使用时,空气除了形成上述②中的对流和内外循环外,还有部分从通风孔 6 进入空心槽状隔条 7 中,并沿着空心槽状隔条 7 与上箱体 2 的侧壁之间形成的空气通道向上流动,最终从垃圾投入口 4 向外排出。因此,确保了空气不会受到箱体 2 内垃圾的堵塞而滞留,而是顺畅地循环着。

④ 本申请发明的垃圾箱,将箱体 2 的底部滤水板 5 设置成可活动的,即相对箱体 2 可沿着铰接件 8 转动的形式,当打开锁扣件 9 时,滤水板 5 在重力作用下以铰接件 8 为轴相对于上箱体 2 向下转动从而卸出垃圾。卸出垃圾时不仅省力,而且解决了现有技术对比文件 3 的自卸式垃圾桶通过设置导轨 4 卸垃圾而导轨容易积尘从而卡住底板的问题。

(2)确定本申请案需要保护的客体

在撰写申请文件时,最重要的是撰写权利要求,而权利要求的撰写不仅要考虑独立权利要求保护范围的大小,而且要选好想要保护的技术主题和类型,不同的保护主题和类型,可以体现发明不同的保护方面,技术主题的选择直接关系到授权后专利权保护范围的大小。

从以上①~③的分析及申请人在技术交底书中的介绍可知,这些改进主要是针对大型公用垃圾箱作出的改进,所以需要从大型公用垃圾箱给予保护。

而针对底部卸垃圾的结构,虽然在交底书中列举了自卸式垃圾箱的例子,但是申请人强调,"垃圾箱的箱体不限于本交底材料所设计的具体形式,其他垃圾箱也可以采用上述底部结构",因此,需要上升到垃圾箱这样的保护客体层面上,从垃圾箱给予保护。

2. 从三篇相关的现有技术中确定最接近的现有技术

根据《专利审查指南 2010》第二部分第四章第 3.2.1.1 节的规定,最接近的现有技术,是指现有技术中与要求保护的发明最密切相关的一个技术方案。例如可以是,与要求保护的发明技术领域相同,所要解决的技术问题、技术效果或者用途最接近和/或公开了发明的技术特征最多的现有技术,或者虽然与要求保护的发明技术领域不同,但能够实现发明的功能,并且公开发明的技术特征最多的现有技术。应当注意的是,在确定最接近的现有技术时,首先考虑技术领域相同或相近的现有技术。

下面就本申请发明而言，通过将本申请发明与对比文件1、对比文件2及对比文件3三篇现有技术公开的技术特征进行对比、分析，确定出最接近的现有技术。

（1）确定大型公用垃圾箱的最接近的现有技术

首先，列出本申请发明的大型公用垃圾箱与对比文件1、对比文件2和对比文件3的全部技术特征，详见表1。

表1 技术特征分析（一）

	大型公用垃圾箱	对比文件1	对比文件2	对比文件3
技术领域	大型公用垃圾箱	防臭垃圾桶/箱	易于取放垃圾袋的垃圾桶	自卸式垃圾桶
技术特征	箱盖1	桶盖1	桶罩1	顶盖1
	上箱体2	上桶体2	桶壁2	箱体2
	下箱体3	下桶体3	×	×
	上箱体2为顶部开口结构	上桶体2为顶部开口结构	桶壁2为顶部开口结构	箱体2为顶部开口结构
	下箱体3为顶部开口结构	下桶体3为顶部开口结构	×	×
	箱盖1盖合在上箱体2的顶部开口处	桶盖1盖合在上桶体2的顶部开口处	×	顶盖1盖合在箱体2上
	箱盖1上设有垃圾投入口4	桶盖1上设有垃圾投入口4	×	×
	上箱体2可分离地安装在下箱体3上	上桶体2放置在下桶体3的L形台阶上	×	×
	上箱体2底部的为水平设置的滤水板5	上桶体2的底部设置成具有多个滤水孔的滤水板5	在桶底3上设置有通气孔4	×
	在下箱体3侧壁上开设有通风孔6	×	×	×
	通风孔6为两组，分别设置在下箱体3相对的侧壁上	×	×	×
	设置在上箱体2侧壁上的通风结构	×	×	×
	通风结构为在上箱体2侧壁内侧上的空心槽状隔条7，空心槽状隔条7与上箱体2的侧壁之间限定形成空气通道	×	×	×
	空心槽状隔条7的上端与上箱体2的上边缘基本齐平，下端延伸至接近滤水板5	×	×	×
	滤水板5可相对上箱体2向下转动，打开上箱体2的底部卸出垃圾	×	×	×

就技术领域而言：虽然对比文件1、对比文件2、对比文件3的发明名称所体现的技术领域与本申请发明的技术领域相同，都涉及垃圾箱或垃圾桶，但通过对技术方案的进一步理解可知，对比文件1、3与本申请发明在技术应用上更接近，都可用在大型公用垃圾箱/桶方面，而对比文件2实际上用于家用的与垃圾袋配合使用的小型垃圾桶。

就所要解决的技术问题、技术效果或者用途而言：对比文件1、2、3中均没有提到本申请发明的通过使空气对流或循环地通风来解决防臭的技术问题。虽然对比文件2中提到了在桶底3上设置有通气孔4，但设置该通气孔4的目的是解决放置垃圾袋时垃圾袋无法完全展开，取出垃圾袋时容易摩擦弄破垃圾袋的问题，与本申请发明所要解决的技术问题不同。

相比之下，对比文件1披露的防臭垃圾桶/箱，能通过对垃圾进行固液分离以获得防臭的效果，所以就技术问题或技术效果而言，较对比文件2、3更接近本申请发明。

就公开本申请发明技术特征的数量而言：从技术特征分析表1中可以看出，对比文件1与对比文件2、对比文件3相比，公开了本申请发明更多的技术特征。

综合上述分析可知，对于本申请发明的大型公用垃圾箱来说，对比文件1不仅与本申请发明的技术领域相同、公开了本申请发明更多的技术特征，而且，与本申请发明的技术问题、技术效果更接近。简言之，对比文件1相对对比文件2、对比文件3，公开了本申请发明更多的技术信息。因此，应选择对比文件1作为本申请发明的大型公用垃圾箱的最接近的现有技术。

（2）确定垃圾箱的最接近的现有技术

列出本申请发明的垃圾箱与对比文件1、对比文件2和对比文件3的相应技术特征，详见表2。

表2 技术特征分析（二）

	发明申请	对比文件1	对比文件2	对比文件3
技术领域	垃圾箱	防臭垃圾桶/箱	垃圾桶	垃圾桶
技术特征	上箱体2	上桶体2	桶壁2	箱体2
	滤水板5	上桶体2的底部	桶底3	底板3
	滤水板5可活动地设置在上箱体2底部	带滤水孔的滤水板5的底部与上桶体2一体设置	带有通气孔4的桶底3与桶壁2注塑成形	底板3可活动地设置在箱体2底部
	滤水板5可相对于上箱体2向下转动，从而打开上箱体2以卸出垃圾	×	×	底板3可相对于箱体2沿导轨4滑动，从而打开箱体2以卸出垃圾
	滤水板5一端通过铰接件8与上箱体2的侧壁底边连接，另一端通过锁扣件9固定在水平闭合位置，滤水板5相对于上箱体2向下转动，从而卸出垃圾	×	×	底板3沿导轨4滑动
	锁扣件9包括设置在上箱体2侧壁上的活动插舌91和对应设置在滤水板5上的插口92，滤水板一端通过铰接件固定，另一端通过锁扣件9固定	×	×	×
	锁扣包括插舌91和插口92	×	×	×

就技术领域而言：对比文件1、对比文件2、对比文件3的技术领域与本发明的技术领域相同，都涉及一种垃圾箱或垃圾桶。

就所要解决的技术问题、技术效果或者用途而言：对比文件1、对比文件2中均没有

261

提到本申请发明的底部卸垃圾的问题，对比文件3披露了可活动地设置的底板3可以沿着导轨4水平滑动，以便从底部卸出垃圾。可见，就技术问题或技术效果而言，对比文件3较对比文件1、对比文件2更接近本申请发明。

就公开本申请发明的技术特征数量而言：从技术特征分析表2中可以看出，对比文件3与对比文件1及对比文件2相比，公开了本申请发明更多的技术特征。

综合上述分析可知，对于本申请发明的垃圾箱来说，对比文件3不仅与本申请发明的技术领域相同、公开了本申请发明更多的技术特征，而且，与本申请发明的技术问题、技术效果更接近。简言之，对比文件3相对对比文件1及对比文件2，公开了本申请发明更多的技术信息。因此，应选择对比文件3作为本申请发明的垃圾箱的最接近的现有技术。

3. 根据所选定的最接近的现有技术确定本发明专利申请所要解决的技术问题

通过前述分析可知，对于"大型公用垃圾箱"的技术方案来说，最接近的现有技术是对比文件1。结合技术特征分析表1可以看出，本申请发明与最接近的现有技术对比文件1相比，两者的主要区别技术特征为：在下箱体3侧壁上设有通风孔6；在使用时，空气从通风孔6进入下箱体3，会同垃圾箱内的湿气向上流动，依次经上箱体2的滤水板5和固体垃圾存放区，最终从垃圾投入口4向外排出。在垃圾箱内产生由下而上的对流和内外循环，从而起到防止垃圾腐化，减少臭味，提高环境清洁度的作用。

因此，本申请发明的大型公用垃圾箱的技术方案要解决现有技术存在的大型公用垃圾箱/桶内部由于通风不畅导致垃圾缺氧而腐化发臭，不利于公共环境卫生的技术问题。

通过前述分析可知，对于"垃圾箱"的技术方案来说，最接近的现有技术是对比文件3。结合技术特征分析表2可以看出，本申请发明与最接近的现有技术对比文件3相比，两者的主要区别技术特征为：滤水板5可相对于上箱体2向下转动。这与对比文件3披露的导轨结构的垃圾箱相比，其底部不容易损坏，使用寿命更长。

因此，本申请发明的垃圾箱的技术方案要解决现有技术存在的垃圾箱/桶底部导轨容易积尘损坏的技术问题。

4. 完成独立权利要求的撰写

对于本申请发明的大型公用垃圾箱和垃圾箱，根据分别确定的最接近的现有技术对比文件1和对比文件3以及所确定的本申请发明要解决的技术问题确定其全部必要技术特征，按照《专利法实施细则》第二十一条规定的格式分别划分两个独立权利要求各自与最接近的现有技术的对比文件1或3的前序部分与特征部分的界限，完成独立权利要求的撰写。

（1）确定大型公用垃圾箱的技术方案解决上述技术问题的全部的必要技术特征

对于本申请的大型公用垃圾箱来说，要想解决其内部由于通风不畅导致垃圾缺氧而腐化发臭，不利于公共环境卫生的技术问题，主要是在下箱体3侧壁上部设有通风孔6，在使用中，空气从通风孔6进入下箱体3，会同垃圾箱内的湿气向上流动，依次经上箱体2的滤水板5和固体垃圾存放区，最终从设置在箱盖1上的垃圾投入口4向外排出。也就是说，与在下箱体3侧壁上部设置通风孔6的结构相互配合来解决上述所确定的技术问题的技术手段，都是大型公用垃圾箱的技术方案解决该技术问题的必要技术特征。因此，通过对本申请发明进行上述分析，可知，大型公用垃圾箱的技术方案解决上述技术问题的全部的必要技术特征是：

① 箱盖1；

② 上箱体2；

③ 下箱体3；
④ 箱盖1上设有垃圾投入口4；
⑤ 箱体2和下箱体3均为顶部开口结构；
⑥ 箱盖1盖合在上箱体2的顶部开口处；
⑦ 上箱体2安装在下箱体3上；
⑧ 上箱体2的底部为水平设置的滤水板5；
⑨ 在下箱体3侧壁上部开设有通风孔6。

（2）对于所列举的大型公用垃圾箱的技术方案解决上述技术问题的全部的必要技术特征进行分析，概括出保护范围比较大的独立权利要求

对于大型公用垃圾箱的技术方案，由于技术交底书中仅仅给出了唯一的实施方式，即是说，在大型公用垃圾箱的下箱体3的侧壁上部开设通风孔6，其与设置在箱盖1上的垃圾投入口4配合，使得空气从通风孔6进入下箱体3，会同垃圾箱内的湿气向上流动，依次经上箱体2的滤水板5和固体垃圾存放区，最终从垃圾投入口4向外排出。在垃圾箱内产生由下而上的对流和内外循环，从而起到防止垃圾腐化，减少臭味，提高环境清洁度的作用。技术交底书中并没有给出其他等同的可替代的实施方式，因此，在满足要撰写的独立权利要求得到技术交底书支持的前提下（即需要考虑提交的权利要求书应当满足《专利法》第二十六条第四款有关权利要求书应当以说明书为依据的规定），没有能再对通风孔6进行上位概括的基础。因此，上述罗列的技术特征①～⑨均属于大型公用垃圾箱的技术方案解决上述技术问题的全部的必要技术特征。

而技术特征分析表1中还罗列了上箱体2与下箱体3之间是可分离的安装关系，但是，两者是否可分离与通风无关，所以，属于非必要技术特征；至于通风孔6为两组，分别设置在下箱体3相对侧壁上；以及在上箱体2侧壁内侧设有空心槽状隔条7均属于进一步优化通风效果的措施，也属于非必要技术特征。

确定好独立权利要求的必要技术特征后，再根据《专利法实施细则》第二十一条的规定，依据最接近的现有技术对比文件1划分独立权利要求前序部分和特征部分的界限。为了使权利要求保护范围清楚，还可以根据需要调整各技术特征的前后顺序。

从技术特征分析表1可知，上述列举的必要技术特征①～⑧已经被最接近的现有技术对比文件1公开，应当写在前序部分，必要技术特征⑨属于本申请发明的大型公用垃圾箱区别于对比文件1的技术特征，应当写在特征部分。

至此，撰写出保护范围合理的大型公用垃圾箱的独立权利要求如下：

1. 一种大型公用垃圾箱，包括箱盖（1）、上箱体（2）和下箱体（3），所述箱盖（1）上设有垃圾投入口（4），所述上箱体（2）和下箱体（3）均为顶部开口结构，箱盖（1）盖合在上箱体（2）的顶部开口处，上箱体（2）安装在下箱体（3）上，上箱体（2）底部为水平设置的滤水板（5），其特征在于：所述垃圾箱还包括开设在下箱体（3）侧壁上部的通风孔（6）。

（3）确定垃圾箱的技术方案解决上述技术问题的全部的必要技术特征

对于本申请的垃圾箱来说，要想解决其底部容易积尘损坏的技术问题，主要是滤水板5可相对于上箱体2向下转动，从而卸出垃圾。因此，通过对本申请发明进行上述分析，可知，垃圾箱的技术方案解决上述技术问题的全部的必要技术特征是：

① 上箱体2；

② 水平设置在上箱体 2 底部的滤水板 5；
③ 滤水板 5 可相对于上箱体 2 向下转动。

（4）对于所列举的垃圾箱的技术方案解决上述技术问题的全部的必要技术特征进行分析，概括出保护范围比较大的独立权利要求

申请人在技术交底书中强调，关于垃圾箱的技术方案，其箱体并不限于本交底材料所涉及的具体形式，其他垃圾箱也可以采用上述底部的结构，所以，不论垃圾箱的箱体采用何种结构，其与底部配合方式如何，以及底部是否为滤水板 5，只要底部能够向下转动打开箱体底部即可，这样，就能解决上述所确定的技术问题，所以，对上述所列举的技术特征①~③以及滤水板 5 与上箱体 2 的配合方式进行上位概括（这里要充分考虑将要提交的权利要求书应当满足《专利法》第二十六条第四款有关权利要求书应当以说明书为依据的规定），形成有关垃圾箱的独立权利要求。

在撰写该垃圾箱的独立权利要求时，还要根据《专利法实施细则》第二十一条的规定，依据技术特征分析表 2 的对比结果，划分其与最接近的现有技术对比文件 3 共有的技术特征和区别技术特征，即前序部分和特征部分的界限。

至此，可以完成垃圾箱的独立权利要求如下：

1′. 一种垃圾箱，包括箱体和底部，其特征在于：所述底部可以相对于箱体向下转动从而打开箱体的底部以卸出垃圾。

（5）判断所撰写的独立权利要求的新颖性、创造性及单一性
① 判断撰写的大型公用垃圾箱的独立权利要求 1 的新颖性、创造性。
以下就该权利要求 1 与三篇对比文件相比较的过程作具体分析如下：
对比文件 1 不能破坏该权利要求 1 的新颖性。

对比文件 1 公开的防臭垃圾桶/箱，虽然包括了桶盖 1、上桶体 2、下桶体 3 以及带有滤水孔 5 的桶底，在桶盖 1 上设有垃圾投入口 4，上桶体 2 与下桶体 3 均为顶部开口结构，桶盖 1 盖合在上桶体 2 的顶部开口处，上桶体 2 安装在下桶体 3 上，但是，其没有公开上述独立权利要求 1 要求保护的技术方案中的技术特征"垃圾箱还包括开设在下箱体 3 侧壁上部的通风孔 6"。因此，独立权利要求 1 所要保护的技术方案完全不同于对比文件 1 中公开的防臭垃圾桶/箱，具备《专利法》所规定的新颖性，符合《专利法》第二十二条第二款的规定。

对比文件 2 也不能破坏该权利要求 1 的新颖性。

将独立权利要求 1 与对比文件 2 公开的垃圾桶相比。虽然对比文件 2 记载的垃圾桶包括桶壁 2 和桶底 3，在桶底 3 上设有通气孔 4，但是，其没有公开独立权利要求 1 要求保护的技术方案中的如下技术特征：还包括下箱体 3 及箱盖 1，在箱盖 1 上设有垃圾投入口 4，上箱体 2 和下箱体 3 均为顶部开口结构，箱盖 1 盖合在上箱体 2 的顶部开口处，上箱体 2 安装在下箱体 3 上，上箱体 2 底部为水平设置的滤水板 5，并且，垃圾箱还包括开设在下箱体 3 侧壁上部的通风孔 6。因此，本独立权利要求 1 所要保护的技术方案完全不同于对比文件 2 中公开的垃圾桶，具备《专利法》所规定的新颖性，符合《专利法》第二十二条第二款的规定。

对比文件 3 也不能破坏该权利要求 1 的新颖性。

将独立权利要求 1 与对比文件 3 自卸式垃圾箱相比。虽然对比文件 3 记载的垃圾箱包括箱体 2 和底板 3，底板 3 可相对于箱体 2 沿导轨 4 滑动，从而打开箱体 2 以卸出垃圾，

但是，其没有公开独立权利要求 1 要求保护的技术方案中的如下技术特征：还包括下箱体 3，在箱盖 1 上设有垃圾投入口 4，上箱体 2 和下箱体 3 均为顶部开口结构，上箱体 2 安装在下箱体 3 上，并且，垃圾箱还包括开设在下箱体 3 侧壁上部的通风孔 6。因此，本独立权利要求 1 所要保护的技术方案完全不同于对比文件 3 中公开的垃圾桶，具备《专利法》所规定的新颖性，符合《专利法》第二十二条第二款的规定。

综上所述，所撰写的大型公用垃圾箱的独立权利要求 1 分别相对于现有技术对比文件 1、对比文件 2 及对比文件 3 存在区别，该权利要求 1 所要保护的技术方案与对比文件 1、对比文件 2、对比文件 3 单独对比，具有《专利法》第二十二条第二款规定的新颖性。

对比文件 1、对比文件 2、对比文件 3 也不能破坏该权利要求 1 的创造性。

独立权利要 1 要求保护的大型公用垃圾箱与最接近的现有技术对比文件 1 的区别技术特征是：包括开设在下箱体 3 侧壁上部的通风孔 6。基于上述区别技术特征可以确定，独立权利要求 1 相对最接近的现有技术对比文件 1 实际要解决的技术问题是：如何避免由于垃圾箱内通风不畅而导致的垃圾腐化、减少臭味道。而对比文件 1 既没有公开上述技术特征，也没有给出任何解决上述技术问题的技术启示。

虽然对比文件 2 披露的垃圾桶，其在桶底 3 上设置有通气孔 4，但是，对比文件 2 的垃圾桶，在桶底 3 上设置该通气孔 4 的目的在于，在套装和取出垃圾袋时，使垃圾袋在桶内服帖地充分展开以及轻松取出，可见，对比文件 2 披露的设置在桶底 3 上的通气孔 4 在该对比文件 2 公开垃圾桶中所起的作用与独立权利要 1 的下箱体 2 侧壁上设置的通风孔 6 在该独立权利要求 1 要求保护的大型公用垃圾箱中所起的作用并不相同。也就是说，对比文件 2 没有给出在下箱体侧壁上部设置通风孔 6 这一技术特征应用到最接近的现有技术对比文件 1 中来解决上述技术问题的启示。

对比文件 3 披露的自卸式垃圾箱，也没公开独立权利要求 1 中的大型公用垃圾箱还包括设置在下箱体 3 侧壁上部的通风孔 6 这一技术特征，并且，也得不出在下箱体侧壁上部设置通风孔 6 这一技术特征应用到最接近的现有技术对比文件 1 中来解决上述技术问题的启示。

因而，对比文件 1、2 和 3 均没有公开上述区别技术特征，也没有给出采用上述区别技术特征以解决上述技术问题的技术启示，而且上述区别技术特征也不属于本领域的公知常识。因此，该独立权利要求 1 所要求保护的技术方案相对于现有技术不是显而易见的，具备突出的实质性特点。

而独立权利要求 1 要求保护的大型公用垃圾箱的技术方案，通过在下箱体 3 侧壁上部设置通风孔 6，该通风孔 6 与设置在箱盖 1 上的垃圾投入口 4 配合，使得空气从通风孔 6 进入下箱体 3，会同垃圾箱内的湿气向上流动，依次经上箱体 2 的滤水板 5 和固体垃圾存放区，最终从垃圾投入口 4 向外排出。在垃圾箱内产生由下而上的对流和内外循环，从而起到防止垃圾腐化，减少臭味，提高环境清洁度的作用，具有有益的技术效果。

综上，该独立权利要求 1 相对于对比文件 1、对比文件 2、对比文件 3 或者其结合，具有突出的实质性特点和显著的进步，具备创造性，符合《专利法》第二十二条第三款的规定。

② 判断撰写的垃圾箱独立权利要求 1′ 的新颖性、创造性。

对比文件 1 不能破坏该权利要求 1′ 的新颖性。

将独立权利要求 1′ 与对比文件 1 公开的防臭垃圾桶/箱相比，虽然对比文件 1 公开的防臭垃圾桶/箱，包括了上桶体2和与上桶体2一体设置带滤水孔的滤水板5，但是，其没有公开上述独立权利要求1′要求保护的技术方案中的如下技术特征：底部可以相对于箱体向下转动从而打开箱体的底部以卸出垃圾。因此，本独立权利要求1′所要保护的技术方案完全不同于对比文件1中公开的防臭垃圾桶/箱，具备《专利法》所规定的新颖性，符合《专利法》第二十二条第二款的规定。

对比文件2也不能破坏该权利要求1′的新颖性。

将独立权利要求1′与对比文件2相比，虽然对比文件2公开的垃圾桶，包括了桶壁2和带通气孔4的桶底3′但是，其也没有公开上述独立权利要求1′要求保护的技术方案中的如下技术特征：底部可以相对于箱体向下转动从而打开箱体的底部以卸出垃圾。因此，本独立权利要求1′所要保护的技术方案完全不同于对比文件2中公开的防臭垃圾桶/箱，具备《专利法》所规定的新颖性，符合《专利法》第二十二条第二款的规定。

对比文件3也不能破坏该权利要求1′的新颖性。

将独立权利要求1′与对比文件3相比，虽然对比文件3公开的自卸式垃圾箱，包括了箱体2和底板3，底板3可相对于箱体2沿着设置在该箱体2导轨4滑动，但是，其同样也没有公开上述独立权利要求1′要求保护的技术方案中的如下技术特征：底部可以相对于箱体向下转动从而打开箱体的底部以卸出垃圾。

采用了底部可以相对于箱体向下转动的结构的独立权利要求1′所要保护的技术方案，不仅能顺利地卸出垃圾，而且，还能解决对比文件3的自卸式垃圾箱在卸出垃圾不能完全卸出垃圾导致尘积、且滑动的导轨4易损坏的问题，因此，底部可以相对于箱体向下转动的结构与底板3可相对于箱体2沿着设置在该箱体2导轨4滑动的结构相比较，也不是惯用手段的直接替换。

因此，本独立权利要求1′所要保护的技术方案完全不同于对比文件3中公开的防臭垃圾桶/箱，具备《专利法》所规定的新颖性，符合《专利法》第二十二条第二款的规定。

综上所述，所撰写的垃圾箱的独立权利要求1′分别相对于现有技术对比文件1、对比文件2及对比文件3存在区别，该权利要求1′所要保护的技术方案与对比文件1、对比文件2、对比文件3单独对比，具有《专利法》第二十二条第二款规定的新颖性。

对比文件1、对比文件2、对比文件3也不能破坏该权利要求1′的创造性。

独立权利要求1′要求保护的垃圾箱与最接近的现有技术对比文件3的区别技术特征是：底部可以相对于箱体向下转动从而打开箱体的底部以卸出垃圾。基于上述区别技术特征可以确定，独立权利要求1′相对最接近的现有技术对比文件3实际解决的技术问题是：如何避免垃圾箱底部易积尘损坏。通过将垃圾箱的底部设置成可以相对于箱体向下转动的结构，能够将积存在垃圾箱内的垃圾完全清除，从而避免了导轨式结构的垃圾箱底部积尘易损坏的事情发生，而最接近的现有技术对比文件3既没有公开上述区别技术特征也没有给出任何解决上述技术问题的技术启示。

虽然对比文件1披露了防臭垃圾桶/箱，其包括了桶盖1、上桶体2、下桶体3以及带有滤水孔的滤水板5的桶底，但是，带有滤水孔的滤水板5的桶底与上桶体2为一体结构，不能从桶底卸除垃圾。也就是说，对比文件1既没有公开权利要求1′要求保护的垃圾箱的底部可以相对于箱体向下转动从而打开箱体的底部以卸出垃圾这一技术特征，也未给出任何将底部设置成可以相对于箱体向下转动从而打开箱体的底部这一技术特征应用到最接近的现有技术对比文件3中来解决上述技术问题的启示。

虽然对比文件2披露的垃圾桶，其包括桶壁2和桶底3，但是，桶壁2和桶底3一次性注塑成形，不能相对转动，因此，该对比文件2既没公开独立权利要求1′要求保护的垃圾箱的底部可以相对于箱体向下转动从而打开箱体的底部以卸出垃圾这一技术特征，也未给出任何将底部可以相对于箱体向下转动的结构应用到最接近的现有技术对比文件3中来解决上述技术问题的启示。

因而，对比文件1、对比文件2和对比文件3均没有公开上述区别技术特征，也没有给出采用上述区别技术特征以解决上述技术问题的技术启示，而且上述区别技术特征也不属于本领域的公知常识。因此，该独立权利要求1′所要求保护的技术方案相对于现有技术不是显而易见的，具备突出的实质性特点。

而权利要求1′要求保护的垃圾箱的技术方案，通过将底部设置成可相对于箱体向下转动的结构，可打开箱体底部卸出垃圾，避免垃圾箱底部易积尘损坏，具有有益的技术效果。

综上，该独立权利要求1′相对于对比文件1、对比文件2、对比文件3或者其结合，具有突出的实质性特点和显著的进步，具备创造性，符合《专利法》第二十二条第三款的规定。

③ 判断撰写的大型公用垃圾箱和垃圾箱两项独立权利要求之间的单一性。

独立权利要求1相对于现有技术作出贡献的技术特征为"开设在下箱体侧壁上部的通风孔"，从而解决现有技术存在的通风不畅、垃圾腐烂发臭的问题。

独立权利要求1′相对于现有技术作出贡献的技术特征为"底部可以相对于箱体向下转动从而打开箱体的底部以卸出垃圾"，解决现有技术导轨式结构的垃圾箱底部积尘、卡住底板导致易损坏的技术问题。

由此可见，两个独立权利要求对现有技术作出贡献的技术特征既不相同，也不相应，彼此之间在技术上也无相互关联，从而两个独立权利要求之间并不包含相同或相应的特定技术特征，不属于一个总的发明构思，彼此之间不具备单一性，不符合《专利法》第三十一条第一款的规定。因此应当分别作为两份专利申请提出。

5. 完成从属权利要求的撰写

在独立权利要求采用比较上位的方式来撰写、保护范围比较大的情况下，一定要撰写出合适数量的从属权利要求，因为，在确权的后续程序中，从属权利要求起着对独立权利要求的保护范围予以充实、"捍卫"保护范围的作用，尤其是在发明实质审查程序或无效程序中，在不得不缩小独立权利要求的保护范围的前提下，从属权利要求的技术特征或技术方案可以提升，缩小保护范围，为独立权利要求提供了修改余地，因此，要将对申请创造性起作用的技术特征作为对发明的进一步限定的附加技术特征，写成相应的从属权利要求。

此外，特别需要注意，在发明实质审查程序中，如果要修改从属权利要求，需要按照《专利审查指南2010》第二部分第八章第5.2.1.3节中的规定进行，即是说，如果"主动增加新的从属权利要求，该从属权利要求限定的技术方案在原权利要求书中未出现过"的话，这种修改是属于不予接受的修改方式。因此，在撰写从属权利要求时应当全面考虑，形成合理的保护梯度。从属权利要求的撰写，还应该符合《专利法》第二十六条第四款的规定，应当以说明书为依据，清楚、简要地限定要求保护的范围，并按照《专利法实施细则》第二十二条规定的方式来撰写。

（1）撰写有关大型公用垃圾箱的从属权利要求

关于本申请发明的"大型公用垃圾箱"的技术特征中，从上文的技术特征分析表1可知，除了写入独立权利要求1的必要技术特征外，还包括有关上箱体与下箱体之间是否可分离、上箱体侧壁上设置的空心槽状隔条的相应结构等技术特征。这些技术特征虽然不属于必要技术特征，但都是为了使大型公用垃圾箱结构更优化、技术效果更显著而设计的，应当写入从属权利要求中，以对独立权利要求的保护范围予以充实、防御。而关于底部卸垃圾结构的技术特征也可以写入从属权利要求中，以对本申请发明的大型公用垃圾箱既改进通风结构又便于卸除垃圾的最佳实施例给与保护。

此外，虽然技术交底书中给出了在上箱体2侧壁上开设通风孔和/或在上箱体2的侧壁内侧竖直布置空心槽状隔条7、该空心槽状隔条7与上箱体2的侧壁之间限定形成空气通道的具体结构，但是，技术交底书还指出，也可以在上箱体2的侧壁上设置其他通风结构（如通风孔）或者将两种通风结构组合在一起使用。因此，在撰写从属权利要求时，还需要考虑在符合《专利法》第二十六条第四款规定的权利要求书应当以说明书为依据的前提下，适当地进行概括后，再具体化，形成保护范围有梯度的从属权利要求。

据此，撰写有关大型公用垃圾箱的从属权利要求如下：

2. 如权利要求1所述的大型公用垃圾箱，其特征在于：所述通风孔（6）为两组，并且分别设置在下箱体（3）的相对侧壁上。

3. 如权利要求1或2所述的大型公用垃圾箱，其特征在于：所述垃圾箱还包括设置在上箱体（2）侧壁上的通风结构。

4. 如权利要求3所述的大型公用垃圾箱，其特征在于：所述通风结构为开设在上箱体（2）侧壁上的通风孔和/或竖直布置在上箱体（2）的侧壁内侧的空心槽状隔条（7），所述空心槽状隔条（7）与上箱体（2）的侧壁之间限定形成空气通道。

5. 如权利要求4所述的大型公用垃圾箱，其特征在于：所述空心槽状隔条（7）的上端与上箱体（2）的上边缘基本齐平，下端延伸至接近滤水板（5）。

6. 如权利要求1、权利要求2、权利要求4、权利要求5中任一项所述的大型公用垃圾箱，其特征在于：所述上箱体（2）可分离地安装在下箱体（3）上。

7. 如权利要求6所述的大型公用垃圾箱，其特征在于：所述滤水板（5）可以相对于上箱体（2）运动从而打开上箱体（2）的底部。

8. 如权利要求7所述的大型公用垃圾箱，其特征在于：所述滤水板（5）可以相对于上箱体（2）向下转动从而打开上箱体（2）的底部。

9. 如权利要求8所述的大型公用垃圾箱，其特征在于：所述滤水板（5）的一端通过铰接件（8）与上箱体（2）的侧壁底边连接，相对的另一端通过锁扣件（9）固定在水平闭合位置。

10. 如权利要求9所述的大型公用垃圾箱，其特征在于：所述锁扣件（9）包括设置在上箱体（2）侧壁上的活动插舌（91）和对应设置在滤水板（5）上的插口（92），所述活动插舌（91）与插口（92）互相咬合或脱离。

11. 如权利要求7所述的大型公用垃圾箱，其特征在于：所述滤水板（5）可以沿着上箱体（2）底部的导轨4水平滑动从而打开上箱体（2）的底部。

12. 如权利要求1、权利要求2、权利要求4、权利要求5、权利要求7～权利要求11中任一项所述的大型公用垃圾箱，其特征在于：所述下箱体（3）上设置排水阀。

（2）撰写有关垃圾箱的从属权利要求

关于本申请发明的"垃圾箱"的技术特征中，从上文的技术特征分析表2可知，除了写入独立权利要求1′的必要技术特征外，还包括有关有关箱体结构、箱体与底部的配合方式以及底部相对箱体运动的结构等技术特征,这些技术特征虽然不属于必要技术特征,但都是为了使垃圾箱结构更优化、技术效果更显著而设计的,应当写入从属权利要求中,以对独立权利要求的保护范围予以充实、防御。

此外,关于通风结构改进的技术特征也可以作为本申请发明垃圾箱的最佳实施例写入该垃圾箱的从属权利要求中给与保护,但是,这里要特别强调的是,由于打算将大型公用垃圾箱和垃圾箱作为两份专利申请提出,那么,在撰写另案申请的垃圾箱的权利要求书时,需要特别提醒的是,考虑《专利法》第九条的规定,避免将两个申请撰写成同样的发明专利。换句话说,要考虑两个申请的权利要求书中不能出现相同的权利要求或相同的技术方案,即第一个大型公用垃圾箱申请的任何一项权利要求不能与另一垃圾箱专利申请的任意一项权利要求相同。

至此,撰写有关垃圾箱的从属权利要求如下:

2′. 如权利要求1′所述的垃圾箱,其特征在于:所述底部的一端通过铰接件(8)与箱体的侧壁底边连接,相对的另一端通过锁扣件(9)固定在水平闭合位置。

3′. 如权利要求2′所述的垃圾箱,其特征在于:所述锁扣件(9)包括设置在箱体侧壁上的活动插舌(91)和对应设置在底部上的插口(92),所述活动插舌(91)与插口(92)互相咬合或脱离。

4′. 如权利要求1′~3′中任一项所述的垃圾箱,其特征在于:所述箱体包括上箱体(2)和下箱体(3),所述上箱体(2)和下箱体(3)均为顶部开口结构,所述的垃圾箱还包括箱盖(1),所述箱盖(1)盖合在所述上箱体(2)的顶部开口处,其上设有垃圾投入口(4),所述上箱体(2)安装在下箱体(3)上,上箱体(2)底部为水平设置的滤水板(5),所述滤水板(5)构成了垃圾箱的所述底部。

5′. 如权利要求4′所述的垃圾箱,其特征在于:所述上箱体(2)可分离地安装在下箱体(3)上。

6′. 如权利要求4′所述的垃圾箱,其特征在于:所述下箱体(3)上设置排水阀。

(二)说明书的撰写

在上述撰写的权利要求书的基础上完成说明书的撰写。说明书的撰写应当按照《专利法实施细则》第十七条、第十八条的规定撰写。

按照《专利法实施细则》第十七条的要求,说明书应当包括技术领域、背景技术、发明内容、附图说明以及具体实施方式五个部分。在说明书每一部分前面要写明标题,即技术领域、背景技术、发明内容、附图说明、具体实施方式。

通过上述分析可知,本案例将以两件申请的方式提出。依据《专利法实施细则》第十七条的要求,结合这两件申请分析其说明书各个部分的撰写。

两件申请的说明书发明名称、技术领域应当根据各自请求保护的技术主题确定;两件申请的背景技术应当根据所确定的最接近的现有技术各自进行说明;两件申请发明内容部分可以完全相同,也可以根据各自请求保护的技术主题有所侧重或取舍。例如,在发明内容部分分别写入相应权利要求所要解决的技术问题、技术方案和技术效果;两件申请的附图说明和具体实施方式部分可以完全相同,也可以部分相同。

以下,针对两件申请的说明书各小部分,分别做简要说明。其中,关于大型公用垃圾箱的申请简称"第一件专利申请",关于垃圾箱的申请简称"第二件专利申请"。

1. 发明名称

发明名称中应该反映本申请发明保护的主题、类型。因此，第一件专利申请的发明名称建议为"大型公用垃圾箱"，第二件专利申请的发明名称建议为"垃圾箱"。

2. 技术领域

发明或者实用新型的技术领域应当是要求保护的发明或者实用新型技术方案所属或者直接应用的具体技术领域，而不是上位的或者相邻的技术领域，也不是发明或者实用新型本身。因此，第一件专利申请的技术领域建议写成："本发明涉及大型公用垃圾箱领域，尤其涉及大型公用垃圾箱的通风结构"；第二件专利申请的技术领域建议写成："本发明涉及垃圾箱领域，尤其涉及垃圾箱的底部卸垃圾结构"。

3. 背景技术

按照《专利法实施细则》第十七条的要求，在背景技术中，要写明对发明或者实用新型的理解、检索、审查有用的背景技术；有可能的话，可通过引证反映这些背景技术的文件。一般来说，至少要简明扼要地反映最接近的现有技术公开的内容及所存在的问题。对于第一件专利申请而言，背景技术部分应对最接近的现有技术对比文件1进行简要说明，并客观地反映其技术方案中存在的技术问题，也可以增加对对比文件2或对比文件3的说明。对第二件专利申请而言，背景技术部分应对最接近的现有技术对对比文件3进行简要说明，并客观指出其技术方案中存在的问题，也可以增加对对比文件1或对比文件2的说明。

4. 发明内容

发明内容中应当包括三部分的内容，即发明要解决的技术问题、采用的技术方案和取得的有益技术效果。由于本案例两份专利申请请求保护的技术方案不同，因此各自的发明内容部分应当首先写明相应发明所要解决的技术问题，接着分别写清楚相应权利要求所请求保护的技术方案（至少包括独立权利要求请求保护的技术方案）和相应的有益效果。

5. 附图及附图说明

本申请有附图，所以要有附图说明部分，主要对各幅附图的图名作简略说明。本案例两份专利申请的附图如果采用相同的撰写方式，则附图说明也相同。

6. 具体实施方式

在具体实施方式部分，对照附图对各个实施例逐一进行详细说明。具体实施例部分所描述的内容一定要将发明充分公开，并且应当能够支持每一项权利要求限定的技术方案。此外，在撰写具体实施方式时，对于在实质审查程序中修改权利要求时可能出现的权利要求的技术方案，都应当在具体实施方式部分给出明确说明。在对照附图描述实施例时，使用的附图标记或符号应当与附图中所标注的标记或符号一致，并且避免不同技术名称用相同的附图标记来标注或者相同的技术名称用不同的附图标记来标注等。

本案例两件申请的具体实施方式可以采用完全相同的方式来撰写。

（三）撰写说明书摘要、选定摘要附图

说明书摘要应当按照《专利法实施细则》第二十三条的规定撰写，写明发明的名称和所属技术领域，并清楚地反映所要解决的技术问题、解决该问题技术方案的要点以及主要用途。在考虑不得超过300个字的前提下，至少写明有关要求保护的技术方案及采用该技术方案所获得的技术效果，并选用说明书附图中的其中一幅作为摘要附图。

具体到本申请，两份专利申请的说明书摘要部分首先写明相应发明专利申请的名称，然后重点对相应独立权利要求的技术方案的要点作出说明，在此基础上进一步说明其解决的技术问题和有益效果。

此外，还应当选择说明书附图中合适的一幅附图作为说明书摘要附图。本案例的第一件专利申请推荐采用说明书附图中的图4（即技术交底书中的图7）作为摘要附图；第二件专利申请推荐采用说明书附图中的图7（即技术交底书中的图10）作为摘要附图。

三、推荐的申请文件

按照上述分析完成权利要求书、说明书及摘要的撰写。为了避免不必要的重复，下面给出了本案例第一件专利申请的完整申请文件和第二件专利申请的权利要求书，以供参考。

推荐的申请文件省略了第二件申请的说明书、说明书附图、说明书摘要和摘要附图部分，省略的部分在本案例前述第二部分之"（二）说明书的撰写"中已经给出详细的分析，因此不再赘述。

权 利 要 求 书　　　　　　　　（第一件申请）

1. 一种大型公用垃圾箱，包括箱盖（1）、上箱体（2）和下箱体（3），所述箱盖（1）上设有垃圾投入口（4），所述上箱体（2）和下箱体（3）均为顶部开口结构，箱盖（1）盖合在上箱体（2）的顶部开口处，上箱体（2）安装在下箱体（3）上，上箱体（2）底部为水平设置的滤水板（5），其特征在于：所述垃圾箱还包括开设在下箱体（3）侧壁上部的通风孔（6）。

2. 如权利要求1所述的大型公用垃圾箱，其特征在于：所述通风孔（6）为两组，并且分别设置在下箱体（3）的相对侧壁上。

3. 如权利要求1或权力要求2所述的大型公用垃圾箱，其特征在于：所述垃圾箱还包括设置在上箱体（2）侧壁上的通风结构。

4. 如权利要求3所述的大型公用垃圾箱，其特征在于：所述通风结构为开设在上箱体（2）侧壁上的通风孔和/或竖直布置在上箱体（2）的侧壁内侧的空心槽状隔条（7），所述空心槽状隔条（7）与上箱体（2）的侧壁之间限定形成空气通道。

5. 如权利要求4所述的大型公用垃圾箱，其特征在于：所述空心槽状隔条（7）的上端与上箱体（2）的上边缘基本齐平，下端延伸至接近滤水板（5）。

6. 如权利要求1、权力要求2、权力要求4、权力要求5中任一项所述的大型公用垃圾箱，其特征在于：所述上箱体（2）可分离地安装在下箱体（3）上。

7. 如权利要求6所述的大型公用垃圾箱，其特征在于：所述滤水板（5）可以相对于上箱体（2）运动从而打开上箱体（2）的底部。

8. 如权利要求7所述的大型公用垃圾箱，其特征在于：所述滤水板（5）可以相对于上箱体（2）向下转动从而打开上箱体（2）的底部。

9. 如权利要求8所述的大型公用垃圾箱，其特征在于：所述滤水板（5）的一端通过铰接件（8）与上箱体（2）的侧壁底边连接，相对的另一端通过锁扣件（9）固定在水平闭合位置。

10. 如权利要求9所述的大型公用垃圾箱，其特征在于：所述锁扣件（9）包括设置在上箱体（2）侧壁上的活动插舌（91）和对应设置在滤水板（5）上的插口（92），所述活动插舌（91）与插口（92）互相咬合或脱离。

11. 如权利要求7所述的大型公用垃圾箱，其特征在于：所述滤水板（5）可以沿着上箱体（2）底部的导轨4水平滑动从而打开上箱体（2）的底部。

12. 如权利要求1、权力要求2、权力要求4、权力要求5、权力要求7~权力要求11中任一项所述的大型公用垃圾箱，其特征在于：所述下箱体（3）上设置排水阀。

说 明 书

大型公用垃圾箱

技术领域

本发明涉及大型公用垃圾箱,尤其涉及大型公用垃圾箱的通风结构。

背景技术

垃圾箱是保证公共卫生和家庭卫生不可或缺的用品,已有很长的发展历史。

常见的家用垃圾桶,记载在CN200920234567.8的实用新型专利(下文简称现有技术1)中,这种垃圾桶(参见说明书附图中的图1)由桶罩11、桶壁12和桶底13组成。桶底13上设有多个通气孔14;桶壁12和桶底13一次性注塑而成。桶口上设有可分离的桶罩11,用于固定垃圾袋。

使用时,先取下桶罩11,将垃圾袋套在垃圾桶上,使得垃圾袋的边缘露出桶壁12的上边缘,然后安装桶罩11,使得桶罩11压住垃圾袋的边缘。通气孔14的设计方便排出垃圾袋与桶壁12、桶底13之间的空气,使垃圾袋在桶内服帖地充分展开;取垃圾袋的时候,空气经通气孔14从底部进入,避免塑料垃圾袋与桶壁12、桶底13之间产生负压,从而可以轻松地取出垃圾袋,不会摩擦弄破垃圾袋。

所以,该实用新型提供了一种通过采用在桶底设置通气孔的结构,可方便取放垃圾袋的垃圾桶。

但是,这种垃圾桶结构仅仅适用于家庭中适用,对于大型公用垃圾箱来说,是不适用的。

为此,申请人之前曾经提出了一种适用于公用的大型垃圾箱,记载在本申请人申请的实用新型CN201220123456.7(下文简称"现有技术2")中,详细结构参见说明书附图中的图2a、图2b。

图2a是自卸式垃圾箱装垃圾状态的正视图;图2b是自卸式垃圾箱卸垃圾状态的正视图。如图2a和图2b所示,该实用新型披露了一种适用于公用的自卸式垃圾箱,该垃圾箱包括可开启的顶盖21、箱体22和底板23,垃圾箱的箱体22下部和底板23均为方形,底板23水平插接在箱体22的底部,底板23的一侧设有把手231,与把手231相对的一侧设有限位块232。箱体22的底部设有供底板23滑动的导轨24。卸垃圾时,拉住底板23的把手231,底板23向一侧水平滑动,垃圾就从箱体22底部自动卸出。所述自卸式垃圾箱不需要把箱体22翻转过来倾倒垃圾,既省力又避免灰尘飞扬。

随着人们生活水平的不断提高,人们不仅关像上述现有技术1提出的存放垃圾袋到垃圾桶中方便的问题或公用大型垃圾箱方便卸除垃圾的问题,更注重涉及人们健康的环境保护问题,无论是家用的还是公用的垃圾箱,垃圾箱产生臭味已经给人们带来烦恼,是亟须解决的问题。

中国实用新型专利CN201020345678.9(下文简称"现有技术3"),公开了一种防臭垃圾桶/箱(参加说明书附图中的图3),其能通过对垃圾进行固液分离以获得防臭的效果。该防臭垃圾桶包括桶盖31、上桶体32和下桶体33,桶盖31上设有垃圾投入口34。下桶体33的上边缘设置成L形台阶状,上桶体32放置在下桶体33的该L形台阶上。上桶体32与其底部一体成型,且上桶体32的底部设置成具有多个滤水孔的滤水板35形式。在使用时,垃圾中的污水经过滤水板35上的滤水孔流至下桶体33中,实现固态物和液态物分离。积存在下桶体 33 中的污水，在需要时集中倾倒。

但是，使用现有技术 3 公开的垃圾箱，当积存在垃圾箱内的垃圾增多时，由于垃圾长时间闷在垃圾箱内，不与外界通风，所以，易产生腐烂、发霉发臭，引发臭味，从而对环境造成恶劣影响。

发明内容

本发明就是为了解决上述现有技术存在的垃圾箱通风效果差、垃圾容易腐化的技术问题而提出的。其目的在于，提供一种通风效果良好的大型公用垃圾箱。

本发明的大型公用垃圾箱包括箱盖、上箱体和下箱体，箱盖上设有垃圾投入口，上述上箱体和下箱体均为顶部开口结构，箱盖盖合在上箱体的顶部开口处，上箱体安装在下箱体上，上箱体底部为水平设置的滤水板，上述垃圾箱还包括开设在下箱体侧壁上部的通风孔。

使用本发明的大型公用垃圾箱，当垃圾倒入垃圾箱后，其中的固态物留在滤水板上，而液态物则经滤水板进入下箱体中，从而上箱体的内部构成固体垃圾存放区，下箱体的内部构成液体垃圾存放区。空气从通风孔进入下箱体，会同垃圾箱内的湿气向上流动，依次经上箱体的滤水板和固体垃圾存放区，最终从垃圾投入口向外排出。

因此，本发明的大型公用垃圾箱与上述现有技术 1、现有技术 2、现有技术 3 相比较，能够在垃圾箱内产生由下而上的对流和内外循环，从而取得了防止垃圾腐化、减少臭味、提高环境清洁度的技术效果。

附图说明

图 1 为现有技术 1 垃圾桶的结构示意图；

图 2 为现有技术 2 自卸式垃圾箱的示意图，其中，图 2a 是自卸式垃圾箱装垃圾状态的正视图；图 2b 是自卸式垃圾箱卸垃圾状态的正视图；

图 3 为现有技术 3 防臭垃圾桶/箱的结构示意图；

图 4 为本申请大型公用垃圾箱的正视图；

图 5 为本申请大型公用垃圾箱的 $A—A$ 截面图；

图 6 为本申请大型公用垃圾箱的设置空心槽状隔条的截面图；

图 7 为本申请大型公用垃圾箱的设置空心槽状隔条的 $B—B$ 截面图（省略滤水板）；

图 8 为本申请大型公用垃圾箱的装垃圾状态的截面图（省略通风结构）；

图 9 为本申请大型公用垃圾箱的卸垃圾状态的截面图（省略通风结构）。

具体实施方式

下文，结合附图 4~9 对本发明做详细说明。

图 4 为本申请大型公用垃圾箱的正视图；图 5 为本申请大型公用垃圾箱的 $A-A$ 截面图。如图 4 和图 5 所示，本发明的大型公用垃圾箱，主要包括箱盖 1、上箱体 2 和下箱体 3。箱盖 1 上设有垃圾投入口 4。上箱体 2 和下箱体 3 均为顶部开口结构，箱盖 1 盖合在上箱体 2 的顶部开口处，上箱体 2 可分离地安装在下箱体 3 上，上箱体 2 的底部为水平设置的滤水板 5。在下箱体 3 的侧壁上部开设有通风孔 6。

在本发明的一个优选实施例中，通风孔 6 最好为两组，并且分别设置在下箱体 3 相对的侧壁上，但是，本发明并不限于此一种结构，例如，还可以采用在四周都开设通风孔 6 的结构。

在使用时，将垃圾倒入垃圾箱后，其中的固态物留在滤水板 5 上，而液态物则经滤水板 5 进入下箱体 3 中，从而上箱体 2 内部构成固体垃圾存放区，下箱体 3 内部构成液体垃圾存放区。空气从通风孔 6 进入下箱体 3，会同垃圾箱内的湿气向上流动，依次经上箱体 2 的滤水板 5 和固体垃圾存放区，最终从垃圾投入口 4 向外排出。在设置了相对的两组通风孔 6 的情况下，空气还可以从一侧的通风孔 6 进入，从另一侧的通风孔 6 排出。通过设置在下箱体 3 的侧壁上部的通风孔 6 以及在箱盖 1 上的垃圾投入口 4，垃圾箱内产生由下而上的对流和内外循环，从而避免了上文提到的现有技术 1、现有技术 2、现有技术 3 中出现的垃圾腐化的问题发生，能更好地减少臭味，提高环境清洁度。

当上箱体 2 内堆积的垃圾较多时，空气流动受到阻碍，不利于湿气及时排出。为解决该问题，进一步提高通风效果，设计出图 6 和图 7 所示的结构。

图 6 为本申请大型公用垃圾箱设置的空心槽状隔条的截面图；图 7 为本申请大型公用垃圾箱设置的空心槽状隔条的 $B-B$ 截面图（省略滤水板）。如图 6 和图 7 所示，在上箱体 2 的侧壁内侧设置多个竖直布置的空心槽状隔条 7，其与上箱体 2 的侧壁之间限定形成多个空气通道。空心槽状隔条 7 的上端与上箱体 2 的上边缘基本齐平，以避免空气通道的入口被垃圾堵塞，其下端延伸至接近滤水板 5。

在使用时，空气从通风孔 6 进入下箱体 3，会同垃圾箱内的湿气向上流动，由于受到上箱体 2 内固体垃圾的阻碍，部分气体从空心槽状隔条 7 与滤水板 5 之间的缝隙进入到空心槽状隔条 7 中，并沿着空心槽状隔条 7 与上箱体 2 的侧壁之间形成的空气通道向上流动，最终从垃圾投入口 4 向外排出，进一步增强了净化环境的效果。

在本发明的一个优选实施例中，可以在下箱体 3 上设置排水阀，这样，可以根据需要及时排出积存在下箱体 3 中的液体垃圾，进一步净化存放垃圾箱的环境，消除人们经过存放垃圾箱的地方可能闻到的垃圾臭味。

此外，也可以在上箱体 2 的侧壁上设置与空心槽状隔条 7 不同的其他通风结构（如通风孔）或者将两种通风结构组合在一起使用。只要能减少臭味，提高环境清洁度的任何通风结构都适用于本发明。

此外，针对垃圾箱卸料的不方便，像现有技术 2 介绍的那样，虽然采用垃圾箱底部装设导轨、底板 3 可相对导轨 4 滑动来卸除垃圾的结构。但是，实践中发现，这种轨道式垃圾箱底部很容易积尘，经常发生底板卡住甚至损坏的问题。

本发明人考虑到实际需要解决此问题的迫切性，构思出底部也就是滤水板 5 可相对垃圾箱的上箱体 2 运动从而打开上箱体 2 底部的结构形式。例如，二者之间可相对转动，解决了现有技术 2 所存在的问题，具体结构参见图 8 和图 9。

图 8 为本申请大型公用垃圾箱的装垃圾状态的截面图（省略通风结构）。

图 9 为本申请大型公用垃圾箱的卸垃圾状态的截面图（省略通风结构）。如图 8 和图 9 所示，滤水板 5 一端通过铰接件 8 与上箱体 2 的侧壁底边连接，相对的另一端通过锁扣件 9 固定在水平闭合位置。

如图 9 所示，当打开锁扣件 9 时，滤水板 5 在重力作用下以铰接件 8 为轴相对于上箱体 2 向下转动从而卸出垃圾。锁扣件 9 包括设置在上箱体 2 侧壁上的活动插舌 91 和对应设置在滤水板 5 上的插口 92，所述活动插舌 91 与插口 92 可以互相咬合或脱离。

至于锁扣件 9 的结构，还可以采用其他形式，各种现有的锁扣件均适用于本发明。

当垃圾箱内垃圾装满需要清理时，吊起上箱体 2，使得上箱体 2 与下箱体 3 分离；当上箱体 2 被移至合适位置后，打开锁扣件 9，滤水板 5 在重力作用下以铰接件 8 为轴向下转动，打开上箱体 2 的底部，内部的固体垃圾掉落到垃圾车或者传送带上运走。下箱体 3

内的液体垃圾则另行处理。

与导轨结构的现有技术 2 的垃圾箱相比，本发明的垃圾箱，其底部不容易损坏，使用寿命更长。

特别需要说明的是，本发明的大型垃圾箱的箱体，并不限于本说明书中所设计的具体形式，其他垃圾箱也可以采用上述底部结构。

说 明 书 附 图

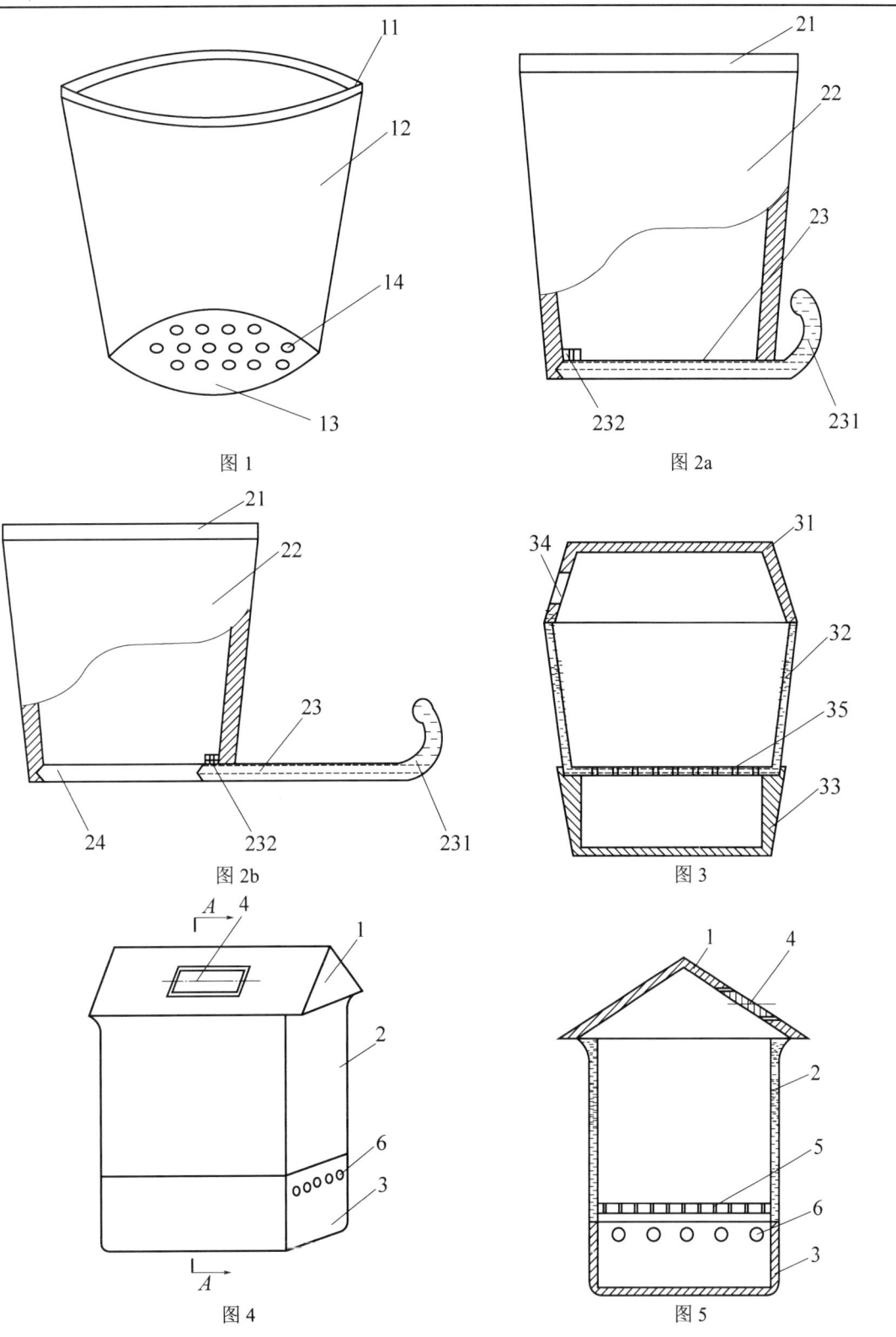

图 1

图 2a

图 2b

图 3

图 4

图 5

说 明 书 附 图

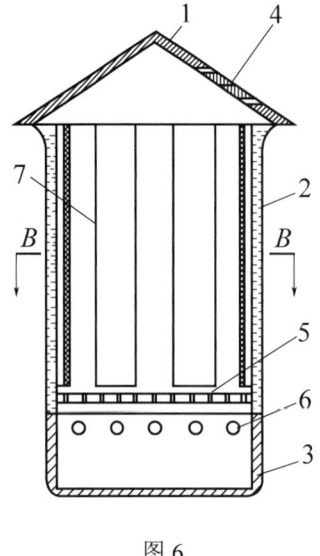

图 6

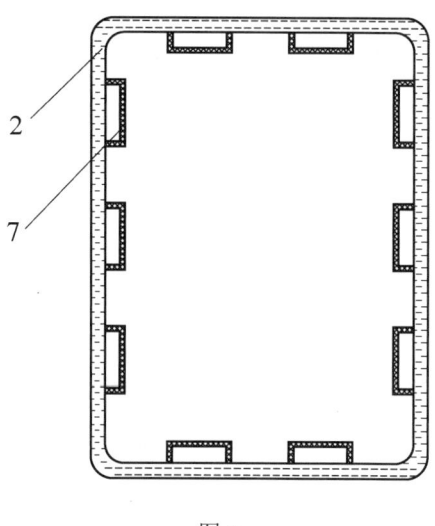

图 7

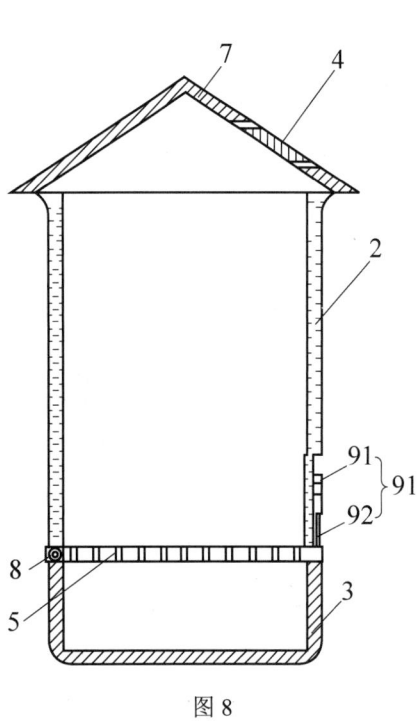

图 8

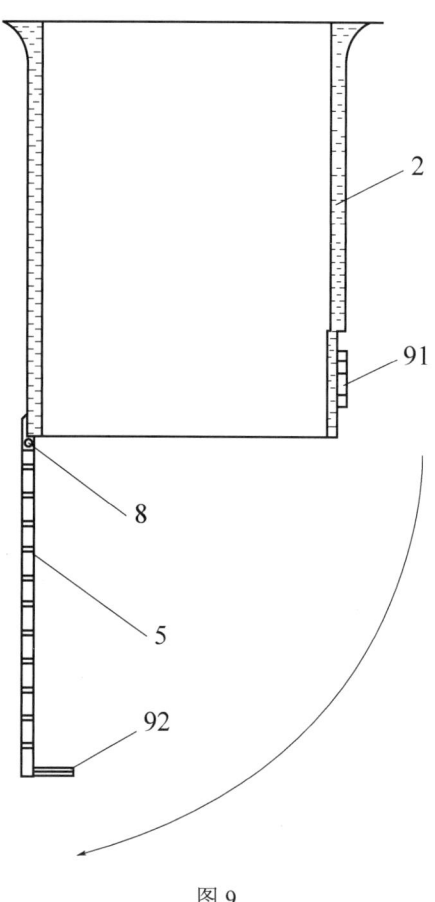

图 9

说 明 书 摘 要

一种大型公用垃圾箱，主要包括箱盖（1）、上箱体（2）和下箱体（3），所述箱盖（1）上设有垃圾投入口（4），所述上箱体（2）和下箱体（3）均为顶部开口结构，箱盖（1）盖合在上箱体（2）的顶部开口处，上箱体（2）安装在下箱体（3）上，上箱体（2）底部为水平设置的滤水板（5），所述垃圾箱还包括开设在下箱体（3）侧壁上部的通风孔（6）。本申请的垃圾箱通过通风孔和垃圾投入口使得在垃圾箱内产生由下而上的对流和向外循环，从而防止垃圾腐化，减少臭味。

摘 要 附 图

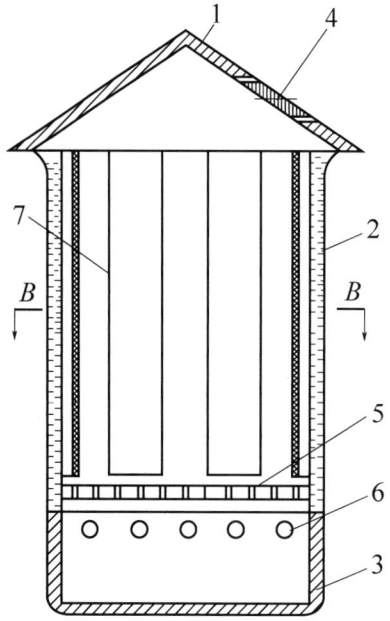

权　利　要　求　书　　　　　　　　　（第二件申请）

1′. 一种垃圾箱，包括箱体和底部，其特征在于：所述底部可以相对于箱体向下转动从而打开箱体的底部以卸出垃圾。

2′.如权利要求 1′ 所述的垃圾箱，其特征在于：所述底部的一端通过铰接件（8）与箱体的侧壁底边连接，相对的另一端通过锁扣件（9）固定在水平闭合位置。

3′.如权利要求 2′ 所述的垃圾箱，其特征在于：所述锁扣件（9）包括设置在箱体侧壁上的活动插舌（91）和对应设置在底部上的插口（92），所述活动插舌（91）与插口（92）互相咬合或脱离。

4′. 如权利要求 1′~3′ 中任一项所述的垃圾箱，其特征在于：所述箱体包括上箱体（2）和下箱体（3），所述上箱体（2）和下箱体（3）均为顶部开口结构，所述的垃圾箱还包括箱盖（1），所述箱盖（1）盖合在所述上箱体（2）的顶部开口处，其上设有垃圾投入口（4），所述上箱体（2）安装在下箱体（3）上，上箱体（2）底部为水平设置的滤水板（5），所述滤水板（5）构成了垃圾箱的所述底部。

5′. 如权利要求 4′ 所述的垃圾箱，其特征在于：所述上箱体（2）可分离地安装在下箱体（3）上。

6′. 如权利要求 4′ 所述的垃圾箱，其特征在于：所述下箱体（3）上设置排水阀。

第三部分

专利代理实务模拟练习

专利代理实务模拟练习题一

无效与撰写实务试题

试题说明

本专利代理实务模拟试题包括无效实务题和撰写实务题两部分。

第一题　无效实务题

专利权人刘某拥有一项其自行撰写的实用新型专利，名称为"纸碗"，专利号为ZL201020654321.7。

某请求人针对该专利于2010年8月4日向原专利复审委员会提出无效宣告请求，请求宣告该专利全部无效。请求人在提出无效请求的同时提交了对比文件1和对比文件2。

随后，请求人于2010年9月12日提交了补充意见和对比文件3。

假设应试者所在专利代理机构在接受专利权人刘某委托后，指派应试者具体承办该无效案件。要求应试者：

1. 针对无效宣告请求撰写一份正式提交专利复审委员会的意见陈述书；
2. 修改权利要求书；
3. 简述《专利法》《专利法实施细则》及《专利审查指南2010》中关于无效期间专利文件修改的有关规定。

应试者针对无效宣告请求撰写意见陈述书时可结合修改后的权利要求书进行，并应当依据《专利法》《专利法实施细则》和《专利审查指南 2010》的相关规定及本试卷所提供的事实进行有理有据的答辩。

第二题　撰写实务题

假设客户委托应试者所在专利代理机构代理一件发明专利申请，同时提供了其发明的"纸碗"的技术说明（见 ZL201020654321.7 的说明书），并提供了三份对比文件（见对比文件1、对比文件2、对比文件3）。专利代理机构接受该委托后指定应试者具体办理该项专利申请事务。

请应试者根据客户所提供的技术说明，考虑对比文件1~3所反映的现有技术，为客户撰写一份发明专利申请的权利要求书。所撰写的发明专利申请权利要求书应当既符合《专利法》《专利法实施细则》《专利审查指南2010》的相关规定，又具有尽可能宽的保护范围，以最大限度地维护申请人利益。

如果所撰写的发明专利申请权利要求书中包含两项或者两项以上独立权利要求，请简述这些独立权利要求能够合案申请的理由。如果应试者认为该申请的一部分内容不能通过合案申请提出，则应当进行相应说明，并撰写出另行申请的独立权利要求。

应试者撰写的权利要求书中涉及零部件时，应当在其后面标注说明书附图中给出的该零部件的标号。

答题须知

1. 作为模拟练习，应试者在完成无效实务题及撰写实务题时应当接受并仅限于本试卷所提供的事实。同时，应试者在完成无效实务题的过程中不必考虑本试卷提供的三份专利文件的真实性问题，应将其均视为真实、公开的专利文件。

2. 应试者应当将无效实务题和撰写实务题的答案写在正式答题卡的答题区域内。

实用新型专利的授权公告文件

（19）中华人民共和国国家知识产权局

（12）实用新型专利

（10）授权公告号 CN 201612345 U
（45）授权公告日 2010 年 7 月 11 日

（21）申请号 201020654321.7
（22）申请日 2010.01.21
（73）专利权人 刘某
（其余著录项目略）

权　利　要　求　书

1．一种纸碗，由碗体、碗底组成，其特征在于：在所述碗体上形成多个凸纹。

2．一种纸碗，由碗体、碗底组成，其特征在于：所述碗体外侧粘附隔热纸层。

3．如权利要求 2 所述的纸碗，其特征在于：所述碗体的上端还具有由所述碗体顶端向外伸张的上缘部。

4．一种纸碗，由碗体、碗底组成，其特征在于：所述碗体包容所述碗底边缘，形成底座。

5．根据权利要求 1 所述的纸碗，其特征在于：在所述底座的内侧粘压有平行滚花痕迹。

说 明 书

纸 碗

技术领域

［001］本实用新型涉及一种以纸为原材料制作的餐具,更具体地涉及一种以纸为原材料制作的纸碗。

背景技术

［002］随着人们生活节奏的不断加快,快餐已被越来越多的人所接受。现有技术的快餐盒多为保丽龙制作,使用后易造成环境污染,因而已被禁用。

［003］作为一种快餐用具的碗,常用的这种碗有塑料碗,基本上包括一碗体和碗底,但这种碗通常隔热效果较差。当碗体内盛装温度比较高的食品时,由于碗体较烫,不利于使用者端持碗体。而且现有碗体的上端由一层碗体构成,较为锐利,使用者不小心时容易划破嘴。

实用新型内容

［004］本实用新型为解决上述问题,提供了一种纸碗,该纸碗由碗体、碗底组成,在所述碗体上形成多个凸纹构成;在所述碗体外侧形成隔热纸层构成。

附图说明

［005］图1是本实用新型第一实施例的结构示意图；

［006］图2是本实用新型第二实施例的外观立体图；

［007］图3是本实用新型第三实施例的示意图；

［008］图4是本实用新型第四实施例的示意图；

［009］图5是图4中A-A的截面图。

具体实施例

［010］下面结合附图对本实用新型作进一步详述。

第一实施例

［011］图1是本实用新型第一实施例的结构示意图。

［012］如图1所示,本实用新型第一实施例的碗100是选用PE淋膜纸作为原材料制成,该实施例的纸碗100主要包括：碗体1；与该碗体1按照下述方法制成一体的碗底2,碗体1由碗底2向上延伸而且逐渐扩张；以及由碗体1顶端向外伸张的上缘部6,由于具有上缘部6,因此使得碗体上端不会较为锋利,便于使用者用嘴进食碗体中的食物而不会伤到嘴。

［013］制造纸碗100时,碗底2为一圆形板体,碗底边缘8向下可折大约80～90度,最好是折85度；其碗体1为筒体,用扇形纸板,卷筒重叠通过超声波进行熔化、而后施压粘合成筒状体。

［014］另外,在碗体1的外侧还粘附有一隔热纸板层3；碗体1下部圆的直径与碗底2的直径相配合,最好是相同,包容碗底边缘8,内折180度形成底座,在底座的内侧粘压有平行滚花痕迹7,以增加其黏合度。这样得到的纸碗碗底较传统碗底更为坚固,更利于盛装食物。碗体1上端部外翻折为大于270度的完全卷边,构成上缘部6,该构成上缘部6的卷边最好是大于360度,其直径大约为5mm。借此,得到上述的纸碗100。

［015］另外,隔热纸板层3可以是瓦楞纸板,也可以是白纸板,都能获得同样的隔热

效果。通过在碗体外层粘附一层隔热纸板层就可达到使碗体隔热的效果，而且粘贴隔热纸板层的加工制造工艺简单，成本较低。

第二实施例

[016] 请参阅图 2，该图为本实用新型的另一较佳实施例的外观立体图，该实施例的纸碗 200 主要由碗体 21、与该碗体 21 一体成形的碗底 22，以及由碗体 21 顶端向外伸张的上缘部 26 组成，所述碗体 21 由碗底 22 向上延伸而且逐渐扩张，在碗体 21 外侧面具有多个通贯该碗体 21 的上缘部 26 和碗底 22 相接的凸纹 24。

[017] 由于形成凸纹 24 的碗体 21 部分的壁厚大于碗体 21 上没有凸纹的部分的壁厚，因此，相对地也具有较佳的隔热效果。又，碗体 21 的外侧面上具有多个凸纹 24，这些凸纹 24 以预定间隔排列，使得使用者的手端持着碗体 21 时会大部分和凸纹 24 接触，故可达到隔热的功效。

第三实施例

[018] 请参阅图 3，该图为另一较佳实施例的结构示意图。该实施例的纸碗 300 主要由碗体 31、与该碗体 31 一体成形的碗底 32 以及由碗体 31 顶端向外伸张的上缘部 36 组成，所述碗体 31 由碗底 32 向上延伸而且逐渐扩张，碗体 31 和碗底 32 的结构与第一实施例相同。并且与第一实施例相同或相应的部分，用标号 3 加上相应的标号，例如，第一实施例的标号 7 表示在底座的内侧粘压的平行滚花痕迹，而在该实施例中则用相应的标号 37 表示。

[019] 在碗体 31 外侧套插外层 33，该外层 33 上端与碗体 31 上端接触，下端向内形成卷曲并与碗体下端接触，从而在外层 33 与碗体 31 之间形成上小下大的间隙 39，间隙 39 产生了隔热效果，当热物体置入碗体内时，碗体内的热量不会传到外层，从而达到隔热效果。

[020] 为了确保在外层 33 与碗体 31 之间形成上小下大的间隙 39，外层 33 的下端向内卷曲 90～360 度，最佳是 100～180 度，这样在外层 33 与碗体 31 之间形成上小下大的间隙 39。

[021] 外层 33 可以采用各种纸板或其他合适的材料。

第四实施例

[022] 请参阅图 4、图 5。本实施例是对第三实施例的进一步改进，与第一、第三实施例相同或相应的部分，用标号 4 加上相应的标号表示，例如，第三实施例的标号 31、32、33、36、37 等，在本实施例中则用相应的标号 41、42、43、46、47 等分别给予表示。因此，其含义参见第一、第三实施例，这里省略对其的详细说明。下面仅叙述与第三实施例的不同之处。

[023] 本实施例的碗体 41 的结构与第三实施例相同，改进之处在于在碗体 41 和外层 43 之间的间隙 49 之间增设支撑体 45，该支撑体 45 环绕于碗体 41 与外层 43 之间的间隙 49 中，与碗体 41 的外侧和外层 43 的内侧分别粘合。

[024] 所述支撑体可以采用瓦楞纸或其他合适的材料制成。

[025] 本实施例通过在碗体与外层之间的间隙中增设支撑体，可以增强纸碗的强度，防止握紧时碗体易瘪的缺陷，并能进一步提高纸碗的隔热、防烫效果。

[026] 这里本实用新型的描述和应用是说明性的。本领域技术人员应该清楚的是，在不脱离本实用新型的精神或宗旨下，可以作出各种改变或变形。本实用新型可以以其他形式、结构、布置、比例，以及用其他元件、材料和部件来实现。

说 明 书 附 图

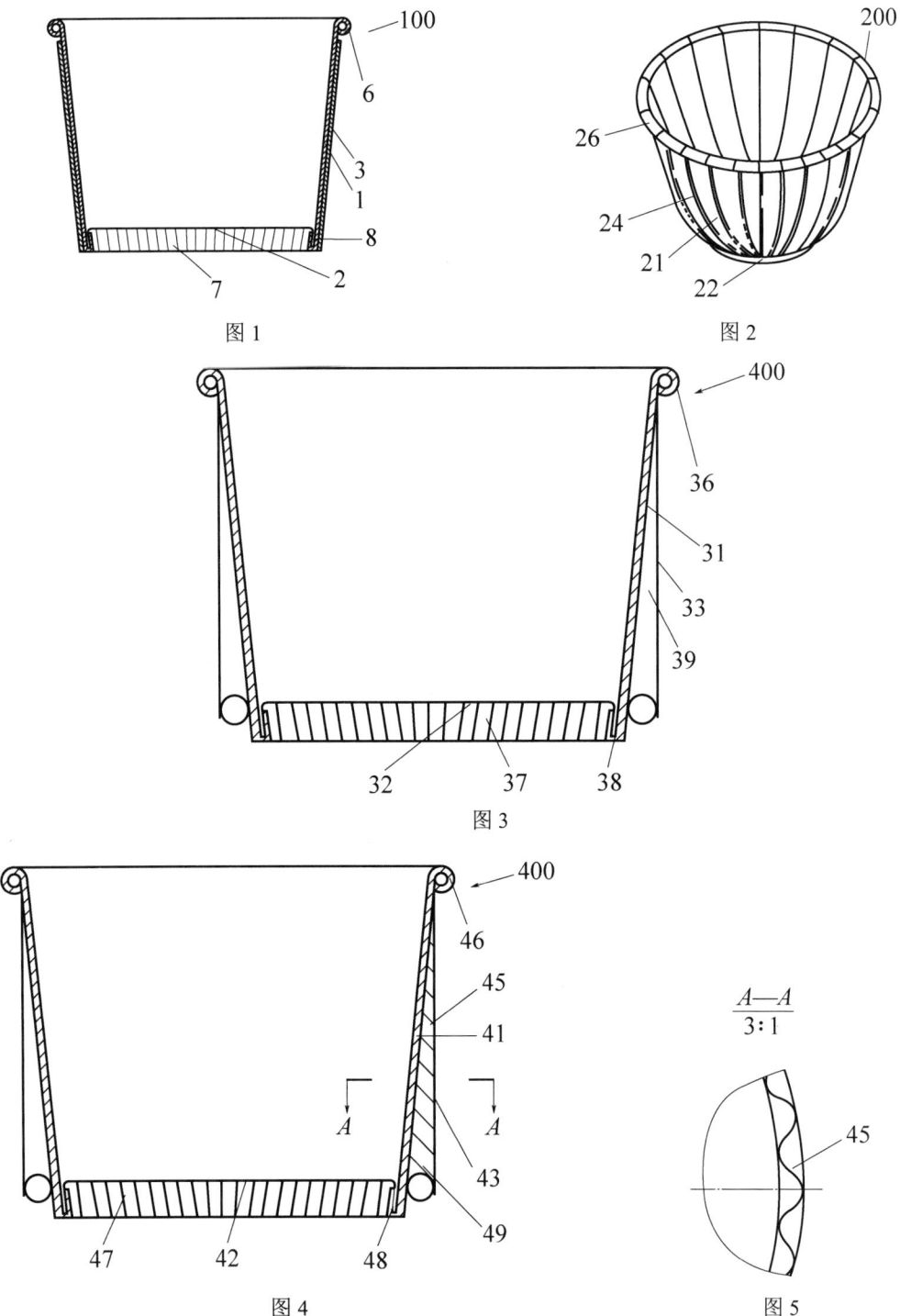

专利权无效宣告请求书所附的具体意见陈述

根据《专利法》第四十五条及《专利法实施细则》第六十五条的规定，本请求人现请求宣告专利号为 ZL201020654321.7、名称为"纸碗"的实用新型专利全部无效，具体理由如下：

1. 权利要求 1 不具备新颖性和创造性

权利要求 1 请求保护一种纸碗，对比文件 1 公开了一种纸碗 1，由碗体 2、碗底 3 组成，在碗体上具有多个凸肋（相当于本实用新型的凸纹）构成。由此可见，对比文件 1 公开了权利要求 1 的全部技术特征，权利要求 1 不具备《专利法》第二十二条第二款规定的新颖性。

由于权利要求 1 不具备新颖性，自然权利要求 1 也不具备《专利法》第二十二条第三款规定的创造性。

2. 权利要求 2 不具备新颖性和创造性

对比文件 2 公开了一种纸碗，由碗体 1 和碗底 2 组成，在碗体 1 的外侧还粘附有一隔热纸板层 3。隔热纸板层 3 可以是瓦楞纸板等各种合适的隔热材料。由此可见，对比文件 2 公开了权利要求 2 的全部技术特征，权利要求 2 不具备《专利法》第二十二条第二款规定的新颖性。

由于权利要求 2 不具备新颖性，自然权利要求 2 也不具备《专利法》第二十二条第三款规定的创造性。

3. 权利要求 3 不具备创造性

权利要求 3 引用了权利要求 2，其限定部分的附加技术特征为：所述碗体的上端还具有由所述碗体顶端向外伸张的上缘部。然而这一特征已经被对比文件 1 公开了，且该特征在对比文件 1 中的作用与其在本实用新型中为解决其技术问题所起的作用相同。由此可见，在对比文件 2 的基础上结合对比文件 1 得到权利要求 3 请求保护的技术方案对本领域技术人员而言是显而易见的。权利要求 3 不具备《专利法》第二十二条第三款规定的创造性。

4. 独立权利要求 1、独立权利要求 2 和独立权利要求 4 之间不具有单一性

独立权利要求 1、独立权利要求 2 和独立权利要求 4 之间的相同技术特征为：纸碗，由碗体和碗底组成。然而这些特征已经被对比文件 1 公开了。因此，这些相同技术特征不是对现有技术作出贡献的特定技术特征，也就是说这三个独立权利要求之间没有相同的特定技术特征，不具备《专利法》第三十一条第一款的规定。

5. 权利要求 5 不清楚

权利要求 5 引用了权利要求 1，其限定部分的附加技术特征为"在所述底座的内侧粘压有平行滚花痕迹"，然而在此之前并没有出现特征"底座"，本领域技术人员也无法确定"底座"与纸碗其他部件之间的位置关系。因此，权利要求 5 保护范围不清楚，不符合《专利法》第二十六条第四款的规定。

综上所述，该专利的权利要求 1、权利要求 2 不具备《专利法》第二十二条第二款、第三款规定的新颖性和创造性，权利要求 3 不具备《专利法》第二十二条第三款规定的创造性，权利要求 5 不符合《专利法》第二十六条第四款的规定，独立权利要求 1、权利要求 2 和权利要求 4 之间不符合《专利法》第三十一条第一款规定的单一性，因此，请求专利复审委员会宣告该实用新型专利全部无效。

请求人：张　某

2010 年 8 月 4 日

对比文件1

[19] 中华人民共和国国家知识产权局

[12] 实用新型专利说明书
专利号 ZL200520112224.5

[45] 授权公告日　2006 年 7 月 18 日

[11] 授权公告号 CN 2423465Y

[22] 申请日　2005 年 7 月 22 日
[21] 申请号　200520112224.5
[73] 专利权人　××公司
（其余著录项目略）

[74] 专利代理机构

对比文件1说明书相关内容

本实用新型的纸碗 1 包括碗体 2 和与该碗体 2 一体成形的碗底 3。碗体 2 由碗底 3 向上延伸而且逐渐扩张，以及由碗体 2 顶端具有向外伸张卷曲的上缘部 4，上缘部 4 的存在可以防止由于碗体上端锋利而划破使用者嘴的现象；在碗体 2 外侧面具有多个通贯该碗体 2 的上缘部 4 和碗底 3 相接的凸肋 5。由于凸肋 5 的存在，可使得手指与碗体 1 的接触面积减小，从而起到防烫的功效，使得使用者不会因纸碗内的食物太烫而不能长时间端持纸碗。

对比文件1附图

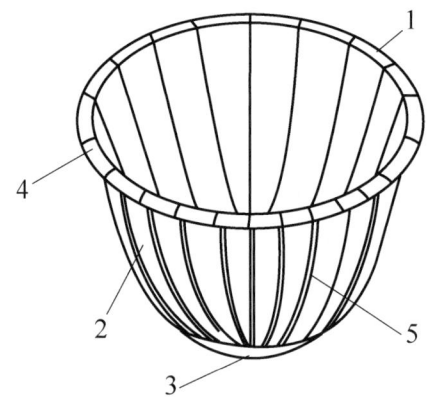

对比文件 2

（19）中华人民共和国国家知识产权局

[12] 发明专利申请公开说明书

[10] 申请公布号 CN 1358642 A

[43] 申请公布日 2010 年 7 月 22 日

[21] 申请号 201010006386.5

[22] 申请日 2010 年 1 月 22 日

[30] 优先权数据
    2009-276543 2009.11.08 JP

[71] 申请人 ××包装公司

（其余著录项目略）

对比文件 2 说明书相关内容

本发明的纸碗由碗体 1 和碗底 2 组成，在碗体 1 的外侧还粘附有一隔热纸板层 3。

另外，隔热纸板层 3 可以是瓦楞纸板等各种合适的隔热材料，都能获得同样的隔热效果。这样用户在使用纸碗时，不会被内装的热食品烫到。

对比文件 2 附图

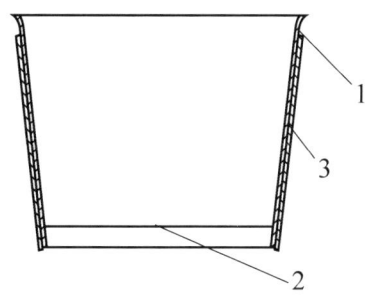

请求人张某于 2010 年 9 月 12 日提交的补充意见陈述书

专利复审委员会：

  本请求人于 2010 年 8 月 4 日针对该专利提出了无效宣告请求，并结合所提交的对比文件 1、对比文件 2 详细说明了请求无效的理由，现补充提交对比文件 3 证明权利要求 2、权利要求 3 不具备新颖性和创造性，具体理由如下：

  对比文件 3 公开了一种纸碗，包括碗体和碗底，碗体 1 顶端向外卷曲的上缘部，在碗体的外部粘贴有纸板层。该纸板层起到隔热作用，在碗体内盛装温度较高的食品时，用于防止使用者在端取纸碗时被烫。由此可见，对比文件 3 公开了权利要求 2 和 3 的全部技术特征，权利要求 2、权利要求 3 不具备《专利法》第二十二条第二款规定的新颖性。由于权利要求 2、权利要求 3 不具备新颖性，自然权利要求 2、权利要求 3 也不具备《专利法》第二十二条第三款规定的创造性。

  综上所述，请求专利复审委员会宣告该实用新型专利全部无效。

请求人：张 某
2010 年 9 月 12 日

对比文件 3

[19] 中华人民共和国国家知识产权局

[12] 实用新型专利说明书

[21] ZL 专利号 200320142123.5

[45] 授权公告日　2004 年 7 月 18 日	[11] 授权公告号　CN 2423754 Y
[22] 申请日　2003 年 7 月 22 日 [21] 申请号　200320142123.5 [73] 专利权人　××公司 （其余著录项目略）	[74] 专利代理机构

对比文件 3 说明书相关内容

如附图所示，图 1 是本实用新型正视图；图 2 是图 1 的正面剖视图；本实用新型公开了一种纸碗，包括碗体 1 和碗底，碗体 1 顶端向外卷曲形成纸碗的上缘部 3，上缘部 3 的存在可以防止由于碗体上端锋利而划破使用者嘴的现象；在碗体的外部粘贴有纸板层 2。该纸板层 2 起到隔热作用，在碗体内盛装温度较高的食品时，用于防止使用者在端取纸碗时被烫。

对比文件 3 附图

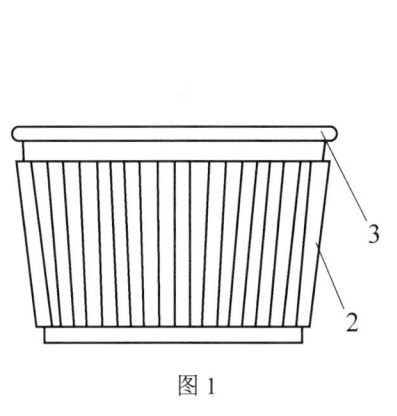

图 1

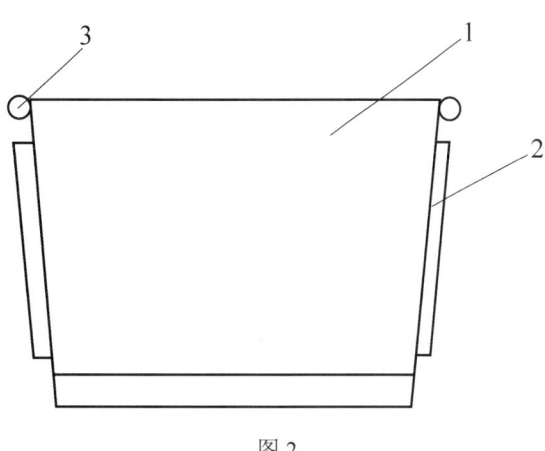

图 2

专利代理实务模拟练习题一答题要点及范文

一、总体考虑

"纸碗"试题包括无效实务和撰写实务两题。无效实务题主要测试应试者针对无效宣告请求撰写"意见陈述书"的能力,以及对无效期间权利要求书修改及相关规定和相关法律知识的掌握情况。撰写实务题主要测试应试者是否掌握撰写既符合《专利法》《专利法实施细则》及《专利审查指南2010》的有关规定,又能够为委托人谋求尽可能充分保护范围的权利要求书的基本技巧。

二、无效实务题

无效实务题部分要求应试者完成三项内容:①针对无效宣告请求撰写一份正式提交专利复审委员会的"意见陈述书";②修改专利权利要求书;③简述《专利法》《专利法实施细则》以及《专利审查指南2010》中关于无效期间专利文件修改的有关规定。

(一)撰写针对无效宣告请求的"意见陈述书"

针对无效宣告请求撰写"意见陈述书"之前,需要认真阅读实务试题所给定的素材,从而全面了解请求宣告专利权无效的理由和事实。阅读理解试题素材过程中应关注以下几个方面的问题:请求人提出了几项无效理由,提出的无效理由是否属于《专利法实施细则》第六十五条第二款规定的范围;请求人提出补充意见和证据的时间是否符合《专利法实施细则》第六十七条关于举证期限的规定;分析被请求宣告无效专利的权利要求书在撰写上是否存在问题,是否清楚地表述了请求保护的范围;针对三份对比文件,需要关注其公开时间、是否具有优先权及所披露的技术内容,判断其是否构成被请求宣告无效专利的现有技术,是否对被请求宣告无效专利的新颖性、创造性构成影响。

根据"纸碗"无效实务试题所给定的素材,通过分析可以得出以下结论:对比文件2只会有可能构成被请求宣告无效专利的抵触申请,而不能用于评价其创造性;对比文件3的提交时间超出了提出无效宣告请求之日起一个月的举证期限;无效宣告请求中提出的不符合单一性不属于无效请求理由;被请求宣告无效专利的权利要求1和权利要求2相对于对比文件而言缺乏新颖性;被请求宣告无效专利权利要求书的撰写存在缺陷。

在阅读分析"纸碗"实务试题素材的基础上,确定出应对请求宣告无效的策略为:对被请求宣告无效专利的权利要求书进行适当修改,以达到部分维持专利权的目标;结合修改后的权利要求书针对无效宣告请求进行意见陈述,具体论述经过修改的权利要求书符合《专利法》第二十二条第二款和第三款以及《专利法》第二十六条第四款的规定;请求专利复审委员会在修改后的权利要求书的基础上进行审查并依法维持专利权有效。

鉴于对权利要求书进行了修改,因此还有必要对修改内容和该修改符合《专利法》及《专利法实施细则》相关规定进行陈述。另外,应试者应当在意见陈述书中具体分析并明确指出:对比文件2不能用于评价被请求宣告无效专利的创造性;不符合单一性不属于无效宣告请求理由;对比文件3的提交时间超出了举证期限等问题。同时,所撰写的"意见陈述书"应当条理清楚、有理有据、针对性强、逻辑清晰。

针对请求宣告无效的意见陈述书范文

专利复审委员会:

专利权人接到专利复审委员会转来的请求人张某于2010年8月4日提交的"专利权请求宣告无效书"及所附对比文件1和对比文件2,随后又收到请求人于2010年9月12日提交的补充意见及对比文件3。现针对无效请求人所提出的请求宣告本专利权无效的理由和证据进行答辩。具体答辩意见如下:

一、关于证据

对比文件1:授权公告日早于本实用新型专利的申请日,构成本专利的现有技术;

对比文件2:其申请日为2010年1月22日,公开日为2010年7月22日,均晚于本专利的申请日,但其优先权日2009年11月8日早于本实用新型专利的申请日(2010年01月21日),时间上符合抵触申请的要求,只可能被用于评价本专利的新颖性,而不可能与其他对比文件结合用于评价本专利的创造性;

对比文件3:无效宣告请求人于2010年8月4日提出无效宣告请求,其又于2010年9月12日提交了补充意见及对比文件3。由此看出,对比文件3的提交时间超出了请求人提出无效宣告请求之日起一个月的举证期限,专利复审委员会应当对其不予考虑。

二、关于权利要求的修改

专利权人对权利要求书进行了修改,将权利要求1~3删除,保留原独立权利要求4作为新的独立权利要求1,保留原权利要求5作为从属权利要求2,并修改顺序编号。

关于保留从属于原权利要求1的原权利要求5,改为从属于原独立权利要求4,专利权人认为,上述修改属于明显错误的修正,符合《专利审查指南2010》第四部分第三章4.6.2无效程序中专利文件的修改方式的规定。具体理由如下:根据《专利审查指南2010》第一部分第二章8.(1)中关于明显错误的定义,"所谓明显错误,是指不正确的内容可以从原说明书、权利要求书的上下文中清楚地判断出来,没有作其他解释或者修改的可能",原权利要求5引用原权利要求1属于明显错误,这是因为,一方面,从原权利要求书的撰写来看,权利要求1和权利要求2是独立权利要求,权利要求3是独立权利要求2的从属权利要求,权利要求4是独立权利要求,从撰写顺序上说,从属权利要求5一般应为独立权利要求4的从属权利要求,而实际上权利要求5是独立权利要求1的从属权利要求;另一方面,从实体内容上来说,从属权利要求5中所限定的"底座"在独立权利要求1中没有出现,甚至在独立权利要求2和从属权利要求3中也没有出现,该技术特征只有在独立权利要求4中才出现,从属权利要求5应当为独立权利要求4的从属权利要求。综上,原权利要求5引用原权利要求1属于应予修正的明显错误的情形。因而,保留原从属权利要求5,使之在修改后的权利要求书中从属于独立权利要求1(即原独立权利要求4)。

因此,修改没有超出原说明书和权利要求书记载的范围,也没有扩大原专利的保护范围,符合《专利法》《专利法实施细则》和《专利审查指南2010》中关于无效审查期间对专利文件进行修改的各项规定。专利权人请求专利复审委员会在修改后的权利要求书的基础上进行审查。

三、关于修改后的权利要求

专利权人相信,经过修改的独立权利要求1和权利要求2符合《专利法》《专利法实施细则》的各项规定,符合《专利法》第二十二条第二款、第三款以及《专利法》第二十六条第四款的规定。

具体理由如下：

1. 修改后的权利要求1和权利要求2符合《专利法》第二十六条第四款的规定

独立权利要求1清楚记载了技术方案中所包含的各个部件及其位置连接关系及功能，该权利要求所请求保护的范围是清楚的，符合《专利法》第二十六条第四款的规定。

权利要求2引用权利要求1，其限定部分的附加技术特征为"在所述底座的内侧粘压有平行滚花痕迹"，是对权利要求1中"底座"的进一步限定，保护范围清楚，符合《专利法》第二十六条第四款的规定。

2. 对比文件1不能破坏修改后的权利要求1和权利要求2的新颖性和创造性

对比文件1公开了一种纸碗1由碗体2、碗底3组成。独立权利要求1要求保护的纸碗与对比文件1所公开的纸碗相比，存在以下区别：所述碗体包容所述碗底边缘，形成底座。由此看出，独立权利要求1所要保护的纸碗技术方案不同于对比文件1中所公开的技术方案。所以，独立权利要求1相对于对比文件1而言，具备《专利法》第二十二条第二款所规定的新颖性。

从属权利要求2是引用在前的独立权利要求1的从属权利要求，由于其引用的独立权利要求1相对于对比文件1具备新颖性，因此，权利要求2所要求保护的技术方案具备《专利法》第二十二条第二款规定的新颖性。

至于创造性，专利权人认为，如上所述，独立权利要求1所要保护的纸碗与对比文件1中所公开的技术方案相比，存在很大区别：所述碗体包容所述碗底边缘，形成底座。这些区别特征的引入可达到碗底更为坚固的有益效果。而对比文件1中的"碗底3"是"与该碗体2一体成形的"，不存在碗体包容碗底边缘形成底座的情形，也没有给出采用这些区别特征解决上述技术问题的任何相关教导或启示，采用这些区别特征解决上述技术问题也并非本领域技术人员容易想到的。因此独立权利要求1相对于对比文件1而言具有实质性特点和进步，具备创造性，符合《专利法》第二十二条第三款的规定。

权利要求2是权利要求1的从属权利要求，在其引用的独立权利要求1具备创造性的情况下，权利要求2也具备《专利法》第二十二条第三款规定的创造性。

3. 对比文件2也不能破坏修改后的权利要求1和权利要求2的新颖性

由于对比文件2的申请日和公开日均晚于本专利的申请日，其优先权日早于本专利的申请日，需要核实对比文件2的优先权是否成立。如果优先权不成立，则不能用来评价本专利的新颖性；即使优先权成立，专利权人也认为：相对于对比文件2而言，修改后的独立权利要求1和从属权利要求2具备《专利法》第二十二条第二款所规定的新颖性。具体理由如下：

对比文件2公开的纸碗由碗体1和碗底2组成，修改后的独立权利要求1所述纸碗与对比文件2所公开纸碗相比，存在以下区别特征：所述碗体包容所述碗底边缘，形成底座。上述内容并没有被对比文件2所披露，由此看出，修改后的权利要求1所述纸碗不同于对比文件2中公开的纸碗。所以，修改后的独立权利要求1相对于对比文件2而言具备《专利法》第二十二条第二款所规定的新颖性。

从属权利要求2是引用在前的独立权利要求1的从属权利要求，由于其引用的独立权利要求1相对于对比文件2具备新颖性，因此，权利要求2所要求保护的技术方案具备《专利法》第二十二条第二款规定的新颖性。

4. 关于单一性

无效请求人在无效请求中指出权利要求1,独立权利要求2,独立权利要求4不具备单一性。

专利权人认为：

首先，《专利法实施细则》第六十五条第二款规定的无效理由中不包括《专利法》第三十一条第一款，也就是说单一性不是无效理由，因此，专利复审委员会应当对此不予考虑。

其次，修改后的权利要求书中只包括一项独立权利要求和一项从属权利要求，也不存在单一性问题。

综上所述，专利权人认为修改后的独立权利要求1和从属权利要求2符合《专利法》及《专利法实施细则》的有关规定，无效请求人所提出的无效理由均不成立，因此请求专利复审委员会在此修改文本的基础上维持本专利权有效。

××××代理公司

××××年××月××日

（二）修改专利权利要求书

对"纸碗"无效实务试题给定素材进行分析可知，无效宣告请求的理由部分成立。在此情况下，应当对被请求宣告无效专利的权利要求书进行适当修改。

在对专利权利要求书进行修改时，除了必须遵循《专利法》第三十三条等规定外，还应当特别注意：修改应当仅限于专利权利要求书，且不得扩大原专利的保护范围；一般不得增加未包含在授权的权利要求书中的技术特征；不得删除技术特征；不得对主题名称或技术特征进行改变。修改权利要求书的具体方式一般限于专利权利要求的删除、技术方案的删除、权利要求的进一步限定、明显错误的修正。虽然将从属权利要求 3 提升为独立权利要求也可以避免此次无效理由，然而，无效请求人提交的对比文件 3 已经公开了权利要求 3 的全部特征，因此，即使不删除权利要求 3，也有可能被再次无效。

修改后的权利要求书范文

1. 一种纸碗，由碗体、碗底组成，其特征在于：所述碗体包容所述碗底边缘，形成底座。

2. 根据权利要求 1 所述的纸碗，其特征在于：在所述底座的内侧粘压有平行滚花痕迹。

（三）关于无效期间专利文件修改的有关规定

《专利法》相关规定：

第三十三条　申请人可以对其专利申请文件进行修改，但是，对发明和实用新型专利申请文件的修改不得超出原说明书和权利要求书记载的范围，对外观设计专利申请文件的修改不得超出原图片或者照片表示的范围。

《专利法实施细则》相关规定：

第六十九条　在无效宣告请求的审查过程中，发明或者实用新型专利的专利权人可以修改其权利要求书，但是不得扩大原专利的保护范围。

发明或者实用新型专利的专利权人不得修改专利说明书和附图，外观设计专利的专利权人不得修改图片、照片和简要说明。

《专利审查指南2010》相关规定：

1. 修改原则

发明或实用新型专利文件的修改仅限于权利要求书，其原则是：

（1）不得改变原权利要求的主题名称；

（2）与授权的权利要求相比，不得扩大原专利的保护范围；

（3）不得超出原说明书和权利要求书记载的范围；

（4）一般不得增加未包含在授权的权利要求书中的技术特征。

2. 修改方式

在满足上述修改原则的前提下，修改权利要求书的具体方式一般限于权利要求的删除、技术方案的删除、权利要求的进一步限定、明显错误的修正。

权利要求的删除是指从权利要求书中去掉某项或者某些项权利要求，如独立权利要求或者从属权利要求。

技术方案的删除是指从同一权利要求中并列的两种以上技术方案中删除一种或者一种以上技术方案。

权利要求的进一步限定是指在权利要求中补入其他权利要求中记载的一个或者多个技

术特征,以缩小保护范围。

3. 修改方式的限制

在专利复审委员会作出审查决定之前,专利权人可以删除权利要求或者权利要求中包括的技术方案。

仅在下列三种情形的答复期限内,专利权人可以以删除以外的方式修改权利要求书:
(1) 针对无效宣告请求书;
(2) 针对请求人增加的无效宣告理由或者补充的证据;
(3) 针对专利复审委员会引入的请求人未提及的无效宣告理由或证据。

三、撰写实务题

应试者应当根据试题所给定的素材,撰写出既符合《专利法》《专利法实施细则》及《专利审查指南 2010》相关规定,又具有尽可能宽的保护范围以最大限度地维护申请人利益的权利要求书。所撰写的权利要求书应当满足单一性要求,即针对不同主题撰写的多个独立权利要求包含有一个或多个相同或相应的特定技术特征时,该多个独立权利要求才能够合案申请。

在"纸碗"实务试题素材中,客户所提供的技术说明包含有多个实施例,发明内容包括对碗体顶端的改进、对碗底的改进、碗体隔热结构的改进等多个方面。应试者在撰写发明专利申请权利要求书时,首先要对试题素材进行分析,在涉及的改进点比较多的情况下,首先对这些改进点进行分析,判断哪些改进点与申请人最初提出的技术问题密切相关,从而确定所要保护的客体和对应的技术方案,并撰写出相应的独立权利要求。

就本申请而言,可能确定的保护客体只有"纸碗",但是,形成"纸碗"对现有技术改进即提高纸碗的隔热效果的技术方案可能有多个。关于这一点,通过下文分析可以理解。

另外,在撰写独立权利要求时,首先,确定客户所完成发明相对于试题所给定现有技术的区别特征;其次,在撰写独立权利要求时,应当考虑对多个实施例进行适当概括。对于本试题给出的素材,结合对比文件发现第一实施例公开的隔热结构和碗体上部边缘结构已经被现有技术公开,第二实施例公开的凸纹作为隔热结构也已经被公开,但是"形成凸纹 24 的碗体 21 部分的壁厚大于碗体 21 上没有凸纹部分的壁厚"这一特征并没有被对比文件公开,因此,可以将这一结构写入独立权利要求,即:

一种纸碗,包括碗体(21)及碗底(22),在所述碗体(21)上形成多个凸纹(24),其特征在于:形成所述凸纹(24)的所述碗体(21)部分的壁厚大于所述碗体(21)上其余部分的壁厚。

对比文件并没有公开第三、第四实施例的内容,可以考虑进行适当上位概括。分析这两个实施例以及第一、第二实施例可以发现,其实碗体外侧所形成的隔热结构实际上为一层以上:第一、第二实施例为一层,第三实施例为两层(外层和中间间隙),第四实施例为三层(外层、间隙和支撑体);因此,可以如此概括,碗体(1)外侧设置至少一层的隔热结构。可以撰写出如下的独立权利要求,即:

一种纸碗,包括碗体(31;41)及碗底(32;42),其特征在于,在所述碗体(31;41)外侧设置至少一层的隔热结构,所述构成隔热结构的外层(33;43)与所述碗体(31;41)之间形成上小下大的间隙(39;49)。

完成独立权利要求后,需要考虑为各独立权利要求撰写数量适当、具有合理保护梯度的从属权利要求。第二实施例并没有提到碗底结构等,因此无法进一步撰写对第二实施例形成的独立权利要求进行进一步限定的从属权利要求；而第三、第四实施例还提到碗底的结构与第一实施例相同，而且还公开了间隙的形成、具体的间隙结构等，因此，应该以第三、第四实施例为主撰写权利要求，将碗底的弯折角度、隔热间隙上小下大形状的形成等写入从属权利要求进行保护。

由于需要撰写两个并列的独立权利要求，因此需要考察所撰写的权利要求是否满足《专利法》第三十一条第一款规定的单一性。

根据《专利法》第三十一条第一款规定：一件发明或者实用新型专利申请应当限于一项发明或者实用新型。属于一个总的发明构思的两项以上的发明或者实用新型，可以作为一件申请提出。对本申请发明撰写两项纸碗的独立权利要求时，应当使该两项发明在技术上相互关联，包含一个或多个相同或相应的特定技术特征。

注意：在撰写试题时，如果撰写出的多个并列独立权利要求或多个并列技术方案之间没有相同或相应的特定技术特征。在技术上不能相互关联，不属于一个总的发明构思，就不能合案申请，则应当考虑提出另案申请，但是，在撰写另案申请的权利要求书时，要特别提醒的是，需要考虑《专利法》第九条的规定，避免将两个或多个申请撰写成同样的发明专利。对于此类问题，主要考虑多个申请的权利要求书中不能出现相同的权利要求或相同的技术方案，即第一个申请的任何一项权利要求不能与其他一申请的任意一项权利要求相同。

分析对比文件公开的内容和本申请的内容，可以撰写两个独立权利要求：

1. 一种纸碗，包括碗体（21）及碗底（22），在所述碗体（21）上形成多个凸纹（24），其特征在于：形成所述凸纹（24）的所述碗体（21）部分的壁厚大于所述碗体（21）上其余部分的壁厚。

2. 一种纸碗，包括碗体（31；41）及碗底（32；42），其特征在于，在所述碗体（31；41）外侧设置至少一层的隔热结构，所述构成隔热结构的外层（33；43）与所述碗体（31；41）之间形成上小下大的间隙（39；49）。

本申请两个独立权利要求不能合案申请的理由：

分析这两个独立权利要求，第一个独立权利要求的特定技术特征为"形成所述凸纹（24）的所述碗体（21）部分的壁厚大于所述碗体（21）上其余部分的壁厚"；第二个独立权利要求的特定技术特征为"所述构成隔热结构的外层（33；43）与所述碗体（31；41）之间形成上小下大的间隙（39；49）"，可见，这两个独立权利要求的特定技术特征并不相同，也不属于相应的特定技术特征，因此，这两个独立权利要求之在技术上不具有相互关联性，它们不属于一个总的发明构思。不符合《专利法》第三十一条第一款关于单一性的规定，不能合案申请。

发明专利申请权利要求书范文

1. 一种纸碗，包括碗体（31；41）及碗底（32；42），其特征在于：在所述碗体（31；41）外侧设置至少一层的隔热结构，所述构成隔热结构的外层（33；43）与所述碗体（31；41）之间形成上小下大的间隙（39；49）。

2. 根据权利要求1所述的纸碗，其特征在于：所述隔热结构构成为如下形式，外层（33；43）的上端与所述碗体（31；41）上端接触，下端向内形成卷曲并与所述碗体（31；41）下端接触，在所述外层（33；43）与所述碗体（31；41）之间形成所述间隙（39；49）。

3. 根据权利要求2所述的纸碗，其特征在于：所述间隙（39；49）之间还设有支撑体（45）。

4. 根据权利要求3所述的纸碗，其特征在于：所述支撑体（45）为瓦楞纸。

5. 根据权利要求1～4中任一项所述的纸碗，其特征在于：所述碗体（31；41）包容所述碗底（32；42）边缘，形成底座。

6. 根据权利要求5所述的纸碗，其特征在于：所述碗底（32；42）为圆形板体，其边缘向下折80～90度，所述碗体（31；41）内折180度。

7. 根据权利要求6所述的纸碗，其特征在于：所述碗底（32；42）边缘向下折的度数为85度。

8. 根据权利要求5所述的纸碗，其特征在于：在所述底座的内侧粘压有平行滚花痕迹（37；47）。

9. 根据权利要求2～4任一所述的纸碗，其特征在于：所述外层（33；43）的下端向内卷曲90～360度。

10. 根据权利要求9所述的纸碗，其特征在于：所述外层（33；43）的下端向内卷曲100～180度。

11. 根据权利要求1～4任一所述的纸碗，其特征在于：在所述碗体（31；41）的顶端设置有向外伸张的上缘部（36；46）。

另案申请的独立权利要求

1. 一种纸碗，包括碗体（21）及碗底（22），在所述碗体（21）上形成多个凸纹（24），其特征在于：形成所述凸纹（24）的所述碗体（21）部分的壁厚大于所述碗体（21）上其余部分的壁厚。

专利代理实务模拟练习题二

答复审查意见通知书试题

试题说明

1. 假设应试者是某专利代理机构的专利代理师，受该代理机构委派为发明人李某代理一件发明专利申请，现已收到国家知识产权局针对该专利申请发出的"第一次审查意见通知书"及随附的两份对比文件。

2. 要求应试者针对"第一次审查意见通知书"，结合考虑两份对比文件的内容，撰写一份"意见陈述书"。如果应试者认为有必要，可以对专利申请的权利要求书进行修改。鉴于考试时间有限，不要求应试者对专利申请的说明书进行修改。

3. 应试者在答题过程中，除注意克服审查意见通知书指出的权利要求书中存在的实质性缺陷外，还应注意克服其存在的其他缺陷。

4. 如果应试者对权利要求进行了修改，且修改后具有多个独立权利要求，应试者还应当在意见陈述中说明多个权利要求可以合案申请的理由，如果应试者认为该申请的一部分内容应当通过分案申请的方式提出，则应当在"意见陈述书"中明确说明其理由，并撰写出分案申请的权利要求书。

5. 修改的权利要求书中涉及零部件时，应当在其后面标注说明书附图中给出的该零部件的标号。

答题须知

1. 作为考试，应试者在答题过程中应当接受并仅限于本试卷所提供的事实。
2. 应试者应当将试题答案写在正式答题卡的答题区域内。

发明申请"第一次审查意见通知书"所针对的文本

[19] 中华人民共和国国家知识产权局

[12] 发明专利申请

[10] 申请公布号 CN 201512355 A
[43] 申请公布日 2010 年 12 月 14 日

[21] 申请号 200910123455.7
[22] 申请日 2009 年 10 月 09 日
[71] 申请人 李某
（其余著录项目略）

权 利 要 求 书

1. 一种墨水瓶，特别是一种带有定高液位的墨水瓶及其灌装墨水方法，包括瓶体和瓶盖，其特征在于：所述墨水瓶包括吸墨水装置，所述吸墨水装置具有吸墨水腔室，所述吸墨水腔室具有能够使吸墨水笔伸入所述腔室的上部开口。

2. 如权利要求 1 所述的墨水瓶，其特征在于，所述吸墨水装置包括圆筒体，该圆筒体基本竖直地从所述瓶体的灌装开口插入该瓶体的内部空间，其内部形成所述吸墨水腔室，所述吸墨水装置还具有使所述瓶体内部空间与所述吸墨水腔室连通，且可使瓶体中墨水流入所述腔室并使其液面保持在大体为笔尖高度的进液及液位定位装置。

3. 如权利要求 1 或权利要求 2 所述的墨水瓶，其特征在于：所述进液及液位定位装置包括开在圆筒体侧壁上的通道，所述通道的顶部距该圆筒体底部的高度大体为笔尖高度。

4. 如权利要求 3 所述的墨水瓶，其特征在于：所述通道为位于底壁或端部侧壁上的进液孔和沿轴向与该进液孔相距大体为笔尖高度的液位定位孔。

5. 如权利要求 4 所述的墨水瓶，其特征在于：所述通道为开设在圆筒体侧壁上的纵长开口。

6. 如权利要求 2 所述的墨水瓶，其特征在于：所述圆筒体为底端敞开的圆筒体。

7. 一种墨水瓶，其特征基本如图 1～图 6 所示。

说 明 书

带有定高液位的墨水瓶

技术领域

[001] 本发明涉及一种墨水瓶,特别是涉及一种可保持固定吸墨水高度的墨水瓶。

背景技术

[002] 在商店中买回的墨水通常是装在一个由大体为圆柱形或长方体形的瓶体和瓶盖构成的墨水瓶中,当将钢笔插到墨水瓶内吸墨水时笔杆经常被墨水弄脏,尤其是新开启使用不久的墨水瓶。

[003] 2003年10月出版的第33期少年科普报第4版上介绍了一种名称为"卫生墨水瓶"的小发明,在墨水瓶口内安装了一块中间带有一个钢笔刚好能穿过的圆形通孔的泡沫塑料。当吸完墨水抽回钢笔时,泡沫塑料就会把粘附在笔杆上的墨水吸掉。但是,这种结构仍然会浪费墨水,更何况这种结构的墨水瓶在使用一段时间后泡沫塑料内就会吸有墨水,这种情况下抽回钢笔时就难以将笔杆上的墨水擦拭干净,仍然会弄脏使用者的手。

发明内容

[004] 为了克服上述缺陷,本发明提供一种能防止将钢笔插到墨水瓶内吸墨水时笔杆被墨水弄脏的墨水瓶。本发明的墨水瓶,特别是一种带有定高液位的墨水瓶及其灌装墨水方法,包括瓶体和瓶盖,还包括吸墨水装置,吸墨水装置具有吸墨水腔室,吸墨水腔室具有能够使吸墨水笔伸入所述腔室的上部开口。

[005] 本发明的墨水瓶的吸墨水装置包括圆筒体,该圆筒体基本竖直地从瓶体的灌装开口插入瓶体的内部空间,其内部形成吸墨水腔室,吸墨水装置还具有使瓶体内部空间与吸墨水腔室连通,且可使瓶体中墨水流入腔室并使其液面保持在大体为笔尖高度的进液及液位定位装置。

[006] 本发明的墨水瓶的进液及液位定位装置包括开在圆筒体侧壁上的通道,通道的顶部距该圆筒体底部的高度大体为笔尖高度。

[007] 本发明的墨水瓶的通道为位于底壁或端部侧壁上的进液孔和沿轴向与该进液孔相距大体为笔尖高度的液位定位孔;本发明的墨水瓶的通道还可以为开设在圆筒体侧壁上的纵长开口。

[008] 本发明的墨水瓶的圆筒体还可以是底端敞开的圆筒体。

附图说明

[009] 图1为本发明带有定高液位墨水瓶的第一种实施方式的纵截面结构示意图。

[010] 图2是本发明带有定高液位墨水瓶的第一种实施方式变形例的纵截面结构示意图。

[011] 图3为本发明带有定高液位墨水瓶的第二种实施方式的纵截面结构示意图。

[012] 图4是本发明带有定高液位墨水瓶的第二种实施方式变形例的纵截面结构示意图。

[013] 图5是本发明带有定高液位墨水瓶的第三种实施方式的纵截面结构示意图。

[014] 图6是本发明带有定高液位墨水瓶的第四种实施方式变形例的纵截面结构示意图。

具体实施方式

[015] 下面结合附图对本发明的实施方式作进一步详细的描述。

[016] 图1、图2示出了本发明带有定高液位墨水瓶的第一种实施方式。

[017] 图1为本发明带有定高液位墨水瓶第一种实施方式的纵截面结构示意图。图2

是第一种实施方式的变形例的纵截面结构示意图。

[018] 第一种实施方式的墨水瓶由瓶体 101 和瓶盖（图中未画出）构成。瓶体 101 内有一个吸墨水装置，该吸墨水装置具有吸墨水腔室 103。图中显示，吸墨水腔室 103 的具有能够使吸墨水笔伸入上述腔室 103 的上部开口。吸墨水装置还包括一个圆筒体 102a，圆筒体 102a 基本竖直地从瓶体灌装开口插入该瓶体 101 的内部空间，由于该圆筒体 102a 的顶部是敞开的构成上述的上部开口，所以，其内部构成上述的吸墨水腔室 103。该圆筒体 102a 的插入下端部基本位于该瓶体 101 的底壁 111 附近。

[019] 第一种实施方式的墨水瓶的吸墨水装置还具有使上述瓶体 101 的内部空间与吸墨水腔室 103 连通，且可使瓶体 101 中墨水流入腔室 103 并使其液面保持在大体为笔尖高度的进液及液位定位装置。

[020] 具体地，进液及液位定位装置还包括一个位于圆筒体 102 与瓶体 101 的瓶口部位之间的密封件 114 以及开在该圆筒体 102a 壁上的通道，本实施方式的通道顶部距该圆筒体 102 底部的高度大体为笔尖高度。

[021] 下面，参照附图对进液及液位定位装置的结构作详细说明。

[022] 如图1、图2所示，圆筒体 102a 插入瓶体 101 内的空间中的下端部有一底壁 112，为使瓶体 101 内的墨水 104 可以流入吸墨水腔室 103 内，在其底壁 112 上或者如图 1 所示在其下端部的侧壁上开有进液孔 107。为使吸墨水腔室的墨水大体保持在与笔尖等高的位置，在圆筒体 102a 侧壁上沿轴向与该进液孔 107 相距大体为笔尖高度处设有液位定位孔 108，且在圆筒体 102a 与瓶体 101 瓶口部位之间有一使瓶体 101 与瓶体外部形成密封的密封件 114。另外，图中未示的瓶盖用于封闭瓶体 101 上灌装墨水的开口。

[023] 在使用中，先将墨水灌满，然后用瓶盖将圆筒体 102a 的上部开口密封，插入到瓶体 101 内，当将圆筒体 102a 向下放到瓶体 101 内时，墨水 104 经其底壁 112 上或其下端部侧壁上的进液孔 107 进入吸墨水腔室 103，与此同时，吸墨水腔室 103 的空气经液位定位孔 108，再经瓶体 101 内的墨水 104 上方的空间 110 排出，从而使墨水 104 继续不断地从进液孔 107 进入吸墨水腔室 103，一旦吸墨水腔室 103 内的墨水升高到刚刚淹没液位定位孔 108 时，则吸墨水腔室 103 内的空气就不能再从液位定位孔 108 排出。当将圆筒体 102a 插入到位后，用密封件 114 把圆筒体 102a 和瓶体 101 瓶口部位之间密封，这时，由于密封件 114 的作用，瓶外的空气也不能经过圆筒体 102a 和瓶体 101 瓶口部位之间流到瓶体 101 内墨水 104 上方的空间 110。从而随着墨水 104 流入吸墨水腔室 103，空间 110 内的压力降低，当吸墨水腔室 103 内的压力与瓶体 101 内的压力达到平衡时，墨水 104 就不再流入到吸墨水腔室 103，将吸墨水腔室 103 内墨水的高度大体维持在刚淹没液位定位孔 108 的位置。

[024] 上述进液孔 107 和液位定位孔 108 构成开设在圆筒体 102a 侧壁上的通道。

[025] 也就是说，本实施方式的上述通道和上述密封件 114 构成该吸墨水装置中使所述瓶体 101 内部空间与所述吸墨水腔室 103 连通，且可使瓶体 101 中墨水 104 流入所述腔室 103 并使其液面保持在大体为笔尖高度的进液及液位定位装置。这样将钢笔放入吸墨水腔室 103 中灌注墨水时，仅仅笔尖淹没在墨水中，从而笔杆上几乎不沾有墨水。

[026] 图 2 示出了上述实施方式的另一种变换形式，这里仅仅叙述与图 1 相比的不同之处，与图 1 相同结构的描述省略。

[027] 在该例中，使上述进液孔 107 与液位定位孔 108 相通，即在圆筒体 102b 下端部形成一个纵长开口 109，该纵长开口 109 的顶部距该圆筒体 102b 底部的高度大体为笔尖

高度，并且构成与图1所示结构类似的开设在圆筒体102a侧壁上的通道。

[028] 从图1、图2可以看出，本发明第一种实施方式，由于采用了进液及液位定位装置，该进液及液位定位装置的圆筒体侧壁上开设有由纵长开口109或进液孔107与液位定位孔108构成的通道，可以在吸墨水腔室103中自动供给一定液位的墨水，使用方便又不污染笔杆和手指，且墨水不易挥发、干涸，节约墨水，结构简单易于制造，而且能多次使用，节约资源。

[029] 图3、图4为本发明带有定高液位墨水瓶第二种实施方式的纵截面结构示意图。与第一种实施方式的不同之处为该圆筒体202底端部是敞开的，其底端距瓶体底壁211的高度大体为笔尖高度，而在圆筒体202的侧壁上无进液孔和液位定位孔。

[030] 通过对上述结构的描述，可以理解，该实施方式的墨水瓶的吸墨水装置的主要改进在于，所采用的液位定位装置包括一个位于圆筒体202与瓶体201瓶口部位之间的密封件214以及由圆筒体202的插底入端部和瓶体201的底壁211所形成的空间，该空间的高度也即圆筒体202的插入底端部距离瓶体201的底壁211的高度大体为笔尖高度。

[031] 对于这样结构的墨水瓶，由于圆筒体202与瓶体201瓶口部位之间的密封件214的作用，该圆筒体202内吸墨水腔室203中的墨水基本上维持在其下端部开口处略高的位置，因此，当将钢笔从圆筒体202上方放入墨水瓶内灌注墨水时，仅仅笔尖淹没在墨水中。

[032] 图4是图3实施方式的进一步改进，该墨水瓶瓶体201底壁211上对准圆筒体202的部位有一个凹槽213，下端敞开的圆筒体202的底端距凹槽213的底部的高度大体为笔尖高度。当采用图3的结构时，当墨水用到最后时，由于瓶体201内的墨水高度很低就很难向钢笔内灌注墨水，而采用图4的结构时，最后剩下的墨水均留在此底壁211的凹槽213中，因此还可继续向钢笔内灌注墨水，因此与图3的结构相比，图4的墨水瓶可以更节省墨水。

[033] 图5示出了本发明带有定高液位墨水瓶的第三种实施方式。该吸墨水装置的圆筒体302并不是从该墨水瓶瓶体301灌装墨水的开口插入瓶体301内，而是从瓶体301上部不同于灌装墨水的开口的其他部位以与瓶体301相密封的方式、基本竖直地插入该瓶体301的内部空间，其插入端部与本发明第一种实施方式相同，基本位于该瓶体301的底壁311附近，该圆筒体下端部的侧壁上开有进液孔307，在侧壁上沿轴向与进液孔307相距大体为笔尖高度开有液位定位孔308。对于这样的墨水瓶，是按下述方式向瓶体301内灌装墨水的：先将圆筒体302的顶端密封后拧上旋盖306或者用带密封的旋盖306封住圆筒体302的顶端；然后从瓶体301的灌装墨水开口向其内灌装墨水，当墨水注入瓶体301内的同时也从进液孔307流入圆筒体302的吸墨水腔室303；当瓶体301内的墨水高度超过液位定位孔308后，吸墨水腔室303中上方的空气腔压力就会加大，因而继续向瓶体301内灌装墨水时，墨水就基本上不再流入吸墨水腔室303了；当将瓶体301灌满墨水后，再将灌装墨水开口以密封方式拧上该开口旋盖305。平时使用时，只要拧开圆筒体302上方的旋盖306，就可将钢笔伸入吸墨水腔室303中吸取墨水，且该吸墨水腔室303中的墨水液面基本上位于刚超过液位定位孔308的位置，这样仅仅笔尖浸没在墨水中。从而笔杆上几乎不沾有墨水。

[034] 图6是本发明带有定高液位墨水瓶的第四种实施方式。在该实施方式中，该吸墨水装置包括一个设置于瓶体401外部、并与瓶体401具有部分共用侧壁409的筒形容器415，该筒形容器415顶部开口，其内部成为上述吸墨水腔室403，该筒形容器415

与瓶体 401 共用侧壁 409 的下方有一连通两者的通孔 416，该通孔 416 从该侧壁 409 底部起向上延伸到大体为笔尖高度的顶部。对于这样的墨水瓶，向其中灌装墨水时应采用与本发明第三种实施方式大致相同的方法，当筒形容器 415 的高度低于瓶体 401 的高度时必须采用此方式向此墨水瓶内灌装墨水。也就是说，先将筒形容器 415 的顶部开口密封，再向瓶体 401 的灌装开口灌装墨水，当墨水超过通孔 416 的顶部，筒形容器 415 中的墨水不再上升，当瓶体 401 内灌满墨水后，再封死瓶体 401 开口。使用时只要打开筒形容器 415 开口，将钢笔伸入其内吸取墨水即可，此时筒形容器 15 内的墨水高度基本上维持在刚超过通孔 416 的高度，即仅仅钢笔尖淹没在墨水 405 中。从而在笔杆上几乎不沾有墨水。

说 明 书 附 图

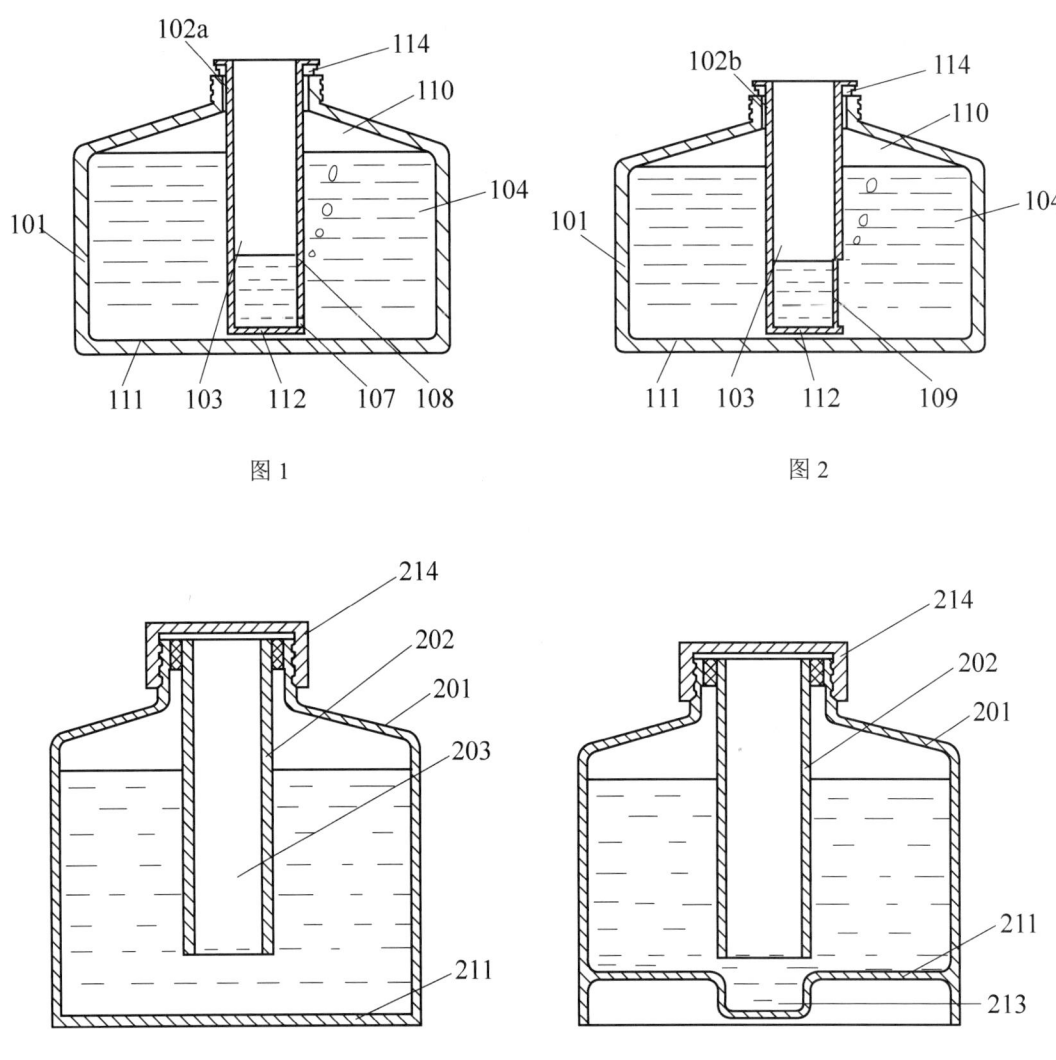

图 1

图 2

图 3

图 4

说 明 书 附 图

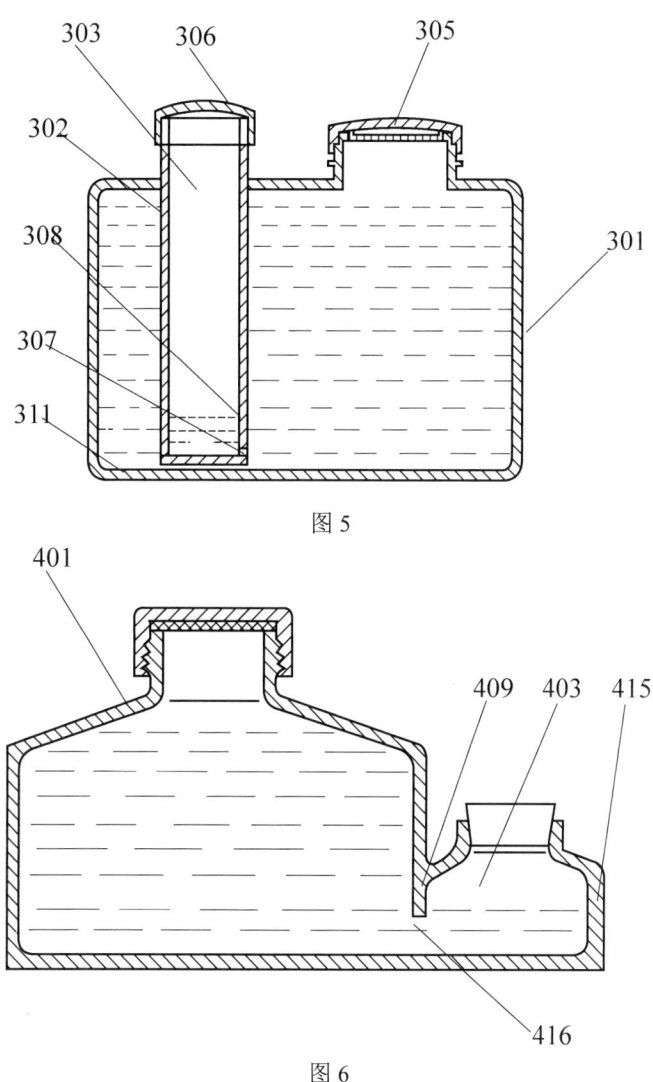

图 5

图 6

第一次审查意见通知书

本申请涉及一种带有定高液位的墨水瓶,针对该申请的具体审查意见如下:

1. 权利要求1不具备《专利法》第二十二条第二款规定的新颖性。

权利要求1请求保护一种墨水瓶。首先,对比文件1(CN201513345U)是一件向国家知识产权局提出的专利申请,其申请日2009年3月22日早于本申请的申请日2009年10月9日,公开日为2010年4月11日,在本申请的申请日之后。其次,对比文件1公开了一种新型墨水瓶,并具体公开了(参见说明书××页××段……,图1~3):包括瓶体1和塞子12(即本申请的瓶盖),还包括吸墨水装置,吸墨水装置具有蘸水槽5(即本申请的吸墨水腔室),蘸水槽5具有能够使吸墨水笔伸入所述腔室的上部开口。可见,权利要求1所要求保护的技术方案与对比文件1所公开的内容相比,其技术方案实质上是相同的,且两者均属于相同的技术领域,要解决相同的技术问题,并能产生相同的技术效果。因此,该对比文件构成了本申请权利要求1的"抵触申请",从而使该权利要求所要求保护的技术方案不具备《专利法》第二十二条第二款的规定的新颖性。

此外,对比文件2属于本申请的现有技术,也公开了权利要求1的全部技术特征(参见说明书××页××段……,图1),权利要求1所要求保护的技术方案与对比文件2所公开的内容相比,其技术方案实质上也是相同的,且两者也均属于相同的技术领域,也要解决相同的技术问题,并且也能产生相同的技术效果。因此,权利要求1相对于对比文件2也不具备新颖性,不符合《专利法》第二十二条第二款新颖性的规定。

2. 权利要求2不具备《专利法》第二十二条第二款规定的新颖性。

权利要求2的附加技术特征已被对比文件2公开(参见图1)。因此,在其引用的权利要求不具备新颖性的基础上,权利要求2也不具备新颖性,不符合《专利法》第二十二条第二款新颖性的规定。

综上所述,本申请按照目前的文本不能被授权,必须进行修改,申请人对申请文件的修改应当符合《专利法》第三十三条的规定,不得超出原说明书和权利要求所记载的范围。

审查员姓名:×××
审查员代码:×××

对比文件 1

[19] 中华人民共和国国家知识产权局

[12] 实用新型专利

[10] 授权公告号 CN 201513345 U
[45] 授权公告日 2010 年 4 月 11 日

[21] 申请号 200920124456.7
[22] 申请日 2009 年 3 月 22 日
[73] 专利权人 王某
（其余著录项目略）

对比文件 1 说明书相关内容

图 1 是结构主视图；图 2 是图 1 的 A-A 剖视图；图 3 是图 2 的 B-B 剖视图。

本实用新型涉及一种新型墨水瓶，由储水室 13、出水口 8、通气孔 2、出水道 6、蘸水槽 5、化纤绳 10、金属球 9 及塑料球 7 等组成。使用时，先把瓶子翻过底朝上，拔掉塞子 12，墨水通过装水口 11 倒入储水室 13 内，用塞子 12 将装水口 11 塞紧，扶正瓶子即处于工作状态。其工作过程叙述如下，墨水由出水口 8 经出水道 6 流进蘸水槽 5 内，槽内墨水深度上升，同时空气通过进气孔 2 进入储水室 13 内，待蘸水槽 5 内墨水界面高于进气孔 2 的进气口时，空气停止进入，储水室 13 内形成真空，墨水不再流出。蘸笔从蘸水槽 5 蘸走墨水，蘸水槽 5 内墨水深度降低，露出进气孔 2 的进气口，空气通过进气孔 2 进入储水室 13。同时墨水开始流入蘸水槽 5，当槽内墨水界面高于进气孔 2 的进气口时，空气不能再通过进气孔 2 进入储水室 13 内使储水室 13 内压力降低，当储水室 13 内的压力与蘸水槽 5 上面的压力平衡时，使储水室 13 内墨水又停止流出，这样就有效可靠地控制了墨水的深度。当瓶体倾斜一定角度时，固定在化纤绳 10 上的金属球 9 摆移，拉动化纤绳 10 下端的塑料球 7 上移，堵住出水口 8，墨水不会通过出水口 8 流出；空气也不会通过通气孔 2 进入储水室 13 中。当扶正瓶体时，金属球 9 移回原位，化纤绳 10 松动，塑料球 7 下移，出水口 8 开启，墨水瓶恢复工作状态。当瓶体倾斜角度过大时，蘸水槽 5 内存放的墨水流入空挡 4 内，被挡水板 3 挡住。当扶正瓶体时，墨水又流回蘸水槽 5 内。本实施例中瓶壁 1 用热塑性塑料注塑成型，化纤绳 10 上端固定在储水室 13 上部中央位置瓶壁上。

对比文件 1 附图

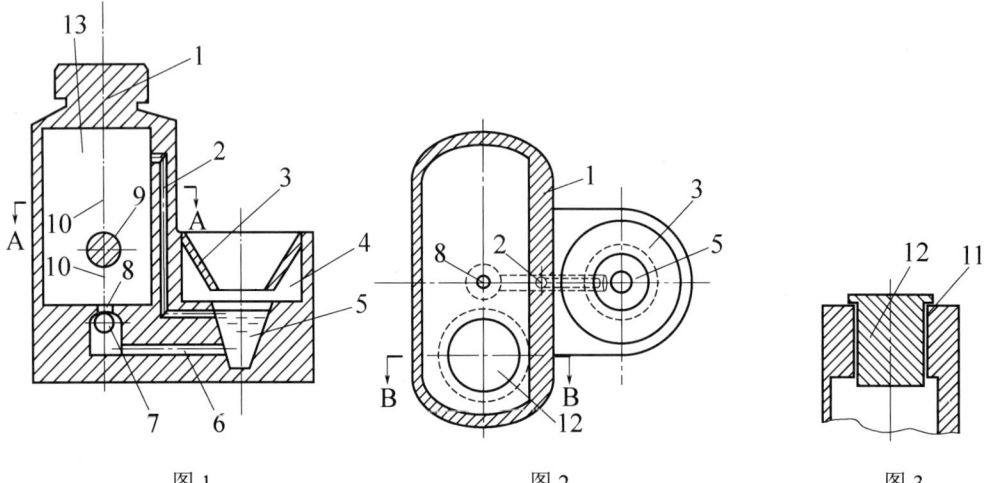

图 1　　　　图 2　　　　图 3

对比文件 2

[19] 中华人民共和国国家知识产权局

[12] 实用新型专利说明书
ZL 专利号 200420112334.5

[45] 授权公告日 2005 年 09 月 08 日　　[11] 授权公告号 CN 2654434 Y

[22] 申请日 2004.06.20　　[74] 专利代理机构
[21] 申请号 200420112334.5
[73] 专利权人 胡某
（其余著录项目略）

对比文件 2 说明书相关内容

一种洁笔式墨水瓶。图 1 是本实用新型的结构示意图。

本实施例是一种洁笔式墨水瓶，见图 1，包括瓶体 1、瓶盖 2 和储水管 5；瓶体 1 设有储水腔 3 和瓶口 4；瓶体 1 的瓶口 4 内壁上设有内螺纹 41；储水管 5 的底部设有进水口 51，且其外壁上设有外螺纹 52；储水管 5 外壁上的外螺纹 52 与瓶口 4 内壁上的内螺纹 41 相配合，使得储水管 5 随着自身的旋转可沿着瓶口 4 做往复移动。储水管 5 设置在瓶口 4 内。

所述瓶体 1 的瓶口 4 外壁上设有外螺纹 42；瓶盖 2 内壁上设有内螺纹 21，且与瓶口 4 外壁上的外螺纹 42 相配合。储水管 5 的顶部设有吸水口 53，其顶部还设有便于拧转的受力部 54。受力部 54 的基本形状是正六边形，在具体实践中，也可采用正八边形、正四边形等其他正多边形。

本实施例在出厂时，储水管 5 既可设置在瓶口 4 内，也可设置在瓶口外。

需要使用墨水瓶时，打开瓶盖 2，将储水管 5 拧入瓶口 4 中，使得储水管 5 的底部位于液面以下，且距离液面的距离大体为笔尖高度。这样保证只有墨水笔的笔尖部分接触墨水，可以避免污染墨水笔的其他部分，也可以节约墨水。

使用一段时间墨水液面下降后，使用者可以根据下降高度通过拧动储水管向下调节储水管的高度，从而保证储水管 5 的底部始终位于液面下，且距离液面的距离为大体笔尖高度。

对比文件 2 附图

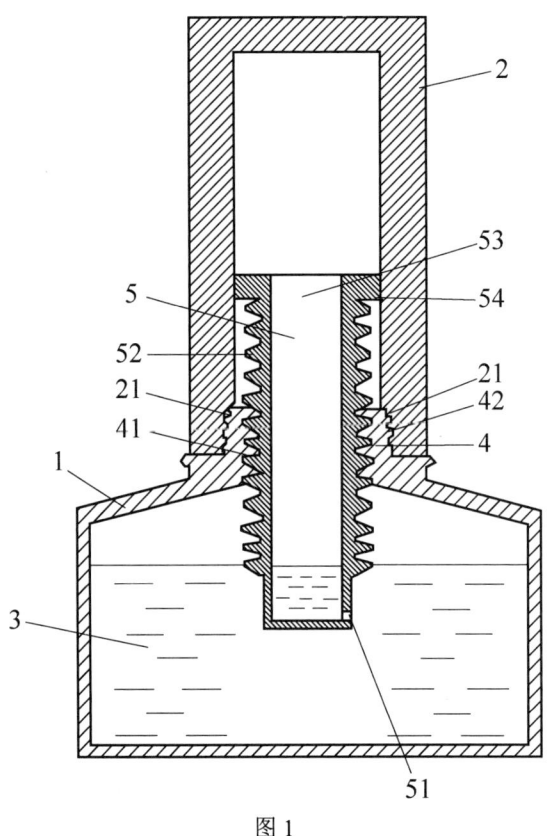

图 1

专利代理实务模拟练习题二答案要点及解析

一、总体考虑

该专利代理实务模拟试题，总体思路是想通过答复审查意见通知书的形式考察应试者是否掌握《专利法》《专利法实施细则》及《专利审查指南 2010》对权利要求的撰写、修改的基本要求，但是，由于《专利审查指南 2010》第二部分第八章对答复审查意见通知书的修改作了详细的限定，例如，不能主动增加新的在原权利要求书中未出现的技术方案形成独立权利要求、不能主动增加从属权利要求等，因此，像 2006 年、2008 年全国专利代理人资格考试实务考题那样，以答复审查意见通知书的形式来考查应试者权利要求的撰写能力是很困难的，本模拟试题仅仅作为一道练习题，如有不符合《专利审查指南 2010》规定的，以《专利审查指南 2010》为准。

下面分析题干所给出的信息，在作出意见陈述和修改权利要求之前，应试者应当考虑以下几点。

（一）分析权利要求书及其存在的缺陷

1. 权利要求书的总体情况

权利要求 1 是四种实施例概括的权利要求，权利要求 2 是第一种、第二种实施例概括的权利要求，权利要求 3~5 是基于第一实施例的权利要求，权利要求 6 是基于第二种实施例的权利要求。

2. 权利要求书存在的缺陷

根据试题说明的要求，在修改权利要求时不仅要克服审查意见通知书指出的缺陷，还要克服其存在的其他缺陷。所以，这里要结合审查意见通知书分析权利要求存在的下述所有缺陷。

① 权利要求 1 分别相对于对比文件 1、对比文件 2 不具备《专利法》第二十二条第二款规定的新颖性（见"第一次审查意见通知书"）。

② 权利要求 1 中出现"一种墨水瓶，特别是一种带有定高液位的墨水瓶及其灌装墨水方法"这样的描述，导致保护的客体不清楚。

③ 权利要求 2 相对于对比文件 2 不具备《专利法》第二十二条第二款规定的新颖性（见"第一次审查意见通知书"）。

④ 权利要求 3 引用权利要求 1 时，因为权利要求 1 中未出现"进液及液位定位装置"，所以缺乏引用基础。

⑤ 权利要求 4、权利要求 5 都是对通道的进一步限定，分别将通道限定为两种不同的结构，应当为并列的技术方案，当权利要求 5 引用原权利要求 4 时，这种引用方式使得在权利要求 5 对通道做了两种相矛盾的限定，根据说明书的记载，没有这样的实施例，因此，权利要求 5 得不到说明书的支持。

⑥ 权利要求 7 没有构成清楚的技术方案，所以，其保护范围不清楚。

（二）分析权利要求书的修改方向

1. 原权利要求 1

原权利要求 1 请求保护的技术方案分别被对比文件 1、对比文件 2 单独公开。如果对原权利要求 1 进行修改就需要对 4 个实施例重新进行概括，但是这样的修改是违反《专利法》第三十三条规定的，因此，是不允许的（此处也提醒专利申请人在撰写权利要求书之前进行检索的必要性），只能结合其从属权利要求或说明书修改该权利要求1，并尽可能地将各实施方式给予保护。

2. 原权利要求2

原权利要求2请求保护的技术方案已经被对比文件2公开。因此，仅仅将该权利要求2增加到权利要求1中的修改方式，依然不能克服缺乏新颖性的缺陷。

3. 原权利要求3

原权利要求3具备新颖性，可以作为修改的基础，但是，由于引用原权利要求1时缺乏引用基础，因此，其引用原权利要求1构成的技术方案是不清楚的。

由于上述原因，对于原权利要求1~3，如果将权利要求2、权利要求3增加到权利要求1中对其进行限定，可以构成下述独立权利要求：

1'. 一种墨水瓶，包括瓶体和瓶盖，其特征在于：所述墨水瓶包括吸墨水装置，所述吸墨水装置具有吸墨水腔室，所述吸墨水腔室具有能够使吸墨水笔伸入所述腔室的上部开口；所述吸墨水装置包括圆筒体，该圆筒体基本竖直地从所述瓶体的灌装开口插入该瓶体的内部空间，其内部形成所述吸墨水腔室，所述吸墨水装置还具有使所述瓶体内部空间与所述吸墨水腔室连通，且可使瓶体中墨水流入所述腔室并使其液面保持在大体为笔尖高度的进液及液位定位装置；所述进液及液位定位装置包括开在圆筒体侧壁上的通道，所述通道的顶部距该圆筒体底部的高度大体为笔尖高度。

根据"试题说明3"的要求，修改后的独立权利要求1'不仅要克服审查意见通知书指出的各种缺陷，还要克服审查意见通知书中未指出的缺陷、即修改后的独立权利要求还应当满足《专利法》第二十六条第四款、《专利法实施细则》第二十条第二款的规定。下面对独立权利要求1'是否缺乏解决技术问题的必要技术特征作如下简要分析：

在说明书[003]段提出本申请发明要解决先有技术存在的技术问题是"钢笔插到墨水瓶中吸墨水时笔杆被墨水弄脏"，经过修改得到的权利要求1'，由于修改的权利要求1'缺少"进液及液位定位装置包括圆筒体与瓶体瓶口部位之间的密封件"的技术特征，无法实现吸墨水腔室中的墨水液面保持在大体为笔尖的高度上，所以，无法解决"钢笔插到墨水瓶中吸墨水时笔杆被墨水弄脏"的技术问题，因此，"进液及液位定位装置包括圆筒体与瓶体瓶口部位之间的密封件"是解决上述技术问题的必要技术特征。需要在上述权利要求1'中加入该必要技术特征形成新的独立权利要求。此修改是依据说明书[023]段中公开的技术内容进行的。

此外，还需要注意：克服修改后的权利要求的其他问题，如由"特别是……"引起的不清楚问题。

4. 原权利要求4~5

原权利要求4~5可以作为新修改的权利要求1的从属权利要求，将序号分别修改为2~3。由于原权利要求5得不到说明书的支持，所以，还需要修改新权利要求2、权利要求3的引用关系，使新权利要求2、权利要求3都直接引用修改后的权利要求1，达到引用关系清楚、技术方案与说明书不矛盾，得到说明书支持的要求（参见本书第二部分第一章第三节）。

5. 原权利要求6

原权利要求6是与原权利要求3并列的另一个从属权利要求，是基于第二个实施方式的权利要求,和形成与第一实施方式对应的修改后的权利要求 1 为并列的技术方案,所以,只能修改为与修改后的权利要求 1 并列的独立权利要求 4,与上述对原权利要求 3 的分析同样的理由可知,原权利要求 1+2+6 形成的新的独立权利要求 4 也是缺少必要技术特征的。要解决"自动液位定位"这一技术问题的必要技术特征还应包括:"进液及液位定位装置包括圆筒体与瓶体瓶口部位之间的密封件以及由所述圆筒体的插入端部和瓶体的底壁所形成的空间,该空间的高度大体为笔尖高度。"这样可以通过在原权利要求 6 中加入说明书中公开的上述两个技术特征的方式形成新的独立权利要求 4。

6. 原权利要求 7

原权利要求 7 不清楚到无法进行检索审查的程度,应当删除。

(三)分析需要通过分案申请的方式提出的申请中的一部分内容

图 4~图 6 所示的墨水瓶结构没有写在权利要求书中。从说明书公开的内容可以看出,图 4 所示的实施例可以作为修改后的新权利要求 4 的从属权利要求,但由于《专利审查指南 2010》排除了"主动增加新的从属权利要求"这样的修改方式,所以,以该修改方式形成的技术方案不能再作为从属权利要求给予保护,这充分说明在申请之前撰写好申请文件非常重要。

另外,图 5~图 6 所示的技术方案是基于第三种、第四种实施方式的,应当作为与修改的独立权利要求 1、权利要求 4 并列的独立权利要求,但《专利审查指南 2010》中也排除了"主动增加新的独立权利要求"这样的修改方式,因此,在答复审查意见通知书的实质审查程序中,不能在同一件申请中再次提出原权利要求中未出现的新的技术方案形成的独立权利要求,但可以通过分案的形式提出。根据试题说明 4 的要求,还需要写出分案申请的权利要求。依据本案例说明书对实施方式三、实施方式四的描述可撰写出两个并列独立权利要求。

(四)分析所有独立权利要求之间的单一性

修改后的权利要求具有两个独立权利要求,即独立权利要求 1、独立权利要求 4。根据试题的要求,如果能合案,则要在"意见陈述书"中分析合案的理由即满足单一性的理由。否则,需要进行分案。

此外,也需要对分案申请的权利要求的单一性进行分析,并在意见陈述书中说明理由。

分析单一性时,应该按照本书第一部分第四章第二节介绍的方法,从并列独立权利要求之间有无相同或相应的特定技术特征来分析是否在技术上相关联、是否属于一个总的发明构思。至于本案例的分析详细参见后述的"意见陈述书"。

特别提醒,一般情况下,在答复审查意见通知书、按照其通知书的要求修改权利要求时,仅仅需要将不符合单一性的权利要求删除,在"意见陈述书"中说明删除的理由或说明申请人对删除部分将另行分案即可,而对于要分案出来的那一部分的权利要求是不需要说明理由的,但是,对于该模拟试题,由于试题说明 4 中有要求。因此,如果有分案情况,还需在"意见陈述书"中说明理由。

(五)分析修改后的权利要求的新颖性及创造性

一般情况下,在答复审查意见通知书时,如果其通知书中指出一项权利要求存在新颖性方面的缺陷,也意味着该权利要求也存在着创造性方面的缺陷,因此,要分析修改后的权利要求的新颖性和创造性,并在"意见陈述书"中陈述其具备新颖性及创造性的理由。对于本试题,需要注意的是,由于对比文件 1 的公开日在本申请的申请日之后,因此对比文件1不属于现有技术,不能用对比文件1评价创造性。

总之,所有修改都要满足《专利法》第三十三条的规定,不能超出原始说明书和权利要求书记载的范围,对所做的所有修改,在意见陈述的"修改说明"部分指出原始说明书的出处。

二、修改权利要求

结合上述权利要求的修改方向的分析,主要从以下几个方面对权利要求进行修改:①删除原权利要求7;②将原权利要求1~3加入独立权利要求1中,并补入在说明书中公开的解决技术问题的必要技术特征形成修改后的独立权利要求1;③将原权利要求4~5修改为修改后的独立权利要求1的从属权利要求2~3;④将原从属权利要求2、原从属权利要求6加入原独立权利要求1中,并补入说明书中公开的解决技术问题的必要技术特征形成修改后的独立权利要求4;⑤修改原权利要求书中存在的例如"特别是……方法"及引用关系不符合逻辑等引起的保护范围不清楚的缺陷;⑥根据第三种、第四种实施方式撰写分案申请的权利要求;⑦以对比文件2为最接近的现有技术,对修改后的独立权利要求划分前序部分与特征部分的界限。

修改后的权利要求范文

1. 一种墨水瓶,包括瓶体(101)和瓶盖,其特征在于:所述墨水瓶包括吸墨水装置,所述吸墨水装置具有吸墨水腔室(103),所述吸墨水腔室(103)具有能够使吸墨水笔伸入所述腔室(103)的上部开口;所述吸墨水装置包括圆筒体(102a;102b),该圆筒体(102a;102b)基本竖直地从所述瓶体(101)的灌装开口插入该瓶体的内部空间,其内部形成所述吸墨水腔室(103),所述吸墨水装置还具有使所述瓶体(101)内部空间与所述吸墨水腔室(103)连通,且可使瓶体(101)中墨水流入所述腔室(103)并使其液面保持在大体为笔尖高度的进液及液位定位装置;所述进液及液位定位装置包括一个位于所述圆筒体(102a;102b)与所述瓶体(101)瓶口部位之间的密封件(114)以及开在该圆筒体(102a;102b)壁上的通道(107;108),所述通道的顶部距该圆筒体(102a;102b)底部的高度大体为笔尖高度。

2. 如权利要求1所述的墨水瓶,其特征在于:所述通道为位于所述圆筒体(102a)的底壁(112)或所述圆筒体(102a)的插入下端的端部侧壁上的进液孔(107)和沿轴向与该进液孔相距大体为笔尖高度的液位定位孔(108)。

3. 如权利要求1所述的墨水瓶,其特征在于,所述通道为一个开在所述圆筒体(102b)下端部侧壁上的纵长开口(109)。

4. 一种墨水瓶,包括瓶体(201)和瓶盖,其特征在于:所述墨水瓶包括吸墨水装置,所述吸墨水装置具有吸墨水腔室(203),所述吸墨水腔室(203)具有能够使吸墨水笔伸入所述腔室(203)的上部开口;所述吸墨水装置包括圆筒体(202),该圆筒体(202)基本竖直地从所述瓶体(201)的灌装开口插入该瓶体的内部空间,其内部形成所述吸墨水腔室(203),所述吸墨水装置还具有使所述瓶体(201)内部空间与所述吸墨水腔室(203)连通,且可使瓶体(201)中墨水流入所述腔室(203)并使其液面保持在大体为笔尖高度的进液及液位定位装置;所述圆筒体(202)为底端敞开的圆筒体,所述进液及液位定位装置包括一个位于所述圆筒体(202)与瓶体(201)瓶口部位之间的密封件(214)以及由所述圆筒体(202)的插入端部和所述瓶体(201)的底壁(211)所形成的空间,该空间的高度大体为笔尖高度。

分案申请权利要求

1. 一种墨水瓶，包括瓶体（301）、瓶盖以及吸墨水装置，所述吸墨水装置包括有圆筒体（302），该圆筒体（302）的内部形成吸墨水腔室（303），该吸墨水腔室（303）具有能够使吸墨水笔伸入所述腔室的上部开口，其特征在于：所述圆筒体（302）基本竖直地从所述瓶体（301）的上部不同于灌装墨水的开口的其他部位以与瓶体（301）相密封的方式插入该瓶体（301）的内部空间，所述瓶盖包括密封所述瓶体灌装开口的墨水瓶盖（305）和盖住所述吸墨水腔室（303）的盖（306），所述圆筒体（302）底壁或所述圆筒体（302）的插入下端的端部侧壁上设有进液孔（307）及沿轴向与该进液孔相距大体为笔尖高度的液位定位孔（308）。

2. 一种墨水瓶，包括瓶体（401）、瓶盖以及吸墨水装置，其特征在于：所述吸墨水装置包括一个设置于所述瓶体（401）外部、并与所述瓶体（401）具有部分共用侧壁（409）的筒形容器（415），该筒形容器（415）内部形成有吸墨水腔室（403），顶部形成有能够使吸墨水笔伸入所述腔室（403）的开口，所述瓶盖包括密封所述瓶体灌装开口的墨水瓶盖和盖住所述吸墨水腔室（403）的盖，在所述共用侧壁（409）的下方开设有将所述筒形容器（415）的内部与所述瓶体（401）的内部连通的通孔（416），该通孔（416）的高度大体为笔尖高度。

三、意见陈述书部分

结合第一点的分析，在意见陈述中应试者应当阐述以下五方面的内容：①对权利要求书进行修改的整体说明；②修改后的权利要求具备新颖性和创造性的理由和依据；③修改后的权利要求克服了例如清楚的其他缺陷；④两个独立权利要求能够合案申请的理由和依据；⑤需要提出分案申请的理由、分案申请的权利要求具备新颖性和创造性的理由。

"意见陈述书"从整体上应当层次清楚、有理有据，并且有针对性，能够充分阐述委托人的立场。

意见陈述书范文

尊敬的审查员：

申请人仔细地研究了您对本案的审查意见，针对该审查意见所指出的问题，申请人对申请文件作出了修改并陈述意见如下：

一、修改说明

修改后的权利要求书共有4项权利要求，其中独立权利要求2项，主要做的修改包括：

1. 删除原权利要求7。

2. 将原权利要求1~3合并，然后加入说明书内容"进液及液位定位装置包括圆筒体与瓶体瓶口部位之间的密封件"作为修改后的独立权利要求1（修改依据参见原权利要求1~3和说明书第18~20段），对修改后的权利要求1描述方式做适当的调整并删除引起不清楚问题的"特别是……"。

3. 将原权利要求4、原权利要求5作为独立权利要求1的从属权利要求2、从属权利要求3，修改引用关系，使修改后的权利要求2、权利要求3都直接引用修改后的独立权利要求1。

4. 将原从属权利要求6限定的技术方案提为独立权利要求4，并在其中加入必要技术特征"进液及液位定位装置包括圆筒体与瓶体瓶口部位之间的密封件以及由所述圆筒体202的插入端部和所述瓶体201的底壁211所形成的空间，该空间的高度大体为笔尖高度"作为修改后的独立权利要求4（修改依据参见原权利要求4和说明书第30段）。

以上修改均未超出原始说明书和权利要求书所记载的范围，符合《专利法》第三十三条的规定。具体修改内容参见修改后的权利要求书。

二、修改后的权利要求书具备新颖性和创造性

1. 权利要求1具备新颖性

本发明独立权利要求1与对比文件1（CN 201513345 A）或对比文件2（CN 2654434 Y）相比，不论是对比文件1还是对比文件2，都没有公开权利要求1的特征"所述进液及液位定位装置还包括一个位于所述圆筒体（102a；102b）与所述瓶体（101）瓶口部位之间的密封件（114）以及开在该圆筒体（102a；102b）壁上的通道（107、108），所述通道的顶部距该圆筒体（102a；102b）底部的高度大体为笔尖高度"。

因此，权利要求1的技术方案相对于对比文件1来说是新的，具备新颖性。同理，相对于对比文件2也是新的，具备《专利法》第二十二条第二款规定的新颖性。

2. 权利要求2~3具备新颖性

权利要求2、权利要求3是引用在前的独立权利要求1的从属权利要求，由于其引用的独立权利要求1相对于对比文件1、对比文件2均具备新颖性，因此，权利要求2、权利要求3所要求保护的技术方案也具备《专利法》第二十二条第二款规定的新颖性。

3. 权利要求4具备新颖性

权利要求4与对比文件1（CN 201513345 A）或对比文件2（CN 2654434 Y）的相比，不论是对比文件1还是对比文件2，都没有公开权利要求4的技术特征"所述圆筒体（202）为底端敞开的圆筒体，所述进液及液位定位装置包括一个位于所述圆筒体（202）与瓶体（201）瓶口部位之间的密封件（214）以及由所述圆筒体（202）的插入端部和所述瓶体（201）的底壁（211）所形成的空间，该空间的高度大体为笔尖高度"。

因此，权利要求4的技术方案相对于对比文件1来说是新的，具备新颖性。同理，相对于对比文件2也是新的，具备《专利法》第二十二条第二款规定的新颖性。

4. 权利要求1具备创造性

对比文件1为本申请的抵触申请,不能用来评价权利要求的创造性。

对比文件2是本申请发明最接近的现有技术,其公开了一种洁笔式墨水瓶,包括瓶体1、瓶盖2以及储水管5(即本申请的吸墨水装置),储水管5包括圆筒体,圆筒体基本竖直地从瓶体1的瓶口41(即本申请的灌装开口)插入该瓶体1的内部空间,其内部形成吸墨水腔室,该吸墨水腔室具有能够使吸墨水笔伸入腔室的吸水口53(即本申请的上部开口);储水管5还具有使所述瓶体1内部空间与吸墨水腔室连通,且可使瓶体1中墨水流入腔室并使其液面保持在大体为笔尖高度的进液及液位定位装置(参见对比文件2图1),进液及液位定位装置包括开在圆筒壁上的通道51。

比较修改后的权利要求1和对比文件2发现,该权利要求1与对比文件2的区别在于:"所述进液及液位定位装置还包括一个位于所述圆筒体(102a;102b)与所述瓶体(101)瓶口部位之间的密封件(114)以及开在该圆筒体(102a;102b)壁上的通道(107;108),所述通道的顶部距该圆筒体(102a;102b)底部的高度大体为笔尖高度"。可以认为本发明所要解决的技术问题是无法自动定位液位的问题。

上述区别技术特征不属于本领域的公知常识,而且现有技术中也没有公开上述区别技术特征,采用该区别技术特征可以达到自动定位液位的效果(需要根据说明书公开的内容详细分析获得的效果,此处略)。因而,也不存在将上述区别技术特征应用到对比文件2中解决"无法自动定位液位"的技术问题的启示。因此,修改后的权利要求1请求保护的技术方案对于所属领域技术人员而言是非显而易见的,具有突出的实质性特点和显著的进步,具备创造性,符合《专利法》第二十二条第三款的规定。

5. 权利要求2、权利要求3具备创造性

权利要求2、权利要求3是引用在前的独立权利要求1的从属权利要求,由于其引用的独立权利要求1具备创造性,因此,对其进行限定的从属权利要求2、权利要求3也必然具备创造性,符合《专利法》第二十二条第三款的规定。

6. 权利要求4具备创造性

对比文件1为本申请的抵触申请,不能用来评价权利要求的创造性。

对比文件2是本申请发明最接近的现有技术,其公开了一种洁笔式墨水瓶,包括瓶体1、瓶盖2以及储水管5(即本申请的吸墨水装置),储水管5包括圆筒体,圆筒体基本竖直地从瓶体1的瓶口41(即本申请的灌装开口)插入该瓶体1的内部空间,其内部形成吸墨水腔室,该吸墨水腔室具有能够使吸墨水笔伸入腔室的吸水口53(即本申请的上部开口);储水管5还具有使所述瓶体1内部空间与吸墨水腔室连通,且可使瓶体1中墨水流入腔室并使其液面保持在大体为笔尖高度的进液及液位定位装置(参见对比文件2图1)。

比较修改后的权利要求4和对比文件2发现,该权利要求4与对比文件2的区别在于:"圆筒体(202)为底端敞开的圆筒体,所述进液及液位定位装置包括一个位于所述圆筒体(202)与瓶体(201)瓶口部位之间的密封件(214)以及由所述圆筒体(202)的插入端部和所述瓶体(201)的底壁(211)所形成的空间,该空间的高度大体为笔尖高度"。可以认为本发明所要解决的技术问题是无法自动定位液位的问题。

上述区别技术特征不属于本领域的公知常识,而且现有技术中也没有公开上述区别技术特征,采用该区别技术特征可以达到自动定位液位的效果(需要根据说明书公开的内容详细分析获得的效果)。因而,也不存在将上述区别技术特征应用到对比文件2中解决"无法自动定位液位"的技术问题的启示。因此，修改后的权利要求 4 请求保护的技术方案对于所属领域技术人员而言是非显而易见的，具有突出的实质性特点和显著的进步，具备创造性，符合《专利法》第二十二条第三款的规定。

三、修改后的权利要求书是清楚、简要的

修改删除了权利要求 1 中"特别是……"部分，消除了由此造成的主题名称类型不清楚的问题。

修改后的权利要求 1 包含了原权利要求 1~3 的所有特征，不再存在原权利要求 3 中由于"所述进液及液位定位装置"缺少引用基础而造成的不清楚问题。

将修改后的权利要求 2、权利要求 3 都直接引用修改后的独立权利要求 1，消除了由引用关系造成的不清楚问题。

因此，修改后的权利要求 1~4 都是清楚、简要的，符合《专利法》第二十六条第四款的规定。

同理，分案申请中的权利要求 1、权利要求 2 也是清楚简要的，也符合《专利法》第二十六条第四款的规定。

四、独立权利要求 1 与独立权利要求 4 之间具备单一性

独立权利要求 1、独立权利要求 4 之间具有相同的特定技术特征"进液及液位定位装置包括位于圆筒体与瓶体瓶口部位之间的密封件"，以及相应的特定技术特征"开在该圆筒体（102a；102b）壁上的通道（107、108），所述通道的顶部距该圆筒体（102a；102b）底部的高度大体为笔尖高度"和"所述圆筒体（202）为底端敞开的圆筒体，以及由所述圆筒体（202）的插入端部和所述瓶体（201）的底壁（211）所形成的空间，该空间的高度大体为笔尖高度"，因此，在技术上相互关联，属于一个总的发明构思，符合《专利法》第三十一条有关单一性的规定，可以合案申请。

五、分案理由以及分案申请权利要求具备新颖性和创造性的说明

1. 分案理由

分案申请中的独立权利要求 1、独立权利要求 2 请求保护的技术方案在原权利要求中没有出现过，属于主动增加的新的独立权利要求，《专利审查指南 2010》第二部分第八章第 5.2.1.3 节中明确这种修改方式是不予接受的，但是，分案申请中的独立权利要求 1、独立权利要求 2 是依据说明书第 33、第 34 段修改的，符合《专利法实施细则》第四十三条的规定，为了尽可能宽泛地保护申请人的利益，应当通过分案申请提出。

此外，权利要求 1、权利要求 2 之间具有相同的特定技术特征"瓶盖包括密封瓶体灌装开口的墨水瓶盖和盖住吸墨水腔室的盖"，在技术上相互关联，属于一个总的发明构思，权利要求 1、权利要求 2 之间具有单一性，可以在同一件分案申请中提出。

2. 分案申请中的权利要求具备新颖性和创造性

（1）独立权利要求 1 具备新颖性

独立权利要求 1 与对比文件 1（CN 201513345 A）或对比文件 2（CN 2654434 Y）相比，都没有公开权利要求 1 的特征"所述圆筒体（302）基本竖直地从所述瓶体（301）的上部不同于灌装墨水的开口的其他部位以与瓶体（301）相密封的方式插入该瓶体（301）的内部空间，所述瓶盖包括密封所述瓶体灌装开口的墨水瓶盖（305）和盖住所述吸墨水腔室（303）的盖（306），所述圆筒体（302）底壁或所述圆筒体（302）的插入下端的端部侧壁上设有进液孔（307）及沿轴向与该进液孔相距大体为笔尖高度的液位定位孔（308）"。

因此，权利要求1的技术方案相对于对比文件1来说是新的，具备新颖性。同理，相对于对比文件2也是新的，具备《专利法》第二十二条第二款规定的新颖性。

（2）独立权利要求2具备新颖性

独立权利要求2与对比文件1（CN 201513345 A）或对比文件2（CN 2654434 Y）相比，都没有公开权利要求2的特征"所述吸墨水装置包括一个设置于所述瓶体（401）外部、并与所述瓶体（401）具有部分共用侧壁（409）的筒形容器（415），该筒形容器（415）内部形成有吸墨水腔室（403），顶部形成有能够使吸墨水笔伸入所述腔室（403）的开口，所述瓶盖包括密封所述瓶体灌装开口的墨水瓶盖和盖住所述吸墨水腔室（403）的盖，在所述共用侧壁（409）的下方开设有将所述筒形容器（415）的内部与所述瓶体（401）的内部连通的通孔（416），该通孔（416）的高度大体为笔尖高度"。

因此，权利要求2的技术方案相对于对比文件1来说是新的，具备新颖性。同理，相对于对比文件2也是新的，具备《专利法》第二十二条第二款规定的新颖性。

（3）权利要求1具备创造性

对比文件1为本申请的抵触申请，不能用来评价权利要求的创造性。

对比文件2是本申请发明的最接近的现有技术，其公开了一种洁笔式墨水瓶，具有瓶体1、瓶盖2以及储水管5（即本申请的吸墨水装置），储水管5包括有底壁的圆筒体，圆筒体的内部形成吸墨水腔室，吸墨水腔室53具有能够使吸墨水笔伸入所述腔室的上部开口（参见对比文件2图1）。

将权利要求1和对比文件2相比发现，该权利要求1与对比文件2的区别在于："圆筒体（302）基本竖直地从所述瓶体（301）的上部不同于灌装墨水的开口的其他部位以与瓶体（301）相密封的方式插入该瓶体（301）的内部空间，所述瓶盖包括密封所述瓶体灌装开口的墨水瓶盖（305）和盖住所述吸墨水腔室（303）的盖（306），所述圆筒体（302）底壁或所述圆筒体（302）的插入下端的端部侧壁上设有进液孔（307）及沿轴向与该进液孔相距大体为笔尖高度的液位定位孔（308）"。可以认为本发明所要解决的技术问题是无法自动定位液位。

上述区别技术特征不属于本领域的公知常识，而且现有技术中也没有公开上述区别技术特征，采用该区别技术特征可以达到自动定位液位的效果。因而，也不存在将上述区别技术特征应用到对比文件2中解决"无法自动定位液位"的技术问题的启示。因此，权利要求1请求保护的技术方案对于所属领域技术人员而言是非显而易见的，具有突出的实质性特点和显著的进步，具备创造性，符合《专利法》第二十二条第三款的规定。

（4）权利要求2具备创造性

对比文件1为本申请的抵触申请，不能用来评价权利要求的创造性。

对比文件2是本申请发明最接近的现有技术，其公开了一种洁笔式墨水瓶，具有瓶体1、瓶盖2以及储水管5（即本申请的吸墨水装置）（参见对比文件2图1）。

将权利要求2和对比文件2相比发现，该权利要求2与对比文件2的区别在于："所述吸墨水装置包括一个设置于所述瓶体（401）外部、并与所述瓶体（401）具有部分共用侧壁（409）的筒形容器（415），该筒形容器（415）内部形成有吸墨水腔室（403），顶部形成有能够使吸墨水笔伸入所述腔室（403）的开口，所述瓶盖包括密封所述瓶体灌装开口的墨水瓶盖和盖住所述吸墨水腔室（403）的盖，在所述共用侧壁（409）的下方开设有将所述筒形容器（415）的内部与所述瓶体（401）的内部连通的通孔（416），该通孔（416）的高度大体为笔尖高度"。可以认为本发明所要解决的技术问题是无法自动定位液位。

上述区别技术特征不属于本领域的公知常识，而且现有技术中也没有公开上述区别技术特征，采用该区别技术特征可以达到自动定位液位的效果。因而，也不存在将上述区别技术特征应用到对比文件2中解决"无法自动定位液位"的技术问题的启示。因此，权利要求2请求保护的技术方案对于所属领域技术人员而言是非显而易见的，具有突出的实质性特点和显著的进步，具备创造性，符合《专利法》第二十二条第三款的规定。

申请人相信，修改后的权利要求书已经完全克服了"第一次审查意见通知书"中指出的新颖性和创造性问题，并克服了其他一些形式缺陷，符合《专利法》《专利法实施细则》及《专利审查指南2010》的有关规定。恳请早日授予专利权。

专利代理师：×××

专利代理师联系电话：××××××××××

××××年××月××日

专利代理实务模拟练习题三

无效实务与撰写实务试题

试题说明

本专利代理实务模拟试题包括无效实务题和撰写实务题两部分。

第一题 无效实务题

专利权人李某拥有一项实用新型专利,名称为"带吸管的饮料容器",专利号为ZL201020123456.7。

请求人王某针对该专利于2010年11月15日向原专利复审委员会提出无效宣告请求,请求宣告该专利全部无效,同时提交了对比文件1和对比文件2。

随后请求人王某于2010年12月13日提交了补充意见和对比文件3。

专利权人李某委托甲专利代理公司于2010年12月23日向原专利复审委员会提交了"意见陈述书"和修改后的权利要求书。

假设应试者作为甲专利代理公司的原代理人接受指派具体承办该无效案件,要求应试者:

1. 撰写2010年12月23日提交给专利复审委员会的修改后的权利要求书;
2. 撰写2010年12月23日提交给专利复审委员会的意见陈述书;
3. 简述《专利法》《专利法实施细则》及《专利审查指南2010》中关于"无效宣告程序中专利文件修改"的有关规定;
4. 简述《专利法》《专利法实施细则》及《专利审查指南2010》中关于"无效宣告理由增加"以及"请求人举证期限"的有关规定。

应试者撰写意见陈述书时应当结合修改后的权利要求书进行,并应当依据《专利法》《专利法实施细则》及《专利审查指南2010》的相关规定及本节所提供的事实进行有理有据的答辩。

第二题 撰写实务题

专利权人李某随后又提供了一份记载其在上述专利基础上进行了后续改进的技术内容说明,委托甲专利代理公司代理申请发明专利,应试者接受指派具体办理。要求应试者:

根据李某所提供的技术内容说明,考虑由该"带吸管的饮料容器"实用新型专利和对比文件1~3所构成的现有技术,为李某撰写发明专利申请的权利要求书。所撰写的发明专利申请的权利要求书应当既符合《专利法》《专利法实施细则》及《专利审查指南2010》的相关规定,又具有尽可能宽的保护范围以最大限度地维护申请人利益。

如果所撰写发明专利申请权利要求书中包含两项或者两项以上独立权利要求,请简述这些独立权利要求能够合案申请的理由。如果应试者认为该申请的一部分内容应当通过一份或多份另案申请提出,则应当进行相应说明,并撰写出另案申请的权利要求书。

答题须知

1. 作为模拟练习，应试者在完成题目时应当接受并仅限于本试卷所提供的事实。同时，应试者在完成无效实务题的过程中不必考虑本试卷提供的专利文件的真实性，应将其均视为真实、公开的专利文件。

2. 有关知识点的正确答案应当以本案适用的《专利法》《专利法实施细则》及《专利审查指南2010》为准。

实用新型专利的授权公告文件

（19）中华人民共和国国家知识产权局

[12] 实用新型专利

[10] 授权公告号 CN 201512345 U
[45] 授权公告日 2010 年 10 月 11 日

[21] 申请号 201020123456.7
[22] 申请日 2010 年 3 月 21 日
[73] 专利权人 李某
（其余著录项目略）

权 利 要 求 书

1. 一种带吸管的饮料容器，包括容器本体、吸管和封口部，其特征是：所述吸管置于容器本体内，在吸管上设有可压缩/伸展的弹性部分，该弹性部分可以在打开容器封口部时使吸管上段伸出容器本体外。

2. 如权利要求 1 所述的饮料容器，所述吸管的上段和下段上分别设有弹性部分，吸管上段的弹性部分使得吸管伸出容器本体外时可以弯折任意角度。

3. 如权利要求 1 所述的饮料容器，所述吸管上还设有防止吸管过分伸出的保护部。

4. 如权利要求 1 所述的饮料容器，所述保护部为多条挡杆。

5. 如权利要求 1 所述的饮料容器，所述多条挡杆沿吸管的径向延伸，且在同一水平面内均匀分布。

说 明 书

带吸管的饮料容器

技术领域

[001] 本实用新型属于食品包装领域,具体属于饮料容器。

背景技术

[002] 目前在饮用矿泉水、汽水、可乐、凉茶等饮料时通常会遇到两种情况:一是塑料或玻璃饮料容器本身没有吸管,而消费者忘记随身携带吸管,这就会遇到想喝饮料而身边又没有吸管,容器口对着嘴饮用,在容器盖盖不到的边上,会带有灰尘、细菌等。各种饮料类的容器包装和长途搬运中受污染的容器体外表上的细菌,不知不觉地传给了饮用的消费者,危害着人们的健康;二是另外找一根吸管,投进容器内,顺着管吸用,如果用吸管时,吸管经过一人或多人的手接触,会带有细菌,这样容易把细菌带进体内。另外,因为吸管是单独制作的,不能完全与规格不同的饮料容器匹配,常常由于吸管过短无法使用,使消费者用嘴直接对饮料容器口饮用。现在饮料容器外面也有附有包装好的吸管,但是在取吸管时手上的细菌也会传到吸管上。

实用新型内容

[003] 本实用新型为解决上述问题,提供一种带吸管的饮料容器,包括容器本体、吸管和封口部,吸管置于容器本体内,在吸管上设有可压缩/伸展的弹性部分,弹性部分可以在打开容器封口部时使吸管上段伸出容器本体外。

[004] 吸管的上段和下段上分别设有弹性部分,吸管上段的弹性部分使得吸管伸出容器本体外时可以弯折任意角度。

[005] 吸管上还设有防止吸管过分伸出的保护部,保护部为多条挡杆,多条挡杆沿吸管的径向延伸,且在同一水平面内均匀分布。

[006] 本实用新型吸管可以伸缩,方便装于饮料容器内,而且此种吸管能适应不同规格饮料包装需要,方便、经济、实用、卫生。避免了吸管单独摆放暴露在外受到污染,也避免了消费者找不到合适吸管直接对容器口饮用饮料的不卫生现象。只要一打开饮料的盖子,便有一根干净的吸管弹出来。不饮时,盖上盖子,吸管也会顺着盖子被压下去,当下次要饮用时,盖子一开,吸管会弹出来。饮用的整个过程中,手不会接触到吸管,防止了病菌的交叉感染,保证饮用绝对卫生。不用保管吸管,不用四处找吸管,带来了方便。

附图说明

[007] 图1是第一实施例结构示意图;

[008] 图2是第一实施例打开瓶盖时吸管伸出的示意图;

[009] 图3是第二实施例饮料纸盒吸管伸出的示意图;

[010] 图4是第三实施例结构示意图;

[011] 图5是第三实施例打开瓶盖时吸管伸出的示意图;

[012] 图6是第四实施例易拉罐内放置吸管的示意图。

具体实施方式

[013] 下面结合附图对本实用新型作进一步详述。

[014] 如图1、图2所示的本实用新型的第一个实施例,吸管3置于饮料瓶1内,吸

管 3 也可以设在饮料瓶中央或饮料瓶的内壁上。在吸管 3 上设有可伸缩的弹性体 4。一经打开瓶盖 2，由于弹性体 4 的弹性作用吸管 3 就会自然弹出来。所述吸管 3 上的可伸缩的弹性体 4 为螺旋弹簧状。或者，吸管的一大半是直的，另一小部分是弯的，总之吸管产生有压缩弹性。在生产过程中，吸管头比瓶身高出几厘米，把吸管放进瓶内后，盖瓶时瓶盖口会轻易地把吸管压进瓶内。

[015] 如图 3 所示的本实用新型的第二个实施例，上述具有弹性体的吸管 3 也可以用于纸盒，纸盒 8 内设有吸管 3，打开盒盖时，吸管 3 伸出瓶口，吸管 3 通过连接圈 10 与盒盖活动连接，即吸管 3 套在连接圈 10 内，可以上下滑动。

[016] 如图 4、图 5 所示的本实用新型的第三个实施例，吸管 13 置于饮料瓶 11 内，吸管 13 也可以设在饮料瓶中央或饮料瓶的内壁上。在吸管 13 上设有可伸缩的弹性体 14。吸管 13 一经打开瓶盖 12，由于弹性体 14 的弹性作用就会自然弹出来。为了避免因弹力过大使得吸管蹦出瓶外，或伸出瓶口过长，在吸管中间的适当位置设有沿吸管径向延伸的挡杆 19，优选多条挡杆在同一水平面内均匀分布。

[017] 如图 6 所示的本实用新型的第四个实施例，上述带有挡杆的吸管 13 也可以用在易拉罐中。吸管 13 伸出一段距离后，挡杆 9 与容器的相应部分接触阻止吸管进一步伸出，例如与瓶子的瓶颈下沿或易拉罐的顶部相接触。

说 明 书 附 图

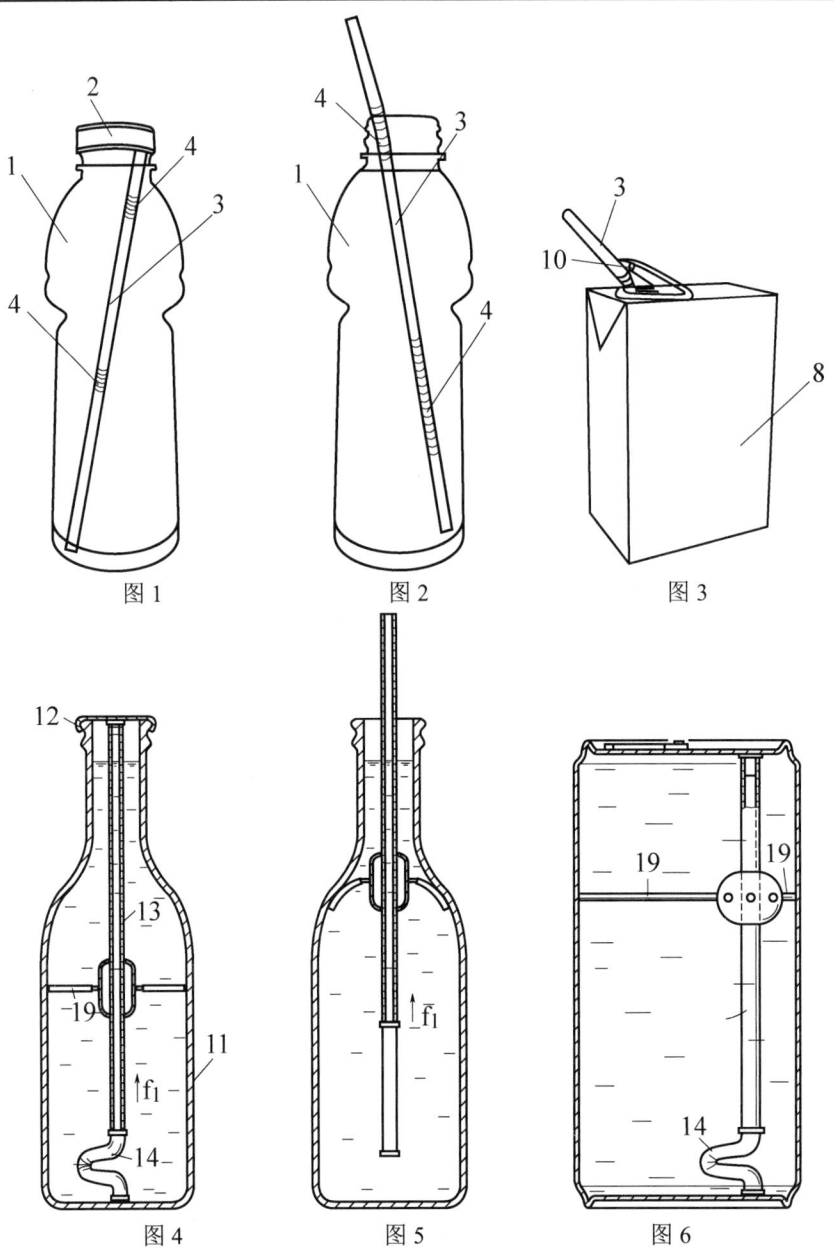

图 1 图 2 图 3

图 4 图 5 图 6

专利权无效宣告请求书的意见陈述正文

专利复审委员会：

根据《专利法》第四十五条及《专利法实施细则》第六十五条的规定，本请求人现请求宣告专利号为 201020123456.7、名称为"带吸管的饮料容器"的实用新型专利全部无效，具体理由如下：

1. 权利要求 1 不具备新颖性和创造性

权利要求 1 请求保护一种带吸管的饮料容器，对比文件 1 公开了一种内装弹性吸管的饮料瓶，包括饮料容器 1、吸管 2 和盖子 3，吸管 2 置于饮料容器 1 中，在吸管 2 上设有之字形、弧形或波纹管型可压缩/伸展的弹性部分，弹性部分可以在打开盖子 3 时使吸管 2 上段伸出瓶外。由此可见，对比文件 1 公开了权利要求 1 的全部技术特征，权利要求 1 不具备《专利法》第二十二条第二款规定的新颖性。

由于权利要求 1 不具备新颖性，自然权利要求 1 也不具备《专利法》第二十二条第三款规定的创造性。

2. 权利要求 2 不具备创造性

权利要求 2 的附加技术特征为"吸管的上段和下段上分别设有弹性部分，吸管上段的弹性部分使得吸管伸出容器体外时可以弯折任意角度"，该特征构成了权利要求 2 与对比文件 1 的区别技术特征。但该特征已被对比文件 2 公开，且该特征在对比文件 2 中的作用与其在本实用新型中为解决其技术问题所起的作用相同。由此可见，在对比文件 1 的基础上结合对比文件 2 得到权利要求 2 请求保护的技术方案对本领域技术人员而言是显而易见的。权利要求 2 不具备《专利法》第二十二条第三款规定的创造性。

3. 权利要求 3 得不到说明书的支持

权利要求 3 中使用了功能限定"保护部"，但实施例中只给出了保护部为挡杆一种方式，且本领域技术人员不能明了该功能还可以采用说明书中未提到的其他替代方式来完成。因而权利要求 3 没有以说明书为依据，不符合《专利法》第二十六条第四款的规定。

4. 权利要求 4、权利要求 5 不清楚

权利要求 4 中的"所述保护部"缺乏引用基础，权利要求 5 中的"所述多条挡杆"缺乏引用基础，使得权利要求 4、权利要求 5 保护范围不清楚，不符合《专利法》第二十六条第四款的规定。

5. 说明书公开不充分

本实用新型的说明书未作出清楚、完整的说明，使得本领域技术人员无法实现，不符合《专利法》第二十六条第三款的规定。

综上所述，该专利的权利要求 1 不具备新颖性和创造性，权利要求 2 不具备创造性，权利要求 3 得不到说明书支持，权利要求 4、权利要求 5 不清楚。因此，请求专利复审委员会宣告该实用新型专利全部无效。

请求人：王　某

2010 年 11 月 15 日

对比文件 1

[19] 中华人民共和国国家知识产权局

[12] 实用新型专利说明书
ZL 专利号 200420112234.5

[45] 授权公告日　2005 年 7 月 18 日	[11] 授权公告号　CN 2654234 Y
[22] 申请日　2004.07.22 [21] 申请号　200420112234.5 [73] 专利权人　××瓶装公司 （其余著录项目略）	[74] 专利代理机构

对比文件 1 说明书相关内容

一种内装弹性吸管的饮料瓶。图 1、图 2、图 3 为本实用新型结构原理图。

本实用新型由饮料容器 1、吸管 2、盖子 3 构成，吸管 2 装在饮料容器 1 中，瓶盖 3 盖在瓶子 1 上，其中吸管 2 为曲线结构，可制成之字形（见图 1）、弧形（见图 2）、波纹管型（见图 3）等任一曲线形状。在生产饮料时即将吸管放入瓶子中，开启瓶盖时，吸管利用其自身弹性自动弹出瓶口供直接饮用，解决了另带吸管的不便，减少了吸管的污染机会，具有安全、卫生、方便等优点。

对比文件 1 附图

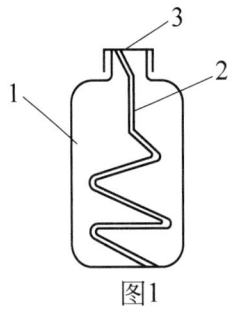
图1

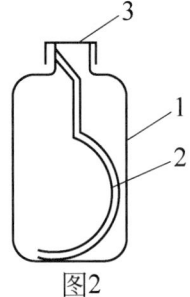
图2

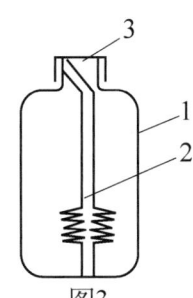
图3

对比文件 2

[19] 中华人民共和国国家知识产权局

[12] 实用新型专利

[10] 授权公告号 CN 201354321 U
[45] 授权公告日 2010 年 5 月 20 日

[21] 申请号 200920765432.1
[22] 申请日 2009 年 10 月 17 日
[73] 专利权人 李某
（其余著录项目略）

对比文件 2 说明书相关内容

一种瓶中折叠式吸管。

图 1 为本实用新型使用状态构造图；

图 2 为折叠在瓶中的示意图。

本实用新型中的吸管由上伸段 1、弯曲弹簧段 2、支撑段 3、弹性段 4 和瓶底段 5 构成，其特征是各段依次连接，共为一管，弯曲弹簧段 2 为弹性皱纹段，弹性段 4 为硅胶制成段，其套在瓶底段 5 和支撑段 3 之间。在支撑段 3 与瓶口接触处还设有卡管器 6。

在使用时，把组装好的吸管消毒、杀菌后放置进未加盖的、已灌装好的饮料瓶中，在加盖时，由于吸管受到外力的作用，弹性段 4 发生了弹性变形，将长度小于饮料瓶的瓶底段 5 平置于饮料瓶底。

饮用时，打开饮料瓶盖，由于吸管所受的外力消失，吸管利用自身的弹性伸出瓶口，把上伸段 1 从卡管器 6 上打开，把卡管器挂在瓶口，即可使用。

对比文件 2 附图

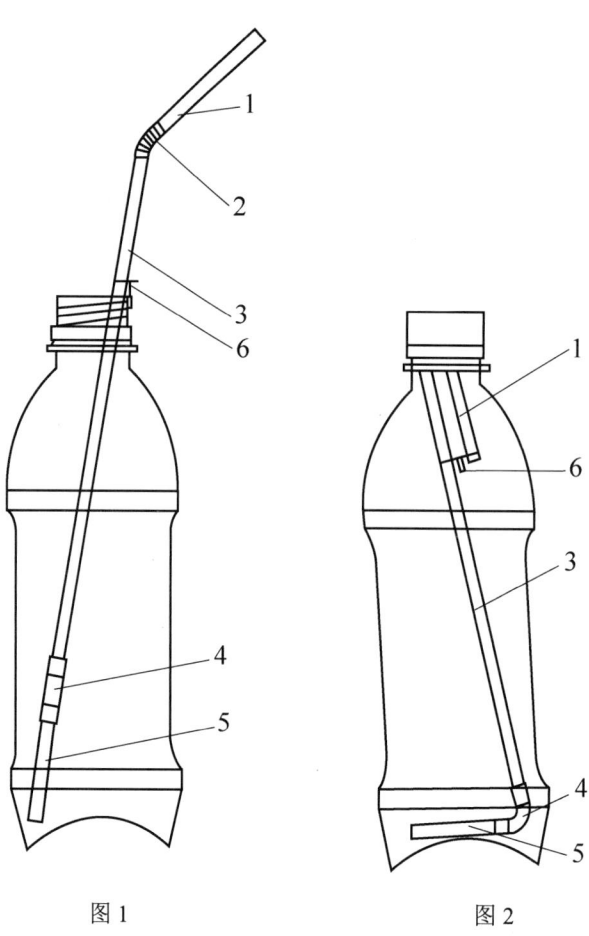

图 1 图 2

请求人王某于 2010 年 12 月 13 日提交的补充意见陈述书

专利复审委员会:

本请求人于 2010 年 11 月 15 日针对该专利提出了无效宣告请求,并结合所提交的对比文件 1、对比文件 2 详细说明了请求无效的理由,现补充提交对比文件 3 证明权利要求 1、权利要求 2 不具备新颖性和创造性,具体理由如下:

权利要求 1 请求保护一种带吸管的饮料容器,对比文件 3 公开了一种内装吸管的饮料容器,包括饮料容器、吸管 2 和盖子 1,吸管 2 置于饮料容器中,在吸管 2 上设有可压缩/延伸的弹性部分,弹性部分可以在打开盖子 1 时使吸管 2 上段伸出瓶外;吸管 2 的上段和下段上分别设有弹性部分,吸管上段的弹性部分使得吸管伸出容器体外时可以弯折任意角度。由此可见,对比文件 3 公开了权利要求 1、权利要求 2 的全部技术特征,权利要求 1、权利要求 2 不具备《专利法》第二十二条第二款规定的新颖性。由于权利要求 1、权利要求 2 不具备新颖性,自然权利要求 1、权利要求 2 也不具备《专利法》第二十二条第三款规定的创造性。

综上所述,请求专利复审委员会宣告该实用新型专利全部无效。

请求人:王 某

2010 年 12 月 13 日

对比文件 3

[19] 中华人民共和国国家知识产权局

[12] 发明专利申请公开说明书
[21] 申请号 01176386.5

[43] 公开日   2002 年 6 月 22 日   [11] 公开号 CN 1358642 A

[22] 申请日   2001 年 11 月 24 日   [74] 专利代理机构
[71] 申请人   ××包装公司
（其余著录项目略）

对比文件 3 说明书相关内容

一种内装吸管的饮料容器。

图 1 为本发明结构示意图。

本发明在饮料包装内预置一种无毒弹性材料制成的可伸缩吸管，其中吸管 2 上段一部分制成弹簧状，吸管中段一部分也制成弹簧状，使用前弹簧状部分处于压缩状态，吸管下口定位于容器底部中心，上口定位于容器开口盖 1，当容器开启后吸管弹簧状部分借助弹力弹出容器口。

本发明既保证可伸缩吸管及饮料不受污染，又使饮用时吸管能够弯曲任意角度，方便饮用饮料。

对比文件 3 附图

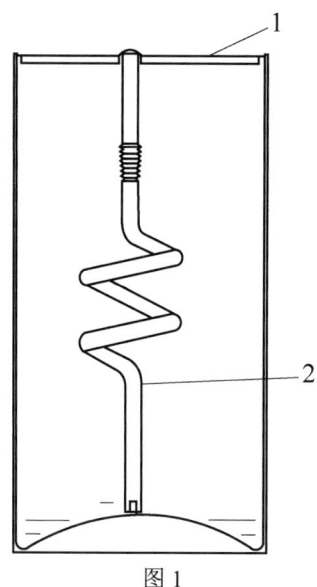

图 1

有关后续改进的技术内容说明

为了提供一种可以在打开上盖时吸管自动伸出，以增强趣味性的饮料容器，李某又发明了一种更方便饮用的饮料容器，而且该容器在饮用完其中的饮料后还可以做水壶用。其中：

图 1 为结构示意图；

图 2 为关盖状态结构示意图；

图 3 为关盖状态容器盖外形示意图；

图 4 为开盖状态容器盖外形示意图。

参见图 1、图 2，采用球面容器盖，由内盖 1 和外盖 2 构成，其中，内盖 1 为半球状，外盖 2 覆盖在内盖 1 的外面，并可分别相对内盖 1 翻转到内盖 1 的左半边或右半边的位置。

内盖 1 与螺纹连接口 3 螺纹连接，内盖 1 上有一通孔 4，通孔 4 中插入并固定有吸管 5，吸管 5 的底端插入在容器本体 6 的底部，吸管 5 的顶端从内盖 1 的通孔 4 中伸出，所述吸管 5 为可弯折的胶皮管，在内盖 1 的表面设置有用于容置向一边弯折的吸管的管槽 7。外盖 2 是以例如其两侧销柱 8 铰接的方式连接在内盖 1 上的。

如图 3、图 4 所示，为了便于对外盖 2 进行翻转操作，可以在外盖 2 上设置突出的手持盖缘 9，当然，外盖 2 也可形成为例如兔子之类的小动物，这时以小动物的耳朵作为手持盖缘。为了方便使用，可以在外盖 2 上，对应于吸管 5 伸出的位置处，设置槽口 10，在内盖 1 的相应位置的底边上，设置有可封堵该槽口 10 的封门 11。

如图 2、图 3 所示，当小孩不用该饮料容器时，小孩用手推外盖 2 上设置的盖缘 9，使外盖 2 相对内盖 1 翻转，就可以将吸管 5 从内盖 1 的通孔 4 中伸出的伸出端遮蔽，小孩的手等部位不会与吸管 5 接触，这样，可保持吸管 5 处于卫生的状态。

如图 1、图 4 所示，当需要饮用容器中的饮料时，以与上述翻转方向相反的方向推盖缘 9，将外盖 2 翻转至内盖 1 的左半边，外盖 2 上的槽口 10 正巧对准内盖 1 上的通孔 4，吸管 5 从内盖 1 的通孔 4 中伸出的伸出端脱离外盖 2 的压制，在其本身弹性的作用下从弯曲在外盖 2 里面的状态变为位于槽口 10 中的伸直状态。此时，外盖 2 呈开启状态，可通过吸管 5 吸取容器中的液体。

如图 2、图 3 所示，当外盖 2 翻转至内盖 1 的右半边，吸管 5 被外盖 2 压入内盖 1 的管槽 7 中，此时，外盖 2 呈如图 2、图 3 所示的关闭状态，内盖 1 上的封门 11 正巧对外盖 2 上的槽口 10 形成封堵。

为了便于提携，可以在容器本体 6 的颈部设置手提带 12。

当容器中饮料饮完后，通过拧开内盖 1 向容器本体 6 中灌入饮用水，就可做水壶使用。

有关后续改进的技术内容附图

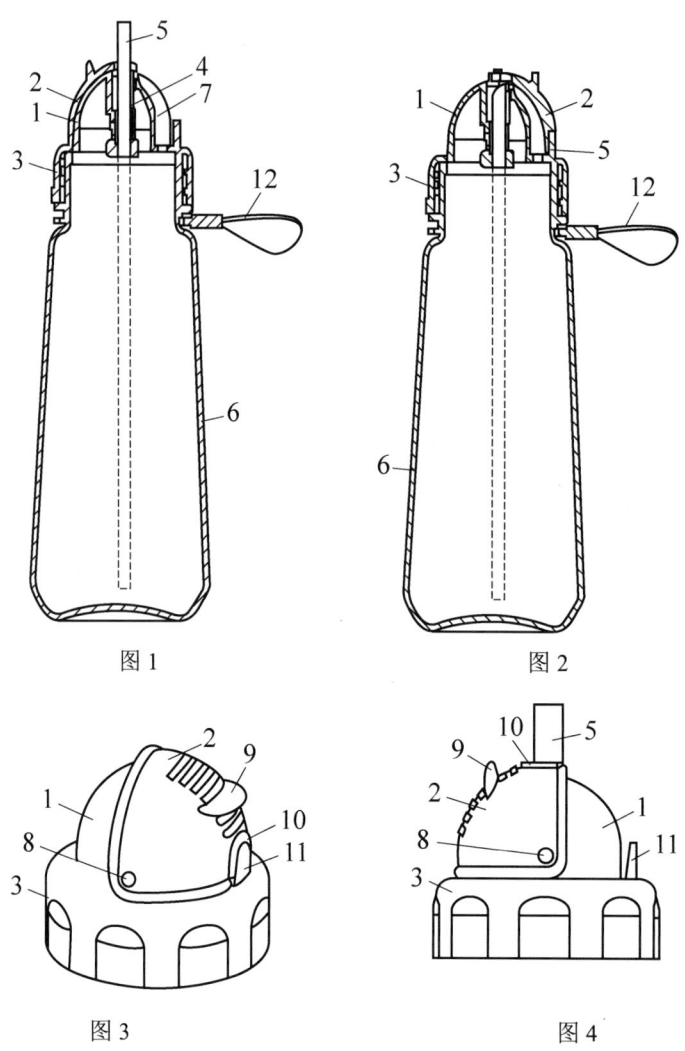

图 1

图 2

图 3

图 4

专利代理实务模拟练习题三答题要点及范文

一、总体考虑

作为专利权人的代理人,应试者在收到专利复审委员会转送的无效宣告请求书之后,需要认真阅读,全面了解请求宣告专利权无效的理由和事实,判断应采取何种措施来维护委托人的利益最大化。

在应试过程中,阅读无效宣告请求书的过程应着重关注以下几个问题:①请求人提出的无效理由,是否属于《专利法实施细则》第六十五条规定的无效宣告理由;②请求人补充意见和证据的时间是否符合《专利法实施细则》第六十七条关于举证期限的规定;③针对给出的对比文件,需要关注其申请人/专利权人、公开时间以及所披露的技术内容;④分析有关证据是否足以支持请求人的主张;⑤请求人的无效宣告理由明显成立或者部分成立的情况下,是否还有通过修改维持专利权有效或者部分有效的可能;⑥如果可以修改,修改过程中应试者还需要注意《专利法》《专利法实施细则》《专利审查指南 2010》中关于无效宣告程序中修改权利要求书的原则、时机和方式的规定,并审时度势加以运用。

具体到本题,根据题目所给的素材得出如下结论:①请求人提出的无效理由属于《专利法实施细则》第六十五条规定的无效宣告理由;②请求人补充意见和补充证据的时间在无效宣告请求之日起 1 个月内,符合《专利法实施细则》六十七条关于举证期限的规定;③给出的对比文件 1、对比文件 3 为现有技术,对比文件 2 不是现有技术,从时间和内容上,构成涉案专利权利要求 1~2 的抵触申请;④请求人 2010 年 11 月 15 日的意见陈述第 1 点、第 3 点、第 4 点的理由成立,但第 2 点利用抵触申请来评价创造性,该理由不成立;请求人 2010 年 12 月 13 日提交的意见陈述理由成立;⑤可以采用对"权利要求的删除"和"权利要求的进一步限定"的修改方式,将权利要求 3、权利要求 4 的附加技术特征补入权利要求 1 中,缩小权利要求 1 的保护范围,保留权利要求 2 和权利要求 5,删除权利要求 3、权利要求 4;⑥这样的修改符合《专利审查指南 2010》第四部分第三章第 4.6 节有关无效宣告程序中专利文件的修改规定。

二、无效实务题

(一)针对无效宣告请求,修改权利要求书

通过上面分析可知,本申请可以通过权利要求的删除、权利要求的进一步限定方式对权利要求进行修改,这样的修改符合有关无效程序中的修改规定。

修改后的权利要求:

1. 一种带吸管的饮料容器,包括容器本体、吸管和封口部,所述吸管置于容器本体内,在吸管上设有可压缩/伸展的弹性部分,该弹性部分可以在打开容器封口部时使吸管上段伸出容器本体外;其特征在于,所述吸管上还设有防止吸管过分伸出的保护部,所述保护部为多条挡杆。

2. 如权利要求 1 所述的饮料容器,所述吸管的上段和下段上分别设有弹性部分,吸管上段的弹性部分使得吸管伸出容器本体外时可以弯折任意角度。

3. 如权利要求 1 所述的饮料容器,所述多条挡杆沿吸管的径向延伸,且在同一水平面内均匀分布。

（二）撰写意见陈述书

在无效宣告请求审查程序中，为了谋求尽可能有利的审查结果，撰写意见陈述书时应当注意以下几点：①充分地阐述请求人所提出的无效宣告请求不应予以考虑或不成立的具体理由，应针对无效宣告请求书所列的各项无效宣告理由逐一进行答辩；②对于那些不属于《专利法》及《专利法实施细则》规定的无效宣告理由，或者没有达到相关规定的具体说明程度的请求人意见，答辩意见要有理有据，最好以《专利法》《专利法实施细则》和《专利审查指南2010》作为依据来陈述意见；③对于已经对权利要求书进行的修改，首先必须对修改内容以及该修改符合相关的规定进行陈述，其次为了说明专利权的稳定性，缩短无效宣告审查程序的周期，还应结合修改后的权利要求书，就请求人的无效宣告请求书所列各项无效宣告理由针对该修改后的权利要求书已经不成立，修改后的权利要求书符合《专利法》和《专利法实施细则》的相关规定参照本书第一部分第一章第六节和第二章第四节给出的相关推荐样式或示例进行论述。

意见陈述书范文

专利复审委员会：

　　专利权人收到专利复审委员会转来的请求人王某于 2010 年 11 月 15 日提交的"专利权无效宣告请求书"及所附的对比文件 1、对比文件 2，随后又收到请求人于 2010 年 12 月 13 日提交的补充意见及对比文件 3。现针对无效请求人所提出的请求宣告本专利权无效的理由和证据进行答辩。具体答辩意见如下。

　　一、修改说明

　　专利权人对权利要求书进行了修改，将权利要求 3、对比文件 4 的附加技术特征补入权利要求 1 中，对权利要求 1 的技术方案进一步限定，缩小权利要求 1 的保护范围，保留权利要求 2 和权利要求 5，删除权利要求 3、对比文件 4，此外还相应地修改了权利要求的编号和引用关系。

　　上述修改是在答复无效请求书的期限内作出的，符合《专利法》《专利法实施细则》和《专利审查指南 2010》中关于无效审查期间对专利文件进行修改的各项规定。专利权人请求复审委员会在修改后的权利要求书的基础上进行审查。

　　二、针对无效宣告请求及补充意见的答辩

　　（1）请求人提交的对比文件 2 是专利权人本人向国家知识产权局提出的专利申请，其申请日早于本专利的申请日，其公开日晚于本专利的申请日，根据 2009 年 10 月 1 日施行的《专利法》的相关规定，对比文件 2 属于本专利的抵触申请，只能用于评价本专利的新颖性，不能用来评价其专利的创造性。请求人 2010 年 11 月 15 日提交的"专利权无效宣告请求书"中第 2 点理由利用对比文件 2 来评价权利要求 2 的创造性，该理由不成立。

　　（2）请求人关于说明书不符合《专利法》第二十六条第三款规定的无效宣告理由，没有提供具体说明。根据《专利法实施细则》第六十五条第一款，以及《专利审查指南 2010》第四部分第三章的规定，属于请求人在提出无效宣告请求时没有具体说明的无效宣告理由，且在提出无效宣告请求之日起的一个月内也未补充具体说明的情形，请求专利复审委员会对该无效宣告理由不予考虑。

　　三、修改后权利要求 1～2 符合《专利法》第二十二条第二款、第三款以及《专利法》第二十六条第四款的规定

　　（1）权利要求 1 具备新颖性

　　本实用新型独立权利要求 1 与对比文件 1（CN 2654234 Y）相比，对比文件 1 没有公开权利要求 1 特征部分的内容，即"所述吸管上还设有防止吸管过分伸出的保护部，所述保护部为多条挡杆"；与对比文件 2（CN 201354321 U）相比，对比文件 2 没有公开权利要求 1 特征部分的内容，即"所述吸管上还设有防止吸管过分伸出的保护部，所述保护部为多条挡杆"；与对比文件 3（CN 1358642 A）相比，对比文件 3 没有公开权利要求 1 特征部分的内容，即"所述吸管上还设有防止吸管过分伸出的保护部，所述保护部为多条挡杆"。因此，权利要求 1 要求保护的技术方案分别与对比文件 1、对比文件 2、对比文件 3 单独对比时是新的，具备《专利法》第二十二条第二款规定的新颖性。

　　（2）权利要求 2、权利要求 3 具备新颖性

　　权利要求 2、权利要求 3 分别是引用在前的独立权利要求 1 的从属权利要求，由于其引用的独立权利要求 1 分别相对于对比文件 1、对比文件 2 或对比文件 3 具备新颖性，因此，权利要求 2、权力要求 3 所要求保护的技术方案具备《专利法》第二十二条第二款规

定的新颖性。

（3）权利要求1具备创造性

对比文件2属于抵触申请，不能用来评价权利要求的创造性。

对比文件3是最接近的现有技术，其公开了一种内装吸管的饮料容器，它包括：容器本体、吸管2和开口盖1（即封口部的下位概念），吸管2置于容器本体内，其中吸管2上段一部分制成弹簧状，吸管中段一部分也制成弹簧状，使用前弹簧状部分处于压缩状态，吸管下口定位于容器底部中心，上口定位于容器开口盖1，当容器开启后吸管弹簧状部分借助弹力弹出容器口。

比较上述权利要求1所要求保护的技术方案和对比文件3公开的内容发现，该权利要求1与对比文件3的区别技术特征为："吸管上还设有防止吸管过分伸出的保护部，保护部为多条挡杆"。可以认为本发明所要解决的技术问题是避免因弹性过大使得吸管蹦出容器或过度伸出。

对比文件1公开了一种内装弹性吸管的饮料瓶，其包括饮料容器1、吸管2、盖子3构成，吸管2装在饮料容器1中，瓶盖3盖在瓶子1上，其中吸管2为曲线结构。在生产饮料时即将吸管放入瓶子中，开启瓶盖时，吸管利用其自身弹性自动弹出瓶口供直接饮用。

由此可见，对比文件1也没有公开"吸管上还设有防止吸管过分伸出的保护部，所述保护部为多条挡杆"的技术特征，也不存在采用上述技术特征以解决上述技术问题的技术启示或教导，而且上述区别技术特征不属于本领域的公知常识。因而，权利要求1的技术方案不是显而易见的，具备实质性特点。

采用具有上述区别技术特征的技术方案，可以消除饮料瓶中的吸管因弹力过大蹦出瓶外跌落地面而造成的不卫生现象或过分伸出而引起饮料洒落到外部的弊端。具有有益的技术效果。

因此，修改后的权利要求1请求保护的技术方案相对于对比文件3、对比文件1以及本领域的公知常识，具有实质性特点和进步，符合《专利法》第二十二条第三款有关创造性的规定。

（4）权利要求2、权利要求3具备创造性

权利要求2、权利要求3分别是独立权利要求1的从属权利要求，由于其引用的独立权利要求1具备创造性，因此，对其进行进一步限定的从属权利要求2、从属权利要求3也必然具备创造性，符合《专利法》第二十二条第三款的规定。

（5）权利要求1~3满足《专利法》第二十六条第四款的规定

修改后的权利要求1是通过将权利要求3、权利要求4的附加技术特征补入权利要求1中，对权利要求1的技术方案进行进一步限定得到的，在该权利要求1中将原权利要求3附加技术特征中的上位概念"保护部"具体限定原权利要求4附加技术特征中的为"多条挡杆"，因此，修改后的权利要求1既能够得到说明书的支持，也不存在缺乏引用基础的缺陷，符合《专利法》第二十六条第四款的规定；由于删除了原权利要求3、原权利要求4，这样的修改，既克服了原权利要求3中"保护部"得不到说明书支持的问题，同时也克服了原权利要求4中"所述保护部"缺乏引用基础的问题。

修改后的权利要求2也是原权利要求2，其对吸管作了进一步限定，上述限定是既能得到说明书的支持，也是清楚的，符合《专利法》第二十六条第四款的规定。

修改后的权利要求3是原权利要求5，现直接引用修改后的权利要求1，在其附加技术特征中对权利要求1中的"多条挡杆"作了进一步限定，因而，其中的"所述多条挡杆"

在权利要求 1 中存在引用基础，因此修改后的权利要求 3 是清楚的，符合《专利法》第二十六条第四款有关清楚的规定。

综上所述，专利权人认为修改后的权利要求 1~3 符合《专利法》《专利法实施细则》及《专利审查指南 2010》的有关规定。请求专利复审委员会在此修改文本的基础上维持本专利权有效。

（三）简述《专利法》《专利法实施细则》及《专利审查指南 2010》中关于"无效期间专利文件修改"的有关规定

《专利法》第三十三条规定，申请人可以对其专利申请文件进行修改，但是，对发明和实用新型专利申请文件的修改不得超出原说明书和权利要求书记载的范围，对外观设计专利申请文件的修改不得超出原图片或者照片表示的范围。

《专利法实施细则》第六十九条规定，在无效宣告请求的审查过程中，发明或者实用新型专利的专利权人可以修改其权利要求书，但是不得扩大原专利的保护范围。

发明或者实用新型专利的专利权人不得修改专利说明书和附图，外观设计专利的专利权人不得修改图片、照片和简要说明。

《专利审查指南 2010》第四部分第三章第 4.6 节规定

1. 修改原则

发明或实用新型专利文件的修改仅限于权利要求书，其原则是：
① 不得改变原权利要求的主题名称；
② 与授权的权利要求相比，不得扩大原专利的保护范围；
③ 不得超出原说明书和权利要求书记载的范围；
④ 一般不得增加未包含在授权的权利要求书中的技术特征；

2. 修改方式

在满足上述修改原则的前提下，修改权利要求书的具体方式一般限于权利要求的删除、技术方案的删除、权利要求的进一步限定、明显错误的修正。

权利要求的删除是指从权利要求书中去掉某项或者某些项权利要求，如独立权利要求或者从属权利要求。

技术方案的删除是指从同一权利要求中并列的两种以上技术方案中删除一种或者一种以上技术方案。

权利要求的进一步限定是指在权利要求中补入其他权利要求中记载的一个或者多个技术特征，以缩小保护范围。

3. 修改方式的限制

在国家知识产权局❶作出审查决定之前，专利权人可以删除权利要求或者权利要求中包括的技术方案。

仅在下列三种情形的答复期限内，专利权人可以以删除以外的方式修改权利要求书：
（1）针对无效宣告请求书；
（2）针对请求人增加的无效宣告理由或者补充的证据；
（3）针对专利复审委员会引入的请求人未提及的无效宣告理由或证据。

（四）简述《专利法》《专利法实施细则》及《专利审查指南 2010》中关于"无效宣告理由增加"以及"请求人举证期限"的有关规定

1. 关于"无效宣告理由的增加"的规定

（1）请求人在提出无效宣告请求之日起一个月之内增加无效宣告理由的，应当在该期限内对所增加的无效宣告理由具体说明；否则，国家知识产权局不予考虑。

---

❶ 由于此处不涉及案情发生过程与时间，所以按 2019 年国家机关机构改革之后的相关规定，涉及的复审与无效相关材料都是向国家知识产权局提交，由国家知识产权局处理。

（2）请求人在提出无效宣告请求之日起一个月之后增加无效宣告理由的，国家知识产权局一般不予考虑，但下列情形除外：

① 针对专利权人以删除以外的方式修改的权利要求，在国家知识产权局指定期限内针对修改内容增加无效宣告理由，并在该期限内对所增加的无效宣告理由具体说明的；

② 对明显与提交的证据不相对应的无效宣告理由进行变更的。

2. 关于"请求人举证期限"的规定：

（1）请求人在提出无效宣告请求之日起一个月之内补充证据的，应当在该期限内结合该证据具体说明相关的无效宣告理由，否则，专利复审委员会不予考虑。

（2）请求人在提出无效宣告请求之日起一个月之后补充证据的，国家知识产权局会一般不予考虑，但下列情形除外：

① 针对专利权人提交的反证，请求人在国家知识产权局指定的期限内补充证据，并在该期限内结合该证据具体说明相关无效宣告理由的；

② 在口头审理辩论终结前提交技术词典、技术手册和教科书等所属技术领域中的公知常识性证据或者用于完善证据法定形式的公证文书、原件等证据，并在该期限内结合该证据具体说明相关无效宣告理由的。

（3）请求人提交的证据是外文的，提交其中文译文的期限适用该证据的举证期限。

三、撰写实务题

撰写出的权利要求既要符合《专利法》《专利法实施细则》及《专利审查指南 2010》的规定，又要具有尽可能宽的保护范围，以最大限度地维护申请人的利益。一件申请的权利要求书中，独立权利要求所限定的技术方案的保护范围是最宽的，撰写独立权利要求应当满足相对于撰写前通过各种手段例如检索获知的现有技术具备《专利法》第二十二条第二款、第三款规定的新颖性和创造性，记载解决技术问题的必要技术特征，清楚并简要地表述要求保护的范围，能够得到说明书的支持等要求。

在收到技术内容说明或技术交底材料时，所撰写的权利要求书既不能范围过大，超出该技术内容说明或技术交底材料所公开的范围，以致得不到说明书的支持或缺少必要技术特征；又不能范围过小，否则难以在收到审查意见通知书之后再主动扩大保护范围，给委托人的利益带来损失。因此要求专利代理师从所属技术领域的技术人员角度出发在技术内容说明或技术交底材料的基础上撰写一个范围较宽、又相对稳定的独立权利要求。同时，为了形成一定的保护梯度，还应当撰写适当数量的从属权利要求。

权利要求书范文

1. 一种饮料容器，包括容器本体（6）、吸管（5）和盖子，所述吸管（5）放置在容器本体（6）中；其特征在于：所述盖子包括内盖（1）和外盖（2），在所述内盖（1）上有通孔（4），所述吸管（5）的顶端从所述内盖（1）的通孔（4）中伸出，所述外盖（2）以相对所述内盖（1）翻转使所述吸管（5）的伸出部分被遮蔽在所述外盖（2）里面或暴露在外以供使用的方式连接在所述内盖（1）上。

2. 根据权利要求1所述的饮料容器，其特征在于：在所述外盖（2）上设置有突出的手持盖缘（9）。

3. 根据权利要求1所述的饮料容器，其特征在于：在所述容器本体（6）的颈部设置手提带（12）。

4. 根据权利要求1所述的饮料容器，其特征在于：所述内盖（1）和外盖（2）为球面形，所述外盖（2）可相对所述内盖（1）分别翻转至所述内盖（1）的左半边或右半边。

5. 根据权利要求4所述的饮料容器，其特征在于：所述外盖（2）以其两侧销柱（8）铰接在所述内盖（1）上。

6. 根据权利要求1~5任一项所述的饮料容器，其特征在于：所述吸管（5）为可弯折的胶皮管。

7. 根据权利要求6所述的饮料容器，其特征在于：在所述内盖（1）的表面上，设置有用于容置向一边弯折的吸管（5）的管槽（7）。

8. 根据权利要求1~5任一项所述的饮料容器，其特征在于：在所述外盖（2）上，对应于所述吸管（5）伸出的位置，设置槽口（10）。

9. 根据权利要求8所述的饮料容器，其特征在于：在所述内盖（1）的相应位置的底边上，设置有可封堵所述槽口（10）的封门（11）。

专利代理实务模拟练习题四

撰写与无效实务试题

试题说明

实务模拟试题包括撰写实务题和无效实务题两部分。

第一题 撰写实务题

假设客户林某委托应试者所在专利代理机构代理一件发明专利申请,同时提供了其发明的技术说明(见客户林某交给专利代理机构的技术交底书),并提供了两份对比文件(见对比文件1、对比文件2)。专利代理机构接受该委托后指定应试者具体办理该项专利申请事务。

请应试者根据客户林某所提供的技术说明,考虑对比文件1和对比文件2所反映的现有技术,为客户林某撰写一份发明专利申请的权利要求书。所撰写的发明专利申请权利要求书应当既符合《专利法》《专利法实施细则》及《专利审查指南 2010》的相关规定,又具有尽可能宽的保护范围,以最大限度地维护申请人的利益。

如果所撰写的发明专利申请权利要求书中包含两项或者两项以上独立权利要求,请简述这些独立权利要求能够合案申请的理由。如果应试者认为该申请的一部分内容不能通过合案申请提出,则应当进行相应说明,并撰写出另行申请的独立权利要求。

第二题 无效实务题

客户林某在向国家知识产权局提交上述专利申请并收到国家知识产权局发出的"专利申请受理通知书"后,检索到了专利权人AB有限公司在中国申请的发明专利(见AB有限公司发明专利的授权公告文本),其授权公告号为CN 105625623 B,授权公告日为2011年2月25日。

客户林某委托应试者所在专利代理机构代理其将该专利向原专利复审委员会提出无效宣告请求,请求宣告该专利全部无效。专利代理机构接受该委托后进行了检索,检索到了两份对比文件(见对比文件3、对比文件4的中文译文说明)。假设应试者所在专利代理机构指派应试者具体承办该无效案件。要求应试者考虑对比文件1~4公开的内容,从对比文件1~4中选择合适的对比文件作为证据,针对授权公告号为CN105625623B的发明专利撰写一份正式提交给专利复审委员会的无效宣告请求书。

鉴于考试时间有限,只要求应试者撰写无效宣告请求书的正文部分,不要求应试者涉及有关无效宣告请求书表格的内容。

答题须知

1. 作为考试,应试者在完成撰写实务题及无效实务题时应当接受并仅限于本试卷所提供的事实。同时,应试者在完成无效实务题的过程中不必考虑本试卷提供的四份专利文件的真实性问题,应将其均视为真实、公开的专利文件。

2. 应试者应当将撰写实务题和无效实务题的答案写在正式答题卡的答题区域内。

客户林某交给代理机构的技术交底书

托盘是最基本的物流器具,是用于集装、堆放、搬运和运输的放置单元负荷的货物的平台装置。目前大多数货物直接放在托盘上,没有任何其他附加的外界保护。当货物处于恶劣的环境中时,如暴露在直射阳光、升高的温度或雨水下,货物不可避免地受到损坏,因此需要对货物提供额外保护。

装载有货物的托盘在进行装卸、搬运、堆码等作业时,水平移动或冲击使托盘上的货物容易移位、松散甚至坍塌,因此需要将货物与托盘紧固在一起。

现有技术中,对比文件1公开了一种包装箱,但由于其第一侧板21与第二侧板22之间除了金属固定件4和顶盖1的约束外无其他连接装置,该包装箱结构不稳定,在托盘装载运输时不能紧固托盘上的货物以防止货物坍塌。

对比文件2只公开了托盘网的相关结构,而托盘网作为固定货物的装置,不能起到保护托盘上的货物免受阳光、升高的温度或雨水的影响。

为了解决上述技术问题,申请人提供了既能使托盘上的货物有效地避免阳光、温度或雨水对货物的影响,又能防止托盘上的货物坍塌的货物保护装置及其和托盘网的组合件。

第一实施例

图1是该货物保护装置第一状态的透视图。图2是该货物保护装置第二状态的透视图。图3是该货物保护装置第三状态的透视图。图4是该货物保护装置和罩在该货物保护装置外部的托盘网的组合件的透视图。

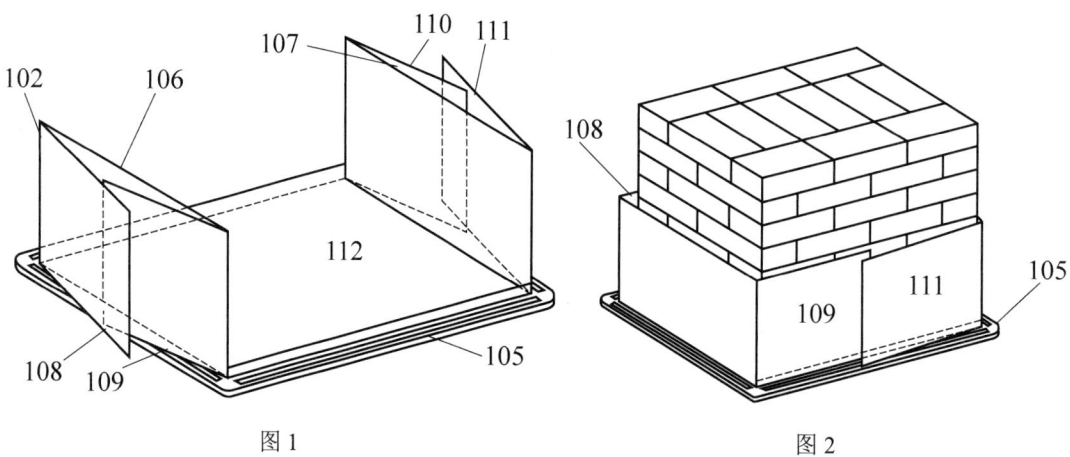

图1　　　　　　　图2

参见图1,为该货物保护装置用于运输货物的第一状态的透视图。该货物保护装置具有一个屏障装置102,该屏障装置102的底部处于折叠在一托盘105上的位置。屏障装置102底部具有一个底板112和从该底板延伸出的六个屏障侧板。屏障侧板由两个主屏障侧板106、107和四个辅屏障侧板108、109、110、111构成,主屏障侧板106、107连接到底板112上,四个辅屏障侧板108、109、110、111中每两个辅屏障侧板分别与每个主屏障侧板106、107相连,即,如图1所示,主屏障侧板106与辅屏障侧板108、109相连,主屏障侧板107与辅屏障侧板110、111相连。这使屏障装置102在不使用时能以折叠的形态运输和保存,这样十分经济。在图1中,主屏障侧板106、107已经从底板112上折叠起来,从而它们垂直于底板112延伸。辅屏障侧板108、109、110、111略微打开,以支撑主屏障侧板106、107。

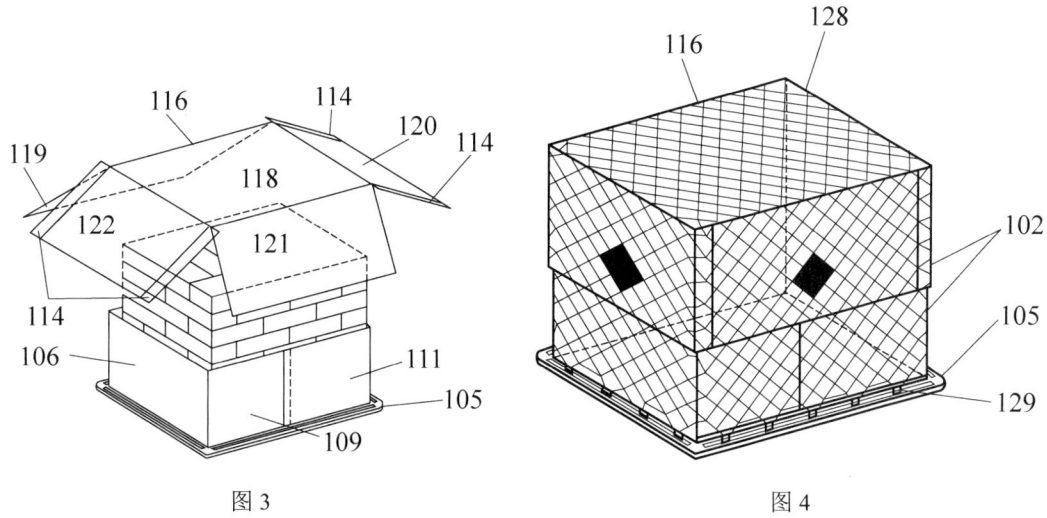

图3　　　　　　　　　图4

参见图2，货物是堆在托盘105上的。托盘105和货物之间由屏障装置102的底板112隔开，以形成屏障，这样减少了托盘105和货物之间的热传递，并且有助于防止雨水损坏货物的底层。在图2中，辅屏障侧板108、109、110、111已由图1的折叠状态打开，围在货物周围。

在本实施例中，也可以省略屏障装置102的底板112，即屏障装置102只有屏障侧板，这样，屏障侧板由两个主屏障侧板106、107和四个辅屏障侧板108、109、110、111构成，主屏障侧板106、107与托盘直接相连，每个主屏障侧板106、107上分别连接有两个可折叠的所述辅屏障侧板。这样的结构可以在装配时先将货物放置在托盘上，再装配屏障装置，将其围在货物周围。

在一个最佳例子中，每个辅屏障侧板108、109、110、111的长度大于各自处于打开状态围在托盘105上时与托盘105对应的一个边的长度的一半，这样在相互配合的两块辅屏障侧板108与110、109与111之间形成一个重叠部分，保证了货物的下部也被屏障保护。辅屏障侧板108、109、110、111由任何一种紧固方法紧固就位。上述结构提供了一种封闭结构，与保护盖116的结合构成了一种防干扰的封闭。

对于所属技术领域的技术人员来说，可以理解的是，辅屏障侧板108、109、110、111之间并不限于上述的部分重叠结构，只要能实现两个相邻辅屏障侧板之间封闭连接的结构都是可行的，如可以是对接在一起的结构。

如图3所示，本实施例所提供的保护盖116包括顶部主板118和从该主板118延伸出的侧板119、120、121、122。顶部主板118为矩形，保护盖116放置在货物的上部正中，故主板118覆盖在货物之上。保护盖116整体打开状态下呈十字形结构，每个边都一体地延伸出一个侧板。侧板119~122向下弯折，以将货物包围在其内部。相邻的侧板可接合在一起，形成转角，沿着周向形成封闭结构。而且，保护盖116的侧板119~122与屏障装置102的屏障侧板106、107、108、109、110、111在货物上下方向部分重叠在一起，一起覆盖货物的侧面。换句话说，保护盖116的侧板119、120、121、122与屏障侧板106、107、108、109、110、111的总高度大于货物的最大允许高度，因此，在载置的货物上下方向相互重叠形成封闭区域。

更进一步地，保护盖116的侧板119~122中的相邻的侧板之一或两个相邻的侧板上还设置有折板，在本实施例中是在侧板120、122上设置有折板114，这样，通过折板114将相邻的侧板119、120、121、122接合在一起，形成转角，构成沿着周向的封闭结构。

屏障装置102、保护盖116及托盘105构成的货物保护装置具有以下一种或多种特性：绝热、防水、冷成凝胶性、刚性、保护性缓冲性、电磁屏蔽性、X射线屏蔽性、耐冲击性。因此，其减少了可能包含了易腐烂货物的货物受阳光、高的环境温度、雨水及其他诸如电磁射线等影响损坏的可能性。

此外，该第一实施例还提供了设置在托盘105上的网连接装置129，用于将屏障装置102固定到托盘105上，该网连接装置129的具体结构可以采用如双头螺栓紧固件。

图4是本实施例的货物保护装置和罩在该货物保护装置外部的托盘网的组合件的透视图。如图4所示，该组合件利用托盘网128，覆盖屏障装置102、保护盖116和货物，并通过托盘网128底端的连接装置将托盘网128固定在托盘105的网连接装置129上，从而形成可防止在托盘装载运输时托盘上的货物坍塌的稳定结构。

第二实施例

图5是货物上的保护盖的透视图。图6是货物上的保护盖和罩在该保护盖外部的托盘网的示意性侧视图。

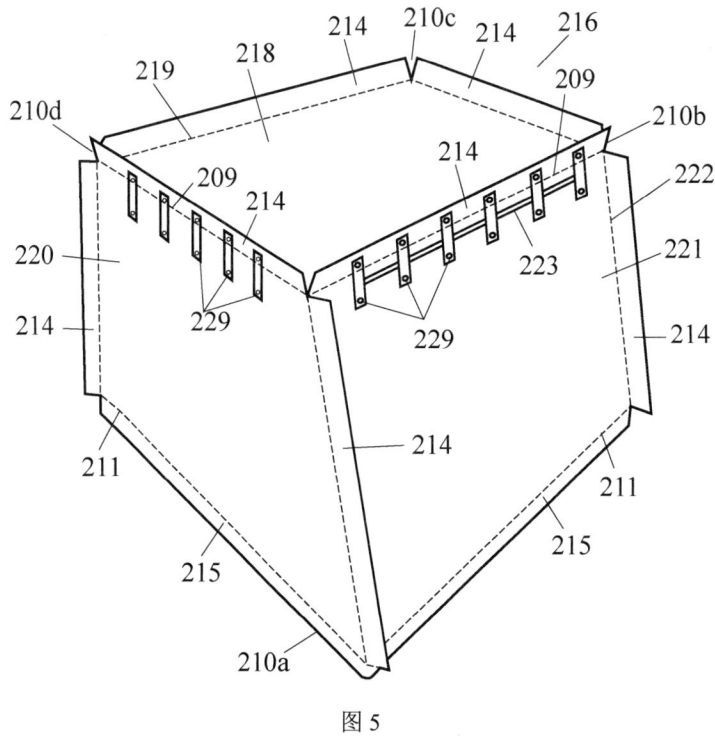

图5

首先参照图5，显示了规则形状货物（不可见）上的保护盖216。托盘在图5中是不可见的。保护盖216与第一实施例中的保护盖116的结构类似，包括覆盖在货物上的矩形的主板218和垂下来靠在货物的侧面上的四个侧板219、220、221、222。侧板219、220、221、222的顶部边缘连接到主板218上。但是，保护盖216与第一实施例不同的是，侧板219、220、221、222的底部边缘211至少延伸到托盘处，覆盖货物的整个侧面。相邻的侧板可接合在一起，形成转角210a~d，沿着周向形成封闭结构。由于采用了这样的保护盖216，所以本实施例可省略屏障装置102。

保护盖216和托盘构成货物保护装置，可用于多种目的，制造保护盖216的材料取决于保护盖216的预期用途。在大多数情况下，保护盖由织物材料形成，这些织物材料可经过处理以提供一定的特性，如具有以下一种或多种特性：绝热，防水，冷成凝胶性，刚性，保护性缓冲性，电磁屏蔽性，X射线屏蔽性，耐冲击性。

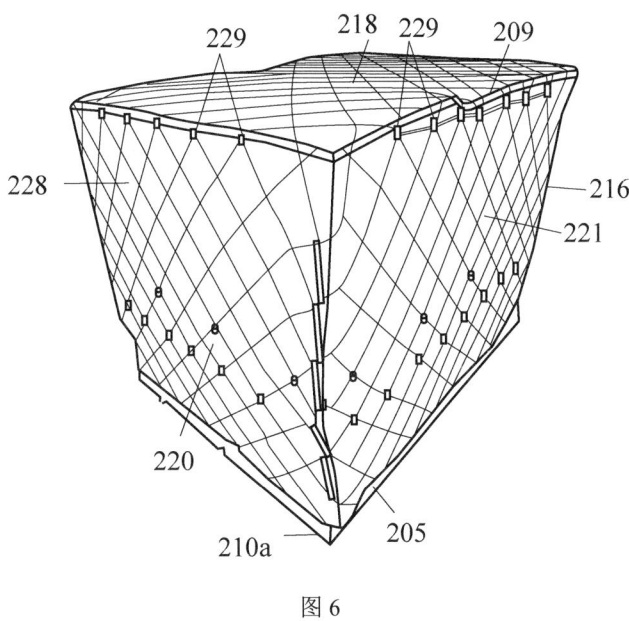

图6

此外，在一个优选例子中，主板218和侧板219、220、221、222之间沿侧板的顶部边缘209的连接处以及相邻的侧板219、220、221、222之间的连接处配备有外部卷边214。更进一步地，转角210a～d通过用相邻的侧板之间的外部卷边214使相邻的侧板接合在一起而形成。另外，在侧板219、220、221、222的底部边缘211处，沿着该底部边缘211设置有额外的外部卷边215。这些外部卷边214、215的设置确保了保护盖216的所有接缝以及保护盖216的部件与保护盖216内部的货物的隔离。

此外，在第二实施例中，还提供一种沿顶部边缘209的外部卷边214配备的用于将保护盖216连接到罩在其外部的托盘网228上的网连接装置229。在本实施例中，网连接装置229由多个带子构成，在每个带子上配备有按扣固定件或粘扣带。在图5中，以各带子的长度方向沿着大致垂直于顶部边缘209的方向布置这些带子。带子的布置没有特别的限定，只要是能方便连接托盘网228的任何结构都是可行的。

在使用时，将末端连接有按扣固定件的带子穿过托盘网228的一部分网格线，然后将带子自由端折回形成封闭的环状，并固定按扣固定件，从而将托盘网228与保护盖216连接在一起。因此，网连接装置229可用于连接、拆卸托盘网，可方便地将托盘网从保护盖216上卸下来，便于维修任何部件。

由于保护盖216和托盘网228结合在一起后有一定的重量，在工程上，为了便于叉车对保护盖216的运输和装卸，保护盖216的至少一个侧板上设置有装载带子223，该装载带子223大致沿着平行于顶部和底部边缘209、211的方向延伸，并且与网连接装置229成为一体。这样的结构更简单。

现在参照图6，图6显示了布置在托盘205的货物上的保护盖216和托盘网228的组合件的透视图。保护盖 216 采用图 5 所示的保护盖。如图 6 所示,为了能够将托盘网 228 结实地罩在货物保护装置即保护盖 216 和托盘上,通过将托盘网 228 与网连接装置 229 连接在一起,就可将托盘网 228 固定到保护盖 216 上。这里,保护盖 216 和托盘网 228 充当一个单一的实体,并在一个步骤中布置。

此外,像第一实施例那样,在托盘 205 上设置网连接装置用于连接托盘网 228,这样,通过保护盖 216 上的网连接装置 229 及托盘上的网连接装置在双头螺栓(未示出),能更可靠地将托盘网 228 连接在货物保护装置上,形成更稳定的结构。

以上实施例仅仅是为了说明本发明而列举的例子而已,所属技术领域的技术人员可以理解,本发明不限于上述实施例,还可以作出各种改变或变更。

例如,相邻屏障侧板之间、屏障侧板与底板之间、屏障侧板与托盘之间、保护盖的相邻侧板之间、保护盖的侧板与主板之间的连接并不限于上述实施例,只要是能连接为封闭的结构的任意连接都可以。例如,除上述实施例的在连接位置设置折板、卷边等的结构之外,还可以是对接、重叠等的封闭连接结构。

再有,网连接装置的设置位置也不限于上述实施例。例如,在上述第二实施例中,沿顶部边缘 209 的外部卷边 214 配备用于将保护盖 216 连接到托盘网 228 上的网连接装置 229。类似地,也可以在第一实施例的侧板 119、120、121、122 的顶部边缘上配备用于将保护盖 116 连接到托盘网 128 上的网连接装置。

此外,网连接装置 229 也不限于由多个带子构成的结构,还可以是其他任意能用来连接托盘网 128、228 的结构。例如,可用有开口的环代替带子,使用时,将托盘网 128、228 的网格线穿入有开口的环中进行连接也是可行的。

对比文件1

[19] 中华人民共和国国家知识产权局

[12] 发明专利申请公开说明书

[21] 申请号 200710123456.X

[43] 公开日 2007年12月5日

[11] 公开号 CN 101012345 A

[22] 申请日 2007年6月22日
[71] 申请人 HK包装公司
（其余著录项目略）

[74] 专利代理机构

对比文件1说明书相关内容

[001] 本发明涉及一种包装箱。

[002] 图1为本发明包装箱的结构示意图。

[003] 如图1所示，该包装箱包括托盘3及装在该托盘3上的箱体。所述箱体包括第一侧板21和第二侧板22，第一侧板21和第二侧板22为可相互拼接的结构，第一侧板21由第一压痕214分成箱体的第一长边211和第一宽边212，第二侧板22由第二压痕224分成箱体的第二长边221和第二宽边222，且第二压痕224与第一压痕214为对角设置。第一侧板21与第二侧板22相拼接形成箱体。在箱体上设置有顶盖1，在托盘3上固定设置有金属固定件4，用于将托盘3与箱体固定连接，同时将箱体相邻两个外侧面固定。顶盖1包括一平板，该平板的周边设有具有一定高度的用于约束箱体的凸缘，上述凸缘形成了顶盖1的侧面，平板则形成了顶盖1的顶面。箱体和顶盖由通用的制作瓦楞纸箱的纸质材料制成。

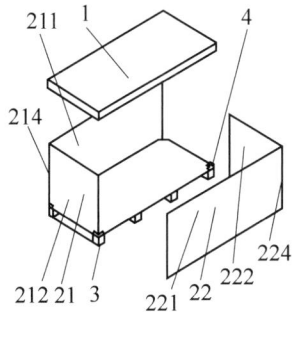

图1

[004] 当需要对货物进行包装运输时，先将货物放置在托盘3上，然后组装第一侧板21和第二侧板22，用金属固定件4固定托盘3和第一侧板21、第二侧板22，再将顶盖1侧面的凸缘套在第一侧板21和第二侧板22上，即可完成包装，以保护托盘3上的货物。

对比文件 2

[19] 中华人民共和国国家知识产权局

[12] 实用新型专利说明书
[21] ZL 专利号 99234569.7

[45] 授权公告日 2000 年 8 月 5 日	[11] 授权公告号 CN 2388365 Y
[22] 申请日 1999 年 9 月 13 日 [21] 申请号 99234569.7 [73] 专利权人 霍某 （其余著录项目略）	[74] 专利代理机构

对比文件 2 说明书相关内容

[001] 本实用新型涉及一种托盘网。

[002] 图 1 为本实用新型的托盘网的结构示意图；

[003] 图 2 为本实用新型的托盘网装配到托盘上的示意图。

[004] 托盘网 1 是十字形结构，包括覆盖货物顶部的主板 2 和多个垂下来靠着货物的侧面的翼板 3。每个翼板 3 的底部边缘配备有多个螺栓装备件 5，用于固定到托盘上。通过托盘网可以将托盘上的货物固定到位。

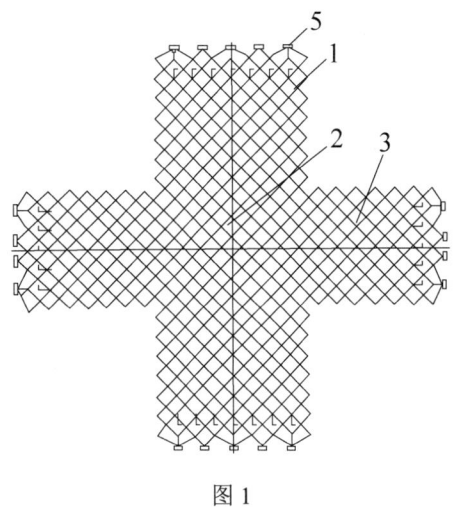

图 1

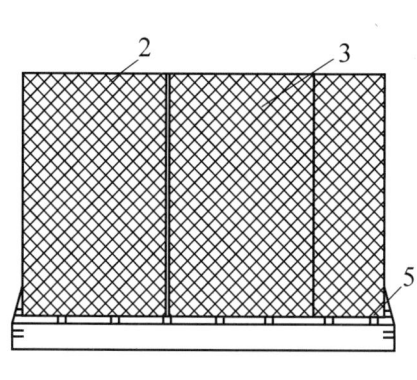

图 2

发明专利的授权公告文件

[19] 中华人民共和国国家知识产权局

[12] 发明专利

[10] 授权公告号 CN 105625623 B
[45] 授权公告日 2011 年 2 月 25 日

[21] 申请号 2008105834.5
[22] 申请日 2008 年 1 月 21 日
[73] 专利权人 AB 有限公司
（其余著录项目略）

权 利 要 求 书

1. 一种保护盖，其由织物材料制造，具有主板和多个从所述主板延伸的侧板，所述主板适合于在使用时覆盖托盘上的货物，且所述侧板适合于垂下来靠在所述货物的侧面上，每个侧板都沿相邻的边缘连接到相邻的侧板以界定转角。

2. 如权利要求 1 所述的保护盖，所述保护盖包括网连接装置，所述网连接装置用于连接托盘网到所述保护盖上。

3. 如权利要求 2 所述的保护盖，其中每个侧板都配备有网连接装置。

4. 如权利要求 2 或权力要求 3 所述的保护盖，其中所述网连接装置包括可用于拆卸托盘网的连接设备。

5. 如权利要求 4 所述的保护盖，其中所述网连接装置呈多截带子的形式。

6. 如权利要求 5 所述的保护盖，其中在所述带子上配备有按扣固定件或粘扣带。

7. 如权利要求 1 所述的保护盖，其中所述保护盖配备有装载带子，用于所述保护盖的装载和运输。

8. 一种保护盖和托盘网的组合件，所述保护盖包括用于将所述托盘网连接到所述保护盖的网连接装置。

9. 一种网连接装置，其特征在于，包括设置在权利要求 2 所述的保护盖上的将所述保护盖连接到托盘上的网连接装置。

说 明 书

保护盖及其和托盘网的组合件

技术领域

[001] 本发明涉及一种货物保护装置,特别是涉及一种保护盖。

背景技术

[002] 保护盖通常用来覆盖堆集在用于运输的托盘上的货物,对货物以某些方式给予保护,以防止恶劣的自然环境对货物的影响。公知的有很多种保护盖,如用薄膜将货物和托盘包裹,其只能一次性使用,不利于成本节约。

[003] 目前,保护盖能起到一定的作用,但是还存在许多问题。当货物需要通过常规的保护盖进行保护时,不是简单地将货物放置在托盘上并用托盘网固定,而是必须先用保护盖覆盖货物再用托盘网罩住。这个额外的步骤很费时,当运输大量的货物时,时间成本会大幅提升。

发明内容

[004] 本发明就是为了解决上述技术问题提出的,其目的是提供一种能用简便的方式保护托盘上的货物并将货物固定的保护盖,以及保护盖和托盘网的组合件,其结构简单,使用方便。

[005] 依据本发明,提供一种保护盖,其由织物材料制造,具有主板和多个从上述主板延伸的侧板,上述主板适合于在使用时覆盖托盘上的货物,且上述侧板适合于垂下来靠在所述货物的侧面上,每个侧板都沿相邻的边缘连接到相邻的侧板以界定转角。采用本发明的保护盖能够对托盘上的货物进行有效地保护,并可重复使用托盘盖。

[006] 在本发明的实施方式中,保护盖包括网连接装置,该网连接装置用于连接托盘网到保护盖上。采用本发明的保护盖,保护盖和托盘网完全成为一体,覆盖货物和固定托盘网不再是两个阶段的步骤,能更容易和更快捷地配置保护盖和托盘网。用将货物装载到托盘上所需的时间来衡量,安装保护盖和托盘网所需的时间将大大节省。

[007] 在本发明的实施方式中,保护盖的每个侧板都配备有网连接装置。这使得保护盖与托盘网之间的连接更加可靠。

[008] 在本发明的实施方式中,网连接装置包括可用于拆卸托盘网的连接设备。这使得在损坏的情况下或当需要改变保护盖时,能够替换保护盖或托盘网。

[009] 网连接装置呈多截带子的形式,在上述带子上配备有可拆卸的连接设备,如可为按扣固定件或粘扣带。在使用时,将末端连接有可拆卸的连接设备的带子穿过托盘网的一部分网格,然后将带子自由端折回形成封闭的环状,并固定可拆卸的连接设备,从而将托盘网与保护盖固定在一起。

[010] 在本发明的实施方式中,保护盖配备有装载带子,以便于装载和运输保护盖。可使叉式起重车的叉子与装载带子啮合,以便升高保护盖和托盘网至适当位置。

[011] 依据本发明的第二方面,提供一种保护盖和托盘网的组合,保护盖包括用于将托盘网连接到保护盖的网连接装置。

[012] 依据本发明的第三方面,提供一种网连接装置,包括设置在保护盖上的将保护

盖连接到托盘上的网连接装置。

附图说明

[013] 为了提供对本发明的更好的理解,将对展示本发明的附图作出说明,附图仅是作为举例的,并且在附图中:

[014] 图1显示了货物上的保护盖的透视图;

[015] 图2显示了图1的保护盖的侧视图;

[016] 图3显示了货物上的保护盖和托盘网的组合件的透视图;以及

[017] 图4显示了货物上的保护盖和托盘网的示意性侧视图。

具体实施方式

[018] 首先参照图1和图2,这些图显示了规则形状货物(不可见)上的保护盖2,托盘在图1和图2中是不可见的。保护盖2包括覆盖在货物上的矩形的主板4和垂下来靠在货物的侧面上的四个侧板6、8(仅有两个可见)。侧板6、8的顶部边缘连接到主板4,底部边缘11自由地垂在货物的底部附近。相邻的侧板接合在一起,形成转角10a~d。

[019] 保护盖2可用于多种目的,制造保护盖2的材料取决于保护盖2的预期用途。在大多数情况下,保护盖由织物材料形成,这些织物材料可经过处理以提供一定的特性。

[020] 主板4和侧板6、8之间在侧板的顶部边缘9的连接处以及相邻的侧板6、8之间的连接处配备有外部卷边14和接缝16。额外的卷边15沿侧板6、8的底部边缘11设置。这些外部卷边14、15和接缝16的设置确保所有接缝以及保护盖2的其他部件与保护盖2的内部的货物隔离。这当保护盖2用于防止货物起火时尤为重要。如果火灾在货物内爆发,火势将不会接触接缝。保护盖2的内部经过处理,可经受火焰和热量,在保护盖2的内部火焰将因缺乏氧气而最终熄灭。

[021] 沿顶部边缘9的外部卷边14配备有用于将保护盖2连接到托盘网上的网连接装置19。网连接装置19呈多截带子的形式,在该带子上配备有按扣固定件或粘扣带。在使用时,将末端连接有按扣固定件的带子穿过托盘网24的一部分网格,然后将带子自由端折回形成封闭的环状,并固定按扣固定件,从而将托盘网24与保护盖2固定在一起。因此,网连接装置19可用于托盘网拆卸,可将托盘网24从保护盖2上分开,便于维修任何部件。

[022] 由于保护盖2和托盘网24结合在一起后的重量很重,为了便于叉车对保护盖2的运输和装卸,保护盖2除了网连接装置19、长的侧板8以及与其相对的侧板还配备有平行于顶部和底部边缘9、11延伸的装载带子22,它们与网连接装置19成为一体。

[023] 参照图3和图4,图3显示了布置在堆集在托盘40的货物上的保护盖2和托盘网24的组合件的透视图。保护盖2和图1及图2中显示的保护盖一样。如图3所示,托盘网24与网连接装置19连接,以便将托盘网24固定到保护盖2上。保护盖2和托盘网24充当一个单一的实体,并在一个步骤中布置。托盘网24的底部配备有双螺栓装配件形式的固定装置,其可与托盘40上的相应网连接装置(未示出)啮合,以将托盘网24固定到托盘40上。

说 明 书 附 图

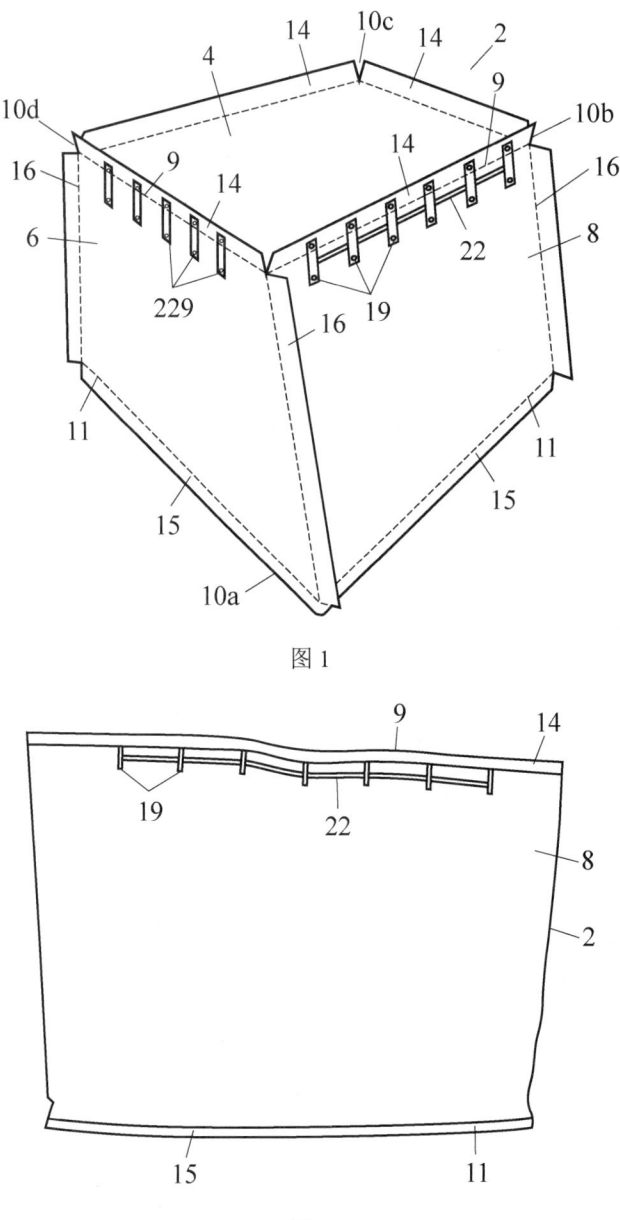

图 1

图 2

说 明 书 附 图

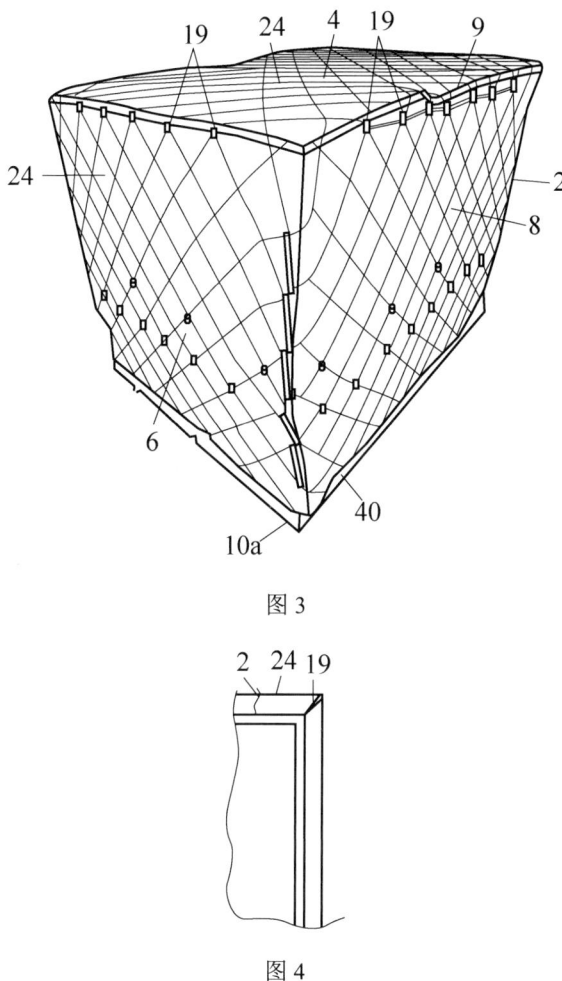

图 3

图 4

对比文件3的中文译文说明

[19]  欧洲专利局 [11] EP 1 753 832 A1

[12] 欧 洲 专 利 申 请

[51] Int Cl.7：B65D 19/38

[43] 公开日：
12.05.2005
[21] 申请号：04056210.6
[22] 申请日：06.01.2004
[71] 申请人：戴夫，海瑟

（其他著录项目略）

说 明 书

可重复使用的货物保护盖

[001] 本发明涉及容器和包装，特别涉及一种可重复使用的货物保护盖。

[002] 柔性容器广泛用于运输和储存产品，特别是塑料袋或容器因为其延展性、柔性、轻便等特点被广泛使用。

[003] 目前市场上使用的货物保护盖，其用于覆盖和固定货物到托盘上，并且在装载之后，通过加热薄膜的方式封装，因此不能重复使用。

[004] 本发明提供一种可重复封装并可重复使用的货物保护盖。

[005] 本发明另一方面提供一种柔软的货物保护盖，其具有可封闭的开口。因此，可通过保护盖获得对装载或运输的货物的覆盖与固定。

[006] 图1为本发明的一种货物保护盖拉上拉链结构的示意图。

[007] 图2为本发明的货物保护盖示意图。

[008] 图3为本发明保护盖的拉链视图。

[009] 如图2所示，本发明的可重复使用的货物保护盖1的制作材料为织物材料，其打开结构为十字形片材9，包括中间部分和四个从中间部分延伸的侧片10，在货物保护盖1的侧片10的边缘上形成拉链2，该拉链2用于封闭开口。图2示出了保护盖1上具有多个拉链2的结构。

[010] 侧片10的边缘11a、11b、12a、12b、13a、13b、14a、14b分别具有连接拉链锁头的部件。一个拉链锁头可以将相邻的侧片10的边缘连接在一起，如此连接形成了保护盖1。侧片10上还可以设置结实的条带，以便使用叉车装卸保护盖1。

[011] 当使用时，将保护盖1放置于托盘4的货物上，使保护盖1的十字形片材9的中间部分覆盖托盘上货物的顶部，使保护盖1的各个侧片10垂下来靠在货物的侧面上，通过拉

链，使每一个侧片 10 都沿相邻的边缘连接到相邻的侧片 10 上，从而形成了转角。为了将保护盖 1 固定在托盘 4 上，可以使用惯用的托盘网将保护盖 1 和托盘 4 上的货物固定于托盘 4 上。

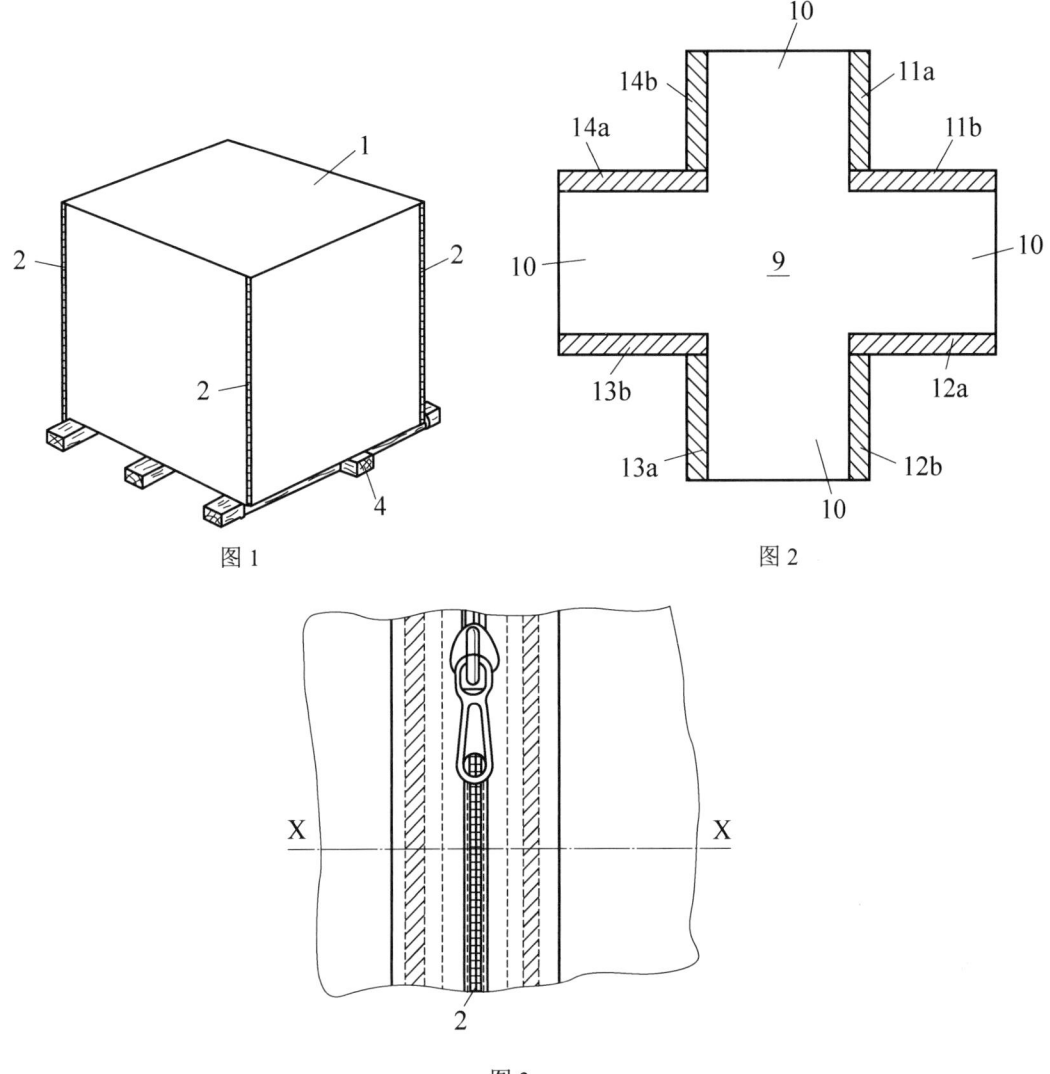

图 1

图 2

图 3

对比文件4的中文译文说明

[19] 日本特许厅（JP）

[12] 公开特许公报（A）　　[11] 特许出源公开番号

特开 2005-254361

（P2005-254361A）

[43] 公开日　平成十七年（2005）12 月 3 日

[51] Int.cl.^{5}

B65D　71/02

　　　　81/38

[21] 申请号　　特愿 2002-5674158（P2002-5674158）

[22] 申请日　　平成十七年（2005）7 月 12 日

（其他著录项目略）

说　明　书

防止货物倒塌的结合了网的装置

[001] 本发明涉及一种防止货物倒塌的结合了网的装置，其可以适合于任意形状的货物。

[002] 在运输物品，如食物等产品时，为了保持它们的放置秩序，通常，通过托盘来运输。为了防止托盘上的货物倒塌，通常使用薄膜热封货物来防止倒塌。但是，当货物的顶部是突出的并且不规则时，使用上述方法封装的货物的倒塌还是不可避免。

[003] 本发明通过包裹在货物周边的部件与罩住货物顶部的网的组合装置来解决上述问题。

[004] 图 1 示出了本发明实施例的透视图；

[005] 图 2 示出了本发明的网；以及

[006] 图 3 示出了部件连接网的过程。

[007] 如图 1 所示，包裹在货物周边的部件 1 的长度和宽度足以包裹堆积在托盘 P 上的搬运货物 C 的周边。部件 1 包括网连接装置 8，该网连接装置 8 将网 11 连接到部件 1 上。网连接装置 8 用于固定网 11，包括可用于拆卸网 11 的连接设备。网 11 通过将钩接部 12 连接到部件 1 的周边上的网连接装置 8 上以覆盖货物顶部。当网 11 覆盖货物 C 顶部时，因网结构具有弹性，因此，可以适应于顶部任意形状的货物。网 11 上的钩接部 12 呈环形，用于穿在网连接装置 8 上。网连接装置 8 设置在部件 1 的四周。

[008] 网连接装置 8 呈带子形状，在部件 1 的四周设置为多截，其具有粘扣带的阳面，还具有粘扣带的阴面，其可与阳面接触以固定。在该网自身产生适度张力的状态下，在网周围形成的钩接部 12 钩住部件 1 上的网连接装置 8。网 11 覆盖固定了托盘上的不规则的货物，防止货物塌陷。

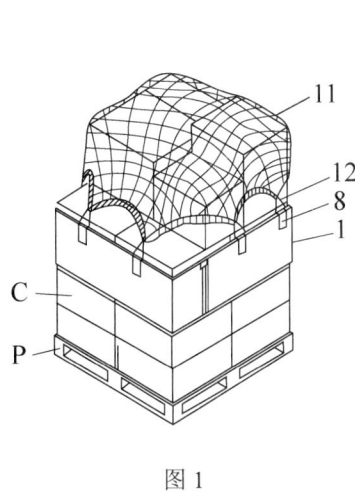

图 1

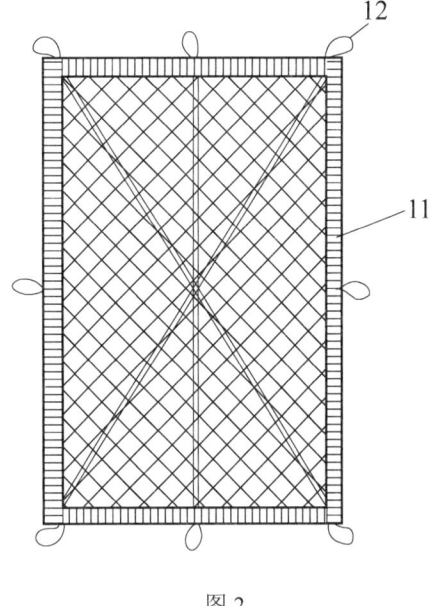

图 2

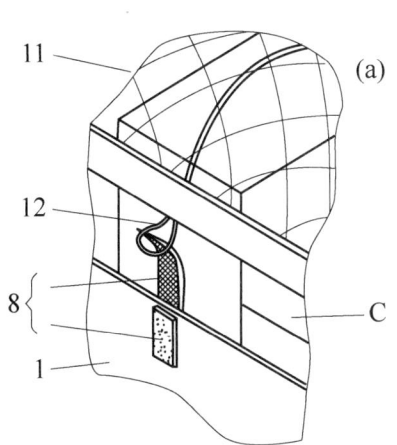

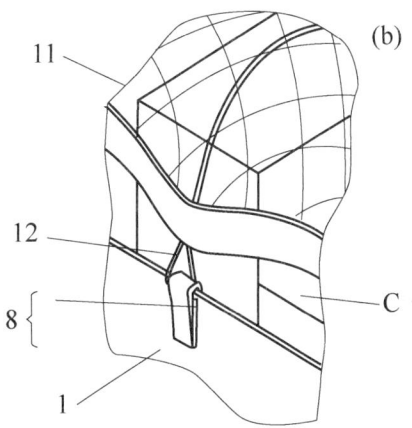

图 3

专利代理实务模拟练习题四答题要点及范文

一、总体考虑

本试题包括撰写实务和无效实务两题。撰写实务题主要测试应试者是否掌握了撰写出既符合《专利法》及《专利法实施细则》的有关规定，又能够为委托人谋求尽可能充分保护范围的权利要求书的基本技巧。无效实务题主要测试应试者针对已经授权专利的技术方案考虑现有技术文件撰写无效宣告请求书的能力。

二、撰写实务题

应试者应当根据试题所给定的素材，撰写出既符合《专利法》《专利法实施细则》及《专利审查指南 2010》的相关规定，又具有尽可能宽的保护范围，以最大限度地维护申请人利益的权利要求书。所撰写的权利要求书应当满足单一性要求，即针对不同主题撰写的多个独立权利要求包含有一个或多个相同或相应的特定技术特征时，该多个独立权利要求才能够合案申请。

在本撰写实务试题素材中，客户所提供的技术说明包含有多个实施例，发明内容包括对保护盖的改进、对屏障装置的改进、对托盘网连接装置结构的改进等多个方面。应试者在撰写发明专利申请权利要求书时，首先要对试题素材进行分析，在涉及的改进点比较多的情况下，首先分析这些改进点，确定所要保护的客体和对应的技术方案，从而撰写出相应的独立权利要求。

在确定保护客体时，要考虑从尽可能多的方面对申请给予保护。就本申请而言，可以确定的保护客体有货物保护盖、具有这种货物保护盖的保护装置及这种货物保护装置和托盘网的组合件。

另外，在撰写独立权利要求时，首先，确定出客户所完成发明相对于试题所给定现有技术的区别特征；其次，在撰写独立权利要求时，应当考虑对多个实施例进行适当概括。对于本试题给出的素材，通过理解客户提供的技术交底书的内容及对比文件1和对比文件2的内容，可以得出，对比文件1公开的包装箱虽然在一定程度上形成了保护载置在托盘上的货物的结构，但是由于第一侧板21与第二侧板22之间除了金属固定件4和顶盖1的约束外无其他连接装置，该结构的包装箱结构不稳定，在托盘装载运输时不能紧固托盘上的货物以防止货物坍塌；对比文件2只是公开了托盘网的相关结构，而托盘网作为固定货物的装置，不能保护托盘上的货物免受阳光、升高的温度和雨水的侵袭。因此，在撰写权利要求时，重点应放在要解决的技术问题上，即如何使托盘上的货物既有效地避免阳光、温度和雨水对货物的影响，又能防止托盘上的货物坍塌。但是对于一个独立权利要求的技术方案，仅需考虑解决一个技术问题。

通过分析客户提供的技术交底书的内容及对比文件1和对比文件2的内容，确定出客户所完成的保护盖相对于其给出的现有技术文件的区别技术特征为：包括一主板和多块与该主板相连的侧板，相邻的侧板可接合在一起，形成转角，沿着周向形成封闭结构，所述保护盖覆盖货物侧面的至少一部分。此外，该保护盖与托盘或与托盘及屏障装置一起构成货物保护装置。货物保护装置与托盘网构成组合件，在该组合件中，至少在托盘上设置有用于连接托盘网的网连接装置。这样形成的结构起到了保护托盘上的货物免受诸如阳光、温度或雨水的影响的作用，而且起到了固定托盘上的货物以防止其坍塌的作用。

在撰写独立权利要求时，在满足权利要求得到说明书支持的前提下，尽量使用上位概念或用并列选择方式概括权利要求。在本撰写试题中，第一实施例中的托盘上包括用于连接托盘网的网连接装置，第二实施例中的保护盖上和托盘上都设有用于连接托盘网的网连接装置，因此组合件的独立权利要求可以写为概括式的权利要求。

由于需要撰写多个并列的独立权利要求或技术方案，所以需要考查所撰写的权利要求是否满足《专利法》第三十一条第一款规定的单一性。

《专利法》第三十一条第一款规定：一件发明或者实用新型专利申请应当限于一项发明或者实用新型。属于一个总的发明构思的两项以上的发明或者实用新型，可以作为一件申请提出。本试题中包括了关于货物保护盖、货物保护装置及货物保护装置和托盘网的组合件的技术方案。在撰写权利要求时，应当使上述三项发明在技术上相互关联，包含一个或多个相同或相应的特定技术特征。

如果撰写出的多个并列独立权利要求或多个并列技术方案之间没有相同或相应的特定技术特征，在技术上不能相互关联，不属于一个总的发明构思，不能合案申请，则应当考虑提出另案申请。但是，在撰写另案申请的权利要求书时，要特别提醒的是，需要考虑《专利法》第九条的规定，避免将两个或多个申请撰写成同样的发明专利。对于此类问题，主要考虑多个申请的权利要求书中不能出现相同的权利要求或相同的技术方案，即第一个申请的任何一项权利要求不能与其他申请的任意一项权利要求相同。

对于本撰写试题而言，由于货物保护装置和组合件可以分别采用回引保护盖和保护装置的权利要求的方式撰写，所以只要撰写的货物保护盖的独立权利要求1具备新颖性和创造性，具有特定技术特征，就能满足《专利法》第三十一条第一款规定的单一性。

在独立权利要求撰写为较宽的保护范围后，应撰写出对独立权利要求进行充实和进一步限定的从属权利要求，在用从属权利要求层层限定的基础上，可以具体撰写发明各最佳实施例形成从属权利要求的技术方案。在本撰写试题中，可以进一步对货物保护盖、货物屏障装置、网连接装置等进行限定。

发明专利申请权利要求书范文

1. 一种货物保护盖，包括一主板（118；218）和多块与该主板（118；218）相连的侧板（119、120、121、122；219、220、221、222），所述主板（118；218）适于在使用时覆盖货物的顶部，所述侧板（119、120、121、122；219、220、221、222）从所述主板（118；218）延伸地垂下来，相邻的侧板可接合在一起，形成转角，沿着周向形成封闭结构，所述保护盖覆盖货物侧面的至少一部分。

2. 根据权利要求1所述的保护盖，其特征在于，在所述侧板（119、120、121、122）的至少相邻的侧板之一上设置有折板（114）；所述转角通过所述折板（114）将所述相邻的侧板接合在一起而形成。

3. 根据权利要求1或2所述的保护盖，其特征在于，所述保护盖（116）整体打开状态下呈十字形结构，所述主板（118）的每个边上都一体地延伸出一个所述侧板（119、120、121、122），所述侧板（119、120、121、122）向下弯折并包围所述货物。

4. 根据权利要求1所述的保护盖，其特征在于，所述侧板（219、220、221、222）的顶部边缘（209）与所述主板（218）相连，所述主板（218）和所述侧板（219、220、221、222）在沿所述侧板（219、220、221、222）的顶部边缘（209）的连接处以及相邻的侧板之间的连接处配备有外部卷边（214），所述转角通过相邻的侧板之间的所述外部卷边（214）

使所述相邻的侧板接合在一起而形成。

5. 根据权利要求4所述的保护盖，其特征在于，至少一个侧板上设置有用于装载和运输所述保护盖（216）的装载带子（223）。

6. 一种货物保护装置，包括权利要求1~5之一所述的保护盖（116）、屏障装置（102）及托盘（105），所述屏障装置（102）包括屏障侧板（106、107、108、109、110、111），所述屏障侧板（106、107、108、109、110、111）的相邻侧板接合在一起，所述保护盖（116）的所述侧板（119、120、121、122）与所述屏障侧板（106、107、108、109、110、111）在货物上下方向部分重叠在一起，一起覆盖所述货物的侧面。

7. 根据权利要求6所述的货物保护装置，其特征在于，所述保护盖（116）的所述侧板（119、120、121、122）与所述屏障侧板（106、107、108、109、110、111）的总高度大于货物的最大允许高度。

8. 根据权利要求6或7所述的货物保护装置，其特征在于，所述屏障装置（102）还包括一个位于所述托盘（105）上的用于支撑货物的底板（112）。

9. 根据权利要求8所述的货物保护装置，其特征在于，所述屏障侧板由两个主屏障侧板（106、107）和四个辅屏障侧板（108、109、110、111）构成，所述主屏障侧板（106、107）与所述底板（112）相连，每个所述主屏障侧板（106、107）上分别连接有两个可折叠的所述辅屏障侧板。

10. 根据权利要求6或权力要求7所述的货物保护装置，其特征在于，所述屏障侧板由两个主屏障侧板（106、107）和四个辅屏障侧板（108、109、110、111）构成，所述主屏障侧板（106、107）与所述托盘（105）相连，每个所述主屏障侧板（106、107）上分别连接有两个可折叠的所述辅屏障侧板。

11. 根据权利要求9所述货物保护装置，其特征在于，每个所述辅屏障侧板（108、109、110、111）的长度大于各自处于打开状态围在所述托盘（105）上时与该托盘（105）对应的一个边的长度的一半，在相互配合的两块辅屏障侧板之间形成重叠部分。

12. 根据权利要求10所述货物保护装置，其特征在于，每个所述辅屏障侧板（108、109、110、111）的长度大于各自处于打开状态围在所述托盘（105）上时与该托盘（105）对应的一个边的长度的一半，在相互配合的两块辅屏障侧板之间形成重叠部分。

13. 一种货物保护装置，包括权利要求1~5之一所述的保护盖（216）及载置货物的托盘（205），所述保护盖（216）的侧板（219、220、221、222）的底部边缘至少延伸到所述托盘（205）处，覆盖货物的整个侧面。

14. 一种货物保护装置和托盘网的组合件，其特征在于，所述货物保护装置由权利要求6~13之一所述的货物保护装置构成，所述托盘网罩在所述货物保护装置上，至少在所述托盘（105；205）上设置有用于连接所述托盘网（128；228）的网连接装置。

15. 根据权利要求14所述的组合件，其特征在于，在所述保护盖上还设置有用于连接所述托盘网（128；228）的网连接装置。

16. 根据权利要求14或15所述的组合件，其特征在于，所述网连接装置由多个带子或多个有开口的环构成。

17. 根据权利要求16所述的组合件，其特征在于，在所述带子上配备有按扣固定件或粘扣带。

18. 根据权利要求14或15所述的组合件，其特征在于，所述网连接装置在四周间隔设置。

多个并列独立权利要求能够合案申请的理由

本申请权利要求1~18中共有4项独立权利要求，即独立权利要求1、6、13和14，即：

1. 一种货物保护盖，包括一主板（118；218）和多块与该主板（118；218）相连的侧板（119、120、121、122；219、220、221、222），所述主板（118；218）适于在使用时覆盖货物的顶部，所述侧板（119、120、121、122；219、220、221、222）从所述主板（118；218）延伸地垂下来，相邻的侧板可接合在一起，形成转角，沿着周向形成封闭结构，所述保护盖覆盖货物侧面的至少一部分。

6. 一种货物保护装置，包括权利要求1~5之一所述的保护盖（116）、屏障装置（102）及托盘（105），所述屏障装置（102）包括屏障侧板（106、107、108、109、110、111），所述屏障侧板（106、107、108、109、110、111）的相邻侧板接合在一起，所述保护盖（116）的所述侧板（119、120、121、122）与所述屏障侧板（106、107、108、109、110、111）在货物上下方向部分重叠在一起，一起覆盖所述货物的侧面。

13. 一种货物保护装置，包括权利要求1~5之一所述的保护盖（216）及载置货物的托盘（205），所述保护盖（216）的侧板（219、220、221、222）的底部边缘至少延伸到所述托盘（205）处，覆盖货物的整个侧面。

14. 一种货物保护装置和托盘网的组合件，其特征在于：所述货物保护装置由权利要求6~13之一所述的货物保护装置构成，所述托盘网罩在所述货物保护装置上，至少在所述托盘（105；205）上设置有用于连接所述托盘网（128；228）的网连接装置。

分析上述四个独立权利要求，它们之间相同或相应的技术特征为"包括一主板（118；218）和多块与该主板（118；218）相连的侧板（119、120、121、122；219、220、221、222），主板（118；218）适于在使用时覆盖货物的顶部，侧板（119、120、121、122；219、220、221、222）从主板（118；218）延伸地垂下来，相邻的侧板可接合在一起，形成转角，沿着周向形成封闭结构，保护盖覆盖货物侧面的至少一部分"，其中特征"包括一主板和多块与该主板相连的侧板，相邻的侧板可接合在一起，形成转角，沿着周向形成封闭结构，保护盖覆盖货物侧面的至少一部分"是对现有技术作出贡献的技术特征，属于特定技术特征，因此上述四项发明包含了多个相同的特定技术特征，在技术上相互关联，属于一个总的发明构思，可以合案申请。

三、无效实务题

（一）专利文件的分析

在撰写无效宣告请求书前，应正确理解请求宣告无效的专利。应试者要在阅读理解专利文件的基础上初步判断专利文件本身是否存在可能影响专利有效性的缺陷。

本试题中请求宣告无效的专利涉及一种保护盖及其和托盘网的组合件，所要解决的技术问题是如何有效地保护货物并节约成本，如何使安装保护盖和托盘网到托盘上的步骤更便捷。其采用的技术手段是：通过使由织物材料制造的保护盖，具有主板和多个从主板延伸的侧板，主板适合于在使用时覆盖托盘上的货物，且侧板适合于垂下来靠在货物的侧面上，每个侧板都沿相邻的边缘连接到相邻的侧板以界定转角，从而保护托盘上的货物；通过在保护盖上设置网连接装置，通过网连接装置连接托盘网，从而使保护盖和托盘网充当一个单一的实体，在一个步骤中布置，从而节约装配的时间。

通过分析权利要求技术方案可知，该专利要求保护的保护盖不属于《专利法》第五条或者第二十五条排除的对象，并且符合《专利法》第二条第二款有关发明的定义。其显然能够在产业上制造或者使用，具备《专利法》第二十二条第四款规定的实用性。而且专利说明书充分公开了权利要求书要求保护的各项技术方案，符合《专利法》第二十六条第三款的规定。发明的独立权利要求按照《专利法实施细则》第二十条第二款的要求记载了解决技术问题的必要技术特征。

但是，本发明权利要求9本身是一个独立权利要求，引用了在前的从属权利要求。在确定此类权利要求的保护范围时，被引用的权利要求的特征均应予以考虑，在此建议将引用的特征全部带入独立权利要求中进行分析："一种网连接装置，包括设置在保护盖上的将保护盖连接到托盘上的网连接装置，其中所述保护盖由织物材料制造，具有主板和多个从所述主板延伸的侧板，所述主板适合于在使用时覆盖托盘上的货物，且所述侧板适合于垂下来靠在所述货物的侧面上，每个侧板都沿相邻的边缘连接到相邻的侧板以界定转角；所述保护盖包括网连接装置，所述网连接装置用于连接托盘网到所述保护盖。"由上述内容可以看出，同一个权利要求中出现了"设置在保护盖上的将保护盖连接到托盘上的网连接装置"与"保护盖包括网连接装置，所述网连接装置用于连接托盘网到所述保护盖"，两种不同表述的网连接装置，但是不清楚这两种网连接装置是否为同一个部件，即不清楚网连接装置是否既将保护盖连接到托盘上，又连接托盘网到保护盖；还是"一种"网连接装置将保护盖连接到托盘上，"另一种"网连接装置连接托盘网到保护盖。因此，权利要求9所要求保护的范围不清楚，不符合《专利法》第二十六条第四款的规定。因此，可以初步考虑将《专利法》第二十六条第四款作为无效宣告的理由。

（二）证据的理解和选取

本试题给出了作为证据的对比文件1～4。

分析上述证据，发现对比文件1的公开日早于本专利的申请日，构成本专利的现有技术。但是对比文件1公开的箱体包括的顶盖1的周边是凸缘，而不是侧板，并且凸缘的作用是约束箱体，其与本专利中侧板的作用完全不同。

对比文件2的授权公告日为2000年8月5日，早于本专利的申请日2008年1月21日，构成本专利的现有技术。但是对比文件2仅仅公开了一种托盘网，并未披露保护盖的相关结构，因此与本专利不相关。

对比文件3和对比文件4，两篇对比文件的公开日均早于本发明专利的申请日，构成本发明专利的现有技术。对比文件3公开了一种可重复使用的货物保护盖，通过分析对比文件3，可以得出对比文件3公开了本发明专利的独立权利要求1的全部技术特征，还公开了权利要求7限定部分的技术特征。对比文件4公开了一种防止货物倒塌的结合了网的装置，其中涉及网连接装置，该网连接装置用于将网固定到包裹在货物周边的部件上。

通过比较上述对比文件，选用对比文件3和对比文件4作为本次无效请求的证据。在此基础上，对比文件3不仅公开了独立权利要求1的全部特征，还公开了从属权利要求7限定部分的特征，在上述对比文件中公开的本专利的技术特征最多；并且对比文件3的技术领域与本专利相同，所要解决的技术问题与本专利最接近，因此，确定将对比文件3作为最接近的现有技术。

（三）无效宣告请求书的撰写

撰写无效宣告请求书应当是在对专利文件进行准确分析的基础上进行的，具体指明其存在不符合《专利法》《专利法实施细则》有关规定的缺陷,并从事实出发,结合证据,详细论述不符合有关规定的理由。

在本无效试题中,对比文件 3 公开了请求无效的专利的独立权利要求 1 的全部技术特征,还公开了权利要求 7 限定部分的技术特征。因此,权利要求 1 和 7 相对于对比文件 3 而言不具备《专利法》第二十二条第二款所规定的新颖性。

权利要求 2 所要求保护的技术方案与对比文件 3 公开的内容区别在于"保护盖包括网连接装置,用于连接托盘网到保护盖上",需要根据该区别特征确定本发明实际解决的技术问题。需要注意的是,在分析区别特征的作用时,要依据区别特征在整个发明中与其他特征之间的相互作用来确定,不能局限于区别特征本身固有的功能或效果。通过分析可以得出,该发明实际要解决的技术问题是"如何固定托盘网"。对比文件 4 中公开了一种网连接装置,并且该网连接装置在对比文件 4 中所起的作用是将网固定到包裹在货物周边的部件上,与本发明中区别特征所起的作用相同,因此对比文件 4 给出了将上述技术特征用于对比文件 3 中以解决其技术问题的启示。对比文件 3 和对比文件 4 的结合可以评价权利要求 2 的创造性。本发明从属权利要求 3~5 限定部分的特征同样已被对比文件 4 公开,权利要求 6 中限定部分的一个技术方案也已被对比文件 4 公开,而另一个技术方案是上述方案的等效技术方案。

无效宣告请求书的意见陈述正文范文

国家知识产权局[❶]:

根据《专利法》第四十五条及《专利法实施细则》第六十五条的规定,本请求人现请求宣告授权公告号为 CN 105625623 B、名称为"保护盖及其和托盘网的组合件"的发明专利无效。

请求人认为该专利的权利要求 1 和 7 不具备《专利法》第二十二条第二款规定的新颖性,权利要求 1~8 不具备《专利法》第二十二条第三款规定的创造性,权利要求 9 不符合《专利法》第二十六条第四款的规定,请求专利复审委员会宣告本发明专利全部无效。请求人提供如下的证据:

证据 1:EP1753832A1,其公开日为 2005 年 5 月 12 日;

证据 2:JP2005-254361A,其公开日为 2005 年 12 月 3 日。

上述两份证据的公开日均早于本专利的申请日,故构成本专利的现有技术,可以用于评价本专利的新颖性和创造性。请求人请求宣告本专利无效的具体理由如下:

一、权利要求 1 和 7 不具备《专利法》第二十二条第二款规定的新颖性

1. 权利要求 1 相对于证据 1 不具备新颖性

权利要求 1 要求保护一种保护盖。证据 1 公开了一种货物保护盖(参见证据 1 说明书的第 004 到 011 段和图 1~3),并具体公开了:货物保护盖的制作材料为织物材料,为十字形片材 9,包括中间部分和四个从中间部分延伸的侧片 10,即权利要求 1 中的侧板,十字形片材 9 的中间部分在使用时覆盖托盘上的货物,各个侧片 10 垂下来靠在货物的侧面上,每一个侧片都沿相邻的边缘连接到相邻的侧片,以界定转角。由此可见,证据 1 完全公开了权利要求 1 的技术方案,并且证据 1 所公开的货物保护盖与权利要求 1 所要求保护的保

[❶] 此练习题没有限制具体提出宣告无效的时间,所以范围抬头按照 2019 年国家机关机构改革后的规定撰写。

护盖属于相同的技术领域，所解决的技术问题和效果相同，即通过保护盖获得对装载或运输的货物的覆盖与固定。因此，权利要求1要求保护的技术方案相对于证据1不具备《专利法》第二十二条第二款规定的新颖性。

2. 权利要求7相对于证据1不具备新颖性

权利要求7是权利要求1的从属权利要求，其限定部分的技术特征已被证据1（参见证据1的说明书第010段）公开：侧片10上还可以设置结实的条带（即本发明权利要求中的装载带子），以便使用叉车装卸保护盖1。因此，权利要求7要求保护的技术方案相对于证据1不具备《专利法》第二十二条第二款规定的新颖性。

二、权利要求1~8不具备《专利法》第二十二条第三款规定的创造性

1. 权利要求1和7相对于证据1不具备创造性

如上所述，权利要求1和7分别相对于证据1不具备新颖性，当然相对于证据1也不具备《专利法》第二十二条第三款规定的创造性。

2. 权利要求2~6、8相对于证据1和证据2的结合不具备创造性

权利要求2是权利要求1的从属权利要求，其要求保护的技术方案与证据1的区别在于"保护盖包括网连接装置，用于连接托盘网到保护盖上"，基于该区别特征可以确定，本发明实际要解决的技术问题是"如何固定托盘网"。证据2公开了一种防止货物倒塌的结合了网的装置（参见证据2的说明书第007、第008段和图1~图4）——部件1包括网连接装置8，该网连接装置8将网11连接到部件1上，而且上述区别技术特征在证据2中所起的作用与其在本发明中为解决其技术问题所起的作用相同，都是用于固定网，也就是说证据2给出了将该区别技术特征用于该证据1以解决其技术问题"如何固定托盘网"的启示，进而使得所属技术领域的技术人员有动机将证据2和证据1结合起来构成该权利要求的技术方案。

由此可知，在证据1的基础上结合证据2得出本权利要求所要求保护的技术方案，对所属技术领域的技术人员来说是显而易见的，因此权利要求2相对于证据1和2的结合不具有突出的实质性特点和显著的进步，因而不具备《专利法》第二十二条第三款规定的创造性。

权利要求3限定部分的附加技术特征已在证据2中（参见证据2的说明书第007、008段和图1~图4）公开——网连接装置8设置在部件1的四周，且该附加技术特征在该证据2中所起的作用与其在本发明中所起的作用相同，都是用于固定网，因此在引用的权利要求2不具备创造性的情况下，从属权利要求3也不具备《专利法》第二十二条第三款规定的创造性。

权利要求4限定部分的附加技术特征已在证据2中（参见证据2的说明书第007、008段和图1~图4）公开——网连接装置8包括可用于拆卸网11的连接设备，且该附加技术特征在该证据2中所起的作用与其在本发明中所起的作用相同，都是便于将网从固定状态拆卸下来，因此在引用的权利要求2或3不具备创造性的情况下，从属权利要求4也不具备《专利法》第二十二条第三款规定的创造性。

权利要求5限定部分的附加技术特征已在证据2中（参见证据2的说明书第007、008段和图1~图4）公开——网连接装置8是呈带子形状，在部件1的四周设置为多截，且该附加技术特征在该证据2中所起的作用与其在本发明中所起的作用相同，都是用于固定网，因此在引用的权利要求4不具备创造性的情况下，从属权利要求5也不具备《专利法》第二十二条第三款规定的创造性。

权利要求6限定部分的附加技术特征"所述带子上配备有粘扣带"已在证据2中相应地公开（参见证据2的说明书第007、008段和图2~图4），且该附加技术特征在该证据2

中所起的作用与其在本发明中所起的作用相同，都是用于固定网，因此，在其引用的权利要求5不具备创造性的情况下，由该附加技术特征"所述带子上配备有粘扣带"所限定的技术方案不具有突出的实质性特点和显著的进步。而当权利要求6的附加技术特征为"所述带子上配备有按扣固定件"时，由于该技术特征限定的技术方案与技术特征"所述带子上配备有粘扣带"限定的技术方案是并列的，因此是等效的技术方案，对于所属技术领域的技术人员来说，用该等效的技术方案替代"所述带子上配备有粘扣带"所限定的技术方案是容易想到的，即用按扣固定件替代粘扣带实现网的固定是容易想到的。因而，从属权利要求6也不具备《专利法》第二十二条第三款规定的创造性。

权利要求8不具备《专利法》第二十二条第三款规定的创造性。证据1公开了一种货物保护盖和托盘网的组合件（参见证据1说明书第004、011段和图1~图3），该权利要求与证据1的区别在于"所述保护盖包括用于将托盘网连接到所述保护盖的网连接装置"，基于该区别特征可以确定，本发明实际要解决的技术问题是"如何固定托盘网"。证据2公开了一种防止货物倒塌的接合了网的装置（参见证据2的说明书第007、008段及图1~图4）——防止货物倒塌的接合了网的装置，包括将网11连接到包裹在货物周边的部件1上的网连接装置8，而且上述特征在证据2中所起的作用与其在本发明中为解决其技术问题所起的作用相同，都是用于固定网，也就是说证据2给出了将该技术特征用于该证据1以解决其技术问题的启示，进而使得所属技术领域的技术人员有动机将证据2和证据1结合起来构成该权利要求的技术方案。由此可知，在证据1的基础上结合证据2得出本发明权利要求所要求保护的技术方案，对所属技术领域的技术人员来说是显而易见的，因此权利要求8相对于证据1和2不具有突出的实质性特点和显著的进步，因而不具备《专利法》第二十二条第三款规定的创造性。

三、权利要求9不符合《专利法》第二十六条第四款的规定

权利要求9所要求保护的是一种网连接装置，其包括设置在权利要求2所述的保护盖上的将所述保护盖连接到托盘上的网连接装置。在权利要求9所要求保护的技术方案中出现了两种不同表述的网连接装置"设置在保护盖上的将保护盖连接到托盘上的网连接装置"与"保护盖包括网连接装置，所述网连接装置用于连接托盘网到所述保护盖"。所属技术领域的技术人员不清楚上述两种表述的网连接装置是否为同一个装置，即不清楚网连接装置是否既将保护盖连接到托盘上，又连接托盘网到保护盖；还是"一种"网连接装置将保护盖连接到托盘上，"另一种"网连接装置连接托盘网到保护盖。因此，权利要求9所要求保护的范围不清楚，不符合《专利法》第二十六条第四款的规定。

综上所述，本专利的权利要求1和7不具有《专利法》第二十二条第二款规定的新颖性，权利要求1~8不具备《专利法》第二十二条第三款规定的创造性，权利要求9不符合《专利法》第二十六条第四款的规定，因此请求国家知识产权局宣告该专利权全部无效。

无效宣告请求人：×××

××××年××月××日

专利代理实务模拟练习题五

撰写与无效实务试题

试题说明

本专利代理实务模拟试题包括撰写实务题和无效实务题两部分。

第一题 撰写实务题

假设客户赵某委托应试者所在专利代理机构代理一件有关"容器"的发明专利申请，同时提供了其发明的技术说明（见客户赵某交给专利代理机构的技术交底书），并提供了两份对比文件（见对比文件1、对比文件2）。专利代理机构接受该委托后指定应试者具体办理该项专利申请事务。

（一）请应试者根据客户赵某所提供的技术说明，考虑对比文件1和对比文件2所反映的现有技术，为客户赵某撰写一份发明专利申请的权利要求书。所撰写的发明专利申请权利要求书应当既符合《专利法》《专利法实施细则》及《专利审查指南2010》的相关规定，又具有尽可能宽的保护范围，以最大限度地维护申请人得到利益。

如果所撰写的发明专利申请权利要求书中包含两项或者两项以上独立权利要求，请简述这些独立权利要求能够合案申请的理由。如果应试者认为该申请的一部分内容应当通过一件或多件另案申请提出，则应当进行相应说明，并撰写出另案申请的权利要求书。

应试者撰写的权利要求书中涉及零部件时，应当在其后面标注说明书附图中给出的该零部件的标号。

（二）请根据《专利法》《专利法实施细则》及《专利审查指南2010》的有关规定，对下述问题作出回答，回答的内容应当与应试者撰写的权利要求书相适应。

1.在客户提供的现有技术（对比文件1、2）中，确定哪一项是与应试者撰写的独立权利要求所要求保护的发明最接近的现有技术？请简述理由。

2.针对应试者认定的最接近的现有技术，应试者撰写的独立权利要求的技术方案要解决的技术问题是什么？

3.与应试者认定的最接近的现有技术相比，应试者撰写的独立权利要求的技术方案具有哪些有益的效果？

4.说明应试者撰写的独立权利要求的技术方案与对比文件1和对比文件2所记载的现有技术相比具备新颖性、创造性的理由。

第二题 无效实务题❶

客户赵某在向国家知识产权局提交上述专利申请并收到国家知识产权局发出的"专利申请受理通知书"后，检索到了专利权人H·M有限公司在中国申请的发明专利（见H·M有限公司发明专利的授权公告文本），其授权公告号为CN 105625625 B，授权公告日为2011年1月28日。

---

❶ 该题仅作为读者练习用的一个素材，所以没有给出CN105625625B的完整授权文本，仅给出了权利要求书，其说明书及其附图说明部分请参照第一题客户赵某提交给专利代理机构的技术交底书，权利要求书中的零部件序号与技术交底书中的完全一致。

客户赵某委托应试者所在专利代理机构代理帮助其将上述专利向国家知识产权局提出无效宣告请求，请求宣告该专利全部或部分无效。专利代理机构接受该委托后进行了检索，检索到了一份对比文件（见对比文件3的中文译文说明）。假设应试者所在专利代理机构指派应试者具体承办该无效案件。要求应试者考虑对比文件1～3公开的内容，以对比文件1～3（关于对比文件1、2，请参见专利代理实务模拟练习题四中的对比文件1、对比文件2）为证据，针对授权公告号为CN 105625625 B的发明专利撰写一份正式提交给国家知识产权局的无效宣告请求书。

鉴于考试时间有限，只要求应试者撰写无效宣告请求书的正文部分，不要求应试者涉及有关无效宣告请求书表格的内容。

答题须知

1. 作为考试，应试者在完成撰写实务题及无效实务题时应当接受并仅限于本试卷所提供的事实。同时，应试者在完成无效实务题的过程中不必考虑本试卷提供的四份专利文件的真实性问题，应将其均视为真实、公开的专利文件。

2. 应试者应当将撰写实务题和无效实务题的答案写在正式答题卡的答题区域内。

客户赵某交给专利代理机构的技术交底书

现在使用的杯子通常包括杯身和杯盖两部分，结构简单但容易受到悬浮在空气中的细菌污染，使人传染上疾病。特别是当其中装有含高糖分的液体，如果汁或牛奶，而没有进行冷藏时，杯子为细菌的生长和繁殖提供了良好的环境，使得这种杯子的使用者暴露在大量细菌面前，存在不健康和可能致命的风险。

避免细菌污染常用的方法是在杯子用完后就丢弃。然而，尽管许多杯子都是"一次性"的，但消费者很可能意识不到杯子是一次性的，许多消费者甚至经常重复使用"一次性"杯子。

为此，发明了一种可以防止消费者重复使用的"一次性"杯子，这种杯子也可以做成碗、盘子的形状。因此，也可以说是发明了一种可以避免消费者重复使用的"一次性"容器或盖子。

图1是盖子与容器组合件密封配合之前的侧视图；图2是盖子密封地盖在容器上时的侧视图；图3是盖子从容器上移走之后的侧视图；图4是盖子的第一实施例的侧视剖视图；图5是图4所示盖子的俯视透视图；图6是盖子第二实施例的纵向做了剖视的结构示意图。

如图1~图3所示，本发明提供的组合件包括容器和与该容器配合使用的盖子。容器包括容器本体10。实际上，容器与盖子的配合使用也即容器本体10与盖子1配合使用。容器本体10包括一个界定了容器本体的开口12和容腔13的容器壁11。在容器本体的开口12周围设置有容器边缘14，容器边缘14包括卷边15。卷边15在周向上沿着容器边缘14延伸，也可以部分地沿着容器边缘14延伸。成型时，卷边15与容器壁11之间的夹角大致取为40°~50°。

如图4所示，本发明提供的与容器配合使用的盖子，包括盖冠2、裙边8及斜角边9。裙边8从盖冠2周边延伸形成，其结构适于将盖子固定到容器本体10上。换句话说，将盖子1覆盖在容器本体10的开口12上时，裙边8与容器边缘14的卷边15紧密配合。

斜角边9从裙边8的下部边缘延伸地形成，该斜角边9的结构适于当将盖子从容器本体上移走时，迫使所述卷边15至少部分地产生不可逆的变形，详细情况将在下文叙述。

为了实现裙边8与容器边缘14的卷边15紧密配合，本发明提供以下两种具体结构的盖子。

盖子的第一实施例

如图4、图5所示，盖子1包括盖冠2、吸嘴5、裙边8及斜角边9。吸嘴5从盖冠顶端3向外延伸，并且包括至少一个开口6，可供消费者饮用容器中的液体18。裙边8从盖冠2的下部边缘向圆周外方延伸，并向容器的底部方向竖直延伸，并进一步向内向斜下方延伸，形成能部分地包容容器边缘14的卷边15的形状。

将盖子1覆盖在容器本体10的开口12上时，用力推压盖子，使裙边8与容器边缘14的卷边15紧密配合。在本实施例中，为了使裙边8与容器边缘14的卷边15紧密地配合，在该裙边8的内周表面形成有向内突出的肋7。

如图4所示，假设盖子1的裙边8最外部的直径用裙边直径a来定义，斜角边9最上部边缘的直径用斜角边直径b来定义。在一个最佳例子中，裙边8及斜角边9构成的尺寸应当满足：裙边直径a近似地与盖子1所覆盖的容器边缘14的卷边15最外部的直径相同。从图4中可以看出，该斜角边直径b还表示为斜角边9在圆周上的最小直径，通常该斜角边直径 b 比裙边直径 a 要稍微小一些。也就是说，斜角边直径 b 稍小于盖子 1 所覆盖的容器边缘 14 的卷边 15 最外部的直径。

因此，在本实施例中，肋 7 和斜角边 9 的组合配置将盖子 1 和容器本体 10 的边缘 14 牢固地结合在一起。

盖子的第二实施例

图 6 所示为盖子的第二实施例，在该实施例中省略了第一实施例的肋 7，所以盖子 1 包括裙边 8 及斜角边 9。具体地说，裙边 8 不像第一实施例那样做成直径稍大于盖冠 2 的圆柱状，而是从盖冠 2 下部边缘向圆周外方延伸，再向斜上方延伸，并以大致的弧状弯曲，并进一步向内并向斜下方延伸，形成能部分地包容上述的容器边缘 14 的卷边 15 的形状，接着向下并向外倾斜延伸地形成斜角边 9。

这样形成的裙边 8 和斜角边 9 相连接处直径（图中未标注）小于容器边缘 14 的卷边 15 最外部的直径。

在该实施例中，将盖子 1 覆盖在容器本体 10 的开口 12 上时，裙边 8 与容器边缘 14 的卷边 15 配合，借助于斜角边 9 和裙边 8 的顶部组合配置，将盖子 1 和容器本体 10 的边缘 14 牢固地结合在一起。

图 1～图 3 显示了该容器的使用过程。

如图 1 所示，使用前，卷边 15 向外并向容器本体 10 的底部方向，即向下并向外倾斜地延伸。先将液体 18 倒入容器本体 10 中。

如图 2 所示，再将盖子 1 装配在容器本体 10 上，卷边 15 的直径和盖子裙边 8 的直径相对应，以使卷边 15 和盖子的裙边 8 在第一个密封位置 A 处和第二个密封位置 B 处密封结合。卷边 15 的远端 16 的直径与斜角边 9 的直径（和/或肋 7 所限定的直径）以上文叙述的尺寸相对应地配合，以便卷边 15 的远端 16 紧固地与斜角边 9（和/或肋 7，根据盖子结构而定）相连接。此时可以通过吸嘴 5 和开口 6 饮用其中的液体。

如图 3 所示，将盖子 1 从容器本体 10 上移开时，斜角边 9 推动卷边 15，迫使卷边 15 变形成为向外展开的结构。在向外展开的结构中，卷边 15 向外并朝向开口 12 的方向，即向斜上方延伸。盖子 1 使卷边 15 发生不可逆的变形，使得容器不能被再次密封，保证容器成为真正的一次性容器。

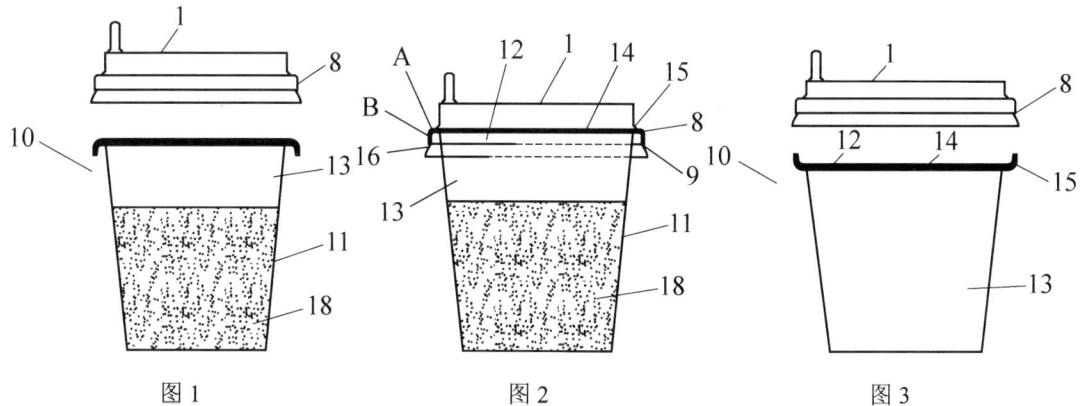

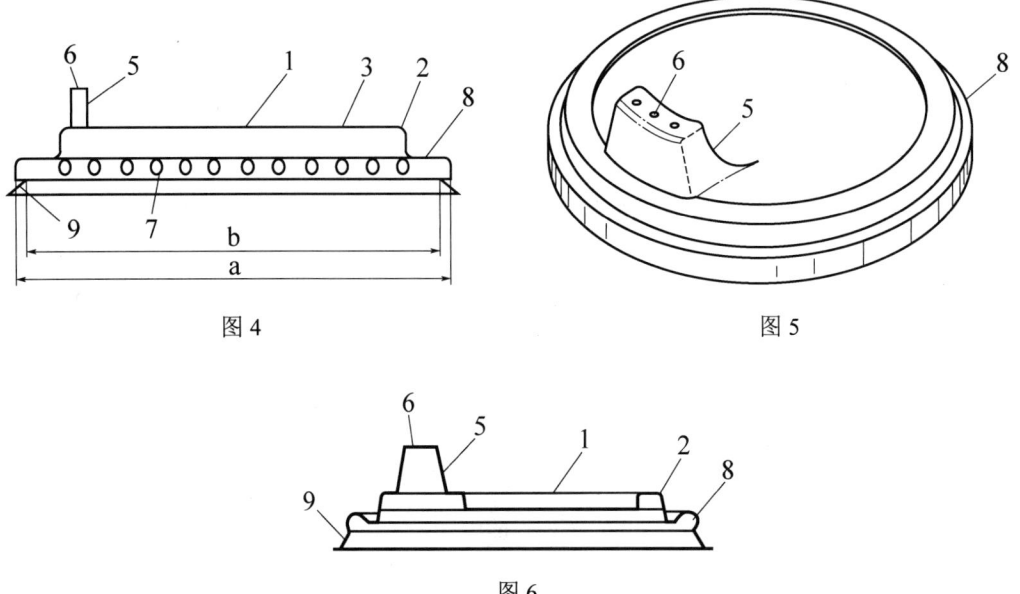

图 4

图 5

图 6

对比文件 1

［12］发明专利
ZL 专利号 99105778.3

［45］授权公告日　2001 年 6 月 25 日　　　　　　［11］授权公告号　CN 1112206 C

［22］申请日　1999.09.09
［21］申请号　99105778.3
［73］专利权人　王某
（其余著录项目略）

［74］专利代理机构

对比文件 1 说明书相关内容

一种方便杯子，详细参见图 1 及图 2。图 1 是该方便杯子的俯视图，图 2 是图 1 的 A－A 截面的剖视图。在杯体 11 上，斜置一块带有通孔 14 的半圆形茶渣挡板 12。

利用这种方便杯子喝茶时，将杯体 11 向一方倾倒，茶渣挡板 12 挡住茶渣，且茶渣始终在杯体 11 内的水中浸泡着。

对比文件 1 的附图

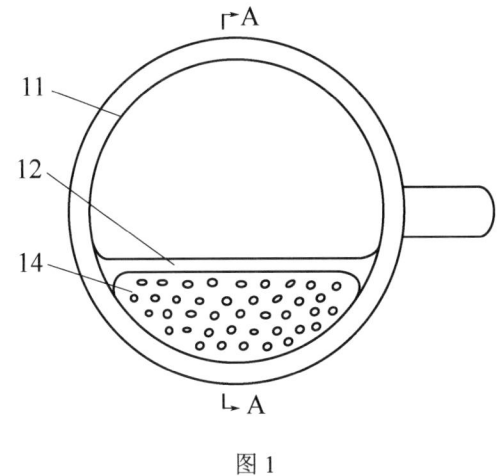

图 1

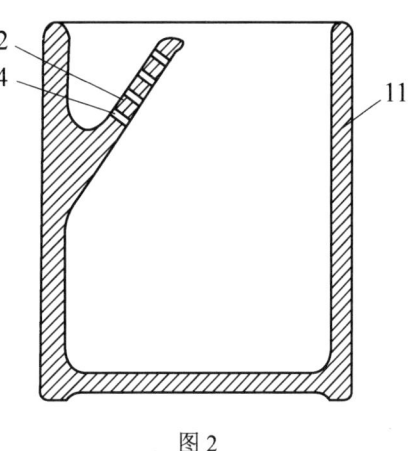

图 2

对比文件 2

[12] 实用新型专利说明书
ZL 专利号 200420034019.X

[45] 授权公告日　2005 年 8 月 31 日	[11] 授权公告号　CN 2721550 Y
[22] 申请日　2004.06.12 [21] 申请号　200420034019.X [73] 专利权人　YM 股份有限公司 （其余著录项目略）	[74] 专利代理机构

对比文件 2 说明书相关内容

一种抑菌纸容器。图 1 为本实用新型结构示意图。

如图 1 中所示，纸杯 200 的内腔表面和外壁表面都覆盖上了一层无色抑菌物薄层 100，为了使抑菌制剂薄层 100 能与纸质杯子结合牢固，又有较长的杀菌期，抑菌制剂薄层 100 采用抑菌制剂与水性树脂为载体的混合物制成。

本实用新型所提供的容器结构简单，可以将纸容器表面附着的大部分细菌杀灭，使暴露于空气中的纸容器较长时间处于卫生状态，有利于人体的健康。

对比文件 2 附图

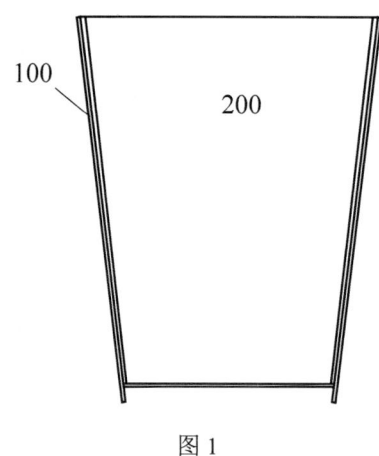

图 1

H·M有限公司发明专利的授权公告文件

[19] 中华人民共和国国家知识产权局

[12] 发明专利

[10] 授权公告号 CN 105625625 B
[45] 授权公告日 2011 年 1 月 28 日

[21] 申请号 2010105835.5
[22] 申请日 2010 年 1 月 21 日
[73] 专利权人 H·M 有限公司
（其余著录项目略）

权 利 要 求 书

1. 一种容器本体，其特征在于，包括至少一个限定了一开口（12）的容器壁（11），以及形成在该开口周围的容器边缘（14），该容器边缘（14）包括卷边（15）。

2. 根据权利要求 1 所述的容器本体，其特征在于：所述卷边（15）至少部分地从第一状态不可逆地变形至第二状态，在所述第一状态，卷边（15）向外及向下延伸，在所述第二状态，卷边至少部分地向外及向上延伸。

3. 根据权利要求 1 所述的容器本体，其特征在于：在所述第一状态，卷边（15）与容器壁（11）之间的夹角为 40°～50°。

4. 一种连接到根据权利要求 1～3 中任一项所述的容器本体上的盖子，其特征在于，该盖子（1）包括盖冠（2）和裙边（8），所述裙边（8）从盖冠周边延伸开来，并且适合于将盖子固定到容器本体上，所述裙边（8）包括斜角边（9）。

5. 根据权利要求 4 所述的盖子，其特征在于：所述裙边（8）还包括向内突出的肋（7）。

6. 根据权利要求 4 所述的盖子，其特征在于：还包括吸嘴（5）。

7. 根据权利要求 4～6 所述的盖子，其特征在于：所述吸嘴（5）从盖冠顶端（3）向外延伸并且包括至少一个开口（6）。

8. 一种容器，包括根据权利要求 1 所述的容器本体（10）和根据权利要求 4 所述的盖子（1）。

对比文件3的中文译文说明

United States Patent [19]
Freek et al.

[11] Patent Number: 6,047,851
[45] Date of Patent: Apr. 11, 2000

[54] INJECTION BLOW MOLDED CONTAINER AND RELATED METHOD

[75] Inventors: **Michael Freek**, Gilford; **Michael Thomas**, Toronto, both of Canada

7 Claims, 4 Drawing Sheets

对比文件3说明书相关内容

一种注塑容器，图1和图2分别为该容器的侧视剖视图和部分剖视放大图。

图1示出了杯子20和盖子21的侧视剖视图。杯子20具有基座22、侧壁23和唇部24。盖子21示出为盖在杯子20上。杯子20可属于任何已知类型或构造，并可用任何已知材料制成。该杯子20可以制成任何合适的形状。在图1中，杯子20具有略微倾斜的截头倒圆锥形状。

图2示出了唇部24处的部分放大剖视图。该杯子具有固定在唇部24上的盖子21。该唇部24具有水平区域25和远端26。远端26的外周面朝侧壁23倾斜，并且远端的内周面朝远离该侧壁的方向倾斜，构成远端26向下的壁厚逐渐减小的结构。这样，远端26与侧壁23之间的夹角大致为45°。如图2所示，盖子21具有内表面27和内裙部29，该内裙部29通过肘部30连接到外裙部28上。盖子21在内裙部29处向内弯曲，并在肘部30处向外张开到外裙部28。不放置到杯子20上时，由肘部30限定的圆的直径略微小于由唇部24的远端26限定的圆周。当盖子21压在杯子20的唇部24上时，盖子21可变形，以允许肘部30向外移动。当在杯子20上放置到位时，唇部24的外表面与盖子区域31形成稳固和紧密的抓取。

图2示出了有利于盖子21从杯子上去除的盖子结构。当去除盖子21时，唇部24的远端26如图所示倾斜，肘部30不咬合在唇部24上，因此以较小的力即可将盖子21从杯子上去除。当盖子固定到位时，盖子21的柔性和弹性导致盖子21的内表面和唇部24的外表面之间摩擦接触。该摩擦接触从唇部24的外表面变得基本水平的切点处开始，直到盖子21在肘部30附近与远端26分离为止。该摩擦安装确保了当盖子21在杯子上固定到位时，盖子21将固定地连接到唇部24上。

所属领域技术人员能够理解的是，可以根据需要，在盖子21的顶端设置用于饮用的吸嘴。

对比文件3附图

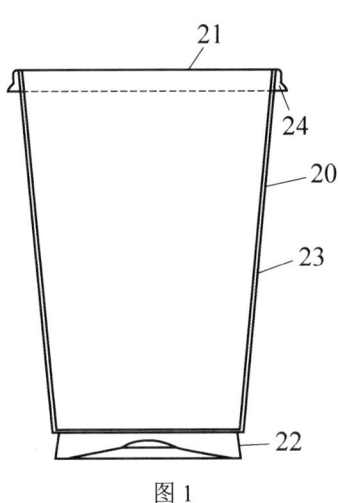

图1

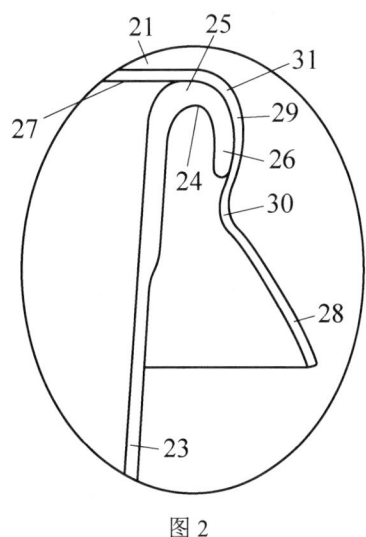

图2

专利代理实务模拟练习题五答题要点及范文

一、总体考虑

"容器"试题包括撰写实务和简答实务两题。撰写实务题主要测试应试者是否掌握了撰写出既符合《专利法》《专利法实施细则》的有关规定,又能够为委托人谋求尽可能充分保护范围的权利要求书的基本技巧。简答实务题主要测试应试者针对撰写的权利要求,能够判断其是否具备新颖性、创造性的能力,以达到通过撰写权利要求书考察应对答复审查意见通知书能力的目的。

二、撰写实务题

(一)关于权利要求撰写

应试者应当根据试题所给定的素材,撰写出既符合《专利法》《专利法实施细则》及《专利审查指南2010》相关规定,又具有尽可能宽的保护范围,以最大限度地维护申请人利益的权利要求书。所撰写的权利要求书应当满足单一性要求,即针对不同主题撰写的多个独立权利要求包含有一个或多个相同或相应的特定技术特征时,该多个独立权利要求才能够合案申请。

在"容器"实务试题素材中,客户所提供的技术说明包含有多个实施例,发明内容包括对容器边缘的改进、对与容器配合使用的盖子的两种改进等多个方面。同时,还涉及由容器和盖子构成的组合件。因此,应试者在撰写发明专利申请权利要求书时,首先要对试题素材进行分析,在涉及的改进点比较多的情况下,首先对这些改进点进行分析,判断哪些改进点与申请人最初提出的技术问题密切相关,需要给予保护,从而确定所要保护的客体和对应的技术方案,并撰写出相应的独立权利要求。

就本申请而言,申请人欲解决现有技术中存在的一次性杯子可能多次使用、对人体健康不利的技术问题,因此可确定的保护客体有"容器""盖子"及"容器与盖子的组合件"。

对于上述三种保护客体,可以写出三组权利要求,此时需要考虑三组权利要求之间是否具有单一性。

在撰写独立权利要求时,首先应该根据客户要解决的技术问题,确定出客户所完成发明的必要技术特征。

对于要撰写的容器的独立权利要求来说,客户想要解决的技术问题为:如何防止消费者重复使用一次性杯子。为了解决这一技术问题,客户采用的技术手段是在容器边缘上设置可至少部分产生不可逆变形的卷边。因此,容器的独立权利要求的必要技术特征必须包括:卷边至少部分地产生不可逆变形。

撰写独立权利要求时,要做到既不能缺少必要技术特征,导致其不满足《专利法实施细则》第二十条第二款的规定,也不能写入非必要技术特征,导致其保护范围过小,有损申请人的利益。考虑这些因素时,除考虑解决技术问题的必要的技术手段外,应当注意,为了使权利要求保护范围清楚,满足《专利法》第二十六条第四款有关权利要求应当清楚的规定,还应写入与该技术手段密切相关的技术特征,从而构成容器的完整的技术方案。

对于容器的独立权利要求来说,其必要技术特征包括"卷边至少部分地产生不可逆变形",而与之密切相关的必要技术特征包括容器本体、容器开口、容器边缘。因此,独立权利要求中应当写入这些特征及其相互位置关系。

因此，推荐的容器独立权利要求如下：

一种容器，包容器本体（10），所述容器本体（10）包括一个限定了一开口（12）的容器壁（11），其特征在于，在所述开口（12）的周围形成有容器边缘（14），该容器边缘（14）包括卷边（15），所述卷边（15）可至少部分地从第一状态不可逆地变形至第二状态。

对于盖子，同样分析可知，由于解决的技术问题与容器相同，所以必要技术特征应该考虑与容器的必要技术特征"卷边至少部分地产生不可逆变形"对应的技术特征"斜角边（9）"，同时，还需要考虑与"斜角边（9）"密切相关的其他构成要素或之间的关系的技术特征，以构成完整的技术方案。因此，推荐的盖子独立权利要求如下。

一种与容器（为如前述独立权利要求的容器）配合使用的盖子，其特征在于，包括盖冠（2）、从该盖冠（2）周边延伸地形成的裙边（8）及从所述裙边（8）下部边缘向下并向外倾斜延伸地形成的斜角边（9），将所述盖子（1）覆盖在所述容器本体（10）的开口（12）上时，所述裙边（8）与所述容器边缘（14）的卷边（15）紧密配合，将所述盖子（1）从所述容器（10）上移走时，所述斜角边（9）迫使所述卷边（15）至少部分地从第一状态不可逆地变形至第二状态。

为了对申请提供多方面的更好的保护，还应考虑撰写出容器与盖子的组合件的独立权利要求：

一种由容器与盖子构成的组合件,该容器……(同容器的独立权利要求),所述盖子……(同盖子的独立权利要求)。

当撰写出的权利要求书包含多个并列的独立权利要求时，这些独立权利要求之间还应当满足《专利法》第二十六条第四款有关简要的规定，即权利要求书应当整体简要［详细参见本书第二部分第一章第三节之（二）］。对此，将盖子的独立权利要求采用回引在前的容器的权利要求的回引撰写方式来撰写，对于由容器与盖子构成的组合件的独立权利要求采用回引在前的容器及盖子的权利要求的回引撰写方式来撰写，即

一种与权利要求1～×之一所述的容器配合使用的盖子，其特征在于，所述盖子（1）包括盖冠（2）、从该盖冠（2）周边延伸地形成的裙边（8）及从所述裙边（8）下部边缘向下并向外倾斜延伸地形成的斜角边（9），将所述盖子（1）覆盖在所述容器本体（10）的开口（12）上时，所述裙边（8）与所述容器边缘（14）的卷边（15）紧密配合，将所述盖子（1）从所述容器本体（10）上移走时，所述斜角边（9）迫使所述卷边（15）至少部分地从第一状态不可逆地变形至第二状态。

一种容器与盖子的组合件，包括权利要求 1～×之一所述的容器和权利要求×～×之一所述的盖子（1）。

其中"权利要求1～×"表示主题为"容器"的独立权利要求及其从属权利要求，"权利要求×～×"表示主题为"盖子"的独立权利要求及其从属权利要求。

最后，完成整个申请的权利要求书的撰写。以下给出供参考的权利要求书范文。

权利要求书范文

1. 一种容器,包括容器本体(10),所述容器本体(10)包括一个限定了一开口(12)的容器壁(11),其特征在于,在所述开口(12)的周围形成有容器边缘(14),该容器边缘(14)包括卷边(15),所述卷边(15)可至少部分地从第一状态不可逆地变形至第二状态。

2. 根据权利要求1所述的容器,其特征在于,在所述第一状态,所述卷边(15)向外并向所述容器本体(10)的底部方向延伸,在所述第二状态,所述卷边(15)至少部分地向外并向所述开口(12)的方向延伸。

3. 根据权利要求2所述的容器,其特征在于,所述第一状态为所述容器成型时的状态,在该状态下,所述卷边(15)与容器壁(11)之间的夹角为40°~50°。

4. 一种与权利要求1~3之一所述的容器配合使用的盖子,其特征在于,所述盖子(1)包括盖冠(2)、从该盖冠(2)周边延伸地形成的裙边(8)及从所述裙边(8)下部边缘向下并向外倾斜延伸地形成的斜角边(9),将所述盖子(1)覆盖在所述容器本体(10)的开口(12)上时,所述裙边(8)与所述容器边缘(14)的卷边(15)紧密配合,将所述盖子(1)从所述容器(10)上移走时,所述斜角边(9)迫使所述卷边(15)至少部分地从第一状态不可逆地变形至第二状态。

5. 根据权利要求4所述的盖子,其特征在于,所述裙边(8)从所述盖冠(2)的下部边缘向圆周外方延伸并向容器的底部方向竖直延伸,并进一步向内向斜下方延伸,形成能部分地包容所述容器边缘(14)的卷边(15)的形状。

6. 根据权利要求5所述的盖子,其特征在于,所述裙边(8)和所述斜角边(9)相连接处的直径小于所述容器边缘(14)的卷边(15)最外部的直径。

7. 根据权利要求6所述的盖子,其特征在于,所述裙边(8)还包括向内突出的肋(7)。

8. 根据权利要求4所述的盖子,其特征在于,所述裙边(8)从所述盖冠(2)的下部边缘向圆周外方延伸,再向斜上方延伸,并以大致的弧状弯曲,并进一步向内并向斜下方延伸,形成能部分地包容所述容器边缘(14)的卷边(15)的形状。

9. 根据权利要求8所述的盖子,其特征在于,所述裙边(8)和所述斜角边(9)相连接处的直径小于所述容器边缘(14)的卷边(15)最外部的直径。

10. 根据权利要求4~9任一所述的盖子,其特征在于,所述盖子(1)还包括吸嘴(5)。

11. 根据权利要求10所述的盖子,其特征在于,所述吸嘴(5)从所述盖冠(2)的顶端(3)向外延伸并且包括至少一个开口(6)。

12. 一种容器与盖子的组合件,包括权利要求1~3之一所述的容器和权利要求4~11任一所述的盖子(1)。

由于要撰写出三个并列的独立权利要求,所以需要考察所撰写的权利要求是否满足《专利法》第三十一条第一款规定的单一性。

《专利法》第三十一条第一款规定:一件发明或者实用新型专利申请应当限于一项发明或者实用新型。属于一个总的发明构思的两项以上的发明或者实用新型,可以作为一件申请提出。对于本申请发明分别撰写出一项有关容器、一项有关盖子及一项有关容器与盖子的组合件的独立权利要求时,应当使该三项独立权利要求在技术上相互关联,包含一个或多个相同或相应的特定技术特征。

本撰写试题要求，如果撰写出的多个并列独立权利要求或多个并列技术方案之间没有相同或相应的特定技术特征，在技术上不能相互关联，不属于一个总的发明构思，就不能合案申请，应当考虑提出另案申请。但是，在撰写另案申请的权利要求书时，要特别提醒的是，需要考虑《专利法》第九条的规定，避免将两个或多个申请撰写成同样的发明专利。对于此类问题，主要考虑多个申请的权利要求书中不能出现相同的权利要求或相同的技术方案，即第一个申请的任何一项权利要求不能与其他一申请的任意一项权利要求相同。

多个并列独立权利要求能够合案申请的理由

本申请权利要求 1～12 中共有 3 项独立权利要求，即独立权利要求 1、4、12，对这三项独立权利要求之间的单一性进行如下分析。

1. 独立权利要求 1、4 之间具有单一性，可以合案申请

独立权利要求 4 引用独立权利要求 1。对于这种情况，《专利审查指南 2010》第二部分第二章第 3.1.2 节明确规定"这种引用其他独立权利要求的权利要求是并列的独立权利要求，而不能被看作从属权利要求。对于这种引用另一权利要求的独立权利要求，在确定其保护范围时，被引用的权利要求的特征均应予以考虑，而其实际的限定作用应当最终体现在对该独立权利要求的保护主题产生了何种影响"。

具体到本案，独立权利要求 1 请求保护一种容器，独立权利要求 4 请求保护一种与该容器配合使用的盖子，独立权利要求 1 中容器的技术特征并没有对独立权利要求 4 中的盖子产生实质影响。因而，虽然独立权利要求 4 引用独立权利要求 1，但这并不意味着独立权利要求 1、4 之间必然具备单一性，独立权利要求 1、4 之间的单一性问题还需要具体分析。

独立权利要求 1 的特定技术特征为"在开口的周围形成有容器边缘，**该容器边缘包括卷边，卷边可至少部分地从第一状态不可逆地变形至第二状态**"。

独立权利要求 4 的特定技术特征为"盖子包括盖冠、从该盖冠周边延伸地形成的裙边及从裙边下部边缘向下并向外倾斜延伸地形成的斜角边，将盖子覆盖在容器本体的开口上时，裙边与容器边缘的卷边紧密配合，**将盖子从容器上移走时，斜角边迫使卷边至少部分地从第一状态不可逆地变形至第二状态**"。

其中，独立权利要求 1 的特定技术特征"该容器边缘包括卷边，卷边可至少部分地从第一状态不可逆地变形至第二状态（即画线部分）"，说明容器的卷边会发生变形；独立权利要求 4 的特定技术特征"将盖子从容器上移走时，斜角边迫使卷边至少部分地从第一状态不可逆地变形至第二状态（即画线部分）"，说明盖子上的斜角边迫使容器的卷边发生变形；二者属于相应的特定技术特征。因此，独立权利要求 1 与独立权利要求 4 之间具有相应的特定技术特征，在技术上相互关联，属于一个总的发明构思，独立权利要求 1 与独立权利要求 4 之间具有单一性，可以合案申请。

2. 独立权利要求 1 与独立权利要求 12 之间具有单一性，可以合案申请

独立权利要求 12 引用独立权利要求 1。独立权利要求 12 请求保护一种容器与盖子的组合件，并限定包括权利要求 1～3 之一所述的容器，此处独立权利要求 1 中容器所有的特征都对独立权利要求 12 请求保护的组合件产生影响。独立权利要求 1 的特定技术特征也是独立权利要求 12 的特定技术特征，即独立权利要求 1 与独立权利 12 之间具有相同的特定技术特征"该容器边缘包括卷边，卷边可至少部分地从第一状态不可逆地变形至第二状态"。

因此，独立权利要求1、12在技术上相互关联，属于一个总的发明构思，独立权利要求1与独立权利12之间具有单一性，可以合案申请。

3. 独立权利要求4与独立权利要求12之间具有单一性，可以合案申请

独立权利要求12引用独立权利要求4。独立权利要求12请求保护一种容器与盖子的组合件，并限定包括权利要求4～11之一所述的盖子，此处独立权利要求4中盖子的所有特征都对独立权利要求12请求保护的组合件产生影响。独立权利要求4的特定技术特征也是独立权利要求12的特定技术特征，即独立权利要求4与独立权利要求12之间具有相同的特定技术特征，"盖子包括盖冠、从该盖冠周边延伸地形成的裙边及从裙边下部边缘向下并向外倾斜延伸地形成的斜角边，将盖子覆盖在容器本体的开口上时，裙边与容器边缘的卷边紧密配合，将盖子从容器上移走时，斜角边迫使卷边至少部分地从第一状态不可逆地变形至第二状态"。因此，独立权利要求4、12在技术上相互关联，属于一个总的发明构思，独立权利要求4与独立权利要求12之间具有单一性，可以合案申请。

综上所述，独立权利要求1、独立权利4、独立权利12每两项之间都具有单一性，满足《专利法》第三十一条第一款的规定，这三个独立权利要求可以在一件申请中合案申请。

（二）关于撰写实务问答题

1. 在客户提供的现有技术（对比文件1、对比文件2）中，确定哪一项是与应试者撰写的独立权利要求所要求保护的发明最接近的现有技术。请简述理由

（1）独立权利要求1

首先确定对比文件2是和所撰写的独立权利要求所要求保护的发明最接近的现有技术，其理由如下：

对比文件1公开了一种杯子，该杯子包括杯体11及设置在杯体11上的挡茶渣的挡板12。其用来解决现有技术的杯子饮茶时，会将茶叶与茶水同时饮入口内，不方便饮用的技术问题。

对比文件2公开了一种纸杯，该纸杯包括纸杯200，在纸杯200的内外表面都覆盖一层无色抑菌薄膜层100。其解决使用者使用这种纸杯等的一次性容器可能会受到细菌的污染、对人体健康不利的技术问题。

将撰写的权利要求1所要求保护的技术方案分别与对比文件1、对比文件2相比较，可以看出，对比文件1、对比文件2和本申请属于相同的技术领域，且公开了权利要求1的相同数量的技术特征，即公开了容器本体及一个限定开口的容器壁这两个技术特征。

《专利审查指南2010》第二部分第四章第3.2.1.1节中给出了确定最接近现有技术的原则：首先，选出那些与要求保护的发明技术领域相同或相近的现有技术；其次，从技术领域相同或相近的现有技术中选出所要解决的技术问题、技术效果或者用途最接近和/或公开了发明的技术特征最多的那一项现有技术作为最接近的现有技术。

对比文件2公开了本发明更多的技术信息，即所要解决的现有技术存在的技术问题与本发明的技术问题更接近："解决使用者使用这种纸杯等的一次性容器可能会受到细菌的污染、对人体健康不利"的技术问题。

综上所述，在对比文件2与对比文件1技术领域相同、公开的权利要求的技术特征的数量相同的情况下，由于对比文件2比对比文件1公开了本发明更多的技术信息，即技术问题，所以选择该对比文件2作为最接近的现有技术。

(2) 独立权利要求 4、独立权利要求 12

由与上述独立权利要求 1 的分析同样的理由可以得出，选择该对比文件 2 作为独立权利要求 4 或 12 的最接近的现有技术。

2. 针对应试者认定的最接近的现有技术，应试者撰写的独立权利要求的技术方案要解决的技术问题是什么

针对最接近的现有技术对比文件 2，独立权利要求 1、独立权利要求 4 或独立权利要求 12 要解决的技术问题都是防止重复使用一次性容器。

3. 与应试者认定的最接近的现有技术相比，应试者撰写的独立权利要求的技术方案具有哪些有益的效果

与最接近的现有技术对比文件 2 相比，独立权利要求 1、独立权利要求 4 或独立权利要求 12 的技术方案都具有以下有益效果：

当盖子与容器本体分离时，通过盖子与容器本体之间的相互作用，迫使卷边至少部分地变形，破坏了被再次密封的可能性，能够防止重复使用一次性的容器本体/容器。

4. 说明应试者撰写的独立权利要求的技术方案与对比文件 1 和对比文件 2 所记载的现有技术相比具备新颖性、创造性的理由

(1) 判断独立权利要求 1 的新颖性、创造性

独立权利要求 1 请求保护一种容器，两篇对比文件均没有公开"在开口的周围形成有容器边缘，该容器边缘包括卷边，卷边可至少部分地从第一状态不可逆地变形至第二状态"这一特征。以下就权利要求 1 与两篇对比文件相比较的过程作具体分析。

① 对比文件 1 不能破坏本申请权利要求 1 的新颖性。

对比文件 1 虽然公开了杯子（本申请中容器的下位概念）包括杯体（本申请中容器本体的下位概念），杯体包括一个限定了开口的杯壁（本申请中容器壁的下位概念），但本申请容器的权利要求 1 请求保护的技术方案与其存在区别：在容器本体开口的周围形成有容器边缘，该容器边缘包括卷边，卷边可至少部分地从第一状态不可逆地变形至第二状态。因此，权利要求 1 请求保护的容器在结构上不同于对比文件 1 中公开的杯子，具备《专利法》所规定的新颖性，符合《专利法》第二十二条第二款的规定。

② 对比文件 2 也不能破坏本申请权利要求 1 的新颖性。

将权利要求 1 请求保护的容器与对比文件 2 公开的容器相比，虽然对比文件 2 记载的容器有一定的抑菌作用，并且容器包括容器本体，容器本体包括一个限定了一个开口和容腔的容器壁，但是，权利要求 1 请求保护的技术方案区别于对比文件 2 的技术方案还在于"在容器本体开口的周围形成有容器边缘，该容器边缘包括卷边，卷边可至少部分地从第一状态不可逆地变形至第二状态"。因此，权利要求 1 请求保护的容器在结构上不同于对比文件 2 中公开的容器，具备《专利法》所规定的新颖性，符合《专利法》第二十二条第二款的规定。

综上所述，所撰写的本申请容器的独立权利要求 1 分别相对任一个现有技术，该权利要求要求保护的技术方案均具备新颖性。

③ 权利要求 1 具备创造性。

至于创造性，独立权利要求 1 相对最接近的现有技术对比文件 2 来说，其区别技术特征是："在容器本体开口的周围形成有容器边缘，该容器边缘包括卷边，卷边可至少部分地从第一状态不可逆地变形至第二状态"。如上所述，该区别技术特征也没有被对比文件 1

披露，不存在将上述区别技术特征应用到对比文件2中以解决上述技术问题的技术启示或教导，也不是本领域的公知常识，而独立权利要求1的技术方案恰恰实现了防止一次性容器重复使用的效果，这并非本领域技术人员容易想到的。因而，独立权利要求1相对于对比文件2、对比文件1及本领域的公知常识具有突出的实质性特点和显著的进步，具备创造性。

（2）判断独立权利要求4的新颖性、创造性

独立权利要求4采用引用权利要求1的方式进行撰写，即"一种与权利要求1~3之一所述的容器配合使用的盖子"。对于这种情况，《专利审查指南 2010》第二部分第二章第3.1.2节明确规定"对于引用另一权利要求的独立权利要求，在确定其保护范围时，被引用的权利要求的特征均应予以考虑，而实际的限定作用应当最终体现在对该独立权利要求的保护主题产生了何种影响"。具体到本案，独立权利要求1中容器的特征并没有对独立权利要求4中的盖子产生实质影响，因而独立权利要求1具备新颖性和创造性，并不必然意味着独立权利要求4也具备新颖性和创造性，独立权利要求4的新颖性和创造性问题还需要具体分析。

① 权利要求4具备新颖性。

对于独立权利要求4请求保护的盖子，对比文件1和对比文件2中均没有公开有关盖子的任何信息。因此，独立权利要求4分别相对于对比文件1和对比文件2，均具备新颖性。

② 权利要求4具备创造性。

独立权利要求4请求保护的盖子解决了如何使盖子与容器更好地密封，以及使相应容器的卷边不可逆变形，以防止重复使用的技术问题。而上述任何一个对比文件都没有这方面的教导或启示。因此，权利要求4要求保护的技术方案相对现有技术具备创造性。

（3）判断权利要求12的新颖性、创造性

权利要求12采用引用前面权利要求的方式进行撰写，即"一种容器与盖子的组合件，包括权利要求1~3之一所述的容器和权利要求4~12任一项所述的盖子"。独立权利要求1中容器的所有特征和独立权利要求4中盖子的所有特征都对独立权利要求12请求保护的组合件产生影响。在权利要求1、权利要求4均具备新颖性和创造性的基础上，权利要求12也必然具备新颖性和创造性。下文给出另一种评述方法。

① 权利要求12具备新颖性。

对于权利要求12中请求保护的容器与盖子的组合件，两篇对比文件中均没有公开。因此，相对任何一个对比文件单独对比，均具备新颖性。

② 权利要求12具备创造性。

对于权利要求12所要求保护的技术方案的创造性，权利要求12请求保护的组合件解决了如何使盖子与容器更好地密封，以及使盖子的斜角边与容器的卷边相配合，使容器的卷边不可逆变形，以防止重复使用的技术问题。而上述任何一个对比文件都没有这方面的教导或启示。因此，权利要求12要求保护的技术方案相对现有技术具备创造性。

三、无效实务题（读者自行练习题）

参考专利代理实务模拟练习题四中无效实务题答题部分给出的"无效宣告请求书的意见陈述正文范文"的格式，完成该无效实务题。

（答案提示：独立权利要求1不具备新颖性；权利要求3不具备新颖性；独立权利要求

4引用权利要求1或3时不具备新颖性；权利要求5，可以用对比文件3中的肘部30代替肋7，不具备创造性；权利要求6不具备新颖性；权利要求7，吸嘴包括开口是隐含公开的，当权利要求7引用权利要求4或权利要求6时不具备新颖性，引用权利要求5时不具备创造性；独立权利要求8引用独立权利要求1和独立权利要求4的不具备新颖性的技术方案时不具备新颖性。)

专利代理实务模拟练习题六

撰写咨询意见和撰写实务试题

试题说明

假设应试者是某专利代理机构的专利代理师，受该机构委派为客户 A 公司提供服务。客户 A 公司提供了自行申请并已公开的发明专利申请文件 1 份（附件 1）、3 份对比文件（对比文件 1、对比文件 2 和对比文件 3），并且客户 A 说明在提交该发明专利申请时声明同日还申请了实用新型专利（附件 2），客户还提供了 1 份改进技术的技术交底材料（附件 3）。

第一题：撰写咨询意见。要求应试者在考虑 3 份对比文件内容的基础上，针对客户 A 自行申请并已公开的发明专利申请文件为客户 A 撰写咨询意见，逐一解释其自行撰写的权利要求书是否符合《专利法》及《专利法实施细则》的规定并说明理由；此外，还需要对同日申请属于同样发明创造的发明专利和实用新型的处理方式给予解释。

第二题：预判是否需要提出实质审查请求及修改权利要求。针对客户 A 自行申请并已公开的发明专利申请文件（附件 1），帮助客户 A 预判在 3 份对比文件的基础上该申请是否具有授权前景，即客户 A 是否有必要就该申请提出实质审查请求，并简述理由；如果应试者认为有授权前景，请同时撰写修改的权利要求书，并简述修改的权利要求相对现有技术具有新颖性和创造性的理由；如果应试者认为没有授权前景，请陈述理由。

第三题：撰写一份新的发明专利申请的权利要求书。请根据改进技术的技术交底材料（附件 3）记载的内容，综合考虑附件 1、附件 2 及附件 3 份对比文件所反映的现有技术，撰写能够有效且合理地保护发明创造性的权利要求书。

如果所撰写的发明专利申请权利要求书中包含两项或者两项以上独立权利要求，请简述这些独立权利要求能够合案申请的理由。如果应试者认为该申请的一部分内容应当通过一份或多份另案申请提出，则应当进行相应说明，并撰写出另案申请的独立权利要求。

答题须知

1. 作为考试，应试者在答题过程中应当接受并仅限于本试卷所提供的事实。
2. 应试者应当将试题答案写在正式答题卡的答题区域内。

附件1

[19] 中华人民共和国国家知识产权局

[12] 发明专利申请

[10] 申请公布号 CN 12345678 A
[43] 申请公布日 2015 年 12 月 14 日

[21] 申请号 201410123455.7
[22] 申请日 2014 年 10 月 19 日
[71] 申请人 A 公司
（其余著录项目略）

权 利 要 求 书

1. 一种浸泡包装，包括浸泡主体、连接线和标签，浸泡主体和标签通过连接线相互连接；其特征在于，浸泡包装还包括将其与杯体相固定的结合部。

2. 根据权利要求 1 所述的浸泡包装，其中，浸泡结束后，通过提拉连接线，可以将浸泡主体沥干。

3. 根据权利要求 2 所述的浸泡包装，其中结合部包括两个方形片材，两个方形片材的一条边相连接，使用时所述密封边位于所述杯体的上沿，两个方形片材的主体覆盖所述杯体的侧壁；而且结合部的顶部开有穿孔，连接线穿过该穿孔。

4. 根据权利要求 1~3 所述的浸泡包装，其中浸泡主体由挠性多孔材料制成。

5. 根据权利要求 1~4 所述的浸泡主体，其中所述挠性多孔材料为过滤纸、无纺布或环保尼龙，且浸泡主体可以设置成多种形状，如三角形、方形、圆形、椭圆形、多边形或其他类似形状，但优选设置成方形。

6. 一种基本上如附图 1 所描述的浸泡包装。

7. 一种浸泡包装免费获赠方法，一定数量的浸泡包装（如十个）为一组进行包装，形成一个销售包装，每个销售包装内随机放入特制图卡（如以百分之十的比例）。浸泡包装免费获赠的方法包括：①购买销售包装后，查看是否有特制图卡；②如果有特制图卡，则收集；③收集的特制图卡达到一定数量（如三个）后，到指定地点免费获赠一定数量（如五个）的浸泡包装。

说 明 书

浸泡包装

技术领域

本发明涉及一种浸泡包装,特别是涉及一种用于浸泡茶叶的浸泡袋。

背景技术

现有技术的浸泡袋在冲泡之后,将浸泡袋取出杯外时,蓄含于浸泡袋内部的水分会四处溅落形成污渍。

发明内容

为了克服上述缺陷,发明了一种新型浸泡包装,包括浸泡主体、连接线和标签,浸泡主体和标签通过连接线相互连接,浸泡包装还包括将其与杯体相固定的结合部。

附图说明

图 1 是本发明浸泡包装将要放入杯中的视图;

图 2 是本发明浸泡包装放入杯中的视图;

图 3 是本发明浸泡包装浸泡结束后沥水的视图。

具体实施方式

如图 1 所示,一种浸泡包装,包括浸泡主体 1、连接线 2 和标签 3,浸泡主体 1 和标签 3 通过连接线 2 相互连接,浸泡包装还包括将其与杯体 5 相固定的结合部 4。

如图 1、图 2 所示,结合部 4 包括两个方形片材 4a、4b,两个方形片材的一条边相连接,形成密封边 4c,密封边 4c 向一侧弯曲形成钩状,使用时钩状的所述密封边 4c 位于所述杯体 5 的上沿,两个方形片材 4a、4b 的主体覆盖所述杯体的内侧壁。结合部的顶部开有穿孔 4d,连接线 2 穿过该穿孔 4d。

如图 3 所示,浸泡主体具有挠性,浸泡结束后,提拉连接线 2,使得浸泡主体 1 进入由片材 4a 和片材 4b 形成的结合部 4 的楔形空间内。随着连接线 2 的提拉,浸泡主体 1 受到连接线 2 向上的拉力和结合部 4 向下的阻力而被挤压,蓄含于浸泡主体 1 内部的水分逐渐被挤出,从而将浸泡主体 1 沥干,防止将浸泡主体 1 取出杯外时,蓄含于浸泡主体 1 的水分滴落而形成污渍。

浸泡主体由挠性多孔材料制成,如可采用过滤纸、无纺布或环保尼龙等无毒、无污染的多孔材料。浸泡主体可以设置成多种形状,如三角形、方形、圆形、椭圆形、多边形或其他类似形状,但优选设置成方形。

为了增加浸泡包装的销量,可以采用一定的激励方法。一定数量(如十个)的浸泡包装为一组进行包装,形成一个销售包装,每个销售包装内随机放入特制图卡(如以百分之十的比例);购买销售包装后,查看是否有特制图卡;如果有特制图卡,则收集;收集的特制图卡达到一定数量(如三个)后,到指定地点免费获赠一定数量(如五个)的浸泡包装。

说 明 书 附 图

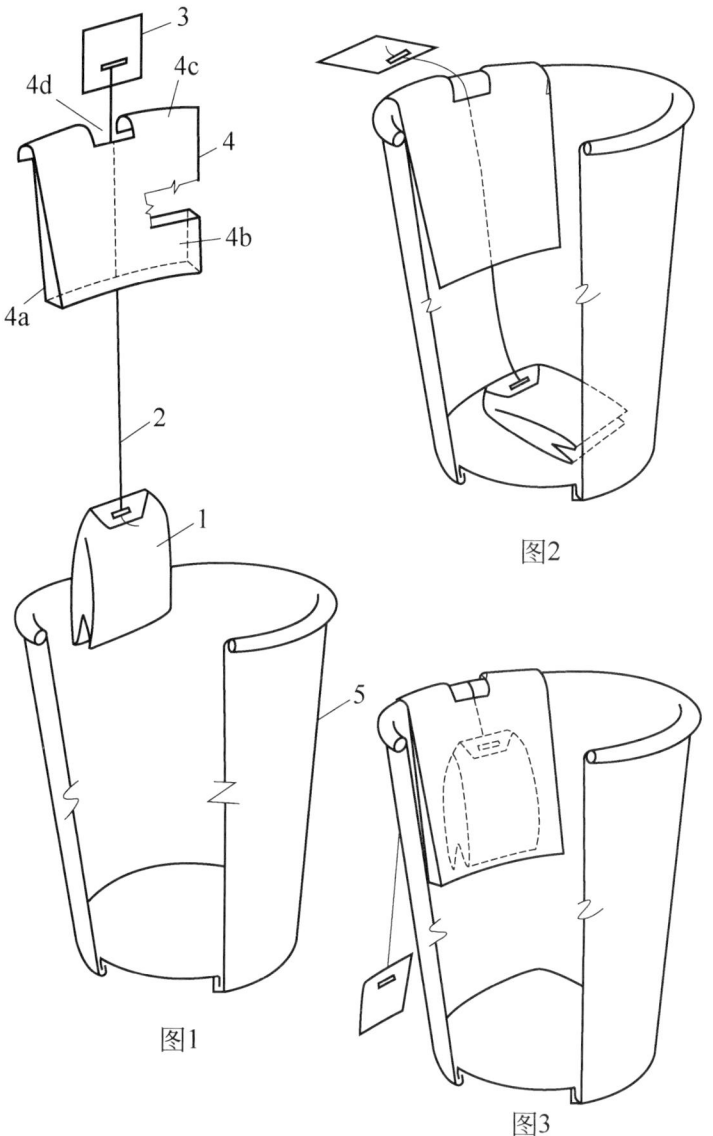

图1

图2

图3

对比文件 1

[19] 中华人民共和国国家知识产权局

[12] 实用新型专利

[10] 授权公告号 CN 203921680 U

[45] 授权公告日 2014 年 11 月 5 日

[21] 申请号 201420243272.1
[22] 申请日 2014 年 5 月 11 日
[73] 专利权人 A 公司
（其余著录项目略）

对比文件 1 说明书相关内容

图 1 是本实用新型带粘胶茶包的结构示意图。如图 1 所示，带粘胶的茶包主要由茶包 1、连接线 2 和标签纸 3 组成，在所述的标签纸的背面涂上一块面积小于标签纸一半的粘胶 4。

茶包一般由挠性多孔材料制成，如由纸、纺织品等制成，便于浸泡时茶包内物质的扩散及浸泡后茶包内水分的沥干。

在标签纸上覆盖膜 5，将标签纸对折，使膜 5 覆盖在粘胶 4 上。使用时，揭起没有涂粘胶的一角，将膜 5 与粘胶分开，再利用粘胶将标签纸粘在茶杯外壁。这种方式简单实用、粘贴牢固，不用再担心标签纸滑入茶杯中。

通过在标签纸的背面涂上一块面积小于标签纸一半的粘胶，在浸泡茶包 1 时，标签纸通过粘胶 4 直接粘在茶杯的外壁上部，浸泡或使用完毕后，从茶杯上揭下标签纸，提拉茶包 1，使茶包 1 脱离茶水，将标签纸粘在茶杯外壁相对靠下的位置，从而可在茶杯内靠重力将蓄含在茶包中的水分慢慢沥干。

对比文件 1 附图

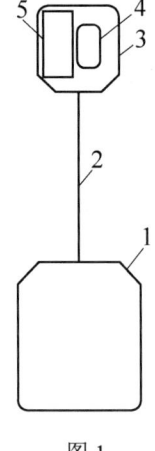

图 1

对比文件 2

[19] 中华人民共和国国家知识产权局

[12] 实用新型专利

[10] 授权公告号 CN 203127511 U
[45] 授权公告日 2013.08.15

[21] 申请号 201320030001.1
[22] 申请日 2013.01.21
[73] 专利权人 ××
（其余著录项目略）

对比文件 2 说明书相关内容

传统的茶包结构一般包括茶袋、吊绳和标签纸，使用时将茶袋放置在泡茶容器中，与茶袋通过吊绳连接的标签纸放置在泡茶容器的外部，冲泡时由于水的冲力，往往会将标签纸连同吊绳一起冲入泡茶容器内，很不卫生。

图 1 是具有装饰吊挂结构的冲泡包的结构示意图。本实用新型的具有装饰吊挂结构的冲泡包由一内部预先置入茶叶或其他冲泡材料（如草本冲泡材料、咖啡、药材或类似冲泡材料或粉末等）并由渗水材料所制成的冲泡包 20、吊挂部 30 及连接于所述冲泡包 20 及吊挂部 30 之间的吊绳 40 所构成，其中，吊绳 40 的一端 41 组合于吊挂部 30，另一端则能以如黏结方式组合于冲泡包 20。

如图 1 所示，所述吊挂部 30 含有造型本体 31，于此一可行实施例中，该造型本体 31 为蝴蝶形态，所述造型本体 31 至少包含一由造型本体 31 内部镂空槽 32 形成的可掀式夹片部 33 及凹颈部 34，使所述夹片部 33 能配合造型本体 31 夹置于冲泡容器（如茶杯）的开口，并使所述凹颈部 34 可配合造型本体 31 组合定位于吊绳 40 的一端。

图 2 是本实用新型冲泡包放入容器后的示意图。如图 2 所示，本实用新型的吊挂部 30 的造型本体 31 因而可夹置于一冲泡容器 50 的开口上缘，并使吊绳 40 及冲泡包 20 放入容器 50 内部。这种方式简单实用，不需要其他工具即可防止标签纸与吊绳一起滑入茶杯中；而且，饮茶时，仿佛在该开口上停留一只蝴蝶，整个冲泡包饮用时的情境装饰效果大幅增加。

对比文件 2 附图

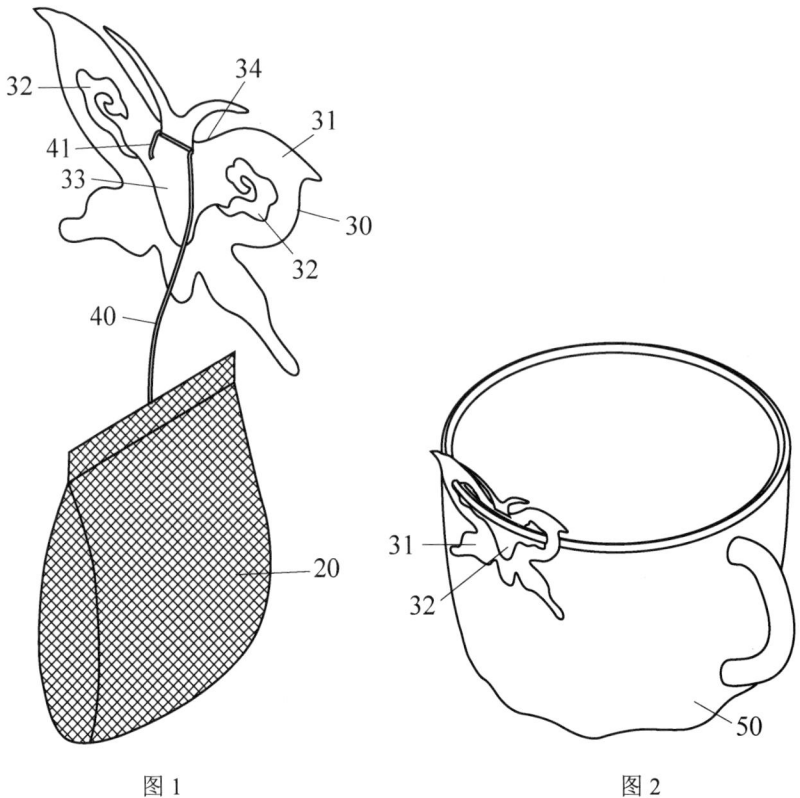

图 1 图 2

对比文件 3

[19] 中华人民共和国国家知识产权局

[12] 实用新型专利说明书

ZL 专利号 200420112334.5

[45] 授权公告日 2003 年 7 月 9 日	[11] 授权公告号 CN 2559604 Y
[22] 申请日 2002 年 8 月 9 日 [21] 申请号 02242471.7 [73] 专利权人 洪某 （其余著录项目略）	[74] 专利代理机构

对比文件 3 说明书相关内容

图 1 是本实用新型具有沥水功能的茶包结构的示意图；

图 2 是本实用新型具有沥水功能的茶包结构使用浸泡状态剖视示意图；

图 3 是本实用新型具有沥水功能的茶包结构使用沥水状态剖视示意图。

如图 1 所示，本实用新型实施例的具有沥水功能的茶包结构，主要是将线绳 20 由茶包 10 袋体 11 的上缘导口 12 贯穿袋体 11 固定于底面定着点 13，其中：茶包 10 的内部具有容置茶叶 14 的空间 15，上缘设有导口 12，底面中心则设有定着点 13，定着点 13 的设置位置是袋体 11 铅垂线的底部中心。

如图 2 和图 3 所示，采取一般泡茶程序来冲制茶水，当茶包 10 内部空间中的茶叶 14 接触杯子 30 内的热水后急速膨胀。饮用完毕后使用者拉起线绳 20 牵引茶包 10 脱离水面，并通过密合的杯盖 31 阻止继续向上拉升的茶包 10 离开杯口 32，茶包 10 因同时受线绳 20 向上拉力及杯盖 31 向下阻力的影响，袋体 10 容置茶叶的空间 15 被迫收缩，从而挤压出袋体 11 内蓄含的水。

对比文件 3 附图

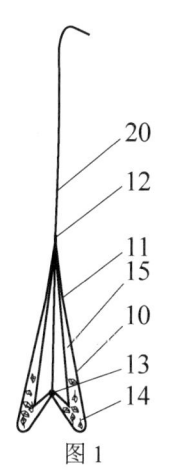

图 1

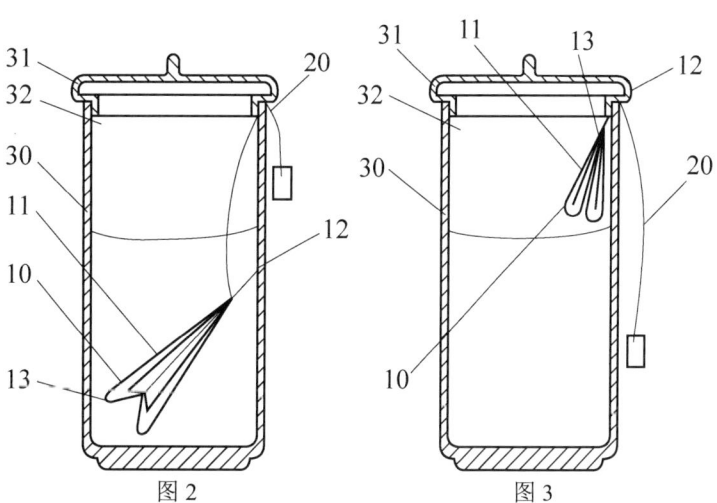

图 2　　图 3

附件 2

[19] 中华人民共和国国家知识产权局

[12] 实用新型专利

[10] 授权公告号 CN 205869511 U

[45] 授权公告日 2015 年 4 月 15 日

[21] 申请号 201420123456.1
[22] 申请日 2014 年 10 月 19 日
[73] 专利权人 A 公司
（其余著录项目略）

权 利 要 求 书

1. 一种浸泡包装，包括浸泡主体、连接线和标签，浸泡主体和标签通过连接线相互连接；其特征在于，浸泡包装还包括将其与杯体相固定的结合部。

2. 根据权利要求 1 所述的浸泡包装，其中，浸泡结束后，通过提拉连接线，可以将浸泡主体沥干。

3. 根据权利要求 2 所述的浸泡包装，其中，结合部包括两个方形片材，两个方形片材的一条边相连接，使用时所述密封边位于所述杯体的上沿，两个方形片材的主体覆盖所述杯体的侧壁；而且结合部的顶部开有穿孔，连接线穿过该穿孔。

4. 根据权利要求 1～3 之一所述的浸泡包装，其中浸泡主体由挠性多孔材料制成。

5. 根据权利要求 4 所述的浸泡主体，其中所述挠性多孔材料为过滤纸、无纺布或环保尼龙，且浸泡主体可以设置成三角形、方形、圆形、椭圆形、多边形或其他类似形状。

说明书相关内容

如图 1 所示，一种浸泡包装，包括浸泡主体 1、连接线 2 和标签 3，浸泡主体 1 和标签 3 通过连接线 2 相互连接，浸泡包装还包括将其与杯体 5 相固定的结合部 4。如图 2 所示，结合部 4 包括两个方形片材 4a、4b，两个方形片材的一条边相连接，形成密封边 4c，该密封边 4c 向一侧弯曲形成钩状，使用时钩状的所述密封边 4c 位于所述杯体 5 的上沿，两个方形片材 4a、4b 的主体覆盖所述杯体的内侧壁。如图 3 所示，浸泡主体具有挠性，浸泡结束后，提拉连接线 2，使得浸泡主体 1 进入结合部 4 的楔形空间内而被挤压，从而将浸泡主体 1 沥干。

结合部的顶部开有穿孔 4d，连接线 2 穿过该穿孔 4d。浸泡主体由挠性多孔材料制成，可以采用如过滤纸、无纺布或环保尼龙等。浸泡主体可以设置成多种形状，如三角形、方形、圆形、椭圆形、多边形或其他类似形状，但优选设置成方形。

说明书附图

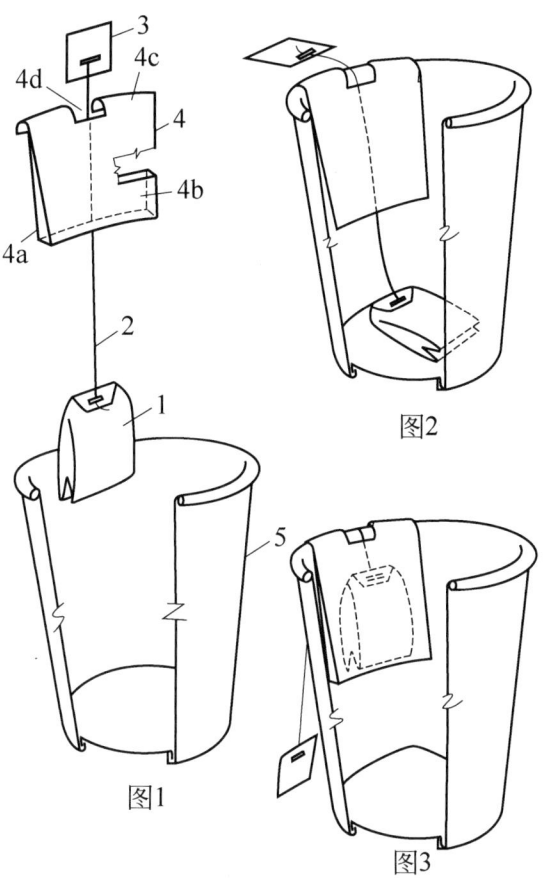

图1

图2

图3

附件3　技术交底材料

为了更好地将浸泡之后的浸泡主体沥干，本公司对浸泡包装做了进一步的改进，如图1～图3所示。

图1为本申请发明浸泡包装第一实施例的示意图；

图2为本申请发明浸泡包装第二实施例的示意图；

图3为本申请发明浸泡包装第三实施例的示意图。

图1示出了本申请发明的浸泡包装的第一实施例。如图1所示，浸泡主体2由多孔片材构成。通过将多孔片材在周缘处密封在一起，形成密封周缘3，从而形成小室4，该小室4可用来容纳浸泡材料5，如茶叶、咖啡等饮用品。片材可以由各种适当的材料构成，如纸、无纺布、环保尼龙等；片材的密封也可以采用任何适用的密封方法来完成，如热封等。

本申请发明除上述密封之外，在一个最佳实施例中，在片材的形成小室4内的两个区域再加以密封，形成两个密封区6，以使容纳的可浸泡材料5与密封周缘3向内间隔开。优选在小室4内形成的密封区6带有圆角。

牵引绳7置于浸泡主体2的片材之间，并借助密封区6而被片材留滞于小室4中。牵引绳7从密封周缘3上的入口8穿入小室4，环绕密封周缘3并接近密封区6，然后从出口9穿出小室4。出口9处在与入口8同侧的密封周缘3上，并与入口8有间隔地相对隔开，而两个密封区6位于与入口8和出口9相对的一侧。

牵引绳7有两个自由端，它们固定在两张纸片上，以形成分开的舌条10。牵引绳7在密封周缘3上的进入位置即入口8处和引出位置即出口9处的密封可以去除或中断，以免第一次拉动牵引绳7时损坏整个密封周缘3的密封，并使牵引绳7在使用时可以穿过密封周缘3滑动。牵引绳7在密封周缘3上进入位置的密封可以去除，即密封周缘3上牵引绳（7）的入口（8）和出口（9）处的密封强度小于其余地方的密封强度，换句话说，密封周缘3上的除了牵引绳7经过的其余地方的密封，与将牵引绳7直接封接于片材上所获得的密封相比，具有更大的强度，这样，在使用过程中，当牵引绳7穿过周缘3滑动时，不仅不会损坏密封周缘3的除了入口8和出口9之外的部分，还可减少牵引绳7拉过密封区时拉出袋的可能性。

在反向地拉动舌条10上的牵引绳7时，残余的液体可以从浸泡主体2中被挤出。为了最有效地去除液体，沿着如图1箭头11所示的方向牵拉牵引绳7的自由端，即反向横向拉动牵引绳7。给牵引绳7上施加拉力时，可使密封在一起的密封区6、入口8与出口9彼此相向移动，同时，会使牵引绳7的处在浸泡主体2内的环形尺寸减小。这个相向移动的动作也将小室4的壁向内拉引，从而使小室4收缩，将液体从小室4中压出。因为牵引绳7本身可自由地在浸泡主体2内移动，而不是固定地连接在任一片材上，这样就减小了在拉动牵引绳7时损坏或撕裂片材的危险。

图2示出了本申请发明的浸泡包装的第二实施例。如图2所示，设置在小室4中的两个密封区6采用了另一种替代方式，即两个密封区6处于小室4对角线的两个角上。此时，牵引绳7分别从密封周缘3上的入口8和出口9进、出小室4。牵引绳7不从有密封区6的角上出入。再有，通过沿基本上相反的方向拉动牵引绳，在密封区6与密封周缘3之间的环状牵引绳7的作用使得浸泡主体2压缩，从而可以从浸泡主体2中挤出残

余的液体。

图3示出了本申请发明浸泡包装的第三实施例。如图3所示，作为再一种替代方式，在小室4中设有四个密封区6。密封区6设置在小室4的四个角上，而牵引绳7环绕每个密封区6，并设置在密封区6与密封周缘3之间。牵引绳7本身在小室4内交叉，这样它围绕小室4的边缘形成一个完整的环。在反向拉动牵引绳7的自由端时，该环就收缩，从而使浸泡主体2压缩。在该实施例中，牵引绳7上有一个连接其两自由端的小的单个的舌条10。在该舌条10上，沿着中心线12设置有穿孔或局部切割部，借助于该穿孔或局部切割部可以更方便地撕开舌条10。

上述三个实施例分别列举了在小室4中设置有两个、四个密封区6的最佳实施例，但是，所属技术领域的技术人员能够理解，设置一个、三个甚至更多个密封区6也是可行的，此时，只要沿着相反方向牵拉牵引绳7的两个自由端，都能实现使小室4尽可能地收缩、将浸泡袋之类的浸泡包装沥干的技术效果，因此，本申请发明并不限于实施例1~3所列举的形式。

技术交底材料附图

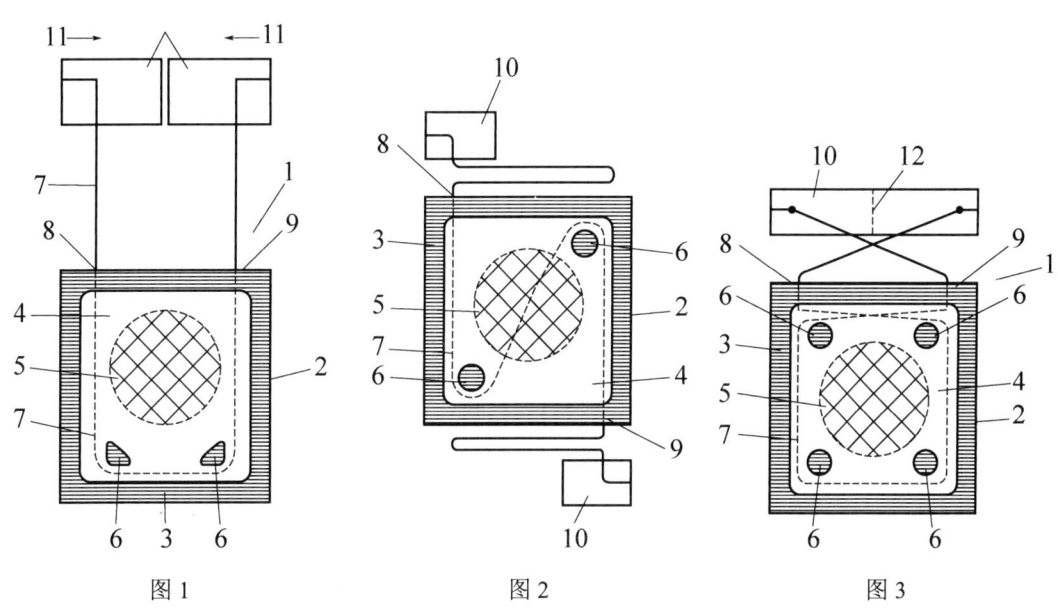

图1　　　　　　　图2　　　　　　　图3

专利代理实务模拟练习六答题要点及范文

一、总体考虑

本模拟练习题包括三道题。其中,第一题要求考生撰写提交给 A 公司的咨询意见,逐一解释 A 公司自行申请并公开的发明专利申请是否满足《专利法》及《专利法实施细则》的规定并说明理由,主要考查考生对专利代理实务中经常涉及的基本法律概念的理解、掌握程度及灵活运用的能力。第二题要求考生帮助 A 公司预判是否需要就 A 公司自行申请并公开的发明专利申请提出实质审查请求及是否需要随实质审查请求附上修改的权利要求书,并要求考生简述理由,如果需要修改,还需要提交一份经过修改的权利要求书,并简述修改的权利要求相对现有技术具有新颖性和创造性的理由,主要考查考生的专利代理实务中与实质审查程序相关的事务处理能力,即是否具有帮助 A 公司预判申请前景并朝着申请能够被授予专利权的方向努力的能力,是否具有在满足《专利法》《专利法实施细则》及《专利审查指南 2010》的有关规定的前提下,帮助 A 公司修改权利要求书的能力,以及实质审查程序中常常遇到的有关申请新颖性、创造性的处理能力。第三题要求考生根据申请人提交的改进技术的技术交底材料,在已有对比文件的基础上撰写保护范围合理的权利要求,主要考查考生是否具有依据给定的素材撰写出满足《专利法》《专利法实施细则》及《专利审查指南 2010》的有关规定的合理的权利要求书的专利代理实务最基本的技能。

二、撰写咨询意见实务题

撰写咨询意见之前,需要认真阅读题目中给出的素材,并按照以下思路和步骤进行分析。

1. 分析 A 公司自行申请的权利要求中是否存在不授予专利权的申请

考虑权利要求是否符合《专利法》第二条关于可授予专利权的客体的规定,是否属于《专利法》第五条不授予专利权的发明创造,是否属于《专利法》第二十五条规定的不授予专利权的客体。

经分析,权利要求 7 属于《专利法》第二十五条第一款第(二)项规定的智力活动的规则和方法。

2. 分析 A 公司自行申请的权利要求是否存在新颖性、创造性问题

首先,A 公司自行申请的发明专利与其同日申请的实用新型,虽然权利要求书并不完全相同,但存在相同的权利要求,因而属于同样的发明创造。

其次,分析对比文件 1~3,其中对比文件 1 为申请人本人向国家知识产权局提出的专利申请,其申请日早于本申请的申请日,其公告日晚于本申请的申请日,对比文件 1 从时间上有可能构成本申请的抵触申请,可用于评价本申请的新颖性,但不能用来评价本申请的创造性。对比文件 2、对比文件 3 的公告日早于本申请的申请日,属于本申请的现有技术。进一步分析对比文件 1~3 的技术内容,并与权利要求 1~7 进行对比。经分析可知:对比文件 1 构成了权利要求 1 和权利要求 2 的抵触申请,因而权利要求 1~2 不具备新颖性,对比文件 2~3 不能破坏权利要求 1~7 的新颖性和创造性。

3. 分析 A 公司自行申请的权利要求是否存在其他缺陷

经分析可知,权利要求中还存在如下缺陷:
① 权利要求 1 的技术方案缺少解决技术问题的全部必要技术特征。

② 权利要求 3 中的"密封边"在其直接和间接引用的权利要求中第一次出现,采用"所述密封边"的表述方式,没有引用基础。

③ 权利要求 4 得不到说明书的支持;其引用的权利要求的编号没有用"或"或者其他与"或"同义的择一引用方式表达,权利要求 4 的引用关系属于非择一引用。

④ 权利要求 5 的主题名称与其引用的权利要求不一致,并且当其引用权利要求 1~3 时"所述多孔材料"缺乏引用基础;其中出现的"如""优选""其他类似"属于选择范围不确定的用语;还出现了下位概念"三角形""方形"与其上位概念"多边形"并存的选择范围不确定的情况;权利要求 5 为多项从属权利要求,一方面,其引用的权利要求的编号没有用"或"或者其他与"或"同义的择一引用方式表达,属于非择一引用;另一方面,其所引用的权利要求中权利要求 4 本身是一个多项从属权利要求,不得作为另一项多项从属权利要求的引用基础,属于不允许引用的情形;这些缺陷导致该权利要求的保护范围不清楚。

⑤ 权利要求 6 中出现了一般不允许使用的"如图……所描述"的术语。

⑥ 权利要求 7 的撰写采用以括号来解释相关内容的方式,使得保护范围不清楚。

给客户的咨询意见范文

尊敬的 A 公司：

经仔细阅读和认真研究贵公司在先所提交并已公开的专利申请文件以及所提供的三份现有技术文件（对比文件1、对比文件2及对比文件3），我司认为上述发明专利申请中存在不符合《专利法》和《专利法实施细则》规定的问题，现分析如下。

1. 关于权利要求1存在的缺陷

（1）权利要求1不具备《专利法》第二十二条第二款规定的新颖性

《专利法》第二十二条第二款规定，"新颖性，是指该发明或者实用新型不属于现有技术；也没有任何单位或者个人就同样的发明或者实用新型在申请日以前向国务院专利行政部门提出过申请，并记载在申请日以后公布的专利申请文件或者公告的专利文件中"。

权利要求1请求保护一种浸泡包装，对比文件1涉及一种带粘胶的茶包（属于本申请中浸泡包装的下位概念），并具体公开了如下技术内容（参见对比文件1的说明书第1~2段和附图1）：包括茶包1（属于本申请中浸泡主体的下位概念）、连接线2和标签纸3（对应于本申请的标签），茶包1和标签纸3通过连接线相互连接，还包括经茶包1粘贴至茶杯外壁的粘胶4（对应于本申请的结合部）。由此可见，权利要求1所要求保护的技术方案与对比文件1所公开的内容相比，其技术方案实质上是相同的，且两者均属于相同的技术领域，要解决相同的技术问题，并能产生相同的技术效果。而且，对比文件1是由本申请的申请人在先向国家知识产权局提交的实用新型专利申请，且对比文件1的申请日（2014年05月11日）早于本申请的申请日（2014年10月19日），公开日（2014年11月05日）晚于本申请的申请日（2014年10月19日），因此，对比文件1构成了本申请权利要求1要求保护技术方案的抵触申请，因此，权利要求1不具备新颖性，不符合《专利法》第二十二条第二款的规定。

（2）权利要求1缺少解决技术问题的全部必要技术特征，不符合《专利法实施细则》第二十条第二款的规定

《专利法实施细则》第二十条第二款规定，独立权利要求书应当从整体上反映发明或实用新型的技术方案，记载解决技术问题的必要技术特征。

本申请发明要解决浸泡袋冲泡之后取出杯外时水分四处乱溅的技术问题，为此，对于与杯体相结合的浸泡袋的结合部进行改进：通过两个方形片材构成结合部，并且将两个方形片材的一条边相连接，形成密封边，将该密封边向一侧弯曲形成钩状，使用时钩状的密封边位于杯体的上沿，两个方形片材的主体覆盖杯体的内侧壁，以在结合部上形成浸泡主体可进入并被挤压的楔形空间；连接线穿过开设在该结合部顶部的穿孔，这样才能在浸泡结束后提拉连接线，使得浸泡主体进入上述的楔形空间内而被挤压，从而将浸泡主体沥干，这些都是构成独立权利要求解决上述技术问题的技术方案的必要技术特征。尤其要强调的是，如果浸泡主体采用刚性结构，是不能通过挤压而沥干的，因此，柔性浸泡主体也是构成独立权利要求解决上述技术问题的技术方案的必要技术特征。而目前的独立权利要求1中因未记载这些必要技术特征，所以，不符合《专利法实施细则》第二十条第二款的规定。

2. 关于权利要求2存在的缺陷

权利要求2不具备《专利法》第二十二条第二款规定的新颖性。

权利要求2是引用权利要求1的从属权利要求，对权利要求1作了进一步限定，其附加技术特征为"浸泡结束后，通过提拉连接线，可以将浸泡主体沥干"。

对比文件1还公开了"在浸泡茶包1时，标签纸通过粘胶4直接粘在茶杯的外壁上部，浸泡或使用完毕后，从茶杯上揭下标签纸，提拉茶包1，使茶包1脱离茶水，将标签纸粘在茶杯外壁相对靠下的位置，从而可在茶杯内靠重力将蓄含在茶包中的水分慢慢沥干"（参见对比文件1的说明书第4段和附图1），因而，对比文件1同样公开了通过提拉连接线将浸泡主体沥干的方案，对比文件1也构成了权利要求2的抵触申请。因此，从属权利要求2也不具备《专利法》第二十二条第二款规定的新颖性。

3. 关于权利要求3存在的缺陷

《专利法》第二十六条第四款规定，权利要求书应当以说明书为依据，清楚、简要地限定要求专利保护的范围。

权利要求3中的"密封边"，无论在权利要求3直接引用的权利要求2还是间接引用的权利要求1中均没有出现过，因而采用"所述密封边"的表述形式缺乏引用基础，导致权利要求3保护范围不清楚，不符合《专利法》第二十六条第四款的规定。

4. 关于权利要求4存在的缺陷

（1）权利要求4不符合《专利法》第二十六条第四款有关权利要求书应当以说明书为依据的规定

说明书具体实施方式部分第3段、第4段指出"浸泡主体具有挠性""浸泡主体由挠性多孔材料制成"，而权利要求4中限定为"浸泡主体由挠性多孔材料制成"，但多孔材料包括刚性多孔材料和挠性多孔材料，如果采用刚性多孔材料，显然不能如说明书所述通过提拉动作，使得"蓄含于浸泡主体1内部的水分逐渐被挤出"，不能解决浸泡后水分溅落的技术问题。因此，权利要求4没有以说明书为依据对其进行限定，技术方案中包含了不能解决发明技术问题的方案，得不到说明书的支持，不符合《专利法》第二十六条第四款的规定。

（2）权利要求4不符合《专利法》第二十六条第四款有关权利要求书应当清楚地限定要求专利保护的范围的规定

《专利法实施细则》第二十二条规定，从属权利要求应当包括引用部分和限定部分，其撰写应当满足：①从属权利要求只能引用在前的权利要求；②引用两项以上权利要求的多项从属权利要求只能以择一方式引用在前的权利要求，并不得作为被另一项多项从属权利要求引用的基础，即在后的多项从属权利要求不得引用在前的多项从属权利要求。

权利要求4是引用了权利要求1~3的多项从属权利要求，因此，只能以择一方式引用在前的权利要求，并不得作为另一项多项从属权利要求的引用基础。也就是说，其引用的权利要求的编号应当用"或"或者其他与"或"同义的择一引用方式表达。可以采用如"根据权利要求1或2或3所述的……"或"根据权利要求1~3之一所述的……"形式，不能采用"根据权利要求1~3所述的……"形式，因此，权利要求4的引用方式"根据权利要求1~3所述的浸泡包装"不符合上述要求，这种不符合《专利法实施细则》第二十二条规定的撰写缺陷导致该权利要求4的保护范围不清楚，不符合《专利法》第二十六条第四款的规定。

5. 关于权利要求5存在的缺陷

权利要求5不符合《专利法》第二十六条第四款有关权利要求书应当清楚地限定要求专利保护的范围的规定。

① 与权利要求4类似，权利要求5也没有采用择一方式引用在前的权利要求，导致权利要求5保护范围不清楚，不符合《专利法》第二十六条第四款的规定。

② 权利要求 5 中出现了在同一权利要求中限定出不同的保护范围的用语"如""优选",以及保护范围不清楚的用语"其他类似形状";而且,权利要求 5 中的"三角形"和"方形"是"多边形"的下位概念,上、下位概念在同一个权利要求中出现,同样会在同一权利要求中限定出不同的保护范围。上述缺陷均导致权利要求 5 保护范围不清楚,不符合《专利法》第二十六条第四款的规定。

③ 与权利要求 3 类似,"多孔材料"在权利要求 1、权利要求 2、权利要求 3 中均没有出现,只出现在权利要求 4 中,因此,当权利要求 5 引用权利要求 1 或 2 或 3 时"所述挠性多孔材料"缺乏引用基础,导致权利要求 5 保护范围不清楚,不符合《专利法》第二十六条第四款的规定。

④ 权利要求 5 的主题名称"浸泡主体"与其引用的权利要求 1~4 的主题名称"浸泡包装"不一致,导致该权利要求保护范围不清楚,不符合《专利法》第二十六条第四款的规定。

⑤ 权利要求 5 本身引用了"权利要求 1~4",是多项从属权利要求,却又引用了在先的多项从属权利要求 4,结果导致该权利要求保护范围不清楚,不符合《专利法》第二十六条第四款的规定。

6. 关于权利要求 6 存在的缺陷

权利要求中不得使用"如说明书……部分所述"或者"如图……所示"等类似用语,而权利要求 6 中出现了"基本上如附图 1 所描述"的语段,没有具体限定权利要求 7 的技术方案,他人不清楚权利要求 7 所要求保护的具体范围,导致权利要求保护范围不清楚,不符合《专利法》第二十六条第四款的规定。

7. 关于权利要求 7 存在的缺陷

(1) 权利要求 7 不符合《专利法》第二十五条第一款第(二)项的规定

《专利法》第二十五条规定:"对下列各项,不授予专利权:

(一)科学发现;

(二)智力活动的规则和方法;

(三)疾病的诊断和治疗方法;

(四)动物和植物品种;

……"

权利要求 7 请求保护一种浸泡包装免费获赠方法,其实质内容是一种人为的规定,而不是一种利用自然规律和自然力的技术方案,属于上述的《专利法》第二十五条第一款第(二)项所述的智力活动的规则和方法的范围,因此不能被授予专利权。

(2) 权利要求 7 不符合《专利法》第二十六条第四款有关权利要求书应当清楚地限定要求专利保护的范围的规定

从撰写的角度来看,权利要求 7 中出现了括号:(如十个)、(如以百分之十的比例)、(如三个)、(如五个),这样的表述方式,使得权利要求 7 "在同一权利要求中限定出不同的保护范围",导致其保护范围不清楚,不符合《专利法》第二十六条第四款的规定。

8. 关于对同日申请属于同样发明创造的发明专利和实用新型的处理方式

《专利法》第九条规定,同样的发明创造只能授予一项专利权。但是,同一申请人同日对同样的发明创造既申请实用新型又申请发明专利,先获得的实用新型专利权尚未终止,且申请人声明放弃该实用新型专利权的,可以授予发明专利权。两个以上的申请人分别就同样的发明创造申请专利的，专利权授予最先申请的人。

贵公司自行申请的发明专利与其同日申请的实用新型，虽然权利要求书并不完全相同，但存在相同的权利要求，经过分析发现，自行申请的发明专利权利要求1~3与实用新型的权利要求1~3完全相同，因而属于同样的发明创造。不符合《专利法》第九条的规定。

从目前申请人的两件申请的状态来看，发明处于已经申请公布（公布日 2015.12.14）但尚未请求实质审查阶段，而实用新型已经授权公告（授权公告日 2015.4.15）。申请人只是说明"在提交该发明专利申请时声明同日还申请了实用新型专利"，没有说明在提交实用新型专利申请进行了相应的声明，即 "在提交该实用新型专利时声明同日还申请了发明专利申请"。基于此，可按下面的方式进行处理：

（1）如果申请人在提交实用新型专利申请时声明同日还申请了发明专利申请

在这种情况，可以根据《专利审查指南 2010》的规定进行处理，"对于同一申请人同日（仅指申请日）对同样的发明创造既申请实用新型又申请发明专利的，在先获得的实用新型专利权尚未终止，并且申请人在申请时分别作出说明的，除通过修改发明专利申请外，还可以通过放弃实用新型专利权避免重复授权"。即在发明专利申请进行实质审查时：

1）如果在先获得的实用新型专利权已经终止，则只能通过修改发明专利申请使二者的保护范围不同，而获得授权；

2）如果在先获得的实用新型专利权尚未终止，可以采取

（i）修改发明专利申请，使二者的保护范围不同；或

（ii）通过放弃实用新型专利权避免重复授权。

申请人选择放弃已经授予的实用新型专利权的，应当在答复审查意见通知书时附交放弃实用新型专利权的书面声明。此时，专利局对那件符合授权条件、尚未授权的发明专利申请应当发出授权通知书，并将放弃上述实用新型专利权的书面声明转至有关审查部门，由专利局予以登记和公告，公告上注明上述实用新型专利权自公告授予发明专利权之日起终止。

（2）如果申请人在提交实用新型专利申请时没有声明同日还申请了发明专利申请

这种情况下，只能通过修改发明专利申请使二者的保护范围不同而获得授权。

以上咨询意见供参考。

祝好！

×××专利代理机构

××××年××月××日

三、预判是否需要提出实质审查请求及修改权利要求实务题

1. 分析是否需要提出实质审查请求及权利要求的修改方向

综合上述分析及撰写交给 A 公司的咨询意见可知，申请文件中存在具备新颖性和创造性的技术方案，而权利要求中的其他缺陷可以通过修改来克服。因此，本申请具有被授予专利权的前景，有必要提出实质审查请求，同时，在提出实质审查请求时应当附上经过修改的权利要求书。具体理由如下。

首先，如咨询意见所述，虽然权利要求 1～2 相对抵触申请对比文件 1 不具备《专利法》第二十二条第二款规定的新颖性，但是，从属权利要求 3 的附件技术特征"其中结合部包括两个方形片材，两个方形片材的一条边相连接，使用时所述密封边位于所述杯体的上沿，两个方形片材的主体覆盖所述杯体的侧壁；而且结合部的顶部开有穿孔，连接线穿过该穿孔"并没有被对比文件 1～3 分别公开，因此，如果将该从属权利要求 3 的附加技术特征提升到独立权利要求 1 中，缩小独立权利要求 1 的保护范围，可克服权利要求 1 不具备新颖性的缺陷。

但是，经过这种修改获得的独立权利要求，与对比文件 2 相比，仅仅是用通过将两个方形片一条边相连接形成密封边，将该密封边向一侧弯曲形成钩状，用该钩状的密封边挂在杯体上沿的结构，代替对比文件 2 的用蝴蝶形态造型本体通过在内部形成镂空槽而形成的可掀式夹片部、该夹片部能配合造型本体 31 夹置于冲泡容器（如茶杯）的开口的结构，审查员可能会质疑这种替代是一种形状的简单替代，有可能对这种修改的权利要求的创造性依然质疑。鉴于此，并考虑上述咨询意见范文中提到的独立权利要求 1 缺少解决发明技术问题的全部必要技术特征、不符合《专利法实施细则》二十条第二款规定的缺陷，还需要从说明书中提取除从属权利要求 3 的附件技术特征之外的构成独立权利要求所要求解决发明技术问题的必要技术特征："两个方形片材的主体覆盖杯体的内侧壁上，以在结合部上形成浸泡主体可进入并被挤压的楔形空间；连接线穿过开设在该结合部顶部上的穿孔，这样，才能在浸泡结束后，提拉连接线，使得柔性浸泡主体进入上述的楔形空间内而被挤压，从而将浸泡主体沥干"，以此对该权利要求 1 做进一步的限定。

相信，独立权利要求经过这样的修改，有望获得专利权。

2. 修改说明及经过修改的权利要求范文

（1）修改说明

基于前述分析，独立权利要求 1 缺少解决说明书背景技术中所声称技术问题的必要技术特征，因而将原权利要求 2、权利要求 3 的全部附加技术特征以及说明书中的"该密封边 4c 向一侧弯曲形成钩状""使得浸泡主体 1 进入由片材 4a 和片材 4b 形成的结合部 4 的楔形空间内而被挤压"添加到原权利要求 1 中，形成新的独立权利要求 1。

将原权利要求 4 修改为新的权利要求 2；原权利要求 5 由于包含优选方案，拆分为两个权利要求，即新的权利要求 3 和 4；删除原权利要求 6 和 7。

（2）修改的权利要求

修改的权利要求范文

1. 一种浸泡包装,包括挠性的浸泡主体(1)、连接线(2)和标签(3),浸泡主体(1)和标签(3)通过连接线(2)相互连接;浸泡包装还包括将其与杯体(5)相固定的结合部(4);其特征在于,所述结合部(4)包括两个方形片材(4a,4b),两个方形片材(4a,4b)的一条边相连接形成密封边(4c),该密封边(4c)向一侧弯曲形成钩状,所述结合部(4)的顶部开有穿孔(4d),连接线(2)穿过该穿孔(4d);使用时钩状的所述密封边(4c)位于所述杯体(5)的上沿,两个方形片材(4a,4b)的主体覆盖所述杯体(4c)的内侧壁;浸泡结束后,提拉连接线(2),使得浸泡主体(1)进入结合部(4)的楔形空间内而被挤压,从而将浸泡主体(1)沥干。

2. 根据权利要求1所述的浸泡包装,其特征在于,浸泡主体(1)由孔径为2mm的多孔材料制成。

3. 根据权利要求1~2中任一项所述的浸泡包装,其特征在于,浸泡主体(1)为三角形、方形、圆形、椭圆形或其他多边形。

4. 根据权利要求1~2中任一项所述的浸泡包装,其特征在于,浸泡主体(1)为方形。

3. 修改的权利要求新颖性、创造性分析

(1) 修改后的权利要求1~4具有新颖性

由于对比文件1仅仅构成原权利要求1、权利要求2的抵触申请,并不影响原权利要求要求2~6的新颖性,而新修改的独立权利要求1是将原权利要求2、权利要求3的全部附加技术特征以及说明书中的"该密封边向一侧弯曲形成钩状""使得浸泡主体进入结合部的楔形空间内而被挤压"添加到原权利要求1中,形成新的独立权利要求1的,所以,其技术方案没有被对比文件1公开,相对对比文件1具备新颖性。

另外,上述增加的技术特征不仅使新修改的独立权利要求1所要保护的技术方案不同于对比文件1,也构成了该独立权利要求1分别区别于对比文件2、对比文件3的区别技术特征,因此,该权利要求1分别相对该对比文件2、对比文件3也是新的,具备新颖性。

综上所述,独立权利要求1不论是与对比文件1、还是与对比文件2或对比文件3单独对比,都具备新颖性,符合《专利法》第二十二条第二款的规定。

由于独立权利要求1具备新颖性,其从属权利要求2~4也具备新颖性,符合《专利法》第二十二条第二款的规定。

(2) 修改后的权利要求1~4具有创造性

从上述交给A公司的咨询意见可知,对比文件1为本申请的抵触申请,不是构成本申请发明的现有技术的对比文件,不能用来评价本申请发明的创造性,因此,不能与对比文件2和3结合用于评价新修改的独立权利要求1的创造性。

新修改的独立权利要求1相对于对比文件2和对比文件3具备创造性。

对比文件2是本申请发明最接近的现有技术,其公开了一种冲泡包(参见其相关说明的第2段、第3段及图1、图2),该冲泡包由一内部预先置入茶叶或其他冲泡材料(如草本冲泡材料、咖啡、药材或类似冲泡材料或粉末等)并由渗水材料所制成的冲泡包20、吊挂部30及连接于所述冲泡包20及吊挂部30之间的吊绳40所构成,其中,吊绳40的一端

41 组合于吊挂部 30，另一端则能以如黏结方式组合于冲泡包 20。该吊挂部 30 含有造型本体 31，其中，造型本体 31 为蝴蝶形态，至少包含一由造型本体 31 内部镂空槽 32 形成的可掀式夹片部 33 及凹颈部 34，使该夹片部 33 能配合造型本体 31 夹置于冲泡容器（如茶杯）的开口，即构成相当于独立权利要求 1 的结合部。

比较修改后的权利要求 1 和对比文件 2 发现，该权利要求 1 与对比文件 2 的区别在于："所述结合部（4）包括两个方形片材（4a，4b），两个方形片材（4a，4b）的一条边相连接，形成密封边（4c），该密封边（4c）向一侧弯曲形成钩状，所述结合部（4）的顶部开有穿孔（4d），连接线（2）穿过该穿孔（4d）；使用时钩状的所述密封边（4c）位于所述杯体（5）的上沿，两个方形片材（4a，4b）的主体覆盖所述杯体（4c）的内侧壁；浸泡结束后，提拉连接线（2），使得浸泡主体（1）进入结合部（4）的楔形空间内而被挤压，从而将浸泡主体（1）沥干。"可以认为本申请发明所要解决的技术问题是如何用更简单的结构有效地将浸泡后的浸泡包装沥干的技术问题。

上述区别技术特征不属于本领域的公知常识，而且现有技术对比文件 3 中也没有公开上述区别技术特征，虽然对比文件 3 公开的茶包具有沥水的功能，但是，是借助于杯子的密封盖和复杂的茶包来实现的。而采用该区别技术特征的独立权利要求 1 的技术方案，饮水结束后，只要轻轻地将连接线 2 提拉，浸泡主体 1 就会进入结合部 4 的楔形空间内而被挤压，从而将浸泡主体 1 沥干。不管杯子是否有杯盖，都能通过结合部 4 的楔形空间实现泡主体 1 的沥干，达到简单、有效地沥干泡主体 1 的技术效果。因而，也不存在将上述区别技术特征应用到对比文件 2 中解决"如何用更简单的结构有效地将浸泡后的浸泡包装沥干"的技术问题的启示。

因此，修改后的权利要求 1 请求保护的技术方案相对于对比文件 2、对比文件 3 及本领域的公知常识，对所属领域技术人员而言是非显而易见的，具有突出的实质性特点和显著的进步，具备创造性，符合《专利法》第二十二条第三款的规定。

从属权利要求 2~4 是独立权利要求 1 的从属权利要求，由于独立权利要求 1 具备创造性，因此，对其进行进一步限定的从属权利要求 2~4 也必然具备创造性，符合《专利法》第二十二条第三款的规定。

四、撰写实务题

应试者应当根据试题所给定的素材，撰写出既要符合《专利法》《专利法实施细则》及《专利审查指南 2010》相关规定，又要具有尽可能宽的保护范围，以最大限度地维护申请人的利益的权利要求。

需要强调的是，一件申请的权利要求书中，独立权利要求所限定的技术方案的保护范围是最宽的，因此，撰写出的独立权利要求应当满足相对于撰写前通过各种手段如检索获知的现有技术具备《专利法》第二十二条第二款、第三款规定的新颖性和创造性的要求。

再者，所撰写的权利要求书应当满足单一性要求，即针对不同主题撰写的多个独立权利要求包含有一个或多个相同或相应的特定技术特征时，该多个独立权利要求才能够合案申请。

还有，根据收到的技术内容说明或技术交底材料，撰写出的权利要求保护范围要适当。既不能保护范围过大，超出该技术内容说明或技术交底材料所公开的范围，以至于得不到说明书的支持，不符合《专利法》第二十六条第四款有关权利要求书应当以说明书为依据的规定；又不能缺少解决技术问题的必要技术特征，以满足《专利法实施细则》第二十条第二款的规定；也不能保护范围过小，否则难以在收到审查意见通知书之后再主动扩大保护范围，结果给委托人的利益带来损失。因此，要求应试者从所属技术领域的技术人员角度出发，在技术内容说明或技术交底材料的基础上撰写一个保护范围较宽、又相对稳定的即保护范围合理的独立权利要求，同时，还要撰写出能形成一定的保护梯度、数量适当的从属权利要求。

就本申请而言，客户所提供的技术交底材料中虽然包含有多个实施例，但是，发明内容仅仅涉及对浸泡袋浸泡之后如何沥干的结构进行的改进，并没有涉及其他方面的改进，所以，仅需要考虑撰写含有一个独立权利要求的权利要求书。

首先要对试题素材进行分析。就浸泡袋浸泡之后如何沥干的结构，其改进点体现在客户所提供的技术交底材料的三个实施例中。在涉及的改进点比较多的情况下，要对这些改进点进行分析，判断哪些改进点与发明要解决的技术问题密切相关，需要给予保护，从而确定所要保护的客体、解决技术问题的全部必要技术特征，借此确定相应的技术方案，撰写出保护范围合理的独立权利要求。

本试题中，客户A自行申请并已公开的发明专利申请文件即附件1、客户A与前述发明专利申请同日申请的实用新型专利即附件2及对比文件1～3均构成技术交底材料的现有技术。技术交底材料涉及对浸泡袋之类的浸泡包装结构进行的改进，由此可以确定要保护的技术主题为"一种浸泡包装"。

将技术交底材料与现有技术比较可知，本申请发明要解决现有技术的技术问题是：如何使浸泡主体浸泡之后更简单有效地沥干。从该技术问题出发，确定出客户所完成发明的必要技术特征。

从技术交底材料给出的三个实施例来看，为了解决这一技术问题，客户的三个实施例均采用了在形成浸泡主体2的密封周缘3上开设牵引绳7可以穿过的入口8和出口9，在容纳浸泡材料5的小室4内，在除密封周缘3以外的位置形成密封区6，牵引绳7经过入口8进入小室4，在小室4内环绕片材的密封区6形成环状，再经出口9从小室4出来，反向拉动牵引绳7两个自由端时，可使浸泡主体2至少在局部产生收缩，从而从浸泡主体2中挤出液体。

可以看出，以上技术内容都是构成独立权利要求的解决技术问题的必要技术特征，但是，为了使独立权利要求的保护范围合理，最大限度地保护客户的利益，避免独立权利要求的保护范围过窄，还需要以技术交底材料为依据对独立权利要求进行适当概括。从客户给出的技术交底材料来看，只有密封区域6分别列举两个和四个的例子，并在交底材料中明确不限于此个数，所以，在独立权利要求中，不能以这些具体的个数来限定密封区域6，可将密封区域6概括为至少一个。至于密封区域6本身，并没有给出其他可替代形式，所以，结构上没有其他可以再概括提升的内容。

至此，撰写出的可推荐的浸泡包装的权利要求书如下。

权利要求书范文

1. 一种浸泡包装（1），包括浸泡主体（2）和牵引绳（7），所述浸泡主体（2）由两个多孔材料制成的片材构成，所述两片材在周缘密封，形成密封周缘（3），借此形成容纳浸泡材料（5）的小室（4）；其特征在于，除密封周缘（3）以外，所述两片材在至少一个区域再次密封在一起形成密封区（6），所述密封区（6）位于密封周缘（3）之内且与密封周缘（3）间隔开；所述牵引绳（7）经过设于密封周缘（3）上的入口（8）进入小室（4），在小室（4）内环绕片材的密封区（6）形成环状，再经设于密封周缘（3）上的出口（9）从小室（4）出来；反向拉动牵引绳7两个自由端时，使浸泡主体（2）至少在局部产生收缩，从浸泡主体（2）中挤出液体。

2. 根据权利要求1所述的浸泡包装（1），其特征在于，设置在所述浸泡主体（2）内的所述密封区（6）有两个，并位于所述小室（4）的底部角落处，所述牵引绳（7）绕过该两个密封区（6）形成所述的环状。

3. 根据权利要求1中所述的浸泡包装（1），其特征在于，设置在所述浸泡主体（2）内的所述密封区（6）有两个，并位于所述小室（4）的对角处，所述牵引绳（7）绕过该两个密封区（6）形成所述的环状。

4. 根据权利要求1中所述的浸泡包装（1），其特征在于，设置在所述浸泡主体（2）内的所述密封区（6）有四个，并且所述各密封区（6）分别位于邻近所述小室（4）的靠近密封周缘（3）的四个角的位置；所述牵引绳（7）在每个密封区（6）与密封周缘（3）之间穿过，并在伸出浸泡主体（2）之前作自身交叉，环绕所述小室（4）的边缘形成绳环。

5. 根据权利要求1~4中任一项所述的浸泡包装（1），其特征在于，所述密封区（6）带有圆角。

6. 根据权利要求1~4中任一项所述的浸泡包装（1），其特征在于，所述牵引绳（7）留在浸泡主体（2）以外的端部上连有舌条（10）。

7. 根据权利要求6中所述的浸泡包装（1），其特征在于，所述牵引绳（7）的两自由端都连在同一个舌条（10）上，该舌条（10）在使用时可撕开。

8. 根据权利要求7中所述的浸泡包装（1），其特征在于，在所述舌条（10）上沿中心线（12）形成可将其撕开的穿孔或局部切割部。

9. 根据权利要求1~4中任一项所述的浸泡包装（1），其特征在于，所述密封周缘（3）的密封在牵引绳（7）的入口（8）和出口（9）处中断。

10. 根据权利要求1~4中任一项所述的浸泡包装（1），其特征在于，所述密封周缘（3）的密封在牵引绳（7）的入口（8）和出口（9）处可以去除，即密封周缘3上牵引绳（7）的入口（8）和出口（9）处的密封强度小于其余地方的密封强度。